善用其心
선용기심
천지와 동행하고
도와 함께간다

- 대유불교시리즈 【10】 선용기심 - 천지와 동행하고 도와 함께 간다

- 초판 인쇄   2014년 12월 15일
- 초판 발행   2014년 12월 19일
- 저자   만행(萬行)스님
- 번역   閒雲, 智衍, 更川
- 교정   乾元, 一天, 豊山
- 편집   이연실 김승규
- 후원   강희식 단호스님 박준희 노병간 배영자 金秀穎 김정자 현무스님 자민스님
             원명스님 성산스님 문성스님 현성스님 윤윤호 조순 郭天成 張艶華
             房娥路 張範準 林春女 安亞杰 楊桂芳 侯福祥 田夏 于臣 葛伯欣
             于麗莉(腹中胎兒) 葛奕彤 魏桂蘭 于興旺 于雷 孫庚有 張洪霞 魏桂淸
             紹紫涵 張亞臣 苗玲 史佳卉 孫楚晴 孫霄箭 金剛天
- 발행인 윤상철   발행처 대유학당 since1993
- 출판등록 2002년 4월 17일 제305-2002-000028호
- 주소 서울 동대문구 휘경동 258 서신빌딩 402호
- 전화 (02)2249-5630~1
- 홈페이지 http//www.daeyou.net 대유학당

- 여러분이 지불하신 책값은 좋은 책을 만드는데 쓰입니다.
- ISBN 978-89-6369-049-0 03220
- 정가 30,000원
- 이 책의 내용에 대한 재사용은 저작권자와 대유학당의 동의를 받아야만 가능합니다.
- 문의사항(오탈자 포함)은 저자 또는 대유학당의 홈페이지에 남겨 주세요.

善用其心
선용기심
천지와 동행하고
도와 함께간다.

추천사

일전에 만행스님의 『항복기심』에 대해서 추천사를 쓴 것이 인연이 되어서, 다시 또 만행스님의 역작 『선용기심』을 알게 되었다. 이 두 권의 책은 모두 만행스님이 육조 혜능대사의 수련터를 복원해서 동화선사를 지을 때, 낮에는 불사를 하고 밤에는 단체수련을 하면서 사부대중들과의 문답을 교류한 것으로, 주로 성불成佛하는 공부와 그 과정에서 오는 어려움을 설법하고 토론한 내용을 모은 것이다.

『항복기심』의 '항복降伏'은 신·구·의身口意를 항복시킨다는 것이고, 『선용기심』의 '선용善用'은 공부해서 깨달은 마음을 잘 쓴다는 것이니, 이는 선문답이다. 화두를 잡고 참선을 할 때 각조覺照를 잡아야 하는데, 각조는 각찰覺察하고 조고照顧한다는 뜻이다. 즉 잘 살펴서 얻은 깨달음을 계속해서 유지하며 돌봐준다는 것이니, 화두를 잘 보살피고 돌보다 보면 깨닫게 되고, 깨달음을 얻게 되면 그것을 항복시키고 장악해서 어떤 상황을 맞더라도 정지정견正知正見이 되도록 하는 것이다. 정지정견이 되면 그 마음을 선용할 수 있게 된다. 우리가 참선해서 얻고자 하는 것, 성불해서 얻고자 하는 것이 바로 마음을 선용하는 것이다. 마음을 선용하는 사람이 바로 부처인 것이다. 그러니 『항복기심』과 『선용기심』은 각기 선과 후가 되고 안과 바깥이 되어 하나를 이루는 것이다.

만행스님이 단순히 육조혜능대사의 수련터를 복원하는데 그치지 않고 육조에 걸맞는 도량을 만들고자 대불사를 열었으니, 그 어려움과 고충을 상상하기 어렵지 않다. 불사만 해도 어렵고 힘든데, 밤에는 제자들을 모아놓고 가르치며 수행을 하게 하였으니 말 그대로 주경야독의 표본이다.

만행스님은 힘들어 하는 제자들을 한편으론 다독이고, 한편으론 "선방에 앉아있는 것만이 참선이 아니고, 일을 통해 참선을 해야 진정한 깨우침을 얻을 수 있다"고 호통도 쳤다. 맡은 일과 만나는 사람을 통해서 마음공부를 해야 한다는 것이다. 또 선방에서만 각조를 유지하는 것이 아니라, 무슨 일을 하건 항상 각조를 유지해야 진정한 참선공부라고 강조한다. 각조를 유지하며 모든 일에 적용하니 항복시켜 선용하는 것이고, 밤에 참선을 하며 그 마음들을 항복시켜서 낮에 잘 쓰니, 그 또한 항복시켜서 선용하는 것이다.

이 책에는 수행을 직접 해서 몸으로 체험하지 않으면 밝힐 수 없는 내용이 들어있다. 참선을 하는 과정에서 발생되는 모든 현상을 명료하게 밝힌 것이다. 자신의 7년 폐관의 깨달음을 제자들에게 나누어 주는 것에서 한 걸음 더 나아가, 성불하고자 수행하는 중생들과 인연을 맺고자 이 책을 출간하기로 했다는 만행스님의 마음에서, 사부대중과 함께 성불하려는 진정한 수행자이며 불제자임을 읽을 수 있다.

만행스님의 법문집이 또다시 우리말로 번역되어 출간됨을 기쁜 마음으로 축하하고, 많은 불제자들이 보고 배워서 불제자로서의 인연이 깊어지기를 바란다.

불기 2558년
수덕사修德寺 덕숭총림德崇叢林
방장方丈 설정雪靖

송원 설정

만행스님 자서 自序

중국 광동성 옹원현 동화선사는 육조이신 혜능대사께서 은거하며 수련했던 곳이다. 다행히도 나는 이곳에서 수행하고 홍법弘法하게 되었으며, 마침내 절을 지어 스님들이 수련할 수 있는 도량을 마련할 수 있었다. 나는 늘 마음을 닦고 불법을 더욱 광대하고 성대하게 빛내고자 나 자신을 고무하고 격려하고 있다.

이 『선용기심』은 『항복기심』과 마찬가지로, 2008년부터 2010년 2월까지, 낮에는 절을 짓고 저녁에는 단체수련을 하면서 사부대중들과의 문답을 교류한 내용을 기록한 것으로, 주로 부처님공부를 하면서 나타나는 문제와 잘못된 인식들을 해결하기 위한 문답이다.

출가한 지 어느덧 20여 년이 지났다. 나는 언제나 부처님과 조사님들을 본보기로 하였고, 부처님의 거룩한 원력願力과 숭고한 경계境界, 무량한 자비심, 원만한 지혜와 인류에 이바지하는 위대한 정신을 따라 배우고자 했다. 또한 제자들을 이끌어 부처님의 발자취를 따라 불법을 체험하고 몸으로 증명하며, 우주와 인생의 진리를 철저히 깨우칠 수 있도록 노력해왔다.

나는 '사람을 근본으로 한다'는 마음을 견지하고 불법의 심오한 선리禪理를 생활 속에 융합하고자 노력했다. 제자들에게 '농사일과 참선을 함께 한다'의 도풍道風 속에, '불교를 믿으려면 우선 나라를 사랑하며, 부처님공부를 하려면 사람노릇부터 잘하고, 도를 닦으려면 발심을 해야 한다'는 동화사의 가풍을 세웠다. 제자들에게 사람과의 교류를 통해서 마음을 연마하고 일을 하는 중에 마음을 점검하며, 당상堂上에서는 참선을 하고 당하堂下에서는 깨우침을 실행하며, 일을 하면서 수행하고 그 과정에서 신심을 다스리라고 가르쳤다. 또한 생활, 자연, 도道 안으로 들어가 자아를 버리는 동시에 자아를 원만하게 하라고 가르쳤다.

이러한 문답을 모아 책으로 출판하게 된 것은, 수많은 사부대중들의 열정적인 요구도 있었지만, 나 자신의 졸렬하고 성숙되지 못한 부처님공부의 심득을 천하에 공개함으로써, 불교 동료들과 불교사상을 연구하는 전문가들의 가르침을 받으며 교류하고 검토할 수 있는 계기를 마련하고자 한 것이다. 즉 불학사상의 진수를 탐구하고 같이 병진竝進함으로써, 시대를 위하여 복무하고 인류에게 복을 주고자 하는 것이다.

나는 한 승인僧人으로서, 다행히도 정당政黨이 개명하고 나라가 부강하며 문화가 흥성하는 시대에서 생활하게 되었다. 만행은 굳건하게 정당을 옹호하고 나라를 사랑하며 속불혜명續佛慧命을 사명으로 하면서, 평생을 불법을 수학하고 불법을 넓히며 시대와 함께 진보하면서 인류에게 행복을 가져다주고 사회에 보답할 것이다.

끝으로 이 책을 한국어로 출판함에 전경업처사님과 지연보살님의 번역이 큰 도움이 되었다. 또 최근에 수덕사의 큰 어른이시자 이 시대의 선승이신 설정 방장큰스님을 알게 된 것이 크나큰 행운이 아닐 수 없다. 이 만행의 글만 보고 천리 밖 멀리 떨어진 만행의 공부를 인정해주시고, 지난번에 이어 추천과 격려를 아끼지 않으셨다. 그 인정해주시고 불법을 널리 펴고자 하시는 크나큰 마음에 우선 지면을 통해서 깊은 감사를 드린다.

2014년 11월
중국 광동성 옹원현 동화선사
석만행 합장

 일러두기

　이『선용기심』은 원래 74강으로 되어 있었으며, 법문한 순서대로 기록하여 2011년에 중국에서 출간된 책입니다. 이렇게 법문한 날자별로 엮어서 출간하는 것도 의미가 있지만, 이 책을 읽는 한국 독자들에게는 분야별로 묶는 편이 공부하는데 더 나을 것 같아 아래와 같이 5부로 분류해서 출간합니다. 혹 중국어판본을 보고 싶으신 분은 아래의 분류표를 참조하시고, 동화사 홈페이지
(http://www.donghuasi.org)를 찾은 다음에,「만행전란万行专栏」➡「만행저술万行著述」➡「선용기심善用其心」을 보시면 됩니다. 동화사 홈페이지에는 책의 내용 외에도 동화사의 역사와 현재의 수련 내용, 동화사를 구성하는 건물 및 경관 등이 자세하게 나와 있으니 참고하시기 바랍니다.

부	강/ 주제어		강/ 선용기심 원래 순서	
【제1부】 부처님 품으로	1	가사	54	披上袈裟事更忙
	2	놓음	68	提起是为了放下
	3	명사	55	了解明师你就是明师
	4	생활 속 수련	11	学会在生活中修行
	5	작은 일로 시작	26	学佛就在点滴中
	6	무명한 사람	28	佛度不了无明之人
	7	미신	69	学佛的人最容易迷信
	8	행동이 중요하다	73	心动不如行动

		9	성공은 마지막에	30	成功在于最后几秒钟
		10	심 신 령	31	世间万物皆是身心灵的显现
		11	부처의 기준	58	学佛就以佛的标准要求自己
		12	부처님과 비교	40	学佛就跟佛比
		13	단계별 다른 방법	8	不同的修行阶段使用不同的方法
		14	신 구 의	7	学佛就是管住身口意
		15	자재로운 사람	5	随境能出入，方为自在人
		16	자신을 밝힘	14	自知方能自明
		17	조화	13	和谐是修行的开始
		18	잉여인간	12	我们都是剩闲之人
		19	영혼의 성장	56	灵魂是这么成长的
		20	종점 시점	57	终点就是起点
		21	하느님 자기자신	25	上帝就是你自己

		1	덕	1	最不能缺的就是德
		2	무아 성불	2	无我的人才能成佛
		3	천지와 동행	41	与天地同行，与道相伴
		4	부처님 중생	9	我佛慈悲不舍众生
		5	업장 소멸	27	业障现前即消业
		6	활용	6	学佛是为了起用
【제 2부】		7	심리상태가 결정	3	心态决定一切
수행자의		8	성불 기본자질	4	成佛需要基本素质
마음 자세		9	수증공부	23	修证功夫体现在用上
		10	심령의 힘	53	心灵的力量不可思议
		11	각조	10	万千法门不离觉照
		12	말 실행	47	说到不等于做到
		13	한걸음 물러나기	48	退步是向前
		14	인연 윤회	61	以无我之心做事方不堕轮回
		15	심령	62	少用头脑，多用心灵
		16	방향	63	方向不明如何迈步

	1	지식 지혜	44	知识升华即智慧
	2	지식 영혼	60	知识是通往灵魂的桥梁
【제3부】	3	담력 식견 인재	29	有胆有识方为人才
지식이	4	낮과 밤이 하나	42	昼夜一如方证道
있어야	5	사람노릇	45	学佛先做人
지혜가 꽃핀다	6	지혜 실천	46	实践出智慧
	7	고생 복	49	吃苦是培福
	8	받아들임	50	只有承受才能成长

	1	기본적인 수행법	74	最基本的修行方法
	2	육근장악, 입도	15	六根做主方可入道
	3	입도 비결	24	入道要门——关闭六根
	4	심신 조화	22	身心和谐方能入道
	5	삼자명 수행	32	三字明的修行要诀
	6	호흡	33	呼吸对修行的重要性
【제4부】	7	신체를 조화롭게	34	调和身体的工具
본격적인 수행방법	8	심령	64	心灵是万物总开关
	9	장수 비결	35	长寿的秘诀
	10	우주의 힘	36	宇宙只有一种力量
	11	마음의 창	38	助你打开心灵之窗
	12	깨달은 전후	39	悟前悟后的区别
	13	내려 놓으면 득도	65	放下即是得道
	14	언어로 성인을 평론	70	不能用言语评论圣人

	1	이타	59	人生价值在于利他
	2	완벽한 건설	17	人格的完美决定寺院的完善
【제5부】	3	보살도를 행하라	18	放下的是罗汉，提起的是菩萨
수행의 완성 보살행	4	고귀한 품성	19	人人皆有高贵品质
	5	거짓	37	不能活在虚假中
	6	융화	20	学佛先融化自己

· 13

	7	정지정견	52	正知正见才是开悟的钥匙
	8	정지정견	21	学佛的根本在于正知正见
	9	이바지	16	做人学佛从奉献开始
	10	애국	43	信教先爱国
	11	성취는 노력으로	51	成就是做出来的
	12	성인 범부는 한 몸	66	凡圣本一体
	13	중생 성불	67	舍弃众生无法成佛
	14	만물이 통일체	71	万物同一体，他错即你错
	15	감사 행복	72	常怀感恩之心才会幸福

목차

5 ▮ 추천사
8 ▮ 만행스님 자서自序
11 ▮ 일러두기

【1부】 부처님 품으로

21 ▮ 가사를 입으면 할 일이 더 많다
26 ▮ 드는 것은 놓기 위한 것이다
38 ▮ 명사를 알아보면 당신도 명사이다
49 ▮ 생활 속에서 수련할 줄 알아야 한다
53 ▮ 부처님공부는 사소한 일에서부터 시작한다
65 ▮ 무명한 사람은 부처도 구제할 수 없다
67 ▮ 부처님공부를 하는 사람은 미신을 잘 믿는다
76 ▮ 마음보다 행동이 더 중요하다
82 ▮ 성공은 마지막 순간에 달성한다
86 ▮ 세간의 만물은 심·신·령의 현현이다
91 ▮ 부처님공부는 부처의 기준으로 자기에게 요구해야 한다
96 ▮ 부처님공부는 부처님과 비교해야 한다
102 ▮ 다른 수행단계에는 다른 방법을 사용한다

110 ▮부처님공부는 신·구·의를 단속하는 것이다.
128 ▮경계를 따라 출입할 수 있어야 자재로운 사람이다.
137 ▮자신을 알아야 자신을 밝힐 수 있다
149 ▮조화가 되는 것은 수행의 시작이다
154 ▮우리들은 모두 할 일 없는 잉여인간이다
160 ▮영혼은 이렇게 성장한다
173 ▮종점이 바로 시점이다
179 ▮하느님은 바로 자기 자신이다

【2부】 수행자의 마음자세

189 ▮수행자에게 가장 필요한 것은 덕德이다
195 ▮무아가 되어야 성불할 수 있다
204 ▮천지와 동행하고 도와 함께 간다
225 ▮부처님은 자비로워서 중생을 버리지 않으신다
230 ▮업장이 나타나야 소멸시킬 수 있다
239 ▮부처님공부는 활용하기 위한 것이다.
255 ▮심리상태는 모든 것을 결정한다.
267 ▮성불은 기본자질이 필요하다.
279 ▮수증공부는 용用에서 체현된다
287 ▮심령의 힘은 불가사의 하다
298 ▮천만가지 법문이라도 각조를 떠나지 않는다
313 ▮말을 한다고 다 실행한 것이 아니다
318 ▮한걸음 물러나는 것도 나아가는 것이다
323 ▮인연을 회피하지 않아야 윤회에 떨어지지 않는다
325 ▮두뇌를 적게 쓰고 심령을 많이 써라
331 ▮방향이 확실하지 않으면 어떻게 발걸음을 내딛겠는가?

【3부】 지식이 있어야 지혜가 꽃핀다

341 ▮ 지식이 승화되면 지혜가 된다
354 ▮ 지식은 영혼으로 통하는 다리이다
359 ▮ 담력과 식견이 겸비되어야 인재가 될 수 있다
377 ▮ 낮과 밤이 하나가 되면 증도한다
382 ▮ 부처님공부는 사람노릇부터 해야 한다
388 ▮ 지혜는 실천에서 생긴다
397 ▮ 고생하는 것은 복을 기르는 것이다
407 ▮ 받아들여야 성장할 수 있다

【4부】 본격적인 수행방법

417 ▮ 가장 기본적인 수행법
432 ▮ 육근을 장악해야 입도入道할 수 있다
444 ▮ 입도하는 비결 - 6근을 관폐
455 ▮ 심신이 조화로우면 입도할 수 있다
459 ▮ 삼자명 수행 비결
469 ▮ 호흡은 수행에서 아주 중요하다
473 ▮ 신체를 조화롭게 하는 도구
498 ▮ 심령은 만물의 총 스위치이다
508 ▮ 장수할 수 있는 비결
524 ▮ 우주의 힘은 단 하나 뿐이다
527 ▮ 마음의 창을 열다
541 ▮ 깨닫기 전과 깨달은 후
555 ▮ 내려놓으면 바로 득도한다
562 ▮ 언어로 성인을 평론할 수 없다

【5부】 수행의 완성 보살행

573 ▮ 인생의 가치는 이타利他에 있다
586 ▮ 완벽한 인격은 사원의 건설도 완벽하게 한다
596 ▮ 나한도는 내려놓고 보살도를 행하라
600 ▮ 사람들은 모두 고귀한 품성이 있다
604 ▮ 거짓 속에서 살지 말아야 한다
617 ▮ 부처님공부는 자기를 먼저 융화해야 한다
625 ▮ 정지정견만이 도를 깨닫는 열쇠이다
631 ▮ 정지정견은 부처님공부의 근본이다
649 ▮ 부처님공부를 하고 사람노릇을 하려면 받들어 이바지 하는 것부터 시작하라
652 ▮ 종교를 믿으려면 먼저 애국해야 한다
655 ▮ 모든 성취는 노력에 의해 달성한다
662 ▮ 성인과 범부는 한 몸이다
664 ▮ 중생을 버리면 성불할 수 없다
674 ▮ 만물이 통일체라면 너의 잘못이 나의 잘못이다
677 ▮ 항상 감사하는 마음을 가져야 행복하다

696 ▮ 동화사 방문 당시 만행큰스님과의 대화
704 ▮ 남은 이야기

제1부 부처님 품으로

1강

가사를 입으면 할 일이 더 많다

 일전에 내가 이런 말을 했다. "여러분은 원래 모르는 것도 많았고 자질도 부족했다. 그것은 출가하기 전의 여러분 자신의 문제였지만, 동화사로 온 다음 변화가 없고 진보가 없다면 이 만행의 잘못이다." 나는 항상 왜 여러분들이 우리 동화사로 왔을까 하고 곰곰이 생각한다.

 금방 말을 한 몇 사람은 자기의 관점을 아주 잘 말했다. 생활 속에서 여러분이 한 말을 성실히 행한다면 여러분의 생각이 분명히 실현될 것이다. 보고 들을 수 있다는 것은 지혜가 있다는 뜻이다. 옛날 사람들은 "지행합일知行合—이면 입도한다."고 했다. 알기만 하고 실천하지 않는다면 결국은 헛짓이다. 불교에는 '이입理入'과 '행입行入'이라는 말이 있다. 여러분들이 이치적으로 제대로 인식했다는 것은 아주 다행한 일이다.

 예로부터 "일이 없으면 삼보전三寶殿에 오지 않는다."는 말이 있다. 부처님공부를 하고 도를 수련하고자 동화사로 왔다지만, 아직까지 부처님공부를 하는 방법도 모르고 방향도 찾지 못했다. 이것은 여러분 탓이 아니라 바로 나의 덕성이 부족한 탓이다. 여러분들을 감화시키지 못하고 정확한 길로 인도하지 못한 것이니, 여러분들을 책망할 바가 아니다. 방금 승치僧值스님을 비롯한 여러분들의 말에 의하면, 처음 동화사로 왔을 때의 도심은 아주 좋았는데, 일정한 시간이 흐름에 따라 도심을 상실했다고 했다. 무엇 때문인가? 누구 탓인가?

여러분들의 말을 들으면서 원인을 생각했는데, 첫 번째는 상주하는 출가승들이 모범이 되지 못한 것이고, 두 번째는 상주하는 거사들이 원인이기도 하다. 방향이 명확하지 못하기 때문에 여기 온 사람들에게 나쁜 영향을 주었다. 때문에 상주하는 출가승들과 거사님들은 고도로 경각심을 높이면서 일을 해야 한다.

하지만 명확한 목표와 방향을 가지고 동화사로 왔다면, 어떻게 동화사에서 본 나쁜 일과 사람을 봤다고 초발심을 잊고 방향을 잃으며 도심을 잃는단 말인가? 어떻게 자기의 추구를 버리고, 자기의 신앙을 버리고, 자기의 목표를 버릴 수 있단 말인가? 정녕 그렇다면 진정하게 불교를 신앙하고 진정하게 도심이 있는 사람이 아니며, 진정한 목표와 방향을 가진 사람이 아니다. 진정하게 도심이 있고 부처님공부를 하는 사람이라면, 상주하는 출가승들과 신도들이 나쁜 행실을 하고 도심이 없는 것을 보았다고 해도, 초발심을 버리고 도심을 상실하지 않을 것이다. 이런 때일수록 도심이 더욱 굳건해야 한다.

동화사의 수학풍격修學風格은 "일을 하면서 수행하고 수행하면서 일을 한다. 일을 통해서 마음을 연마하고, 사람을 통해서 마음을 연마한다."이다. 이를 받아들인다면 동화사에 상주할 수 있지만, 받아들일 수 없다면 동화사에 상주하지 못한다. 단지 청정한 환경만 찾아서 마음을 닦고자 한다면 동화사에 있을 수 없다.

객당의 행정실은 반드시 엄격하게 '상주조례'의 규정을 집행해야 한다. 이미 우리들은 사회에서 부처도 믿지 않고 신앙도 없는 사람들을 여러 차례 받아들였던 것이다. 객당에서 받아들이려면 우선 부처님께 삼배하게 하고 동화사 입주 '조례'를 잘 보게 해야 한다. 예불을 하지 않는 사람은 동화사에 입주하지 못하고, 상주규약을 지키지 못한다면 입주하지 못한다. 동화사에 사람이 오지 않을까 근심하지 말라. 설사 동화사에 오는 사람이 없더라도, 신앙이 없고 자질이 없는 사람은 거주할 수 없다.

동화사에 상주하는 출가승들은 매일 두 시간 이상 책을 읽어야하고, 책을 읽은 다음 반드시 사고를 해야 한다. 심혈을 기울여 책을 읽는 동시에, 자기가 배운 지식으로 사물을 관찰하고 사고하는 방법도 배워야 하는 것이다. 눈으로 문제를 보고 현상을 읽을 줄 알며 본질을 깨달아야 한다.

ㅇㅇ스님께서 말씀한 세 마디 말씀은 아주 잘 하셨다.

첫째로 계戒란 무엇인가? 나라를 사랑하고 교敎를 사랑하는 것이 계이다. 둘째로 무엇이 정定인가? 자기의 본분을 지키는 것이 정이다. 셋째로 무엇이 혜慧인가? 일을 통해서 마음을 연마하는 것이 혜이다.

출가한 스님들이 교를 사랑한다면 반드시 먼저 나라를 사랑해야 한다. 자기의 본분도 지키지 못하는 사람이 어떻게 정력定力이 있겠는가? 일을 통해서 마음을 연마하지 못하고, 사람을 근본으로 여기지 않는다면 지혜문이 열리지 않는다.

호북에서 보살 한 분이 나를 찾아와서 자기는 폐관하려고 왔다는 것이다. 나는 그분에게 "옛날 총림의 법을 따라, 그 절에서 폐관하고 싶으면 우선 발심하고 그 절에서 삼년은 있어야 한다."고 말했다. 사실 삼년이라는 시간은 자신을 위해 삼년 동안 복을 심음으로써, 폐관할 때 주화입마가 되지 않기 위해서이다. 복보가 부족하면 수행에서 마魔가 들어붙게 되지만, 복보가 충분한 사람이 용공하면 마가 오지 않는다. 때문에 폐관하기 전에는 반드시 복보를 많이 심어야 한다. 복보를 심는 과정은 자기를 인식하는 과정이고, 절에 상주하는 스님과 처사 보살들과 친숙해지고 서로를 이해하는 과정인 것이다. 충분한 준비와 복보가 갖추어져야 비로소 폐관수련을 할 수 있고 용공해서 입도할 수 있다.

한가하고 자유롭게 살고 싶다면, 부처님공부를 하지 말아야 하고 출가하여 스님이 되지 말아야 한다. 왜 부처님공부를 하는가? 부처님공부는 자기를 바치기 위한 것이다. 자기를 바칠 수 없다면, 부처님공부를 하고 출가하여 스님이 될 필요가 없다. 일자리를 구하고 가정생활을 꾸리면서, 안심하고 사는 편이 훨씬 좋을 것이다. 기왕 부처님공부를 하면 좋다는 것을 알았다면, 반드시 부처님공부의 의념을 받아들여야 한다. 부처님공부의 의념이란, '번뇌가 바로 보리[煩惱卽菩

提)이다. 어떻게 하면 번뇌를 보리로 바꿀 수 있는가? 바로 일을 통해서 마음을 연마하고, 사람을 통해서 마음을 연마하는 것이다.' 즉 일을 하는 과정에서 수행을 하고 수행하면서 일을 해야 한다는 것이다.

어떤 스님들은 일하거나 사람노릇을 할 때, 남들이 자기를 오해할까봐 조심스러워 하고 근심하며 두려워한다. 이런 사람들은 남들의 미움을 살까봐 두렵고, 인과에 오염될까 두려워서, 법에 어긋나는 일을 보고도 말을 못하고 강력하게 막아서지 못한다.

성불하기 위하여 부처님공부를 한다! 성불해선 또 뭘 하는가? 성불한 후에는 칼산과 불바다에 뛰어들어 중생들을 제도하고 중생들의 업장을 소멸하며 인과를 대신하는 것이다. 이런 일도 감당하지 못하고 남들이 오해할까 근심하며 명철보신하는 사람이, 어떻게 부처님공부를 할 수 있는가? 억울할 수도 있고 모욕을 당하기도 하는 것이다. 어떻게 자기를 그렇게 중하게 여기는가? 당신이 뭐가 그렇게 대단한가? 바로 이때가 당신의 인내력을 검증할 때가 아닌가? 사람들의 오해를 받고 억울하게 모욕당할 때가 마침 '나의 업장을 소멸하고 나의 정력을 키우는 과정이다'라고 생각하면 되지 않는가! 심리상태를 바꾸는데 공을 들이지 않는다면 부처님공부를 할 자격이 없다!

2강

드는 것은 놓기 위한 것이다

- **질문** : 지금 비교적 많은 스님들이 여기저기를 참관하면서 배운다고 합니다. 스승님께서 이 문제에 대하여 말씀해주세요.
- **만행스님** : 중국 당나라와 송나라 때 출가한 스님들 가운데 '행각 참학行脚參學'이라는 것이 아주 유행되었다. 더욱이 그 때 당시 총림에는 "비구와 비구니의 성장을 완성하려면, 적어도 세 분 내지 다섯 분의 스승을 모셔야 한다."는 구호도 있었다. 하지만 지금은 자기의 제자가 다른 스승을 따르고 배우는 것을 좋아하는 사람이 별로 없다. 어떤 스승은 제자들에게 "밖에서 다른 스승을 모시게 되면, 돌아오지도 말고 나를 아는 체도 하지 말라."고 경고하기도 한다. 너의 스승이 이런 마음이라면 애당초 "스승님, 안녕히 계세요."하고 떠나버리는 것이 좋다. 그런 스승은 당신의 혜명慧命을 잘라버릴 수 있다. 물론 이런 스승들은 "너는 지금 혜안도 열리지 않았고 지혜도 부족하다. 언제라도 지혜가 생긴 뒤에 나가서

참학을 하거라. 불법은 하나부터 배우면서 들어가야 알 것이야…."라고 할 수 있다.

만약 너의 스승이 진정한 재능과 식견이 있다면 그가 전하는 불법도 정확할 것이고, 제자들이 나가 배우는 것도 두려워하지 않을 것이다. 제자들은 나가 배우면 배울수록 자기의 스승을 더 깊게 이해하게 된다. 옛날의 총림은 한 스승 곁에서 삼년동안 수학하면 나가서 참학할 것을 요구했다. 하지만 지금 우리들의 이런 심리상태와 자질로는 명사를 따라 평생 배워도 아무 것도 배우지 못한다. 그것은 선지식이 가르쳐주지 않는 것이 아니라, 자신들이 열심히 배우지 않고 기본적 자질도 부족하기 때문이다.

왜 옛날의 불교는 황궁귀족과 상류층사회 사람만 위하고 사대부 이하의 사람들에게는 전파하지 않는다고 하는가? 수행의 차원이 사대부의 차원이 되고, 상류사회에 들어갈 수 있는 차원이 되어야만 불법을 배울 수 있기 때문이다. 다시 말하면 너의 학식과 식견이 반드시 그 수행차원에 도달해야 비로소 불법을 배울 수 있는 것이다. 아니면 불법을 전수해준다 할지라도 왜곡된다. 나는 줄곧 이런 기본관점을 가지고 있다. 경건한 마음은 부처님공부의 첫 걸음에 불과하다. 겨우 경건한 마음뿐이라면, 영원히 첫 걸음에서 제자리걸음만 할 것이다.

그 어떤 분야든지 성취하고자 한다면 반드시 마음을 비우고 겸손하며 부지런히 배우는 정신이 있어야 하고, 인욕하는 정신과 감당하는 정신이 있어야 하며, 꾸준히 지속하는 정신이 있어야 한다. 세상에서 제일 배우기 싫어하는 사람도 출가한 사람들이고, 제일 배우기 좋아하는 사람들도 출가한 사람들이다.

지금 출가한 사람들 가운데는, 이것도 배우지 말고 저것도 배우지 말아야 하며, 모든 것을 간파하고 내려놓으며 자연의 순리를 따라야 한다고 하는 이상한 현상이 유행한다. 부처님공부는 반드시 높은 자질을 갖춘 사람들만 하는 공부이다. 아무 것도 배우지 않는다면 영원히 지금 이 상황 그대로일 것인데, 무엇으로 생사를 해탈하고, 무엇으로 홍법하고, 무엇으로 중생들에게 이익을 줄 것인가?

수행자들이 어떤 것을 내려놓아야 하는가? 모든 근심 걱정 등등의 보따리들을 모두 내려놓고, 목숨을 걸고 일하고 배우며, 자기의 이상을 위하여 노력해야 한다. 불문에서는 이런 말을 한다. "내려놓는 자는 나한이요, 들고 있는 자는 보살이다." 그 어떤 일을 하든지 완벽하게 하겠다는 심리상태가 있어야 하고, 또 이런 정신이 있어야만 수행이 헛되지 않는다.

같은 말은 세 번 이상 더 하지 말아야 한다. 말을 세 번 이상 더 하면 죄가 되고 도에 위배된다. 도의 측면에서 "일은 세 번을 넘기지 않는다."고 한다. 세 번을 넘기면 상응하지 못했고, 기회와 인연이 성숙되지 않았다는 것이다. 마치 시간과 조건이 구비되지 않으면 종자에 싹이 나지 않듯이 아무리 노력하여도 헛고생인 것이다. 옛날의 전통적인 전도방식을 따른다면, 첫 번째 와서 물을 때는 말을 하지 않는다. 두 번째 와서 물으면 소식을 약간 알려

주고, 세 번째 와서 물어야만 비로소 모두 알려준다. 세 번째까지 알려주지 않는다면 천도에 어긋나는 것이다.

왜 첫 번째는 알려주지 않는가? 진정한 도심이 있느냐 없느냐를 살피고 검사하기 위한 것이다. 많은 사람들이 동화사로 나를 찾아와서 이것저것 많은 것을 묻는다. 나는 아무 말 없이 눈만 껌뻑껌뻑하며 쳐다보면 어떤 사람들은 그만 가버린다.

내가 처음 구도하러 갔을 때, 스승은 몇날 며칠을 보는 체도 하지 않았다. 이것은 비교적 괜찮은 편이다. 옛날에는 스승 곁에서 몇 년을 같이 살아도 본 체도 하지 않기도 했다. 스승 곁에서 온갖 일을 다 해야 하는데, 이런 것들은 또 자발적으로 하는 일이다. 스승이 주무시면 스승 곁에 앉아서 부채질도 한다. 이것은 네가 필요로 해서인 것이다. 목적 없이 그렇게 할 수 있는가? 모든 것을 자신이 필요로 해서 하는 것이다. 이것이 바로 범부이다.

목적 없이 하는 일이 진정한 발심이다. 나는 필요하지 않은데 다른 사람이 필요하므로 내가 한다. 이것이 진정한 발심이다. 자기의 필요로 갈망하는 일은 발심이라고 할 수 없다.

동화사에 와서 구법求法하겠다고 한 사람들이, 나의 두 세 마디 물음과 하루 이틀 사이에 응대가 없다고 그만 가버리다니! 가버리는 것도 좋은 일이다. 내 마음이 얼마나 가벼운지 모르겠다. 이것은 사람의 시험이지 마魔의 시험이 아니다. 수행이 일정한 차원에 이르면 유형과 무형중생의 시험과 자연계 신장들의 시험도 다 겪고 이겨내야 한다. 만약 시험하지 않는다면, 너도 나도 할 것

없이 모두 도에 들어간다고 야단칠 것이다. 일단 그렇게 된다면 도道가 문란하게 될 것이고, 극락세계도 사바세계와 아무런 구별이 없을 것이다.

구도하는 과정에서 냉담한 대우도 받았고, 비웃음과 조소도 받았으며 풍자도 당했으리라 생각한다. 도는 마음대로 얻을 수 있는 것이 아니다. 시대가 변하여 지금의 스승들은 제자들을 찾아다니고 별 방법을 동원해서 신도들을 끌어들이고 있다. 명사가 손님을 끄는 격이다.『역경易經』이 가르친 바와는 거꾸로 '동몽이 나를 찾는〔童蒙求我〕 것이 아니라 내가 동몽을 찾는〔我求童蒙〕 것이다. 때문에 지금 이 시대는 성도成道하는 사람이 극히 적다. 진정 성도하고자 하는 사람이라면 여전히 옛날 사람들이 구도하던 방법을 사용해야 하고, 옛날 사람들이 수도하던 정신을 갖추어야 한다. 오늘날의 수행방법과 수행하는 심리상태로 성취하기는 극히 어려운 것이다.

2002년부터 오늘날까지 각종 수행방법을 강의했다. 이를테면 수행과정에서 나타나는 각종 반응, 생리로부터 심리에 이르기까지의 각종반응과 대치하는 방법까지 상세하게 강의했다. 그 과정에서 내가 더없이 명확해지고 분명해졌다. 어떤 문제들은 나 자신도 미처 인식하지 못하고 똑똑하지 못했던 문제들을, 사람들이 물었기 때문에 비로소 착실하게 생각하고 연구하기 시작했던 것이다. 돌이켜 보면 중생들이 나를 성취시킨 것이다. 그 은덕에 나는 무한히 감사를 표한다.

심신이 일정한 차원에 이르면, 스승이 반복적으로 가르치지 않고 한 글자쯤 정보를 알려주면 그것을 머리에 새겨 넣어야 한다. 내가 처음 구법하러 갔을 때, 스승의 말 한마디 글자 하나도 빼놓지 않고 기억하고, 심지어 손을 놀리고 움직이는 것까지 두뇌 속에 아로새겼었다. 그리하여 스승께서 말 한마디만 하여도 전체적인 뜻을 알게 되었다. 심신의 갈망이 이미 극도에 달했고, '녹음기'는 벌써 틀어놓았고, 방안의 청소도 이미 깨끗하게 되었으며, 낡은 가구와 쓰레기도 모두 다 버렸다. 깨끗하고 비어있는 집안은 오로지 그가 들어오기만 기다리는데, 어찌 한 글자라도 스쳐 보낼 수 있겠는가?

이미 20년이 지났지만 지금까지 나의 두 스승께서 말씀한 내용을 한 글자도 빼놓지 않고 암송할 수 있다. 처음 내가 공유스승을 찾아뵈었을 때 스승의 그 예리한 눈빛은 지금도 환하고 영원히 사라지지 않는다. 그 분이 하는 풍자는 마치 방금 전에 말씀하신 것 같다. "너 같은 놈이 세속의 것도 가지려 하고 출세간의 것도 가지려고 하다니, 이런 공짜가 세상 어디에 있는가? 네가 감히 세간의 모든 것을 포기할 수 있느냐? 네가 왼손에 든 것을 내려놓을 수 있다면, 너의 것을 순식간에 오른손에 거머쥐게 될 것이다. 이런 심리상태로 네가 득도하겠다고! 어리석은 놈! 허황한 망상이로다! 너 같은 놈은 나에게 법을 배울 자격이 없다. 당장 물러가거라!" 이것이 처음 공유스승을 찾아뵈었을 때의 일이다. 그 분은 두 말이면 잔소리라, 다시 더 말씀이 없었다.

이듬해 여름방학 또 다시 공유스승을 찾아갔다. 그분은 매일 다리를 포개고 늘 앉았던 그 자리에 앉아서 담배를 피우고 계셨다. 나는 그 옆에 꿇어앉아서 부채질을 해 드렸다. 그 분이 주무셔도 부채질을 했다. 산의 초가집은 침침하고 습기가 많았으며 모기도 대단했으나, 나는 여전히 꿇어 앉아 부채질을 했다. 이것은 그 분이 시킨 것도 아니고 그분이 필요로 했던 것도 아니지만, 내가 바라는 바가 있었고 내가 갖고 싶은 것이 있었기 때문에 그렇게 했던 것이다. 그 때 나는 공경심도 있었고 도심도 있었으며 정성껏 애를 썼다고 생각했다. 사실상 이것은 아집의 장난이었다. 많은 신도들이 내 앞에 와서 꿇어앉아 자기들의 경건함을 증명하는 것처럼, 이 모든 것은 자기 자신들의 필요에 의한 것이다.

그 때 나는 불원천리하고 달려가서 꿇어앉아 공유스님께 부채질을 했던 것이다. 스승께서는 깨어나 다리를 쭉 펴시더니 부채질을 하는 나를 한 발로 차버렸다. 하지만 나는 변함없이 매일 매일 꿇어앉아 부채질을 하여 드렸다. 며칠이 지난 어느 날 드디어 나를 보고 "도를 닦겠느냐? 눈을 크게 부릅뜨고 밖을 내다 보거라. 안을 밖이라 생각해서는 안 되노라."고 하셨다. 그 때 스승님께서 하시는 말씀을 나는 이미 알고 있었다. 내가 스승님의 전법을 받기 전에, 이 책 저책에서 한두 마디씩 대사님들의 말씀을 얻어 담은 것이 이미 몇 자루는 되었다. 하지만 아직까지 완전한 기계로 만들지 못한 것이다.

스승님은 계속해서 "대나무 뿌리는 퍼지고〔竹根展〕, 가지는 드리워졌네〔竹梢垂〕. 멀고 가깝고는 나에게 달렸으니〔遠近由我〕, 모든 일이 순조로우리〔左右逢源〕."하고 단 한번만 말씀하셨다. 두 번 반복하는 법은 없었고, 얼마나 알아듣느냐는 자기의 복보와 지혜에 맡겼다. 내가 알아듣지 못하고 계속 묻는다면 두 번 다시 말씀해 주시긴 했을지라도 해석 같은 것은 없을 것이다.

이것은 이미 내가 대단한 조화의 경계를 지났다는 의미이다. 만약 내가 두 번 다시 물었다면 스승과 나의 인연이 없다는 뜻이고, 내 안의 종자도 아직 싹트지 않은 것이다. 나의 내재의 종자가 이미 싹트고 있음을 보셨던 것이다. 때문에 스승은 나에게 말씀하셨고 나도 역시 스승의 말씀을 기억할 수 있었다.

그 때의 스승님들은 지금과 다르다. 지금의 스승들은 제자들에게 한 번 말해서 알아듣지 못하면 두 번 말하고, 두 번에 안 되면 세 번씩 해석한다. 만약 이런 상황이라면 그들의 혜근이 부족하고 기본 자질도 부족하다는 의미이며 배울 자격도 없는 것이다. 그러면 어떻게 할 것인가? 가서 염불이나 하거라! 그리하여 '어미타불', '어미타불'이라는 것이 생긴 것이다. 얼마나 간단한가! 나도 쉬울 것이고 당신의 얼굴도 뜨겁지 않고 자존심도 상하지 않을 것이다! (큰 스님은 한숨을 길게 내 쉬었다).

1995년, 내가 랍몽대사를 찾아 갔을 때는 완전히 다른 상황이었다. 그분은 나를 보시더니 마치 늙은 할머니가 손자를 만난 격이었다. 그때의 상황은 나의 심신을 달래는 아주 좋은 약이었다. 나는 이 세상에서 제일 차갑고 무서운 것과 제일 따뜻하고 인정스러운 것을 모두 다 얻은 것이다. 때문에 나의 내심세계는 이 두 극단적인 힘이 모두 구비되어 존재하고 있다. 물론 나도 역시 당신들에게 각기 다른 차원에 따라 차이가 나는 비장의 무기를 사용할 수 있다.

1995년 1월 어느 날 동이 틀 무렵, 나는 얼음과 눈이 덮인 땅을 밟으면서 호심도湖心島를 향해 걸어갔다. 자박자박하는 발자국 소리를 내면서 조심스레 얼음 위를 걸었다. 호심도로 가는 길이 원래 있었는데, 찾지 못하고 절반은 기다시피 올라갔다. 물통모양으로 생긴 이 섬의 안은 평평하고 낮아서 바람 한 점 없을 뿐만 아니라 사계절이 모두 봄철 같았다. 이 섬은 화산이 폭발해서 형성된 섬이었다. 화산이 폭발할 때 용암재가 사방으로 뿜어서 가운데는 낮고 주변은 암벽으로 둘러싸여 물통같이 생겼는데, 지기와 지열로 안에는 일 년 사계절 푸른 나무들과 꽃들로 꽉 들어차 있었다.

내가 머리를 숙이고 계속 기어 올라가는데 갑자기 수염이 반백이 되는 노인이 나의 앞에 서 있었다. 노인은 무어라고 표현할 수 없는 눈길로 나를 바라보고 있었다. 노인의 옆에는 할머니 한분도 함께 서 있었다. 두 노인을 '자상하다, 부드럽고 상냥하다'라는 간단한 말로 그분들의 기질을 묘사하기에는 너무 부족하다. 세상의 모든 말을 다 사용하여도 그분들의 몸에서 풍기는 매력을 형용할 수 없을 것이다. 비록 나의 본질적인 심리상태와 투지는 아주 강했지만, 처음 2년 동안의 폐관에서 얻은 신심의 건강은 말할 수 없이 나쁜 상태였다. 두 노인을 보았을 때 그 따사로움과 감동은 가장 자애로운 할아버지 할머니를 만난 것 같았으며, 내 심속의 감동은 이루다 무어라 말로 할 수 없을 정도였다.

내가 그들의 슬하에서 얼마나 잤으며 며칠 동안 쉬었는지 모른다. 깨어나서 배고프면 먹고, 먹고는 또 계속 잤다. 나는 이렇게 잠을 자는 가운데서 갖고 싶은 모든 것을 꿈에서 얻었다. 비록 서로간에 언어로 교류할 수는 없었지만, 언어를 초월한 영혼은 서로 교류할 수 있었다. 영혼의 세계는 중국어, 서장어, 영어, 일어라는 구별이 없다. 내가 혼돈상태에 있을 때 랍몽대사는 나에게 이렇게 말씀하셨다. "입도 하려면 땅이 막혀야 하고〔欲入道 地塞〕, 득도 하려면 하늘이 열려야 하며〔欲得道 天開〕, 입도 하려면 사람이 열려야 한다〔欲入道 人開〕." 랍몽대사께서 말씀하신 첫 번째 '입도'는 출세간의 도를 말하고, 두 번째 입도는 인간세상의 도를 말하는 것이다. 말하자면 사람이라는 이 학과를 철저히 알아야만 비로소 첫 번째 도에서 나와 다시 세속의 도에 들어갈 수 있고, 출세간의 도를 전파할 수 있는 것이다.

이 이치는 내가 벌써 알고 있었지만 지금까지 제대로 잘하지는 못하고 있다. 뿐만 아니라 많은 일들은 하고 싶지도 않고, 하고자 하면 확실히 힘들고 고생스러운 것이다. 수고가 많을 뿐만 아니라 고생스럽고 신경 쓰이며 심지어 억울하기도 하다. 이와 같은 압력들은 색신色身으로 말하면 확실히 막아내지도 못하고 감당하기도 어렵다.

비록 중생들이 완고하고 우매하다고 하지만 나는 끊임없이 말을 한다. 한번 말하고 두 번 말하고 계속하여 말을 한다. 나는 이 인연을 끝내야 하고, 이 업을 소멸해야 하며, 이 소원을 성취해야 한다. 이 소원은 과거세에 발원한 것이기 때문에 나의 신심은 계속해서 멈춘 적이 없었고, 끊임없이 일을 하고 말을 하고 있다. 말을 하고 일을 한다는 자체가 바로 업을 소멸하고 인연을 끝내며 소원을 성취하는 것이다. 만약 말을 하지 않고 일을 하지 않는다면, 영원히 이 인연, 이 업장, 이 소원을 끝내지 못하고 소멸할 수 없으며 성취할 수 없다.

때문에 당신들도 누구에게 의견이 있으면, 그 사람의 희노애락을 포함하여 말을 모두 다 하고 할 일들을 모두 다 해야 한다. 만약 해야 할 말을 하지 않고 해야 할 일을 하지 않는다면, 어느 때에 가서 이 인연, 이 업장, 이 소원을 끝마치고 성취할 수 있겠는가? 아니면 세세생생 가지고 갈 것이다. 그러므로 수양이 되어있는 척 하면서, 보기만 하고 참으면서 속에 담아두고 구시렁거리지 말아야 한다. 이렇게 한다면 당신의 병, 즉 인연, 업장, 소원은(이것은 수행병이다. 일종 선병禪病이다) 영원히 소멸할 수 없으며, 영원히 당신의 영혼 속에 남아서 다음 세까지 연속하게 될 것이다.

내가 세 번째의 스승을 만났을 때 "스승님, 제가 과수나무를 심어야 합니까?"하고 여쭈었더니 "그럴 필요가 없다. 네가 그걸 해선 무얼 하느냐? 너의 과일은 무지하게 많은데 구태여 과수나무를 심겠다고 하는고!" 하셨다. 그 때 내가 속으로 하고 싶은 말을 했더니, 스승은 바로 나의 뜻을 아시고 "그렇게 하고 싶으면 해 보거라. 하면 속이 편할 거다."라고 하셨다. 실천을 하고 나니 오늘날 나의 마음은 편하다. 그래서 나는 늘 주변의 신도들에게, 어떤 일들이 마음을 휘젓고 내려놓을 수 없고 참을 수 없으며, 심지어 내려놓으면 들고 있는 것보다 고통스럽고 대가가 크다면, 그 일은 해 보는 것이 좋다고 말한다. 만약 이 길에서 물러나는 대가가 끝까지 가는 것보다 더 크다면, 물러서지 말고 끝까지 가는 것이 더 나은 것이다. 때문에 세간의 법칙은 "내려놓을 수 없으면 들고, 들 수 없으면 내려 놓으라."는 것이다.

3강

명사를 알아보면 당신도 명사이다

■ **만행스님** : ㅇㅇ스님! 이번에 너는 이곳저곳을 돌아다니면서 많이 듣고 보고했는데, 우리들에게 너의 느낌을 말하기를 바란다.

■ **ㅇㅇ스님** : 네, 스승님! 이 자리에서 흉금을 털어놓고 제가 보고 들은 느낌과 감상을 생각나는 대로 여러분들에게 말씀드리겠습니다. 이전에 저는 항상 불법은 입으로 하는 것이 아니라 행동으로 실행해야 한다고 말을 했습니다. 제 자신의 업장은 아주 두텁습니다. 학창시절부터 오늘날까지 유쾌하고 즐거울 때가 별로 없었고, 사는 것이 마치 산송장과도 같았습니다. 이번에 나가서 원인을 찾게 되었습니다.

우리는 본래 해탈하고 자재로운 사람인데, 하는 일이 없고 너무도 한가하여 결국은 고생을 사서 하는 것 같습니다. 제가 바로 '천하는 원래 일이 없는데, 어리석은 놈이 긁어서 부스럼 만드는 것'에 해당하는 사람입니다. 제가 동화사에 일찍부터 안착하고 분수에 만족해하면서 본분을 지키고, 스승님을 따라 착실하게 부처님공부를 하면서 수행했다면, 어찌 그렇게 많은 일들이 벌어지고 그렇게 많은 번뇌들이 생겼겠습니까?

제가 이번 걸음에 얼마나 큰 실패를 봤고 얼마나 많은 고난에 부딪쳤는지 말도 못합니다. 저는 스스로 방향도 있고 목표도 명확하고 이상도 있는 사람이라고 생각했는데, 겪어 보니 모두 허황부실했습니다. 제가 무지몽매하여 번뇌 망상에 미혹된 것들을, 제 자신이 갈망하고 추구했던 것으로 착각했습니다. 실제적으로 체험하고 실험해 본 결과, 본래 생각했던 바가 아니고 모두 망상에 불과하다는 것을 깨달았으며 모두 진아의 부속품이라는 것을 발견하게 되었습니다.

제가 동화사에 있는 동안, 솔직히 말하면 오랫동안 고기가 너무 먹고 싶었습니다. 제가 진짜 고기가 먹고 싶은가보다 생각하고 고기를 먹으면서 체험하고 느껴보려고 했습니다. 어느 날 하루 한 음식점에 가서 소고기를 넣은 찐빵을 사서는 잘 먹고자 생각하고 먹기 시작했습니다. 맛이 괜찮았습니다. 계속 먹으려고 또 하나를 입에 넣었는데, 아하! 참! 매스껍고 구역질이 나서 어찌할 방도가 없었습니다. 제가 저 자신에게 '네가 고기 넣은 찐빵을 먹고 싶다 하지 않았는가? 고기를 먹고자 갈망하지 않았는가? 그런데 왜 못 먹는단 말인가?' 하면서 중얼거렸습니다. 그런 후 저는 이것이 진정 바라는 것이 아니고 본심이 아니라는 것을 알게 되었습니다. 심지어 다른 욕망과 속념조차 모두 바라는 것이 아님을 발견했습니다. 모든 것들이 다만 육신의 반응이었습니다. 제가 우매무지한 탓으로 이러한 망상에 미혹되어 고생을 사서 한 것입니다.

동화사에 다시 와서 여러분들이 편안히 상주하며 수행하는 모습을 보니 부럽기 그지없습니다. 도를 수련하는 사람들이 가장 두려운 것은, 자기가 무엇을 얻고자 하는지도 모르고 방향이 없는 것입니다. 제가 바로 이런 것으로 패배당한 사람입니다. 저의 모든 실패와 고생은 모두 방향이 없고 지향이 없는 까닭입니다. 오늘은 이 생각, 내일은 저 생각으로 지내왔습니다. 진정 생사를 깨우치고 도를 닦고 성불하고자 갈망한다면, 마땅히 발심해서 만념을 일념에 귀결시키고 전심전의로 자기가 지향했던 일에 뛰어들어야 합니다. 때문에 스승님께서 "도를 수련하려면 발심부터 하라."고 하셨습니다. 아주 이치 있는 말씀입니다. 대부분 도를 닦는 수행자들은 매일 입으로는 도를 수련한다고 큰 소리 치지만 사실은 어리벙벙한 사람들입니다. 기왕 도를 닦고자 발심했다면 마땅히 용맹정진하면서 열심히 수행해야 하고, 도와 상관없는 일들을 생각하지 말아야 합니다.

사실 저는 이번에 나갔다가 다시 돌아올 생각이 없었습니다. 제가 줄곧 찾은 명사가 원만하지 못하고, 제가 지향하는 명사는 이런 분이 아니라 이러저러한 분인데, 하필이면 상상과는 전혀 다른 분인가? 제 생각 속의 명사는, 어려운 일에 봉착할 때마다 저의 손을 잡아주고 가르쳐주며 해결해주고, 번뇌가 심할 때면 위로해 주리라고 생각했는데 저의 상상과는 아주 다른 것이었습니다. 그래서 더 좋은 명사를 찾고자 나갔지요.

그런데 거의 중국 땅 절반을 돌아다니면서 헤매고 찾았지만 못 찾았습니다. 드디어 제 생각이 우매무지 하고 그릇된 생각이라는 것을 절실히 느끼게 되었습니다. 그 때 제 생각으로는 동화사의 이 명사님(만행스님)은 분별심도 있고 자비로운 마음이 부족하다고 여겼습니다. 여기에 계신 적지 않은 분들도 이런 생각이 있었다고 생각합니다. 스승님은 우리들을 거들떠보지도 않는 때가 있는가 하면, 엄격할 때면 숨도 쉬기 어려웠습니다. 몽매한 까닭에 우리들은 스승님을 알 리가 없었고, 뿐만 아니라 스승님의 깊은 뜻을 이해하지 못하는 것입니다. 우리들의 차원으로서 어찌 명사의 경계를 헤아리고 이해할 수 있겠습니까?

제가 여러분들에게 말씀드리고 싶은 것은 진정한 명사는 중생을 한 사람도 버리지 않습니다. 각자의 토대와 인연에 따라 교화하는 방법이 다를 뿐, 절대로 분별심이 있거나 우리들을 버리지 않습니다. 일단 우리들이 스승으로 모시고 따랐으면 스승님은 반드시 우리들을 책임질 의무가 있습니다. 그분의 책임과 의무는 바로 우리와 같은 중생들을 교화하는 것입니다. 때문에 우리들이 반드시 알아두어야 할 것은, 명사는 명사의 법칙과 방법이 있다는 것입니다.

만약 그분이 명사라면, 이 세간에서 중생을 제도하지 않고 버리면 분명히 천벌을 받을 것입니다. 때문에 우리들은 그분의 표면

현상을 이해 못하고 명사님을 원망하면 안 됩니다. 설사 명사님께서 우리들을 본 체 만 체 하고 호되게 꾸짖거나 심지어 우리들을 때린다고 할지라도, 모두 목적이 있고 의도가 있음을 알아야 합니다. 세상에 중생을 버리는 명사는 없지만, 명사를 포기하는 중생들은 많답니다.

여러분께서 명사님의 곁에서 명사님을 따르고자 한다면, 명사님은 이래야 되고 저래야 된다고 생각하면 절대로 안 됩니다. 이것은 아주 그릇된 생각입니다. 저는 남에게 의지하는 마음이 아주 심한 사람입니다. 명사께서 저를 품에 안아주고, 울면 사탕을 주면서 달래주고 포용하고 다듬어 줄 것이라고 생각하고 기대했지만 불가능한 일입니다. 진짜 그렇게 한다면 그것은 진정한 명사가 아니지요. 진정한 명사는 당신을 성장시키는 것입니다. 다시 말하면 자신의 힘으로 자기를 성장하도록 하는 것입니다.

명사님께 의뢰했다가, 혹 명사님의 곁을 떠나게 되면 누구에게 기대하고 또 어떻게 성장할 것입니까? 때문에 명사님은 항상 우리들을 건장하게 성장하게끔 훈련시키는 것입니다. 설사 우리들이 넘어지고 좌절당하고 실패하더라도, 일으켜 세우는 것이 아니라 지켜보면서 스스로 일어나기를 기다리는 것입니다. 이때 우리들은 지혜롭게, 이것은 명사님께서 자비심이 없어서 그런 것이 아니라 우리들의 성장을 촉진시키기 위한 것임을 알아차려야 합니다.

다른 하나는, 수행은 진짜 복보가 필요합니다. 그런데 저는 복보가 확실히 부족하여 굽은 길을 많이 걸었고, 시간도 많이 낭비했습니다. 우리들은 절대로 무명으로 무명을 행하고, 복보를 닦으면서 복보가 없다고 인식하면 안 됩니다. 모든 일은 인에 따르는 과가 있는 법입니다. 옛날 조사대덕들께서 "견성을 하지 못한 사람이 수련하는 것은 모두 맹목적이고 헛수련이다."라고 했습니다. 그 말씀대로라면, 우리들은 견성을 하지 못했으므로 우리들의 수련은 맹목적이고 헛한 것이 아닙니까? 무명이 무명으로 복보를 닦는다면 결국 무명일 뿐 복보가 없는 것이므로, 아무 것도 하지 말아야 하는 것 아닙니까?

우리들은 복전에 많은 씨앗을 뿌리고 복보를 잘 키워야 합니다. 출가하여 수행한다는 것이 아주 고생스럽고 어려운 일임을 저는 이미 절실하게 느꼈습니다. 홀로 밖에서 유랑하면서 얼마나 많은 고생을 하고, 또 얼마나 많은 눈물을 흘렸는지 말로 다 할 수 없습니다. 하지만 출가하여 도를 닦는 고통과 고생은 한계가 있지만, 수행을 하지 않고 부처님공부를 하지 않는다면 그 고통과 고생은 영원히 끝이 없는 것입니다. 부처님께서 일찍이 "출가하여 도를 닦으면서 하는 고생과 고통은 바로 고생과 고통을 끝마치는 과정이라"고 하셨습니다.

우리들이 그와 같이 많은 욕망이 생기고 줄곧 외재적인 것을 추구하는 원인은, 내심세계가 공허하여 외재적인 것을 바라는 것이라고 생각합니다. 이를테면 애정이요, 직위요, 승용차요, 별장이요, 등등에 의하여 자기의 영혼을 지탱하는 것입니다.

비록 저의 욕망은 많았지만 사고하기를 좋아하기에 다행이었습니다. 사회에 나갔을 때 망상도 아주 많았고 관상하기도 아주 즐겼습니다. 세속 사람들의 생활을 흠모하면서, 나는 승용차도 있고 별장도 있으며, 사랑하는 애인과 함께 살면서 재산도 풍부하다고 관상하면서 세속의 모든 것을 관상하여 보았습니다. 관상하는 과정에서 제가 발견한 것은, 설령 제가 세속의 모든 것을 가졌다고 하여도 내심세계는 여전히 허전하고 만족할 수 없다는 것입니다.

제가 운이 좋은 것은 다행히 불법을 들었다는 것입니다. 때문에 세간의 모든 외재적인 것들은 모두 변화무쌍하고, 그 변화의 최후는 허망한 환상이고 전부 공이라는 것을 깨닫게 되었습니다. 내재의 공허한 것을 외재적인 물질로 채운다는 것은 불가능한 것입니다. 기껏해야 잠시 동안의 만족밖에 되지 못합니다. 세상에 가장 좋은 방법은 오로지 도를 수련하는 것이고, 또 천하에 도가 가장 높으며, 유일하게 도만이 사람의 마음을 균형 잡도록 해준다는 것입니다.

비록 저는 수행은 없지만, 제가 느끼고 깨달은 것을 여러분들에게 말씀드리는 것입니다. 스승님께서 자비를 베푸시어 법문하여 주시기를 바랍니다.

■ **만행스님** : 아직도 계속 나가서 행각해야 한다. 너의 수확은 참 많았구나. 너의 수확을 '정지정견正知正見'이라고 개괄할 수 있다. 이것

이 바로 너의 수증修證이다. 너는 바로 이런 방법으로 수행하고 이런 방법으로 수증해야 한다. 고생도 많이 하고 굽은 길도 많이 걸었고, 심지어 헛된 고생까지 했다는 생각을 하지 말아라. 겪어 보고 실천해 보는 자체가 바로 너의 재산이다. 도라는 것은 몸소 체험하고 체득하며 체증體證해야 한다. 이것이 바로 우리들이 늘 말하는 "마땅히 신심身心으로 느껴야 한다."는 것으로, 귀로 들어서 느낀 것으로는 부족한 것이다.

너는 내가 한결같이 견지하여 왔던 관점을 말했다. 명사와 부처님은 중생들이 요구하는 소원을 모두 만족시키지 못한다는 것이다. 소원하는 것을 모두 만족시켜 주는 명사와 부처 그리고 부모님들은, 올바른 명사·부처·부모님이 아니다. 왜 그런가? 무명 때문에 아무 것도 모르는 애들이 달라는 것을 모두 줄 수는 없지 않은가? 당신이 명사이고 부처이고 지혜가 있는 사람이라면 분명 모든 것을 다 알고 있는데, 어떻게 중생(범부凡夫)들이 무명 때문에 이것저것 요구하는 것을 모두 만족시키겠는가? 무명 때문에 요구하는 것을 모두 만족시키면, 그들이 틀렸다고 깨우칠 때 반드시 원망하고 욕을 할 것이다. "내가 몰라서 달라고 한 것을 다 만족시켜 주냐?"고 말이다!

너는 계속 행각하기를 바란다. 줄곧 동화사에 상주했다면, 지금과 같은 심각한 느낌을 얻지 못했을 것이다.

■ ㅇㅇ스님 : 스승님! 제가 이미 피투성이가 되었는데 아직도 부족합니

까?

■만행스님 : 부족하다마다. 반드시 엉망진창의 지경에 빠져야만 되고 구사일생九死一生이 되어야 한다. 다시 말하면 아홉 번 죽고 나서 한 번 살아나야 성취하는 것이다. 계속 고생은 해야 하지만 축하한다. 고생이 헛되지 않았으니 말이다.

금년은 동화사에 출가한 스님들이 가장 많이 나가서 행각하는 해였다. 나갔던 사람들이 돌아오게 되면 언제나 그들과 함께 얘기를 나누는데, 그중 너의 수확이 제일 큰 것 같다. 하지만 유감스러운 것은, 어떤 사람들은 나갔다 돌아왔는데도 아무런 느낌이 없다는 것이다. 어리석기가 미련한 돼지 같다. 느낌이 있다는 것은, 심혈을 기울여 몰입했고 체험하고 겪고 지내온 일들과 하나로 융합되었다는 것을 말한다. 아무런 느낌도 없다는 것은 일심전력으로 투입하지 않았다는 것이고, 신심이 마비상태에 있었다는 것을 말한다.

만약 내가 너의 인식이 틀렸다고 말한다면, 그것은 나의 측면에서 한 말이다. 각자의 관점에서 얻은 느낌은 모두 옳은 것이다. 느낌이 있다는 것은 네가 심혈을 기울이고 열심히 투입하고 느끼고 인식했다는 것이며, 그 인식과 느낌들은 모두 옳았다는 것을 말한다. 공자는 "사십이 지삼십구비四十而知三十九非"를 말했다. 이 말은 40살 때, 지나간 39살의 일들을 회상해서 잘못되었다는 것을 안다는 말이다. 너는 정말로 많이 진보했다.

나가서 수확이 있다는 것은 네가 진보하기를 갈망한다는 것을 의미한다. 자기 주변의 재색명리財色名利를 포함한 모든 일들을 모두 포착했다는 것이다. 솔직히 말하면 너의 이런 느낌들은 좀 늦은 편이다. 남자가 16~18세 때 이미 이런 느낌이 있어야 한다. 왜 내가 15살 때부터 절을 찾아다니면서 불법을 듣고 불문에 귀의했으며, 18세 때는 출가했겠는가? 그 때 나의 마음상태는 바로 너의 지금의 심령상태와 같았다. 방향을 잃고 방황하고 곤혹과 갈망 때문에 속을 태웠지만, 도대체 무엇을 갈망하고 무엇 때문에 속을 태웠는지 몰랐던 것이다.

재색명리를 다 가져 보았고 느껴 보았으며, 금방 네가 말한 것처럼 환상도 해 보았지만, 아무리 시험해 보아도 마음을 가라앉히지 못하고 감정을 사로잡지 못했다. 도대체 무엇을 갈망하고 무엇을 갖고 싶은가를 나 자신도 모르는 것이었다. 기도하면 부처님께서 무엇을 주실까? 집에서 마음을 안정하지 못하고 초조하게 근 2년이 지났는데 미칠 것만 같았다. 심할 때는 호흡하는 것조차 힘들었고 숨이 막히는 것만 같았다.

출가한 나는 마치 조롱에서 벗어난 새와 같이 즐겁기 그지없었다. 하지만 출가한지 반년이 지난 다음, 아무 것도 모르고 아무 일도 할 줄 모른다는 것을 느끼게 되고, 우매무지하다는 것을 알게 되었다.

내가 다니던 민남불교대학은 하문대학과 담장을 사이에 두었다. 담 넘어 하문대학교 학생들의 높은 자질을 본 나는 스스로 자괴감이 들었다. 그래서 불교대학에서 열심히 글공부를 하면서 내면을 충실히 했던 것이다. 하지만 그런 글공부는 1~2년, 아니 3~4년이 지나도 효과를 보지 못한다. 10~20년이 지나야 비로소 높고 낮음이 밝혀지는 것이다. 사람은 항상 엎치락뒤치락 하면서 살아간다. 이것은 나의 좌우명이다. 또 한 번만 엎치락뒤치락하는 것이 아니라, 두서너 번은 엎치락뒤치락 하는 것이다. 그러므로 환경을 원망하지 말고 남을 원망하지 말아라. 자기 몸에서 원인을 찾고, 부지런히 자기 몸에 공을 들이고 노력해야 한다. 이렇게 해야 비로소 진보할 수 있다.

하지만 어떤 사람들은 평생 엎치락뒤치락하며 살지만 남을 원망하기 좋아한다. 왜 자기는 좋은 사장님을 못 만났을까? 왜 이렇게 가난한 집에서 태어났을까? 왜 많은 재산을 물려받지 못하는가? 왜 귀인을 만나지 못하는가? 등등. 아무튼 이 모든 문제는 자기 문제가 아니라 모두 외계의 환경 탓이라고 생각한다. 이런 사람들은 평생 출세하지 못한다. 자기 몸에서 문제를 찾고 꾸준히 노력하는 사람은 성취하지만, 남만 원망하는 사람은 오로지 피로한 몸만 남는 것이다. 그래서 불문에서 "보리는 안에서 얻어야 하고, 수증하는 것도 안에서 얻어야 한다."고 한 것이다.

4강

생활 속에서 수련할 줄 알아야 한다

　성불하겠다고 조급해하지 말고 모든 정력精力으로 자기를 충실하게 하고, 기본자질을 높이면서 품질을 완벽하게 하라. 자질과 품질이 구족하고 원만하면 바로 부처가 된다. 이런 사람들은 필연적으로 승천할 것이고 절대로 지옥으로 가지 않을 것이다. 우리들이 싯다르타를 부처라고 하는 것은, 싯다르타가 오명五明에 정통하였기 때문이다. 하지만 우리들은 지금 몇 가지 명이나 통할 수 있는가? 무명無明만 통했을 뿐, 단 일명一明도 불통이다. 오명을 몰라도 괜찮다. 하지만 부지런하고 꾸준히 배우며 근면하게 끊임없이 노력하는 사람은 분명히 손색없는 수행자일 것이다.

　옛날 고인들은 "성불하는데 조급해하지 말고, 서둘러 복이나 많이 쌓아라."고 말씀하셨다. 하지만 몇 명이나 서둘러 복을 쌓는가? 성불하겠다고 다들 급해한다. 또 몇이나 서둘러 자기그릇에다 자량資糧을 담는 수련을 하는가? 다만 생사를 끝마치는 데만 급해한다. 입만 열면 "나는 폐관하겠다."고 설치는 것이다.

흥! 폐관하겠다고? 본래는 보살의 복보를 가지고 있던 사람이 몇 년 폐관하고 나면 아라한의 복보만 남고, 본래는 나한의 복보를 가지고 있던 사람이 폐관을 몇 년하고 나면 무엇이 되겠는가? 나도 그것을 딱히 뭐라고 말을 못하겠다. 많은 수행자들이 출가하겠다고 발심할 때는 좀 복이 있는 것 같더니, 십년~이십년이라는 수행을 하고 나더니, 원래 가지고 있던 작은 복보마저 사라지고 없다. 수행은 복보를 쌓고 지혜문을 열기 위한 것인데, 장기간 스님으로 수련하는 시간이 길다보니 몸도 움직이기 싫고 두뇌도 쓰기 싫은 게으른 사람이 되어 버렸다.

사회에서는 사람을 비난하면서 "이 사람은 사지는 발달했지만 두뇌는 단순하다."고 말한다. 그런데 지금 출가한 사람들을 보면 사지가 발달한 사람도 몇 없을 뿐만 아니라, 두뇌까지 단순하기 그지없는 사람들이 많은 것 같다. 그들의 사지는 몇십 근 되는 물건도 들지 못하는 형편이다. 이것은 거짓이 아니다. 왜 이 문제를 관찰하고 사고하며 반성하지 않는가?

지금 짬만 있으면 좌선을 하는데, 겨우 좌선하는 공부만 하는 것은 수행이 아니다. 일상생활 가운데서 먹고, 마시고, 누고, 싸고, 자고, 길을 걷고, 한담을 하고, 심지어 일을 하는 가운데서 자기의 마음 씀씀이를 지켜 볼 수 있다면 이는 진정한 대공부이고 진정한 대수련이다. 만약 하루 24시간 동안 단 3시간만 좌선하고, 나머지 21시간은 산란 속에서 도를 잊고 도를 소실하면, 이 21시간의 산란은 그 세 시간의 전념을 모두 희석시키고 씻어 버리게 된다. 아울러 중간의 줄이 끊어지는 것이다. 마치 물의 원천이 끊어지고 전원이 끊어진 것과 같다. 이런 공부방법이 무슨 소용이 있는가? 반드시 대공부하는 방법, 즉 24시간 동안 자기의 마음씀씀이를 지켜보는 것이 필요하다.

무엇을 당하(지금 현재)라고 하는가? 어떤 사람들은 당하라는 것이 없다고 한다. 시간이라는 것은 매 당하가 조합하여 형성된 것이고, 그 매 당하들이 차례로 연결되면서 과거·현재·미래를 형성하고 사람들의 일생을 만든다. 그러므로 부처님공부를 하는 사람들은 과거를 추억하지 말고 미래를 기대하지 말고, 오직 이 당하만 잘 관리하면 된다고 한다. 당하 마다 염두를 지킬 수 있다면 모든 염두를 다 지킬 수 있는 것이다. 만약 당하가 없다면 여러분은 무엇을 장악하고, 당하가 없다면 여러분은 또 무엇을 수련할 것인가?

좌선할 때 자기의 용모를 관상하는 방법도 괜찮은 것이다. 아주 장엄하고 풍만하며 둥글둥글 윤택이 있는 상을 관상한다. 정좌하는 자체는 명상을 포함하는데, 자기가 부처라고 명상하면 시간이 갈수록 부처의 그림자가 자기 몸에서 나타나게 된다. 출가한 사람들의 용모가 바뀌는 것은 절대 거짓말이 아니다. 매일 아미타불의 형상을 자기의 몸에 고정하면 차츰차츰 부처의 복보가 생기는 것이다.

조사님들의 전기를 읽어 보면 그들의 용모는 훌륭하고 장엄하며 제왕장상과 견줄 수 있다. 성도할 수 있고 조사가 될 수 있다는 그 자체가, 수많은 세대를 겪으면서 쌓은 복보인 것이다. 우리들이 보살도를 행하지 않고, 중생을 제도하겠다는 목표를 세우지 않는다면 어떻게 복보가 있겠는가? 겨우 도심만 있고 실제행동이 없다면 그것은 망상에 지나지 않는다. 그것을 실천에 옮긴다면 망상이 아니라 행원 行願을 한 것이다. 오로지 행원을 해야 비로소 복보를 닦고 지혜를 닦는 조건이 구비되었다고 한다.

5강

부처님공부는 사소한 일에서부터 시작한다

■ **질문** : 스승님! 『능엄경』에서 말한 다른 음마陰魔에 대하여 법문해 주세요.

■ **만행스님** : 『능엄경』은 세 부분으로 나뉜다. 제1부분은 7처의 증심証 心이고, 제2부분은 25종의 원통법문圓通法門이며, 제3부분은 50종 의 음마이다. 예로부터 도를 닦는 사람들은 반드시 『능엄경』에서 말한 50종의 음마를 연구했다. 이 50종 음마를 통달하지 못하면 사선팔정四禪八定을 초월할 수 없다. 사선팔정에는 『능엄경』에서 말하는 음마들이 나타나는 것이다. 어떤 음마이든지 간에 근본적 으로는 자성自性의 현현이고 우주법성宇宙法性의 현현이라고 『능엄 경』에서 말하였다. 다시 말하면 이 50종의 음마들은 일부분은 법 계에서 온 것이고 일부분은 자성에서 온 것이다.

오늘 저녁 ZD가 왔는가? (예, 왔습니다) 너의 지금 그 상황이 바로 자성에서 오는 음마의 현현이다. 『능엄경』의 말에 따르면, 법계의 음마는 처리하기 쉽지만 자성에서 오는 음마는 처리하기가 어렵다고 한다. 음마라고 하지만 실은 수행도중에 나타나는 연도풍광이라는 것인데, 필연적으로 나타나는 경계들이다. 아울러 우리들의 도심, 담량과 식견, 기백과 선정기능들을 확고하고 굳건하게 성장하고 초월하려면 반드시 수행도중에 나타나는 음마에 의거해야 한다.

마치 사람들의 담량과 식견 그리고 기백氣魄같은 것들은 반드시 각종 시련과 노고를 겪어야 하며, 체력노동으로 단련해야 길러지는 것과 같은 이치이다. 그러므로 불교에는 불변의 진리가 있다. 즉 "도력을 굳건하게 하려면 마력에 의거하라〔欲堅道力憑魔力〕" 하고, 또 "번뇌가 보리이다. 번뇌가 사라지면 보리도 없다〔煩惱即菩提, 煩惱除盡 菩提也無〕"라고 한 것이다. 번뇌와 보리가 모두 한 마음의 현현이라는 것이다. 마치 육근과 육진은 범부들에게는 육근과 육진이지만, 궁극의 과위를 증득한 사람에게는 본래면목이고 자심自心의 현현인 것이다.

이 이치를 좀 더 통속하게 비유하면 이렇다. 우리들은 늘 누구는 자질이 좋고 누구는 자질이 낮다고 하면서 이러쿵저러쿵 말한다. 자질이란 도대체 무엇인가? 바로 그 사람의 말투나 태도 그리고 그 사람의 행동거지와 일처리인 것이다. 같은 이치로 육근과 육진은 바로 우리들의 영혼이고, 우리들의 본래면목의 현현이며, 우리들의 법신인 것이다.

세존께서는 불경의 삼장 십이부를 '범부위凡夫位의 가르침'과 '구경위究竟位의 가르침'이라는 두 부분으로 나누셨다. 우리들이 불경을 읽거나 또는 조사님들께서 설법한 내용을 읽을 때, 만약 범부의 차원에서 하신 가르침인가 궁극의 차원에서 하신 가르침인가 하는 것을 구분하지 않는다면, 그 내용을 틀리게 이해할 뿐만 아니라 오히려 사람들의 수행을 잘못 이끌게 된다.
세존께서는 '묘명진심妙明眞心과 자성自性'을 분명하고 명확하게 하기 위하여 『능엄경』에서 나누어 설법하신 것이다. 마치 우리들의 자성을 불교경전에서 백여 개의 단어로 논술한 것처럼, 각 종파마다 모두 여러 가지 단어가 있는 것과 같다. 우리들의 본래면목을 표현하는 것도 다른 종파에서는 다른 이름이 있는 것이다. 고대의 성인들께서 단어를 너무 많이 만들었기 때문에 후인들이 할 일이 생긴 것이다. 만약 하나의 단어와 이름이라면 사람들이 그렇게 많은 정력을 허비하면서 연구하지 않았을 것이다.
기독교의 이론에 따르면, 하나님이 사람을 창조한 다음 그들에게 다른 피부와 다른 언어, 다른 문자를 만들어 주면서 사람들로 하여금 종일 문자에만 파묻히게 하였다고 한다. 만약 세상 사람들이 모두 다 같은 피부, 같은 언어, 같은 문자를 가졌다면 서로서로 소통도 쉽고 교류도 쉬울 것이다. 만약 그렇게 된다면 사람들은 할 일이 없게 된다. 사람들이 할 일이 없으면 자연적으로 서로 시비를 하고 말썽을 일으키게 될 것이다.
범부들은 조용할 방법이 없다. 일단 조용해지면 바로 문제가 생기는 것이다. 사람의 몸뚱이가 하루 종일 분망하고 바쁘면 시비할 겨를도 없고 수명도 길어지며 건강도 좋게 된다. 왜 도 닦는 사람들은 병이 많은가? 그들의 몸은 한가하나 마음은 한가하지 않기 때문이다. 대체로 이런 사람들의 몸은 병도 많고 수명도 짧은데, 제일 큰 원인이 바로 이것이다.

일반적으로 종교인들은 단명한다. 종교인들의 평균수명은 49세이지만 일반인들의 평균수명은 62세이다. 금욕하는 사람, 신앙하는 사람들의 수명이 왜 그렇게 짧은가? 그들의 몸은 한가하나 마음이 한가하지 않기 때문이다. 하지만 어떤 종교인들은 아주 장수한다. 그들은 인간세상의 모든 고통을 겪을 대로 다 겪었고, 일반인들이 견뎌낼 수 없는 굴욕들을 다 참았으며, 보통사람들이 할 수 없는 일들을 해냈기 때문이다. 이런 사람들은 마음은 한가하나 몸이 한가하지 않다. 하지만 일반 종교인들은 잘못 뒤집혀져서 몸은 한가하나 마음이 한가하지 않기 마련이다, 진종일 그들의 육근이 서로 다투고 있는 것이다.

옛사람들은 "몸을 움직여 활동하여라. 살려면 움직여야 되고 활동해야 한다."고 하였다. 이 말의 뜻은, 반드시 몸은 많이 움직여야 되고 마음은 조용해야 된다는 말이다. 허나 지금 도를 닦는 사람들은 몸은 한가하지만 마음은 한시도 쉬지 않으니 당연히 단명할 수밖에 없다. 복보와 지혜는 닦아야 한다고 하였다. 어떻게 하면 지혜와 복보를 닦을 수 있는가? 유일한 방법은 일을 많이 하면서 온갖 시련을 겪고 이겨나가는 것이다. 이렇게 하면 자연 복보도 생기고 지혜도 생긴다. 매일 자기를 방에다 가두어두고 사람들과 접촉하지 않으며, 일을 하지 않는다면 복보와 지혜를 닦는다는 말을 하지 말아야 한다!

■ 질문 : 스승님! 좌선하는데 귀에서 소리가 나는 원인은 무엇인가요?
■ 만행스님 : 두 가지 원인이다. 하나는 신장이 허약하고 간에 열이 있기 때문이고, 다른 하나는 수련이 어느 한 단계에 이르면 체내의 정기신이 충족해져서 맥락에 들어가기 때문이다. 맥락에 들어간 다음 바로 위로 오르는데, 정륜頂輪이 열리지 않으면 맥락 안에서 순환하면서 부딪치며 소리가 나는 것이다. 마치 물이 있는 수도 호스의 수도꼭지를 틀어 놓으면 호스에서 소리가 나는 것과 같은 이치다.

■ 질문 : 사람들의 심리는 생리를 다스릴 수 없습니다. 만약 스승님께서 세상에 펼쳐놓은 '연화생 동공'을 수련한다면 생리를 다스릴 수 있습니까?
■ 만행스님 : 어떤 방법을 써도 범부들은 영원히 자기의 생리를 다스리지 못한다. 소위 '팔만사천법문'이라는 것도 우리들이 생리를 다스리지 못하기 때문에 설치한 것이다. 어느 때든지 자기의 생리를 다스릴 수 있다면 한 마디의 불법도 필요 없는 것이다. 마치 무문無門선사께서 말씀하신 것처럼 "무법을 법으로, 무문을 문으로 한다〔無法爲法, 無門爲門〕"일 것이다. 그분께서는 이미 팔만사천 법문을 겪어 봤기 때문에 이런 말씀을 하신 것이다.

부처님께서 이렇게 말씀하셨다. "도를 깨닫기 전의 여러분은 무명의 범부이기 때문에 내가 법을 주어도 사용할 줄 모르고, 혹은 이미 여러분이 진리를 깨닫고 증도하였다면 역시 불법이 필요 없다." 경우가 이러한데 부처님께서는 왜 삼장 12부, 팔만사천법문을 말씀하셨는가? 여러분이 울고불고 떼를 쓰니, 하는 수 없이 손에 사탕을 쥐어주고 입에다 땅콩을 넣어 주면서 우는 어린애를 달래신 것이다.

■ **질문** : 스승님! 방생은 도대체 어떤 의의가 있습니까? 이 문제를 여쭙는 것은, 첫째 우리가 이쪽에서 방생하면 저쪽에서는 금방 건져갑니다. '부처'라는 말의 정의는 '각오한 사람이다'입니다. 성불하는 기초가 사람이라면, 왜 사람들은 미꾸라지나 붕어 같은 것들을 방생한다고 합니까? 두 번째는 육도윤회라는 것은 사람들의 여섯 가지 상태를 말하는 것으로 사람들이 미꾸라지나 개, 돼지, 오리, 닭으로 환생한다는 말이 아니라고 알고 있습니다. 과연 이렇다면 우리들이 방생하는 의의는 무엇입니까?

■ **만행스님** : 육도六道라는 것은 유형유상의 육도가 있고 무형무상의 육도가 있다. 만약 내가 진한심嗔恨心이 생겼다면 바로 아수라도에 들어가게 되고, 겸손한 마음이 생기면 보살도에 들어 갈 것이며, 야수성이 생겼다면 바로 축생도에 들어가게 될 것이다. …. 우리들의 신심을 놓고 말하면 사람들은 누구나 하루에도 몇 번이고 육도를 들락날락한다.

또 다른 육도는 우리들의 생전의 행위와 습성 그리고 기호에 따라서 결정된다. 사람들이 어떤 방면에 특별한 기호가 있었다면, 임종 때 신식은 생전의 습성에 끌리는 도에 가서 환생할 것이다. 이를테면 생전에 음욕심이 강하면 임종할 때 다른 것은 모두 다 잊고 생리적인 욕망만 기억할 것이다. 그러면 죽은 다음 생전의 악습, 말하자면 '업력'에 끌려 축생도에 떨어지게 된다.

그러므로 수행하는 사람은 특별한 기호가 없어야 하고, 무엇이나 다 즐기지만 다 즐기지 않고, 무엇이든 다 할 수 있지만 내려놓을 수 있으며, 그 어떤 것에도 속박받지 말아야 한다. 이것을 『금강경』에서 "머무는 바 없이 나타나야 한다〔應無所住而生其心〕."고 한 것이다. 불교는 발심을 말한다. 어떤 일을 하든지 무슨 마음을 가지고 일을 하느냐 하는 것이다. 불교는 또 원만을 말한다. 원만이란 무엇인가? 바로 자기의 언행을 책임지는 것을 말한다. 책임이란 또 무엇인가? 시작도 있고 끝도 있다는 말이다.

방생으로 예를 들어 말한다면, 강 아래 사람들이 방생한 물고기를 건진다는 것을 알았으면 다른 곳에 가서 방생하든지 아니면 밤에 방생하든지, 사람들이 보지 않는 곳에 가서 방생할 것이지 왜 하필 그곳을 택하는가? 왜 사람들이 상류에서 방생한 물고기를 잡는가? 방생하는 사람들이 우매하고 미련하다는 것을 너무 잘 알기 때문에, 상류에서 방생한 물고기를 하류에서 기다리는 것이다.

초하루, 보름만 되면 부처를 믿는 사람들이 물고기를 사서 방생한다. 그러므로 시장의 물고기 값도 따라서 오르게 되었다. 방생하는 사람들이 시장에 나타나면 장사꾼들은 얼른 물고기 값을 올린다. 방생하는 사람들이 흥정하거나 사지 않으면, 장사꾼들은 방생하는 사람들의 눈앞에서 물고기를 땅에다 메쳐 죽이거나 날짐승의 목을 비틀어 죽여 버린다. 장사꾼들은 부처를 믿는 사람들의 허위적인 자비심을 너무도 잘 알고 있는 것이다. 그러므로 방생하는 것도 지혜가 있어야 한다. 불법은 만들어 놓은 것도 아니고, 입으로 말을 해서 되는 물건도 아니다. 닦아서 얻는 것이고 기능공부이다.

- **질문** : 청해의 문천汶川에서 지진이 일어났을 때, 그곳의 사원과 도관들이 거의 무너지고, 스님들과 도사들도 죽거나 상했습니다. 그때 불교의 용천신장龍天神將님들은 뭘 하였는가요? 세속의 신도들이 어떻게 불법에 대하여 신심을 가질 수 있을까요?
- **만행스님** : 불법에 신심이 있는 사람은 어떤 일을 당해도 여전히 신심이 변하지 않을 것이고, 불법에 신심이 없는 사람은 부처보살님들께서 삼계육도를 눈앞에 보여 주어도 믿지 않을 것이다. 수행자들의 도심이 어떻게 환경에 따라 생기고 변하며 소실될 수 있는가?! 겉보기에 이 자리에 앉은 사람들은 모두 범부들 같이 보이지만, 유일하게 다른 점이라면 바로 심령心靈의 경계가 다른 것이다.

불교는 삼세인과를 말한다. 이런 현상이 생기는 것은 어떤 사람에게는 과가 되고 어떤 사람에게는 인이 되기 때문이다. 그런 것들을 경험했기 때문에 상처가 있게 되고, 생사에 대해 혐오하는 마음이 생기게 되며, 이로부터 분발하여 도를 닦고 인생을 소중히 여기며 사회에 대해 감사한 마음이 생기게 되는데, 이것은 바로 그 사건으로 인한 인이다.

하지만 어떤 사람들은 과거에 자기의 신·구·의를 단속하지 못하여 많은 악업을 지었기 때문에, 이생에 발생하는 이런 현상의 과를 감당해야 한다. 천안이 열린 사람들은 태어나지도 않고 사망하지도 않는다. '생과 사', '생과 멸'이라는 것은 육진을 놓고 하는 말이다. 육근과 육진을 초월하고 현상으로 본질을 보게 되면, "출생한자는 애초에 태어나지 않았고, 죽는 자도 애초에 죽지 않았다〔生者從來未生, 死者從來未死〕'는 것을 철저히 알게 된다.

모든 일들의 출현과 존재는 모두 좋은 면과 나쁜 면이 있다. 만약 우리들이 좋은 마음을 품고 건강한 마음가짐으로 이런 현상을 보게 되면 내재적인 이치를 깨달을 수 있을 것이다. 만약 우리들의 마음가짐이 건강하지 못하고 자질이 낮으면, 볼 수 있는 것은 오직 암흑일 뿐이고, 수집하고 느끼는 것 모두가 부정적인 정보일 것이다. 그러므로 어떤 일이든 각자는 각자의 마음에 따라 자기의 견해를 지니게 되는 것이다.

■ **질문** : 스승님! 염불만하면 성불을 하고 왕생할 수 있습니까?

■ **만행스님** : 그것은 여러분이 믿느냐 믿지 않느냐 하는 것을 봐야한다. 믿는다면 왕생할 수 있을 것이고, 믿지 않는다면 왕생하지 못

할 것이다. 또한 사람마다 이해가 다르다. 내가 보기에는 이 모든 것은 나태한 사람들이 하는 생각이고 우매한 사람들이 하는 생각이다. 『능엄경』 한 권을 읽자면 상당히 어려우니, 한 구절만 읽자고 한다. 그런데 한 구절을 읽는 것도 복잡하다. 그래서 한 글자만 읽는다. 그러니 삼장 십이부경을 모두 연구하지 않고 '어미타불'만 읽는다. 어미타불 염불하는 것도 복잡하니 '불, 불, 불…'의 한 글자만 읽는다. 진종일 염불하는 것이 얼마나 또 번거로운가? 그러면 저녁에 한번 '불'하고, 아침에 한번 '불'하면 될 게 아닌가!

■질문 : 스승님! 옛 사람들의 타심통他心通은 무엇입니까?

■만행스님 : 그들은 이미 천인합일의 경지에 도달하였고 이미 만물과 통일체이며, 이미 천지 만물과 마음이 통한 것이다.

■질문 : 어떻게 하면 모든 것이 확실하고 분명할 수 있습니까?

■만행스님 : 여러분이 진정 확실하고 분명할 수 있다면 언제나 확실하고 분명할 것이다. 그런 그릇이어야만 그런 일을 할 수 있다. 그런 그릇이 아니라면 그런 일을 할 수 없다. 모든 것이 확실하고 분명할 수 있는 수준이 되는 것은, 닦아서 되는 것도 아니고 배워서 되는 것도 아니다. 적어도 이생에서 수련하여 닦은 것이 아니다. 그것은 세세대대로 내려오면서 닦아온 것이다.

과거의 명사들은 제자들을 선택할 때, 우선 이런 일을 할 수 있는 사람인가 법을 받을 수 있는 법기인가 하는 것부터 보았다. 확실하고 분명하다면 부처님공부를 할 수 있고, 그렇지 않으면 부처님공부를 할 수 없는 것이다.

어떤 사람들이 부처님공부를 할 수 있는가? 반드시 시시각각으로 경각심을 높이고 자기의 신·구·의가 무엇을 하고 있는가를 분명하고 확실하게 아는 사람들만 부처님공부를 할 수 있다. 이를테면 "지금 나는 무슨 생각을 하고 있다, 지금 내가 남을 욕하고 있다, 내가 사람을 치고 있다, 지금 내가 진한심이 생겼다. ….." 등등. 어떤 일을 하든지 자기의 마음씀씀이를 모두 분명하고 확실하게 똑똑히 알고 있는 사람만이 부처님공부를 할 수 있다.

- **질문** : 스승님! 염불로 성불할 수 없다면 사람들에게 알려 주어야 되지 않겠습니까?

- **만행스님** : 어떻게 사람들의 혜근慧根을 끊어 버리겠는가?! 우리들은 그들에게 신심과 희망을 주어야 한다. 부처님공부는 방편의 선교이므로 안 된다는 것을 알지만 된다고 하는 것이다. 그러므로 부처님은 "내려놓을 필요 없이 제 할 일만 하여도 성불할 수 있고, 아는 것이 없어도 '어미타불' 한마디만 하면 성불할 수 있으며 왕생할 수 있다. 오로지 경건하기만 하면 진리를 깨닫고 득도할 수 있다. ….."고 하신 것이다. 이 말을 들은 사람들은 '아!~ 이렇게 간단하구나!'하면서, 너도 나도 이 일을 하고자 이 법을 배우고자 덤벼들고 있다.

과연 그런 것인가? 그에 대한 말은 감히 할 수 없다. 말을 한다면 불교는 벌써 끝장났을 것이고, 절문 앞에는 잡초가 무성해졌을 것이다. 부처님은 우리들의 선근을 키우기 위하여 우리들에게 희망을 주고 신심을 주신 것이다. 그러므로 모든 법사들과 모든 신도들은 사람들에게 신심을 주고 희망을 주는 것이다. 이렇기 때문에 사람들은 어느 것이 진짜이고 어느 것이 가짜인가 하는 것을 모르게 되고, 나중에는 오늘과 같이 근본을 버리고 가지를 잡는 상황에까지 이르게 되었다.

진정한 선지식은 그의 앞에 다가오는 모든 중생들을 분명하고 똑똑하게 알 수 있다. 으뜸가는 재단사는 찾아오는 손님들을 한번만 보게 되면 몸을 재지 않아도 훌륭한 옷을 재단할 수 있다. 몸을 재서 재단하는 재단사는 으뜸가는 재단사가 아니다.

6강

무명한 사람은 부처도 구제할 수 없다

- **질문** : 스승님! 도의 수련과 염불, 그리고 정좌와 좌선은 서로 어떤 관계가 있습니까?
- **만행스님** : 그들은 피차간 서로 통한다. 이름이 아무리 많고 법문이 아무리 많아도, 자기의 마음씀씀이를 지키고 자기의 언행을 중시하자는 것이다.

- **제자** : 스승님은 진정한 명사이십니다. 저에 대한 가피에 감사를 드립니다.
- **만행스님** : 우매하고도 무지하도다. 내가 어찌 너를 가피할 수 있겠는가? 내가 너의 몸에 힘을 실어줌은 소용이 없는 것이다. 네가 그만한 재목이 못 되는데 내가 가피한들 무슨 소용이 있겠는가! 우선 재목이 되어야 가피도 작용을 하는 것이고, 나의 힘도 헛되지 않을 것이다. 인재를 배양하고 훌륭한 계승자를 선택하려면

재목과 자질을 보지 않으면 안 된다. "가르침에는 분별이 없다."
고 한 것은 다만 하는 말일 뿐이다.

- **제자** : 스승님은 태양이십니다. 영원히 제자들을 비추옵소서!
- **만행스님** : 이런 놈이라! 지금 이 사람이 무슨 말을 하는가, 들었는가? 이것을 보고 미련하고 우매무지하다고 하는 것이다! 태양은 날마다 대천세계를 비추고 불광도 날마다 대천세계를 골고루 비추고 있다. 하지만 지옥에 가는 사람은 지옥에 가고, 우매한 사람은 여전히 우매하여 결코 깨어나지 못하고 있다. 소위 미혹에서 깨어났다는 것은, 그 사람 자신이 명백한 사람이기 때문에 정신 차린 것이다. 우매한 사람은 개혁할 수 없다. 오직 자신의 노력으로 일정한 자질을 갖춘 다음에야, 부처의 힘을 받을 수 있고 불광도 비춰질 수 있다. 자질이 그 차원에 도달하지 못한다면 불광도 작용할 수 없는 것이다.

7강

부처님공부를 하는 사람은 미신을 잘 믿는다

■ 질문 : 스승님! 2012년은 세계적으로 큰 재난이 일어난다는 이야기가 많습니다. 이 모든 것이 인류의 공통된 업장 때문이고, 지구의 절반이상 사람들이 죽는다고 합니다.

■ 만행스님 : 죽으려면 너와 같은 사람이 먼저 죽거라.

■ 질문 : 그렇다면 우리들은 어떻게 해야 합니까?

■ 만행스님 : 죽으려면 빨리 죽거라! 우리들은 잘 살련다. 열심히 배우고 수행정진하면서 중생들을 위해서 의미 있는 일들을 많이 할 것이다. 성주괴공成住壞空은 멈춘 적이 없었고 멈추지도 않는다.

■ 질문 : 스승님! 저의 한 도반이 말하는데 스승님의 연화생법문 동공을 수련했더니 색신이 없어지고, 길가는 사람들은 이 도반을 볼

수 없다고 합니다. 진짜 이런 효과가 있을까요?
- **만행스님**: 오직 너 같은 사람만 이런 것을 믿는다.

- **질문**: 스승님께서 일전에 '어미타불'을 반드시 '어미타불'이라고 발음해야 한다고 하시면서, 만약 '아미타불'이라고 한다면 죽을 때 신식이 입으로 나간다고 하셨습니다. 저는 묵독으로 염불하는데, 정신세계는 의념과 심념으로 염불하고, 입으로는 염불을 하지 않습니다. 이렇게 염불을 한다면 죽을 때 어떤 문제가 있을까요?
- **만행스님**: 이런 염불이야말로 진정한 염불이다.

- **질문**: 스승님, 저의 염불은 제가 하고 제가 듣습니다. 마치 지관止觀과 같은 느낌이 있습니다.
- **만행스님**: 모든 불법은 반드시 지관에 도달해야 한다. 지관에 이르지 못한다면 효과가 없고 입문도 하지 못한다.

- **질문**: 스승님, 제가 아침에 예불하는데, 갑자기 '아~ 스승은 허공을 가슴에 담을 수 있는데 나는 왜 담지 못할까?'하는 생각이 들자, 갑자기 저의 마음이 '화~'하고 열리는 느낌이 들면서 넓은 들판, 화초, 수목, 산천들이 저의 가슴속에서 나타났습니다. 이유가 무엇일까요?
- **만행스님**: 다른 사람이라면 감응이라고 하겠지만, 너라면 망상이고 얼이 빠졌다고 한다. 왜 다른 사람이라면 도라고 하고, 너의 경우

는 망상이고 산란에 빠졌다고 하겠는가?

■질문 : 스승님, 왜 말법의 중생들은 집에서 수행한다고 합니까? 염불하는 외에 다른 인연은 없는지요?
■만행스님 : 말법이라는 것은 오직 너의 몸에만 떨어질 뿐, 다른 사람들에게는 없다.

■질문 : 스승님, 시간은 수행자가 볼 때 무엇입니까?
■만행스님 : 시간은 득도한 사람에게는 존재하지 않지만, 성도하지 못한 범부들에게는 한 번 가면 다시 오지 않는다.

■질문 : 스승님, 도가에서 "대음희성大音希聲(우주를 창조하는 처음의 큰 소리는 들리지 않는다)"이라고 합니다. 어떻게 해탈하면 자신이 더욱 큰 조화가 있게 됩니까?
■만행스님 : 자기가 해야 할 일을 잘 하는 것이 가장 큰 조화이다.

■질문 : 불가에서 '삼세인과', '육도윤회'라고 하는데 어떻게 하면 윤회를 벗어날 수 있습니까?
■만행스님 : 득도해야 윤회를 벗어날 수 있다. 아니면 영원히 윤회한다.

■질문 : 스승님, 부처님공부를 하는 진정한 의미는 무엇입니까?

■ 만행스님 : 분수에 만족하고 본분을 지키며, 자기의 직분에 책임을 다 하는 것이다.

■ 질문 : 스승님, 불교의 측면에서 보면, 우리들은 분수에 만족하고 본분을 지키며 자기의 직분에 책임을 다 한다고 할 수 있습니다. 하지만 어떻게 해야 부모님께 효도가 됩니까? 우선 어떤 것부터 해야 합니까?

■ 만행스님 : 지금 당신이 하는 이 자체가 바로 부모에 대한 효도이고 중생들에게 잘하는 것이다. 아니면 그들에 대한 학대이다.

■ 질문 : 스승님, 사람으로서 자기 내심의 필요를 보살펴야 합니까? 아니면 청심과욕淸心寡欲을 하면 더욱 평형이 됩니까?

■ 만행스님 : 불문에는 '내려놓으라(放下)'고 하고, 사회에서는 '이바지한다'고 한다. 왜 불문에서 '보시'를 첫자리에 놓으며, 보살도는 '보시'를 입도하는 방법이라고 하는가?

■ 만행스님 : '탐진치'에 대한 토론을 말하는 사람은, 당신들 몇 사람뿐인가?

■ 답변 : 스승님, 사람들의 탐진치는 영원히 단멸할 수 없습니다. 부처님공부는 자기의 탐진치를 모두 소멸하겠다는 생각을 하는 것이 아니라, 어떻게 하면 자기의 자비심과 보리심을 배양할 것인가를 생각하면서 그 힘을 바꿔야 한다고 생각합니다.

두 번째 문제는 업장이 나타나면 도피하지 말아야 합니다. 도피하지 않으면 업장들은 계속적으로 뒤집혀 나오게 됩니다. 업장이 뒤집혀 나올 때 그것에 다시 휩쓸리지 않는다면 타락하지 않게 됩니다. 금방 고기 먹는 문제가 나왔는데, 저의 생각에는 고기를 먹어도 빚을 갚아야 하고 채식을 해도 빚을 갚아야 한다고 생각합니다. 그러므로 우리들의 가장 정확한 방법은 많이많이 헌신해야 한다고 생각합니다. 어미타불!

■만행스님 : 원래는 오늘 저녁 눈을 감은 채 뜨지 않으려 했는데, 금방 ○○의 몇 마디 말에 눈을 번쩍 뜨게 되었다. 금방 한 대답은 60점을 줄 수 있다. 비록 60점이지만 눈을 뜰만한 가치가 있다. 사람은 본래부터 탐진치로 구성되었다. 본래 탐진치는 보리심이다. 이것이 없으면 사람이 될 수 없고, 이것이 없으면 동화사도 존재할 수 없으며, 이것이 없으면 우리들은 이 자리에 앉을 수 없다. 왜 전식성지轉識成智가 되어야 한다고 하는가? 실은 바꾼다는 것도 부질없는 일이다. 탐진치를 바꿔 놓는다면 계·정·혜戒定慧가 되는데, 계·정·혜는 탐진치가 아니란 말인가?

자기는 문화도 없고 지식도 없는 무용지물이라고 화내는 것이 진瞋이 아니고 무엇인가? 부처님공부를 하고 도를 닦으며 중생제도를 하겠다는 것이 탐이 아니고 또 무엇인가? 꾸준히 불요불굴의 정신으로 수련하는 것이 치痴가 아니고 무엇인가?

이것을 모두 내려놓으면 어떻게 사람이 되고 어떻게 성도할 것인가! 육조께서 "가져오면 이것이고, 가져오면 바로 쓸 수 있으며, 모든 것이 원만하고 다 갖추어져 있으니 수증修證할 필요가 없노라!"고 하셨다. 우리들이 수증해야 하는 이유는, 자질이 부족해서 지식과 식견이 없기 때문에, 이것은 좋고 저것은 나쁘고 이것은 버리고 저것은 갖고 등등의 견해가 다르기 때문이라고 한다. 모두 헛짓을 하고 있는 것이다! 만약 지혜가 있고 요점을 찌를 수 있는 사람이라면, 구태여 수련할 것이 어디에 있는가!

수련을 해야 한다는 것은 하근기 사람을 두고 하는 말이고, 성취할 수 있다는 말은 중근기 사람을 두고 하는 말이다. 상근기 사람은 수련할 필요가 없고 성취라는 것도 없다. 모든 것이 이미 다 갖추어져 있고 훌륭하고 완벽하며 생기발랄하다. 만약 아직도 수련을 해야 한다면 그것을 어떻게 도라고 하는가! 하지만 만약 수련할 필요가 없다면, 고금의 그 많은 명사들과 그 많은 불법들은 모두 부질없는 것이 아닌가? '명사'와 '불법'은 모두 우리들의 악습을 막기 위한 것이다. 단지 지혜만 있고 악습이 없다면, 당장에 성불하고 당하에서 부처가 될 것이다.

모두 『단경壇經』을 보았다고 생각한다. 그런데 왜 ㅇㅇ과 대답하는 것이 틀리는가? 탐욕심이 없다면 사회가 어떻게 진보하고, 우리들의 자질이 어떻게 제고되며, 우리들의 악습이 어떻게 소멸하겠는가? 바로 탐욕심에 의거하지 않았는가? 자기에 대한 요구가 엄격하지 못하다면 진한심이 없다는 것이며, 자기의 악습을 증오하지 않는다는 것을 의미한다. 어째서 어떤 사람들은 자기의 신·

구·의를 관리할 수 있고 진보가 빠른가? 이런 사람은 아주 엄격하고 모질게 자기에게 요구하고, 역경에 처하고 문제가 생기면 오히려 더 용맹정진하기 때문이다. 하지만 어떤 사람은 문제가 생기면 어쩔 줄 모를 뿐만 아니라 해결할 방도조차 없다. 곤란과 역경에, 약자는 무너지고 강자는 더욱 강해진다.

만약 진정하게 부처님공부를 하는 사람이라면 죽는 것이 무엇이 두려운가? 죽음을 두려워하는 사람은 부처를 믿는 사람이 아니고, 부처님공부를 하는 사람은 더욱 아니다. 중생들이 다 죽는데 왜 당신 혼자만 죽지 말아야 하는가!? 사람들이 다 죽었는데 혼자만 살아서 또 무엇을 할 것인가!? 사람마다 자기의 신·구·의를 다스릴 수 있고 자기의 심령을 정화할 수 있다면, 어떤 곳을 가든 모두 정법正法일 것이다. 설사 석가모니 부처님께서 너의 곁에 앉아 계신다고 할지라도, 발심을 하지 않고 엄격히 계율을 지키지 않는다면 너는 여전히 말법을 대표하게 된다. 불교에서 청정한 비구 셋이면 정법의 존재를 대표한다고 했다. 정법과 말법을 어찌 시간으로 따지고 가늠할 수 있단 말인가?!

인류가 있던 그날부터 벌써 '종말이다'라고 외치는 사람들이 있었다. 아무리 외쳐도 오늘까지 종말이 오지 않았다. 만약 종말이라는 것을 진짜 믿는다면, 왜 아직까지 보리심을 발원하지 않는가? 너도 다른 꿍꿍이가 있어 요사스럽게 대중들을 미혹시키고자 작당하는 것이 분명하다! 부처님공부를 한다는 사람이 제일 기본적인 '성주괴공成住壞空'의 이치조차 모르다니! 남들이 소리친다고 우매무지하게 그들의 꽁무니를 따라 다니면서 맞장구를 치다니! 너야 말로 악인을 도와서 나쁜 짓을 하는 사람이로다!

부처님공부를 하는 사람들은 심혈을 기울여서 보현보살의 「십대원왕十大願王」을 읽고 이해하면서 체득해야 한다. 우리들의 몸에서 보현보살의 「십대원왕」의 그림자가 보이지 않는다면, 진정한 부처님공부를 하는 사람이 아니다. 부처님공부를 하는 사람들이 보현보살의 「십대원왕」을 따른다면 영원히 정법이며, 하는 말과 행위·생각들도 모두 정지정견을 대표하는 것이다. 「십대원왕」을 떠나면 하는 일과 말들이 모두 마설魔說이고 사설邪說이다. 만약 「십대원왕」으로 당신의 넋을 삼을 수 없다면, 내가 너에게 전법傳法해 주고 관정灌頂해 주어도 아집만 키울 뿐이다. 아집이 있는 사람의 귀에는 어떤 말도 들어갈 수 없고 진보하기도 불가능하다.

자기는 부처님공부를 한다고 우쭐거리며 죄업이 없다고 생각하면서, 남들은 무거운 죄업을 짊어졌다고 생각하면 절대 안 된다. 어떤 사람들은 부처님공부도 하지 않지만, 우리들보다 사람노릇도 잘하고 일도 더 착실하게 잘한다.

어떤 사람들이 부처님공부를 할 수 있는가? 옛 사람들의 말에 의하면 지혜가 있고 용감한 사람들만 부처님공부를 할 수 있다고 한다. 그 외의 사람들은 다만 부처를 믿는 정도밖에 되지 않는다. 지금 우리 몸에는 부처님공부를 하는 모습은 보이지 않고 부처를 믿는 모습만 보인다. 지혜 있는 자는 미혹되지 않고〔智者不惑〕, 용감한 자는 두려움이 없다〔勇者無畏〕. 오직 두려움이 없고 미혹되지 않는 사람만이 부처님공부를 할 수 있다.

8강

마음보다 행동이 더 중요하다

■ **질문** : 스승님, 종교에서 '마음보다 행동이 더 중요하다'는 말을 어떻게 운용합니까?

■ **만행스님** : 마음속에 큰 포부가 있는 사람은 장기적인 뜻을 세우지만, 포부가 없는 사람은 뜻만 세운다. 예로부터 성공하는 사람들은 행원을 하고, 성공하지 못한 사람은 생각만 좋아한다. 때문에 '마음보다 행동이 더 중요하다'고 한 것이다. 왜 마음, 부처, 중생은 차별이 없다고 하는가? 사람들의 내재는 모두 명사이고 모두 무상無上의 부처이다.

춘절기간에 많은 보살님과 처사님들이 우리 동화사에 와서 봉사를 많이 했다. 공헌이 많고 적고를 떠나서 발심은 중요하다. 잘하고 못하는 것은 능력문제이지만 하지 않는 것은 심리상태문제이다. 발심만 한다면 세상에 못할 일이 어디에 있겠는가!

옛사람들은 "부처의 마음을 먹고, 부처의 말을 하고, 부처의 일을 하면 당하에 활불이로다."고 했다. 하지만 우리들은 때때로 범부의 마음을 먹고 범부의 일을 하면서, 입으로는 성불하겠다고 중얼거리니 분명 전도가 된 것이다. 또 옛사람들은 "수행에서 초심만 같으면 성불하고도 남음이 있고, 뜻을 버리지 않는다면 무슨 일인들 못 하겠는가!"라고 했다. 본래 우리들의 내재는 모두 무상 부처이고 자재 부처이다. 다만 각종 악습들이 소멸되지 않았기 때문에, 앞길이 막혀서 결국은 모두 범부가 되었다. 신·구·의를 잘 단속할 수 있는 사람이라면 바로 부처인 것이다.

부처님공부를 하는 사람들의 병은, 항상 부처의 기준으로 남들을 가늠하고 자기는 예외로 하는 데 있다. 부처의 안광에는 사람마다 모두 부처이지만, 범부의 눈에는 부처도 중생으로 보인다. 이것도 저것도 모두 탓하고 완전무결할 것을 요구하면서 쓸 사람이 한 사람도 없다고 한다. 일단 사람들의 장점을 발휘시키고 단점을 피하게 한다면 사람들은 모두 인재이다. 부처를 믿는 사람은 성불할 수 없지만, 부처님공부를 하는 사람은 당하에 부처인 것이다. 당신은 부처를 믿을 것인가 아니면 부처님공부를 할 것인가? 부처님공부를 하는 사람은 행원을 하고, 부처를 믿는 사람은 말만한다. 말만하는 것은 겉이고 행원은 마음이다. 겉과 마음이 다른 사람은 전도된 사람이다.

세속의 것도 얻지 못하고 출세간의 것도 증득하지 못한다면 확실히 비참한 일이다! 예로부터 성불하고 조사가 되는 사람은 왕이 되고 주인이 된 다음 수확을 한다. 성인과 범부는 일념의 차이다.

누가 그것을 바꿔 놓으랴? 모두 듣는 소리지만 증득은 못했노라!

오늘은 춘절기간 동화사에서 봉사하신 여러 보살님과 처사님에게 시간을 드리고자 한다. 여러분들이 동화사에 와서 많은 것을 듣고 보고 했는데, 여러분의 느낌과 생각을 말하기 바란다.

- 질문 : 좌선을 제가 처음 배웠는데, 좌선만하면 심장도 뛰고 숨도 차면서 온몸이 앞뒤로 흔들립니다. 저의 신체에 이상이 생긴 것이 아닙니까?
- 만행스님 : 이것은 당신의 수련방법과 관계된다. 당신에게 법을 전수한 스님께 물어 보아라. 수행하려면 반드시 일련의 완전한 수행방법이 있어야 한다. 사선四禪 이전에는 모두 스승의 지도를 받아야 한다.

- 질문 : 저는 평소에 말을 하고 싶고 웃고 싶은 버릇이 있습니다. 말을 못하면 못 견딜 정도로 답답합니다. 무슨 원인인가요?
- 만행스님 : 마음이 떠있고 가라앉지 못하여 그렇다.

- 질문 : 저는 허리도 아프고 호흡도 정상적이 아니며 건강상태가 좋지 않은데 좌선하면 치료가 됩니까?
- 만행스님 : 명사께서 직접 가르치는 것을 제외하고 좌선으로 치료할 수 없다. 자기의 상상으로 좌선해서 치료한다면 더 심해질 가능성이 있다. 병원에 가서 의사의 치료를 받는 것이 좋다.

■ 질문 : 저는 좌선만 하면 금방 마음이 비워지고 공중에 떠있는 것도 같고 허공과 일체가 된 것도 같습니다. 아울러 많은 중생들을 볼 수 있는데 그들은 아주 가련해 보입니다. 이것은 무슨 현상이며 계속 이렇게 하여도 됩니까?

■ 만행스님 : 사선팔정의 측면에서 본다면 의식의 범위에 속한다. 하지만 이렇게 될 수 있는 것만으로도 아주 대단하다. 다음에는 이런 경계에 머무르지 말고, 불문에서 말하는 것처럼 '사람도 비고(人空), 나도 비고(我空), 법도 빈다(法空)'는 경계가 되어야 한다. 능관能觀하는 것과 소관所觀하는 것이 없어야 한다. 지금 이 단계는 맞는 것이다. 하지만 계속해야 한다. 신심불퇴信心不退, 행원불퇴면 바로 삼현三賢이다.

■ 질문 : 스승님께서 시시각각으로 자신의 기심동념을 지켜보라고 하셨는데 염두가 없으면 어떻게 해야 합니까?

■ 만행스님 : 염두가 있으면 염두를 지키고, 염두가 없으면 각조를 가지라.

■ 질문 : 때로는 저의 기심동념을 알 수도 있고 볼 수도 있지만 바꾸지 못합니다. 왜 그럽니까?

■ 만행스님 : 계속하여 일을 통해서 수련하고 사람을 통해서 수련하라.

■ 질문 : 매번 동화사에 올 때마다, 오면 즐겁기 그지없고 갈 때는 쓸

쓸하기 그지없습니다. 이런 상태를 어떻게 바꿔야 합니까?
- 만행스님 : 당신은 두뇌공부는 했지만 마음공부는 잘 못했다. 마음을 작동하는 방법을 안다면, 당신이 어디에 있든지 관계없이 자기가 숭배하는 명사와 교류할 수 있다. 왜냐하면 두뇌는 시공이 있지만 마음은 시공이라는 존재가 없기 때문이다.

부처님공부를 하는 사람들, 특히 좌선하는 사람들이 수시로 만물과 융합하여 통일체가 되었다는 느낌이 없다면, 아직까지 신심이 생기지 않았다는 것을 의미한다. 진정하게 경건한 마음이 생긴 수행자는 언제어디서나 명사와 삼세제불과 교류할 수 있고 그들과 동일체라는 것을 느낄 수 있다.

- 질문 : 스승님, 저는 확실히 시시각각으로 스승님과 상응하고 스승님의 가피를 느낄 수 있습니다. 하지만 스승님을 아주 의지하게 됩니다. 이처럼 스승을 너무 사랑하는 마음은 정상이 아니지요?
- 만행스님 : 장기적으로 이런 상황이라면 비정상이다.
- 질문 : 다른 때는 괜찮은데 일단 스승님을 생각하게 되면 그렇습니다.
- 만행스님 : 당신은 줄곧 그 자리 그 단계에서 제자리걸음만 하고 있기 때문이다. 한두 번이면 그것도 괜찮지만 어찌 세 번째라는 것이 있단 말인가?
- 질문 : 스승님, 제가 일을 할 때면 김보리金菩提 대사님과 하나로 융

합되는데, 항상 그의 호흡소리와 그의 동작들이 느껴지는 것 같습니다. 이것은 어떤 상태인지 모르겠습니다.

■만행스님 : 이것은 과정이므로 모두 맞다. 수행자들의 심신에서 나타나는 그 어떤 경계라도 모두 다 맞는 현상이지만, 장기적으로 똑같은 경계에 머무른다는 것은 안 된다. 만약 우리들이 나날이 수행정진 한다면 반드시 다른 연도풍광들이 나타날 것이다. 똑같은 풍광이 나타나면 무슨 의미가 있겠는가?

옛날 사람들은 "희노애락에 움직이지 않는 자가 있느냐?"고 물었다. 있고 말고다! 조사대덕들은 희로애락에 움직이지 않는다. 확실히 그분들의 경계는 높은 것이다! 희노애락이 있을 때마다 그분들의 본래면목은 여여부동이요, 희노애락에 좌지우지 되지 않으며, 확실히 늘지도 줄지도 않고 오지도 가지도 않는다. 지금 우리들의 일상생활은 날마다 경계에 따라 희노애락하고 있다. 진정 보리심을 발원한 사람들이, 어찌 경계가 있다고 해서 보리심이 줄어들 수 있는가?

9강

성공은 마지막 순간에 달성한다

■ C : 오늘은 제가 자아평론을 하겠습니다. 제가 무엇 때문에 출가하였는가? 과거를 깨끗이 씻어 버리고 새사람이 되며, 새 출발하여 부처님의 혈맥과 심등心燈을 이어 받들어서, 보리대도를 구하고 무상정등정각의 증과를 성취하고자 출가하였습니다. 정신적인 각성을 진정한 목적으로 삼고 행동을 고치는 것을 진정한 쓰임으로 삼았습니다. 서른 살이 되기 전의 저는 항상 비감실망한 그림자 속에서 살아 왔습니다. 지금 저는 아주 긴장되고 떨리고 격동되는데, 이렇게 말을 함으로써 자신을 연마하고 긴장한 마음을 풀려고 합니다.

저는 일만 닥치면 무슨 원인인지 원망부터 합니다. 일을 원망하고 남을 원망하고 심지어 저 자신까지 원망합니다. 특히 범부의 마음이 심각해서, 시비를 보면 옳고 그르고 좋고 나쁘고 하면서 분별하는 것입니다.

■만행스님 : 아주 심각하게 말을 잘 하였다. 너는 확실히 그러하다. 몇 번이나 동화사를 들락날락하였으므로 확실히 인상이 깊다. 무엇이나 뻔히 다 알면서 끝까지 견지하지 못하는 것이 너의 처신방식이다. 처음 시작은 항상 남보다 뛰어나게 잘하여 좋은 점수도 따고 좋은 호평도 받는데, 거의 끝날 무렵이면 견지하지 못하고 습관적으로 도피한다! 이것은 장래에 너의 인생에서 가장 치명적인 약점이 될 것이다.

왜 이번에 너를 삭발하면서 '평상平象'이라는 법명을 지어 주었는가? '평'이란 평탄하다는 뜻이고, '상'이란 노고를 마다하지 않고 원망을 두려워하지 않으며 적재된 중량을 견딜 수 있다는 뜻이다. 코끼리의 가장 큰 장점은, 네 다리가 마치 큰 기둥처럼 튼튼해서 아무리 무거운 짐이라도 감당하고 짓눌리지 않으며 깔려 죽지 않는다는 것이다.

우리 절은 작년 겨울부터 금년 봄까지 나무를 심었다. 특히 금년 봄의 나무 심기에서 너는 가장 으뜸으로 일을 잘 하였다. 마지막 남은 며칠은 모두들 쓰러질 정도로 힘들었다. 그런데 너만 도망병이 되어 버렸다. 우리는 사람의 동작 하나, 눈빛 하나, 작은 일 하나에서 그 사람의 평생을 보아낼 수 있다. 너는 한 달, 두 달 동안 꾸준히 일하면서 참다가 마지막 며칠을 참지 못하고 포기하고 도피하였다.

내가 어찌 너의 심사를 모르고, 너의 내심 속에 원망하는 마음이 있다는 것을 모르겠는가! 나는 다 알고 있다. 하지만 나무를 심는 일은 때를 다투는 일이라, 이 계절이 지나면 다시 심을래야 심을 수 없는 일이다. 사람마다 땀을 흘렸고 손이 다 부르텄다. 이 모든 것을 나는 다 잘 알고 있다. 나는 아주 민감한 사람인데 어찌 그런 것을 모를 수 있겠는가! 특히 TZ는 나무 심는 기간에 한 마디 원망도 없었을 뿐 아니라, 일도 가장 많이 했고 가장 일찍 나와서 가장 늦게 일을 끝맺고 들어가곤 했다. 모든 것을 나는 다 알고 있다. 눈으로 똑똑히 보았으니 모를 수가 있겠는가!

동화사에 출가한 스님들의 내재는 아주 순박하고 단순하다. 아무리 출가한 스님들이 능력이 있다고 할지라도, 자질이 부족하면 아무 일도 성사하지 못하는 것이다. 많은 신도들이 우리를 향해 오는 것은, 바로 우리들의 품덕品德을 보고 우리들의 도심道心을 보고 오는 것이지, 결코 우리들의 능력을 보고 오는 것이 아니다. 만약 능력으로 사람을 따른다면, 세상에서 성공하고 능력이 있는 사람들이 우리보다 백 배, 천 배, 만 배나 더 많은데 왜 하필 우리들을 찾아오겠는가! 만약 출가한 스님들이 능력도 없고 도심까지 잃는다면 정말로 무용지물이고 사랑스러운 곳이 하나도 없는 것이다.

총림의 전통적인 질서를 따른다면, 남녀대중을 막론하고 출가했거나 하지 않았거나 일단 총림에 오게 되면 그 총림의 주지스님의 법을 따라야 하고, 그를 따라 수행을 해야 하며 모두 그의 제자가 된다. 삭발해 주었다고 주지스님을 따르고 수행하는 것이 아니다. 이 총림에 왔으면 주지스님을 따라 법을 배우는 그의 학생인 것이다. 주지스님은 사람들을 거느리고 수행하는 책임과 의무가 있다. 그렇지 않다면 주지자리에 앉을 자격이 없는 것이다. 그 자리에서 해야 할 일을 하지 않는다면 천도天道에도 어긋나는 일이고, 천덕天德에도 어긋나는 일이다. 천도를 잃고 천덕을 잃는다면, 세간 일을 아무리 많이 하여도 사람들의 혜명에 지장을 주었기 때문에 그 죄를 덮을 수 없는 것이다.
너는 말을 아주 심각하게 잘 하였다. 단 한마디만 충고를 하련다. 성공이란 마지막 순간에 이루어진다! 이 말을 꼭 기억하기 바란다.

10강

세간의 만물은 심·신·령의 현현이다.

- D : 오늘은 제가 자아평론을 하겠습니다. 저의 성격의 단점은 도약식 사유를 해서, 주의력을 한 점에 집중하기 어려우며 논리성도 없습니다. 저의 가장 큰 결점은 진보를 갈망하지 않고 잘난 체 거드름만 피우면서, 수행하는데 마음의 문을 열기 두려워하면서 자기를 냉엄하게 대하지 못합니다.
- 만행스님 : 자신에 대한 인식을 제대로 하였다. 금방 말한 것처럼 너는 확실히 도약식 사유를 하는 사람이다. 너를 어느 유형의 사람으로 귀결시켜도 다 맞지 않지만, 또 다 맞기도 하다. 자신의 장래가 어떤 위치에 놓일 것인가를 생각하여 보았는가?
- D : 생각이 있었습니다. 불법을 널리 펼치고 진리를 전파하며, 많은 사람들이 불법과 진리를 이해하며 인생의 고통에서 해탈하여 회귀의 길에 오르도록 하는 것입니다.
- 만행스님 : 너는 비교적 우수한 사람이다. 자율성도 강하고 자각성도

강하다. 뿐만 아니라 너는 사람노릇을 하는 자신의 원칙이 있고 일처리하는 표준과 방식이 있다. 너는 남의 일을 간섭하려 하지 않고, 남도 너의 일을 간섭하는 것을 싫어한다. 말하자면 다른 사람을 간섭하지도 않고, 다른 사람도 자기를 간섭하지 못하게 한다. 자신에 대한 자율성이 아주 강한 사람이기 때문에 계율을 위반하지 않는다.

▪D : 스승님! 이런 성격을 가진 사람은 다만 독립적인 일만 할 수 있고, 대중 속에서 사람들과 어울리며 하는 사업은 할 수 없지요?
▪만행스님 : 너는 출가를 잘 하였다. 만약 출가하지 않았다면 예술과 문화와 관련된 직업을 선택하면 큰 성취가 있었을 것이다. 너는 확실히 사람이나 일을 접촉하고 처리하는 일은 적합하지 않다. 너의 내재에는 두 가지 힘이 아주 극단적으로 존재한다. 때로는 극히 감성적이고 때로는 극히 이성적이며, 때로는 심령적으로 나가고 때로는 두뇌 쪽으로 나가며, 때로는 여성적인 개성을 가지고 있고 때로는 남성적인 개성을 가지고 있다. 실로 머무르는바 없이 생기는 마음이라 출가하는 길은 너에게 아주 적합하다.
총체적으로 말하면 아직까지 너는 자신의 심령의 공간에서 살고 있다. 구체적인 일을 시키면 아주 잘 하지만, 대중들을 따라서 맞추면서 하는 것은 잘 못한다. 하지만 절대로 대중들의 화합을 파괴하지도 않는다. 사실상 부처님공부를 하는 많은 사람들은 모두 이러한 경향들을 가지고 있다. 불문의 공간, 부처님공부의 이념

등은 그들의 내심세계와 의기투합해서 잘 맞는 것이다.

일반적으로 남성들은 두뇌를 많이 쓰고 여성들은 심령을 많이 쓴다. 따라서 남성들이 두뇌에서 심령으로 들어가는 것은 일종의 승화이고, 여성들이 심령에서 두뇌로 들어가는 것도 역시 일종의 승화이다. 하지만 속인들은 여기에서 저기로 들어가는 것이 아주 어렵다. 그렇게 할 수 있다면 그 사람의 내심세계는 자연히 균형이 될 것이고 조화로울 것이다. 이 정도로 수행할 수 있다면 그 사람은 바로 완미完美한 사람이고, 세간과 출세간의 모든 법칙을 잘 장악한 사람이라는 것이다.

세간의 일들은 두뇌를 쓰고 출세간의 일들은 심령을 쓰게 되는데, 우리에게 내재된 신성神性을 개발하려면 반드시 심령이라는 대문을 열어야 할 것이다. 세간의 학문은 두뇌, 사유, 논리적인 학문이므로 대부분 두뇌에 의해서 창조된 것이다. 하지만 시가詩歌나 문화예술은 영성으로 부터 뿜어 나온다. 여성들은 자기의 심령 공간에서 살기 때문에 여성들의 직감은 비교적 잘 맞는다. 하지만 남자들은 두뇌를 사용하고 논리적인 사유를 하기 때문에 그들의 직감은 여성들보다 못하다. 중국인들의 사유방식은 영적인 힘 쪽으로 많이 편향되었고, 서방인들은 두뇌를 사용하는 쪽으로 편향되었다.

부처님공부를 하는 사람들이 '지혜의 문을 연다'고 하는 것은 심령의 문을 연다는 말이다. '아집을 버리라'는 말은 두뇌의 사고를 버리라는 말이다. 사실상 자질이 높고 성취한 사람은 이 두 가지 힘이 이미 하나가 되었고 또한 발휘되는 것이다. 일단 전당殿堂으로 들어만 가면 심령의 대문이 열리게 되는 것이다.

부처님공부를 하는 사람은 자기를 그 어떤 유형의 사람이라고 정하지 말아야한다. 무슨 유형이나 다 속한 것 같으면서 또 다 아니기도 하다. 그가 그렇다 또는 그렇지 않다고 하는 것은, 오직 우주만물을 통하여 보고 우주의 만물의 하나로 비유한 것이다.

득도한 사람의 내심세계는 어린이와 같다. 그의 정서는 높았다 낮았다 하며, 순식간에도 변화가 빠르다. 금방 네가 자아평론을 했듯이, 그 어느 유형에도 속하지 않지만 또 그 어떤 유형과도 모두 비슷한 것이다. 하지만 다른 점이라면 득도한 사람은 언제나 항상 빠르게 깨닫고, 자기의 모든 사상과 모든 행위를 각지의 상태에서 분명히 알고 있는 것이다.

며칠 저녁 여러분의 자아평론을 듣는 나의 마음은 아주 기뻤다. 여러분은 자아평론을 상상 밖으로 잘하였고, 또 이와 같이 심각할 줄은 확실히 생각 못하였다. 분명히 여러분의 앞날의 전도는 환하게 밝을 것이며 정확할 것이다.

자기를 철저히 인식해야 자기의 방향과 위치를 명확하게 정할 수 있고 판단할 수 있다. 적은 노력으로 많은 성과를 얻으려면, 우선 자기에 대한 정확한 인식이 있어야 한다. 그 다음으로 실천과 결합해야 한다. 실천과정에서 자기를 개혁하고 자기의 사상을 승화해야한다. 이렇게 해야만 완미한 사람이 되는 것이다.

진정 두뇌를 극도로 쓰게 되면 심령의 세계로 들어가게 되고, 심령이 극한에 달하면 자연 두뇌와 상응하게 된다. 두려운 것은, 그 어떤 유형도 아닌 중간쯤 서서 제자리걸음만 하고 돌파하지 못하고, 들어갔다가 다시 나온다는 말은 엄두도 못하는 것이다.

두뇌의 종점은 심령이고 심령의 종점은 두뇌이다. 수행의 첫걸음은 반드시 경장經藏에 깊이 들어가 많은 지식을 얻고, 그 지식 즉 '계戒·정定·혜慧'를 통하여 영성으로 들어가는 것이다. 또한 영성을 통하여 영성의 힘을 발휘하고 동시에 두뇌에 도달한다. 이렇게 되어야만 원만한 것이다. 하지만 금방 발을 떼면, 지식은 지식이고 지혜는 지혜이며, 두뇌는 두뇌이고 심령은 심령일 뿐이다. 하지만 이미 융합해서 하나가 된 사람에게는 단지 쓰임만 남았을 뿐 체體와 상相의 구별이 없다. 만약 체와 상은 어디에 있으며 또 무엇인가라고 묻는다면, 불교의 술어로 이렇게 말할 것이다. "산하대지와 날짐승·길짐승이 바로 그의 체와 상이다."

마치 인생의 여러 단계와 같이, 이 단계에는 아주 정연한 것을 좋아하고 저 단계에서는 아주 자연스러운 것을(자연스러운 것은 무위고 정연한 것은 유위이다) 좋아한다. 이것은 우리들의 힘이 이미 두뇌 혹은 심령에 들어갔기 때문이다. 심령의 속은 자연스럽고 두뇌의 속은 정연하다. 규구規矩나 제도制度라고 하는 것들은 모두 두뇌의 산물이다. 두뇌는 제약을 받아들이지만 심령은 아무런 구속도 없이 자유자재한 것을 좋아한다. 오직 두뇌와 심령이 유기적으로 결합해야 비로소 완미한 '나〔我〕'를 만들 수 있다.

11강

부처님공부는 부처의 기준으로 자기에게 요구해야 한다

어째서 석가모니 부처님은 우리들의 머리를 빡빡 밀게 하고 특별한 복장을 입혀서, 사람들 눈에 띄게 하고 속인들과 다르게 하는가? 그것은 자신이 자기를 관리 못할 때 다른 사람들이 감독하도록 하기 위한 것이다. 일반인과 달라야만 사람들의 감독을 받을 수 있다. 총림의 네 가지 일, 즉 상전上殿(예불), 과당過堂(집단공양), 출파出坡(울력), 좌선坐禪의 이 네 가지 일에 습관되고 적응되어야만, 비로소 출가하여 스님이 되는데 반은 성공했다 하고 반은 해탈했다고 한다. 어째서 어떤 사람들은 출가한 다음 아주 고달파 하고 몇 년을 넘기지 못하고 환속하는가? 그것은 바로 총림의 네 가지 일에 적응하지 못했기 때문이다.

상전上殿(예불)

매일 새벽 네 시면 새벽예불을 시작하는데, 일반인들에게는 비교적 어려운 일이다. 하지만 마음을 바꾸어 이것을 받아들이고, 이런 작식作息(일과 휴식)시간에 적응하고, 이런 생활습관을 양성한다면, 매일 새벽 목탁 치는 소리가 나기 전에 깨어날 수 있다. 뿐만 아니라 이런 일에 당신은 이미 해탈한 것이고, 힘들고 고통스럽다고 생각하지 않을 것이다.

좌선坐禪

출가하여 수행하는 사람이 저녁 좌선시간에 좌선하지 않으면, 마약에 인이 밴 사람처럼 전신이 나른하고 맥이 없으며, 하품나면서 눈물까지 나는데 아주 괴롭다. 하지만 일단 가부좌를 하고 허리를 쭉 펴고 좌선을 시작하면 금방 정신이 난다.

내가 갓 출가했을 때 노스님께서 총림의 네 가지 큰일을 말씀하셨다. 내가 과연 이 네 가지 일에 적응할 수 있을까 하면서 나 자신에게 이렇게 물었다. "몇 년간만 스님이 될 것인지, 아니면 한평생 스님이 될 것인가?" 만약 몇 년 동안만 스님이 되고자 하면 몇 년의 계획을 세우고, 한평생 스님이 되고자 하면 평생계획을 세워야 한다. 여러모로 생각해 보았지만 나는 한평생 스님이 되어야 할 것 같았다. 그리하여 나는 총림의 네 가지 큰일에 적응하게 되었다. 매일 이 네 가지 일을 하지 않으면 못 다한 일이 있는 것 같은 생각이 들었다.

혜안이 열리지 않은 이상, 내재의 기능은 누구도 가늠할 수 없다.

사람들이 볼 수 있다는 것은 다만 일상생활 가운데서 우리들의 행동거지, 다시 말하면 우리들의 '신·구·의身口意'이다. 신·구·의는 내심세계의 현현이며 내심세계의 외화外化이다. 조사님들께서 우리들에게 세 마디 말씀을 하셨다. 20세 전에 나는 이 세 마디 말씀을 나의 인생의 좌우명으로 삼았다. 오늘 이 세 마디 말씀을 여러분에게 법보시法布施하고자 하니, 희망하건대 여러분도 이 세 마디 말씀을 좌우명으로 하기 바란다. 이 말씀대로 할 수만 있다면, 인생의 굽은 길을 걷지 않을 것이고 유유자적하며 하는 일들도 자연히 도에 부합될 것이다.

첫 번째 "행동으로 가르치는 것이 말로 가르치는 것보다 낫다[身敎 重於言敎]." 두 번째 "책임은 이익보다 더 크다[責任 大於利益]." 세 번째 "당하를 틀어쥐고 미래를 중히 여기라[把握當下 注重未來]." 즉 근시안적으로 보지 말라는 것으로, 오늘만 보는 것이 아니라, 내일도 모레도 보되 먼 미래를 내다보라는 말씀이다.

여러 법사님들과 보살님들께서 많은 총림을 다니면서 보고 들은 것이 많으므로 견문이 넓다고 생각한다. 보시 중에 무외보시와 법보시가 제일 큰 보시이다. 여러분이 아시다시피 우리 동화사는 새로 세운 도량이다. 희망하건대 여러분께서 많은 지혜를 보시하기 바란다.

불가에서 말하기를 출가한 사람들이 삼보를 대표한다고 했다. 그러므로 삼보는 가는 곳마다 그곳을 가피하는 것이다. 절대로 하루 이틀 휴식한 다음 엉덩이를 툭툭 털고 가버리는 여관으로 여기거나, 혹은 금광을 캐서 한 밑천 잡는 곳으로 생각하면 안 된다. 출가한 사람이라면 어떤 곳을 가든지 마음을 안착해야 한다. 오직 마음이 안착되어야 비로소 해탈하고 유유자재한 사람이 되는 것이다.

　이 자리에 앉은 여러 법사님들은 모두 큰스님이 될 것이다. 다만 어느 사람이 먼저 되고 어느 사람이 늦게 되는가만 남았다. 오직 부처와 조사대덕의 기준으로 자기에게 요구한다면, 10년 또는 20년이면 성승聖僧이나 현승賢僧이 될 것이다. '성현聖賢'에서 '성'은 이미 성취한 사람을 말하고, '현'은 수행도중이라서 아직 원만하지 못한 사람을 말한다. 지금 여기 앉은 법사들은 모두 현승이라고 할 수 있다. 나도 감히 나 자신을 성승이라고는 말하지 못하지만 현승이라고는 할 수 있다. 왜냐하면 지금 한창 수행하고 노력하기 때문이다.

　불교가 21세기에 들어서니, 법사들은 물론이고 처사님과 보살님까지 모두 개혁해야 한다고 떠들썩하다. 나는 처음 이 소리를 들은 그 시각부터 분명히 나의 입장을 말했다. 시대가 아무리 개방적이고, 불법을 아무리 개혁한다고 하여도 불교의 삼귀의三歸依와 오계五戒, 십선十善을 바꿀 수는 없다. 만약 삼귀의·오계·십선을 개변한다면 불법은 존재하지 않을 것이며, 삼보의 존재도 아무런 의의가 없는 것이다. 법규와 순서 같은 것은 시대의 발전에 따라 바꿀 수 있지만, 핵심이나 영혼적인 것은 세존으로부터 역대의 조사대덕으로 대대로 전승되어 내려 온 것이며 실천의 검증을 받은 사상체계이다. 그러므로 우리들은 세존의 지혜종자를 계승하고 널리 발전시키며 빛낼 책임이 있다.

　우리들의 일거수일투족을 포함한 모든 행동은 우리들의 품질을 대표하고, 우리들의 능력을 대표하며, 우리들의 수양과 경계를 대표한다. 평범하게 살아도 한평생이고, 조사가 되어도 한평생이고, 부처가 되어도 한평생이다. 일반사람이 되고자 하는가? 아니면 조사대덕이나 부처가 되고자 하는가? 어떤 목표를 설정했다면 바로 그 목표의 기준으로 자기에게 요구해야 한다.

우리 수행자들은 이런 생각들이 많다. 일반인들과 비하면 괜찮은 것 같고, 거의 기준에 도달한 것 같으며, 심지어 그들보다 월등한 것 같다. 하지만 조사들과 비하면 부족하고 부끄럽기 그지없으며, 부처와는 감히 비교하지도 못하거니와 비교하겠다는 생각조차 못한다. 이런 생각 자체가 이미 틀린 것이다.

부처를 믿고 출가하여 부처님공부를 하는 목적은 성불하고 부처가 되고자 하는 것이다. 부처를 믿고 부처님공부를 하는 것은 과정에 불과하고, 일생 중에 아주 짧은 단계에 지나지 않는다. 그것은 10년~30년이면 필연적으로 끝나는 것이다. 전반생은 사람노릇을 하고, 후반생에는 부처가 되어야 한다. 전반생과 후반생을 모두 사람노릇 하는 데만 신경 쓴다면 인생은 아무런 의의가 없다. 부처가 되기 위한 공부이므로, 우리들은 부처의 기준으로 엄격하게 자기에게 요구해야 한다. 오로지 부처의 기준으로 자기에게 요구해야만 이생을 헛되게 보내지 않게 되고, 출가하여 스님이 된 즐거움을 누릴 수 있으며, 부처가 되는 자재自在와 비할 데 없는 즐거움을 누릴 수 있는 것이다.

12강

부처님공부는 부처님과 비교해야 한다

- **만행스님** : 동화사에 상주하는 스님들은 계속하여 자아평론을 할 것이다.

- **답변** : 스승님! 제 자신을 돌이켜 보면 저의 탐貪·진嗔·치痴·만慢·의疑와 나쁜 버릇과 습성이 누구보다 심한 것 같습니다. 저의 가장 큰 문제는 세속의 명예심과 승부심이 강하고 속이 좁으며, 질투심과 허영심도 심합니다. 자질이 낮기 때문에 공부에 게으르고 성격은 태만하고 의탁하는 마음이 심합니다. 종합적으로 말하면 저는 건강도 없고 재산도 없고 문화수준도 없는 '3무산품三無産品'입니다.

- **만행스님** : 동화사의 스님들이 모두 너와 같은 자질을 갖춘다면 힘이 저절로 나고, 동화사의 앞날도 희망이 있을 것 같다. 너는 책임감도 있고 봉사하는 정신도 있는 훌륭한 스님이다. 나는 종종 자신에게 이렇게 묻는다. '세속의 사람들이 나에게 무엇을 배울 수 있

을까? 내가 무엇으로 세속의 사람들을 교육할 것인가? 내가 세속의 사람들과 다른 점이 무엇인가? 단지 삭발하고 출가하여 스님이 된 것이 세속 사람들과 다른가? 결혼하지 않고 채식만 한다고 세속의 사람들과 다른가? 이런 보잘 것 없는 것으로 깨달음을 얻고 성불할 수 있을까?'

사실 나는 늘 나 자신을 스스로 설득한다. 다시 말하면 매일 나에게 만족해하고 고맙고 감사하다는 마음을 가져야 한다고 설득하고 있다. 왜냐하면 우리 동화사에는 확실히 훌륭한 출가승들이 있기 때문이다. 내가 훌륭하다고 하는 원인은, 여러분의 심리상태와 도심道心 그리고 품성이 말할 수 없이 훌륭하기 때문이다. 하지만 모두 성불하고자 하고 생사를 끝내려고 한다면, 또 이런 기준으로 가늠하고 요구한다면 보잘 것 없고 아무 것도 아니기도 하다. 그러므로 우리들의 행동거지는, 우리들의 신앙과 목표 그리고 우리들의 '이상'이라는 것과 위배가 되고 허황한 망상에 불과한 것이다.

그런데 왜 어떤 때는 만족해야 하고 고맙고 감사해야 한다고 자신을 설득하는가? 다른 출가승들과 비하면 여러분은 확실히 출가승의 자격이 있고 부처님공부를 하는 사람이라고 할 수 있다. 지금 어떤 출가승들은 절에서 쌀이나 축내면서 허송세월을 보낸다. 세속의 책임과 경쟁을 도피하고, 출가한 것을 직업으로 삼고 돈을 벌어 가족도 부양하고자 한다. 지금까지 우리 동화사에 상주하는 출가승들 가운데, 출가한 것을 직업으로 삼고 돈을 벌어 가족을 부양한다는 사람은 한 사람도 없다. 단지 도를 깨닫고 성불하고자 한다.

나는 갖추어야 할 자질을 갖춘 사람들을 파악해서, 도를 깨닫게 하고 성불하게 하는 능력과 방법이 있다. 하지만 기본자질이 없는 사람을 도울 방법은 없다.

- **질문** : 사람들이 갖추어야 할 자질은 어떤 것입니까?
- **만행스님** : 마음의 도량이 넓고 심신도 건강하며, 일정한 문화적 기초가 있어야 한다. 희생정신과 이바지하는 정신이 있고, 치욕을 참아내는 정신과 고생과 노고를 견디어내는 정신이 있어야 한다. 지금 우리들에게 구비되었다는 자질은 자신의 이익만 챙기는 사람들과 비하면 꽤 대단한 것 같지만, 진정하게 부처님공부를 하는 사람들과 비하면 일격도 견디지 못하는 철두철미한 범부에 속한다. 부처님공부는 일정한 기준이 있다. 우리들은 마땅히 시시각각으로 "자기는 어떤 면에서 표준에 도달하고, 어떤 면에서는 아직 부족한가?" 하는 것을 검토해봐야 한다. 절대로 수행하지 않는 출가인이나 부처를 믿지 않는 세속의 사람들과 비교하지 말아야 한다. 확실히 그런 사람들에 비하면 괜찮아 보이지만, 그렇게 생각하면 발전할 수 없다. 오로지 조사대덕님들과 비교하고 부처님과 비교해야만 비로소 진보할 수 있고 발전할 수 있다. 나는 부처님과 비교하면 아득히 멀고 설화와 같아서 현실적으로 접근할 수 없지만, 항상 공경하고 우러러 보는 불교의 대표적인

임제臨濟, 조동曹洞, 운문雲門, 위앙潙仰의 조사님들과 비교하여 보곤 한다. 이런 조사님들은 확실하고 실질적인 사람들일 뿐만 아니라 순수한 일반 백성출신들이며, 이런 기초 위에서 그분들은 성취한 것이다.

■질문 : 스승님께서 금년도 우리들이 해야 할 공부내용을 구체적으로 알려주세요. 우리들은 스승님의 안배에 따라 한 걸음 한 걸음 나아가겠습니다.

■만행스님 : 그럴 수는 없다. 여러분의 자질이 아직 성숙하지 못했기 때문에, 내가 공부내용을 준다 할지라도 받지 못한다. 참선하다가 머리에 열이 오르면 주화입마라 할 것이고, 참선을 하다가 속이 좀 불편하면 속병이 생겼다고 할 것이다. 이와 같은 현상은 심리가 성숙되지 못했다는 표현이다. 음식이 입에 맞지 않으면 불만이 가득하여 툴툴거리고, 울력을 하다가 땀이 나면 허탈증이 났다고 하며, 손에 물집이 생기면 아예 일을 놓아버린다. 희생정신이 없는 이런 사람이 어떻게 도를 닦을 수 있겠는가?

또 어떤 사람이 시비를 걸면서 싸우려고 성화를 부리면, 그것을 진정시키고 문제를 해결하는 것이 아니라 먼저 놀라서 두 다리를 벌벌 떠는가하면, 얻어맞을까 봐 뺑소니치지 않으면 무책임한 말까지 한다. 출가인이 왜 내려놓지 못하고 말다툼하면서 싸움질을 하는가? 이런 심리를 가진 사람들이 어떻게 부처님공부를 할 수 있고, 어떻게 그들을 수행자라고 할 수 있겠는가? 가장 기본적인 의식주에 대한 행도 초월하지 못하고, 물질적인 영역도 초탈하지 못한 사람이 어떻게 정신적인 영역으로 들어갈 수 있단 말인가? 지금 당신들 가운데 의식주를 초월했다고 장담할 사람이 있는가? 아무 옷이나 몸만 가리면 되고 아무 음식이나 배만 부르면 되며, 비바람만 막아줄 수 있는 집이라면 좋든 나쁘든 가리지 않는다고 할 수 있는가? 자기는 이미 초월했다고 생각하지만 얼마나 초월했는가?

이 자리에 앉은 많은 사람들은 현실과 많이 떨어졌다. 눈앞의 일도 잘하지 못하고 또 하기 싫어하면서 성불하겠다고 망상하지 않는가? 이른바 상승불법上乘佛法은 과거도 없고 미래도 없고 오직 지금의 여기일 뿐이다. 지금 여기에서 초월해야 비로소 진정한 초월이다.

항상 아주 건강치 못한 심리상태로 다른 사람들이 하는 일을 의심하고 분석한다. 무엇 때문에 상대방을 좋게 보지 못하는가? 진정 운명을 믿는 사람은 초월한 사람이고 무아無我의 사람이다. 그는 아집我執으로 반항하지 않고, 모든 것을 전적으로 완전히 받아들이는 사람이고 만사만물을 공경(臣服)하는 사람이다. 오직 무아의 사람만이 만사만물을 공경할 수 있다. 이것이 바로 선종에서 말하는 "부처님공부를 하려면 가난부터 배워라, 가난하고 가난하다 보면 도道가 제대로 되노라."이다. 그 후로 이 말이 바뀌어 "부처님공부는 비우는 것부터 배워야 한다."로 되었고, 또 바뀌어 "부처님공부는 내려놓는 것부터 배워라."로 되었다. 바로 이러한 일련의 변천으로 현재 우리들의 자질이 되었고, 이렇듯 무지몽매한 수행공부가 대대적으로 유행되고 말았다.

모두 내려놓으면 부처님공부를 어떻게 하고 사람노릇은 어떻게 하겠는가? 어떻게 자신의 자질을 발전시키고, 어떻게 몸에 배인 각종 나쁜 습성과 나쁜 버릇을 소멸할 수 있겠는가? 묻노니 당신은 몸에 배인 악습들과 나태한 습성 그리고 탐·진·치·만의를 내려놓을 수 있는가? 불문에서 소위 '내려 놓으라'는 말은 이런 것을 내려놓으란 말이 아니다. 불문에서 소위 '도를 닦는다'라는 말도 이러한 것들을 닦는다는 것이 아니다.

나는 당신들을 범부로 보고 하는 말이 아니라 부처님공부를 하는 사람으로 보고 한 말이다. 당신들을 범부로 본다면 당신들은 모두 부처이다. 하지만 당신들을 부처님공부를 하는 사람으로 본다면 모두 범부이고 모두 무지몽매한 사람들이며, 모든 생각과 하는 일들이 우리의 이상과 완전히 반대로 가고 있는 것이다.

13강

다른 수행단계에는 다른 방법을 사용한다

■**만행스님** : 사회는 단체정신을 주장하고 사찰에서는 육합정신六合精神을 말한다. 사찰의 모든 일들은 사람들과 모두 밀접한 관계가 있다. 부처님공부는 바로 용用에서 체현되는 것인데, 잘 배우고 못 배우고, 옳게 배우고 그르게 배우고 하는 모든 것은 거의 다 여러분의 체현에 달렸다. 사찰의 문제를 발견할 수 있다는 것은 여러분이 심혈을 기울였음을 뜻하고, 문제를 발견하지 못했다면 심혈을 기울이지 않았음을 말한다.

사람의 언행에서 그 사람의 자질이 높고 낮음을 볼 수 있다. 나는 여기 온 사람들이 모두 도를 배우러 왔다는 것을 너무도 잘 알고 있다. 내가 여러분을 주의해 보지 않았다고 생각하지 말라. 오는 사람들마다 상하좌우 전후내외를 한 번씩 다 살펴보고, 매일같이 침대에 누워서도 한 사람 한 사람씩 분석하고 살펴본다. 이 사람에게는 어떤 말을 해야 적합하고, 저 사람에게는 어떤 방법을 사용하면 적합한가? 앞에다 내놓고 훈련시켜야 하는가, 아니면 뒤에다 놓고 훈련시켜야 하는가? 항상 대조해 보고 철저하게 분석을 해본다. 그런 다음 각자 다른 상황에 따라 알맞은 교육방법을 사용하는 것이다. 이것이 내가 침대에 누우면 하는 일이다.

사람들이 나를 찾아오면, 그들을 도와서 개혁시키고 제고시키는 것이 나의 책임이다. 하지만 '나의 방법을 견디지 못하면 어떻게 하나?' 하는 걱정도 한다. 법기法器가 아니고 재료가 아니면 천천히 능력에 따라 인도해 줄 수밖에 없다.

수행자들은 일을 통해서 자기를 연마하지 않으면 진보할 수 없다. 자질이 높고 성공한 사람들은 누구나 실천 속에서 자기를 연마하고 단련하는 것이다. 염불하고 독경하며 좌선하면 자질이 단련된다고 생각하지만, 사람들의 능력은 태어날 때부터 타고난 것이 아니다. 사회생활 속에서 끊임없이 관찰하고 사고하며, 또 모든 기회를 이용하여 적극적으로 자기를 단련하고 연마하면서 제고되고 성숙되는 것이다.

사람의 가치, 사람의 품질, 사람의 형상은 모두 사람노릇을 하고 일을 하는 가운데서 나타나게 된다. 만약 일하는데서 부각하고 대비하지 않는다면 그 사람의 가치는 있을 수 없고, 그 사람의 품질과 능력은 체현되지 않는다.

사람은 본래 무아無我였는데 언제부터 자아가 있었는가? 어느 때 가서 자기에게 속하는가?

■대답 : 무아의 때 입니다.

■만행스님 : 대답을 아주 잘 하였다. 철저하게 무아로 되었을 때가 진아眞我가 존재하고 나타나는 때이다. 철저하게 무아로 되었을 때가 천백억의 화신化身으로 드러나고 진아가 뚜렷하게 나타나는 때이다. 사람의 아집이 출현할 때는 진아가 사라지는 때이다. 아집이 있기 때문에 만물과 함께 있을 수 없고, 전방위全方位로 진아를 펼쳐놓을 수 없다. 무아의 사람은 그 어떤 일도 마음에 담지 않지만, 그 어떤 일도 모두 그의 마음속에 다 있는 것이다. 만물이 오면 오는대로 대응하고, 가면 가는대로 비우며, 지나면 흔적이 없다.

WA는 아직 스무 살도 되지 않았는데 일을 아주 잘 한다. 여자대중들은 주의하여 보기 어렵겠지만, 그와 함께 일하는 남자대중들은 모두 주의하여 보았을 것이다. 출가해서 일을 잘 한다면 사회에 나가서도 역시 일을 잘 할 것이다. 능력 있고 일 잘하는 사람은 어느 곳을 가든지 잘 할 수 있는 것이다. 호랑이는 세상 어디를 가도 고기만 먹고, 소는 세상 어디를 가도 풀만 먹는다.

성장하는 인연과 방식은 각기 다르다. 사람들이 스승을 찾아와 법을 배우는데 스승의 교육방식과 방법이 다 다르고 제자들에게 해답하는 방식도 각기 다르다. 지난번 광주 순덕順德에서 90여 명의 신도들이 왔는데, 거의 모두를 머리를 만져 주며 축복을 해주었지만 그중 두 사람만은 해주지 않았다. 그들이 세 번이나 엎드려 마정摩頂을 해달라고 하였지만 끝내 해주지 않았다. 처음 엎드렸을 때 그들에게 한바탕 욕을 해 주었다. 사람들에게 마정을 해주는 것을 보고는 두 번째 다시 찾아와서 해달라고 했지만 또 한바탕 욕을 하였다. 사람들의 마정이 모두 끝난 것을 본 그들이 세 번째로 찾아 와서 엎드리면서 마정을 해달라고 하였다. 하지만 나는 계속 욕만 해 주었다.

그들이 몹시 화가 나고 불만도 이만 저만이 아니라는 것을 나는 너무 잘 알고 있다. 그들은 치미는 분을 참고 사람들 앞에서 내색을 하지 않고 차를 타고 돌아갔다. 나는 그들의 뜻을 따라 소원을 들어줄 수 있다. 그들에게 마정을 해주면서 달랠 수도 있다. 하지만 그렇게 한다는 것은 만행萬行이 아니다.

자기가 무슨 일을 해야 하는가를 모르는 사람의 인생은 분명히 목표가 없고 방향이 없는 인생이다. 자기가 무엇을 해야 하는가를 알지만 실천을 못하는 사람은 지혜가 없는 사람이다. 어떤 사람은 일처리를 못해서 지적하면 항상 자기를 위하여 변명한다. 이런 사람과는 절대 일을 같이하지 말아야한다. 일처리가 틀렸으면 틀린 것인데 왜 변명을 하는가? 그것을 인정하고 책임지고 고치면 되는 것이 아닌가?

"한없이 무량한 모든 법문을 다 배울 것을 서약합니다〔法門無量 誓願學〕."라는 말은 무슨 뜻인가? 세존께서도 많은 스승을 찾아서 여러 가지 법을 배웠다. 하지만 세존은 최후에 "여러분의 법들은 결국 완성되지 못했으니, 나는 부득불 그분들께 배운 것을 포기한다."고 하셨다. 세존은 그 어느 스승보다 수행을 잘 하였다. 세존은 자기의 수행성과를 스승님들께 알려 주었다. 그러자 그분의 스승님들은 도리어 세존을 스승으로 모시고 배우기 시작하였다. 하지만 그 때의 세존은 "여러분은 나의 스승님들인데 어떻게 나를 스승으로 모실 수 있겠습니까?"라는 말을 하지 않았다. 범부들은 그렇게 하면 절대 안 된다고 할 것이다. 진리 앞에서는 오직 진리뿐이고, 너와 나라는 것도 없으며, 진리가 제일 크다. 바로 불문에서 말하는 것처럼 "법이 제일 크다."이다.

▪ **질문** : 존경하는 스승님! 저는 두통이 몹시 나서 밤이면 잠을 이룰 수 없습니다. 무슨 영문인지 자비를 베풀어 말씀해 주세요.
▪ **만행스님** : 구도求道하고자 하는 욕심이 너무 지나치다. 벼락같이 성공하고 한 입에 배 부르려고 급하게 서둘렀기 때문이다. 신경의 줄을 늦추면 좋을 것이다. 이런 상황은 내가 처음 폐관수련을 시작하여 좌선할 때와 같다. 보통 사람들이 몇 년, 적어도 몇 달을 연습해야하는 결가부좌를 연습도 하지 않고, 그저 두 다리를 꾹 누르고 결가부좌를 하고 돌판 위에 앉았다. 결국 무릎힘줄이 약하여 타박상을 입게 되었다. 그 때 좀 아프기는 하였지만 별일 없는 듯 하였는데, 몇 년이 지난 후 그만 지병이 되어 버렸다. 이것도 내가 너무 지나치게 몰아치고 한입에 배 부르려고 했기 때문이다. 결가부좌를 하려면 먼저 단가부좌부터 연습하고, 다리가 차츰차츰 더워진 다음에 결가부좌를 하는 것이다.

수행을 너무 다그치면서 시간을 단축하면 심신에 이상이 오게 된다. 또 시간을 질질 끌면 심신이 게으르고 나태해져서 죽게 된다.

옛날 사람들의 수행은 언제나 정한 시간이 있었다. 그 시간보다 적어도 문제가 생기고, 시간을 초과하여도 문제가 생긴다는 것을 알려 주었다. 이 길은 우리가 제일 앞서 걷는 것이 아니다. 무수한 옛날 사람들이 이 길을 걸어 왔으며, 모두 시간적인 경험을 하였고, 그 경험을 종합하여 우리들에게 알려준 것이다.

수행에서 성공하려면 대개 몇 년이 걸려야 하고, 어느 정도까지 도달하려면 대개 몇 년이 소요된다는 것까지 알려주었다. 바탕이 좋은 사람은 몇 년 걸리고, 아무리 둔한 사람이라도 대개 몇 년이 걸린다고 알려 주었다. 옛 사람들은 우리들에게 왜 그렇게 급하게 성공하려 하는가도 알려 주었고, 무엇 때문에 처음에는 자신만만하던 사람이 후에는 낙심해하고 맥이 빠져 풀이 죽게 되는가도 알려 주었다. 너는 시간문제에서 틀린 것이다. 자기에 대한 요구가 너무 엄하고 불길이 너무 세서, 가마가 달구어져서 그 안의 물이 졸아버린 것이다.

- **질문** : 스승님! 저의 불법에 대한 인식이 잘못된 것이 아닙니까?
- **만행스님** : 잘못된 것이 아니지만 시간을 너무 압축하고 조여서 일반적인 법칙을 위반한 것이다.
- **답변** : 감사합니다. 스승님의 말씀에 추호의 의심도 하지 않지만, 말로 할 수 있는 것은 진정한 불법이 아니라는 생각도 있고, 스승님께서 하신 말씀들은 모두 방편이라는 느낌도 있습니다.
- **만행스님** : 법은 문자로 되는 것은 아니지만 문자를 떠날 수 없다.

문자를 떠나면 입도할 수 없으며 입법入法할 수 없다. 진정한 법과 진정한 도는 문자를 세운다. 이를테면 도道를 백보라고 하면 앞의 99보는 모두 문자이고, 제일 마지막 한 보만 문자와 언어가 필요없는 것이다. 앞의 99보의 관문도 넘기지 못하고 언어의 문턱도 넘지 못한 사람이, 나머지 한 걸음만 남았다고 하면 자신은 물론이고 남도 속이는 헛소리에 불과하다. 앞의 99보는 형식도 필요하고 문자도 필요하며 인위적인 노력도 필요하다. 하지만 최후의 마지막 한걸음은 형식도 필요 없고 언어도 필요 없고 문자도 필요 없고 인위적인 것도 필요 없다. 모든 것을 내려놓아야만 한다. 바로 『심경心經』에서 말하는 공空인 것이다.

- **답변** : 스승님께서 진작 이런 말씀을 하셨으면 좋았을 것입니다. 어느 날 제가 진정 힘들게 되면 내려놓겠지요.
- **만행스님** : 사람들이 절 생활을 하다가 다시 돌아가 사회생활을 하게 되면 대부분이 적응하지 못하게 된다. 하지만 진정한 법기法器라면 어떤 곳이라도 적응할 수 있고, 또 어떤 장소라도 일정한 상태에 들어갈 수 있다. 사회생활에 적응하지 못하고 일정한 상태에 들어가지 못한다면, 불문에 들어와서도 적응하지 못하고 일정한 상태에 들어 갈수 없다.

환경이 자기에게 맞지 않다고 어떻게 그것을 포기하는가? 환경이 맞지 않으면 적극적으로 자기를 환경에 적응시키면 되는 것이다. 겨울이 오면 솜옷을 입고 여름이면 깨끼적삼을 입으면 되는데,

여름에 솜옷을 입고 날이 덥다고 원망하는 사람이 바보가 아니고 또 무엇인가?! 사람마다 인생의 성장과정은 각기 다르다. 다른 단계에서는 다른 방법을 사용해야 한다. 지금의 방법은 지금의 단계에서 사용해야하는 방법이고, 다음 단계는 다음 단계에 맞는 방법을 사용해야 한다.

14강

부처님공부는 신·구·의를 단속하는 것이다.

- **질문** : 스승님! 오계십선五戒十善을 닦으면 승천昇天할 수 있습니까?
- **만행스님** : 천계로 갈 수 있다는 것은 무량겁無量劫 이전에 오계십선을 잘 닦았기 때문에 임종시 천상으로 갈 수 있는 것이다. 천상이라고 하는 것은 욕계천欲界天과 색계천色界天을 말한다.
- **질문** : 스승님! 수련하여 선정禪定능력이 있어야만 무색계천無色界天으로 갈 수 있겠지요?
- **만행스님** : 일심으로 복보를 닦을 수 있다는 그 자체가 바로 선정능력이 있다는 뜻이다. 만약 선정능력이 없다면 복보를 닦고 싶어도 닦을 수 없다. 불문에서는 "기본적인 복보가 없는 사람이라면 복보를 닦고자 하여도 기회조차 없다."라고 말한다.

- **질문** : 스승님! 불문에서는 늘 자비를 강조하는데 무엇이 진정한 자비입니까?

■**만행스님** : 불문에는 가자비假慈悲, 란자비亂慈悲와 우매무지한 자비가 있다. 어떤 사람은 우매무지하기 때문에 그 일의 성질이 가자비와 란자비로 변하게 된다. 사원의 주지라면 우선 자기가 하는 일이 합법적인가를 알아야한다. 다음에 합리적인가를 살피고, 그다음 사정에 맞는가를 살펴야 한다. 법法·리理·정情이 동시에 출현하면 여러분의 수행경계, 각오정도를 점검할 수 있다. 무엇이 진정한 자비인가? 생각하면 알 것이다.

사실상 불법과 세간법의 이치는 같다. 불법은 세간법을 참견하지 않고 세간법도 불법을 참견하지 않는다. 다시 말하면 서로 존중하고 서로 상대방의 규칙을 준수한다. 내가 너를 개혁시키는 것도 아니고 네가 나를 개혁시키는 것도 아니다. 이것이 바로 도요, 이것이 바로 불법이요, 이것이 바로 진정한 자비이다.

여기서 몇 명이나 자기가 처한 환경을 이해하고, 자기의 직책 범위 내에서 어떻게 해야만 피차간의 법칙을 서로 준수할 수 있는가 하는 것을 알고 있는가? 한 가지를 묻고자 한다. 어떻게 하면 출가한 사람이 되는가? 여러분은 '불교의 계율을 지키면 됩니다.'고 대답할 것이다. 하지만 불교의 계율을 아는 사람은 몇 되지 않는다. 불교의 계율을 단지 '불살생不殺生, 불투도不偸盜, 불사음不邪淫, 불망어不妄語, 불음주不飮酒'라고 보면 안된다. 이것은 다만 여러분 마음속의 불교일 뿐이다.

또 '자비'라는 것도 단지 상대방을 포용하고 편리를 주며 소원을 이루게 하는 것이라고 생각하여도 안 된다. 사실 이것도 일종의 자비이다. 하지만 세존께서 말하는 자비에는 못 미친다. 세존께서 말씀하신 자비는 갈피를 잡지 못한 사람을 깨우치게 하고, 사邪를 정正으로 바꾸고, 범부가 성인聖人으로 될 수 있게 하는 것이다. 이것은 진정한 대자비이다.

옛사람들은 불법을 들을 수 있는 것을 최대의 복보라고 하였다. 이것은 지혜를 가진 사람이나 불법을 이해할 수 있는 사람들에게 한 말이다. 대지혜를 가진 사람들은 필요하면 제기提起하고 내려놓아야 되면 내려놓는다. 두 번째 종류의 사람은 얻고는 싶지만 실천을 못하고, 세 번째 종류의 사람은 자기는 이미 생각도 했고 실천도 했다고 생각하지만 사실상 생각한 것도 없고 실천한 것도 없다. 그러면 그가 생각한 것과 실천했다는 것은 무엇인가? 바로 아법我法이고 아집이다. 다만 자기의 사지사견이고 자기만 대표한 것이다.

■ 질문 : 스승님! 조사선祖師禪은 사선팔정四禪八定을 지난 것입니까?

■ 만행스님 : 지났다. 조사선의 기능공부는 반드시 사선팔정을 지나야 한다. 조사선이든 여래선如來禪이든 식견(見地)이 사선팔정을 지나야만 절정에 도달하는 것이다. 하지만 겨우 식견만 있어서는 생사를 끝내지 못한다. 그러나 이 정도면 인도도 할 수 있고 우리들의 수증修證도 지도할 수 있다.

■ 질문 : 스승님! 사회에서 어떤 사람은 신념이 아주 강하고 자기의

신·구·의를 단속할 수 있을 뿐만 아니라 신·구·의를 제어도 합니다. 선정공부가 있는 사람이라고 할 수 있는지요?

■ 만행스님 : 선정이란 자기의 신·구·의를 단속하는 것이다. 사선팔정을 쉽게 말하면, 자기의 신·구·의를 장악하고 다스리며 신·구·의의 주인이 되는 것이다. 이를테면 초선初禪에서는 망념을 멈추고 한 가지 일에만 몰두할 수 있고, 이선二禪에서는 호흡을 멈출 수 있으며, 삼선에서는 염두가 사라진다. 사선에서는 개체個體가 융화되어 정체整體와 하나로 융합되면서, 일체의 수受·상想·행行·식識이 멸진滅盡되고 물아양망物我兩忘에 도달하여 만물과 통일체를 이루게 된다.

불법은 세간법을 파괴하지 않고 개혁하지 않는다. 왜냐하면 각자는 각자의 사명이 있고, 각자는 모두 자기의 영역에서 각자의 분수에 만족하고 본분을 지키며, 정체整體적인 평형과 조화를 이루면서 진보를 거듭하고 수준이 높아진다는 이치를 알기 때문이다. 마치 사람의 건강에 있어서, 각 오장육부가 자신이 해야 할 직분을 다하면서 서로 협력하면 아주 조화롭게 된다. 만약 비위는 좋은데 간이 나쁘다면 조화가 되겠는가? 신장은 좋은데 위가 나쁘다면 또 어떻게 조화가 되겠는가?

수행에서 진정 성취하고 지혜문을 열고 부처님공부의 조예를 제고하고 싶다면, 반드시 조사님들의 저서를 봐야하고 어록을 읽어야하며 논저들을 봐야한다. 특히 월계선사月溪禪師, 규봉선사圭峰禪師, 우익대사藕益大師 등 몇몇 조사들의 저작은 필독해야 할 것이다.

내가 이미 이런 관점을 말한 적이 있지만, 오늘 또다시 여러분들과 함께 연구하고 검토하고자 한다. 나는 이런 관점이 있다. 만약 『미타경彌陀經』을 읽고 이해하였다면 평생 『미타경』을 읽을 필요가 없고, 『금강경』을 읽고 이해하였다면 평생 『금강경』을 읽을 필요가 없다고 생각한다. 지금 사람들은 매일 매일 『미타경』을 독송하고 『금강경』을 독송한다.

내가 장담을 하지만 만약 『미타경』이나 『금강경』을 이해했다면, 무엇 때문에 매일매일 읽어야 하는가? 근본적으로 이해하지 못한 것이다. 겨우 그것을 독송한다고 득도하고 성불할 수 있고 생사를 해탈할 수 있다고 생각하는가? 『금강경』은 어떻게 좋으며 『관세음보살 보문품』은 왜 좋은가? 가소롭게도 어떤 사람은 『미타경』은 무상의 법문이요 생사를 철저히 해탈하는 법문이기 때문에, 이 경 한부만으로도 충분히 지혜문을 열 수 있고 성불할 수 있으며 생사를 철저히 해탈할 수 있다고 한다.

그런데 석가모니 부처님께서 무엇 때문에 낮잠도 자지 않고 좌선도 하지 않으면서 그렇게 많은 경과 법을 말씀하셨는가? 세존께서는 진정 할일이 없어서 그렇게 하였는가? 사실 『미타경』은 그 어떤 이치도 말하지 않았고 그 어떤 수행방법도 알려주지 않았다. 『미타경』은 무엇을 말하였는가? 여러분들이 자기의 생각을 말하기를 바란다.

■ **답변** : 스승님!『미타경』은 극락이라는 세계가 있다는 것을 말하고, 오직 '어미타불'을 하루내지 칠일 간 일심불란하게 염불한다면 서방 극락세계로 왕생한다고 말씀하셨습니다.

■ **만행스님** : 부처님공부를 시작하여 처음『미타경』을 읽고 난 다음, 오늘날까지 나는『미타경』에 대한 관점이 한 번도 변한 적이 없었다. 내가 보기에『미타경』은 관광 안내문이고 상품 광고문이다. 바로 어떤 지점 어떤 사건에 대하여 설명하고 묘사한 해설문이다.

이를테면『미타경』은 우선 우리들에게 지금 불토와 십만억이나 떨어진 머나먼 곳에 동화사라는 절이 하나가 있다고 알려준 것이다. 그 곳에 가면 연꽃은 차바퀴만큼 큰데 청색은 청광이요, 황색은 황광이요, 적색은 적광이요, 백색은 백광이라는 것이다. 매일 아침이면 작은 새들이 염불을 한다. 그곳에는 칠보의 못이 있고 팔공덕수八功德水가 있다. 시방의 부처님들이 모두 이 산을 좋아해서 산에 있는 나무 한 그루, 풀 한 포기까지 모두 좋아하며, 불보살들은 모두 여기에 온 적이 있다. 만약 우리들이 어떤 수행방법으로 수행하면 죽은 다음 이곳으로 왕생할 수 있을 것이라고 하였다. 이곳의 환경과 장면은 이렇게 아름답고 장엄하다.

확실히 읽는 사람으로 하여금 마음을 끌리게 하고 대단하게 매혹적이며 신심을 북돋아 준다. 하지만 어떻게 그것이 우리들의 도와 지혜문을 열어주고 생사를 해탈하게 할 수 있으며 득도하고 성불하게 할 수 있겠는가? 부처님께서는『미타경』으로 우리들에게 극락세계를 그려서 묘사하여 준 것 뿐이다. 그런데도 사람들은 극락세계를 묘사한 문장을 매일 읽고 매일 외우고 있다.

여러분이 감동받은 것처럼, 다른 사람에게 『미타경』을 말해주고 그들을 감동시키며 도심道心을 굳세게 할 수 있다. 아울러 그들에게 『미타경』만 독송해서는 안 된다고 알려주면서, 반드시 수행해야 하며, 그 어떤 방법을 배워서 그 방법으로 성취한 다음 비로소 『미타경』에서 말하는 곳으로 갈 수 있다고 말해 주어야 한다. 그리고 그 곳은 나 혼자만 좋다고 하는 것이 아니라, 과거·현재·미래의 모든 불보살님들도 다 좋다고 하는 곳이라고 알려 주어야한다. 그곳의 불보살님께서 말 한마디를 하여도 삼천대천세계가 다 들을 수 있고, 그 목소리는 아주 멀리 멀리 전파된다고 말해 주어야 한다.

내가 『미타경』을 처음 읽고 나서 한 법사에게 이 생각을 말하였더니, 그 법사는 내말이 사지사견이고 사도라고 호되게 욕을 하였다. 그렇지만 지금까지도 나는 이 관점을 견지한다. 후에 수행을 잘 했다고 하는 분에게 여쭈었더니, 그분은 "그것을 깨우친 것만으로도 너는 참 대단하다."고 하였다.

석가모니 부처님께서 어떤 방법을 통하여 극락세계까지 다녀오셨다. 그곳이 너무도 아름답고 장엄하여 진심으로 찬탄했던 것이다. 돌아오신 부처님은 자기가 보고 온 아름답고 장엄한 것들을 우리들에게 보여주지 못한 것이 안타까워서, 그처럼 아름다운 것들을 느끼게 하고 싶으셨다. 그런데 사람들은 부처님께서 말씀하고 기록한 것들을 매일 읽고 암송하면 그 곳으로 갈 수 있다고 생각하면서, 날마다 열 번 백 번까지 읽으며 또 그것이 수행이라고 생각한다. 심지어 나는 『미타경』을 하루에 108번 독송한다고 하며 자랑한다. 얼마나 우스운 일인가? 날마다 천팔백 번을 독경해도, 단지 『미타경』을 읽었을 뿐 절대 『미타경』으로 이끌 수 없는 것이다. 『미타경』에서 말한 곳을 갈 수 있다면 『미타경』으로 이끌었다고 할 것이다. 하지만 사람들은 단지 『미타경』만 읽으면 수행하는 것이고, 생사를 해탈한다고 여기지 않는가?!

- **답변** : 스승님! 만약 날마다 천 번씩 읽는다면 일심불란의 경지에 도달할 수 있지 않겠습니까? (대중들 웃음)
- **답변1** : 우리들이 도를 닦는다고 하는 것도 바로 이 청정심淸淨心을 닦기 위한 것입니다. 100% 순결하고 청정하다면 바로 부처의 경계입니다. 그렇다면 염불로서 청정심을 가져올 수 있지 않습니까? 청정심이란 바로 부처님께서 말씀하신 '능엄대정楞嚴大定'이 아닙니까?
- **답변2** : 저도 이전에 일주일동안 읽었는데 그 후 이해가 되었습니다. 결국 무엇이 청정심인가? 그 며칠을 겪은 다음 저는 지혜가 바로 청정심이라는 것을 이해하게 되었습니다.
- **답변1** : 생각이 없으면 청정심입니다.
- **답변2** : 무엇을 생각이 없다고 합니까? 자기의 모든 심념心念을 모두 바꾸고 관조하여 번뇌가 생기지 않아야만 비로소 청정심이라고

합니다.

■**만행스님** : 일전에 무엇이 청정심인가 하는 것을 내가 말한 적이 있다. '청'이란 오염되지 않은 것을 말하고 '정'이란 갈피를 잡지 못하고 헤매는 것을 말한다. 오염되지 않고 헤매지 않으면 무엇인가? 바로 청정심이다. 무엇을 오염되었다고 하는가? 마음에 머무는 바가 있어 마음에 새기고 잊지 않으면서, 그런 것들에 이끌려 헤매면 오염되었다고 한다. 또 방향을 잃고 각조를 잃고 자기가 무슨 말을 하고 무슨 일을 하고 있는지 모르는 것을 갈피를 못 잡는다고 한다. 머무는 바가 있으면 오염이 되고 오염이 되면 머무는 바가 있게 되는 것이다.

머릿속에 온통 불경뿐이고, 입만 열면 불경을 말하며 불교경전을 많이 연구하였다고 하는 사람을 불교경전에 오염되었다고 한다. 그런 사람은 단지 불교경전에 머무르고 자성의 지혜를 계발하지 못하여, 머릿속에 담은 것은 오직 지식뿐이다. 불경도 지식이다. 부처님이 말씀한 경을 머릿속에 담아두면 그것이 바로 지식이다. 부처의 지식으로 자기의 지혜를 계발하고 자성의 대문을 열어야만 그것을 지혜라고 하는 것이다. 익숙하게 『미타경』을 독송하는 것을 지知라고 한다. 하지만 아직까지 식識에 도달하지 못하였다. 그러므로 극락세계가 눈앞에 나타나도 그것이 무엇인지 알아보지 못할 것이다. '지'는 한 차원이고 '식'은 한층 더 높은 차원이다.

■ 질문 : 스승님! 수행하면 할수록 나쁜 습성과 버릇들이 더 많아지는 것 같습니다.

■ 만행스님 : 옛날 조사님들은 왜 "들어 갈수도 있고 나올 수도 있으며, 들어가지도 나오지도 않는다."고 하였겠는가?

■ 질문 : 만약 어떤 명사明師님을 믿는다면 자기의 신·구·의, 혹은 자기의 모든 것을 그 명사님에게 맡기라고 하는데 어떻게 하는 것이 맡기는 것입니까?

■ 만행스님 : 지금 이 시대에 자기의 신·구·의를 명사님에게 맡긴다고 하는 것은 빈말이다. 단지 바라만 볼뿐 그렇게 하지 못한다. 오직 옛날 조사님들만 그렇게 할 수 있다. 지금 사람들은 그렇게 할 수 없을 뿐만 아니라 어림도 없다. 출가한 사람들은 반드시 『미륵일파전彌勒日巴傳』이라는 책을 보기를 바란다.

■ 답변 : 스승님! 보기는 하였지만 그렇게 할 수 없었습니다.

■ 만행스님 : 적어도 그 책을 읽어보면 우리들이 그분과 얼마나 많은 차이가 있고, 부처님공부를 한다는 것도 가짜 부처님공부를 하는데 지나지 않음을 알 수 있다. 부처님공부의 그 어떤 단계에 가서, 입도하기 전 입도할 때, 혹은 도를 수련하는 과정에는 반드시 그렇게 해야 한다. 만약 이미 득도하였다면 정 반대가 된다.

■ 답변 : 스승님! 진정으로 필요하다면 자연적으로 강한 신심이 생긴다고 생각합니다. 처음 시작부터 신심이 있을 수 없습니다. 아니면 사람이 아니지요.

■ 만행스님 : 부처님공부를 하는 사람의 심리상태가 미륵일파에 이르지 못한다면 도를 깨우치기는 불가능한 일이다. 이런 심리상태는 반드시 어느 명사나 어느 경전의 말 한마디에 고정되는 것이 아니라 여러 형식이 있다. 이를테면 여러분이 나를 믿지 않을 수 있지만, 나의 어떤 말은 믿을 수 있다면, 자신을 그 한마디 말의 이치에 맡겨도 된다. 또한 "나는 무식자이기 때문에 그 어떤 이치도 믿지 않지만 그 사람만은 믿는다." 이것도 괜찮다. 같은 성질이다.

■ 질문 : 스승님! 성자보살聖者菩薩이라는 보살이 있는데 성자보살과 성자는 무슨 구별이 있는지요?

■ 만행스님 : 이미 식견은 있으나 실증공부實證功夫가 부족한 것이다. 어떤 시각에서 말한다면, 무사지無師智를 증득하였지만 무사지의 과위를 증득證得하지 못한 것이다.

■ 만행스님 : (만행 큰스님께서 한 사람의 물음에 최근 상황을 물었는데, 그녀는 큰스님의 말씀을 듣지 않고 줄곧 자기말만 하고 있다. 이에 큰스님은 이렇게 말씀하셨다.)
이제 자기와 상대방의 각조의 유무를 어떻게 점검하는가 하는 방법을 말하겠다. 너도 말하고 나도 말할 때, 상대방의 말을 들을 수 있으면 된다. 여러분이 말할 때는 여러분의 의식기능을 밖으로 석방하고 귀의 기능을 안으로 흡수하면, 말하는 사람이나 듣는 사람이나 피차간 서로 영향을 주지 않는다. 어느 누구든지 이런 방법으로 자기의 지력지수와 영민함을 점검할 수 있다. 그와 같은 정도는 되지 않더라도, 한 편으론 말을 하면서 다른 한 편으론 다른 사람들의 말을 들을 수 있다. 절대로 '내가 말할 때 너는 말하지 말아라. 네가 말할 때는 나는 말하지 않겠다'는 것은 없다.(대중들 웃음)

불법은 이런 것이 아니다. 불법은 너는 너대로 말하고 나는 나대로 말하며, 또 우리 모두 동시에 말을 할 수도 있는 것이다.(대중들 웃음) 나는 네가 하는 말을 들을 수 있고 너도 내가 하는 말을 들을 수 있다. 네가 하는 말이 끝나면 내가 하는 말도 끝난다. 우리 쌍방은 모두 자기의 의사를 상대방에게 전달하였으니, 말이 다 끝나면 답안도 나오고 일도 결정이 되는 것이다. 불법은 '너는 네 말하고 나는 내 말을 한다. 우리는 동시에 말한다.'이다.(대중들 웃음) 불법이란 바로 이렇다. 귀는 듣고 눈은 보고 입으로는 말을 하며, 육근은 이렇게 동시에 함께 사용한다. 부처님공부도 이렇게 하는 것이다.

■질문 : 스승님! 매번 차를 탈 때마다 차에 오르기도 전에 차멀미가 나서 견디기 어렵습니다. 그래서 속으로 계속 '나는 차멀미를 하지 않는다, 차멀미를 하지 않는다…'하면서 암시하지만 아무 소용이 없습니다. 만법유심萬法唯心이라고 하였는데, 저는 왜 아무리 암시하고 생각을 다잡아도 소용이 없습니까?

- **만행스님** : 너의 방법이 틀렸다. 이렇게 생각해야 한다. '멀미를 하니 참 좋구나! 정말 즐겁구나.(큰스님은 아주 도취되고 즐거운 모습을 지어 사람들이 모두 웃었다) 즐거움이여! 빨리빨리 오너라.' 하면서 온 몸을 느슨하게 하고 기다리면 된다. 기다리다 기다리다보면 멀미는 다시 오지 않는다.
- **답변** : 스승님! 지금 보험회사나 판촉회사에서는 직원들에게 매일 아침 일어나 거울을 보면서 '나는 아주 건강하다, 나는 아주 즐겁다'라고 외치게 한답니다. 직원들에게 끊임없이 자기암시와 자기 긍정을 하게 하는 것이지요.
- **만행스님** : 불법은 유심唯心이다. 하지만 사람들은 심력心力이 부족하기 때문에 마음으로 사물을 움직일 수 없다. 유심으로 하려고하니 되지 않고, 하는 수 없어 유물唯物로 밖에 할 수 없다. 무엇을 '유물'이라고 하는가? 바로 외계의 사물에 끌려 다니는 것을 말한다.
- **질문** : 스승님! 제가 차멀미하는 원인은 자기암시로 차멀미 한다는 것을 알았습니다. 그러면 앞으로 반대로 되는 방법으로 하면 될까요?
- **만행스님** : 너의 이론은 맞지만 방법이 틀렸다.
- **답변** : 스승님! 후에 제가 차를 탈 때 느슨한 상태를 지켜 다시는 멀미를 하지 않도록 하겠습니다. 그 때가 되면 스승님의 가피[加持]로 멀미를 하지 않는 줄로 알겠습니다.
- **질문** : 스스로 도를 깨우칠 수 있다고 암시하면 도를 깨우칠 수 있겠

습니까?(허허, 스승님도 웃고 대중들도 웃는다)
- 만행스님 : 이치는 같다. 오직 신념이 굳세서 신념과 정보가 계속 줄을 짓고 이어진다면 달성할 수 있다.
- 답변 : 스승님! 오늘 제가 책 한 권을 읽었는데 역시 이 방면에 관한 글이었습니다. 세계적으로 크게 성공한 사람들은 대개가 자기의 목표를 적어놓는 습관이 있다고 합니다. 이런 사람들의 성공비율은 이렇게 하지 않는 사람들의 성공비율 보다 퍽 높다고 합니다.
- 만행스님 : 목표를 적어 놓았다고 성공한 것이 아니다. 그런 사람들은 목표를 세워놓은 다음 그 목표가 신념이 되고 동요하지 않는다. 이런 선명하고 강렬한 신념은 외계의 힘을 감화시켜 자기를 돕게 하는 힘으로 변하게 한다. 심령의 힘은 마치 자석과 같아서 어떤 마음을 가지면 그렇게 되는 힘을 불러오게 된다. 모든 유형유상有形有相의 힘은 무형무상無形無相의 힘의 다스림을 받고 부림을 받게 된다.

- 질문 : 스승님! 수행에서 감응이 있을 때 무위無爲가 되고자 하는 것은 단지 생각이라고 하셨는데, 어떤 일을 겪을 때 무의식중의 일념一念이 감응으로 된 것 같습니다. 무슨 원인입니까?
- 만행스님 : 너는 전부터 그것을 의식적으로 훈련했던 것이다. 무의식적으로 되었을 때 자연적으로 그 힘이 나타나게 되는 것이다. 그런 까닭에 금방 내가 불법은 두 가지 단계, 사실은 세 가지 단계로 나눈다고 하였다. 첫 번째 무진무출無進無出(들어가지도 나오지도

않음)은 범부의 단계이고, 두 번째 능진능출能進能出(들어갈 수도 나올 수도 있음)의 단계는 도를 닦는 단계이며, 최후는 무진무출無進無出, 즉 원만한 무진무출로 원만한 부증불감不增不減(늘지도 줄지도 않음)의 단계이다. 범부들도 부증불감하고 성인들도 부증불감하지만, 성인들의 부증불감은 원만하고 다스릴 수 있는 경지이기 때문에 부증불감할 필요가 없다. 범부들은 다스리지 못하는 부증불감이기 때문에 지혜도 늘지 않고 나쁜 습성도 줄지 않는다.

- **질문**: 스승님! 첫 번째도 닦는 것이 아니고(무수無修), 마지막 것도 닦는 것이 아닌데, 가운데 것은 닦는 것입니까?(유수有修)
- **만행스님**: 맞다. 바로 그런 뜻이다. 마치 대지혜를 가진 사람은 겉으로 보기에는 어리숙해 보이지만(대지약우大智若愚), 지혜가 없는 사람은 어리석고 우둔하다(약지대우弱智大愚). 그러므로 가짜가 잠시 진짜인 체 가장할 수 있는 것과 같다.
- **질문**: 스승님께서 말씀하시기를 어떤 것들은 단 한 번이면 족하다고 하였는데 반복하면 안 됩니까?
- **만행스님**: 차원이 높은 사람에게는 단 한 번이면 족하다.
- **질문**: 스승님께서 전에 "만약 신·구·의가 어떤 일을 하고자 자기의 습관을 개혁시키려면, 그 당시 마음은 아플 것이고 불이 날 것 같지만. 이 고비를 넘기기만 하면 바로 초월한다."고 하지 않았습니까?
- **만행스님**: 진종일 그 어떤 일이 여러분을 괴롭히며 초월할 수 없다

면, 자기의 모든 힘을 집중하여 그 일을 시험해보고 그 일과 하나
로 융합될 수 있는가를 시험해 보아야 한다. 자아를 잊고 그것과
하나로 융합한다면 단번에 그것을 초월하는 것이다. 만약 여러
번 시험해도 그것과 융합할 수 없는 상태라면, 아무리 시험해도
소용없다. 단 한번이면 족하다는 것은, 이미 완전히 그것과 하나
로 융합되었고, 철저히 들어갔다가 다시 나와서 초월했음을 말한
다. 열 번을 시험했어도 철저하게 들어가지 못하면 나올 방법도
없는 것이다.

■질문 : 스승님! 제가 고려하는 것이 너무 많아서 그런 것이 아닙니
까?

■만행스님 : 고려하는 것과도 관계가 있고 방법과도 관계가 있다.

■질문 : 스승님! 종합적으로 말하면 근성(토대根性)이 부족해서 그런
것이 아닙니까?

■만행스님 : 근성이라? 근성을 아는 사람이 몇이나 되는가? 근성에 대
한 이해가 명확하지 못하다. 근성이란 사람들의 종합적 자질과
능력을 말한다. 자질과 능력이 되지 않는데 근성이라는 말을 어
떻게 하겠는가! 근성이란 말은 텅 빈 내용이다.

■질문 : 스승님! 전심전력으로 하였지만 안 될 때는 내려놓아야지요?
■만행스님 : 그런 상황은 없다. 진정 한마음 한뜻으로 한다면 반드시
이룰 수 있다. 어느 때가 네가 가장 전념하고 가장 일심불란한
때라고 생각하는가? 너를 여러 번 주의해 보았는데, 매번 물 분무

기 분사꼭지를 들고 일을 할 때이다. 그 때의 너는 절대적으로 일심불란이다. 오직 그 때만 네가 비로소 진정한 상태가 되는 것이다.

- **답변**: 저도 그런 감이 있습니다. 배는 아주 고프지만 힘은 아주 셉니다. 일단 일이 끝나면 전신이 나른하고 맥도 없습니다.
- **만행스님**: 보통 일을 할 때면 아무런 느낌이 없지만, 일단 일이 끝나면 전신이 시큰거리고 아프며 배가 고프게 된다. 그것을 일컬어 그 어떤 상태에 들어갔다고 한다. 일을 할 때 그런 상태에 들어갈 수 있다면, 다른 일을 할 때도 그런 상태에 들어갈 수 있는 것이다. 단지 너는 아직까지 바꾸는 방법을 배우지 못했다. 만약 그것을 배우고 또 모든 일에 사용할 수 있다면 큰 성취를 이루게 된다. 그러므로 불법을 배우고 수련하는 데는 마음씀을 배워야 하는 것이다. 마음씀을 할 줄 알면 진정하게 받아들일 수도 있는 것이다.
- **답변**: 스승님! 다른 직업이나 일거리를 바꾸게 되면 일정한 기한이 지나야 숙련됩니다.
- **만행스님**: 모든 것은 이전의 원력願力과 항심恒心, 그리고 의지에 따라 결정된다. 왜 지금의 일념 사이에 변화시키지 못하는가? 왜 이곳에서는 되는데 저곳에서는 되지 않는가?

- **질문**: 스승님! 대부분 사람들의 지력지수나 지혜는 모두 평균이 되지 않습니까?

- **질문** : 평균정도라면 나무동강이나 다름없지 않습니까?
- **만행스님** : 평균정도에 있는 것이 아니다. 우리들은 모두 높은 지력지수와 대지혜를 가지고 있는 사람들이다. 다만 태양이 구름에 가려졌을 따름이다.
- **답변** : 사람들은 보통 어떤 직업에서는 100~ 90점을 맞을 수 있지만, 일거리를 바꾸거나 하면 그렇게 되지 못합니다. 이를테면 우리들은 독경하고 염불하는 것은 아주 잘 하지만, 사회에 나가서 장사를 하면 틀림없이 잘하지 못할 것입니다.
- **만행스님** : 진정으로 잘 독경하였고 또 경을 읽을 줄 안다면, 그 어떤 직업이나 다 잘 할 수 있고 성공할 수 있다. 독경하는 이치나 장사하는 이치는 다 같다.

15강

경계를 따라 출입할 수 있어야 자재로운 사람이다.

- **질문** : 스승님! 수행하려면 반드시 채식을 하고 결혼도 하지 말아야 합니까?
- **만행스님** : 그런 것들이 성불할 수 있느냐 없느냐, 득도할 수 있느냐 없느냐 하는 것을 결정하지 않는다. 채식을 하고 독신으로 지내는 것은 단지 한전불교漢傳佛教의 규정이다. 장전불교藏傳佛教에서는 고기도 먹고 결혼도 하지만 성취만 잘한다. 사람들이 육식하고 결혼하게 되면 미혹되어 벗어나지 못한다. 세존께서 우리들의 근기가 부족한 것을 아시고 애시당초 물들지 못하게 하신 것이다. 본래 절욕을 강조했는데, 지금은 지나치게 강조하다보니 금욕禁慾이 되어 버렸다. 재가불자들은 남편은 남편으로서 아내는 아내로서의 책임을 다 해야 한다. 모두 자기의 역할을 위반할 수 없지 않은가?

■ 질문 : 스승님! 무엇이 원만입니까?

■ 만행스님 : 원만에 대한 이념과 기준이 무엇인가를 알아야 한다. 어떤 사람은 "아이구! 언제쯤 나의 사업은 성공하고 원만할 수 있을까?"하고 한탄한다. 여러분이 규정한 성공의 기준은 무엇이고 어느 정도를 원만하다고 하는가? 만약 자신의 사업의 성공표준을 설법할 수 있는 스님이라면 이미 원만하게 성공한 것이다. 그러므로 자기의 차원과 심리상태, 그리고 취사선택이 무엇인지 알아야 한다.

내면이 원만하면 보는 것마다 원만하고 보는 사람마다 스승일 것이며, 본받고 배울 것이 있다고 생각할 것이다. 그러므로 자기 곁에 있는 선지식을 버리고 먼 곳의 스승을 찾을 필요가 없다. 주위 사람들을 살펴보면 배울 수 있는 좋은 점이 많은 것이다.

불교에서 말하기를 "출입을 할 수 있다면(能進能出) 가는 곳 마다 응해서 변화하노라(隨處應化)."고 하였다. 도는 들어갈 수도 있고 나올 수도 있으며, 나올 수도 있고 들어갈 수도 있다. 불문에서는 인연에 따라 응해서 변화한다고 하였다. 여러분이 어떤 모습으로 어떤 신분으로 제도되기를 바란다면, 보살님은 바로 그런 모습과 그런 신분으로서 여러분을 제도하는 것이다.

일전에 '정지정견正知正見'에 대한 문제를 토론한 적이 있었다. 각기 자기의 견해를 말한 다음, '각조를 가지고 하는 일은 모두 정지정견이고, 각조를 버리고 하는 일들은 모두 사지사견邪知邪見이라'고 말한 바가 있다.

각조覺照의 '각'은 각찰覺察(각지하고 깨닫는다)이고, '조'는 조고照顧(보살피고 돌본다)라는 말이다. 어떤 사람들은 각찰은 못하지만 조고는 할 수 있는데, 이런 사람은 일깨워 주기만 하면 곧바로 각찰하게 된다. 또 어떤 사람은 각찰은 할 수 있지만 의지가 박약하고 자기의 정서를 조절할 수 없기 때문에 조고를 할 수 없다. 또 어떤 사람은 각찰도 하지 못하고 조고도 하지 못하며, 어떤 사람은 자기의 언행을 각찰할 뿐만 아니라 조고도 할 수 있다. 이것을 능각능조能覺能照라고 하는데 부처 보살의 경계이다.

- **질문** : 스승님! 석가모니부처님께서 꽃을 드시니 가섭이 미소를 지으신다. 그리하여 교외별전教外別傳이라는 것이 시작되었다고 하는데 이 교외별전은 무슨 뜻입니까?

- **만행스님** : 세속의 말로 한다면 "지음知音을 만나지 않으면 입을 열지 않고, 검객劍客이 아니면 검을 보이지 않는다."라는 뜻이다. 문외한에게 말을 해본들 소귀에 대고 해금 타는 격이라, 법을 전수하여도 아무 소용이 없다는 것이다. 반드시 전수받는 사람과 전수하는 사람이 상응되어야 전수가 된다. 상응한다는 말은 너와 내가 같은 자질이고 같은 차원이라는 말이다. 만약 동일한 차원에 있다면, 이미 상응하였기 때문에 전수하지 않아도 전수받게 된다.

'교외별전'에는 또 다른 의미가 있다. 사람이 다르면 다른 형식과 다른 방법으로 전수한다는 말이다. 여기 앉은 사람들에게 똑같은 형식으로 법을 전수하면, 어떤 사람은 받아들일 수 있지만 어떤 사람은 전혀 반응이 없을 수도 있다. 그러므로 불교에서는 법을 전수하는 방식이 아주 많은 것이다.

이를테면 어떤 때는 향판香板으로 전수하고, 어떤 때는 제자들을 밖으로 내쫓아 스승과 제자의 관계를 끊는 방식으로 전수하며, 또 어떤 스승은 자기의 죽음으로 제자를 각성시킨다. 선자덕성船子德成스님께서는 물에 뛰어들어 죽는 방법으로 제자를 환기시키고 법을 전수하였다. 스승이 물에 뛰어들어 죽는 것을 본 제자는 너무도 비통하여 심령이 각성되었다. 스승의 몇 년간 언행을 기억하고, 몇 번이고 반성하는 과정에서 드디어 마음이 트이면서 깨우치게 되었던 것이다.

왜 다른 방식과 방법을 사용하는가? 다른 시간, 다른 심리상태, 다른 상황에서는 각기 다른 방법을 사용해야 효과를 거둘 수 있기 때문이다. 그래서 불교는 팔만사천법문이 있는 것이다. 왜 이처럼 많은 법문들이 있어야 하는가? 중생들의 종류가 수만 가지이기 때문이다.

- **질문** : 지난 28일 저녁에 스승님께서 우리들에게 음악을 들려주셨는데 무슨 뜻인지 알 수 없습니다. 모두들 스승님의 법문 내용을 이해하지 못하겠다고 합니다. 음악을 들으면서 어떤 느낌이 들어야 합니까?
- **만행스님** : 내가 분명히 말하였다. 상응해도 좋고 상응하지 않아도

좋으며, 느낌이 있어도 좋고 없어도 좋다. 느낌이 좋아도 되고 나쁘도 된다. 여러분의 대답은 여러분의 수준을 대표하였고 여러분의 품격과 품질, 여러분의 인격을 대표하였다. 이것이 바로 불교에서 말하는 "이행履行이 바로 공부다."라는 말이다. 다시 말하면 말을 하거나 일을 할 때면, 그 사람의 자질, 품질, 수행정도의 깊고 얕은 것도 볼 수 있다.

문을 닫아걸고 집안에 있으면 여러분의 수행 정도를 알 수 없고, 말을 하지 않으면 틀린 말이 없고, 일을 하지 않으면 그릇된 일이 없다. 하지만 불교는 쓰임을 강조하는데 반드시 중생들에게 쓰여야 한다. 중생을 떠나면 불법은 존재하지 않는다. 그러므로 수행자들은 반드시 말을 해야 하고 나가서 일을 해야 한다. 자기는 능력도 없고 기술도 없다고 두려워 말을 못하고 일을 하지 않으면 안 된다.

과거에 불교에서는 이런 방법을 쓰기도 했다. 누군가 찾아와 불법을 물으면, 우선 한마디 말을 던져 대답을 들어보면서 상대방의 차원을 파악한다. 이를테면 내가 "남천일주藍天一柱"라고 말했을 때 상대방이 맞추면 두 번째 말을 묻는다. 두 번째 말을 물었는데 맞추지 못하면 나는 그와 대화할 수 없음을 깨닫는다. 그래서 염불하고 좌선하며 채소밭을 가꾸시라고 한다. 다른 차원의 사람들끼리 어떻게 상응할 수 있는가? 상응할 수 없다면 마치 소 귀에 경 읽는 격이라! 내가 동쪽이라고 하면 그는 서쪽이라고 할 것이다.

옛날에 선사禪師님을 찾아가 문제를 물으면, 선사님들은 모두 자비로워 묻는 말을 거절하지 않는다. 하지만 먼저 돌을 던져 어느 정도가 되는지 가늠해 보는 것이다. 예를 들어 "예불은 어떻게 해야 합니까?" 하고 물으면 나는 "대웅전에 가서 향을 올렸느냐?"하고 되묻는다. 이렇게 되면 여러분은 "왜 만행이 동문서답을 하는 건가?"하고 생각할 수 있다. 내가 하는 말을 이해 못한 것이다. 만약 나의 말을 이해한다면 계속 문답을 하게 될 것이고, 알아듣지 못하면 나는 "돌아가서 채소밭이나 잘 가꾸고, 밥 잘 짓고 염불 잘하고 향이나 잘 올리시오."라고 할 것이다.

대다수 사람들은 불법을 이해하지 못한다. 어떤 사람은 수천만 리 길을 멀다 하지 않고 찾아와 "스승님! 향불은 세 개를 올려야 합니까, 아니면 한 개만 올려야 합니까?"라고 묻는다. 또 어떤 사람들은 "능엄주는 아침에 송경합니까? 아니면 저녁에 송경합니까?" 하고 묻는다. 물론 이 문제는 묻는 사람들에게는 아주 중요하다. 그들은 오로지 만행만 믿고 천리를 멀다 하지 않고 찾아와 이런 것들을 물은 것이다. 그 마음은 충분히 이해할 수 있지만 나의 입장에서는 이것은 문제가 아닌 것이다.

도에 대해서 사부대중에 답하면 가치도 있고, 또 나는 정말 큰 문제가 되는 물음을 좋아한다. 하지만 어떤 사부대중은 문제도 아닌 물음을 한다. 물음도 아닌 물음을 가지고 천리만리 여기까지 찾아오다니! 사실 이것도 아집의 일종이다. 이런 문제는 오로지 이 만행만 정확하게 답할 수 있고 다른 사람의 답은 틀리다고 생각하기 때문이다. 곰곰이 생각해 보면 이런 문제들은 스스로 답을 얻을 수 있다. 문제가 생기면 스스로 해결하지 않고 남에게 묻는 것이 습관화되었기 때문에 생각을 하지 않는 것이다.

불문에서는 묻는 말마다 모두 답하는 스승은 좋은 스승이 아니라고 말한다. 열 가지를 물으면 한두 가지만 대답해 주어도 묻는 사람에게는 큰 자비를 베풀어 준 것이다. 열 가지를 물으면 열 가지를 다 가르쳐주는 스승은 도리어 묻는 사람을 해치는 것이다. 사고하는 습관을 키울 수 있는 기회를 박탈하였기 때문이다. 열 가지 물음에 단 한 가지만 답하고, 열 가지 물음을 다시 내준다면 백 근의 짐을 지는 사람에게 백 근을 더 짊어지게 하는 것과 같다. 압력을 가하면 잡생각을 하지 않을 것이다.

■ **질문** : 스승님! 저는 16~17살 때부터 좌선을 시작하였는데 좌선하는 과정에서 기이한 현상들이 많이 나타났습니다. 그런데 최근 몇 년은 아무 것도 없습니다. 처음부터 다시 시작하면서 이런 과정을 다시 겪어야 합니까?

■ **만행스님** : 다시 겪어야 한다. 수행하면 반드시 경계가 있을 것이다. 왜 경계가 있는 것이 그렇게 두려운가? 심리적 자질이 튼튼하지 못하기 때문이다. 수행과정에서 생리와 심리에서 그 어떤 현상이 나타나도 당황하지 말고, 조용하고 느슨한 마음으로 그것이 자연스럽게 변하도록 지켜보아야 한다. 변화가 끝나면 마음은 금방 차분하고 편해질 것이다. 변화가 생길 때 여러분의 심리상태가

따라서 변하게 되면 그것에서 빠져 나오지 못할 수도 있다. 그렇게 되면 그야말로 주화입마走火入魔라고 할 수 있다.

무엇을 주화입마라고 하는가? 들어갔다 나오지 못하는 것을 주화입마라고 한다. 또한 자기를 주체하지 못하는 것, 기능상태〔功態〕에서 나오지 못하는 것, 기능상태에 들어갈 수 없는 것도 역시 주화입마라고 한다. 사람을 만나면 사람 말을 해야 하고 귀신을 만나면 귀신 말을 해야 한다.(모두 크게 웃음)

사람을 만났는데 귀신 말을 하면서도 도道에 관한 말만 한다면 도에서 나오지 못한 것이며 주화입마가 된 것이다. 이 도에서도 나오지 못하고 저 도에도 들어가지 못한다면 이것도 역시 주화입마라고 한다. 수시로 그런 상태에 들어갈 수 있고 또 수시로 그런 상태에서 나올 수 있어야 한다. 말하자면 각자 맡은 배역에 적응하고 출입을 잘해야 한다. 모든 일체는 필요에 따라 존재하고 나타나는 것이다.

■질문 : 스승님! 매일 송경하고 염불하며 좌선하면서 자기의 염두를 관觀할 수 있다면 지혜문이 열릴 수 있습니까?

■만행스님 : 자기의 염두를 '관'한다는 말을 어떻게 이해하고 '관'을 어떻게 이해하는가?

■답변 : 자기의 마음씀씀이를 보는 것을 말합니다. 마음씀씀이가 도대체 자기의 육신에서 나오는 것인지 아닌지를 보면서 이 염두가 옳은지 그른지를 보는 것이라고 이해합니다. 만약 틀렸다면 그것

이 어디에서 생겼는지를 보아야 한다고 생각합니다.

- **만행스님** : 옳든 그르든 간에 이미 생겼다면 어떻게 할 것인가?
- **답변** : 틀린 것이라면 참회하는 마음을 가져야 합니다.
- **만행스님** : 매일 이렇게 염두가 생기면 눌러 버리고 눌러 버렸다가 다시 나타나면 참회하는가?
- **답변** : 네 그렇습니다. 왜냐하면 매일 염두들이 너무 많습니다.
- **만행스님** : 날마다 할 일 없으니 쓸데없는 신경만 쓰는구나! 이런 것을 일러 쓸데없는 짓만 한다고 한다. (웃음~~)

즉 불무정업不務正業이라고 한다. 이 말도 역시 불문에서 사용하는 말이다. 이런 염두를 상관해서 무얼 하는가? 이 염두를 지키고자 저 염두를 눌러 버리고, 저 염두 때문에 또 참회를 해야 할 필요가 어디에 있는가? 다만 앞으로 쭉 달리기만 하면 된다. 앞으로 달리기만 한다면 염두는 자연스럽게 사라진다. 말이 달구지를 끌고 가다가 비뚤어졌는데 미련한 자는 수레만 민다. 결국 아무리 수레를 밀고 밀어도 수레는 비뚤어진 채로 간다. 하지만 지혜로운 자는 말을 수레의 중간에 묶어서 수레가 자연스레 제대로 서게 만드는 것이다.

좌선하고 공을 들이는 것이 아니라 염두와 싸움질하고, 속으로 '이 염두는 선한 염두인가, 아니면 악한 염두인가? 아참, 사념邪念이면 안되지, 사념이 생겼으니 당장 참회해야지.'라는 생각만 한다. 이것을 일러 '불무정업'이라고 하고, 근본을 버리고 곁가지를 찾는다 하고, 본말을 전도한다고 하는 것이다.

16강

자신을 알아야 자신을 밝힐 수 있다

 사원寺院의 관리를 더욱 완벽하게하기 위하여 건설적인 의견을 제출하기 바란다. 사원의 집사와 수행자들은 사람들이 제출한 건설적인 의견들을 달갑게 받아들여야 한다. 모르는 것이 있으면 허심탄회하게 물어야 한다. 묻는 사람을 비웃는 것이 아니라 모르면서 아는 척하는 사람들을 비웃는다.
 일부 소임을 맡은 집사들은 자기의 체면 때문에 사람들이 제출한 건설적인 의견들을 듣지 않는다. 불가佛家의 말로 하면 '아집' 때문이다. 사실 이것은 아주 우매한 행실이다.
 지금 우리 동화사에는 장군배짱을 가진 사람이 있다. 그중 제일 전형적인 사람이 바로 **WZ**이다. 분명히 자기가 정한 방안이 다른 사람들이 제출한 방안보다 못한데도 고집스럽게 자기의 생각대로만 한다. 자신이 정한 방안이 틀렸다는 것이 증명되었는데 왜 우기면서 다른 사람의 의견을 받아주지 않는가? 이런 용기도 없는 사람이 어떻게 수행한다고 하는가? 오늘 WZ가 왔는가?(왔다고 대답하였다).

　이제 막 출가한 스님들은 물론이고, 출가한지 21년이 되는 이 만행도 동화사를 복원하는 이 몇 년 동안 많은 사람의 의견을 들어서 나의 방안을 번복하였다. 그리고 수없이 많은 생각들이 전문가들과 일반인들에 의해 부정당하였다. 그 대가로 지금같이 훌륭한 동화사가 나오게 되었다. 모두를 나의 작품이라고 하지만, 나의 작품이 아니라 여러 사람들의 지혜의 결정체인 것이다. 다만 내가 그들의 방안을 받아들여 채택했을 뿐이다. 이것이 바로 나의 지혜이며 나의 사상이고 내가 비교적 고명한 부분이다.

　다른 사람들의 관점을 인정한다는 자체가 바로 여러분의 자질이 그 사람들과 같은 차원의 등급임을 증명하는 것이다. 그러나 남의 의견을 듣지 않고 그들의 관점을 부정하는 것은, 여러분의 자질이 상대방보다 못하고 식견과 기백도 그들보다 못함을 보여주는 것이다. 사람의 체면이 도대체 몇 푼이나 되는가? 체면이 있느냐 없느냐, 가치가 있느냐 없느냐하는 것은, 그의 작품과 그의 실질적인 성과와 공덕에 의하여 체현되는 것이다. 자기는 가치가 있는 사람이라고 생각하지만 가치 있는 작품 하나도 없고, 가치가 있는 일, 의의가 있는 일을 하나도 못하였다면 체현된 가치가 없는 것이다.

　아무리 책을 많이 읽었고 문화수준이 높다고 해도, 아무 일도 할 줄 모른다면 책을 읽고 공부한 것이 무슨 소용이 있고 가치가 있겠는가! 자기는 오랜 수행자라고 하면서, 불법의 이치도 모르고 기본상식도 모른다면 그를 어떻게 수행한 사람이라고 할 수 있겠는가?

성장하고 성공하는 사람이, 어떻게 타인의 도움을 안 받고 남들의 사상과 지혜를 받아들이지 않을 수 있겠는가? 사람들의 생각은 모두 국한성이 있다. 동화사 복구건설 과정에서 훌륭한 의견과 좋은 방안들을 제출한 사람들이 백 명도 넘는다. 그리고 경제적으로 지원한 신도들은 천만 명도 넘는다. 오랫동안 동화사에 상주한 분들은 아시겠지만, 동화사 복구공사하기 전의 산골짜기와 지금의 동화사의 전경을 비교하면 충분히 아실 것이다.

짧디 짧은 2년 사이에 이렇게 성공적으로 동화사의 복구건축을 이룰 수 있는 원인이 어디에 있는가? 어떤 사람이 성장할 수 있느냐 없느냐, 성공할 수 있느냐 없느냐는 단지 자기의 능력으로만 결정되는 것이 아니다. 설사 자기의 힘에 의거한다고 해도, '자기'란 것은 모두 주변의 기초위에서 세워진 것이다. 즉 천지간의 우주만물은 누구나 서로 의뢰하고 의존해 살고, 서로 떨어질 수 없는 힘에 의거해 존재하는 것이다.

상대방에서 제출한 건의를 채택한다고 해서 잃을 것은 무엇인가? 아무 것도 없다. 우리가 "그 사람을 경외한다."고 하는 말은, 그 사람 자체를 경외한다는 말이 아니라 그 사람의 지혜를 경외한다는 말이다. 또 "그 사람에게 아주 탄복한다."고 하는 말 역시 그 사람이 아닌 그 사람이 가지고 있는 지혜에 탄복한다는 말이다. 사람 몸뚱이가 무슨 경외할 것이 있고 또 탄복할 것이 있겠는가? 만약 그 사람의 경계가 자기보다 높고, 그 사람의 사상이 자기보다 더 완벽하다면 그 사람의 말을 듣지 않을 이유가 무엇이며, 제출한 의견을 받아들이지 않을 이유가 무엇이겠는가!

적지 않는 사람들이 나에게 "동화사를 복구하는 불사를 다 하였는데 성취감이 있지 않습니까?"하고 묻는다. 그 때마다 나는 "예. 성취감이 있습니다."라고 대답 한다. 하지만 지혜 있는 사람이 묻는다면 나는 "성취감이 전혀 없습니다."라고 한다. 내가 진정하게 얻은 것은 이 사찰이 아니라 사찰을 건설하는 과정에서 배운 것들이다. 깨달은 이치와 겪어온 일들이며, 지나온 각종 풍파와 곡절 그리고 느낌들이다.

사람들이 보기에 동화사 복구공사를 주관하는 만행이 아주 힘들어 보이고 고달파 보일 것이다. 솔직하게 말하면 확실히 힘들었다. 동화사의 문턱에서부터 선방〔禪堂〕의 직선거리는 1km가 되고 절 주변의 거리도 2km가 넘는다. 매일 절 주위를 두 바퀴를 돌아야 하는데 그것만으로도 이미 4km가 되는 것이다. 육체적으로 힘들지 않을 수 없다. 하지만 동화사 복구공사 기간의 나의 심령과 나의 사상은 더 말할 나위 없이 성장하고 성숙되었다.

사상이 트이지 않고 사유가 개척되지 않았다면 어떻게 사람노릇을 하는가? 사람의 성장은 바로 그 사람의 사상이 성장하고 심령心靈이 성장하였다는 말이 아닌가? 심령은 바로 사상이다. 사람들의 생리 성장은 스무 살 정도면 결정되고 더 성장하지 않지만, 사람들의 심령만은 끊임없이 계속 무한히 성장한다.

만약 오늘 누가 와서 동화사를 인수해서 관리하겠다고 하면 나는 조금도 주저하지 않고 대범하게 내놓을 것이다. 나의 포부와 나의 이상은 이미 실현되었고 나의 능력도 이미 증명된 것이다. 세속의 심리 상태로 말한다면 이것만으로 충분하다. 아쉬울 것이 무엇이며, 붙잡고 놓지 못할 것이 또 무엇이겠는가? 하물며 내가 처음부터 바란 것은 이런 것들이 아닌 것이다.

출가한지 십여 년간 일이라는 것은 해보지 못했고 책만 읽었다. 동굴에서 살면서도 책만 읽고 사람들과 접촉해 보지 못했고, 더구나 일이라는 것은 전혀 해보지 못했으며 접촉도 못해봤다. 하지만 동화사 복구공사 기간에 몇 생에 해야 할 일들을 다 한 것이다. 옛날에는 절을 하나 짓자면 몇 세대 사람들의 노력이 있어야 했다. 지금도 십 몇 년 심지어 수십 년의 시간이 걸려야 한다. 다른 사람들이 몇 세대 몇 십 년을 해야 하는 일을, 이 보잘 것 없는 중이 몇 년내에 다 하였으니 감사한 마음밖에 또 무슨 마음이 있겠는가?

사람들이 찾아와서 자기의 생각을 털어 놓고 말할 때, 이해가 되지 않을 때가 많다. 그 때마다 나는 그 자리에서 멍하니 서서 그 사람이 한 말과 그 사람의 건의를 생각하고 소화시킨다. 왜 이 사람은 이렇게 말할까? 이렇게 말하는 데는 꼭 이치가 있을 것인데 그 이치는 무엇일까? 하고 끊임없이 생각한다.

사람들은 모두 자기의 건의와 방법이 제일 좋다고 생각하기 때문에, 그렇게 말하고 그렇게 행동하는 것이다. 모두들 자기의 사상과 행위가 제일 정확하다고 생각한다. 그러므로 그 사상을 내놓고 사람들과 함께 누리고 싶어 한다. 이것은 사람들의 보편적인 공통성이다. 그러므로 사람들이 하는 말을 열심히 들으면서 심혈을 기울여 받아들이고 체험해야 한다. 그렇지 않으면 그 사람에게 아주 미안한 일이다. 왜냐하면 그것은 그 사람의 정력과 지혜이기 때문이다. 만약 어떤 책을 받은 다음 그 책을 책상 위에나 침대 머리에 던지고 잊어버린다면, 그 책의 지식에 대한 경망한 행동인 것이다. 한권의 책, 한편의 작품은 모두 다년간 그 사람의 땀과 지혜의 결정체이며 그 사람의 경험을 쌓아놓은 결과이기 때문에, 우리들은 그 사람의 성과를 존중하고 지식을 존중해야 하는 것이다.

내가 전에 이런 말을 한 적이 있다. "출가한 사람 중 어떤 사람의 아집은 아주 세다." 좀 더 알아듣기 쉽게 말하면 허영심이 아주 세고 체면치레를 하며 살아가는 사람들이다. 나는 항상 "내가 어쩌다가 스승이 되었고 동화사의 개산방장開山方丈이 되었다. 아무리 황포를 입고 금란전에 앉아 있어도 시골뜨기는 여전히 시골뜨기다. 너는 사상도 없고 덕행德行도 없는 보잘 것 없는 놈이다. 인연이 좋아서 절의 주지를 담임하였고, 나라의 정책이 좋고 때를 잘 만났다."고 나 자신에게 일깨워 준다.

지금 동화사에 출가한 몇몇 젊은 사미들을 보면 며칠 전까지만 해도 사회에서 다니던 청년들인데, 오늘 가사를 입고 중이 되니 스님이 되고 금방 공양을 받으며 신도들의 예배를 받는다! 그 사람이 바로 그 사람인데 다만 옷만 바꿔 입은 것이 아닌가! 항상 "나는 일반인에 지나지 않는다. 스승이라니 웬 말이고 인천사표라니 웬 말이며, 삼계도사三界導師라니 웬 말인가?"하고 생각해야한다.

사실 나의 내심세계도 송구스럽기 그지없다. 왜냐하면 출가한 사람은 어떤 사람이라는 것을 너무 잘 알고 있기 때문이다. 무엇이 비구이고 무엇이 사문이며 무엇이 수행자인가 하는 것도 너무 잘 알고 있으며, 또 그 표준도 너무 잘 알고 있다. 내가 이런 기준과 너무 많이 떨어져 있다는 것도 알고 있다. 만약 내가 출가하여 몸에 가사를 입지 않았더라면 의식주 문제도 해결하지 못하는 상황이 되었을 것인데, 언제 어디 가서 스승이 되고 몇 년 사이에 절을 지을 수 있었겠는가? 이 모든 것은 절대 우리 힘으로 된 것이 아니다.

어째서 사람들의 건의를 받아들일 수 없단 말인가? 무엇 때문에 입을 다물고 마음을 가라앉히고 귀를 기울여 사람들이 하는 말을 다 듣고, 건의와 방안을 제출하게끔 못하는가? 사리가 밝은 사람들은 흔히 적은 노력으로 많은 효과를 얻을 수 있다. 말하자면 "한 사람에게 묻고 한 사람에게 배우지만, 만 사람에게 쓰일 수 있다."는 말과 같은 이치이다. 많이 묻고 많이 배우고 많이 생각하며, 복을 아끼고 은혜를 갚을 줄 알아야만 비로소 떳떳한 스님이 되는 것이다.

우리절의 유통처流通處에는 상당히 많은 책들이 있다. 하루에 반 시간 혹은 한 시간쯤 틈을 내서 한 페이지나 두 페이지 쯤 읽어라. 그 내용을 머릿속에 기억하였다가, 길을 걸으나 일을 하나 심지어 잠을 잘 때도 생각하고, 생각하면서 그 이치를 철저히 깨달을 때까지 생각하는 습관을 양성하기 바란다. 한 마디 이치를 깨닫게 된다면, 단번에 몇 단계씩 심령이 성장될 것이다. 밥은 하루 먹지 않아도 되지만 배움은 하루도 빠져서는 안 된다.

공부하고 배우는 방식은 많다. 반드시 책만 읽어야 배우는 것이 아니다. 사람들이 하는 말을 귀담아 듣고, 일 하는 품격을 관찰하는 것도 역시 배우는 것이며 공부하는 것이다. 이전에 내가 "아둔한 자는 책을 읽고, 총명한 자는 사회를 읽고, 지혜로운 자는 자기를 읽는다."고 말하였다. 우리는 자기부터 잘 읽고 분명히 안 다음에 사회를 읽고 책을 읽어야 하는 것이다. 자기조차 똑똑히 알지 못하면서 어떻게 사회를 알 수 있을 것이며, 또 어떻게 책속에 담긴 심오한 이치를 깨달을 수 있겠는가?

우리 절에는 수행의 모범이 아주 많다. 남자대중에도 몇 명 있고 여성대중에는 더 많다. 그들은 모두 우리들이 따라 배워야 할 본보기들이다. 만약 우리들이 모여 앉아서, 우리 중에서 한 사람을 뽑아서, 그들에 대해서 번호를 붙여가며 평론하라고 하면 평론할 수 있는가? 없다면 여러분은 눈을 떴지만 보고도 못 본 척, 듣고도 못 들은 척 하는 사람이다. 모두 함께 한 가지 일을 겪어서 다들 느껴 얻는 것이 있는데 왜 혼자만 느끼지 못하는가? 심혈을 기울여서 그것을 체험하고 느끼지 않았기 때문이다. 만약 그것을 명백하게 알고 느꼈다면 어째서 할 말이 없는가? 속으로는 뻔히 알면서 왜 말을 제대로 하지 못하는가?

불교에서 말하기를 "언어반야를 통해 문자반야로 증입證入하고, 문자반야를 통해 실상반야로 증입한다."고 하였다. '수행이 좋다'고 하는 사람이 일을 못한다면 그 사람을 어떻게 수행이 좋다고 할 수 있겠는가? 수행이 좋다면서 왜 일을 할 수 없는 것인가? 사람들의 말에 의하면 어느 누구는 책도 많이 읽었고 공부도 많이 하여 학력은 높은데, 일처리는 뒤죽박죽 엉망진창이고 이기利己도 못하고 이타利他도 못 한다. 이런 사람을 학력도 높고 지식도 풍부하다고 할 수 있는 것인가?

세상에는 학력은 높으나 일을 할 때면 어떻게 할 바를 모르는 사람들이 많다. 이런 사람들은 배움을 사용하지 못하는 사람들이다. 사용하지 못하는 사람은 헛공부를 한 것과 다름이 없다. 어떤 사람은 확실히 노래를 부를 줄도 알고 거문고도 탈 줄도 아는데, 그들이 부르는 노래와 거문고 타는 소리는 사람들의 심금을 울리지 못하고 영혼을 불러 깨우지 못한다. 다만 기계적으로 모방하고 중복하는 것이 기계와 별 다른 점이 없는 것이다.

집은 사람이 살아야 활기가 있고 영기靈氣가 있으며 생명력을 가지게 된다. 생명이 없는 물건이라고 하지만 이미 영기를 가진 물건이 된다. 이런 영기는 사람들이 부여하여 준 것이다. 우리들이 접촉하는 모든 물체에는 우리들의 정보가 있고 우리들의 에너지장이 실려있다. 불교의 용어로 말한다면 우리들의 가피력(加持力)이다. 우리들의 정보는 바로 가피력이다. 마음이 아주 순수하고 전념을 다하면 침투력이 강하고 가피력도 강하게 되는 것이다. 자질이 높고 수행이 좋으면 좋을수록 에너지장은 편안하고 분위기도 부드러우며, 그 사람과 함께 있으면 조화로우면서 사랑하는 정을 느낄 수 있다.

아마 지금은 내 마음이 너무 급해서 여러분의 진보하는 속도를 다그친 것 같다. 조용히 앉아 여러분을 생각해 보면 만족하다는 느낌이 많다. 동화사에 있는 스님들은 모두 훌륭한 스님들이다. 아무리 농사일이 힘들어도 노고를 마다하지 않고 꾸준히 착실하게 잘하고 있다. 매일 사원의 정상적인 예불을 참석하고 또 저녁 단체수련을 참가하면서 좌선하고 참선한다. 이 모든 것은 다른 절의 스님들과 비교하지 못할 만큼 아주 훌륭하다. 모두 아주 열심히 게으름 없이 일도 잘하고 수행도 잘한다. 일을 하는 능력은 능숙한 사람들과 비하면 모자람이 있겠지만, 다른 곳의 스님들과 비하면 도심이나 품질이나 덕행 등등 모두 아주 훌륭하고 일심으로 도를 향하고 있다.

기독교에는 이런 말이 있다. "사람을 만나고 사람에게 융합되는 것은 모든 사람을 성취시키기 위해서다." 이 말은 불교의 '관세음보살의 32화신'과 같은 것이다. 중생들이 어떤 모습으로 제도될 것을 바라면 바로 그 모습으로 나타난다는 뜻이다. 우리 대웅전 뒷면에 조각상들이 많은데 그것을 알아 볼 수 있는가? 제일 밑의 한 줄은 『원각경』에서 말하는 12분 원각보살이고, 두 번째 줄과 세 번째 줄은 관세음보살의 32가지 화신들이다. 임금·정승·거지·선녀·야차 등등이다. 설마 관세음보살님께서 그렇게 원칙이 없고 그렇게 위엄이 없어서, 때로는 노인의 화신으로, 때로는 아가씨의 화신으로, 때로는 제왕의 화신으로, 때로는 거지의 화신으로 나타나는 것인가? 무아의 사람이 무엇인들 못 받아들이며 어떤 일인들 못 할 것인가? 부처님공부는 자아를 돌파하는 것이다. 지금 우리는 몇 사람이나 자아를 돌파할 수 있는가?

여러분이 인연이 있고 인내력이 있다면, 금년 10월 사찰 건축공사가 끝나고 동화사 낙성 축제가 끝나기를 기다려서, 내가 앞장서서 수행을 단단히 틀어쥐고 여러분들을 이끌어 함께 수련하고자 한다. 내가 폐관수련을 할 때 의지력과 패기 그리고 과감성이 있었다면, 사찰의 복구공사도 그만한 의지력과 패기와 과감성이 있을 것이며, 사찰복구 건설이 끝난 다음 사부대중을 이끌고 수행하는 것도 그만한 의지력과 패기 그리고 과감성이 있을 것이다.

나에게 백 근의 힘이 있다면 일을 할 때도 백 근의 힘으로 할 것이고, 욕을 할 때도 백 근의 힘으로 욕을 할 것이다. 만약 나에게 백 근의 힘이 없다면 좋은 일을 할 때도 백 근의 힘이 없으며, 나쁜 짓을 할 때도 백 근의 힘으로 할 수 없을 것이다. 우리가 두려워하는 것은 바로 이 백 근의 힘이 있느냐 없느냐 하는 문제이다. 이런 힘은 체력이 아니라 심력心力이다. 이런 심력이 없다면 그 어떤 일도 해내지 못 할 것이다.

우리 동화사에 좋은 씨앗들이 있다는 것을 이미 발견하였다. 열심히 수행한다면 얼마든지 수행할 수 있는 조건을 창조하고 마련해 줄 것이다. 혹은 나의 허영심을 만족시키기 위한 것인지 모르겠지만, 희망하건대 몇 년 지난 다음 동화사에서 나가는 사람들마다 모두 한 자리를 차지하고 점산위왕占山爲王이 될 것을 바란다. 즉 법왕法王이 되기를 바란다. 동화사에 몇 년간 있으면서 만행의 뒤를 따르던 사람들이, 밖에 나가서 말도 할 줄 모르고 일도 할 줄 모르며, 설법은 더더욱 할 줄 모른다면, 그래서 아무 것도 할 줄 모른다면 그것은 여러분의 체면을 잃는 것이 아니라 이 만행의 체면을 잃는 것이다. 동화사에서 이 만행과 몇 년 동안이라는 시간을 보내면서 변화도 없고,

나의 가르침도 가져가지 못 한다면 우리 모두 너무나 비참한 일인 것이다.

　아무리 아둔한 사람이라도 삼년간만 꾸준히 노력하면 반드시 사람들의 앞에 서게 될 것이다. 젊은이들은 원대한 이상과 원대한 포부가 있어야 하지만 지금 닥친 현재의 일부터 착수해야 한다. 지금 하는 일도 하기 싫고 잘하지 못한다면 여러분이 추구하는 이상과 포부는 허황된 망상에 불과한 것이다. 허황한 망상이란 말을 하면 지금도 공유화상空有和尙의 말씀이 귀머리에서 메아리친다. 공유화상의 그 간곡한 타이름은 한평생 나의 마음속에 있다. 여러분이 성불하고 인천사표가 되고 싶다면 절실하게 실천하기를 바란다. 실천할 수 없으면 허황된 망상이고, 실천할 수 있다면 바로 부처이고 인천사표이다. 도대체 부처님공부를 하는 사람들이 부처님의 무엇을 배워야 하는가? 바로 부처님의 도덕을 배우고, 부처님의 수양을 배우고, 부처님의 공헌하는 정신을 배우는 것이다. 이것 외에 다른 것은 배울 것이 없다.

17강

조화가 되는 것은 수행의 시작이다

일반적으로 우리는 착오를 범한다. 하지만 우리들의 지력지수와 경험 그리고 능력을 볼 때, 우리가 범하는 착오들은 일상생활에서 범하지 않아도 될 상식적인 착오들이다. 이런 착오들은 아무리 변명을 해봐도 맥이 없고 말발이 서지 않는 것들이다. 왜냐하면 그것은 단 한 가지 원인이기 때문이다. 즉 무슨 일을 하든지 심혈을 기울이지 않고 어물어물 해치운 것이다.

어떤 단체가 장기적으로 잘 운영될 가능성은 각 구성원들의 노력, 내적인 자질과 사상 그리고 문화수양에 따라 결정된다. 명산의 영혼은 사찰에 있고, 사찰의 영혼은 스님들에게 있으며, 스님의 영혼은 바로 그의 신앙·도덕수양과 문화적 자질이다. 사람과 사람간의 유일한 구별, 사람과 부처의 유일한 구별이라면 바로 사상경계의 구별이다. 사상경계를 제외하고는 사람과 사람, 사람과 부처는 별다른 구별이 없는 것이다.

우리들은 늘 '경계境界'라는 말을 하기 좋아한다. 무엇이 경계인가? 무엇이 경계를 결정하는가? 바로 도덕수양과 문화적 자질이다. 평상시의 모든 언행과 행위들은 우리들의 도덕수양과 문화자질을 대표하는 것이다. 절대로 "나는 책도 얼마 읽지 못했고 좋은 교육도 받아보지 못하였기 때문에 도덕도 없고 수양도 없다."고 생각하지 말아야 한다. 이런 생각은 아주 그릇된 생각이다. 여러분의 도덕수양과 문화지식을 비교하면, 도덕수양은 하늘이고 지식과 문화는 땅이다. 확실히 여러분은 삼가 이바지하는 정신과 희생정신 그리고 자아를 잊는 정신을 구비하고 있다. 하지만 이것만으로는 인천사표人天師表가 될 수 없고 삼계도사三界導師는 더욱 될 수 없다.

사실 부처님공부를 하는 사람들은 모두 본분을 지키지 않는 사람들이다. 사람이 되기 싫어 부처가 되고자 하며, 사람노릇은 하지 않으면서 부처의 일은 하고자 한다. 아주 축하할만한 일이고 찬탄할만한 일이며, 우수하고 높은 사상경계를 가지고 있는 일이라 더 뭐라고 말할 것이 없다. 따라서 찬양할 뿐이다. 하지만 우리들의 행위와 우리들이 품고 있던 소망은, 도와 정반대되는 방향으로 나아가고 있는 것이다.

만약 도전하는 용기와 어려움을 박차고 나아가는 정신이 있으며, 노고와 원망을 두려워하지 않는 마음과 불변하는 항심이 있다면, 도덕수양과 문화수양은 한 걸음 한 걸음 노력에 따라 변화하게 된다. 단 2~3년 노력으로 선명하고 뚜렷한 효과는 나타나지 않겠지만, 십년~이십년을 노력한다면 철저히 바뀔 것이다. 지금 이 자리에 앉은 사람들의 지력지수는, 자기가 하고 싶은 일을 하기에 아주 충분하다. 오직 이바지하는 정신과 게으름 없는 정신만 있다면, 20년이면 우리들의 이상이 반드시 실현될 것이다. 우리들의 이상은 바로 생사를 철저히 깨닫고 성불하는 것이다. 20년이면 족하다. 한 가지 염두를 가슴에 품고 이십년을 포기하지 않는다면, 천하에 아무리 우둔한 사람이라도 실현할 수 있는 것이다. 하지만 몇 사람이나 한 가지 염두를 20년을 간직하고 불변할 수 있겠는가?

한 가지 염두를 이십년 동안 불변한다는 말은, 자기가 종사하는 일을 이십년 동안 불변한다는 말이 아니다. 내가 이전에는 불학원에서 공부하였고, 후에는 동굴에서 폐관하였으며, 지금은 또 사찰을 짓고 절의 주지로서 수행하는 사람들을 이끌고 있다. 하는 일들은 끊임없이 변하지만 마음속에 품었던 그 염두는 한 번도 변한 적이 없었고, 형식은 다양하게 변하였지만 초발심과 목적은 한 번도 동요하지 않았다.

절의 현재 상황과 존재하는 문제들을 보아낸다는 것은, 여러분들이 진정으로 심혈을 기울였다는 것을 뜻한다. 지금 어떤 사람들은 발언하지 않는다. 그 이유의 하나는 심혈을 기울여서 관찰하지 않았고 받아들이지 않았음이고, 또 다른 하나는 안팎이 완전히 다른 사람이기 때문이다. 그러므로 비록 몸은 여기에 있지만 마음은 벌써 다른 곳에 있는 것이다. 이런 사람은 보고도 못본 척 들어도 못들은 척 한다. 만약 여러분이 완전무결한 사람이고 안팎이 같은 사람이라면, 몸이 여기에 있으면 마음도 여기에 있어서, 필연적으로 이곳과 융합할 것이고, 대자연과 함께 호흡할 것이며, 문제가 어디에 있는가 하는 것을 보아낼 것이다.

동화사에 온 모든 사람들은 동화사의 모든 것을 눈으로 보고 속으로 기억하였다고 생각한다. 하지만 여러분과 교류하는 방식만은 사람에 따라 각기 다르다. 어떤 사람은 본척만척하는 방식으로 그들을 각성시키고 이치를 깨닫게 하며, 또 어떤 사람들은 그와 말을 많이 하는 방식으로 각성시키고 이치를 깨닫게 한다. 내가 여러분을 멀리 하거나 가깝게 하거나 틈을 주지 않거나 느슨하게 하거나 간에, 모두 여러분을 나의 마음속으로 들어오게 하기 위한 것이고, 나도 여러분 마음속으로 들어가기 위한 것이다. 비록 이것을 믿지 않겠지만, 언어가 맥이 없을 때는 방식을 바꾸는 것도 필요하다. 언어를 초월하는 방식 즉 초언어超語言—무언無言이다.

최대의 성공은 단순히 자기만 성공하는 것이 아니라 자기 주변 사람들, 나아가 자기를 따르는 사람들을 모두 성공하게 하는 것이다. 다시 말하면 최대의 비애는 자기 혼자만 성공하고 주변 사람들은 모두 성공하지 못하는 것이다. 관리학의 측면에서 말하면, 최대의 성공은 양 한마리가 한 무리 사자를 데리고 있는 것이지, 절대로 사자 한마리가 한 무리 양을 데리고 있는 것이 아니다.

일을 분배 받았는데도 일을 하지 않는 것은 그 사람의 태도, 그 사람의 도덕, 그 사람의 품질의 문제이다. 그러나 일을 열심히 하는데도 잘하지 못하는 것은 그 사람의 수준문제이다. 나는 시골에서 자라서 학교를 얼마 다니지 못하고 출가하여 스님이 되었다. 스님이 된

다음 몇 년간 글공부를 하고, 곧바로 동굴에 들어가 칠년이나 세상과 동떨어진 생활을 하였다. 출관한 다음 갑자기 사찰을 짓고 불사를 하겠다는 망상을 하였다. 사찰은 이제 건설이 다 되었고 망상은 현실로 되었다. 지금 상황에서 제일 큰 문제는 관리를 하는 것이고 인재가 부족한 것이다. 하지만 나는 신심도 있고 희망도 크다. 내가 굳게 믿는 것은, 이 자리에 앉은 사람들은 모두 발심하였고 또 이바지하고자 하는 정신이 있다는 것이다. 우리들이 한곳으로 생각하고 힘도 한곳으로 쓴다면, 극복하지 못할 일이 없고 박차고 나가지 못할 일이 없을 것이다.

여러분의 전도는 무량하고 앞길도 창창하다. 여러분이 자신감이 없거나 아직 느껴보지 못했겠지만, 이생에 출가하고 불법을 들을 수 있다는 것은 단지 이생에만 이 일을 하고 이생에만 이런 상相을 나타낸 것이 아니다. 무량겁無量劫이래 우리들은 이미 이런 상을 가졌고 이런 일을 했던 것이다. 지금 우리들이 하는 일은 한 막의 극을 반복해서 연기하는 것이다. 만약 이번 생에 이 극에 심혈을 기울이고 자아를 잊어가며 잘 연기하지 않는다면, 이생을 초월할 수 없을 뿐만 아니라 내생에도 똑같은 극을 반복하면서 연기하게 될 것이다.

18강

우리들은 모두 할 일 없는 잉여인간이다

- **질문**: 스승님! 참화두는 고정된 물음을 억지로 하는 것보다, 생활 속에서 부딪치는 구체적인 문제를 가지고 하는 것이 진정한 참화두라고 생각됩니다.
- **만행스님**: 아주 정확한 말을 하였다. 평상시 가슴에 걸리고 해결하지 못하는 문제들이 바로 화두이다. 사람마다 모두 가슴속에는 해결하기 어렵고 의문되는 문제들이 있는데, 이런 것들이 모두 화두가 될 수 있다. 만약 금전 때문에 곤란에 빠졌다면 금전을 화두로 참하면 되고, 생사문제로 곤란에 빠졌다면 생사가 무엇인가 하는 것을 화두로 참하면 되며, 무명 때문에 곤란에 빠졌다면 무명을 화두로 참하면 되는 것이다. 마음속에 의정疑情이 되지 않는 것은 화두가 아니다. 그러므로 '참'을 할 필요가 없는 것이다. 오직 여러분을 곤혹시키는 그 자체가 여러분의 화두가 되는 것이다.

■질문 : 스승님! 제가 이 기간은 책을 보지 않는 것이 좋지 않습니까?
■만행스님 : 책을 많이 보지 않아도 되지만, 그중 단 한 구절이라도 기억하고 그것을 투철하게 깨달으면 그것으로도 족하다. 하지만 책을 아무리 많이 읽어도 간파하지 못하고 깨닫지 못하면 결국은 이득이 없는 것이다. 자기 마음속에 있는 의혹부터 해결하는 것이 원칙이다. 설사 책을 본다고 하더라도 마음속에 있는 문제와 관련되는 책을 보아야 한다.

■질문 : 스승님! 사람들의 각조도 어떤 물건에 가려질 수 있습니까?
■만행스님 : 사회에서 잊혀진 사람, 생활문제도 해결하지 못한 사람이 우연한 기회에 열려져 있는 문을 발견하고 이상야릇하여 저도 모르게 그 문으로 들어갔는데, 그의 앞에 펼쳐진 것은 일망무제한 공간이었다. 그 안에 있는 사람들은 누구든지 모두 자기의 위치를 찾을 수 있고 자기의 느낌을 찾을 수 있으며, 자기가 가지고 싶은 것을 가질 수 있었다. 사람들은 모두 자기는 무상법보를 찾았다고 여긴다. 여기로 들어왔다가 나가지 못하는 사람은, 모두 그것에 정신이 빠진 사람들이고 각조를 잃은 사람들이고 자아를 잃어버린 사람들이다.

이들이 죽을 때 "나는 이미 성불했노라. 세존님 은혜에 감사합니다."고 말 할 것이다. 이것을 불법의 힘으로 알 것이다. 누구든지 일단 들어만 가면 모두 그것에 동화가 된다. 하지만 단 한 종류의 사람들만은 영원히 동화되지 않는다. 이런 사람은 그곳에 들어갔

다가 한 바퀴 돌아보고 금방 나오는 사람이다. 즉 온전히 각지覺
知한 사람이다.

- **답변** : 스승님! 이 체험은 마땅히 대수용大受用이 될 것입니다. 그가 들어갔다가 융화되어 나오지 못하더라도 그 마음은 아주 즐거울 것입니다.

- **만행스님** : 수용을 한다. 아주 대단하게 수용을 하겠지. 마치 술에 취한 사람처럼 너무 수용한 것이다! 번뇌도 잊고 천지도 잊고, 천지간에 오직 자기만 유일무이한 존재인 것 같을 것이다! 어떻게 그에게 이익이 없었겠는가? 이익이 없다면 술을 먹지 않았을 것이다. 술에 취하기만 하면 절대적으로 이익을 본다는 것을 너무도 잘 알고 있다. 하지만 생각이 있는 사람이라면 절대 자기를 기만하고 남을 속이는 일을 하지 않을 것이며, 영원히 무명에 있는 짓을 안할 것이다.

우리들은 날마다 법문을 듣지만 큰 스승은 한 명도 생기지 않았다! 나는 너무 애매하고 억울하다고 외친다! 불법은 자기도 이익을 보고 동시에 사람들에게도 이익을 주는 것이다. 현재 사회경제학에서 말하듯이 반드시 "서로가 모두 이익을 보아야만 장구할 수 있다."는 이치와 같다. 한쪽은 이익을 보지만 다른 한쪽은 손해를 보면 오래 갈 수 없는 것이다.

또 어떤 사람은 법문을 듣고도 돌덩이처럼 아무런 느낌도 없고 반응도 없다. 이것은 일종의 죄악이다. 마치 심혈을 기울여 책을 보지 않는 것과 같은 이치이다. 글을 쓰는 사람은 심혈을 기울여 자기의 인생경력과 지혜를 사람들에게 말하는데, 독자의 귓구멍은 막혀서 바람 한 점 들어갈 틈이 없고, 마음은 철옹성같아서 안팎으로 출입하지 못하게 하는 것이 마치 돌부처가 입정한 것 같다.

도생법사道生法師는 "돌덩이도 불성佛性이 있다."고 하였다. 그렇다면 여러분들은 돌덩이의 불성보다 못하지 않은가? 공자님은 "한 모퉁이를 들어주면 세 모퉁이를 들어야 가르친다."고 하셨는데, 세 모퉁이를 들지는 못할지언정 한 모퉁이쯤은 들어야 하지 않겠는가? 하나도 못 든다면 그야말로 "아! 슬프구나!"로다. 사람들의 말에 의하면 "부처가 없을 때는 나한도 설법한다."고 하였는데, 아무리 큰소리쳐도 응답이 없는데, 다시 또 소리친들 무슨 소득이 있겠는가?

절에는 형합이장哼哈二將과 사대천왕四大天王을 모신다. 무슨 뜻을 담았는가? 사찰의 모든 물건들은 법을 보인 것이며, 그들의 출현과 존재에는 모두 담은 뜻이 있다. 불교는 실질적이고 단지 현재뿐이며 과거와 미래가 없다. 불교가 하는 일은 모두 목적이 있다. 불법은 무의미한 일을 하지 않는다. 불법의 위대한 점이란, 산문에 들어선 사람은 누구나 불법을 볼 수 있고 들을 수 있으며 서로 감응할 수 있다는 것이다. 다만 삼보의 문에 들어서서 심혈을 기울이기만 하면 바로 상응을 할 수 있는 것이다. 심혈을 많이 기울이면 상응도 많고, 적게 기울이면 상응이 적으며, 심혈을 기울이지 않으면 상응하는 것이 없게 된다.

우리들이 언제 어디서나 부처를 본보기로 하고 조사님들을 본보기로 한다면, 우리는 사람들의 눈에 모두 황금으로 보일 것이다. 어째서 세존과 조사님들을 본보기로 하지 않으며, 부처님과 그분들의 기준으로 자기에게 요구하지 않는가?

우리들은 날마다 "나무본사 석가모니불"하면서 염불한다. 우리들의 진정한 스승과 유일한 스승, 그리고 우리들의 가장 훌륭한 본보기는 바로 석가모니 부처님이시다. 일단 우리들이 석가모니 부처님과 비교한다면 바로 겸손하게 되고, 송구스러운 마음이 생기며 공손한 마음이 생기는 것이다. 그러므로 우리들은 오로지 석가모니 부처님과 비교해야 진보할 수 있다. 아니면 무명한 사람이 된다. 하지만 사람들은 자기의 무명에 도취되어, 자기는 얼마나 대단하고 얼마나 대자재大自在한 사람인가 착각한다.

예로부터 오직 두 가지 종류의 사람들이 진보할 수 있고 성취할 수 있다. 첫 번째 종류의 사람은 자율성이 아주 강한 사람, 즉 불교에서 말하는 자기의 신·구·의를 다스릴 수 있는 사람이다. 이런 사람은 절대적으로 대성취를 한다. 두 번째 종류의 사람은 자연스럽게 받아들일 수 있는 사람이다. 이런 사람은 아집이 없는 사람이고, 무슨 말을 하든지 모두 받아들이며 의사를 따르고 아무런 개인적인 고정관념을 가지지 않는다. 이런 사람도 절대적으로 성취할 수 있다.

이 두 종류의 사람을 제외하고는 모두 성취할 수 없다. 실은 이 두 종류의 사람은 한 가지이다. 그들은 자연스럽게 받아들이고 자기를 엄격하게 단속하는 사람이다. 그밖에는 성인聖人이 아니라 잉여인간이고, 현인賢人이 아니라 할 일 없는 사람이다.

19강

영혼은 이렇게 성장한다

 어떻게 하면 질투심을 소멸하고 탐욕심을 소멸하고 진한심도 소멸할 수 있겠는가? 불교에서 말하기를 "사람은 탐진치만의貪嗔痴慢疑가 있다."고 했다. 이런 것은 영원히 소멸할 수 없다. 가슴에 손을 올려놓고 곰곰이 생각하면서 자신에게 물어 보라. 탐진치만의가 있는가 없는가? 있으면 얼마나 있고 얼마나 엄중한가? 솔직히 말해서 당신의 탐진치만의가 없다거나 조금밖에 없다고 한다면, 한평생 당신은 아무 일도 성사하지 못한다. 사람들은 바로 이런 힘에 의해 살아가고, 이런 힘에 의해 진보하고, 이런 힘 때문에 타락도 하고, 이런 힘 때문에 실패와 성공도 하는 것이다. 불교에는 이런 힘을 아주 상세하고 명백하게 해석했다.

 이 이치는 마치 식食과 성性처럼 인류의 생존과 번식의 근본이고, 인류의 본성이라 영원히 없애지 못하는 것과 같다. 같은 이치로 탐진치만의도 인류의 생명을 구성하는데 없어서 안되는 힘이다. 우리 선조들은 바로 이 탐진치만의가 있었기 때문에 인류를 번성시켰다. 그렇다면 고대의 성현들께서는 어떻게 이런 문제를 해결하고 이런 장애를 제거했는가?

우주의 만사만물은 모두 정면과 반면의 힘을 갖고 있다. 다시 말하면 은隱과 현顯의 힘(드러나지 않은 힘과 나타나는 힘)을 가지고 있다. 그렇다면 우리들은 탐욕적인 힘과 질투심의 힘이 무엇인가 알 수 있을 것이다. 이런 힘을 알 수 있다면 탐진치만의와 살도음殺盜淫의 힘이 무엇인가도 알 수 있을 것이다. 만약 반면의 힘을 보아내지 못한다면, 영원히 고통 속에서 헤매고 영원히 윤회에 떨어져 벗어나지 못할 것이다. 어떤 사람들은 아주 편안하고 건강하며, 아주 소탈하고 아주 환하고 찬란한 삶을 살고 있다. 이런 사람들은 바로 그 반면의 힘을 보고 사용했기 때문이다. 다시 말하면 이런 사람들은 영원히 긍정적이고 정면적인 힘으로 살아가고, 부정적이고 소극적인 힘으로 살지 않는 것이다. 마치 우리의 ㅇㅇ처럼 탐진치만의와 살도음 등의 부정적인 힘에서 살면서, 그 반면의 힘을 보지 못하고 반면의 힘으로 살지 못하는 것과 같다.

이 두 가지 힘을 귀납하면 양성의 힘과 음성의 힘이라고 한다. 적극적으로 사는 사람, 혹은 입도하고 성취한 사람의 심리상태는 영원히 양성의 힘에서 사는 것이다. 하지만 질투심과 성냄 그리고 보복심이 가득 찬 사람은 음성의 힘에서 살아간다.

부처님공부를 하는 사람들 가운데서도 적지 않은 사람들이 음성의 힘에서 살고 있다. 그들은 음성의 힘에서 살기 때문에 사람들과 어울리지 못하고, 사회를 이탈하고 사람무리를 떠나서 출가의 길을 선택하는 것이다. 이런 음성의 심리상태로 부처님공부를 하는 것은 아주 그릇된 일이다. 예로부터 부처님공부는 아주 밝고 아주 고상한 사람들이 하는 것이다. 또한 이런 사람들만이 부처님공부를 할 수 있다.

내가 일찍 이런 말을 했다. 불법은 오직 왕궁귀족이나 사대부와 같은 차원의 사람들을 위한 것이다. 보통 백성들은 살아가는 형편이 어렵고 심리적 압력이 과중하며 신경을 많이 쓰기 때문에, 그들의 마음은 어두운 구석이 많고 밝지 못하다. 때문에 부처님공부를 하고 불법을 수련하는 자질과 마음이 구족되지 않는다. 불법은 양광陽光 찬란한 사람들을 위한 것이고, 고상한 사람들만 위한 것이다. 오직 왕공귀족과 사대부의 품질과 심리상태를 구비한 사람들만 불법을 수학修學할 수 있다.

비록 이 두 가지 힘을 나누어 말했지만, 사람이라면 모두 이 두 가지 힘을 동시에 구비해서 갖춘 것이다. 다만 어느 힘이 주체가 되고 주류가 되며 기용되는가에 따라 다르다.

사람들은 자기가 하는 말들이 불법이라고 생각하지만, 사실 그것은 불법이 아니라 '아법我法'이다. 만행이 한 말은 만행의 법이고, 돈한이 한 말은 돈한의 법이며, 위안이 한 말은 위안의 법이다. 오로지 성불을 하고, 부처의 과위를 증득하고, 부처와 통일체가 되어야만 아법我法이 아니라 불법이 되는 것이다.

일부 부처님공부를 하는 사람들은, 뜻을 이루지 못했거나 혹은 벼슬길이 순탄하지 못하여서, 부처님공부를 하고 지혜문을 열고 생사를 해탈하고자 한다. 하지만 부처님공부는 이런 사람들이 할 수 있는 공부가 아니다. 사람노릇을 하는 이 과목조차 배우지 못한 사람이 어찌 부처님공부를 할 수 있단 말인가?

불교에서는 부처님공부를 하는 차례를 아주 명확하게 말했다. 즉 십신十信, 십주十住, 십행十行, 십회향十回向 등으로 나누었다. 다시 말한다면, 사람노릇을 하는 것부터 배우고 사람들이 갖추어야 하는 기본자질을 구비한 뒤에야 부처님공부를 할 수 있는 것이다. 이런 자질이 부족하다면 제아무리 경건하다 할지라도 미신에 불과하고 사지사견에 불과하다.

전날 저녁 ○○는 "무명無明한 사람이 부처를 믿고 좋은 일을 하면 복보와 공덕이 있을 수 있습니까?"하고 물었다. 공덕과 복보가 있다! 하지만 여전히 우매무지한 사람이다! 바로 이것이 어떤 사람은 바보처럼 어리숙해 보이지만 복보가 아주 많은 이유이기도 하다. 전생에 무명상태에서 복을 많이 심었더니, 이생에도 무명상태에서 그 복보를 수확하게 되는 것이다. 정지정견正知正見의 상황에서 지혜로 복보를 심었다면, 다음 생은 지혜로서 그 복보를 수확하게 되는 것이다.

사람은 생리, 심리, 영혼을 막론하고 모두 음과 양, 혹은 정면과 반면의 두 가지 힘을 구비하고 있다. 즉 선념善念도 있고 악념惡念도 있다. 수행은 바로 이 둘의 사이에서 손을 쓰는 것이다. 선을 보았다면 악도 볼 수 있고, 성냄을 보았다면 반드시 박애의 마음을 볼 수 있는 것이다. 이 둘의 사이에서 손을 쓸 때, 당신의 마음이 어느 쪽으로 기울어지면 그 힘이 그쪽 방향으로 기울어지는 것이다.

어째서 불교에서는 불법을 수학하려면 우선 보리심부터 발심하라고 하는가? 보리심이란 무엇인가? 원력願力과 자비심이다. 이것이 바로 보리심이다. 만약 부처님공부를 시작하는 그 시각부터 보리심과 원력을 구비했다면, 어찌 탐진치만의와 살도음 등이 당신을 좌지우지할 수 있겠는가? 이러한 것에 흔들리게 된 원인은 부처님공부의 인지因地에서 처음 발을 뗄 때부터, 진정한 보리심과 대자비심 그리고 원력이 생기지 않았다는 뜻이다. 왜 불교에서 "그것을 바꾸어 놓는다면 당신은 그것의 주인이 되지만, 바꾸지 못한다면 당신은 그것의 노예가 된다."고 했는가?

이 힘은 영원히 사라지지 않는다. 다만 중간에서 여기저기 왔다 갔다 하면서, 내가 너를 바꾸지 않으면 네가 나를 바꾸게 된다. 이 힘 자체는 성도하는데 없어서 안 되는 힘이다. 만약 그 힘을 뽑아 버리거나 없애버린다면 보리심도 없어지는 것이다. 인지因地에서 수련하는 것도 그것이고, 바꾼다는 것도 그것이고, 과지果地에서 수확하는 것도 그것이다. 일단 과위果位에 이르게 되면, 우리들이 인지에서 말하던 탐진치만의와 살도음이 본래는 보리이고 지혜라는 것을 알게 된다. 인간적인 측면에서 보면 그것은 탐진치만의지만, 불성佛性의 측면에서 보면 그것은 지혜이고 자비이며 박애이다. 왜 우리들은 그것을 인성이라고 하거나 불성이라고 하는가? 그 어떤 수법이나 의지력, 혹은 주문에 의거하는 것이 아니다. 유일무이하게 보리심과 원력에 의거하기 때문이다.

　왜 사람들의 인생은 어쩔 수 없고 속된가? 진정한 보리심이 생기지 않았기 때문이다. 설사 보리심이 생겼다고 하여도 오래도록 유지하지 못한다. 원인은 단 하나이다. 애초에 가지고 있는 신앙, 용맹심, 원력들! 이들은 모두 진실이 아니라 일시적인 정서의 파동이고 이성적으로 생긴 보리심이 아니다. 진정으로 보리심을 내었다면, 그 보리심은 증가될 뿐만 아니라 평생토록 사라지지 않을 것이다.

　불공 드리는 것이 모두 가짜란 말인가? 아니다. 모두 진실한 것이다. 하지만 왜 시간의 추이에 따라 우리들의 보리심이 사라지는가? 우리들의 무명 때문에 도道를 보지 못한 것이다.

　비록 눈앞에서 도를 보지 못했지만, 결심하고 한 걸음만 더 내디딘다면 반드시 도를 볼 수 있을 것이다. 그런데 우리들은 한 걸음의 도심이 있었다고 한 걸음의 도를 보려고 한다. 이것은 그릇된 생각이다. 인지에서 보면 세 걸음, 다섯 걸음, 심지어 열 걸음을 걸어야만 비로소 한 걸음의 도과道果를 보게 된다.

　만약 진정 제 길에 들어섰고 입문했다면, 한 걸음의 도심은 한 걸음의 도과를 얻을 수 있으며, 완전히 도와 융합되어 일체가 될 것이다. 뿐만 아니라 그 때는 도심이 있느냐 없느냐가 존재하지 않는다. 당신이 하는 모든 일, 심지어 살도망음주殺盜妄淫酒를 포함해서 모두 도와 하나로 융합되고 절대로 도와 어긋나지 않는다. 마치 성취한 스님이 "주색잡기를 해도 보리의 길을 막지 못할 것이고, 백화가 만발한 꽃밭을 지나도 하나도 몸에 묻지 않노라."는 말과 같이 흔적이 남지 않고 단단히 도와 하나로 융합되는 것이다.

　순경順境이든 역경逆境이든 현상에 지나지 않는다. 현상에 불과하다면, 어찌하여 그것에 좌지우지되고 심지어 자기의 초발심마저 상실하는가!? 만약 살도음·탐진치·질투심 같은 것들이 당신 마음에서 사라지지 않는다면 그것도 축하할만한 일이다! 이 역시 선정기능이라 할 수 있다. 하루 24시간 내내 질투 속에 있다면, 기타 다른 망상을 모두 버린다는 말이다! 문제는 이런 나쁜 염두조차 장구하게 유지하지 못하는 데 있다.

　인연의 화합으로 우리들은 사람이 되었고, 사람이 되는 그 시각부터 우리들은 이지理智도 구족하고 각종 악습들도 구족되었다. 당신의 악습이 큰 만큼 이지도 크다. 악습이 없다면 이지도 없다. 이지와 악습은 본래의 자신의 힘이며 1 : 1로 평등하다. 하지만 조화가 우리들을 만들 때 이지 쪽으로 더 치우치게 하였다. 다시 말하면 이지의 힘이 각종 악습의 힘보다 좀 더 큰 것이다.

　무량겁 이래 우리들은 모두 수행을 했기 때문에 사람의 몸을 얻었다. 우리들이 사람의 몸을 얻었으므로, 인간성이 야수성 보다 좀 더 큰 것이며, 인간성이 야수성보다 좀 더 크기 때문에 사람 몸으로 성취할 수 있는 것이다. 하지만 기타 다른 생령계生靈界의 것들은 반드시 사람 몸으로 바뀌고, 사람 몸으로 수련한 다음에야 비로소 성취할 수 있다. 왜냐하면 그들의 이지理智가 야수성보다 약하기 때문이다.

　우리들의 인간적인 힘은 영원히 야수적인 힘보다 크고, 양성의 힘은 음성의 힘보다 크며, 정직한 힘은 사악한 힘보다 크고, 좋은 사람은 나쁜 사람보다 많으며, 우리들의 사랑하는 마음은 보복심·질투심·성냄보다 더 큰 것이다. 그들의 비례는 언제나 51과 49의 사이다. 정면의 힘은 영원히 반면의 힘보다 조금 더 많은 것이다. 오직 애심愛心의 방향으로 발전하고, 불심佛心의 방향으로 발전한다면 우리들은 성불할 수 있다.

- ○○거사 : 스승님! 며칠 전부터 저의 몸에 이상이 왔는데, 기해氣海가 막혀 전신이 떨리고 저립니다. 지금도 좌선만 하면 손이 떨리는데 몸을 어떻게 조절해야 하는지요?
- 만행스님 : 몸에 병이 났구나. 좌선 때문에 몸에 이상이 왔다고 생각하면 절대 안 된다.
- ○○거사 : 좌선 때문에 생긴 병은 아니지만, 좌선하면 회복할 수 있지 않습니까?
- 만행스님 : 회복할 수 없다.

- ○○거사 : 그러면 어떻게 해야 합니까?
- 만행스님 : 병원에 가서 의사를 찾아 병 치료를 하라! 병이 생긴 사람을 좌선하라고 하면 절대 안 된다. 병세가 선정기능보다 더 크다면, 너는 선정기능이 없는 것이다. 하지만 네가 선정기능이 있고, 또 선정기능이 병세보다 더 크다면 선정기능으로 병을 이겨 낼 수 있다. 적지 않은 사람들이 선정기능이 없으면서 병이 들면 선

정으로 병을 치료하고자 한다. 그것은 불가능한 일이다. 뿐만 아니라 병든 몸으로 선정수련 한다는 것도 아주 어려운 일이다.

■**질문** : 스승님! 어떻게 하면 그 정도를 가늠할 수 있습니까? 이를테면 어떤 병은 수련하여 치료할 수 있고, 어떤 병은 수련으로 치료할 수 없다는 것입니까?

■**만행스님** : 잘난 체 하면서 가늠하지 말지니! 옛날부터 전하여 온 법 그대로 하면 된다. 오늘날 우리들이 부딪치는 문제들은 수천 년 전 선인들도 마주한 문제들이다. 인류가 있던 그날부터 발생하는 문제들은 영원히 다 같은 것으로, 단지 형식만 다를 뿐 본질은 같다. 또한 옛날 선인들은 규칙을 세워놓고 그 해결하는 방법들을 우리들에게 남겨 놓았다. 우리들이 그분들의 규율대로 일을 한다면 모든 것을 초월할 수 있고 전변할 수 있다. 소위 '방법을 찾는다'는 말은, 과거의 규율들을 잘 배운다면 오늘의 문제들을 순리적으로 해결될 수 있다는 뜻이다.

세간의 사람들은 탐진치·살도음의 염두가 생기면, 다른 생각을 한다든지 다른 일을 하는 방법으로 그 염두를 바꾸어 버린다. 이것이 세간 사람들의 방법이다. 하지만 선정기능이 있는 사람은 염두가 나타나면, 염두가 생기고 발전하는 과정을 지켜본다. 일단 지켜보면 3분이 지나지 않아서 그 염두가 달아날 것이다. 이것이 바로 "어디에서 생겨나면 어디에서 소멸한다."는 말이다. 나중에 그것들이 오는 곳도 없고 가는 곳도 없으며, 모두 망상이고 환상이라는 것을 발견하게 될 것이다.

이치는 이렇지만 불법은 반드시 친증親證해야 하고 체감體感을 해야 한다. 단지 남의 말을 듣는 것으로는 받아서 쓸 수 없다. 다른 사람이 한 말은 그 사람의 느낌과 체감이므로, 다만 지식으로 받아들이고 방향을 지도하는 도구로 사용할 뿐, 반드시 자기가 직접 체험하고 체감해야 진정하게 받아서 쓸 수 있다.

우리들이 초월할 수 없는 원인은, 이치만 알고 직접적으로 실천하지 않았기 때문이다. 어느 때든지 직접적으로 느끼고 체감할 수 있다면 그 때는 초월할 수 있는 것이다. 초월하지 못하는 사람들은 탐진치와 살도음의 염두가 생기게 되면 그것에 걸려서 꼼짝을 못한다. 하지만 초월한 사람은 절대로 그것에 좌우되지 않고 그 때문에 곤혹되지도 않는다. 다만 마음속에서 잔잔한 물결이 생겼을 뿐 순식간에 아무 흔적도 없이 사라지는 것이다.

성취한 사람들도 여전히 칠정육욕이 있다. 하지만 그보다 더 큰 힘은 이지理智이고 각지覺知이며 불성이다. 현대의 말로 한다면 감성이 있으면 이지도 있다. 때에 맞춰 그를 따르면 때에 맞춰 출현하는 것이다. 우리들은 "이 사람은 감정적으로 문제를 처리한다."는 말을 자주 듣게 된다. 감정적으로 문제를 처리할 때 왜 이지가 출현하지 않고 따르지 않는가? 왜 맞은편을 보지 못하는가? 감성의 맞은편은 이지이고 이지의 맞은편은 바로 감성이다.

지나치게 이성적이면 냉혈적이고 냉혹한 사람이 되고, 지나치게 감성적이면 방향을 잃고 아무 짓이나 하게 된다. 때문에 불교는 어느 때든지 중도中道를 지키라고 한다. 중도라는 것은 절도節度있게 한다는 말이다. 아주 이지적이고 이성적이며 아주 냉정한 사람들은 일반적으로 냉혹하고 냉혈적이다. 아주 감성적이고 열정적이며 자유분방한 사람들은 흔히 얼빠지고 방향을 잃으며 자기가 무얼 하고 있는가, 무슨 말을 하고 무슨 생각을 하고 있는가 하는 것을 모른다. 우리들은 얼마든지 이 두 가지 힘을 평형시킬 수 있다.

지금 우리들이 이런 말을 듣고 이런 교육을 받는다는 것은 이미 너무 늦은 일이다. 이런 이치는 마땅히 15~16세 이전에 알아야 한다. 만약 15세가 지난 다음 비로소 이런 말을 들었거나, 아니면 지금 막 들었다면 이미 늦은 것이다. 대근기·대기백을 가진 사람이, 어린 시절은 가난하여 교육을 받아보지 못했지만, 30~40세, 혹은 45세 전후가 되어서 어느 날 뜻밖에 진리의 말을 듣게 되면 90°로 크게 방향을 바꾸는 것이다. 소위 '십지돈초十地頓超' 혹은 '불력승지不歷僧祇'라는 말은 바로 대근기의 사람을 두고 하는 말이다.

지금 ㅇㅇ거사께서 수행하는 과정에서 나타나는 심신의 변화를 물었는데, 심신에서 나타나는 모든 것들은 모두 경계境界에 불과하다. 경계는 일종의 현상이고, 현상은 허황되고 실제가 아니다. 만약 심리상태를 개변하지 않고 묘용妙用을 할 수 없다면 '경계'라는 것은 거짓이므로, 자기도 받아 쓸 수 없고 다른 사람도 받아 쓰지 못한다. 부처님공부는 우선 자기 수용이다. '자리自利가 된

후 이타利他'가 되는데, 힘이 부족하면 자기 자신도 수용할 수 없는데 어찌 남을 도울 수 있겠는가? 거사님은 확실히 일도 잘하고 도심도 좋은데 지혜가 좀 부족하다.

최근에 ㅇㅇ거사가 어떤 명목으로 신도들에게서 시주돈을 받았다는 말을 들었다. 이런 일이 있는가? 이런 일이 사실이건 아니건, 일단 여러분들이 동화사로 왔으면, 마땅히 당신들의 가장인 이 만행에게 용돈을 달라고 해야 한다. 기왕 이 만행이 당신들의 가장이 되었다면, 반드시 당신들의 의식주행을 책임질 것이고 당신들의 영혼의 성장을 책임질 것이다! 이런 능력이 없다면 가장이 될 자격이 없다.

우리들은 흔히 명사는 중생을 다스리고자 사바세계로 왔다고 한다. 명사가 주는 시련을 견딜 수 있다면 좋은 재료일 것이고, 견딜 수 없다면 칼이고 망치고 모두 내려놓으라. 비록 심신의 고통은 없겠지만 큰 그릇이 되기는 틀렸다는 말이다. 우선 업장이 나타나야만 업장을 소멸하는데, 업장이 나타나지 않으면 어떻게 업장을 소멸하겠는가? 대근기·대지혜의 사람들은 업장이 나타나지 않은 상황에서 깊은 선정 속에서, 즉 인지에서 소멸하는 것이다. 하지만 범부들은 업장이 나타나면 단지 고통으로 받아들일 뿐 업장을 소멸하지 못한다.

사람은 양성과 음성의 화합으로 이루어졌는데 어찌 탐진치만의와 살도음이 없겠는가?! 만약 없다고 하면 그 사람의 업장이 다른 사람보다 더 깊이 숨어 있기 때문이다. 수행을 잘한 사람의 업장은 이미 싹트고 드러나는데, ㅇㅇ거사님의 종자는 너무 깊이 숨어서 싹이 트지 않고 혹은 늦게 싹이 튼다. 자기를 위장하지 말고 마음의 문을 활짝 열어 놓으라. 매일 매일 마주하고 마음의 문을 활짝 연다는 자체가 바로 해탈이고, 아울러 지혜가 드러나 나타나는 것이다.

 20강

종점이 바로 시점이다

　사람의 능력은 한계가 있다. 한계가 있는 능력으로 대중을 위하여 일할 수 있음을 감사하다고 생각해야 한다. 일 하다가 문제가 생기면, 변명하지 말고 사실과 행동으로 증명할 줄 알아야 한다.
　어떤 집단에서나 누구는 상급이고 누구는 하급인가 하는 지위문제가 존재하지 않는다. 다만 하는 일이 다를 뿐 동급이고 평등하다. 단지 집단의 필요에 따라 다른 일을 할 뿐이다. 한 집단 내에서 마음에서 우러나는 생각을 서로 들을 수 있고 파악할 수 있어야만 일이 원만하고 잘될 수 있다.
　속담에 "신기료 세 명이면 제갈량 보다 낫다."는 말이 있다. 이 말은 사람 셋의 말을 들을 수 있다면 필경 좋은 궁리가 나타난다는 뜻이다. 명사님 세 분을 모시고 따를 수 있다면 어떻게 불법을 공부할 것인지가 명확할 것이다. 여러분들은 명사 세 분을 만나 뵙고 그 분들의 교리教理를 들어 보았는가?

주변에서 발생하는 일들을 스쳐 지나지 말아야 한다. 당하를 파악하지 못하고 경계를 떠난다면, 무엇을 장악할 수 있고 또 어떻게 도를 닦을 것인가? 좋은 습관을 키운다는 것은 수행에서 좋은 시작이 있다는 것이고, 좋은 기초를 닦았다는 뜻이다. 모든 것은 기초를 떠날 수 없다. 기초를 닦지 않으면 핵심으로 들어갈 수 없다. 우리들 몸에서 부처의 형상이 나타나지 않고 도의 냄새가 풍기지 않는 까닭은, 기초적 지식과 기능이 구비되지 않았기 때문이다. 다시 말하면 악습이 많기 때문에 좋은 습관을 키우지 못했다. 옛날 사람들이 말하기를 "3대의 노력을 거쳐야만 비로소 귀족 하나를 키워 낸다."고 하였다. 같은 이치로 우리 몸에서 부처의 자질과 부처의 모습이 보이자면 적어도 20~30년을 연마해야 하는 것이다. 내재에서 그런 기질이 풍기지 않는다면 여전히 범부에 지나지 않는다. 더욱이 스님 복장을 입은 우리들이 내재의 기질이 변하지 않았다면, 더욱 속된 인간으로 보이고 이것도 아니고 저것도 아닌 꼴불견이다.

부처님공부는 선후가 없고 나이의 구별도 없다. 나 만행은 출가한 시간도 오래되고 비교적 특별한 점도 있다고 하지만, 이 자리에 앉은 여러분들과 비하면 아주 부족하므로 마음을 비우고 많이 배워야 한다. 사람마다 모두 빛나는 점이 있고 배워야 할 점이 있다. 오늘날 우리들이 사람 몸으로 태어날 수 있고 불법을 들을 수 있으며 부처님공부를 할 수 있는 것은, 사람의 자질과 초인간적인 자질을 함께 구비했음을 의미한다. 물론 우리들 몸에 적지 않은 나쁜 습성들이 있지만, 사람이라는 기초가 있기 때문에 '상구불도上求佛道 하화중생下化

衆生'을 할 수 있는 것이다.

거사님 한 분이 나에게 자신이 방향을 잃었다고 말하였다. 어찌 부처님공부를 하는 사람이 방향을 잃는단 말인가? '상구불도, 하화중생' 이것이 바로 부처님공부 하는 사람의 일생의 방향이고 목표가 아니던가!? 우리들은 부처와 조사대덕님들을 본보기로 하고, 그분들의 말과 행동으로 중생을 가르치고 이끌어야 한다. 어떤 방법으로 수행하든지간에 수행자들은 우선 자기의 기심동념을 느끼고 관찰하며, 반드시 자기의 기심동념을 장악해야 한다. 다시 말하면 어떤 방법이든 우선 자기의 기심동념을 각지하고, 다음은 자기의 기심동념을 장악해야 한다.

자기의 기심동념을 좌지우지할 수 있는 사람에게 해낼 수 없는 일이 어디에 있으며, 무슨 일이 그의 앞을 가로막을 수 있겠는가! 생각이 미치지 못하거나 아니면 생각은 했는데 하지 못하는 것은, 모두 자기의 기심동념을 보아내지 못했거나 자기의 신·구·의를 다스리지 못했기 때문이다. 무릇 보리심이 있고 대자비심이 있으며 사랑의 마음이 있는 사람은, 반드시 자기의 기심동념을 감지하고 깨달을 수 있으며, 자기의 기심동념을 틀어 쥘 수 있는 것이다. 거대한 원력이 있는 사람은 자기의 원력을 위해 살고 죽으며, 자기의 원력을 위해 모든 것을 할 수 있다. 이런 거대한 원력이 있다면, 반드시 자기의 신·구·의를 다스릴 수 있는 것이다.

"일상의 물건을 눈동자처럼 아껴라! 내가 설사 당신에게 미움을 받더라도 삼보의 이익을 지킬 것이다." 동화사에 상주하는 사부대중들은 이것을 최대의 이익으로 생각하기 때문에 이렇게 말한다. 하지만 일부 사람들은 삼보의 이익을 해치는 일이 있더라도, 다른 사람의 존엄에는 상처를 주지 않겠다는 심리상태이다. 이것이야말로 열을 버리고 하나를 줍는 격이다. 지금 여러분들이 보는 나 만행은 마치 아수라같이 보이지만, 만행은 하나를 버리고 열을 얻는 사람이다. 삼보의 이익을 위하여 개인의 형상과 존엄을 버리고 구업을 지으니, 남들이 미워해서 눈총도 받고 지탄도 받는다. 하지만 자신도 모르는 사이에 아주 큰 이익을 얻는 것이다. 삼보를 지키고 불법을 지켰으니 얼마나 큰 이익이 따르겠는가!

수행은 아집을 타파하는 일인데, 무슨 생각을 못하고 무슨 지적을 못하겠는가! 발심이 정확하다면 무슨 근심걱정이 그리도 많은가? 업을 짓는다고 하는 것은 발심이 정확하지 못하기 때문이다. 일처리를 잘 못했다고 하여도, 발심이 정확하다면 여전히 공덕이 있고 복보가 있는 것이다. 공덕과 복보는 발심에서 생기는 것이다. 비록 발심했지만 지혜가 부족하여 일을 잘 못하게 되는 것은, 무명을 깨치지 못했기 때문이다. 하지만 당신의 발심과 당신이 발심한 선한 마음은 여전히 복보와 공덕이 있는 것이다.

문을 닫아걸고, 사람도 만나지 않고 사물도 보지 않으며 일에 부딪치지 않았을 때는, 대개 평상심을 유지한다. 하지만 일단 문을 열고 밖으로 나가서 사람과 사물, 그리고 일을 상대하게 되면서 우리들의 내심세계에 진실한 면목이 나타나는 것이다. 자비하고 박애하는 품질이 있는가하면, 탐욕스럽고 우매무지한 악습들도 있다. 항상 마음의 문을 열어놓고, 사람을 빌어서 마음을 연마하고, 일을 빌어서 마음을 연마한다면, 분명 자기의 내심세계를 보아낼 것이다.

부처님공부를 할 때 자기 몸에 공을 들이고, 매 하나의 심념, 매 한 가지 일마다 모두 부처의 기준으로 자기에게 요구하고 가늠해야 한다. 사람은 기초이고 부처는 방향과 목표이다. 기초는 목표를 성취하는 근본적인 힘이다. 만약 근본적인 힘과 기본자질을 배양하지 못한다면, 부처의 경계와 부처의 영역으로 깊이 들어갈 수 없다. 우리와 부처 간에 거리가 있는 것은, 우리들이 세속의 때를 소멸하지 못했기 때문이다. 우리들의 몸에는 신성神性(불교에서는 불성)도 있고 인간성도 있다. 인간성은 중립적인 것이라서, 마魔의 방향으로 발전할 수도 있고 부처의 방향으로도 발전할 수 있다. 마란 우리들의 좋지 않은 행동거지와 기심동념을 말한다. 우리들은 날마다 자기의 행동거지가 부처와 가까워지는가 아니면 마와 가까워지는가에 대해 반성해 보아야 한다.

'무외보시無畏布施'는 보시 중에서 최상의 보시이다. 신앙을 위하고 법을 위하여 자기를 희생하는 정신이 없다면, 영원히 세속을 떠날 수 없으며 영원히 도·부처와 하나로 융합될 수 없다.

사람과 부처, 부처와 마는 단지 경계가 다를 뿐이다. 경계는 심리상태와 사상의 변화에 따라 변하게 된다. 우리들은 늘 "일념 사이에 불도에 들어가고, 일념 사이에 마도魔道에 들어간다."는 말을 자주한다. 하루에 몇 번이고 우리들은 육도를 들락날락한다. 탐욕심과 질투심이 가득할 때는 축생도에 있을 것이고, 환희심과 자비심 그리고 헌신하고자 하는 마음이 벅찰 때는 불보살의 도에 있을 것이며, 의리를 중시하고 직무에 책임을 다하며 법도에 따라 일을 할 때는 인도人道에 있는 것이다.

불교에서 일부 수행인들을 '자연외도自然外道'라고 한다. 이런 사람들은 자수自修, 자오自悟, 자증自證을 했다. 그들은 불교경전의 지도와 명사의 가르침을 받지 않은 사람들이다. 이런 사람들은 극히 드물다. 불교에는 천고불변의 사상이 있다. "도를 깨우치지 못하고 득도하지 못하면 경전의 지도를 받아야 하고, 도를 깨우치고 득도한 다음은 경전으로 검증을 받아야 한다."고 한다. 그러므로 처음부터 끝까지 부처보살님들의 경전과 명사님들의 어록을 떠나서는 안 된다.

21강

하느님은 바로 자기 자신이다

- **질문** : 불교의 정견正見도 인명因明이겠지요?
- **만행스님** : 인명을 포함하였다.
- **질문** : 불학은 철학의 어머니라고 하는데, 불학에 정통하면 자연히 철학도 통달하겠지요?
- **만행스님** : 먼저 불학을 통달한 뒤에 내명을 통달하고, 그 다음 기타 다른 사명을 통달한다는 것은 불가능한 일이다. 우리들의 기본자질은 우리들로 하여금 위에서 아래로 배우게 하는 것이 아니라 아래서부터 위로 배우게 한다. 오직 사명을 통달해야 내명을 통달할 수 있다. 직접적으로 내명을 배운다는 것은 어리석은 망상에 지나지 않는다.
- **질문** : 스승님! 토대가 좋은 사람은 중심에서 주변으로 발전하고, 토대가 낮은 사람은 주변에서 중심으로 발전한다고 이해하여도 됩니까?

- **만행스님** : 그렇게 이해해도 된다.
- **답변** : 석가모니 부처님은 상상근기이신데, 사명을 통달한 다음 내명을 통달하신 것 같습니다.
- **만행스님** : 세존께서는 사명을 통달한 다음 아직도 한 층의 문이 열리지 않은 것을 느끼고, 사명을 포기하고 전적으로 그 한 층의 막을 돌파하기 시작하셨다. 그 층의 막을 돌파한 다음 각 곳으로 다니면서 홍법하신 것이다. 과거에 도를 깨달은 조사님들도 직접적으로 그 한 층의 막을 뚫은 다음 행원, 즉 보살도를 행하고 좋은 인연을 맺으면서 명산대천을 두루 돌아다니신 것이다. 사실상 그분들께서 이런 방식으로 세간법을 배우신 것이다.
- **질문** : 많은 사람들이 십여 년 넘게 부처님공부를 하였는데, 아무런 성취도 없거니와 심지어 도의 그림자도 보지 못했습니다. 진정 그들의 내심은 해탈할 생각이 없고 그들의 구도심도 거짓입니까?
- **만행스님** : 십여 년간 단 한 가지 이상만 품고 또 그것을 버리지 않고 견지한 사람들이 있는가? 손들어 보아라. 나는 21년 전에 출가해서 지금까지 단 한 가지 염두만 가슴에 품었다. 아울러 이 큰 염두와 큰 방향은 한 번도 변하지 않았고 동요하지 않았다.
- **질문** : 스승님께서 가슴에 품은 그 큰 이상은 무엇입니까?
- **만행스님** : 성불해서 조사가 되고, 부처의 기준과 조사님들의 기준을 나 자신에게 요구하는 것이다. 부처와 조사의 기준을 자신에게 요구하지 않으면 성불하고 조사가 될 수 없다.
- **질문** : 스승님! 수행은 오랜 세월을 지나면서 축적한 것입니까? 아니

면 원래의 기초와 관계됩니까?

■ 만행스님 : 바로 이런 생각을 가지고 있기 때문에 사람들은 평생 성공하지 못한다. 수행이 오랜 세월을 지나면서 축적한 것임을 알았다면 마땅히 그것을 영혼에 저장해야 한다. 아니면 이 세상 살아온 것도 백지 한 장이고 헛살았으며 아무 일도 성사할 수 없을 뿐만 아니라, 다음 생에도 아무 일도 성사하지 못 할 것이다. 갑작스런 깨달음〔頓悟〕도 있고 단번에 초월할 수 있음도 믿으면서 속으로는 아승지겁阿僧祗劫을 믿지 않는가? 이 두 가지는 모순되는 것이 아니라 통일체인 것이다. 무엇을 초월한다고 하는가? 바로 그 겁을 초월한다는 것이다. 겁을 초월하지 못하기 때문에 삼대三大 아승지겁이라는 것이 있게 된다.

■ 질문 : 스승님! 사람들이 말하기를 꿈속에도 경계가 있다고 합니다. 그런데 저는 왜 없는가요?

■ 만행스님 : 이미 전세에 그런 것들이 저장되어 있었다. 삼세인과는 삼일의 인과와 같으므로, 오늘 저장하지 않으면 내일은 없는 것이다. 오늘 저장하였기 때문에 내일 쓸 수 있는 것이다. 불교에는 '삼세연환三世連環'이라는 말이 있는데, 중간이 끊어지고 삼세가 연결되지 않는 것은 우리들이 노력하여 이어놓지 않았기 때문이다. 어제는 어제요, 오늘은 오늘이요, 내일은 또 내일이 되어 버린 것이다.

■ 질문 : 아무리 배운 것이 많다고 하지만 한번만 윤회하면 여전히 갈피를 잡지 못하겠지요?

- **만행스님** : 깨달음을 얻게 되면, 배운 것들은 모두 이익을 보게 될 것이다. 하지만 깨달음을 얻지 못하면 잠재하고 있는 배운 것들을 동원할 수 없을 뿐만 아니라 쓸 수도 없고 이어지지도 않는다.
- **질문** : 스승님! 팔식심전에 저장했던 것들을 동원하지 못하고 임종하게 되면, 이생에서 걸어 나간 길과 만나게 된 사람들, 그리고 겪어야 하는 일들이 모두 고정되어 버리겠지요?
- **만행스님** : 이생에서 한 여러분의 행위들로 임종시 가는 방향을 알 수 있다. 가는 곳이 정해진 것도 이생의 모든 행위로 결정하고, 정해지지 않은 것도 이생의 행위로 결정된다.

- **질문** : 수행도 비결이 있습니까?
- **만행스님** : 어떤 일을 하든지 모두 비결이 있을 뿐만 아니라 천하의 만사만물들도 모두 다 비결이 있다. 하지만 그 전제 조건은 이 비결을 사용할 능력이 있느냐 없느냐이다. 그런 능력이 없다면 비결을 알려준다 해도 사용할 수 없다.
- **질문** : 스승님! 어떻게 하면 가장 빠른 방법으로 아상我相과 아견我見을 타파할 수 있습니까?
- **만행스님** : 항상 자신이 가장 보잘 것 없는 작은 인물이라고 생각하면 아집은 바로 타파된다. 하지만 세상 사람들은 무명無明하므로 자기 체면만 체면이라고 고집하고 있다. 아집이 사람들의 손발을 묶어 놓는다.
- **질문** : 미래의 모든 것들은 우리들의 노력으로 이루어지는지, 아니면

선천에서 이미 정해진 것입니까?

■ 만행스님 : 선천에서 정해진 것이라고 하지만 그것 역시 자기가 정한 것이다. 생명은 연속적으로 끊어지지 않는 궤적을 가지고 있다. 절대로 거룩하신 조물주가 손을 휘저으면서 억지로 빚어서 만든 것이 아니다. 이를테면 사람들이 40세, 50세, 60세에 가서 어떻게 되느냐 하는 것은 모두 제 손으로 획책하여 형성되는 것이지, 절대로 만물을 주관하는 신령이 우리들을 도와 획책한 것이 아니다. 설사 신이 있다고 해도 그 신은 바로 우리들 자신이고 우리들 자신의 영혼이다. 다시 말하면 자기가 자기를 도와 획책하는 것이다.

■ 질문 : 스승님! 운명이란 반은 자기가 창조한 것이고 반은 하늘에서 정한 것이 아닙니까?

■ 만행스님 : 반은 하늘에서 정한 것이라고 하지만 그것도 자기 자신이 정한 것이다.

■ 답변 : 하지만 우리들은 늘 기회를 놓치게 됩니다.

■ 만행스님 : 진정 그 어떤 일을 하겠다고 갈망했고 또 줄곧 이 일을 위하여 준비하였다면, 기회가 되었을 때 반드시 놓치지 않을 것이다. 기회를 잃었다는 것은 그 일을 하겠다고 진정하게 갈망하지 않았고 철저한 준비가 없었기 때문이다. 그러므로 기회는 철저하게 준비된 자에게만 주어지는 것이다.

■ 질문 : 스승님! 당하에서 심어놓은 인이 당하에서 바로 발현될 때가 있습니까?

■ 만행스님 : 깨달음을 얻은 사람은 그렇게 한다. 이미 시공을 초월하였고 시공의 제한을 받지 않으므로, 심력으로 염두 하나만 움직여도 시공을 앞당기고 그에 상응하는 결과를 초래하는 것이다. 마치 사진기의 렌즈 같아서 가까운 것을 멀게도 할 수 있고 먼 것을 가까이 당겨 조절하기도 한다. 그들의 심령은 시공을 뚫고 통과할 수 있는 것이다.

■ 답변 : 스승님! 세속에는 노력만 한다면 그만한 수확을 얻을 수 있는데, 부처님공부는 그런 것 같지 않습니다.

■ 만행스님 : 어떤 일이든 성공하고자 하면 모두 백 배, 천 배, 만 배의 노력을 들여야 한다. 공을 들이지 않고 성공하는 일은 없을 뿐만 아니라, 한 푼 공으로 두 푼을 이루는 법도 없다. 생각하는 것이 너무 많아도 일을 성사할 수 없고, 생각하는 것이 너무 없어도 성사할 수 없다.

부처님공부라는 것은 바로 석가모니부처님을 따라 배우는 공부이다. 하지만 부처님께 엎드려 절을 하며 예배를 한다고 부처님이 되는 것이 아니다. 오로지 부처님을 따라 배워야만 비로소 부처님이 되는 것이다.

불법을 널리 전파하기 위하여 산림에서 도시로, 도시에서 시골로 내려왔다. 이것을 '인간불교人間佛教'라고 하는데, 전파하는 공간도 넓어졌고 수량도 증가되었다. 하지만 인간불교의 차원은 도리어 내려가고 자질도 낮아지게 되었다. 사람들은 부처님공부를 하지만 미신에 빠지게 되고, 법을 말한다고 하지만 진리가 아니라 모두 사지사견인 것이다. 도를 깨달은 다음 하는 말이 자기 자신의 법이라고 하지만, 부처님께서 하신 말씀과 통하고 융합되고 부처님의 관점과 일치가 되어야 하는 것이다. 그러므로 깨달음을 얻고 득도한 다음 설법해야 불법이라고 할 수 있다.

수행하는 사람이라면 자기의 모든 것을 바쳐야 하고 자기의 신·구·의를 단속해야 한다. 아니면 절대로 자기를 만들 수 없으며 자기를 개혁할 수 없는 것이다. 부처님공부는 반드시 부처의 기준으로 자기에게 요구해야 한다. 하지만 사람들은 단지 주변 사람과 비교하고, 그들의 기준으로 자기에게 요구하고 있다! 이것은 부처님공부가 아니다. 이 만행은 시종 '사람을 근본'으로 하는 인본주의 불교를 견지하여 왔다. 또 이것이 장래 불교의 발전 방향이다. 부처님공부를 하려면 사람노릇부터 잘 해야 한다.

부처님공부는 반드시 아주 좋은 종합적 자질을 갖추어야 한다. 그렇지 않으면 입문조차 할 수 없다. 만약 사명을 통달하기 전에 오명五明부터 배우고자 하면 절대적으로 성불하지 못한다. 다시 말하면 문화가 없고 자질이 낮은 사람은 진리를 깨달을 수 없는 것이다. '깨달았다'고 하는 말은 단지 어떤 한 방면에서 인정받았다는 것이므로, 그것을 사용할 줄 모른다면 세간에서 써먹을 수 없는 것이다.

예로부터 수행에서 성취한 사람들은 세간법과 출세간법을 모두 통달했다. 어떤 사람은 먼저 세간법을 통달한 다음 출세간법을 통달하고, 어떤 사람은 출세간법을 먼저 통달한 것이다. 우리들의 술어로 말한다면 '법계에선 색신이 뚜렷할 것이고〔法界透色身〕 색신에선 법계가 뚜렷할 것이다〔色身透法界〕.'

제 2부 수행자의 마음자세

1강

수행자에게 가장 필요한 것은 덕德이다

■ 만행스님 : 무엇을 법이라고 하는가? 법이 무엇인지 알아야 법을 배울 수 있고 구할 수 있으며, 전법傳法할 수 있다. 이 시간에는 전적으로 이 문제에 대해 토론하기로 한다.
■ 답변 : 법이라는 것은 사물의 발전규율을 말합니다.
■ 답변 : 법이란 바로 법칙입니다.
■ 답변 : 법이란 만사만물을 말하는 것이고 만사만물이 바로 법입니다.

■ 만행스님 : 법의 기본 개념을 모른다면 법을 어떻게 배우겠는가? 여러분에게 불법을 말하라는 것이 아니라, 법에 대한 인식을 말하라는 것이다. 부처의 경계境界가 없다면 불법의 경계를 말할 수 없고, 보살의 경계가 없다면 당연히 보살의 경계를 말할 수 없는 것이다. 여러분은 범부凡夫에 해당하니 마땅히 범부로서의 법에 대한 인식을 말해야 되지 않겠는가?

■ **답변** : 법이란 피안彼岸으로 도달하는 도구인데, 사람마다 선택하는 도구는 다릅니다.

■ **만행스님** : 무엇이 법인가? 규칙이 바로 법이다. 법은 잠재하고 있는 도이니, 청규계율淸規戒律이 바로 법이다. 일마다 각기 다른 독자적인 규칙이 있다. 도를 닦는다면 도를 닦는 규칙이 있고, 학교에는 학교의 규칙이 있으며, 장사를 하여도 장사하는 규칙이 있다. 개인과 규칙의 관계는 마치 기차와 레일 같은 것이다. 만약 여러분의 행동거지가 법칙에 맞는다면, 레일 위를 달리는 기차같이 산 넘고 고개 넘어 용맹하게 나아갈 수 있다. 오직 이렇게 해야 법과 상응할 수 있고, 도와 상응할 수 있는 것이다.

업종마다 성격이 다르기 때문에 규칙에 대한 명칭도 다르다. 어떤 것은 자율규칙이라고 하고, 어떤 것은 행위규칙이라고 하며, 어떤 것은 유희법칙이라고 하는데, 이것을 종합해서 잠재규칙潛在規則이라고 한다. 자율규칙·행위규칙·유희규칙 등은 모두 법이다. '무법위법無法爲法(무법을 법으로 한다)'이라고 할 때의 '무無' 자체가 바로 법이다. 다만 여기서 말하는 '무'의 경계는 한층 더 높은 법일 뿐이다. 법도 상·중·하의 구별이 있다. 만약 규칙을 지키지 않으면 법의 질책을 받게 되며 대가를 치러야 하지만, 규칙을 지킬 수 있다면 법과 융합하여 하나가 된다.

출가한 스님들은 항상 '구법求法, 학법學法, 전법傳法'이라는 말을 입에 달고 살지만, 사실 출가한 스님들은 법을 잘 모르고 조리가 없다. 그들은 자기들이 하는 일이 모두 법이라 하고 또 법에 부합된다고 생각한다. 그들이 하는 일이 모두 법이라고 할 수는 있다. 그러나 결코 모두 법에 부합되는 것은 아니다. 왜냐하면 그들이 하는 말과 행동은 법칙 속에 들어갈 방법이 없기 때문이다. 마치 기차와 레일이 서로 어긋났을 때처럼 제아무리 노력해도 되지 않는 것이다. 오직 법 안으로 들어가야 비로소 도와 법이 상응될 수 있다. 법을 지키면 도 안에 있게 되고, 법을 지키지 않으면 입도할 수 없는 것이다.

출가한 사람들은 다른 것은 몰라도 덕德이 부족해서는 안 된다. 어떤 능력이나 재간이 없어도 괜찮지만 반드시 덕성德性만은 갖추어야 한다. 만약 출가한 사람에게 덕성이 없다면, 제아무리 능력이 있다고 하더라도 얻은 것은 자기의 소유가 되지 못하고, 규칙에도 부합되지 않으며 법에도 부합되지 않고 도에도 부합되지 않는다. 하지만 여러분이 덕성만 구비한다면 세간世間이나 출세간出世間은 물론이고, 아는 것이 없더라도 모든 것을 소유할 수 있게 된다.

■ 만행스님 : 성불成佛하려면 어떤 요소들이 구비되어야 하는가?
■ 답변 : 착실하게 일하고 성실한 사람이 되며 즐거운 사람이 되어야 합니다.

■ 만행스님 : 착실하게 일을 하고 성실한 사람이 되며 즐거운 사람이 되어라. 이 말은 여러분의 부처님공부를 하는 방법이고 성불하는

기본요소이다. 만약 여러분이 진정 이 말처럼 한다면 바로 입도入道할 것이다. 설사 당장 입도하지 못하더라도, 방향을 얻게 되기 때문에 길을 잃지 않게 될 것이다. 십년 또는 이십년이 지난 뒤에 지금 갖고 있는 이념理念을 버릴 수도 있지만 그것은 앞날의 일이다. 현재를 놓고 말하면, 여러분은 이미 방향을 가진 사람이고 길을 잃지 않은 사람이다. 여러분의 식견은 각자의 수증修證에 따라 차츰차츰 완벽하게 될 것이다.

부처님공부를 하는 사람들은 진실하고 착실해야하며, 항상 마음의 문을 활짝 열어놓고 솔직하게 자기를 대해야 한다. 공부에 이로운 일이라면, 또 수행에 도움 되는 일이라면 반드시 맞이해서 달갑게 받아들여야 한다. 정결하고 성스럽고 청렴하게 보이고 싶어서, 먹고 싶은 것도 먹지 못하고 가지고 싶은 것도 가지지 못하는 사람은, 마음의 탐심을 덮어 감추려고 하는 안팎이 다른 사람이기 때문에 부처님공부를 할 자격이 없다. 오로지 진실하고 성실한 사람, 안팎이 같은 사람만이 부처님공부를 할 수 있고 입도入道할 수 있다.

식욕과 색욕은 인간의 본성이다. 사람이라면 누구나 식욕과 색욕이라는 본성을 구비하고 있으며, 누구나 이 인간의 유희법칙을 초월할 수 없다. 표현을 하건 안하건 간에 모두 다 같고 또 그런 본성은 누구에게나 있는 것이다.

사람과 동물간의 가장 큰 구별은, 사람은 이지理智적이라 자기의 신·구·의를 다스릴 수 있다는 것이다. 사람은 탐욕심도 있고 야수성도 있지만 그보다 더 많은 것이 인간성이다. 우리들이 말하는 수행이라는 것은, 자기의 인간성적인 면을 높여서 야수성적인 면을 제어하는, 즉 인간성으로 야수성을 길들이고 좌지우지하는 데 있는 것이다.

만약 수행자가 자기의 내심세계도 해부하지 못하고 그 내심세계에 빛을 비추지 못한다면, 자기를 개혁하고 진보하고자 하는 일은 어림도 없다. 이것에 대해 대가를 치르지 않고 초월하겠다고 하는 것도 역시 어림없는 일이다. 세간이나 출세간을 막론하고 조금이라도 그 어떤 것을 얻고자 한다면, 그보다 열배·백배의 노력을 해야 한다. 그런 노력이 없다면 아무 것도 얻을 수 없다. 요행을 바라는 심리를 가지지 말아야 한다. 십지돈초十地頓超나 불력승지획법신不歷僧祗獲法身이나 무사지無師智의 경지는, 지금의 차원과 시점에서는 생각조차 하지 말아야 한다. 사선팔정四禪八定을 증득하고 삼계를 초월해야 비로소 '무사지, 불력승지획법신, 십지돈초' 같은 것들이 당하의 일이 되고 손가락 튕기는 사이에 되는 아주 쉬운 일이 된다.

예로부터 성취한 이들은 온갖 고생과 쓴맛을 겪은 사람들이다. 다른 사람들이 겪지 못한 일들을 다 겪으면서도 물러서지 않고 용감하게 앞으로 나아간다. 이런 사람들만이 성공할 수 있다. 만약 그런 일을 겪을 때 물러서거나 도피한다면, 영원히 높은 차원으로 올라갈 수 없을 것이다.

어떤 일을 겪게 되어도 그것에 감사하는 마음으로 행운으로 여기면서, 그 일이 여러분을 도와서 성취시킨다고 생각해야 한다. 기왕 업장이라고 인정하였다면, 마땅히 달갑게 맞으며 받아들여야 한다. 업장이 나타난다는 것은 업장이 소멸됨을 뜻한다. 만약 팔식심전八識心田에 저장된, 대대로 쌓여온 업장들이 나타나지 않는다면 그것을 어떻게 소멸할 것인가? 겨우 어쩌다가 그 업장이 나타났는데, 도피해버리면 어떻게 그 업장이 소멸되겠는가?

왜 마음을 가라앉히고 진정하라고 하는가? 마음이 조용해야만 각종 나쁜 염두念頭를 각지覺知할 수 있기 때문이다. 이것을 업장이 나타났다고 한다. 왜 사람을 통해서 마음을 연마하고, 일을 하면서 마음을 수련하라고 하는가? 오로지 이런 과정이 있어야만 비로소 무량겁 이래 저장되었던 업장과 습성의 종자들이 나타나게 되고 그래야 업장을 소멸할 수 있다. 자질이 개혁되고 경계가 높아지고 업장이 사라지면 자연히 입도되는 것이다. 옛날 사람들이 "고생을 하는 것이 고생을 끝내는 것이다."라고 한 것이 바로 이런 이치인 것이다.

법이란 무엇이고 도란 무엇인가? 옛날 사람들은 이렇게 말했다. "세상의 그 어떤 곳에 놓아도 다 들어맞는다." 이것이 바로 법이고, 이것이 바로 도이다.

2강

무아가 되어야 성불할 수 있다

■ **질문** : 수행하려면 어떤 품성과 자질을 구비해야 합니까?

■ **만행스님** : 우리들은 모두 수행자들이다. 하지만 어째서 지혜의 빛이 보이지 않고, 신앙이 없는 사람들보다도 수준이 낮은가? 부처님 공부를 하는 목적은 지혜문을 열고 해탈하기 위한 것인데, 배우면 배울수록 점점 더 아둔하고 어리석어진다. 어떤 때는 배울 기회를 주었는데도 배우려고 하지 않고, 어떤 때는 배우고자 하여도 수준이 지나치게 떨어져서 배우지 못한다.

일을 하지 않을 때는 누구나 다 지혜가 있다고 생각한다. 하지만 일을 맡기면 멍청이처럼 할 줄 모를 뿐만 아니라, 둔해서 가르칠 수도 없고 배우지도 못한다. 이런 사람들은 가장 기본적인 것도 모르기 때문에 가장 상식적인 착오를 범한다. 무엇부터 가르쳐야 할 지 모르는 사람인데, 입만 열면 성불하겠다고 떠들지 않는가! 하늘이 얼마나 높고 땅이 얼마나 두터운지 모르는 것이다! 하지만 차원도 높고 경계도 높으며 자질이 높은 사람들은, 성불은 어떤 자질을 갖추어야 한다는 것을 알기 때문에 감히 성불하겠다고 망상하지 못하고 다만 부처님공부만 착실하게 한다.

여러분이 알든 모르든 이해하든 못하든, 우선 출세간의 심리상태 心態를 구비해야 한다. 출세간의 심리상태가 구비되지 않는다면, 출세간의 과위果位나 출세간의 지혜를 얻고자하는 것은 허망한 일이다.

우리 절의 2호아파트를 짓는 감독관을 눈여겨보면, 점심식사가 끝나기 바쁘게 현장에 나가서 공사하는 것을 감독한다. 노동자들도 속옷차림에 살갗은 검게 타고 옷은 땀에 푹 젖어 있지만 쉬지 않고 노동을 한다. 이들이 백치이고 바보인가? 그들을 볼 때마다 나는 항상 감탄하였다. 그들에 비하면 우리들은 얼마나 행복한가! 장래 그들은 반드시 천당으로 갈 것이다.

하지만 우리들은 지옥에 가지 않더라도 천당으로 가기는 어렵다. 우리들은 부모형제가 있는데도 세속을 뛰쳐나왔는데, 그들은 왜 뛰쳐나오지 않고 현실 속에서 땀 흘리고 있는가? 지혜가 없고 복보福報가 없고 인연이 없어서 그런 것인가? 아니면 우리들만 이런 복보와 인연이 있는 것인가? 모두들 공사 현장에 가서 느껴 보기를 바란다. 이것도 수행이며 체험이다. 지혜를 개발할 수 있으며 영감도 증가될 수 있다. 좌선만 수행이라고 생각하면 절대 안 된다.

■만행스님 : 이번에 내 고향 호북성 수주隨州를 다녀왔다. 그곳 대홍산에 관광지가 하나 있는데, 그 관광구역에 당나라 때 지은 옛 고찰이 있다. 이 절의 개산조사는 자인慈忍이라는 분이시다. 그 때 당시 백일동안 비 한 방울 오지 않아 농작물이 모두 말라 죽었고 사람들이 마실 물조차도 없었다고 한다.

"비가 내린다면 나의 두 다리를 잘라 용천 신장님(龍天護法)께 공양하겠노라."고 발원하시고, 지성으로 비가 오기를 기도하셨다고 한다. 그러던 중 사흘 만에 하늘에서 진짜 큰비가 쏟아져 내리기 시작하였다. 그 즉시 자인조사는 발원한 대로 두 다리를 잘라 용천신장님께 공양으로 올렸다. 이런 큰 스님이 성불하지 않고 신선이 되지 않는다면 그 누가 신선이 되겠는가? 얼마나 사람을 감동시키는 정신인가! 백성을 위하여 자기의 생명을 걸은 것이다.

"비만 내리면 두 다리를 잘라 공양하겠노라!" 나는 그렇게 하지 못할 것 같다. 손가락 자르는 것도 무서운데 그런 용기가 어떻게 있을 것인가? 하지만 자인조사는 기쁜 마음으로 두 다리를 잘라 산봉우리 제단에 올려놓고 용천신장님께 공양했던 것이다. 이 전설을 들은 나는 너무도 감탄하여 진심으로 탄복하고, 충심으로 엎드려 절을 하며 예배하였다. 당나라 때부터 지금까지 이미 천오백년이라는 시간이 지났지만 여전히 많은 사람들이 존경하며 참배하고 있는 것이다.

나는 관광국장을 보고 "지금 제일 부족한 것이 바로 자인조사와 같은 정신이다. 이런 훌륭한 자원을 개발하여 백성을 위하여 헌신하며 창생들에게 은혜를 베푸는 정신을 널리 보급하는 것이 좋지 않겠냐?"고 했다.

산봉우리에는 자인조사가 계셨던 낡은 집 한 채가 있고 산 아래에는 절이 하나 있는데, 그 절은 자인조사의 제자가 살던 터에 지은 것이다. 그 제자는 자인조사의 정신에 감동하여 이름을 '보은報恩'이라고 지어서 보은화상이라고 불린다. 보은화상은 자인조사가 열반하실 때까지 보살피며 시봉하였다. 평생토록 자인화상을 시봉한 공덕이 원만하여, 사람들은 그가 열반하신 후 그에게 「보은전報恩殿」을 지어 바쳤던 것이다. 아울러 그 보은화상도 역시 조사祖師가 되었다.

자인조사와 같은 위대한 정신과 장한 행실, 그런 기백을 가진 사람이 죽으면 어디로 가겠는가? 이런 사람이 조사가 되지 않으면 누가 조사가 될 것인가? 우리들을 돌아보면 조사의 기백과 정신이 하나도 없다. 그런 그림자조차 보이지 않는다. 자인조사는 남다른 기백을 가졌기 때문에 조사가 되었고, 천여 년이 지난 오늘날에도 사람들은 아주 경건한 마음으로 거룩하신 조사님께 경의를 올리는 것이다.

중생들의 가뭄을 해결하기 위하여 두 다리를 자르다니! 진정한 수행자들의 심리상태를 일반인들은 상상할 수 없는 것이다. 자인조사께서 중생들의 원을 성취하여 주셨고, 중생들 또한 자인화상을 성취시켜 주었다. 그 자신도 자신을 성취시킨 것이다.

당시 호북의 불교는 모두 대홍산에서 전래된 것이다. 대홍산은 호북의 제일산이고, 가장 높은 산이다. 조사전이 바로 그 산봉우리에 있다. 대홍산의 「보풍선사寶豊禪寺」는 중국에서도 아주 이름이 있는 절인 것이다.

지금 우리들은 덕행도 부족하고 기백도 없으므로, 절을 하나 짓자면 사방으로 동냥 다녀야 한다. 왜 그런가? 복보가 부족하기 때문이다! 왜 복보가 부족한가? 덕행이 부족하기 때문이다. 만약 자인조사와 같은 덕행이 있다면, 절 하나가 아니라 열을 짓는다 하여도 많은 사람들이 자발적으로 불사를 할 것이다. 어떤 스님들은 "나에게는 신장님(護法)이 없소이다."하면서 원망하는데, 어째서 신장님이 없는 것인가? 덕행이 부족하기 때문이다. 수행이 잘 되었고 덕행이 있다면, 문밖을 나가지 않아도 공덕주들이 필요한 돈을 가져다 줄 것이다. 덕행이 좋고 도력이 있는 스님이라면, 절이 없을까 근심할 필요가 없는 것이다.

우리들의 능력과 학식으로 보면 상류층 사람들을 따를 수 없다. 하지만 그들은 왜 우리들을 숭배하고 믿는가? 우리들이 삭발을 했고 스님의 옷을 입었기 때문이다. 이런 외모는 신도들을 미혹시킬 수 있다. 하지만 우리들 자신은 불문의 청규淸規를 얼마나 지켰으며, 얼마나 준수하였는가를 똑똑히 알아야 한다.

지금 출가하고 싶은 사람들은 반드시 출가한 사람의 기준으로 자기에게 요구해야 한다. 혹은 부처의 기준이나 조사의 기준으로 자기에게 엄격히 요구해야 한다. 비록 그렇게 하지는 못하더라도 반드시 부처의 기준, 조사의 기준, 출가한 사람의 기준과 얼마나 떨어져 있는가 하는 것은 알아야 한다.

만약 어떤 사람이 여러분을 보고 "백치 멍청이요"라고 하든가, "사지사견이고 왜문사도歪門邪道"라고 한다면, 여러분 조상님들이 덕을 많이 쌓은 것이라고 생각해야 한다. 혹은 여러분을 "부처보살이요" 하면서 아첨하고 비위를 맞추는 사람을 만난다면, 바로 그 사람이 여러분에게 독약을 먹이는 것이라고 생각해야 한다. 여러분을 보잘 것 없는 속된 인간이라고 하는 사람이 여러분을 성취시키는 사람이다. 여러분의 약점을 들추는 사람에게 감사하다고 생각하며, 분하다고 생각하지 말아야한다.

예로부터 "충언忠言은 귀에 거슬리고 좋은 약은 입에 쓰다."고 하였다. 하지만 귀에 거슬리는 말을 들었을 때 몇 사람이나 그 말에 수긍할 것인가? 받아들일 수 있다면 성취하는 것이다. 바른 말은 듣기는 거슬려도 이익은 자기가 얻게 된다. 여러분에게 듣기 싫은 말을 하는 사람은 대보살이요, 좋은 말만 하는 사람은 소인배이다.

- **질문** : 스승님! 심신心身의 반응을 어떻게 넘기는 게 좋겠습니까?
- **만행스님** : 심신의 반응은 수행도중에 꼭 거쳐야 하는 단계로, 이 단계를 지나면 반응이 반드시 있다. 어떤 사람의 반응은 분명하고 어떤 사람의 반응은 분명하지 않은데, 자기 몸에 신경을 쓰면 쓸수록 반응이 강하다. 그러나 대수롭지 않게 생각하고 신경을 쓰지 않는다면, 반응이 있더라도 그 반응에 끌려 다니지 않는다.

경계가 나타나면, 그것에 대항하지 말고 심신을 느슨하게 풀면서 마음을 차분하게 먹는 건강한 심리상태를 가져야 한다. 그 어떤 일이든 모두 좋게 생각하고, 건강하지 못하고 비관적이며 부정적인 생각을 하지 말아야 한다. 심리상태가 단순하면 할수록 빠르게 초월하는 것이다.

자신의 많은 경계들은 꿈속에서도 여전히 관關을 넘는다. 마음을 느슨하게 하면 할수록 생리도 아주 쉽게 잘 통하게 된다. 신체의 경계는 비교적 쉽게 넘어갈 수 있지만, 건강한 심리상태 건강한 사유를 배양하기는 비교적 어렵다. 사람들은 좋은 정보는 쉽게 받아들이지 않지만, 나쁜 정보는 금방 받아들인다. 이것은 인간의 저열한 근성이 결정한 것이다.

- 질문 : 스승님! 제가 어떻게 하면 중생들과 영가들을 제도할 수 있겠습니까?
- 만행스님 : 네가 제도해서 뭘 하자는 것인가? 네가 죽였는가? 그들이 악귀가 되어서 꿈에 와서 너를 찾는가? 불교는 주로 출발점을 말하고 동기를 말한다. 살생으로 말하자면 우리들은 날마다 시시때때로 살생하고 있다. 우리가 호흡하는 공기 속에, 먹고 마시는 물과 음식물 속에 수없이 많은 세균들과 벌레들이 있다.

사람은 만물의 영장이다. 모든 일체는 사람의 필요부터 만족시켜야 한다. 이런 기반 위에서 비로소 수행을 할 수 있고, 수행을 한 다음에야 보답받을 수 있으며, 유형무형有形無形의 중생들에게 이익을 줄 수 있다. 조물주가 삼계三界를 만들 때 사람을 첫자리에 놓았고, 또 모든 일체는 사람을 위하여 희생하게 하였다.

사람들은 그런 희생을 받은 다음 보답해야 하고 제도해 주어야 한다. 그들이 우리를 위해 생명을 바쳤기 때문에, 우리들은 그들의 영혼을 구제하여 주어야 한다. 그러므로 수행하는 사람들은 매일같이 회향回向하는 것이다. 법계法界의 모든 중생들을 위하여 회향하고, 육도의 중생들을 위하여 보시해야 한다. 그들의 희생 덕분에 우리들의 혜명을 기를 수 있었기 때문이다. 만약 악한 마음으로 그들을 죽였다면 인과因果가 달라지겠지만, 정상적인 생존을 위해 희생을 요구했다면 그 성격이 다른 것이다.

어떤 사람들은 부처님공부를 하는 우리들을 우매하고 무지하다고 본다. 내가 볼 때도 어떤 사람들은 한심하고 유치하며 가소롭고 우매하기가 그지없다. 죽여서 먹고는 싶은데 그것을 용감하게 책임질 용기가 없는 것이다. 그것을 죽여서 먹을 수 있는데 왜 책임질 용기가 없단 말인가? 성불하는 능력과 지옥으로 가는 능력은 같은 것이다. 성불할 용기가 있다면 왜 지옥으로 갈 용기가 없단 말인가? 이미 인因을 심어 놓았는데 과果가 어떻게 따르지 않을 수 있단 말인가? 그런 이치는 이 세상에 없지 않는가? 좋은 사람만 되고자 하고 나쁜 사람은 되기 싫단 말인가! 단지 좋은 사람만 되고자 하는 사람은 가장 나쁜 사람이다. 오로지 조금도 두려움 없는 정신으로 매번 모두 책임지고 착실하게 하는 사람만이 진정한 대보살이다.

도道라는 것은 단지 하나뿐이다. 누구든지 그 힘을 얻는다면 바로 부처이다. 모든 부처는 모두 이 하나의 도에서 나온 것이다. 만 개도 역시 이 하나의 도에 귀결한다. 이 하나의 도는 또 다시 만 개로 번성하고 뻗어 나가는 것이다.

3강

천지와 동행하고 도와 함께 간다

■ **질문** : 도시의 민가에서 폐관수련하는 것과 동굴에서 폐관수련하는 것에 어떤 차이가 있습니까? 어떻게 해야 스승님과 소통할 수 있습니까?

■ **만행스님** : 자기 집에서 폐관수련하는 것과 절 혹은 동굴에서 폐관수련하는 것은 본질적으로 차이가 없다. 다만 범부들은 쉽게 환경의 영향을 받기 때문에, 심심산골의 동굴에 숨어서 세상과 단절하고 수련하면 쉽게 공력功力을 얻을 수 있는 것이다. 처음은 동굴에서 수련하면 효과를 볼 수 있겠지만, 이 단계를 지나면 소용이 없게 된다. 왜냐하면 불법은 수증修證 능력을 쓸 수 있느냐 없느냐에 달려있기 때문이다. 즉 세속에서 쓸 수 있는가의 문제이다. 설사 심산의 동굴에서 수행을 잘 했다고 할지라도, 세속에서 일을 하고 사람들과 접촉을 하게 되면 바로 번뇌가 생길 것이고 청정한 마음을 유지하지 못하게 된다. 예로부터 "큰 은거는 도시

에서 하고 작은 은거는 산속에서 한다〔大隱隱于鬧市 小隱隱于深山〕."는 말이 있다. 심산의 동굴에서 은거하여 수련하는 것은 단지 수행과정의 한 단계이다. 수행은 처음부터 마지막까지 심산에서 하는 것이 아니다. 불교의 최후는 행원行愿인 것이다.

불교의 수행은 세 가지 절차로 나눈다. 즉 식견〔見地〕·수증修證·행원行愿이다. 바로 계戒·정定·혜慧로써, 최종적으로는 세속에서 복을 키우고 많은 선연을 쌓으면서 베풀며 살아야 하는 것이다. 불교에서 통상적으로 "기용을 할 수 있느냐 없느냐? 쓸모가 있느냐 없느냐? 기용을 하지 못하면 쓸모가 없다."고 말한다. 지금 사회의 측면에서 말해도 같은 이치이다. 문제는 아무리 학력이 높아도 일을 할 줄 아는가, 기용할 수 있는가 등등이다. 불법은 기용을 아주 중시한다.

어떻게 하면 스승과 소통할 수 있느냐? 여러분의 수행차원이 스승의 수행차원에 접근하게 되면 스승과 소통할 수 있다. 불교의 관점에서 말한다면, 식견이 스승을 초월하게 되면 법을 전수해주는 것이다. 식견이란 무엇인가? 불법에 대한 인식을 말한다. 만약 당신의 식견이 스승의 식견과 거리가 멀다면, 스승은 법을 전수하지 않는다. 이유는 간단하다. 설사 법을 전수하여 준다고 할지라도 받아들일 수 없을 뿐만 아니라 제대로 수련도 못하는 것이다. 불교의 말 그대로 한다면 "식견이 스승을 초과해야 비로소 법을 전수하노라〔見過于師 方可傳法〕."이다.

불교에서는 항상 '가피〔加持〕'라는 두 글자를 말한다. 무엇을 가피라고 하는가? 만약 스승께서 제자를 가피하면, 스승의 정보는 바로 제자의 정보 속으로 들어가게 된다. 다시 말하면 스승의 에너지 자장磁場이 제자의 에너지 자장으로 들어가는 것이다. 그로부터 제자의 내재는 질적인 변화를 가져온다. 이론적으로 말하면 반드시 스승의 가피나 관정灌頂이 있어야만 제자가 스승의 법을 수련할 수 있다. 만약 스승의 가피나 관정이 없다면 스승의 법을 수련할 수 없게 된다. 제자와 스승간의 격차가 너무 심하기 때문이다.

이론적으로는 그렇지만 사실상 꼭 그런 것도 아니다. 만약 나쁜 버릇과 악습들로 꽉 들어찬 제자라면 스승의 정보가 들어 갈 수 없다. 불교의 말로 한다면 아집과 고정관념이 너무 크기 때문에 스승의 지혜가 스며들지 못하는 것이다.

어떤 곳이든 우선 자기의 사상을 비우고 다른 사람의 말을 경청하는 습관을 길러야 한다. 다른 사람의 말이 끝난 뒤에 자기 것을 꺼내야 한다. 배우려고 왔다면 잠시 자기 것을 내려놓는 것이 원칙이다. 일단 내려만 놓으면 바로 얻게 된다. 내려놓지 않고 비우지 않으면 아무리 좋은 것이라도 담을 수 없는 것이다.

- **질문** : 살생을 한 후에 주문을 독송하면 효과가 있을까요?
- **만행스님** : 효과가 있다. 이것을 참회라고도 한다. 참회하는 방법을 통하여 인因을 뽑아버린다. 인因이 없으면 장래에 올 과果도 없게 된다. 뿐만 아니라 염불하고 주문을 독송하면 그들이 천도되는

것이다.

생활의 필요로 혹은 사업의 필요에 의해 몸에 배인 생활습관들을 고치지 못하거나 직업을 바꾸지 못할 수도 있다. 하지만 우리들이 반드시 알아야 할 것은, 깨달음을 얻고 못 얻고, 성불을 하고 못하는 것은 채식이나 결혼 등과는 아무런 관계가 없다는 것이다. 채식하는 것은 우리들의 자비심을 키우고 살생을 막고 악연을 피하기 위한 것이다. 생명을 가지고 있는 모든 것은 죽음을 두려워하고 공포감을 느끼며 보복심을 가진다. 그러므로 각 종교들은 모두 살생을 주장하지 않는다. 하지만 어떤 때는 직업이나 환경의 필요 때문에 살생을 피할 수 없다.

불교에서는 세 가지 큰 법칙이 있다. "불법은 세간법을 위배하지 않고, 세간법을 파괴하지 않으며, 세간의 법칙을 준수한다." 만약 이 세 가지 큰 법칙을 지키지 않는다면 불법은 발붙일 곳이 없는 것이다.

중국에는 불교가 들어오기 전 이미 도교가 있었다. 도교는 두 개의 큰 파벌로 나뉜다. 하나는 독신으로 채식하는 파이고, 다른 한 파는 가정도 이루고 육식도 한다. 불교가 중국에 들어온 다음 역시 두 가지 형식으로 나뉘었다. 한족지역은 독신으로 채식을 하지만, 장족지역은 결혼도 하고 육식도 한다. 불교가 중국을 거쳐 한국과 일본으로 전파되면서 여전히 그러한 두 개의 파로 나뉘었다.

■ **질문** : 기독교에서 말하기를 인류의 기원은 하나님이 아담과 하와를 만들었는데, 아담과 하와가 인류를 번식시켰다고 합니다. 불교는 가장 원시적인 중생들의 형성에 어떤 관점을 가지고 있습니까?

■ **만행스님** : 이 질문에 내가 한마디만 묻겠다. "하나님이 아담과 하와를 창조했다면 누가 하나님을 창조했는가?" 이 문제의 해답은 어려운 것이다.

불교는 우주의 만사만물은 인연의 화합으로 생겨난 것이라고 한다. 사람들은 하나님을 독립적인 존재이고 개체라고 여기면서, 동시에 아주 높은 곳에 있는 만능의 통치자라고 생각한다. 사실 그 생각은 틀린 것이다. 하나님은 고정불변하고 독립적인 존재가 아니라 어떤 힘이다. 없는 곳 없이 우주의 어디에나 다 존재하는 힘이다. 누구든지 이 힘을 얻는다면 곧 하나님이 되는 것이다. 만약 네가 그 힘과 하나가 된다면 너는 바로 그 힘이고 그 힘은 바로 너인 것이다. 하나님이란 바로 이런 뜻이다.

중국의 도교와 불교는 그것을 '도道'라고 한다. 누구든지 이것을 얻으면 득도得道했다고 한다. 누구든지 득도하면 못해낼 일도 없고 불생불멸不生不滅하는 것이다. 이 '도'라는 것이 바로 하느님이고 바로 진정한 주인이다. 그는 불생불멸, 부증불감이며 우주와 통일체이다. 우주의 네 가지 생명형태, 즉 날짐승, 수중생명, 동물, 식물들은 모두 그것에 의뢰하고 생존한다. 그 누구든지 그 힘과 하나로 융합하면 바로 불생불멸을 증득하는 것이다.

우리들이 말하는 '도를 닦는다'는 것은 자기의 나쁜 습성을 소멸하고, 자기의 본래면목을 도와 융합하여 하나가 되게 하는 것이다. 왜냐하면 우리들의 본래면목은 바로 그 안에서 분리되어 나온 독립적인 개체이기 때문이다. 그렇기 때문에 우리들은 하나하나의 개체를 닦아서 다시금 도와 융합하여 하나가 되게 하는 것이다. 만약 우리들이 그 속에서 분리되어 나오지 않았다면, 아무리 수련하여도 도와 융합하여 일체가 될 수 없는 것이다.

원래 사람과 사람은 서로 소통할 수 있다. 본래 사람들의 내재는, 나의 자성과 너의 자성이 같아서 서로 소통하는 것이다. 하지만 너와 나의 사이에 고정관념이 너무 깊기 때문에 본체와 소통할 수 없다. 다시 말하면 영혼으로 소통하지 못하고 두뇌로만 소통하게 된다. 때문에 소통하려고 할수록 더욱 소통하기 어렵다. 두뇌를 포기하고, 두뇌의 사유와 관점으로 소통하지 않고 신식神識으로 소통한다면 훨씬 쉬울 것이다. 왜냐하면 우리들의 신식은 원래부터 동체同體이고 동원同源이기 때문이다.

불교에는 이런 말이 있다. 되도록 눈으로 소통하지 말아야한다. 왜냐하면 사람의 눈은 마음을 대표하는 것이 아니라 머리를 대표하고, 오직 두뇌의 사유를 전달하는 공구이기 때문에, 제3의 눈으로 서로 소통하는 방법을 배워야 하는 것이다. 제3의 눈끼리의 소통은 영체靈體끼리의 소통이며, 서로간의 영체는 같은 것이다. 혹은 서로 간에 모두 선정禪定에 있어서 신식으로 교류할 수 있다면 진정한 소통이라고 할 수 있다. 사람들이 해탈을 할 수 없는 원인은 각가지 관념들을 한 층 한 층 올가미처럼 단단히 덮어 놓

앉기 때문이다.

■질문 : 스승님! 어떻게 하면 출가할 수 있습니까?
■만행스님 : 기본적인 조건이 셋 있다.

첫째 : 불교를 깊이 신앙하고, 부처님 공부를 하고 생사를 끝내기 위하여 출가하며, 이것을 위하여 자기의 일생을 모두 바쳐야 한다.

둘째 : 심신이 건강해야 하고 부모의 허락이 있어야 한다.

셋째 : 나라를 사랑하고 불교를 사랑해야 한다.

기왕 부처님공부를 하고자 하면 반드시 부처의 사상과 부처의 이념, 그리고 부처의 정신으로 자기를 무장하고 자기를 충실히 함으로써, 자기의 언행을 지도하면서 자신의 정신면목을 바꾸어야 한다. 그렇지 않으면 겨우 부처를 믿는 정도를 할 수 있고 부처님공부는 하지 말아야 한다. 다시 말하면 희생정신과 이바지하는 정신이 없는 사람은 부처님공부를 할 수 없다. 알아듣기 쉽게 말하면 부처·보살에 대한 큰 사랑이 없는 사람은, 부처님공부를 할 수 없고 단지 부처를 믿기만 하면 된다. 즉 부처님공부는 철저하게 행동으로 옮겨야 하지만, 부처를 믿는 것은 단지 경건한 신앙과 부처의 존재를 믿고 인과응보가 존재한다는 것을 믿기만 하면 된다. 그러므로 부처를 믿는 것은 쉽지만 부처님공부는 어려운 것이다. 출가하여 부처님공부를 하는 것은 더욱 어렵다.

■질문 : 우리들이 사물을 관찰하는 최종목적은 무엇입니까? 우리들은 어떻게 관觀을 통하여 지혜의 문을 열 수 있습니까?

■만행스님 : 사람마다 사물을 관찰하는 목적과 의도가 모두 다르다. 불교의 '참參'을 하고 '관觀'을 하는 것은 자기의 악습에 대하여 참을 하고 관을 하는 것이다. 자기와 상관없는 일 또는 사물을 참하고 관하는 것은 의미가 없다. 이를테면 사람의 본성은 욕심도 많고 화도 잘 낸다. 그렇다면 우리들은 "나는 왜 욕심이 이렇게 많은가? 왜 이렇게 화를 잘 내는가?" 이런 것을 참하고 관하면서 자기의 기심동념을 살피는 것이다. 자기의 악습과 결점을 참하고 관해야 비로소 의미가 있는 것이다.

자기 몸에 존재하는 문제부터 시작하고 관해야 한다. 자기 몸에 있는 문제를 해결할 수 있다면, 외부의 문제는 관을 할 필요도 없이 자연적으로 해결될 것이다. 관이라는 것은 잡는 것도 포착하는 것도 아니고, 분석하고 판단하는 것도 아니며, 오로지 각지覺知하는 것뿐이다.

■질문 : 스승님! 지금 저의 염두는 열 개나 됩니다. 그중 아홉 염두는 소멸해야 하는데 어떻게 소멸해야 합니까?

■만행스님 : 너는 두뇌의 나쁜 염두와 나쁜 사상들을 어떻게 소멸하겠는가 하는 문제를 묻고 있구나! 방법은 한 가지다. 참선하거나 잠을 잘 때, 마음속의 욕심과 진한심 같은 나쁜 정보가 너의 몸에서 석방되어 빠져나간다고 관상하여라. 이런 관상방법으로 욕심이

나 화 같은 것을 내보낸다면 좋은 효과를 볼 수 있을 것이다. 하지만 네가 관상하는 기능공부의 수준에 따라 그 효과도 다르게 된다.

왜 우리들은 명사를 따르는가? 우리들은 명사의 자장에서 전파되는 에너지를 감지할 수 있다. 그러므로 명사를 가까이 하면 우리들의 신심이 아주 쉽게 정화되면서 지혜문이 열리게 된다. 사람들 사이의 자장은 서로 작용하고 서로 침투되며 서로 끌어당기고 서로 제약하는 것이다.

나는 항상 이렇게 말한다. "내심 속에 어떤 기심동념이 있으면 겉에는 그런 언행이 있다." 너의 언행은 바로 너의 내심에서 그런 생각을 했기 때문에 언행을 통하여 표현되는 것이다. 그러므로 불법은 내외일체라고 한다. 우리들의 눈, 귀, 코, 혀, 몸 등은 다만 사람들의 사상의 도구에 불과하고, 사상의 외재적인 표현에 불과하다. 마치 바람과 같다. 사람들은 바람은 보지 못했지만 나뭇잎이 흔들거리는 방식으로 바람을 볼 수 있다. 나뭇잎이 흔들리면 우리들은 '바람이 부는구나'라고 생각한다. 나뭇잎이 흔들리는 표현방식으로 바람을 볼 수 있고, 이것이 바람이라는 것을 알게 된다.

그렇다면 어떻게 우리들의 마음, 우리들의 사상, 우리들의 인품과 자질, 그리고 우리들의 심리상태를 사람들에게 보여주는가? 바로 우리의 언행을 통하여 보여주는 것이다. 그러므로 "비록 이렇게 표현하지만, 내심은 이런 것이 아니고 이런 심리상태가 아니다."라는 말을 하면 안 된다. 이것은 가장 진실한 표현방식이고 진리의 표현방식이다. 만약 내재에 그런 기심동념이 없었다면 외재에도 그와 같은 행동이 없었을 것이고, 그와 같은 용모도 없는 것이다.

■ 질문 : 스승님! 현실이 이런 상황이라면 어떻게 해결해야 합니까?
■ 만행스님 : 외부의 환경을 고치지 못한다면, 자기 자신을 바꾸고 자기를 환경에 적응시켜야 한다. 일단 그것과 융합하면 그 속에는 너의 사상과 그림자가 있게 된다. 때문에 기어이 그것을 바꾸려 하지 말고, 그들을 우리들의 신심에 들어오게 하고 우리들도 그들의 신심에 들어가도록 해야 한다. 나중에는 필연적으로 우리를 위하여 애쓰며 일하게 된다.

■ 질문 : 스승님! 연꽃을 관상하면서 좌선하면 마음은 아주 평화롭고 조용합니다. 다시 관상하면 머리에 머리를 올려놓는 격이 아닌지요?
■ 만행스님 : 모든 방법은 모두 마음을 다스리기 위하여 만들어졌고 모든 악습을 다스리기 위하여 만들어졌다. 병에 따라 처방을 해야 한다. 그런 병이 없다면 그런 처방도 필요 없다.
마찬가지로 깨달음을 얻은 사람들도 모두 한 가지 방법을 사용한 것은 아니다. 때문에 전법하는 사람은 반드시 명사가 되어야 한다. 무엇을 명사라고 하는가? 이름을 떨친다고 명사가 아니다. 반드시 득도과정을 지나온 사람이어야만 명사라고 한다. 명사는 혜안이 있으므로 너를 잘 알고 있으며, 어떤 방법이 너에게 가장 적합한가를 잘 알고 있다. 또 수련과정에서 어떤 선병禪病이 올지도 알고 있고, 가장 큰 결함이 무엇인지도 알기 때문에, 전문적이고도 가장 적합한 수행방법을 너에게 전수하는 것이다.

이를테면 마음이 좁아서 성질이 조폭하고 사나우면 보시하는 수행방법을 설정한다. 보시는 금전과 재물을 보시할 뿐만 아니라, 미소도 보시하고 체력도 보시하며 포용심도 보시하고 희생정신과 이바지하는 정신도 보시하도록 인도한다. 일단 이 수행방법으로 몸에 배인 악습을 소멸하게 되면, 이 법문은 이미 소용없는 것이다. 만약 네가 좌선하는 시간에 심리상태가 아주 평화롭고 고요하면, 아직까지 선병이 나타나지 않은 것이다. 욕심도 없고 성냄도 없으며 망념도 없다면 그 어떤 방법도 필요 없다. 오로지 조용히 앉아서 청정하고 깨끗한 영명靈明만 유지하면 된다.

그런데 갑자기 잡념이 생기고 망념이 생기면, 어떤 망념과 잡념이 생겼는가를 살펴 봐야한다. 망념마다 다 다르다. 그러므로 망념마다 다른 방법으로 대처해야 한다. 방법 그 자체가 신심의 조화를 위하고 신심의 통일과 평화를 위한 것이다. 일단 신심이 조화롭고 통일되며 평화로우면 방법이 필요 없게 된다.

대부분의 사람들은 단지 방법만 수련하고 도를 닦는 것이 아니다. 모두 법에 파묻혀서 법의 속박을 받으면서 기계처럼 날마다 "어미타불, 어미타불"하고 있다. 영명의 각지로 염불하는 것이 아니다.

무엇을 영명의 각지라고 하는가? 아주 깨끗한 대야에 담은 물처럼, 주위의 물체와 그 형태가 아주 뚜렷이 나타나는 것을 말한다. 어떤 사람들이 말한 것처럼, 내가 염불할 때 주위의 사람들이 아무리 떠들썩해도 듣지 못하고, 심지어 나를 건드려도 느낌이 없다는 것이 아니다. 이것은 절대적으로 그릇된 수행방법이다. 진정한 수행자, 진정하게 입도한 사람은 극도로 민감한 사람이고 언제나 경각심을 가지고 있는 사람이다.

무엇을 경각심이라고 하는가? 이 자리에 앉아서 단 한 사람의 말만 듣는 것이 아니라, 여기에 있는 모든 사람의 말을 다 들을 수 있는 것이다. 사람의 귀는 녹음기와 같다. 녹음기를 틀어 놓으면 열 사람이 말을 해도 열 사람의 말을 모두 녹음할 수 있다. 일반인들은 한 사람의 말만 녹음할 수 있고, 많은 사람들의 말은 녹음할 수 없다. 하지만 도를 닦은 사람은 주위의 모든 음성을 다 녹음할 수 있다. 한 사람의 말만 녹음할 수 있다면 네가 닦은 것은 도가 아니다.

대개의 사람들은 그럭저럭 일을 하는가 하면, 일에 부딪히면 어찌 할 줄 모르고 망설이기만 한다. 하지만 도를 수련하는 사람은 그 어떤 일을 하든지 완전하게 하고 모든 힘을 다하여 뛰어든다. 왜냐하면 그는 완전무결한 사람이기 때문이다. 왜 망설이면서 그럭저럭 세월을 보내는가? 완전무결한 사람이 아니기 때문이다. 이 자리에 앉아 있기는 하지만 그 마음은 이미 사분오열 된 것이다. 언제든지 완전한 사람이 되고 완전무결한 사람이 되어야만, 비로소 항상 각조를 가질 수 있고 어떤 일을 하든지 완전무결하게 할 수 있다.

■**질문** : 지대가 높은 곳에서 수련하면 비교적 빠르겠지요?
■**만행스님** : 처음 수련을 시작할 때는 환경의 영향을 받을 수 있다. 그러나 사선팔정의 수련이 끝나면 다시는 환경의 영향을 받지 않는 다. 예를 들면 해발 200m와 해발2000m 등등, 장소가 다른 곳에서 좌선하면 신심의 받아들임이 완전히 다르다. 해발이 낮은 곳은 산소가 충분하고 압력이 크기 때문에, 기혈이 쉽게 아래로 하강한다. 해발이 높으면 필연적으로 산소가 모자라고 기압도 낮다. 따라서 기혈이 쉽게 위로 상승한다.

만약 처음 수련을 시작해서 '기침단전氣沈丹田'하고자 할 때, 지대가 낮은 곳을 찾아 수련하면 전신의 기혈이 아래로 하강하고 머리도 쉽게 비워지며 잡념도 적어진다. 첫 번째 단계의 수련이 끝나면 '개정'의 단계이다. 그 때는 해발이 높은 곳을 찾아서 수련해야 기혈이 쉽게 위로 상승한다. 일정한 정도가 되면 정수리의 꽃봉오리가 탁하고 터지면서 피어나는 것이다.

이 원리는 나무 안의 에너지 운행원리와 같다. 겨울이면 나무의 에너지가 아래로 하강하면서 나무줄기와 뿌리에 저장된다. 동지 冬至가 지나면 에너지가 나뭇가지 끝과 줄기에서 뿌리로 내려오면서 저장되는 것이다. 이 때는 나뭇가지를 잘라도 된다.

사람의 인체도 마찬가지다. 오시가 되면 상반신의 모든 에너지가 위에서 아래로 하강하기 시작하는데, 이때가 되면 의식이 몽롱하고 졸음이 오므로 휴식해야 한다. 묘시卯時(아침 5~7시)가 되면 인체의 에너지가 밖으로 방출되기 때문에 반드시 일어나야 된다. 만약 아침에 일어나지 않으면 인체에서 방출되는 양기가 저지 받게 된다. 저지를 받게 되면 잠을 잘수록 음기가 심해져서 머리가 흐리고 어리벙벙하여 잠을 잔 것 같지 않다. 잠을 잘 못 잔 것이 아니라 지나치게 잔 것이다. 만약 이 시각에 일어나 활동하면 양기가 제지를 받지 않으므로, 심리상태나 사유가 아주 맑고 밝게 된다. 사람들이 봐도 아주 맑고 밝아 보이는 것이다.

모든 종교의 신도들은 모두 새벽에 일어나 수련한다. 이것은 음양오행에도 부합되고 생리체계와 자연규율에도 부합된다. 소위 '오기귀원五氣歸元'이라는 것은, 인체 각 부분의 에너지가 오장으로 돌아와 아침 묘시에 방출하고 오시부터 회수한다는 말이다. 다시 말하면 사람의 인체는 묘시에 열리고 오시와 자시 사이에 닫히는 것이다. 대자연도 마찬가지다. 낮에는 방출하고 밤이면 회수하고 합한다.

■ 질문 : 어떻게 하면 자신의 일생을 명사님께 맡길 수 있습니까?
■ 만행스님 : 만약 진정으로 명사를 믿는다면, 대담하게 그 명사님 앞에 다가가서 "스승님! 저는 이미 제 모두를 스승님께 맡겼으니, 스승님께서 알아서 안배하시고 처리하세요." 그러면 그 명사는

알아서 처리할 것이다. 그러나 명사 앞에 다가온 제자에게 속셈이 있다는 것을 발견하면 반드시 손을 뗄 것이다. 이것이 바로 '너는 준비가 되지 않았는데 내가 준비되었고, 네가 준비되었는데 나는 준비가 되지 않았다'는 의미이다.

■ 질문 : 수행에서 생리와 심리를 어떻게 바꾸면 됩니까?
■ 만행스님 : 범부들의 심리는 생리에 끌리고 생리의 제약을 받는다. 오직 성인들만 심리로서 생리를 변화시킬 수 있다. 범부들은 병만 생기면 낙심하고, 마음의 정서가 떨어지면 심리까지 병이 생기는 것이다. 그러나 성인들은 자기가 병이 생겼다는 것을 알아도 심리에 절대 병이 생기지 않는다. 그들은 아주 건강한 심리로서 자기의 생리에 영향을 주는 것이다. '너는 앓으면 안 된다. 병이 생겼으면 빨리 빨리 나아라. 나는 해야 할 일도 많고, 아직 다 하지 못한 일도 있느니라.'고 암시하면서, 심리의 힘으로 생리의 힘을 바꾸는 것이다. 불교에는 '생리가 이미 병이 생겼는데, 나는 (심리를 말함) 절대 다시 병이 생기면 안 된다.' 라는 말이 있다. 그러므로 심리로서 생리에 영향을 주어서 생리를 바꾸게 할 수 있는 것이다.

■ 질문 : 좌선하는데 몸이 아주 뜨겁습니다. 계속 좌선해야 하는지 아니면 그만 두어야 하는지 모르겠습니다.
■ 만행스님 : 이것은 과정이다. 계속 하여라. 다만 몸을 조절할 줄 알아

야 한다. 마음이 초조하고 편안하지 않다면 숨을 밖으로 많이 내쉬어라. 가슴에 뭉쳤던 기를 모두 깨끗이 내쉬게 되면, 따뜻한 기가 몸에서 흐르는 것을 느끼면서 온몸이 따뜻해지고 포근하게 될 것이다. 이렇게 되면 숨을 더 이상 내쉬지 말아야 한다. 계속 숨을 내쉬게 되면 도리어 찬기가 들어오면서 따뜻한 난류를 파괴하게 된다.

■질문 : 어떻게 하면 '마치 머리에 불이 붙은 것처럼〔如救頭燃〕, 양친부모가 죽은 것처럼〔如喪考妣〕' 달아나지 못하도록 할 수 있습니까?
■만행스님 : 만약 네가 진짜로 한 가지 일을 하겠다고 갈망한다면 그렇게 할 수 있다. '머리에 불이 붙은 것처럼 양친 부모가 죽은 것처럼' 달아나지 못하게 할 수 없는 원인은, 몰입하지 못하고 항상 딴 마음을 먹으면서 망설이거나, 사상이 전일하지 못하기 때문이다. 선택하는 것이 많으면 도리어 사람을 해치게 된다. 그러므로 한 가지만 선택한다면 비교적 쉽게 진보할 것이다. 범부들이 진보할 수 없는 이유는 몰입의 상태에 도달할 수 없어서, 높은 차원으로 오르지 못하기 때문이다. 즉 뒤로 빠져나가 숨을 공간이 매우 많은 것이다. 평범한 사람들도 피할 공간이 많은데, 부처님 공부를 하는 사람은 더욱 옆으로 새기 쉽다. 게다가 자신이 빠져나가는 충분한 핑계를 찾을 수도 있다.

■질문 : 집에 있는 사람들은 어떻게 수행하면 됩니까?

■ 만행스님 : 수행한다고 직업을 포기하면 안 되고, 사업한다고 수행을 포기해서도 안 된다. 나는 항상 수행하면서 사업하고 사업하면서 수행하라고 강조한다. 소위 '수행'이라는 것은 우리들의 신심을 수정修正하고 우리들의 정확하지 않은 심리와 나쁜 관념, 그리고 병태를 포함한 생리의 나쁜 행위들을 수정하는 것이다. "대도는 심신을 떠나지 않는다. 심신을 떠나면 대도가 없다(大道不離身心 離開身心無大道)."라는 말은, 대도는 생리와 심리 두 부분으로 조성되었고, 생리와 심리를 떠나면 대도라는 말을 못한다는 말이다.

■ 질문 : 스승님! 어째서 어떤 사람은 부처님공부를 시작한 다음에, 도리어 운신폭도 좁아지고 고지식하며 일도 풀리지 않습니까?

■ 만행스님 : 수행하는 자체가 해탈을 위한 것이다. 하지만 지금 수행자들은 해탈은 고사하고 도리어 자기 몸에 족쇄를 채우고 손발을 묶어 놓으면서, 일처리나 사람노릇이나 모두 우유부단하여 제대로 못한다. 그러므로 일이 풀리지 않고 성공도 하지 못한다. 부처님공부를 하는 사람은 일처리나 사람노릇에서 절대로 막힘이 없다. 만약 부처님공부를 한 후부터 일도 풀리지 않고 사업도 불순하고 가정도 불안하다면, 진정하게 불법의 정신을 이해하지 못했을 뿐만 아니라 불법의 묘용도 발휘하지 못한 것이다. 진정 불교의 이념으로 일을 한다면 아주 완미롭고 원만할 것이다.

■ 질문 : 자기의 착오를 개정改正하는 것도 수행방법이라고 할 수 있습

니까?

■ 만행스님 : 수행이 바로 자기를 개정하고 개변하는 일이다. 불법을 닦고 배우는 것은 이론적으로 이해하고 깨닫는 것과 신심의 감수 感受를 말한다. 대개의 사람들은 이론적으로는 이해하고 깨달았지만 심신의 감수는 증득하지 못했다. 이것은 원만하지 못한 것이다. 그러므로 수행이라는 것은 세간의 모든 일을 포함하여 이해하고 깨달을 뿐만 아니라, 몸과 마음으로 직접 느끼고 받아들여야 하는 것이다.

■ 질문 : 스승님! 사회에 나가서 일을 하다보면, 불교의 측면으로 볼 때 법에 어긋나는 일들과 현상에 부딪히게 됩니다. 우리들은 어떻게 이런 문제들에 대처해야 합니까?

■ 만행스님 : 불교에는 이런 말이 있다. "법은 법의 자리에 있다[是法 住法位]." 무슨 말인가? 네가 어떤 일을 하든지 모두 그 일의 규칙과 규율을 따라야 한다는 말이다. 불교는 또 "인연에 따라 일을 하고, 변하지 않음으로 만 가지 변화에 대처한다[隨緣做事 以不變應萬變]."는 말이 있다. 이 말 역시 지당한 이치이고 명언이다. 불교는 또 이렇게 말한다. "장사를 하는 데서는 장사를 말하고, 도를 말하는 데에서는 도를 말한다." 기왕 여러분들이 오늘 우리 절에 왔으면 오늘은 우리절의 보살님들과 처사님들이다. 그러므로 반드시 종교 활동장소인 우리절의 규범과 일하고 쉬는 시간 그리고 각종 규칙들을 준수해야 한다. 내일 각자의 사업터로 돌아가면,

즉 장사를 하는 사람이라면 장사하는 방법으로 흥정할 것을 흥정하는 융통성이 있어야 한다.

옛날에 출가하고 싶어 찾아오는 사람이 있으면, "좋습니다. 우리 절에 출가할 수 있습니다. 하지만 반드시 우리 절에서 10년은 살아야 하며, 10년 살지 않으면 제자로 받아주지 않습니다."라고 한다. 무엇 때문인가? 제자의 형태가 고정화 되고 식견도 명석해야 비로소 밖으로 내보내서 선학禪學도 하게하고 놀게도 한다. 만약 제자의 식견도 명석하지 않고 기본이 형성되지 않으면 무엇을 자본으로 삼아 나가서 선학을 하고 놀 수 있겠는가?

- 질문 : 스승님은 어떻게 동화사로 오는 신도들의 몸에 맞춰 재단을 합니까?
- 만행스님 : 나는 일이 많은 것을 싫어한다. 아주 강하게 요구하지 않는다면 나는 다만 "염불도 많이 하고, 독경도 많이 하고, 예불도 많이 하시오."하고 만다.
- 질문 : 어떻게 하면 아주 강하게 요구한다고 할 수 있습니까?
- 만행스님 : 몇 번이고 반복적으로 요구하지 않는다면, 나는 손을 내밀지 않는다.
- 질문 : 스승님! 무엇을 몇 번이고 반복적이라고 합니까?
- 만행스님 : 적어도 세 번 이상이라고 이해하면 될 것이다.
- 질문 : 스승님은 항상 바쁘신데, 어떻게 날마다 스승님을 찾겠습니까?

■ 만행스님 : 스승이 아무리 힘들고 바빠도 그것은 스승이 일이고 마땅히 해야 하는 일이므로, 여러분이 신경 쓸 일이 아니다. 이를테면 나는 식당의 책임자나 유통처의 책임자에게 이렇게 말한다. "기왕 당신들이 이 일을 맡겠다고 했으면, 아무리 고달프고 힘들어도 고달프고 힘들다고 말을 하지 말아야 하며, 이 일의 역할을 잘해야 한다." 스승이 힘들고 고달픈 것은 제자가 신경 쓸 일이 아니다. 제자는 다만 자기의 신·구·의를 어떻게 스승에게 공양할 것인가 하는 것만 신경 쓰면 된다.

■ 질문 : 스승님! 모두 받아들이면 정신正信이라고 할 수 있습니까?
■ 만행스님 : 그것은 미신이다. '정신'이라고 하는 것은 직접 본지本地의 풍광을 보고 왔으며, 들어갔다가 나온 뒤라야만 비로소 정신이라고 한다. 지금 우리들이 말하는 정신은 모두 미신에 불과하다. 마치 지도를 보면서 '아~ 북경은 북방이로구나'하는 격이다. 그러나 여러분의 적극성을 고무하고 격려하며 신심을 북돋기 위하여, 나는 "그렇지. 그것은 정신이다."라고 말한다.

불교에서는 만약 사람들의 보리심을 물리치면 지옥에 떨어진다고 말한다. 하지만 나는 계속하여 "바라건대 계속 수련하여 본지를 한 번 다녀오는 것이 좋을 것이다."고 한다. 이것이야말로 진정한 정신正信이다. 본지를 다녀오기 전의 당신이 소유한 것을 정신이라 한다면, 어째서 두 번째 장기를 두라고 하는가? 당신이 말하는 '정신'을 부정하기 위한 것이다. 우리들은 절대로 직접적으로 그것을 부정하지 않는다. 두 번째 장기를 둔 다음, 당신은 비로소 '아~ 과거의 정신이라고 한 것은 원래는 미신이구나!' 하는 것을 깨닫게 된다.

불교에서 말하기를 "비구 한사람과 비구니 한사람의 성장을 완성하고자 하면, 적어도 세 분 내지 다섯 분의 스승이 있어야 한다."고 한다. 다시 말하면 출가한 스님들은 적어도 세 분 내지 다섯 분의 스승이 있어야 한다는 말이다. 집에서 수행하는 보살님과 처사님들도 마찬가지로 세 분 내지 다섯 분의 스승님께 귀의하여도 된다. 왜냐하면 시기와 환경, 심리상태에 따라 각기 다른 방법이 사용되기 때문이다.

 4강

부처님은 자비로워서 중생을 버리지 않으신다

■ 질문 : 스승님! 어떻게 하면 왕생往生을 잘 할 수 있습니까?
■ 만행스님 : 여러분은 살아 생전에 나갈 수 있는가? 생전에 나가 보았는가? 살아 생전에 나가보지 못했고 나갈 능력이 되지 못하였는데, 죽은 다음 갈 수 있다고 하면 자기를 기만하는 거짓말이다. 수행은 생전에 가보지 못한 곳을 죽은 다음 갈 수 있다는 말이 아니다. 그것은 불법이 아니다. 불법은 과거도 없고 미래도 없고 오직 지금 뿐이다. 지금 도달할 수 있으면 임종했을 때도 도달할 수 있고, 지금 도달하지 못한다면 임종 후에도 도달하지 못한다. "괜찮아, 열심히 수행하고 염불하면 죽은 다음 극락세계로 갈 것이다." 이 말은 여러분이 보리심을 잃을까 위로하는 말이다. 하지만 사람들은 이 말을 부처님의 본심이라고 생각한다.

진정한 수행자라면 살아 생전에 사대四大를 이탈해서 극락세계로 가서 쭉 돌며 노닐 수 있어야 한다. 그래야만 숨이 넘어가기 전에 신식神識이 사대를 떠나서 생전에 가봤던 곳으로 가게 되는 것이다. 생전에 침대에 누워 잠자는 자기를 볼 수 없고, 사대를 이탈할 수 없는데, 사후에 어떻게 자기의 육체를 뛰어넘어 극락세계로 갈수 있는가?

금방 우리가 "삭발하면 입정할 수 있고, 피차간에 서로 마음도 통한다."까지 읽었다. 그것은 피차간의 육근을 서로 사용할 수 있고 완전히 통용한다는 것이다. 내가 금방 DJ보고 책을 그만 읽으라고 하였는데, 왜 듣지 못하였는가?(침묵)

진정하게 도를 닦는 사람은 눈으로는 책을 보고 귀로는 하는 말을 들을 수 있어야 한다. 귀가 들었으면 반응이 있어야 하고 분석하고 판단할 수 있어야 한다. 수행하는 사람의 육근은 동시에 함께 사용하고 작용하며 쓸 수 있어야 한다. 이 자리에 앉은 분들은 육근 중에서 몇 근을 동시에 쓸 수 있는가?

만물은 모두 체體가 있고 상相이 있으며 용用이 있다. 만물의 체·상·용은 다만 하나의 체·상·용이고, 만물의 체·상·용이 사용하는 것도 모두 하나이다. 사람마다 모두 같다. 자기는 적응할 수 없는 것 같고 쓸 수 없다고 생각하는 까닭은 업장이 너무 심하기 때문이다. 만약 업장이 없다면 반드시 쓸 수 있는 것이다.

업장이란 무엇인가? 취미가 너무 많고 욕망이 너무 강하며, 나쁜 버릇과 습성들이 너무 무겁기 때문에 내재적인 힘이 깨어나지 못한 것을 말한다. 내심세계는 모두 이상과 욕망에 구속되어서 비워진 적이 없는 것이다. 그러므로 선천적이고 본래부터 가지고 있던 그 힘이 깨어날 기회가 없는 것이다. 왜 도를 수련하는 사람은 비우는 것부터 배워야 한다고 하는가? 옛날 선종에서 이렇게 말하였다. "도를 수련하는 사람은 우선 가난부터 배워라. 가난하다 보면 도가 가까울 것이다." 이것이 바로 비우고 또 비워서 더는 비울 수 없을 때 도가 나타난다는 말이다.

부처님공부를 하고 도를 수련하는 사람의 마음은 걱정하는 일이 없어야한다. "걱정할 일도 없고 걱정해야하는 일도 없다."라는 말은, 일이 생기면 처리하고 처리가 끝나면 바로 비워버린다는 말이다. 만약 일이 생겼는데 제 때에 처리하지 않고, 지난 다음에 생각난다면 이미 기회를 놓친 것이다. 항상 지난 일만 붙잡고 혹은 미래만 바라보고 산다면, 그 마음은 절대 비워지지 않을 것이다.

■질문 : 스승님! 입정하는 사람은 아무 것도 모르게 됩니까?

■만행스님 : 그런 것이 아니다. 많은 사람들은 일심불란을 여여부동如如不動이라고 이해하고 반응이 없는 것이라고 생각한다. 경계에 따라 출입이 될 수 있다면 일심불란이고, 궁극의 원만圓滿한 정정定이라고 한다. 입정을 했다고 해서 불러도 듣지 못하고 욕을 해도 반응이 없는 것이 아니다. 도리어 더욱 뚜렷하고 분명하다.

■질문 : 스승님! 입정이 있어야만 비로소 불법입니까?

■만행스님 : 입정이 있어도 되고 없어도 다 된다. 있어도 불법이요, 없어도 불법이다. 계·정·혜戒定慧도 불법이요, 살도음殺盜淫도 역시 불법이다.

- **질문** : 스승님! 어떻게 하면 분별을 하지 않을 수 있습니까?
- **만행스님** : 본신은 일체요, 본래부터 그러한데 그것을 어떻게 분별할 것인가? 칠식七識을 초월하고 칠식을 타도해서 평등성지平等性智로 변하였으니 분별이 없게 되었다. 수행하는 사람들이 '타칠打七'이라고 한 것은 칠식을 죽여 버린다는 말이다.

- **질문** : 스승님! 어떻게 수행을 하면 진보가 빠를 수 있습니까?
- **만행스님** : 먹고 마시고 싸면서 시시각각으로 각조를 가지고 있으면 된다.
- **질문** : 스승님! 수행에서 진보가 없는 원인을 말씀해주세요.
- **만행스님** : 자질이 낮아서 그렇다.
- **질문** : 스승님! 어떻게 하면 제고할 수 있습니까?
- **만행스님** : 잡초를 뽑아버리고 파종을 해야 한다. 세존께서 "말법末法시대의 중생들은 모두 어미타불을 염불하다가 나중에는 어미타불도 하지 않고 그냥 '불佛, 불, 불, 불…'만 한다."고 예언한 적이 있다. 이는 한전불교漢傳佛敎를 두고 예언한 것이다. 밀교密敎에는 "말법시대는 남녀가 쌍수雙修하게 될 것이다."라고 예언하셨다. 만약 이런 것들이 불법이라면 애초에 사문沙門이라는 것이 없었을 것이고, 계戒·정定·혜慧라는 것도 없었을 것이다. 사문이란 무엇이고, 계·정·혜란 또 무엇인가? 이것을 화두로 참參하기 바란다. 만약 이런 것들이 수행이라면 세존께서 왜 하필이면 삼장십이부三藏十二部 팔만사천법문八萬四千法門이라는 것을 말씀하셨는

가?

■질문 : 스승님께서 유아有我와 무아無我, 유위有爲와 무위無爲에 대하여 법문하여 주세요.

■만행스님 : 당하가 바로 그것이다.

■질문 : 스승님! 진아眞我와 가아假我를 어떻게 구별합니까?

■만행스님 : 문을 여는 자가 바로 문을 닫는 자이다.

■질문 : 스승님! 제 몸은 왜 항상 피로한가요?

■만행스님 : 나태하고 자기를 주체하지 못하기 때문이다. 만약 성실하고 부지런하며 자기를 다스릴 수 있다면 그렇지 않을 것이다.

■질문 : 스승님! 어떻게 하면 자기를 다스릴 수 있습니까?

■만행스님 : 너는 진정 부질없는 사람이로다. "한가하면 구름이 떠도는 것을 보고, 힘들면 잠을 자거라. 천하는 본래 일이 없는데 어리석은 놈이 긁어서 부스럼 만드누나."라는 말이 있다. 어쩔 것인가? 들지도 놓지도 못하누나!

5강

업장이 나타나야 소멸시킬 수 있다

■**질문**: 스승님! 어째서 비행기가 이륙할 때면 발이 뜨거워 견디기 어렵고, 올라가면 갈수록 압력이 점점 더 커집니까?

■**만행스님**: 그 이치는 불교의 사선팔정과 같다. 초선을 돌파하면 2선에 쉽게 들어가고, 2선을 돌파하면 3선에 들어가기 쉬운데, 가면 갈수록 생리적으로 수련하기가 쉬운 것이다. 하지만 수련의 마지막 단계에서 가장 돌파하기 어려운 것은 심리적인 전변이다. 이를테면 초선을 돌파하려면 우선 각종 욕망을 끊어 버려야 한다. 욕망을 끊어 버리면 잡념이 적어지고 단계적으로 멈춰진다. 자연스레 생리에너지가 가득차면서 2선으로 들어가는 것이다.

체내의 정기신이 충족하고 포만하면 더는 순환하고 유동하지 않으며, 제멋대로 사처로 떠돌아다니지 않으므로 잡념이 적어지고 호흡이 차츰차츰 감소되다가 3선에 들어가는 것이다. 3선에 들어서면 호흡도 정지되고 체내의 풍대風大도 멈추게 된다. 일단 풍대가 멈추면 염두가 일어나지 못한다. 풍대가 멈추지 않으면 염두도 계속 생기는 것이다.

4선에 들어서면 풍대가 정지되고 염두도 없으며, 신체의 감각은 전7식을 모두 초월하여 지구의 흡인력도 체내의 에너지를 좌우하지 못한다. 신체를 좌지우지 할 수 없는 상황에서 체내에서는 또 다른 에너지가 생겨난다. 이렇게 생겨난 에너지를 육근이 더는 품지 못하므로 신체에서 탈바꿈하여 나가게 되는 것이다.

사람들이 비행기를 타거나 엘리베이터를 타게 되면, 외부의 힘에 의해 신체가 위와 같은 탈바꿈을 하게 된다. 다만 이런 도구와 환경을 떠나게 되면 원래의 출발점으로 되돌아오는 것이다.

고원은 산소가 희박하기 때문에 이명이 오고 머리가 흐려지고 팽창하면서 터질 것 같다. 하지만 고원에서 내려오면, 이를테면 해발 6천 미터 이하의 평원지대로 내려오면 산소를 취하기 쉽다. 평원에는 산소가 많기 때문에 두뇌가 무겁고 졸음이 오게 된다. 고원은 너무 높아 산소가 희박하고 압력이 낮으며, 평원은 너무 낮아 공기의 밀도가 크고 압력도 크다.

심신의 조화를 이루게 하려면 반드시 심신이 느슨해야 한다. 오직 우리들의 심신이 최대한도로 느슨할 때에만 비로소 우리들의 신체가 대자연과 하나로 어울리게 된다. 사람과 대자연의 조화가 이루어져야만 대자연과 하나가 되었다고 한다. 이때는 바로 "불생불멸, 부증불감, 불구부정"의 경지인 것이다. 우리들에게 증감이 있게 되고 생멸이 있게 되는 것은, 바로 그 정체적인 것에서 나와 개체가 되었기 때문이다. 개체이기 때문에 증감과 생멸이 있게 되는 것이다.

- **질문** : 스승님! 숙세宿世의 업장들을 어떻게 해야 합니까?
- **만행스님** : 업장은 나타나야 한다. 업장이 나타나지 않고 잠복하고 있다면 업장을 소멸할 수 없다. 또한 업장이 이미 나타났는데 도피하게 되면, 업장을 감추고 숨겨놓는 것과 같은 것이다. 업장을 피하지 않고 정면으로 마주 하는 것이 바로 업장의 뿌리를 뽑아 버리고 소화하고 소멸하는 것이다.

우리들은 자기의 선정기능이 어느 차원까지 도달하였는가를 알아야만 한다. 만약 모른다면 수련하기 어려운 것이다. 선정수련에서 초선과 2선은 나타났는가? 우리들이 그렇게 오래 수련하였는데 초선조차 나타나지 않았다면, 어떻게 진리를 깨닫고 득도하며 생사를 해탈할 수 있겠는가?

수행의 하나는 생리적인 공부이고 또 하나는 심리적인 공부이다. 사선팔정도 생리적인 사선팔정과 심리적인 사선팔정으로 나누는데, 나중에는 합해져서 하나가 되기 때문에 이것도 저것이고 저것도 이것이라 분별할 수 없게 된다.

선방에서 가부좌를 하고 수련하는 것은 생리적 신체의 조절이고, 선방에서 내려와 생활 속으로 들어가면 심리적 수련인 것이다. 어떻게 공을 들일 것인가? 그 때 당시 여러분이 처음으로 불법을 듣고 부처님께 귀의하고 스승님을 모셨을 때, 스승은 어떻게 수행하라고 가르치시든가? 향을 올리고 예불하고 송경을 하라고 하지 않았는가?

■ **질문** : 그렇게 하면 사선팔정을 증득할 수 있는지요?
■ **만행스님** : 토대가 좋은 사람은 그 자리에서 사선팔정을 증득할 수 있다. 초선은 어떤 것이고, 2선은 어떤 것이라고 말을 하는 사이에 이미 함께 들어간 것이다. 초선은 터무니없는 생각을 하지 말아야 한다고 말하면 터무니없는 생각을 하지 않고, 또 2선은 호흡소리가 거의 들을 수 없듯이 가볍거나 호흡을 거의 하지 않는다고 하면 호흡은 가볍고 가늘어진다. 3선은 호흡도 멈춰지고 맥박도 거의 멈춘다고 하면 곧바로 호흡이나 맥박 역시 거의 멈춰진다. 이런 사람은 한 걸음 한 걸음 스승이 이끄는 대로 앞으로 나아가는데, 스승의 인도하는 말이 끝나자마자 이미 스승이 말씀한 경계에 도달하는 것이다. 이런 사람은 상근기의 사람이다.

하근기의 사람들에게는 어떻게 해야 하는가? 그가 터무니없는 잡생각을 하면, 일을 주어 그 일에 몰두하게끔 하면서 차츰차츰 초선의 경지에 도달하게 한다. 초선이란 바로 잡생각이 없어지고 몸과 마음이 통일되고 잡념이 하나로 되게 하는 경지이다.

어떤 사람들은 한평생 초선에도 도달하지 못 할 뿐만 아니라, 절대로 만 가지 념을 한 가지 념으로 통일하지 못한다. 심신이 합해져서 하나가 되면 바로 초선인데, 구태여 무슨 방법이 필요하단 말인가? 이런 사람들은 극히 적지만 그들에게는 '묶어 놓는 방법'

밖에 없다. 그리하여 각 종교가 생겼고 각 문파들이 생기고 각가지 법문들이 생긴 것이다.

이를테면 전통적인 인도교는 고함도 치게 하고 협박도 하며 명상도 하게 한다. 또한 스스로 자기를 매질하거나 물에다 몸을 잠그거나, 불로 자기를 지지는 등 극단적인 방법으로 자극하여 정신을 가다듬고 허튼 생각을 못하게 한다. 아울러 이 계기를 빌어서 초선과 2선에 들어서게 한다. 즉 자기가 아주 존경하고 두려워하는 사람이 호통을 치거나 뺨을 몇 대 치면 금방 2선에 들어설 수 있다. 이때의 그 사람은 잡생각 할 틈이 없어지고, 숨도 크게 쉬지 못하는 상황에 처하기 때문에 금방 2선에 들어서게 된다. 시시각각으로 자기의 마음씀씀이를 지킬 수 있고, 마음씀씀이에 동요되지 않고 움직이지 않으며 념에 미혹되지 않는다면 심령의 경계는 바로 사선팔정인 것이다.

- 질문 : 석가모니불께서 일체의 법이 다 불법이라고 하셨습니다. 그런데 어느 법은 부처와 상응할 수 있고, 어느 법은 부처와 상응할 수 없습니까?
- 만행스님 : 부처의 마음으로 만 가지 일을 하면 만 가지가 모두 불법이다. 여러분이 사선팔정의 마음이 있다면, 그 어떤 일을 하든지 모두 다 사선팔정에 있는 것이다. 사선팔정이 없다면 송경을 하고 예불을 하지만, 여전히 산란에 처하여 도와 상응할 수 없는 것이다. "행行 주住 좌坐 와臥가 모두 선이다."라는 말은 도와 상

응할 때만 가능한 것이다. 도와 상응하지 않을 때는, 심지어 부처의 다리를 붙잡고 있어도 망상이 빈번할 것이고 부처와 상응할 수 없는 것이다.

- **질문** : 스승님! 제가 해남에서 돌아온 후, 좌선만하면 마음이 울적하고 답답하면서 하늘을 향해 소리치고 싶고 통곡하고 싶습니다. 제가 왜 이 모양인지 이상하고 알 수 없습니다.
- **만행스님** : 이번 해남의 길에서 자기도 모르는 그 어떤 힘이 깨어난 것이다. 처음 네가 불법을 들었을 때도 그렇지 않았는가?
- **답변** : 네.
- **만행스님** : 과거에 저장되었던 기억 중에 철저히 전환하지 못한 것이 있었는데, 오늘날 그 어떤 힘에 각성되어 깨어난 것이다. 이것을 "사그라진 재가 다시 피어났다."고 한다. 수행의 길에는 희로애락과 근심걱정, 두렵고 당황하고 슬프고 놀라는 현상들이 반복적으로 나타난다. 수행자들은 오로지 이런 것들을 철저하게 경험해야 앞날의 생활에서 이러한 것들이 다시 나타나지 않을 것이고, "좋고 나쁜 일들을 평등하게 대할 것이다."가 된다.

어째서 득도한 사람의 마음은 고요한 물결같고 여여부동한 것인가? 그들은 이미 선정과정에서 칠정육욕을 모두 겪었고 최고봉까지 도달하였으며, 선정과정에서 큰 기쁨과 큰 슬픔이 나타났던 것이다. 그러므로 금후의 생활에서 큰 기쁨 또는 큰 슬픔의 일들이 있어도 그 경계에 헤매지 않을 것이다. 설사 사람들 앞에서 희노애락을 보인다 하여도, 그 마음은 고요한 물결처럼 조용하고 평온하며 맑고 깨끗할 것이다.

■ 질문 : 깊은 의식에 나아갈 때의 그 빛(광)은 에너지를 소모합니까? 아니면 증가하는 것입니까?

■ 만행스님 : 체내의 에너지를 증가시켜준다. 나갈 수 있다는 것은, 외부의 힘과 상응할 수 있고 밖에 있는 에너지를 끌어들일 수 있다는 뜻이다. 그렇지 않으면 나간다고 하는 것은 모두 망상에 불과하다. 나간다고 망상하기 때문에 에너지를 소모하는 것이다. 만약 진정으로 자성의 힘이 수련하여 나갔다면, 자성의 힘은 밖의 힘을 데리고 들어온다. 이에 대하여 옛날 선사님들은 "한 마리 꿀벌은 천 마리 꿀벌을 이끌어 올 수 있고, 꿀벌 한 마리가 나가면 나에게는 다시는 꿀벌이 없게 된다."고 아주 형상적으로 비유하여 말씀하셨다.

■ 질문 : 스승님! 무엇을 선禪이라고 하고 무엇을 정定이라고 합니까? 선과 정은 구별이 있는 것입니까?

■ 만행스님 : 이에 대하여 일찍 『항복기심』에서 많은 말을 했는데, 아마 자네는 보지 않았는가 보다. 무릇 지혜를 얻은 사람들은 모두 옛날 성현들을 따라 배우며 공부하였다. 성현들의 책을 읽지 않고 공부하지 않는다면 지혜문을 열 수 없다. 배우고 공부하는 방법은 사회활동에서 배우는 것도 있지만, 옛날 성인들의 책을 읽으면서 체득하는 방법도 있는 것이다.

■**답변** : 제가 인터넷에서 스승님의 『세 차례 폐관실록(마음의 달 1)』을 여러 번 읽어 보았습니다. 매번 읽을 때마다 저도 모르게 눈물을 흘리게 되는데, 무슨 영문인지 알 수 없습니다.

■**만행스님** : 그것은 무명이 나타나는 것으로 좋은 일이다. 팔식심전의 종자가 나타난다는 것은 아주 좋은 일이다. 대개 나타나지 않을까봐 걱정한다. 미안하지만 솔직한 말을 하면 여기 앉은 분들은 팔식심전의 종자가 거의 나타나지 않았다. 그러니 어떻게 수련하고 어떻게 자기를 인식하며 개혁해야 하겠는가? 여기 앉은 사람들 가운데 단 **WA**와 **NM** 두 사람만이 팔식심전의 종자가 자주 나타나며 끓어오르고 있다. 만약 이 두 사람이 열심히 공부하고 수련한다면 그들의 장래는 상상할 수 없이 무량하다. 옛날 점쟁이들은 수행자들의 관상을 보아주지 않으며 점도 보지 않는다. 왜냐하면 그들은 절대로 수행자들의 관상이나 점을 볼 수 없기 때문이다. 신선들이 와도 보지 못한다. 일반적으로 출가한 사람이라도 수행하지 않은 사람들의 관상과 점은 100% 정확하게 맞출 수 있다. 아무리 출가한 사람이라도 삼계를 초월하지 못하면 그들의 관상과 점은 비상하게 맞는 것이다.

수행자들은 팔식심진의 종자가 나타나고 들끓기 때문에 정해진 상이 없다. 그러므로 관상을 보거나 점을 봐도 맞지 않는다. 하지만 일반인들은 팔식심전의 종자가 나타나지 않았기 때문에 그들의 점과 관상을 보면 절대적으로 맞는 것이다.

■ 질문 : 스승님! 어떻게 하면 팔식심전의 종자가 나타나게 할 수 있습니까?

■ 만행스님 : 일반인과 비교하면 너는 비교적 좋은 자질을 갖춘 사람이다. 하지만 위에서 말한 두 사람과 비하면 차이가 너무 많다. 그러나 일반 사람들과 비하면 또 아주 우수하다. 수행자들은 가장 민감한 사람이다. 자기의 마음씀씀이를 알 수 있을 뿐만 아니라 자신의 심맥의 약동마저 분명히 감지할 수 있다. 지금 이 자리에 앉은 사람들에게 말을 시키면 꺽꺽거리면서 한마디 말도 제대로 못한다! 나오는 소리가 깊고 깊은 늪에서 나오는 것같이 겨우 3분에 한 마디씩 한다. 이런 사람은 제일 기본적인 언어조직 능력도 없는 것이다. 하지만 WA가 해답하는 것을 보면 홍수가 터지듯이 거침없이 하는데, 말 한 마디마다 요점을 찌른다. 여러분이 보다시피 이 만행도 사고라는 것이 없이 단숨에 청산유수처럼 끊임없이 말을 한다. 불경에서 이렇게 말하였다. "자성에서 자연스레 흘러나오는 소리는 사통팔달한 마음이라 일사천리이다."

낙엽 하나에서 가을을 안다고 했다. 성인들은 자그마한 일에서도 사물의 근본과 전체를 볼 수 있다. 우리들은 사람을 비평할 때 조금 보고 다 보았다고 헛소리 하는 사람을 사지사견이라고 한다. 하지만 지혜 있는 성인들은 한 가지 일을 하는 것을 보고도 그 사람이 평생 하는 일을 알 수 있고, 한 마디 말만 들어도 그가 생각하는 바를 다 알 수 있으며, 그 사람의 하루를 사는 것을 보면 평생 어떻게 살아가게 될 것인가를 아는 것이다.

6강

부처님공부는 활용하기 위한 것이다.

- **질문** : 스승님! 선칠禪七(칠 일 단위로 용맹스럽게 하는 집중좌선) 수련을 하는데, 에너지가 위로 오르거나 혹은 아래로 내려가면 부담이 아주 큽니다. 이런 상황은 어떻게 처리합니까?
- **만행스님** : 몸을 비우고 의념意念을 몸에서 옮겨라. 이때에는 염두를 지켜야 한다. 절대로 의식을 생리적인 느낌에 끌려 다니게 하면 안 된다. 대개 각조覺照는 생리의 느낌에 매이게 되는데, 매일수록 생리가 더욱 긴장하게 된다.

- **답변** : 에너지가 제 주변에 충만되는 느낌이 나면 긴장하여 앉아 있을 수 없습니다.
- **만행스님** : 그것은 풍대風大와 화대火大가 생겼기 때문이다. 에너지라는 관념을 바꾸고 사대四大가 비었다고 생각하면 쉽게 이 관문을 넘길 수 있다.

- 답변 : 스승님! 좌선에서 염두가 없어졌는데 사람들은 저를 공망空亡에 떨어졌다고 합니다.
- 만행스님 : 아직까지 공망의 상태에 도달하지 못했다. 공망인지 아닌지 스스로 알지 못하는가?
- 답변 : 스승님! 저의 느낌에는 망념은 없고, 모든 것이 확실하고 분명한 것 같습니다. 망념이 일어날 때면 망념이 일어나고 있다는 것도 알게 됩니다.
- 만행스님 : 그것을 어떻게 '공망'이라고 하고 '무기無記'라고 하는가?
- 질문 : 어떤 때는 망념이 출현하면 망념이 출현하였다는 것을 알게 되고, 망념이 사라지면 망념이 사라졌다는 것도 알게 됩니다. 망념이 없을 때에는 망념이 없다는 것도 알게 됩니다. 사람들은 저를 보고 무상정無想定에 떨어졌다고도 하고 또 공망에 떨어졌다고도 합니다. 이 두 가지 사이에 어떤 구별이 있는지 모르겠습니다.
- 만행스님 : 하나는 각조覺照가 있고 다른 하나는 각조가 없는 것이다. 여러분은 각조를 어떻게 이해하는가?

- 답변 : 저의 생각에 각조라는 것은, 제가 노동할 때 망념이 일어나면 망념이 일어나는 것을 알게 되고, 망념이 사라지면 사라진 것도 알게 됩니다. 조용히 일을 할 때 망념 없이 조용히 노동하는 것도 알고 있습니다. 모든 일체는 분명하고 확실합니다.
- 만행스님 : 그것은 단지 각覺일 뿐이다. 50점을 줄 것이다.
- 질문 : 그렇다면 조照는 어떻게 이해합니까?

■ 만행스님 : 앞서 알려 주었는데 중복하면 값이 떨어지는 것이다. 좋은 말은 반복하는 것이 아니다. 말은 뜻이 있고 알아듣는 사람에게만 한다. 속이 비고 말귀를 알아듣지 못하는 사람에게는 하지 않는다. 기회는 준비된 자에게만 주어지는 것이다.

■ 질문 : 스승님! 각조에서 각이란 참參을 말하는 것이고 조照란 화두話頭를 보는 것을 말하지 않습니까?

■ 만행스님 : 그렇게 이해할 수 있다. 참화두參話頭를 할 때는 우선 화두에 안정安定해야 한다. 화두에 전념하지 못하면 어떻게 화두를 참할 수 있겠는가? 그 문제에 집중하지 못한다면 어떻게 그 문제를 이해하고 해결할 수 있겠는가? 마음이 산란한 사람은 문제를 해결할 방법이 없다. 우선 화두를 지켜보아야 마음이 산란하지 않고 화두에 전념할 수 있으며 비로소 화두를 참할 수 있다. 사실상 화두를 지켜보는 것이나, 화두를 참하는 것이나, '각'과 '조' 두 가지는 모두 통일체이다.

■ 질문 : 제가 고민사高旻寺에서 선칠수련(打禪七)을 할 때 반수班首스님이 "염불하는 사람이 누구냐?"를 위주로 참參하라고 하였습니다. 두 분의 반수스님이 모두 "염불하는 사람이 누구냐?"를 위주로 화두를 시작하라고 하셨지만, 서당西堂의 반수스님은 "염불은 누가 하며 결국은 누구인가? 도대체 누구인가?"의 물음으로 계속 의정疑情(화두의 의심덩어리)을 제출하면서 하라고 하셨습니다. 아

울러 "망념이 없을 때 의문을 제기하지 말고 의정에 머물러 있으라. 계속 의심하고 참하는 것도 망념이다. 념이란 바로 망념이다. 그것에 정지하고 있다가 망념이 일게 되면 다시 의문을 제기하여라."고 하셨습니다. 두 분의 말씀이 같지 않았습니다.

■ 만행스님 : 각자가 하는 말들은 다 맞는 말인데 여러분만 알아듣지 못한 것이다. 부처님의 모든 법은 모든 마음에 대응해서 다스리기 위한 것이다. 이 모든 마음이 있었기 때문에 각종 법이 만들어졌다. 이를테면 선칠禪七 수련에서 초칠初七은 어떻게 공을 들여야 하고, 이칠二七은 어떻게 공을 들여야 하며, 계속 나가서 마지막 칠칠七七은 또 어떻게 공을 들여야 하는가? 반수스님의 말이 맞는 것이다. 단지 여러분이 선칠수련 동안 공을 들이는 두서를 제대로 잡지 못한 것이다.

초칠의 공을 들이는 방법과 칠칠의 공을 들이는 방법은 완전히 다르다. 그렇게 하지 않으면 여러분은 혼돈되어 정신이상이 될 것이다. 선칠수련은 반드시 총 지도자(總舵主)가 있어야 한다. 총지도자는 "오늘은 초칠인데 이렇게 공을 들여야 하고, 이칠에는 저렇게 공을 들여야 하고…" 하면서 알려주는 것이다. 만약 총지도자가 계획 없이 하면, 선칠수련하는 사람들이 갈피를 잡지 못해 정신이상이 될 것이며 아무런 효과도 없게 된다.

지금 우리 불문에는 황소처럼 꾸준한 사람은 적고, 까마귀처럼 지껄이기 좋아하는 사람들은 많다. 황소는 처음부터 마지막까지 변함없고 시작에서 끝까지 착실하지만, 까마귀들은 마구 지껄이고 다른 사람이 말을 하면 쉴 새 없이 말참견을 한다. 그들은 시작하는 방법은 물론 증과證果를 얻는 방법도 전혀 모르면서, 사람들의 말에 끼어들어 사람들을 안개 속에 있듯이 부옇게 만든다. 그들이 끼어들어 한 말들은 단지 그 어떤 단계일 뿐 상대방의 단계와는 부합되지 않는다. 이를테면 밥을 하는데 한 사람이 와서 불을 좀 세게 지피라고 하면 그 말이 옳은가 그른가? 또 한 사람이 와서 약하게 지피라고 하면 그 말이 옳은가 그른가? 또 어떤 사람이 와서 불을 끄라고 하면 그 말이 옳은가 그른가?

■ **답변** : 다 옳은 말입니다. 다만 다른 단계를 놓고 말했을 뿐입니다.
■ **만행스님** : 마치 우리들이 절의 규칙을 말하는 것과 같다. 이 자리에 앉은 사람들은 누구나 몇 가지씩 절의 규칙을 말할 수 있지만, 절의 모든 규칙을 다 말할 수 있는 사람은 극히 적다.

부처님공부를 하고 도를 닦으려면 반드시 체계적으로 배워야 한다. 어느 한 부분의 관찰로 전체적인 모습을 추측하면 안 된다. 불법은 반드시 실증을 해야 한다. 실증이 없다면 함부로 불법을 말하면 안 된다. 사람들이 묻게 되면 그들에게 어떤 경서나 어떤 저작들을 소개하면서 인도하는 것이 좋다. 여러분이 안다는 이치들은 모두 책을 보았거나, 다른 사람들이 한 말을 듣고 얻은 것이지 자기가 몸소 겪고 얻어 온 것이 아니다. 단지 사람들이 하는 말을 듣고 설법을 한다면, 인천사표人天師表인 체 가장하는 것과 다름없다.

참선방에 앉아보면 얼마 되지 않아 조는 소리가 들려온다. 졸다가는 깜빡 잠이 들고 깨어나면 흐리멍텅한 의식으로 있다가 또 졸기 시작한다. 이런 사람들은 진종일 흐리멍텅한 상태에 있기 때문에, 일을 해도 맥이 풀리고 활기가 없다. 하지만 이들은 사소한 일이라도 당하면 펄쩍펄쩍 뛰면서 화를 낸다.

어째서 펄쩍펄쩍 뛰면서 으르렁대는가? 그 사람의 본심인가? 아니다. 모두 그 사람의 신·구·의身口意의 업력業力들이다. 그 사람의 진아眞我의 부속품들인 것이다. 진아를 찾지 못했기 때문에 진아의 부속품인 신·구·의를 다스리지 못하고 지배하지 못한다. 다시 말하면 사대四大 즉 지·수·풍·화를 다스릴 수 없다.

어째서 조금만 건드려도 펄쩍펄쩍 뛰고 화를 내는가? 그 사람의 기가 떠있어서 마음이 초조하기 때문이다. 이것을 심부기조心浮氣躁라고 한다.

누가 감히 기능공부가 있고 사대를 이미 항복시켜서 제 길에 들어선 노선사老禪修님을 건드릴 수 있는가? 그의 모든 것은 이미 완전한 각조로 변하였다. 외부에 대응하는 모든 일체는 모두 그의 각조이며, 그의 사대가 아닌 것이다. 여러분이 각조로 변한다면 곧바로 자기 신·구·의의 주인이 되는 것이다.

여러분이 수행을 하는데, 왜 몸에 수행자의 그림자가 보이지 않는가? 모두 아집이 주인이 되어 다스리기 때문이다. 또 진정 믿고 싶은 선지식을 만나지 못하였기 때문에 자기의 신·구·의를 선지식에게 맡기지도 못한다. 만약 참으로 존경하고 우러러 보는 선지식을 만났다면, 자기의 신·구·의를 모두 선지식에 맡겨야 한다. 개인적인 고정관념과 사상을 버리고 마음씀씀이까지 포기하면서 아집을 버리고 자기의 신·구·의를 완전히 맡기기 바란다. 일체를 무심하고 그의 호령만 들으면서 반년간만 실행할 수 있다면 무아의 문턱에 들어서게 된다. 무아의 사람이 어찌 번뇌를 두려워하고 생사를 두려워하겠는가?

다음은 무명無明을 타파하는 일이다. 무명이란 근본적인 무명을 말한다. 일단 근본적인 무명을 타파하면 진짜 생사를 끝내는 것이다. 존경하고 숭배하는 선지식에게 자기의 신·구·의를 맡기는 자체가 최초의 무명을 타파하는 경지에 선 것이다. 하지만 대근기大根器를 가진 사람만이 이렇게 할 수 있다.

지금 우리들의 두뇌는 단 하루라도 마음씀이 없으면 방황하고, 의탁할 곳을 찾지 못한 사람처럼 어쩔 바를 모른다. 우리들의 두뇌는 허튼 생각을 많이 해야 차분하고 편안한 것이다. 사실상 이것은 모두 아집의 장난이고 생사의 근원이 장난하는 것이다.

▪ **답변**: 제 생각에는 공을 들일 때는 말을 적게 하고 노동할 때는 망상을 적게 하면, 즐거운 일이고 누리는 것이라고 생각합니다.

▪ **만행스님**: 그렇다면 대무명大無明에 떨어진 것이다. 마음도 일지 않고 념도 없고 각조는 더욱 없으니, 대산란大散亂이고 대 망상이다. 소산란과 소망상이라는 것은 염두가 있고 스스로도 염두가 있다는 것을 알고 있다. 대산란과 대망상에 있는 사람은 자기의 염두

가 있다는 것을 모르는 것이다. 대망상이나 대산란에 처해있는 사람은 자기는 망념도 없고 산란도 하지 않는다고 생각하지만, 몇 번 을 불러야만 겨우 대답하게 된다. 소산란과 소망상을 하는 사람은 한두 번만 불러도 금방 대답하고, 이미 각조로 변한 사람이라면 상대가 념만 움직여도 바로 응하게 된다.

■ 질문 : 스승님! 제가 한창 일을 하는데 문득 그 어떤 이치를 깨닫게 되었습니다. 이것을 자기가 체험한 것이라고 할 수 있습니까?
■ 만행스님 : 그것은 정상적인 사람들에게 나타나는 현상들이다. 마음에 두었던 문제들이 며칠 또는 몇 년 이라는 시간이 지난 어느 날 갑자기 그 답이 떠오른 것이다. 참화두라는 것은 그 화두를 마음속에 새겨두고 때때로 생각하다가 어느 날 갑자기 그 답이 나오게 되는 것을 말한다. 만약 한 가지 염두를 삼년내지 오년을 계속 마음에 새겨둔다면 반드시 무명을 돌파할 것이다.

염두를 제기하는 방법은 여러 가지가 있다. 느슨하기도 하고 팽팽하기도 하며, 내려놓았다가 다시 제기하며, 때로는 힘을 주고 때로는 힘을 주지 않으며, 때로는 크게 때로는 적게 제기한다. 이러한 것은 모두 상황에 따라 생각해 봐야 한다. '화두를 제기하고 참선을 하라'는 간단한 말 한마디로 되는 것이 아니다. 그것은 너무 독단적이다. 한사람의 정신이 거의 붕괴되어 가는데, 그 보고 화두를 바짝 틀어 쥐라고하면 탈이 나기 마련이다.

부처님의 시대에 사람 셋이 부처님을 찾아와서 "살생은 죄가 있는가 없는가?" 하는 것을 물었다. 부처님은 첫 사람의 물음에는 "죄가 없다."고 하고, 두 번째 사람의 물음에는 "죄가 있다."고 하며, 세 번째 사람의 물음에는 "죄가 있기도 하고 없기도 하다."고 대답하셨다. 대다수 사람들은 세 번째 사람에 속한다. 때로는 인과를 믿고 때로는 인과를 믿지 않는다. 부처님께서는 인과를 믿지 않는 사람은 인과가 있다고 하고, 완전히 인과의 다스림을 받는 사람은 도리어 인과가 없다고 하였다. 마치 수행자가 수행을 하다가 거의 붕괴되는 상황에 처하면 이것도 만지지 못하고 저것도 건드리지 못한다. 자기가 만든 그물에 자기가 걸리는 격이라 마음을 쓰지 못하는 것이다. 그러면 부처님이 방법을 강구하여 그 인과의 그물을 잘라 버리는 것이다.

■ 질문 : 스승님! 선종의 식견에는 '입처入處와 출처出處, 용처用處와 료처了處' 라는 말이 있는데 무엇이 용처입니까?

■ 만행스님 : 용처가 입처이고 입처가 료처이다. 그러니 사처四處가 일처一處이다. 근본은 나이고 내가 바로 근본이다. 머리가 발이요, 발이 곧 머리이다.

■ 질문 : 스승님! 입처란 '각'과 '조'를 말하는 것이 아닙니까?

■ 만행스님 : 금방 각과 조는 하나라고 말하였다. 다만 각과 조가 무엇인가 하는 것을 이해하기 위하여 대립 면을 만들어 세운 것이다. 이 둘 중에서 하나만 이해한다면 두 가지를 다 이해할 수 있고, 둘을 이해한다면 그들이 하나라는 것을 알게 될 것이다. 광명에

대한 이해가 부족하기 때문에 이와 상대되는 암흑을 만들었고, 암흑을 잘 이해하기 위하여 광명을 만들었다. 이렇게 말한다면 생이 바로 사이고, 사가 바로 생이다. 번뇌는 보리고, 생사가 바로 열반이다.

■질문 : 스승님! 번뇌가 바로 보리라면 이 말을 어떻게 운용합니까?

■만행스님 : 때때로 번뇌를 지켜보면 번뇌 자체가 바로 용用이다. 번뇌를 하는 사람을 보고 말하면 번뇌이지만, 지혜가 있는 사람에게는 대용大用이 되는 것이다.

■질문 : 스승님! 도대체 무엇이 불법입니까?

■만행스님 : 불법을 말하고자 하면 아주 어렵다. 말을 하면 할수록 어렵고, 수련하면 할수록 말하기가 두렵다. 진짜 심령心領하고 신회神會할 수밖에 없고, 말과 행동으로 밖에 가르칠 수 없다. 여기서 '말'이란 큰 말씀을 말하는 것이고 능란한 말재주를 말하는 것이 아니다.

■질문 : 스승님! 오늘 점심 제가 예불할 때, 갑자기 '부처님께서 49년간 설법을 하셨지만 사실은 한 마디도 하지 않으셨다'는 것을 깨달았습니다. 부처님은 말씀을 하지 않았는데, 무엇이 불법입니까? 가는 곳마다 다 불법인데 할 말이 무엇이며 수행할 것이 또 무엇이겠습니까? 법이란 무엇입니까? 법조차도 버려야 하는데 하물며 법이 아닌 법을 말합니다. 하나의 법도 닦을 것이 없습니다. 오늘에야 드디어 부처님의 이 말씀을 알아들은 듯합니다.

■만행스님 : 이것은 부처님과 서로 응하였다는 것을 말한다. 다만 안
타까운 것은 항상 상응하지 못하고 한 시간만 상응한 것이다.
"만사만물은 모두 다 불법이다."라는 말은, 우리들이 시시각각으
로 불법과 상응하였음을 뜻한다. 여러분이 부처가 되었으면 모든
일체는 다 불법이고, 여러분이 무명이면 모든 일체도 다 무명일
것이다. 불법조차 여러분에게는 무명이 된다.

■질문 : 스승님! 성인이 역경逆境을 만나면 어떻게 합니까?
■만행스님 : 성인에게는 역경이라는 것이 존재하지 않는다. 모든 것이
다 지혜이고 모든 것이 다 용이다. 천하에는 '용用'이라는 한 글자
만 존재할 뿐이다. 모든 것이 다 용을 위한 것이다. 만약 쓸 수
없다면 쓸모없는 무용지물일 것이다.

■질문 : 무용도 용이라고 할 수 있지 않습니까?
■만행스님 : 재주 있는 목수들은 버릴 나무가 없고, 능숙한 장인의 눈
에는 그 어떤 옥돌이든 모두 쓸모 있는 재료들이며, 득도한 스님
의 눈에는 사람마다 모두 인재이다. 애석하게도 우리들은 기고만
장하여 자기 자신을 무용지물로 만들었다. 모두 본분을 지키지
않고 고집부리며 잘난 척해서 다른 사람의 가르침을 받지 않는
다. 대지혜를 가진 사람은 언제 어디서나 본분을 지키고 다른 사
람들의 가르침을 받는다.

■질문 : 스승님! 그러면 신·구·의는 도구가 아닙니까?
■만행스님 : 신·구·의는 진정한 도구이다. 하지만 우리들은 신·구·의

의 도구가 되고 신·구·의가 우리들의 주인이 되었다. 신·구·의가 '나'가 되고 '나의 주인'이 된 것이다.

- 질문 : 좌선하는데 저의 목에 한 가닥 기운이 뻗치면서 조여듭니다.
- 만행스님 : 할 일 없는 잡생각에 신체를 가지고 노는구나. 아직도 입도를 못한 것이다. 입도한 사람이라면 어찌 몸에서 일어나는 이런 저런 반응들을 알 수 있겠는가?

- 질문 : 스승님! 세상의 모든 물건들은 다 좋은 것이 아닙니까? 범부들은 모든 역경과 좋지 않는 것들을 겪어야 합니까?
- 만행스님 : 세상이란 본래부터 이러하다는 것을 기억하라. 좋고 나쁜 것도 없고, 시와 비도 없으며, 선과 악도 없고, 흰 것과 검은 것도 없다. 무엇 때문에 여러분은 본래부터 이렇게 하지 못하는가? 아집과 아견我見을 가지고 이 세상을 보기 때문에 그들의 본래 면목을 보지 못하고, 그들을 좋고 나쁘며, 시하고 비하며, 선하고 악한 것으로 판단하는 것이다. 또 사회에서 정해 놓은 관념으로 사물을 대하기 때문에, 선과 악이 있게 되고, 시와 비가 있게 되며, 좋고 나쁘고 하는 것들이 있게 되었다. 이런 관념들을 버리고 세상사물을 본다면, '그런 것은 그렇고 그렇구나, 본래부터 그렇고 그렇구나!' 할 것이다.

- 질문 : 스승님! 탐진치의 일을 하고, 탐진치의 일을 하였다는 것을 알게 되면 무엇이지요?

- 만행스님 : 그러면 탐진치가 아니다.
- 질문 : 스승님! '있다'는 것도 역시 탐진치의 표현이겠지요?
- 만행스님 : 그것들이 드러나 보이지만 너를 방해하지 않을 것이다. 그것의 나타남은 이미 탐진치가 아니다. 단지 탐진치의 상相일 뿐 탐진치의 용用은 아니므로 작용을 발휘하지 않는다. 너는 이미 그것들을 조견照見한 것이다. 오온五蘊을 조견하였으니 오온은 이미 공空이 되지 않았는가? 오온은 오음五陰이고 탐진치는 다만 수음受陰일 뿐이다.

- 질문 : 스승님! 무엇을 연緣이라고 합니까?
- 만행스님 : 연이란 무어라고 말을 하지도 못하고 할 수도 없으며, 자르고 싶어도 자를 수 없고 정리해도 얽히고설킨 것을 말한다.
- 질문 : 스승님! '연이란 것은 범부들의 마음씀씀이다.' 라고 이해해도 됩니까?
- 만행스님 : 그렇게 이해하는 것도 괜찮다. 비교적 과학적으로 해석하였다. 내인內因과 외인外因이 연이고, 인因과 과果도 연이다.

- 질문 : 스승님! 좌선하면 근골통증이 심한데 왜 그럽니까?
- 만행스님 : 그것은 게으르고 나태한 탓이다. 장기간 좌선한 사람들이 어찌 몸에 통증이 있겠는가? 오히려 며칠만 좌선을 하지 않으면 전신이 불편하고 쑤셔온다. 하지만 일단 좌선만 하면 밥도 잘 먹고 잠도 잘 자며 마음도 즐겁고 몸도 가볍다. 좌선도 담배를 피우

듯이 인이 밴다. 억지로 좌선을 하면 선락禪樂(좌선에서 오는 즐거움)을 느낄 수 없다.

우리들 몸은 매일 저녁 6시, 혹은 6시 반쯤이면 좌선하고 싶다는 재촉감을 느껴야 한다. 이런 느낌은 좌선의 인이 배였음을 뜻한다. 목탁 쳐서 부르지 않아도 시간만 되면 자연 좌선을 생각한다. 좌선을 하는 것은 마치 때가 되면 배가 고픈 것과 같은 본능적인 반응이다. 이런 반응이 있는 사람들이 얼마나 되는가? 수행을 하였다고 하면서 이와 같은 좌선의 생리적 주기성 리듬이 형성되지 않았다면, 특히 오랜 수행자들께서 이런 생리적 리듬이 생기지 않았다면, 도를 수련한다는 말을 어떻게 하며 부처를 믿는다는 말을 어떻게 하겠는가? 진정 부처를 믿는 사람은 불상만 보아도 본능적으로 합장하며 '어미타불'하고 염불을 하는 것이다.

- 질문 : 스승님! 이것이 불심佛心이 아닙니까?
- 만행스님 : 그것을 무엇이라고 해도 다 좋다. 불법의 개념은 헤아릴 수 없지만, 단 하나 최종적인 목적은 용用에 있다. 용이 없다면 다른 것은 언급할 필요가 없다. 남을 제도하려면 자기부터 제도되어야 하고, 자신이 먼저 수용受用할 수 있어야만 사람들을 수용하게 할 수 있다. 이 용이라는 글자는 모든 일체를 다 포함한다.
- 질문 : 스승님! 불교경전에서 왜 아라한을 초아패종焦芽敗種이라고 하였습니까?
- 만행스님 : 부처보살의 시각으로 본다면 초아패종이지만, 범부의 시

각으로 본다면 돈을 주고도 살 수없는 진귀한 보물이며, 무상의 복전福田이다. 그러므로 아라한을 공양하면 수많은 업장이 소멸되고 수많은 복보를 받게 된다.

■질문 : 스승님! 부처는 시시각각으로 감응하고 시시각각으로 비추어 보는데 아라한도 각조가 있습니까? (대중들 웃는다)

■만행스님 : 아라한에게 각조가 없다면 어떻게 단계적 생사를 끝낼 수 있는가? 아라한은 말할 것 없거니와 범부들도 각조가 있다. 범부들의 각조는 자기 호주머니에 있는 돈과 같아서 남에게 도둑맞지 않으면 되는 것이다. (대중들 웃음) 비록 적은 것이지만 이 적은 것도 역시 불성佛性이다.

■질문 : 스승님! 아라한은 사념邪念이 있습니까?

■만행스님 : 사념이라고 할 수 없고 여념餘念이라고 해야 한다. 즉, 남아있는 념이 있다고 해야 하는 것이다. 이 이치를 부처님께서 『유마힐경維摩詰經』에 분명하게 말씀하셨다.

옛날에 한 조사님께서 이런 말씀을 한 적이 있었다. "요강을 아무리 깨끗이 씻어도 여전히 지린내가 난다." 이것이 바로 아라한의 여념이다. 아직까지 아라한에게는 습성이 남아있다. 간단한 예를 들면 어여쁜 여인을 만나면 한 번 더 쳐다보지만 절대 손은 대지 않는다. 그리고 맛있는 음식이라면 한 입 더 먹는다. 아라한에게 이런 습성들이 있지만 그것에 좌우되지는 않는다.

『유마힐경維摩詰經』에서 이렇게 말하였다. 하늘의 천녀天女가 꽃을 뿌리자, 보살들은 머리를 들고 쳐다보는데 아라한들은 머리를 숙이고 눈을 감고 보지 않았다. 아라한들의 몸에 내려앉은 꽃은 붙어서 떨어지지 않았다. 보살들의 몸에 내린 꽃들은 모두 미끌어지며 사르르 땅에 떨어졌다. 문수보살님이 부처님께 "이것은 어쩐 일이옵니까?" 하였더니, "그들에게 아직까지 습성들이 남아있기 때문에 그렇다네."라고 하셨다. 마치 일상에서 어떤 사람은 부끄러워서 이성들과 악수를 못하고, 어떤 사람은 손을 잡고 악수하지만 아무런 느낌도 없으며, 어떤 사람은 손을 잡고 악수를 한 다음 속으로 몇날 며칠을 그 손을 잡고 놓지 못하는 것과 같은 이치이다. (대중들 웃음)

7강

심리상태는 모든 것을 결정한다.

■ 질문 : 스승님! 어떻게 해야 아집我執을 버릴 수 있습니까?
■ 만행스님 : 만약 여러분이 진정 진보하고 싶고 자기 몸에 있는 각종 모서리를 모두 갈아서 아집을 버리고 싶다면, 마음에 들지 않고 거슬리는 사람들도 사랑해야 하고, 보기 싫은 사람도 잘 대해 주어야 하며, 자기가 하기 싫은 일도 즐겁고 태연하게 적극적으로 해야 한다. 이렇게 한 뒤에야 아집을 버릴 수 있다. 여러분이 아집을 키우고 싶다면, 날마다 담당자에게 일자리를 바꾸어 달라고 졸라대면서 하고 싶은 일만 하면 된다. 이렇게 좋아하는 일만 하고 돌아다닌다면 반드시 자기가 싫어하는 사람들을 만나게 될 것이고, 자기가 하기 싫어하는 일만 만나게 될 것이다. 만약 여러분의 요구가 만족되면 여러분의 아집도 만족될 것이고 여러분의 아집은 자라날 것이다.

무엇을 업장이라고 하는가? 바로 여러분의 나쁜 습성, 습관 버릇들이며 여러분의 아집이다. 사람들과 적응하지 못하고 단체의 규칙을 지키지 못하는 것이 바로 업장이다. 특별한 것만 좋아하고 개성만 추구하면 그것이 바로 업장이다. 성숙한 사람, 융통성이 있는 사람은 언제 어디서 무슨 일을 하든지 모두 적응할 수 있고 아주 빠르게 환경에 어울리고 융합할 수 있다.

심리상태를 개혁할 수 있고 관념을 개혁할 수 있다면 적응하지 못할 일이 어디에 있겠는가? 적응하지 못한다는 것은, 적응하고자 하지 않았고 아집이 작용했기 때문이다. 진정으로 인연을 따르고 중생에 순종하는 사람이라면 못할 일이 어디에 있으며 적응하지 못할 일이 어디에 있겠는가?

불법은 그 사람의 자질과 그 사람의 심리상태를 가장 정확하게 체현할 수 있다. 그가 하는 말과 그가 걸어온 길을 불법으로 비추어 보면 정확하게 감별할 수 있다. 불법은 추호의 거짓과 허위적인 것도 용납하지 않는다. 아니면 부처를 믿지 말고 더욱이 부처님공부를 하지 말아야 한다. 일반인으로서 일반인들의 생활방식으로 살아가면 되는 것이다.

하지만 우리들은 일반인이 되기 싫고 성인聖人이 되고자 하며, 사람과 하늘의 사표師表가 되고자 한다. 그렇다면 반드시 이것을 기억해야 한다. 우리는 단지 사람 노릇 하는 것만 배우는 것이 아니라 부처님공부를 하여 부처가 되고자 하는 것이다. 하지만 우리 몸에는 부처님공부를 하는 그림자가 보이지 않는다. 우리들은 날마다 부처님공부를 한다고 하지만, 솔직하게 자기를 상대할 용기가 없는 것이다.

여러분의 육근(즉 여섯 개의 영혼)[1]은 한 번도 통일된 적이 없었고 심신도 통일해 보지 못하였다. 그것들은 진종일 다투기만 하고 어긋난 상태에 있다. 그러므로 지혜문이 열리기는커녕 병마가 몸을 떠나지 않는 것이다. 입으로는 출가하여 스님이 되는 것을 즐긴다고 하지만 속으로는 스님이 되는 것을 싫어하고, 입으로는 만행을 좋아한다고 하지만 속으로는 만행을 욕한다. 왜냐하면 여러분의 마음은 여섯 갈래 힘, 아니 수천 갈래의 힘들이 날마다 서로 싸우고 있기 때문에, 악몽에 시달리며 머리는 흐리멍텅한 것이다.

여러분이 진실한 사람이라면 입으로만 스님이 되는 것을 원하지 말고, 속으로도 스님이 되기를 원해야 하고 스님들이 해야 할 일들을 생각해야 한다. 그래야만 여러분의 신身·심心·영靈 세 가지가 화합되어 하나의 힘으로 되고, 전신의 힘이 용솟음치고 지혜의 문이 크게 열리게 되는 것이다.

사람은 진실하고 떳떳하게 살아야 하며 자기가 하고 싶은 일을 하면서 살아야 한다. 하기 싫은 일은 하지 않거나 방향을 바꾸든지 혹은 다른 직업을 선택하든가 해야 한다. 하지만 성장하고 성숙하고 진보하고 싶다면, 반드시 하기 싫은 일도 해야 한다. 만약

---

[1] 6근은 눈·귀·코·혀·몸·뜻이라는 여섯 개의 감각기관을 말한다. 여기서 여섯 개의 영혼이라고 한 것은, 이들이 지닌 업에 의해서 서로 자신을 드러내려고 하고, 또 각기 독자적인 의사를 가지고 움직인다는 뜻을 강조한 것이다.

치욕을 참는다는 마음 상태로 하기 싫은 일을 한다면 진보할 수 없다. 하기 싫은 일이라도 달갑게 하면서 싫어하지 않는다면 싫은 일도 즐기게 될 것이다. 그것을 초월할 때가 바로 경계가 올라가는 때이다. 수행 중의 경계는 한 차원 한 차원씩 돌파하는 것이다. 당나라 이세민이 제일 싫어하는 사람은 누구였나?

- **답변** : 위징魏徵입니다.
- **만행스님** : 하지만 이세민은 한 평생 위징을 자기 곁에 두고 있었다. 무엇 때문인가?
- **답변** : 위징은 바른 말을 잘하는 사람입니다.

- **만행스님** : 자기가 제일 싫어하는 사람을 한평생 곁에 둘 수 있다는 것은, 그 사람의 흉금과 아량, 그 사람의 뜻하는 바가 높다는 것이다. 하지만 우리들은 항상 자기 말을 잘 듣는 사람만 곁에 두고, 바른 소리만 하거나 보기 싫은 사람은 하나씩 밀어 낸다. 그러면서 "이 사람은 나와 인연이 없다. 저 사람의 업장이 너무 두텁다." 등등 헛소리만 한다.

결국 누구의 업장이 두터운가? 만약 뜻이 다른 사람을 곁에 둔다면, 우리 몸에 배인 가시와 모서리가 시달리고 괴롭혀져서 견디기 힘들 것이다. 그러므로 반드시 밀어내고 쫓아버리게 될 것이다. 그러므로 우리들은 다만 범부밖에 될 수 없고, 현인도 될 수 없으며 성인은 더더욱 될 수 없다.

여러분을 책망하는 사람은 여러분을 책망하는 것이 아니라, 바로 여러분의 결점과 잘못에 대해 책망하는 것이다. 만약 결점이 없고 나쁜 습성이 없다면 무엇 때문에 책망하고 지적하겠는가? 불교의 사상으로 말한다면, 영혼은 흠집 하나 없이 깨끗하고 순결하여 늘지도 줄지도 않으며, 원래부터 원만하고 모든 것이 구족具足되어 있는 것이다. 사람들이 욕을 하고 책망하는 것은, 단지 여러분의 악습일 뿐 다른 것은 없지 않은가?

일전에 네 스님의 이야기를 한 적이 있었다. 노스님이 작은 스님을 쳤는데, 친 것은 작은 스님의 몸뚱이가 아니라 바로 작은 스님의 고약한 습성과 결점 그리고 업장이었다. 곁에 서서 보던 두 스님이 작은 스님을 보고, "노스님이 너를 친 것이 아니라 너의 고약한 습성과 습관, 너의 결점과 업장을 혼낸 것이다."라고 말해 주었다. 만약 작은 스님이 그런 악한 습성이 없고 결점이 없었다면 노스님이 왜 그를 쳤겠는가? 같은 이치로 오늘 내가 누군가를 호되게 꾸지람 하는 것은 그 사람을 욕하는 것이 아니다. 바로 그 사람의 결점·탐심·성냄·질투심, 그리고 그 사람의 좁고 자신의 이익만 생각하는 마음 상태인 것이다. 이런 결점이 없다면 무엇 때문에 질책하겠는가? 이런 심리상태로는 성불하겠다고 꿈도 꾸지 마라.

동화사에 와서 만행을 따르고 싶으면 반드시 만행의 좋은 점을 따라 배워야 할 것이다. 하지만 좋은 점은 하나도 따라 배우지 않는다. 어떤 사람과 사귀고 교류하는 목적은 바로 그 사람의 좋은 점을 배우기 위한 것이다. 만약 그 사람에게 좋은 점은 하나도 없고 결점만 있다면, 그 사람을 거울삼아 그 사람의 결점으로 자기의 내심세계를 비춰봄으로써 자기에게도 그런 결점이 있는지를 살펴보아야 한다. 만약 그 사람의 몸에서 좋은 점을 보았다면, 흠모하는 동시에 자기의 내심세계를 살펴보면서 자기에게도 그런 좋은 점들이 있는가를 살펴보아야 한다.

옛날 사람들은 이렇게 말하였다. "말 재주는 좋으나 일처리를 못하는 사람이 있고, 일처리는 잘 하지만 말을 할 줄 모르는 사람도 있으며, 말도 잘하고 일처리도 잘하는 사람도 있고, 말도 할 줄 모르고 일 처리도 할 줄 모르는 사람도 있다." 여러분은 어디에 속하며 또 어떤 사람이 되려고 하는가? 욕심을 부리고 아집을 키우는 사람은 속이 편한 것 같지만, 이런 욕심들은 다만 그 사람의 나쁜 버릇과 습관을 키우게 되고 업장을 끌어 모으는 것이다. 여러분은 '초월하겠다' 하고 '해탈하겠다'고 하지만, 실은 정 반대 방향으로 나가고 있다. 수행은 자기 몸에 있는 나쁜 습성과 버릇을 닦고 아집을 제거하는 것이다. 이 밖에 또 무엇을 수련할 것이 있는가? 자기 몸에 있는 나쁜 습성과 결점들을 닦는 가장 좋은 방식은 일을 하는 것이고 사람들과 접촉하는 것이다. 일을 마주해야 우리 몸에 배인 결점들을 찾을 수 있다. 방안에 숨어 사람들과 접촉하지 않고 일을 하지 않는다면, 나쁜 습성과 결점, 협소한 마음, 성냄과 질투심이 드러나지 않는 것이다.

평상시 자기의 수행과 교양을 아주 훌륭한 것처럼 위장하는 사람들은, 사소한 일에도 펄쩍펄쩍 날뛰는 것이 망나니와 다르지 않다. 나는 항상 사소한 일에 펄쩍펄쩍 뛰는 여러분을 아주 감사하게 생각한다. 펄쩍펄쩍 뛰는 일 없이 매일 "어미타불, 어미타불"만 하면 언제 그런 나쁜 습성과 결점이 드러나겠는가? 우리들은 자기를 검증할 수 있는 기회에 감사해야 한다. 하지만 대개는 이런 지혜가 없기 때문에 이런 이치를 모르고 인식하지 못한다. 일을 하면서 마음을 수련하고 점검하는 이치를 인식하지 못하기 때문에 진보하지 못하고 수준을 높이지 못한다.

옛날에는 불법이 민간에 전파되지 않고, 다만 황궁의 귀족이나 사대부이상의 계층에만 전파되었다. 어느 시기든 사대부계층 이상이어야 불법을 들을 수 있고 부처님공부를 할 자격이 있었던 것이다. 불법은 이렇게 이기적이고 협소해서 특정계층만 위하며, 그 이하의 사람들은 부처님공부를 할 자격이 없단 말인가? 과거에는 정말로 그랬었다. 부처님공부는 귀족들의 특권이어서, 지금으로 치면 대학 이상의 학력을 갖기 전에는 부처님공부를 할 자격이 없었다. 여러분이 말하는 부처님공부라는 것은 모두 사도외문이고 미신이며 사지사견일 뿐이다.

여러분이 배운 것이 부처님공부라고 생각하는가? 아니다. 모두 범불교泛佛敎이고 진정한 불교가 아니다. 진정한 불교는 꿈도 꿀 수 없고 알려주어도 받아들이지 못한다. 오로지 사회의 최하층에서 온갖 시련을 다 받으면서 연마하고 노력하며 성장해야 사대부 차원까지 올라가고, 비로소 지혜문이 열리며 진정하게 불법을 이해할 수 있었다. 마치 달마조사께서 양무제에게 "광겁의 무상대법은 소근소지한 자들이 얻을 수 있는 것이 아니다〔廣劫無上大法 非小根小智者 所能得也〕."라고 했듯이, 오직 지혜가 있고 그릇이 되어야만 부처님공부를 할 자격이 생기는 것이다.

하지만 지금의 불법은 일반백성들 특히 사회의 최하층 사람들을 보호하는 우산이 되었다. 부처를 믿는 사람들을 두루 살펴보면, 사회의 최하층의 어려운 사람들이거나 아니면 자질이 낮은 사람들이다.

사회에서 뛰어난 사람들은 거의 부처를 믿지 않고 잿밥도 먹지 않는다. 하지만 그들의 행동이나 심리상태 그리고 일을 처리하는 풍격風格과 처리방식은, 불교의 정신에 부합되고 진정한 불교의 핵심에 부합되며 불교의 종지와 교리에도 부합된다. 비록 우리들은 가사를 입고 매일매일 향을 올리고 예불하며 '어미타불'을 염불하지만, 우리들의 행동과 일처리는 불교의 핵심사상에 부합되지 않을 뿐만 아니라 불교의 교리에도 위배된다. 석가모니 부처님께서 득도하신 후 가장 처음 설법하신 법은 무엇인가?

■ **답변** : 『화엄경』입니다.

■ **만행스님** : 하지만 그 때 당시 몇 사람이나 알아들을 수 있었고, 얼마나 믿었으며, 몇 사람이나 부처님을 따랐는가? 부처님은 결국 외톨이 신세가 되었다. 부처님은 하는 수 없이 한 차원 낮추게 되었다. 하는 수 없어서 범불법泛佛法 즉 불법과 비슷한 법을 설법하신 것이다. 그랬더니 사람들이 아주 좋아하였다. 부처님은 그 단계

에서 또 한 차원 낮추었다. 그랬더니 부처님을 따르고 부처님을 믿고 부처님을 옹호하는 사람들이 나날이 늘어서, 오늘의 이런 국면에 이르게 된 것이다. 즉 사람마다 부처님공부를 하지만 하는 것이 아니고, 부처가 인간 세상에 있지만 사람들이 배우지 않는 것이다.

눈앞에 이런 차원이 있다고 우리들이 불법을 배운다고 생각하지 말라. 지혜가 조금이라도 있는 사람이라면 이 차원에서 배운 것은 불법이 아니고, 그 위에 있는 차원이 진정한 불법이라는 것을 아주 잘 알 것이다. 극히 적은 사람들만 제일 위에 있는 단계가 진정한 불법이고 부처님 사상이며, 부처님께서 표현하고 싶은 물건이며, 부처님의 본심이라는 것을 알고 있는 것이다.

불법은 도를 파괴하고 도를 위배하는 것이 아니라 도의 법칙을 준수한다. 불법은 하던 일을 그만두라고 하지 않는다. 하지만 지금 부처님공부를 하는 사람들은, 만나는 사람마다 하던 일을 그만두라고 하고, 만나는 사람마다 채식을 하라고 하며, 만나는 사람마다 염불을 하라고 한다. 이렇게 하는 것이 부처님공부를 하는 것이라고 생각한다. 그들은 부처님공부를 해서 다른 사람보다 차원이 더 높다고 생각하고, 부처님공부를 하지 않는 사람은 자기들보다 한 차원 낮은 줄로 착각한다.

불법이란 무엇인가? 겨우 "악한 일을 하지 말고, 선한 일을 하여라."만 불법인가? 그렇다면 악이 무엇이고 선이 무엇인가? 수행자들은 현재를 파악하고 미래를 계획해야 한다. 계획이 다 되었으면 그것을 내려놓아야 한다. 지금 현재의 것만 파악하고 장악한다면 미래도 성공할 수 있는 것이다. 미래는 여러분의 방향이고 현재는 여러분의 기반이다. 지금 우리들은 날마다 미래를 계획하지만 현재를 파악하지 못하고 장악하지 못한다.

우리가 말하는 미래는 공유화상空有和尙께서 나를 호되게 꾸짖으며 가르치셨듯이 진짜 어리석은 망상이다. 공유화상께서 얼마나 호된 욕을 하셨던지 나는 정신까지 잃을 정도였다. 지금도 귓가에 그 소리가 맴도는 것 같다. 하지만 나는 공유화상께 항상 감사한 마음이 든다. 그분이 불이 번쩍하도록 나의 뺨을 친 것은 지금도 가슴이 짜르르하다.

우리들은 항상 자기의 심리상태를 조절하고 몸과 마음을 단정히 하면서, 몸에 배인 나쁜 습관과 버릇 그리고 결점들을 발견하고 발견하는 즉시 고쳐야 한다. 사람들이 결점을 지적하면 거부하지 말고 변명하지 말아야 한다. 변명한다는 것은 결점을 덮고 감추려 하는 것이고, 내심세계가 아주 연약하다는 것을 말한다. 왜 결점을 지적당하면 변명하고 덮어 감추고자 하는가? 변명한다는 것은 내심세계가 아주 연약하다는 말이다. 자기 몸에 배인 결점을 인정한다면 그 결점은 이미 사라진 것이고 이미 초월한 것이다. 변명은 아집이 하는 짓이고 아집이 드러나는 것이다.

여러분이 결점이 없다고 해서 도덕 인품, 심리자질이 좋다고는 할 수 없다. 정반대로 결점을 과감하게 인정하고 마주한다면 여러분의 도덕은 일정 수준에 도달했다고 할 수 있다. 여러분의 언행이 여러분의 인간성을 위배한다면 그것은 불법이 아니다. 불법은 매우 인간적이며 사람을 근본으로 하는 것이다.

지금 사회는 인간성을 추구하고 있다. 만약 우리들의 행동거지가 인간성을 위배한다면, 그것은 사람도 아니고 법도 아니며 도는 더욱 아니다. 육신을 가지고 있고 육근이 존재한다면 인간성이 있기 마련이다. 사람이 불성佛性과 신神의 품성을 가지고 있다고 하지만 여전히 인간성을 벗어날 수 없다. 인간성을 가지고 있는 것은 잘못이 아니다. 잘못은 우리들이 허위적으로 행동하고 그것을 감추고 마주하지 못함에 있다.

▪ 질문 : 스승님! 득도한 사람은 해탈한 사람이라고 할 수 있습니까?
▪ 만행스님 : 무엇이 도인가? 도는 사회의 모든 규칙을 포함한 것이고 규칙은 도에서 나온 것이다. 오늘 동화사에 왔으면 오늘부터 동화사의 규칙을 지켜야 하고, 내일 서화사에 가면 내일부터 서화사의 규칙을 지켜야 한다. 오늘 삭발하고 스님이 되었으면 출가한 스님들의 규칙을 지켜야 하고, 내일부터 장사를 하면 장사하는 규칙을 지켜야 하며, 입대하였으면 군인의 규칙을 지켜야 한다. 이것을 득도한 사람이라고 하고 도를 깨우친 사람이라고 하며, 성인이라고 하고 해탈한 사람이라고 한다. 왜냐하면 그들은 아집이 없는 무아의 사람이기 때문이다. 그러므로 그들은 무엇이나 다 할 줄 알고 무엇이든 모두 잘한다. 또한 지나가도 흔적이 남지 않는다.

하지만 우리는 고기를 한 번 먹었을 뿐인데 고통스러워 잠을 자지 못하고, 몇날 며칠 이 일만 생각하지 않는가? 이것이 해탈인가? 여자애의 손을 한번 스쳤거나 한번 만졌다고 몇날 며칠 마음이 싱숭생숭 하지 않는가? 이것을 해탈이라고 할 수 있는가? 심지어 어떤 환자의 손을 한번 스치니 그 사람의 업장이 자기 몸에 넘어왔다고 "내 어깨가 왜 이렇게 아플까? 그 사람의 업장이 내 몸에 넘어온 것이 아닐까?"하고 생각을 한다. 이런 사람들을 수행하는 사람이라고 할 수 있겠는가?

이런 옛말이 있다. 어느 날 노스님이 한 처녀를 업고 강을 건넜다. 그것을 본 젊은 스님은 밤새도록 자지 못하고 궁금해 하다가 이튿날 스승께 물었다. "왜 스승님은 저를 보고 여인을 가까이 하지 말라고 하시면서 어제 처녀를 업고 강을 건넜습니까?" 그러자 노스님이 말했다. "어허! 나는 강을 건너자마자 그녀를 내려놨는데, 너는 아직까지 그녀를 가슴에 업고 있구나!" 스님은 처녀를 업고 강을 건너고 강을 건너자마자 내려놓았는데, 제자는 스님이 처녀를 업었으니 계를 위반하였다고 밤새도록 자지 못하고 뒤척거리고 생각한 것이다. "내가 스승을 잘 못 만난 것이 아닌가? 가짜 스승을 만난 것이 아닌가?" 사실 그 스승의 경계도 높은 것은 아니다. 업기도 하고 내려놓기도 했으니 말이다. 나 만행의 경계는 업지도 않고 내려놓지도 않는다.

8강

성불은 기본자질이 필요하다.

■ 질문 : 스승님! 수행하는 사람은 반드시 오명五明을 통달해야 합니까?

■ 만행스님 : 반드시 통달해야 한다. 오명을 통달하지 못한 사람은 성불할 수 없다.

인명因明에 통달하지 못한 사람은 도를 깨우치지 못한다. 인명은 불교의 논리학이고 철학사상이다. 의방명醫方明을 통달하지 못하면 도를 닦을 수도 행할 수도 없고, 내명內明을 통달하지 못하면 증도證道할 수 없다. 공교명工巧明과 성명聲明을 통달하지 못하면 앞에서 말한 삼명三明에 통달한다고 할지라도 쓸 수가 없다. 보통 사람들이 말하는 "아무 쓸모없는 사람이다."라는 것은 공교명과 성명을 통달하지 못하였다는 말이다. 오명에 대하여 모른다면 어떻게 부처님공부를 하고 도를 닦으며 법을 펼칠 것인가?

올봄은 아직도 지난 겨울의 기운이 흐르고 있다. 봄비는 다 어디로 갔는가? 또 가을이 되면 상쾌함을 느낄만한데 어째서 상쾌하지 못하며 일기가 변덕스러운가? 요사이 특별히 더 건조한데 아는가 모르는가? 수행자의 생리가 춘하추동과 하나로 융합하지 못한다면 우주만물을 어떻게 느낄 수 있겠는가? 어떤 사람의 생리가 어떤 상황에 있으며, 그의 심리상태는 어떻고, 그의 심령은 순결한가? 바탕이 맑은지 탁한지 감별할 수 없는 것이다. 단지 좌선하고 경을 읽고 향불을 올리면 득도하고 성불한다고 생각하는가? 이러한 기초지식을 모르고 사람의 기본자질도 갖추지 못했다면 어떻게 더 진전시키고 홍법할 수 있겠는가?

"범부가 보살의 마음으로 보살의 소원을 발원한다면 귀신들도 와서 지켜주고 보호해 준다."는 말이 있다. 인도人道를 알 수 있다면 선도仙道와 불도佛道도 알 수 있을 것이다. 그 중 한 가지를 통달할 수 있다면 다른 도도 같으므로, 하는 일이 모두 도에 부합될 것이다. 산문 밖을 나가면 속인들이 산 생명을 죽이는 상황을 목격할 때가 있다. 그 때는 반드시 그 목숨을 살려 주어야 한다. 만약 보고도 살려주지 않으면 도를 위반하는 것이다. 능력이 부족하거나 감당할 수 없으면 속으로 축복하거나 기도하면서 왕생주往生呪를 읽어야 한다. 다음 생에 환생할 때 여러분과 좋은 인연이 맺어질 것이다.

진정한 스님이 되는 것은 쉬운 일이 아니다. 불법에 대한 지식이 없는 사람이 어떻게 출가한 스님이 되고 법사法師가 될 수 있겠는가? 무엇을 법사라고 하는가? 각 방면의 도에는 모두 그 도의 법칙이 있다. 법사들은 반드시 이 도에 통달해야 한다. 각계각층의 사람들이 찾아와서 이것도 묻고 저것도 물을 때 여러분은 "나는 모르오."라고 말할 수 없는 것이다.

■ **질문** : 스승님! 자기를 억제하는 것도 인욕忍辱이라고 할 수 있습니까?

■ **만행스님** : 억제라는 말 자체가 틀렸다. 불교는 마음을 바꾸라고 하지 억제하라고 하지 않는다. 억제한다고 해도 언제까지 억제하겠는가? 인내성과 참을성은 한계가 있다. 일단 그 한계만 넘게 되면 심신에 변화와 반응이 생기게 된다. 마음을 바꾼다고 에너지가 없어지는 것이 아니라 다만 그 성질이 변하는 것이다. 불교에서는 "심능전만물心能轉萬物, 만물피심소전萬物被心所轉"이라는 말을 한다. 즉 마음이 만물을 바꾸고, 만물은 마음을 바꾸게 한다는 뜻이다. 여러분이 그것을 바꾸지 못하면 그것이 여러분을 바꾸어 놓는다. 왜 바꾸지 못하는가? 그것에 대한 이치를 모르기 때문이다.

■ **질문** : 스승님! 지난 뒤에 바꿔도 됩니까?

■ **만행스님** : 이미 바뀌어서 존재하지 않는데, 지난 뒤라는 것이 어디에 있는가? 두 가닥 힘이 서로 겨루고 있는 그 순간에 바꿔야만 효력이 있다. 그것이 바뀌어져 존재하지 않는데 그것을 바꾼다고 할 필요가 있는가?

■질문 : 스승님! 저는 책만 보면 머리가 혼란하고 마음도 혼란스러워서 책을 볼 수 없습니다. 어떤 방법으로 이것을 다스릴 수 있습니까?

■만행스님 : 어제 어떤 사람이 나의 휴대폰에 "어떻게 하면 저의 머리가 산란하지 않고 집중할 수 있겠습니까?"라는 문자를 보내왔다. 나의 대답은 "어떻게 하면 여러분의 그림자가 여러분 뒤를 따르지 못하게 할 수 있는가?"였다. 이 물음의 정확한 대답은 무엇일까?

■답변 : 그냥 내버려 두면 됩니다.

■답변 : 움직이지 않고 쉬면 됩니다.

■만행스님 : 모두 정확한 대답들이다. 휴식하면 그림자도 정지되고 움직이지 않을 것이다. 사람이 움직이지 않는데 그림자가 어떻게 뒤를 좇겠는가? 뛰면 뛸수록, 그림자를 떼버리겠다고 하면 할수록 그림자는 더 빨리 뒤를 따라올 것이다. 그림자와 사람은 하나의 통일체이다. 같은 이치로 망념과 여러분도 역시 하나의 통일체이다.

■답변 : 스승님! 최근 제 머릿속은 계속 바쁘고 마음도 고요하지 않습니다. 하지만 각조만은 안정되어 있습니다.

■만행스님 : 예를 들면 DX의 망념이 여러분보다 많고 나보다도 많다면 DX의 두뇌가 발달했고 사유도 민첩할 것이다. 사유가 민첩하고 지능지수가 높은 사람은 망념도 많고 반응도 빠르다. 반응이 늦고 둔한 사람일수록 망념도 아주 늦게 생기는 것이다. 우리 절

의 옆에 사는 아무개는 망념이 아주 적은 사람인데, 몇 분이 지나야 겨우 한 가지 망념을 한다.

망념 자체가 반응이고 지혜이기 때문에, 망념을 잘 이용하면 된다. 망념이 없고 망념이 생기지 않는 사람은 마치 목석과 같은 사람이다. 반나절이 지나도 반응도 없고 망념 하나 없는 사람을 어떻게 지혜가 있는 사람이라고 할 수 있겠는가?

우리들의 망념은 많아서 걱정이 아니라 적어서 걱정이다. 망념이 어느 정도까지 많아야 되는가? 마치 흐르는 물과 같이 끊임없어야 70%의 각조가 있다고 할 수 있다. 지금 우리들의 망념은 중간중간 끊어진 상황이다. 언제라도 망념이 생기고, 또 흐르는 물처럼 끊어지지 않는다면 겨우 각조가 형성되었다고 할 수 있다. 처음의 망념은 처마 밑에 떨어지는 빗물처럼 뚝뚝 떨어지다가, 비가 많이 내리면 주룩주룩 떨어지고, 큰비가 되면 좔좔 한 줄로 흘러내린다.

■질문 : 스승님! 그렇게 되면 망념이 흩날리는 것 아닙니까?

■질문 : 스승님! 그러면 망념을 비춰서 머무르게(照住) 하는 것이 아닙니까?

■만행스님 : 망념을 비추는 것이고, 망념이 비추는 것이다.

■질문 : 만약 견성見性한 사람이 각조기능을 잃지 않는다면 그것은 대무명大無明이 아니겠습니까?

■만행스님 : 그렇다. 대무명이다. 이때의 망념은 이미 쓰임이 되었기

때문에 망념이라고 할 수 없다. 새끼 말을 '망아지'라고 하는 것처럼, 자라기 전에는 '망아지'라고 하고 다 자란 다음에는 '말'이라고 한다. 망념도 같은 이치다. 망념이 좔좔 흐를 때는 망념이라고 하지 않고 대지혜大智慧라고 해야 한다. 새끼 닭을 뭐라고 하는가?

- **답변** : 병아리라고 합니다.
- **만행스님** : 왜 새끼 닭이라고 하지 않고 병아리라고 하는가? 왜 새끼 말이라 하지 않고 망아지라고 하는가? 망념도 마찬가지이다. 망념이 적으면 망념이라고 하고, 망념이 계속 이어지면 대망념大妄念이라고 하고, 망념이 강물처럼 끊임없이 흐르면 대지혜가 나타났다고 한다. 이때에는 그 무엇이든지 방해할 수 없고 끼어들 수 없다. 망념이 이미 추세가 되었고 격식이 되었기 때문이다. 마치 고산유수高山流水처럼 끊어지지 않고 흐르는데, 그 누가 와서 여러분의 망념을 뚫고 사유를 방해할 수 있겠는가? 사유를 끊고 뚫고 나가는 자가 있다면, 여러분의 심리상태가 아직도 뚝뚝 떨어지는 물방울처럼 중간에 틈이 있고 추세가 되지 못하였기 때문이다.

- **질문** : 스승님께서 일전에 "사회에서 성취한 사람들은 모두 각조가 있는 사람들이고 능력 있는 사람들"이라고 하셨습니다. 그렇다면 지옥을 가려해도 능력이 있어야만 갈 수 있고, 능력이 없는 사람은 지옥조차 갈 수 없는 것입니까?
- **만행스님** : 아주 좋은 질문이다. 능력 없는 사람은 지옥을 가고 싶어

도 못 간다. 지금 여기 앉아있는 사람들은 지옥도 갈 수 없다. 그만한 담력과 식견, 지혜와 기백이 없기 때문이다. 사람을 죽이라고 하면 죽일만한 담력과 식견이 있는가? 절대 없다. 그러므로 지옥을 갈 수 없다. 거짓말을 했거나, 먹지 않아야 하는 것을 좀 먹었거나, 공양을 올리지 않았다고 지옥에 간다고 생각하는가?

■ 질문 : 스승님! 노래를 부르는 것도 계율을 위반하는 것입니까?
■ 만행스님 : 옛날에는 소리와 색을 모두 부처님께 공양하였다. 노래를 즐기는 사람이 좋은 목청을 가지는 것은 복보福報이다. 꽃과 과일은 물론이고 노래와 춤으로 부처님과 명사님에게 공양을 올리는 것도 아주 좋은 것이다. 관건은 여러분의 심리상태이다. 불법과 세간법의 유일한 구별이라면, 세간법은 사람들의 행위로 판단하고 불법은 사람의 심리상태로 판단한다는 것이다.

불교에 출가한 사람들은, "스님들은 비구·비구니의 계율을 일반인은 물론이고, 사미나 사미니에게 보여줘서도 안 된다."고 한다. 왜 그들이 보는 것이 죄가 되는가? 만약 계율을 보게 되면, 그 계율로 출가한 사람들을 감독하고 질책하게 되므로, 쉽게 구업口業을 짓게 되기 때문에 두렵다고 한다. 하지만 그만한 담력과 식견이 있고 기백이 있다면, 그 계율을 자기 주변의 사람들에게 보여주어도 괜찮을 것이다. 매일 그들의 감독을 받으면 3년 안으로 더는 범할 계율이 없어질 것이다. 여러분의 나쁜 버릇과 습관들이 이미 바로잡혔고 모두 제 길에 들어섰기 때문이다.

- **답변** : 하지만 출가하고자 하는 사람들에게 보여주면 두려워서 감히 출가를 못할 것입니다.
- **만행스님** : 그런 상황이 분명히 있을 수 있다. 그러나 진정 그릇이 단단하고 토대가 확고한 사람은, 계율이 엄하다고 도를 닦겠다는 초발심을 접지 않을 것이다. 도리어 이런 계율은 마땅히 지켜야 한다고 생각한다. 이런 사람은 아주 대단한 사람이다. 이런 이유로 계율을 세속의 일반인들에게 보여주지 말고, 사미나 사미니에게도 보여주지 말라고 한 이런 문제는, 각기 다른 측면에서 보아야 한다.

- **질문** : 스승님! 왜 올봄은 아직도 지난 겨울의 기가 운행하고 있습니까?
- **만행스님** : 대자연은 스스로 조절하는 과정이 있다. 우리들도 대자연의 조절에 따라 자아조절을 해야 한다. 자연계가 문란하면 지진이나 돌림병 같은 것이 돌고 우리들의 행동도 문란하게 된다. 행동이 문란하면 마음도 문란하게 된다. 이 이치를 알게 되면 왜 봄인데도 아직 겨울의 기운이 흐르는지 알게 된다.

먹는 음식을 바꾸든가, 아니면 다른 곳으로 이주하든가 하면 우주가 우리의 생리를 부조화하게 하는 것을 피할 수 있다. 다른 측면에서 말한다면 우리들의 몸은 우주의 사계절과 하나로 융합된 한 몸이라는 것이다.

사람들이 살고 있는 이 사바세계를 기세간器世間이라고 하는데,

유형유상有形有相의 것들은 무형무상無形無相의 힘의 지배를 받아 움직이게 된다. 우리들은 유정중생有情衆生에 속한다. 이 유정세간 有情世間도 어떤 무형의 힘이 우리들을 지배하고 있다. 이 무형의 힘과 융합하여 하나로 될 수 있다면 그 힘을 가질 수 있고 사용할 수 있다.

■질문 : 스승님! 선종에 "허공에 쇠로 만든 배를 몰고〔虛空駕鐵船〕산봉우리 파도는 하늘을 찌른다〔岳頂浪滔天〕."라는 게송 한 수가 있습니다. 이 말의 앞 구절은 생리를 말하고 뒷 구절은 심리心理를 말하는 것이 아닙니까?

■만행스님 : 모두 생리의 반응을 말한다. '색음色陰·수음受陰·상음想陰·행음行陰·식음識陰의 오음五陰 중에서, 아직은 수음受陰의 범위에 속해서 수음에 머물러 있다. 오음을 초월해야 비로소 오탁五濁을 초월할 수 있다. — 오음은 오탁과 대응한다.

■질문 : 스승님! 오음을 초월하는 것은 아주 어려운 일인데 어떻게 하면 빠르게 할 수 있습니까?

■만행스님 : 오직 제 길에 들어서야 빠르다.

■질문 : 스승님! 일단 색음色陰만 초월하면 다음은 순조롭겠지요?

■만행스님 : 색음을 초월하면 상相에 홀리지 않을 것이고, 상에 홀리지 않으면 겁탁劫濁을 초월한 것이다.

■질문 : 불경에서 말하기를 "삼과나한三果羅漢은 일래과一來果라."고 하는데, 이것은 아직까지 생사와 인과를 완전히 초월하지 못하였다

· 275

는 것을 말하지 않습니까?

■ 만행스님 : 단계적인 생사는 초월하였으나 변이變異적인 생사는 초월하지 못한 것이다. 즉 지금 이 단계에서는 생사를 받지 않을 수 있지만 이 단계를 지나면 역시 생사를 겪어야 한다.

■ 질문 : 스승님! 불경에 의하면, 성취한 성인들이 만약 이 세간에 와서 홍법하겠다는 발원을 하지 않는다면 다시 오지 않아도 된다고 하였습니다. 만약 다시 온다면 이전에 중생들과 맺은 인연을 끝내야 한다고 하는데 확실합니까?

■ 만행스님 : 우선 세간의 규칙을 준수해야 한다. 설령 불도를 잘 안다고 하더라도 인도人道에서 불도를 전파하려면 반드시 인도의 규칙을 지켜야 할 것이다. 완전히 불도로서 인도를 대신한다는 것은 불가능한 일이다. 이것이 불교가 다른 종교보다 고명한 이유이다. 불교는 사람들이 원래 가지고 있던 종교신앙과 행위규범을 개혁시키지 않는다. 다만 우리 것을 보태기만 하는 것이다.

■ 질문 : 스승님! 어떤 보살들은 소원을 해서 다시 이 세상에 왔는데, 몇 세대가 지나면 그들도 바보가 되고 범부가 된다고 하는데 그럴 수 있습니까?

■ 만행스님 : 그럴 수 없다. 원만한 보살들은 바보가 될 수 없다. 이미 황금으로 제련되었으면 영원히 황금인 것이다.

■ 질문 : 스승님! 성불하기 전에는 중생을 제도하겠다는 생각을 하지 말아야겠지요?

■ 만행스님 : 중생 제도는 인연을 따른다. 지금 성불은 못하였지만 사람들이 찾아와 불법에 대해서 이것저것 묻는다면, 그것을 해석해 주고 답해 주는 그 자체가 바로 중생을 제도하는 일이다. 반드시 성불한 다음 홍법을 할 수 있다는 말이 아니다.

■ 질문 : 불경에 말하기를, "아난존자께서 사람들에게 불법을 몇 마디 하자, 듣는 사람들은 모두 나한과를 증득하였는데 아난존자만은 여전히 범부였다."고 합니다. 이 말은 비록 자기는 할 수 없는 일이지만 이치가 명백하면 사람들에게 불법을 말해줄 수 있으며 사람들에게 이익을 줄 수 있다는 말이 아닙니까?

■ 질문 : 스승님! 석가모니 부처님은 단 6천 번밖에 오지 않았다고 하는데 매번 오실 때마다 모두 각조를 가지고 오신 것이지요? 이천오백년 전에 오신 것이 제일 마지막이 아닙니까?

■ 만행스님 : 석가모니 부처님께서는 각조를 가지고 8천 번이나 다시 오셨다. 여기에 앉은 사람들도 모두 마지막 겁劫이고 마지막 세世일 것이다. 여러분이 감당할 용기만 있다면 이번 생에서 성취할 수 있다. 여러분이 용감하게 감당할 수만 있다면 여러분의 복보이고, 인연과 공덕이 구족된 것이다. 감당할 용기가 없다는 것은 아직 시간이 되지 않은 것이다. 불법은 종합적인 인연으로 여러분의 자질을 보는 것이다.

- **질문** : 스승님! 어떤 때는 제 생각이 옳다고 생각했는데, 어떤 생각들은 변화가 되는 것 같습니다.
- **만행스님** : 우리들은 "세계종말이다, 누구는 곧 죽게 된다." 등등의 것들을 생각하지 말아야 한다. 인과는 찰나 간에 변한다. 심념心念이 변하면 인과도 따라서 바뀌게 된다. 심념을 바꾸지 않는다면 여러분이 어느 때 죽고 어느 때 부자가 된다는 것은 틀림없이 맞는 사실이다.

9강

수증修証공부는 용用에서 체현된다

■ 만행스님 : 광동성 정부의 초청으로 서장 린즈〔林芝〕의 15분 활불께서 우리 절에 왕림하셨다. 옛 어른들은 "높은 사람을 만나서 가르침을 받지 않으면 죄가 있게 된다."고 말하였다. 열렬한 박수로 활불께서 설법하시고 법문하시기를 요청합시다. (법당에 우레같은 박수소리가 울렸다. 납포격상활불의 법문은 방언이 심하여 대중들이 알아들을 수 없었다.)

■ 만행스님 : 여기에 모신 15분은 모두 나라를 사랑하고 불교를 사랑하는 활불들이시다. 우리 출가한 사람들의 뒤에는 천천만만의 신도들이 따르고 있으므로 반드시 신도들의 모범이 되어야 한다. 우리들은 늘 부처님공부를 한다고 하는데, 어느 측면에서 보면 부처라고 하는 그 자체는 볼 수도 만질 수도 없는 것이다. 신도들은 다만 우리 출가한 사람들이 하는 말과 행동을 통하여 부처를 이

해하는 것이다. 다시 말하면 출가한 스님들은 부처의 화신이요, 부처의 대표이며 부처의 대변자이다. 신도들은 스님들의 언행을 통해서만 세존을 알아보는 것이다. 그러므로 스님들의 언행은 상당히 중요하다. 옛날 조사님들은 스님들을 '인천사표'라고 하였다. 이 말의 뜻은 스님들은 인간세상의 모범일 뿐만 아니라, 천인들의 모범이라는 것이다. 말하자면 '삼계의 도사三界導師'인 것이다.

석가모니 부처님(세존)은 우리들이 경배하고 공인하는 세존이시다. 세존께서 득도하시기전에 근 6년이라는 고행을 겪으셨다. 출가 전에 이미 세존께서는 인도의 모든 문화, 다시 말하면 인도의 사명四明을 모두 배우셨다. 하지만 그것만으로는 갈증을 해결할 수 없었고, 궁극이 아니라 생각한 끝에 황궁을 떠나 깊은 산속에 들어가 고행수련을 하신 것이다. 부처께서 부처가 되신 것은 오명五明을 통달하였을 뿐만 아니라, 세간과 출세간의 지식도 통달하였고, 어려운 고행을 통하여 도를 닦는 과정을 겪으셨기 때문이다.

부처님공부는 사람을 기본으로 한 기초에서 세워진 것이다. 만약 사람노릇을 하는 학과목을 잘 배우지 못했다면 부처님공부는 할 수 없다. 불법의 체는 세간에서 세워졌고, 인류의 종합적 자질 위에서 세워진 것이다. 불법의 상도 이렇고 불법의 용도 마찬가지이다. 우리들은 흔히 '어떤 스님은 수행이 아주 잘된 분이다.'라는 말을 한다. 하지만 그들에게 어떤 일을 맡겨 놓으면 말할 수 없이 엉망진창이다. 기왕 수련도 잘 했고 수행도 높으신데 왜 일 처리를 하고 사람노릇을 하게 되면 그렇게도 엉망진창인가? 기용을 못하기 때문이다.

수행이 높고 낮음과 수행을 잘 했느냐 못했느냐를 어떻게 알 수 있는가? 불법은 체·상·용體相用과 계·정·혜戒定慧를 말하는데, 궁극에는 혜와 용에서 체현된다. 수행했다는 사람의 일 처리가 뒤죽박죽이고 사람들이 지켜야할 기본원칙도 모른다면 도대체 그 사람은 뭘 수행한 것인가? 진정한 수행자라면 일을 하는 것도 아주 잘할 것이고 사람노릇도 아주 잘할 것이다. 다시 말하면 도의 체體는 마음 수련이고, 도의 상相은 사람노릇을 하는 것이며, 도의 용用은 일을 하는 것이다.

출가한 사람들은 무엇이든 다 배워야 하고 무엇이든 다 알아야 하며 정통해야 한다. 세간의 학문이라는 것은 모두 사람을 중심으로 생기고 변화 발전한 것이므로, 사람을 떠나서는 불법도 없고 문화도 없다. 사람은 만물의 근본이요, 만물은 모두 사람을 위하여 존재하는 것이다. '법사 통5명法師通五明'이라는 말이 있거니와 출가한 사람들은 거의 다 의학을 알고 있다. 비록 의술은 높지 않지만 의학이론만은 잘 안다. 우리들이 말하는 수증공부가 어느 차원에 이르렀느냐 하는 것은, 부처님공부의 식견이 인식의 높고 낮음에 따라 결정되는 것과 같은 것이다.

무엇을 득도得道라고 하는가? 도대체 무엇을 얻는다는 말인가? 득도라고 했는데 무엇인가는 얻어야 할 것이 아닌가! 불교에는 '일

'무소득─無所得'이라는 말이 있다. 아무런 소득이 없어야만 진정하게 얻는 것이다. 진정하게 얻는다는 것은 또 무엇인가? 자기와 만사만물이 하나로 융합하는 것이 진정하게 얻는 것이다. 자기가 그들을 얻는 것이 아니라 만사만물이 여러분을 얻는 것이다. 자기를 천천만만으로 변화시켜 그들과 융합함으로써, 그들로 하여금 여러분의 힘을 느끼게 하고 지혜를 느끼게 하며, 여러분 심령의 진동을 느끼게 하는 것이다. 이것은 쌍방향의 작용으로 그들이 여러분을 느낄 수 있을 때면 자연스레 여러분도 그들을 느끼게 되는 것이다.

'수행'이란 두 글자는 처음부터 끝까지 자기 몸에 공을 들여 천변만화로 자기의 신·구·의를 개혁하는데 있다. 경건한 마음이 있더라도 자기의 신·구·의를 지배하지 못하면 결국 성공하지 못한다. 아울러 어떤 시각에서 보면 이 '경건'은 모두 '미신'에 지나지 않는다.

출가한 스님들이 다양한 직업에 종사하는 신도들에게 혜택을 주지 못한다면, 부처님공부를 할 자격이 없을 뿐만 아니라 스님이 될 자격도 없다. 옛날 고인들은 불법승의 3보를 보배산이라고 비유하였다. 또 '보배산에 들어갔다가 빈손으로 돌아오면 죄가 있다.'고 하였다. 왜 보배산에 들어가 빈손으로 돌아오면 죄가 있다고 하는가? 이 죄는 누구의 것인가? 일부분은 자기 자체의 것이고 일부분은 스승의 것이다. 여러분이 내 앞에 왔는데 이익을 주지 못하였다면, 자신의 원인도 있거니와 스승의 원인도 있는 것이다. 스승이라면 반드시 자기 앞에 다가오는 사람이 누구든지 간에 얻는 것이 있게 해야 한다. 보배산에 가는 사람마다 모두 수확이 있어야 되는 것이다.

방금 말했듯이 활불들께서 우리 절에 오셨는데, 마땅히 우리들에게 뭘 좀 남겨 놓게 해야 한다. 덕 높으신 분들을 만나서 법을 청하지 않으면 죄가 되는 것이다. 덕 높으신 분들도 중생들이 다가 왔는데 이익을 주지 않으면 역시 죄가 되는 것이다. 배운 것과 자기가 가지고 있는 것들은 자기 것이기도 하지만 아니기도 하다. 여러분이 알고 있는 모든 것과 전파하는 일체는 이미 이루어진 것이고 조사들께서 남겨놓은 것인데, 다만 여러분이 남보다 좀 더 부지런하고 총명하여, 발 빠르게 조사님들과 소통하고 그들의 심법 속으로 들어가 상응하고 하나로 융합했을 뿐이다. 이미 조사와 하나로 융합되었다면 여러분은 조사께서 남겨놓은 불법을 반드시 전파해야하는 의무와 책임, 그리고 사명을 가지고 있다. 불교에는 '법맥이 여러분 손에 있는데 전파하지 않는다면 무간지옥에 떨어진다.'는 말이 있다.

여러분은 자기 앞에 다가온 사람들을 위하여 많은 노력과 애를 썼지만, 그들을 깨우쳐 주지 못하고 호응하지 못할 때가 많다. 하지만 돌이켜 생각해 보면 후회하지 않을 것이고 자책하지 않을 것이다. 왜냐하면 여러분은 이미 그들을 위하여 노력하였고 애를 써봤기 때문이다. 그들이 호응하지 못하는 것은 그들의 문제이다. 세상에는 무엇이나 다 보충할 수 있고 그 어떤 약이든 다 살 수 있지만, 단지 후회하는 약만은 사지 못한다. '참 후회되는데 다시 보충하면 될 것이다.'라는 말은 자기가 자기를 기만하는 헛소리에 지나지 않는다. 불법에서는 지나간 것은 이미 지나갔고 미래는 아직 오지 않았으니, 오직 당하, 바로 이 시각 이 때가 가장 중요하다고 한다.

사람들은 대개 두 가지 다른 것을 추구한다. 하나는 눈으로 볼 수 있고 손으로도 만질 수 있는 것을 추구하고, 다른 하나는 눈으로 볼 수 없고 손으로도 만질 수 없는 것을 추구한다. 사실상 눈으로 보지도 손으로 만질 수도 없다는 것은 단지 어떤 특정한 시공에서 그런 것이고, 그 단계를 지나면 눈으로 볼 수도 있고 얻을 수도 있다. 우리들은 날마다 눈을 동그랗게 크게 뜨고 귀를 곤두세우며 듣고 보기 때문에, 눈으로 볼 수 없고 손으로 만질 수 없는 것을 잃어버리게 된다.

우리들이 육안으로 볼 수 있는 것과 귀로 들을 수 있는 것들은 한계가 있다. 천 미터 밖은 볼 수도 없고 들을 수도 없다. 하지만 보지 못하고 듣지 못했다고 그것들이 존재하지 않는 것은 아니다. 왜 밤이면 잠을 자게 되는가? 조물주는 우리들이 눈을 관폐할 줄 모른다는 것을 알기 때문에, 밤을 통하여 우리들의 눈을 감게 한다. 왜 그렇게 하는가? 우리들에게 각자의 내재를 보라는 것이다. 만약 우리들이 안으로 한 푼만 볼 수 있다면 밖으로 10푼을 얻을 수 있게 된다. 유형유상의 것은 영원히 무형무상의 지배를 받고 무형무상이 다스리는 것이다.

우리들의 육근은 조화롭게 통일해 본적이 없고, 내재의 여섯 마리 용은 주야로 끊임없이 싸우기 때문에, 하루에 7~8시간을 자도 어지럽고 흐리멍텅하다. 내재의 여섯 마리 용이 합하여 하나로 되면, 하루에 단 한 시간만 자도 머리가 말끔하고 백일몽을 꾸지 않을 것이며 정력도 넘쳐날 것이다. 사람들의 정력이 부족한 원인은 내재의 여섯 마리 용들이 다투면서 소모했기 때문이다. 이 여섯 갈래의 힘을 한 곳으로 집중할 수 있다면, 무엇을 배우든지 무엇을 하든지 간에 모두 우수할 것이고 으뜸일 것이다.

부처님공부를 한다는 것은 세간이나 출세간 학문의 만분의 일도 안 되는 일이다. 부처님공부를 해서 깨달았다고 할지라도 세간과 출세간법에서 단지 만분의 일 밖에 얻지 못한 것이다. 그러므로 부처님공부에서 깨달음을 얻었다고 세간과 출세간의 학문을 다 배웠다고 생각하지 말아야 한다. 하지만 이 만분의 일의 깨달음을 얻었기 때문에 다른 것을 배울 때 아주 쉬울 것이며, 어떤 분야에서 일을 하든지 남보다 뛰어난 걸출한 인재가 될 것이다.

■ 질문 : 스승님! 어떤 방법으로 자기가 흐트러지지 않을 수 있습니까?
■ 만행스님 : 저녁에 향불을 한 대 피우고 등불을 끈 상태에서 육안으로 반시간 정도 향을 관하면 아주 좋을 것이다. 아주 효과적인 방법인데, 옛날 인도교에서 처음 수련방법을 배우는 사람들에게 사용했던 것이다. 이 방법은 흐트러진 마음을 가다듬게 할 수 있는데, 백일 정도 하면 체내의 여섯 갈래 힘이 한 갈래로 뭉칠 수

있게 된다. 이런 힘을 가지게 되면 그 어떤 힘든 일이라도 무너지지 않고 이겨나갈 수 있다.

 10강

심령의 힘은 불가사의 하다

- ■만행스님 : 어떻게 해야 인과를 없애거나 인과를 바꿀 수 있는가?
- ■답변 : 스승님! 제 생각에는 차츰 사심과 잡념을 제거하고, 서슴없이 사회를 위하고 대중을 위하여 봉사해야 한다고 생각합니다. 다시 말하면 심성과 행위에서 자기를 바꾸어야 한다고 생각합니다.
- ■만행스님 : 10점이로다!
- ■답변 : 인과가 나타나면 회피하지 말고 마주하고 받아들여야 합니다.
- ■만행스님 : 5점이다.
- ■답변 : 자기의 신·구·의를 모두 불보살이나 명사님께 맡겨야 한다고 생각합니다.
- ■만행스님 : 영점이다.
- ■답변 : 인과를 정면으로 마주해야 합니다. 병에 걸리면 의사를 찾아가 치료를 하고 의사가 치료 못하면 '어미타불'을 염불하면서 왕생하기를 기원해야 합니다. 산을 만나면 산을 넘고 바다를 만나

면 용주龍船를 타야지요. 인과를 마주해야 합니다.

■만행스님 : 그것을 어떻게 인과를 없애거나 인과를 바꾸는 것이라고 할 수 있는가? 부처님공부를 하는 사람이 인과를 없애지 못하고 전변시키지 못한다면, 어찌 부처님공부를 하는 사람이라고 할 수 있는가? 부처님공부는 인과를 전변시키기 위한 것이다. 이를테면 원래는 벼슬도 할 수 없고 돈도 벌수 없었는데, 부처님공부를 한 다음 벼슬도 하고 돈도 벌었다. 왜 벼슬도 할 수 없고 돈도 벌 수 없는가? 과거의 인이 지금의 과를 초래했기 때문이다. 부처님공부를 한 다음 현재의 결과를 전변시킬 수 있는 능력이 있게 된 것이다.

■수좌스님 : 스승님! 인과는 인이 있어야 과가 생기는 것입니다. 인과를 전변하고자 하거나 인과를 없애버리고자 하면, 그 인이 무엇인지 알아야 합니다. 불교에는 '인명因明'이라는 말이 있는데, 인이 무엇인지 모른다면 어떻게 '과명果明'을 알 수 있습니까? 모든 사물은 다 원인이 있습니다. 우리들은 늘 이런 말을 합니다. 선과 악은 모두 그에 따르는 응보가 있다. 그렇다면 어떻게 하면 선이고 어떻게 하면 악입니까? 선과 악에 대해 인식이 정확하지 못하다면, 선인을 심으면 선의 응보가 따르고 악인을 심으면 악의 응보가 따를 것입니다. 인에 공력을 들이는 것이 중요하다고 생각합니다.

■만행스님 : 오십점일세.

■답변 : 스승님은 인과를 전변시킬 수 있습니다. 때문에 우리들은 마땅히 스승님의 가르침을 따라 그대로 하면 됩니다.

■만행스님 : 너에게는 점수를 줄 수 없을 뿐이 아니라, 도리어 오십 점을 깎아야 할 것이다.

■답변 : 스승님께서 법문해 주십시오. 일상생활에서 이런 문제를 마주치게 되면 우리들은 속수무책입니다.

■만행스님 : 득도하기 전 입을 연다면 모두 사지사견이다. 지금 한 말들은 전형적인 사지사견이다. 자기는 불법을 말하고 불경의 이치를 말한다고 생각하지만 사실상 모두 개인적인 사지사견이다. 만약 불경에서 한 말대로 말한다면 오늘의 화제를 모를 리가 없다. 이러니 입도하지 못할 수밖에 없다. 이런 식으로 부처님공부를 한다면 어떻게 입도를 할 것인가? 당신들에게 날마다 '어미타불', '어미타불'을 하라고 달래가면서 한 평생을 이런 식으로 그치게 하고 말 것이다.

부처님공부를 한다는 사람들이, 이미 출가한지도 오래되었고 불법을 들은 지도 오래되었는데 어떻게 인과를 바꾸고 없애는지를 모르는가! 어이가 없구나! 도대체 부처님공부를 어떻게 했는가?! 이와 같이 아둔하다는 것은, 이전에 좋은 인을 심지 않았고, 지혜를 존중하지 않고 무시했으며, 지혜 있는 사람을 모욕했기 때문이다. 지금의 과가 아둔하다면 과거에 바로 그런 인을 심었다는 것을 의미한다. 때문에 반드시 좌선을 통하여 과거로 돌아가서 과거의 인에서 착수하고 해결해야 한다. 인과를 바꾸고 돈도 벌고 사업에서 성공도 하고 장엄한 용모도 가지고 싶은가? 어서 입정을 하라.

■ **질문** : 스승님! 그러려면 정력定力이 있어야 합니다. 정력이 없으면 어떻게 해야 합니까?

■ **만행스님** : 반드시 일심불란으로 참회를 하라. 참회하면 과거의 인을 뽑아버릴 수 있다. 오늘날 가난하게 된 원인은 과거에 이런 정보를 입력했기 때문이므로, 이생의 명에서는 돈 없고 가난하고 궁하게 살아가야 간다. 입정을 하여 반드시 과거시대의 터널로 돌아가서 일심전력으로 참회하고, 과거의 나쁜 인을 깡그리 뽑아버리면서 좋은 정보를 입력해야 한다. 이런 방식으로 인과를 바꾼다면 이생에서 좋은 결과를 얻을 것이다.

■ **질문** : 스승님! 만약 과거로 돌아가지 못한다면, 어떻게 지금의 과가 과거시대의 인으로 조성되었다는 것을 알 수 있습니까?

■ **만행스님** : 오늘날 이렇게 가난하고 빈궁한 원인은 바로 과거에 보시를 하지 않았고, 금전을 무시하고 금전을 하찮은 것으로 여겼으며, 돈 있는 사람을 존중하지 않았다는 것을 의미한다. 또한 돈 있는 사람을 투기했기 때문이다. 입정하여 과거시대의 터널로 돌아가 한번 쭉 돌아보면, 지금 생에 돈이 없고 가난한 원인을 알 것이다. 지금 몸에 병이든 것도 원인이 있다.

그 어떤 결과든지 까닭 없이 나타나지 않는다. 모든 것은 인이 있고 연이 있다. 인연이 있다면 금방 수좌스님이 말한 것처럼 반드시 인에서 손을 써야 할 것이다. 하지만 수좌스님은 어떻게 인에 손을 쓰냐하는 방법은 말하지 않고, 단지 눈앞의 과를 바꾸려면 반드시 인에서 손을 써야한다는 것만 인식했다. 때문에 오십점 밖에 안 된다는 것이다.

입정은 가장 직접적이고 가장 좋은 방법이다. 입정했다가 출정하면 바로 이익을 보는 것이다. 입정을 못한다면 오직 일심전력으로 참회하는 방법밖에 없다. 그다음에 좋은 인을 입력하게 되면 반드시 금생에 좋은 과(혜택)를 받을 수 있다.

무릇 목전의 상황과 현재의 행위에 만족하지 않는다면, 마땅히 모든 마음을 기울여 일심불란하게 참회해서 과거의 인을 뽑아버리고 좋은 생각을 입력해야 한다. 심력만 충분하면 이익을 빨리 볼 수 있지만, 심력이 부족하면 이익 보는 것도 늦은 것이다. 입정했다가 출정하면 금방 이익을 얻게 된다.

- **질문** : 스승님! 나한은 인과의 제약을 받습니까? 받지 않습니까?
- **만행스님** : 나한도 인과의 제약을 받는다. 어째서 나한은 단지 분단생사分段生死만 할 수 있고 변이생사變異生死를 끝마치지 못한다고 하는가? 그들의 능력의 범위 내에서는 제약을 받지 않지만, 그 능력의 범위를 넘어서면 제약을 받는다. 오직 보살의 차원에 이르러야만 시공을 초월할 수 있고 무국계无國界, 무변계無邊界에 이를

수 있는 것이다.

- **답변** : 스승님! 범부들이 인과를 소멸한다는 것이 쉽지 않겠습니다.
- **만행스님** : 그래서 반드시 입정하고 시공의 터널로 돌아가라는 것이다. 아니면 지금 심어놓은 선인은 이생에 이익을 보지 못하고 내생을 기다릴 수밖에 없다. 또한 이번 생에 인과를 바꾸지 못한다면, 그 과를 마주하고 받아들일 수밖에 없다. 그렇다면 이생이 아주 힘들고 고통스러울 것이다. 만약 입정하여 인과를 바꾼다면 마주하지 않고 받아들이지 않아도 되는 것이다. 마치 원래의 전원을 끊어 버리고 다른 좋은 전원을 연결하는 것처럼, 출정하면 바로 이익을 보고 혜택을 입을 것이다.

- **질문** : 달마조사께서 심인心印을 이조이신 혜가慧可에게 전한 다음 "너는 아직까지 사람목숨을 빚진 것이 있노라."고 말씀하셨습니다. 그 후에 이조께서 참수 당했습니다. 하지만 이조께서는 마음을 비웠기 때문에 업보는 받았지만 고통을 느끼지 않았습니다. 스승님! 이조께서는 인과를 바꿀 수 있지 않습니까?
- **만행스님** : 득도하고 증과를 성취한 사람은 인과를 바꾸고 싶으면 바꾸고, 몸으로 불법을 나타내고, 중생을 교화하고 싶으면 인과를 바꾸지 않는다. 그들은 열고 닫는 '스위치'를 장악했으므로, 인과를 바꾸고 싶으면 스위치를 열고, 법을 나타내고 싶으면 스위치를 닫고, 몸으로 법을 나타내고 중생을 교화한다. 스위치를 여는 것도 법을 나타내기 위한 것이고, 닫는 것도 법을 나타내기 위한

것이다.

■ 질문 : 스승님! 어째서 부처들도 '삼불능三不能'이 있다고 합니까? 그 정해진 업을 바꾸지 못한다는 말입니까?

■ 만행스님 : 명사는 오로지 방법만 알려줄 뿐이다. 인과는 반드시 자기의 노력으로 바꾸어야 한다. 명사가 대신하여 인과를 바꾸지 못한다.

■ 질문 : 스승님! 부처는 중생들의 정업을 대신 바꿀 수 없다는 말이 아니라, 자기 자신의 정업을 바꾸지 못한다는 말이겠지요?

■ 만행스님 : 자기의 정업을 바꾸지 못하고 인과도 바꾸지 못한다면 부처님공부를 하여서 뭘 하는가? 만약 성불한 다음 대담하게 인과를 마주하지 못한다면 어떻게 부처가 될 수 있겠는가? 득도하고 성취한 사람이 대담하게 인과를 마주하지 못한다면, 득도하고 성취한 사람이라고 할 수 없다. 오늘날의 과가 전생에 만들어 놓은 것이라고 한다면 왜 인과를 바꾸지 못하는가?

만약 신도들이 "어떻게 인과를 바꿀 수 있습니까?" 하고 물을 때, 부처님공부를 한다는 사람들이 지금처럼 답한다면, 사람들로 하여금 계속 고난 속에서 몸부림치게 하고, 계속 해서 인과를 받아들이라는 말이 아닌가? 중생들을 도와 좋게 고칠 수 없다면, 어찌 지혜 있는 사람이라고 하겠는가? 지혜 있는 사람은 고난과 아픔을 상서롭게 만들고 길하게 하는 사람이다.

하지만 보살행을 수련하는 사람들은 자신의 인과를 전변시키지 않고 받아들이며 몸을 희생하면서 중생들을 교화한다. 지혜 있는 사람은 인과를 전변시키지 않고, 육도만행을 구비한 보살들도 인과를 바꾸지 않는다. 불교에는 살해당하고 참수당한 수행인들이 많다. 이들은 모두 보살행을 수련한 사람들이다. 다음 생〔再生〕을 전변시킬 수 있는 사람은 지자智者와 혜자慧者이다.

어째서 보살들은 인을 두려워하고 중생들은 과를 두려워하는가? 범부들은 과가 들이닥치면 아주 두려워하지만, 인을 심을 때는 대수롭지 않게 생각하면서 두려워하지 않는다. 하지만 보살들은 인을 심을 때 과를 본다. 인과 과는 하나이고 둘이 아니다. 인이 바로 과요, 과가 바로 인이다. 지금 인을 심는 것은 다름아닌 과를 심는 것이다. 오늘의 과는 바로 어제의 인이고, 오늘의 인은 내일의 과인 것이다.

왜 참회문은 과거로부터 시작해서 오늘날까지 하는가? 부처님께서는 모든 문제와 의혹들을 일찍부터 우리들에게 알려주었지만, 대답하는 것이 모두 사지사견이고 문제의 답과는 십만팔천 리나 떨어져 있으니 참으로 가련하다!

나는 항상 수행자들에게 일심불란으로 좌선하면서 수련하라고 강조한다. 일심불란해야 입정할 수 있고 과거의 시공터널로 돌아갈 수 있다. 현재가 만족되지 않는 이유는 과거에 심어놓은 인이 틀렸기 때문이다. 과거에 심어놓은 인이 틀렸다면, 지금 다시 좋은 인을 심으면 될 것이 아닌가? 모든 인은 자기가 심어놓은 것이고 자기가 만들어 놓은 것이다. 지금 가난하고 건강하지 못한 이유는 그전에 입력한 정보들이 교란을 받은 것이며, 과거의 무명과 기심동념 때문에 그런 것들을 편애해서 조성한 것이다. 듣기 좋은 말로 하자면, 눈앞에 보이는 현상들을 보고 자비의 마음이 생긴 까닭에 지금의 과가 있게 된 것이다. 그런데 어째서 지금의 이 과를 원망하는가? 아직까지 너는 과거의 기심동념을 부정하고 있는가? 그렇다면 과거의 인을 다시 심어야 한다.

왜 어떤 사람들은 특별하게 시비가 많은가? 그들은 전생에서 새로이 들은 것을 모으기 좋아하고, 시비하기를 좋아하며, 남들의 비밀을 좋아한 것이다. 때문에 이생에서 시비꾼들을 만나고 또 시비도 많이 생기는 것이다.

왜 너는 속이 좁고 이해력이 떨어지는가? 그것은 전생의 속마음이 쥐나 닭처럼 좁은 심보라서 화병이 나서 죽었기 때문이다. 때문에 이생의 너의 속은 여전히 기가 막힐 정도로 좁고 마음도 약하기 그지없다. 사람에게 말을 할 기회를 주지 않는가 하면 말을 못하게 하고, 싫은 말은 좀처럼 들으려고 하지 않는다. 이런 사람의 심리는 아주 건강하지 못한 상태이다!

만약 너의 심령이 건강하고 마음도 넓다면, 왜 사람들이 하는 싫은 소리를 한마디도 들으려고 하지 않는가? 불교에서 모든 것은 다 허망하다고 했거늘 너만은 허망하지 않단 말인가? 이런 것은 네가 안근과 이근을 초월하지 못하고, 안근과 이근에 의해 휘둘리는 사람이기 때문이다. 이런 사람은 근본적으로 부처님공부를 할 자격도 없고 부처님공부를 할 자질을 갖추지 못한 것이다. 안근과 이근을 초월할 수 있어야 사람답게 살 수 있고, 절반이상 인과를 초월했다고 할 수 있으며, 절반이상 해탈했다고 할 수 있다.

'인과'라고 하는 것은 모두 육근에서 생기는 것이다. 육근의 기능에서 가장 활발한 것이 안근과 이근, 그리고 의근意根이다. 물론 의근의 선봉대는 안근과 이근이다. 왜 욕을 먹으면 기분이 나쁜가? 이근을 초월하지 못했기 때문이다. 왜 눈을 부라리면서 독기 가득한 눈으로 쳐다보면 그렇게 괴로워하는가? 안근을 초월하지 못했기 때문이다. 우리들은 날마다 '모든 상은 다 허망한 것이다'고 말한다. 하지만 막상 닥치게 되면 무엇이나 모두 진실이 되지 않는가!

불법을 수학하는 사람이 관상하는 방법을 모른다면, 다시 말하면 '형상 사유形象思維'를 할 줄 모른다면, 좋은 인을 입력하고 인과를 전변시키는 것이 너무 힘든 일이다. 상상력이 풍부한 사람은 인과를 개변하기 쉽다. 소위 "삼계는 유심이요〔三界唯心〕, 만법은 유식이다〔萬法唯識〕."라는 말은, 기심동념과 형상적 사유 그리고 관상觀想의 힘에 의거한다는 말이다. 사과를 관상했는데 장미꽃이 나타났다면, 업장이 아주 심하다는 것을 말하므로 많은 참회를 해야 한다. 관상을 할 수 없는 원인은, 과거에 지혜 있는 사람을 보면 오만하고 무례하며 불복했을 뿐만 아니라 온갖 방법으로 모함했기 때문이다.

마치 전생에 잘난 사람을 질투하여 오늘날 못생기게 태어난 것과 같다. 불교의 인과론에 의하면 동물이 사람으로 되고자 하면 천년을 수련해야 하고, 사람 중에 인물이 잘 생기고 장엄한 모습을 가지고자 하면 오백년~팔백년을 수련해야 된다고 한다. 그러므로 이생에 인물이 잘생기고 장엄하게 생긴 사람은 과거생에 꾸준히 공덕과 복보를 닦아서 된 것이다.

왜 부처님공부를 한다는 사람이 시기와 질투 그리고 탐욕이 그렇게 많고 심지어 보복심까지 있단 말인가? 동화사에서 3~4일쯤 머물게 한 것만으로도 다행으로 생각하고 깨우쳐야 할 것이다. 단지 시기와 질투 그리고 탐욕과 보복심만 있다면 사람허울을 잘못 쓴 것이다. 하지만 많은 사람들이 이런 사람을 알아보지 못하고 이러쿵저러쿵 하면서 좋다고 한다.

어떻게 말하는 것만 듣고 사람을 믿겠는가? 마땅히 그 사람이 하는 행동을 봐야한다. 하지만 어떤 사람들은 행위를 보고도 식별하지 못한다. 때문에 불교에서는 '사람의 동기와 기심동념을 봐야한다'고 말한다. 언제라도 사람의 기심동념과 동기를 보면서 판단할 수 있다면 우리들은 진정하게 지혜를 갖춘 사람이 되는 것이다.

11강

천만가지 법문이라도 각조를 떠나지 않는다

- **질문** : 스승님! 어떻게 하면 도를 볼 수 있습니까?
- **만행스님** : 자리에 앉아 좌선하면 마음을 통해 수련하고, 자리에서 내려오면 일을 통해 수련한다. 늘 이렇게 한다면 어떻게 도를 보지 못하겠는가?
- **질문** : 스승님! 좌선을 할 때 일심으로 관조觀照를 하면 되지 않습니까?
- **만행스님** : 너는 어떻게 자기 마음을 관조하는가?
- **답변** : 망념이 생기면 그 망념을 관조합니다.

- **만행스님** : 망념을 관觀해서 뭘 하는가? 망념이 너하고 무슨 상관이 있는가? 가장 기본적인 상식도 모르는 것을 보면 잘난 척 거드름만 피운 것이 분명하다. 이런 간단한 문제도 모르면서 매일 좌선하고 공을 들인다고 한다. 너는 사람을 속이고 귀신을 속이고 자

기를 속이고자 하는가? 자기를 속이는 것만은 확실하다. 허송세월을 보내고 있다! 출가해서 십년~ 이십년을 수련한들 무슨 소용이 있는가? 지금 좌선하고 공도 들인다는데, 너의 마음을 어떻게 처리하였는가?

- **답변** : 염불하며 관상합니다.
- **만행스님** : 그것도 방법은 방법이다. 하지만 궁극적인 방법은 아니다. 우는 어린애 달래주는 격이라서 근본문제를 해결할 수 없다.
- **답변** : 정념正念을 봅니다.
- **만행스님** : 네가 무슨 정념이 있는가? 무엇이 정념이고 무엇이 사념邪念인가?(대답 하는 사람이 없다) 대답을 못하는 것을 보면 모두들 아는 체 가장한 것이 분명하다! 기본문제도 모르고 공을 들인다고 하는 것은 시간 낭비에 지나지 않는다! 매일 앉아서 도대체 무얼 하고 있는가? 어떻게 공을 들이는가?
- **답변** : 저는 염두를 봅니다.
- **만행스님** : 염두가 너하고 무슨 상관인가? 그것을 봐서 뭘 하는가?
- **답변** : 의식적으로 보는 것이 아니라…

- **만행스님** : 혹은 너의 대답이 맞을 수 있다. 속으로는 알지만 정확하게 표현을 못하였다. 지금 출가해서 부처님공부를 하는 사람들이 제일 아는 체하고 가식이 많다. 이 자리에 앉아서는 다들 비슬비슬 꾀만 부리고, 흐리멍텅과 산란의 사이에서 오락가락 두세 시간을 보내다가 밥 먹으러 간다. 밥을 먹고는 잠을 자고 깨어나서

는 경을 읽으며, 경을 읽고 난 다음에는 또 이것저것 무엇을 하는 것처럼 한다.

수행할 때도 그렇고, 공을 들일 때도 그렇다. 마음을 어떻게 처리하고 어느 곳에 어떤 마음을 두어야 하는 것을 모른다. 그러면서 공을 들이고 수행을 한다고 하지 않는가? 사유가 민첩하고 정상적인 사람의 두뇌에, 일을 시키지 않으면 허튼 생각을 하지 않을 수 없다. 염불을 하든가, 아니면 호흡을 관하든가, 아니면 한마음 한뜻으로 골똘하게 어떤 문제를 생각한다든가 해야 한다. 이것은 궁극적인 방법은 아니지만 그저 앉아서 혼미하고 산란하게 있는 것보다 나은 것이다.

옛 사람들이 말하기를 '상사병에 걸린 사람의 얼굴은 누렇게 뜨고 몸은 수척하며, 우거지상이 되면서 진종일 멍하니 있다'고 하였다. 어떤 사람이 이것과 선정수련은 무슨 차이가 있는가 하고 물었다. 사실 이것도 역시 선정이라고 할 수 있다. 단지 지止에만 머무르고 관觀을 할 줄 모르는 것이다. 상사병과 수련에서 지止에 이르는 상황은 비슷하다. 바꾸는 방법을 배웠다면 이런 사람도 관을 할 수 있을 것이다.

제일 좋은 방법은 직접 각조를 사용하는 것이다. 각조를 할 수 있다면 다른 방법이 필요 없다. '모든 방법'이라는 것도, 어느 날 각조에 도달하고 각조가 출현하게끔 하는 방법을 훈련하는 것이다. 각조가 출현할 수 있다면 모든 방법들을 다 버릴 수 있고 다 사용하지 않아도 된다. 만약 여러분의 근기根器가 좋다면 언제 어디서나 수시로 각조를 할 수 있다. 좌선이 끝나고 선방을 떠나면 산란하고 각조를 잃을 수 있지만, 일단 경각警覺성을 높이고 염두를 하면 각조가 다시 나타나게 된다.

이러한 문제들을 해결하지 못하고 앉아서 되는 체 하고 헛생각만 하다가, 힘들면 혼미하여 졸고, 졸다가 정신이 들면 또 내키는 대로 터무니없는 헛생각을 하게 된다. 그러다 보면 다리가 아프고, …. 매일 매일 이런 식으로 공을 들인다면 무슨 의미가 있고 무슨 필요가 있는가? 차라리 나가서 나무나 하고 밭이나 가꾸고 사람들과 소리치면서 살기보다 못하다.

내가 반복적으로 『항복기심降伏其心』을 읽어 보라고 말하였건만, 그렇게 보편적이고 간단한 책도 보지 않으며 알아보지 못하고 있다. 전체적인 용공用功 방법은 단 두 글자뿐이다. 법문이 아무리 많다고 해도 최후는 반드시 모두 '각조'에 귀결하게 된다. 만약 각조에 귀결되지 않는다면 그것은 궁극적인 결말이 아니며 높은 차원으로 도달할 수 없다. DJ! '각조'가 무슨 뜻인가 말해보길 바란다.

▪DJ : 일상생활에서 무슨 일을 하든지 시시때때로 지금의 자기마음이 어디에 있는가 하는 것을 관조하는 것이라고 생각합니다.

▪만행스님 : ㅇㅇ! 너는 각조를 어떻게 이해하고 해석하는가?

▪ㅇㅇ : 각조라는 것은 바로 자기의 염두와 자기의 언행을 똑똑히 잘 아는 것이라고 생각합니다.

■ 만행스님 : 어째서 이렇게만 대답하는가? 그것은 단지 각覺일 뿐이다. 각은 각찰覺察(살펴서 깨우침)이고 조는 보살피고 다스린다[降伏]는 말이다. 즉 제멋대로 하지 못하게 하고 반드시 자기를 따르게 해야 한다는 뜻이다. 자기의 염두를 각찰했지만 그것을 보살피지 못하고 장악하지 못하면 무슨 소용이 있겠는가? 도둑질 하는 사람은 그냥 도둑질을 할 것이고, 음란한 사람은 그냥 음란할 것이며, 허튼 생각하는 사람은 그냥 허튼 생각만 할 것이다.

금방 여러분이 해석한 것들은 모두 각찰만을 말한 것이다. 이 자리에 앉은 사람들이 몇이나 자기의 마음씀씀이를 분명하고 똑똑하게 각찰할 수 있는가? 그것을 돌보고 보살피기는커녕 각찰도 못하는 형편인데, 어떻게 보살피고 돌볼 수 있으며, 또 그렇게 매일 좌선한들 무슨 소용이 있는가? 설사 선방에서 각찰도 할 수 있고 조고도 할 수 있다 해도, 밭을 가꾼다든가 거리구경을 할 때에도 각찰을 할 수 있고 조고도 할 수 있겠는가?

각조는 반드시 매 번 호흡을 할 때에도 관통되어야 하며, 하루 24시간의 매 시간, 매 분, 매 초의 심념에 모두 관통되어야 한다. 어떻게 염두가 도망간 것을 알면서도 제어하지 못하고 계속 도망가게 하는가? 자기의 신·구·의를 다스리고 항복시키려면 우선 각을 하고 다음 조를 하는 공부가 있어야 한다. 공을 들이는 방법에 대하여 말을 많이 하였지만, 중요한 것은 단 두 글자, 바로 '각조'이다.

우리들은 매일 제 때에 와서 열심히 좌선하고 공을 들인다. 하지만 "공을 들일 때 마음을 어디에 두고 어떻게 두며 어떻게 처리하고 어떻게 다스릴 것인가?" 하고 물으면 대답을 못한다. 옛날 고인들은 "이치가 명석해야 길이 밝아진다."고 했다. 이치가 명석하지 못하니 가는 길도 밝지 않은 것이다. 식견이 분명하지 못한데 어떻게 도를 닦을 것인가? 내가 한 글자를 던지면 금방 반응이 있어야 한다. 정보가 왔는데 어디 주저할 겨를이 있는가! 물음을 던졌을 때 생각하면 이미 틀렸다. 불법은 머리를 거치는 것이 아니다. 금방 주먹이 날아오는데 어떻게 방비할까를 생각하면 벌써 콧등을 맞는다. 머리를 거치면 이미 도에서 벗어나는 것이다. 도는 두뇌를 거치는 것이 아니다. 아니면 두뇌가 만든 생산품이 된다.

- DJ : 스승님! 제가 금방 자기의 마음이 어디에 있는가 하는 것을 시시각각으로 관찰한다고 했는데, 그 말도 여전히 두뇌를 사용한 것이겠지요?

- 만행스님 : 설사 이치를 안다고 하여도 깊은 뜻은 언어로 표현할 수 없다. 왜냐하면 그것은 경계이고, 기능공부이며 언어를 초월한 것이기 때문이다. 제일 기본적인 문자반야와 언어반야도 제대로 알지 못하는데 실상實相은 더할 나위가 없다. 하지만 예로부터 조사님들께서는 실상을 아주 명백하게 논술하셨다. 그분들은 언어를 초월하는 언어로 실상을 밝히고 설명하셨다. 실상 자체가 바로 언어를 초월하였기 때문이다.

금방 여러분이 정견이란 말을 하였는데, 무엇이 정견이냐고 묻지 않고 사견이 무엇이냐를 묻겠다. 여러분이 무엇이 사견이냐를 답할 수 있다면 정견을 이해하였다고 할 것이다. 공부하는 것이 왜 그렇게 힘이 드는가? 오직 한마디만 이해한다면 바로 공부를 할 수 있는 것이다. 한 사람을 따르면, 그가 한 말 한마디만 이해한다면 바로 어떻게 공부하는가를 알 것이다. 그것이 어찌 그다지 복잡한가?! 어떤 말은 하기가 확실히 어렵고 말을 해도 체득할 수 없으며 감도 못잡는 것이다.

매일 저녁 여러분과 함께 좌선하는 나는, 절의 일을 생각하고 공사장의 일을 생각한다. 하지만 여전히 각조 속에서 생각하는 것이다. 이전에는 각조 속에서 문제를 사고할 수 없었는데, 2년 전부터는 각조 속에서 문제를 사고할 수 있을 뿐만 아니라, 문제를 생각할 때도 여전히 각조 속에 있게 된다. 몇 년 전만해도 마음이 초조하고 급하며 당황하고 편치 않을 때는 각조가 나타나지 않고 각조를 잃어버리곤 하였는데, 마음을 다잡고 정신을 바짝 차리면 각조가 즉시 나타게 된다. 이 몇 년간 동화사를 복구하고 건설하는 가운데서 연마하고 경험을 쌓으면서 각조기능을 공고히 하였다. 매 시각 매 한가지 사건마다 각조를 활용할 수 있게 된 것이다.

이를테면, 금방 좌선하면서 생각한 것은 현장의 청부업자들이 일을 대강대강 하면서 부실공사를 하지 않는지, 그들이 해놓은 문짝이 겉보기는 좋지만 속에 썩은 톱밥을 넣지 않은 것인지? 비록 이런 생각을 하지만, 그런 가운데서도 각조는 여전히 환하고 밝게 나타난다. 뿐만 아니라 이런 각조 속에서 문제를 사고하면 더욱 잘할 수 있고 더욱 뚜렷하다. 이전에도 각조는 밝고 환했지만 일을 생각할 줄 몰랐고, 일을 생각하면 각조를 잃어버리곤 하였다. 하지만 지금은 허리를 쭉 펴고 목을 쑥 빼고 숨을 한 모금 흠뻑 들이쉰 다음 가라앉히면, 곧바로 각조가 환하고 밝게 나타나면서 계속 문제들을 생각할 수 있는 것이다. 이 때는 이미 언어가 아니다. 언어를 초월한 것이다.

여러분이 공부를 할 줄 아는 사람이라면 왜 언어로 표현할 수 없겠는가? 지금의 나는 실상으로 표현하는 것이 아니라 언어로 말하는 것이다. 어째서 실상을 벗어나 언어로 말을 못하는가? 만약 언어로 표현할 수 없다면 공부를 하지 않았고, 공부를 어떻게 해야 하는가도 모르는 사람이다. 이치가 똑똑해야 나가는 길도 밝고 환할 수 있다. 이치를 모르고 식견도 없으면 어떻게 공부를 할 수 있는가? 오직 XZ 스님만 "나는 지금 염불하고 있소. 관상觀想을 하고 있소."라고 대답할 것이다.

각종각파各宗各派들이 말하는 법문法門이라는 것은 여러분의 마음을 한 가지 일에 종사시키고, 동시에 그것이 관성慣性이 되도록 양성시키는 것이다. 관성이란 무엇인가? 언제 어느 때나 일심전력으로 한 가지 일을 대하는 것을 말한다. 공사현장에서는 일심전력으로 건축을 하고, 선방에 들어서면 일심전력으로 참선을 하는 것이다. 만약 우리들이 일심전력으로 어떤 일을 한 적이 있었다면, 어떤 일을 하든지 모두 일심전력으로 할 수 있을 것이다. 마치 "나는 염불은 할 줄은 알지만 좌선을 할 줄 모르고, 나는 송경은 할 줄은 알지만 관상을 할 줄 모른다."가 아닐 것이다. 만약 일심전력으로 송경할 수 있다면 어째서 일심전력으로 좌선을 할 수 없겠는가?

■ 질문 : 스승님! 말을 할 때 자기가 무슨 말을 하고 있다는 것을 아주 분명하고 똑똑히 알면 이것을 각조라고 할 수 있습니까?

■ 만행스님 : 각조라고 할 수 있다. 꾸준히 이렇게 할 수 있다면 방법이 생길 것이다. 하지만 반드시 이 단계를 지나야만 한다. 왜냐하면 이 과정이 끝이 아니기 때문에, 반드시 그 어떤 물건이 나타날 때를 기다려야 한다. 이 물건이 나타나도 최후는 여전히 각조에 돌아와야 한다.

■ 질문 : 스승님! 우리 출가한 사람들이 말을 하거나 일처리를 하면 계율과 조리에 맞지 않을 수 있다고 생각합니다. 하지만 느낌상 마음은 각조에 있고 자기는 분명 무엇을 하고 있다는 것을 알고 있으며, 또 자기를 장악할 수 있다면 이것을 정념이라고 할 수 있습니까?

■ 만행스님 : 정지정견이란 무엇인가? 정념正念이란 또 무엇인가? 내가 전에 "념마다 모두 각조를 가지고 있다면 설령 살생하고 도둑질하고 음란하고 망언하고 술을 마셔도 모두 정념이다. 하지만 매일 송경하고 예불을 하더라도, 각조를 잃거나 각조가 없다면 그

것은 사지사견이고 망념이다."라고 말한 적이 있다.

선禪은 일체 모든 종교를 초월하였고, 선은 그 어떤 종교에도 속하지 않으며, 선禪은 종교의 위에 있다. 모든 종교는 다 선에서 탄생하여 나온 것이다. 그들의 영혼, 그들의 핵심은 바로 선이다. 아무리 종교를 신앙하고 종교를 배운다고 하여도 선의 경계에 들어서지 못한다면 결국은 문외한이며, 모두 외도이며, 모두 사지사견의 단계에 있는 것이다. 선이 없는 종교는 모두 사교邪敎이며 외도이다. 세계적으로 종교를 믿지 않는 사람들은 많다. 하지만 그들 역시 매일 시시각각으로 각조에 있으며, 그들의 각조와 차원 그리고 경계와 기능공부는 종교 신앙을 하는 사람들보다 한층 더 높은 단계에 있을 수 있다.

무엇이 부처인가? 부처는 자기도 각성하고 다른 사람도 각성시킨다. 단지 자기만 각조할 수 있고 남을 각조시킬 수 없다면 그것은 부처가 아니다.

■답변 : 스승님! 마음에서 탐념과 진심嗔心이 생길 때는 금방 느낄 수 있는데, 그들이 동시에 나타나지는 않는 것 같습니다. ….

■만행스님 : 그것이 바로 사견이다. 네가 각조 속에서 자기의 탐심과 진심을 관할 수 있다면 이것은 정념이다. 만약 너의 진심이 생긴 다음 겨우 각조가 있게 되면 이미 사견에 떨어진 것이다. 하지만 이 역시 쉽지 않은 경지이다. 필시 너는 이미 그것을 느꼈고 보아낸 것이다. 오직 각조 속에서 생긴 모든 일체는 다 정지정견인

것이다.

■ **질문** : 스승님! 각조 속에서 나타나는 모든 것들은 다 정지정견에 부합된다는 말씀인가요?

■ **만행스님** : 만약 내가 정지정견에 부합된다고 말한다면, 너는 이 말귀를 잡고 "아하 살생도 도둑질도 음란한 것도 망언도 모두 정지정견이구나!"할 것이다. 무릇 자비든지, 박애든지 아니면 살殺·도盜·음淫·망妄이든 간에 모두 마음씀의 의식범위에 속하는데, 각조 속에서 하는 모든 일체는 모두 도에 부합된다. 도는 옳고 그른 것이 없다. 마치 땅과 같아서, 좋은 사람도 양육하고 나쁜 사람도 양육하며, 좋은 약재도 자라고 독약도 자라난다. 진정 득도하고 도를 깨우친 사람이라면 념념마다 선善만 생각하고 념념마다 성불만 생각하지 않는다. 이렇게 하는 것은 도가 아니다.

■ **답변** : 이 관점은 저도 받아들일 수 있습니다.

■ **만행스님** : 받아들일 수 있다는 것은 자네이지만 아마 이 자리에 앉은 대부분은 받아들일 수 없을 것이다. 하지만 나는 여전히 여러분의 경계에 따라 "어허! 득도한 사람은 자연의 순리를 따르는 사람이지 모든 것을 개혁시키려는 사람이 아니다."라고 할 것이다.

■ **질문** : 스승님! 출가한 사람들이 번거롭고 해결하기 어려운 문제에 부딪치면 크게 나서야 하는지, 아니면 물러나 명철보신明哲保身을 해야 하는지 모르겠습니다.

■ **만행스님** : 너의 생각에는 무엇이 법인가? 무엇이 법인가를 알게 되

면 바로 방금 물어본 문제의 답이 된다.
- **답변** : 하지만 감히 그렇게 실천하지 못합니다.
- **만행스님** : 확실히 그럴 수 있다. 무엇 때문에 감히 그렇게 못하는가? 그것은 단지 이치만 알았기 때문이다. 도道는 두 부분으로 나눈다. 하나는 이치이고 다른 하나는 기능공부이다. 이치도 도이고, 기능공부도 역시 도이다. 이치가 명확하지 못하기 때문에 허리를 펼 수 없다. 이치가 있다면 당연히 허리를 펼 수 있다. 오직 득도해야만 진정하게 허리가 펴진다. 도는 두 부분으로 조성한다. 하나는 실상반야實相般若이고 다른 하나는 문자반야文字般若이다. 도를 닦는다고 하는데 결국 무엇을 닦는가? 복보를 닦고 지혜를 닦는 것이다.

- **질문** : 스승님! 동북의 한 신도님에게서 전화가 왔는데 스승님의 경계는 몇 번째 과위까지 증득하였는가를 물었습니다. 제가 답하기를 "스승님은 수행이 아주 좋은 분인데, 어떤 과위까지 되었는지는 나도 모른다."고 하였습니다.
- **만행스님** : 나를 보고 수행이 아주 좋다고 하는가? 금방 내가 여러분을 수행이 좋다고 한 것과 같은 이치다. 수련하는 척 하고 매일 앉아서 좌선하지만 마음은 벌써 뺑소니치고 도망가 버렸다. 그렇게 수련하면 무슨 소용이 있는가? 단 일념만 잡는다면 일념에 상응하였다고 하고, 념마다 모두 잡을 수 있다면 념마다 모두 상응하였다고 한다.

자리에 앉아 공부를 하지 않는다면 헛 앉지 않았는가? 다만 외부의 신도들에게 그럴듯한 겉모양만 보이는 짓이다. DX는 좌선을 하지 않는다. 하지만 그는 매일 각조 속에 있다. 그 사람의 두 눈은 부엉이 눈처럼 밝은데 일을 아주 잘 한다. 밖의 일을 잘 할 수 있다면 내면의 일도 잘 할 것이고, 밖의 풀을 볼 수 있다면 내면의 풀도 잘 볼 수 있는 것이다.

사람을 욕할 때 욕을 하는 것을 모르고, 흥분해도 흥분한줄 모른다. 욕을 다하고 흥분한 다음에야 비로소 알게 되면 무슨 소용이 있는가? 각조 속에 있다면 얼마든지 욕을 해도 되고 흥분해도 된다. 하지만 우리들은 각조가 없기 때문에 행차 뒤의 나팔이고 일이 끝난 뒤의 제갈량이며 지나간 다음의 깨달음이다. 심지어 지난 후에도 알아차리지 못할 뿐만 아니라, 사람들이 일깨워 주면 각종 핑계로 자기가 옳다는 것을 증명하고자 한다.

방법을 모르고 요령이 없으니 매일 공부를 한다고 해도 제대로 할 수 없다. 매일 저녁 음념법音念法으로 삼자명三字明을 독송하고 보병기寶瓶氣 수련을 하지만 효과가 나타나지 않는다. 삼자명을 독송할 때 단전의 기를 깨끗이 모두 다 내쉬지 않았기 때문에, 들숨을 들이쉴 때도 단전까지 들이쉬지 못한다. 반드시 단전의 기를 깨끗하게 내 보내어야만 들이쉬는 숨도 가득 들이쉬고 깊게 가라앉힐 수 있다. 그 때의 여러분은 미간에서부터 단전까지의 중간은 마치 형광등 불빛처럼 쭉쭉 뻗어나는 감을 느끼면서 눈앞은 밝은 빛을 뿌릴 것이다. 들숨을 쉴 때면 직하로 단전까지 내려가게 하고, 날숨을 쉴 때는 단전의 기가 모두 깨끗이 나와야 한다. 이 사이는 확실히 창통暢通해야 한다.

눈앞에 내재內在의 광명이 나타났는데 어떻게 그것이 달아날 수 있는가? 각조를 가지고 공부를 하고 일을 하면, 도의 품에 여러분이 있는 것인데 어떻게 도와 어긋난단 말인가? 하지만 여러분은 도와 상응하지 못하였고 입도를 해본 적이 없으므로 당연히 도를 느낄 수 없을 것이다.

- 질문 : 스승님! 제가 주문을 열흘, 심지어 반달이나 독송하였더니, 뒤통수가 창만해지고, 정수리 혈의 신경계통이 저리면서 화기火氣도 강하고 열도 나는 것 같습니다.
- 만행스님 : 몸을 느슨하게 풀어라. 줄을 너무 팽팽하게 조이면 몸에서 화기가 오르기 마련이다. 하지만 너무 느슨하면 생리적 욕망이 생기며 타락하게 된다. 공부를 하는 일은 너무 급하게 서두르지도 말고 너무 느슨하게 풀어도 안 된다.
- 질문 : 스승님! 주문을 독송할 때 주의력을 정수리에 두어야 합니까? 아니면 정수리 위에 두어야 합니까?
- 만행스님 : 심혈을 기울이고 열심히 주문을 독송하기만 하면 된다. 일심으로 주문을 독송한다면 자연 입도하게 되고, 아울러 그 물건은 자연 여러분을 이끌고 도안으로 들어가서 도와 상응할 것이다. 주의력을 미간이나 정수리에 두라고 하면 도리어 긴장하여 머리가 더 아프면서 념과 관상을 홀대할 수 있다.

▪ 질문 : 스승님! 아직도 염불을 하거나 아니면 관상을 하는 유위법으로 좌선해야 합니까?

▪ 만행스님 : 유위법으로 하는 것이 확실히 좋다. 근기가 예리하지 못한 사람들은 염불하고 관상하면 좋은 것이다. 세존을 관상할 수 없다면 자기의 스승을 관상하여도 된다. 일심불란으로 그 모양을 관상하면 되는 것이다. 자기의 스승을 관상할 수 있다면 부처님도 관상할 수 있는 것이다. 늘 이렇게 연마하면 무엇을 생각하면 그 무엇이 나타나게 된다. 그러므로 밀교에 상사상응법(스승을 관상하는 관상법)이 있는데 아주 이치가 있는 좋은 방법이다. 이것도 역시 심력心力에 의거하는 것이다. 심력의 생겨남은 정력定力에 따라 결정된다.

▪ 질문 : 늘 집중하여 관상하고 염불하며 주문을 독송한다면, 일상생활에서 일심전력으로 일하는 것과 모순되지 않습니까?

▪ 만행스님 : 만약 모순된다면 너는 단지 들어갈 줄만 알고 나올 줄 모르는 사람이다. 선방에 들어서면 마음을 수련하고, 선방을 나와서 나무를 할 때는 나무를 하면서 수련하고, 밭을 가꾸면 밭을 가꾸면서 수련하면 자기가 하는 일과 융합되는 것이다. 이것이 바로 "좌선을 하면 마음에서 수련하고, 좌선이 끝나면 일에서 수련한다."는 뜻이다.

12강

말을 한다고 다 실행한 것이 아니다

■ 질문 : 스승님! 제가 느끼기에 체내의 기가 점점 커지면서 숨 쉬는 것도 어려운 것 같습니다. 원인을 알 수 없습니다.

■ 만행스님 : 정상적인 반응이므로 너무 신경 쓰지 말거라. 다만 시시각각으로 너의 기심동념을 지켜보면서, 외부의 경계 때문에 지나치게 흔들리지 않았는가 보살피는 것이 중요하다. 수행자의 심리상태는 생리의 반응에 좌지우지되어서는 안 된다. 수행도중에 가장 꺼리는 것이 바로 심리가 생리의 반응에 좌지우지되는 것이다. 생리적 반응은 고정된 것이 아니다. 하지만 심리는 안정시킬 수 있다. 수행자들은 반드시 심리로써 생리를 좌지우지할 줄 알아야 한다. 오로지 그렇게 해야 장좌불와하는 선사님들처럼 자기를 다스릴 수 있다. 일반인들의 심리는 생리에 따라 변하지만 성인들, 혹은 수행차원이 높은 사람들은 심리로 생리를 좌지우지할 수 있는 것이다.

허운대사께서 고구마를 삶다가 입정하신 이야기를 들었을 것이다. 허운노스님께서 종남산에서 고구마를 삶다가 입정에 드셨다. 입정하신 시간이 너무 오래되어서 깨어난 뒤 배가 고팠다. 그래서 고구마를 가마에 넣고 삶는데 배가 하도 고파 견딜 수가 없었다. 노스님이 배를 두드리면서 "친구야, 친구! 조금만 더 기다려 주구려!" 하다가 또 다시 입정에 드시었다. 이 때 그분은 심리로 생리를 좌지우지한 것이다. 노스님께서 가부좌를 하시고 고구마 익기를 기다렸는데 그만 입정에 들어버렸다.

정월이라 옆집에 있는 스님께서 경磬을 쳐서 깨우면서 설 세배하러 오셨다. 그 분이 노스님께 공양하셨냐고 물었는데 "아니요, 가마에 고구마를 삶았는데 아마 익었을 것이오." 하시며 가마뚜껑을 열어 보았더니, 고구마는 이미 꽁꽁 얼어서 돌덩어리가 되어버린 것이다. 날짜를 세어 보니 입정하신 지 근 반달이 넘었지 않았는가! 허운 노스님은 이심전물! 즉 마음으로 몸의 상태를 움직였던 것이다. 배가 고파서 고구마를 삶아서 잡수시려고 하였는데, 입정에 들어서 배고픔을 잊어버리게 되었던 것이다. 허운 노스님은 수시로 이러한 상태로 들어갈 수 있었다.

옛사람들은 "몸을 잊지 않으면 입도할 수 없고, 심리를 잊지 않으면 득도할 수 없고, 세속의 일을 잊지 않으면 도를 닦을 수 없다."고 했다. 도를 닦는 사람의 몸에 도의 그림자가 보이지 않더라도, 또 내재의 선정공부가 어떤가를 보지 않아도 겉모양만으로 도와 얼마나 많이 떨어졌는가를 알 수 있다. 어째서 수행자들은

"들 수도 놓을 수도 있어야 한다[提得起 放得下]."고 하는가? 여기서 말하는 내려놓을 수도 있어야 한다는 말은 포기하라는 말이 아니다. 사람들은 하는 일마다 모두 흔적을 남겨놓는다. 약간의 념만 움직여도 팔식심전에는 흔적이 남게 된다. 이 흔적은 우리들의 자질에서, 인품에서, 우리들의 형상에서 아주 철저하게 드러나는 것이다.

사람들은 무의식중에 착오를 하게 된다. 하지만 이 무의식 자체가 불문에서 말하는 "경각심을 잃고 각조를 잃은 사람이다." 경각심과 자제력을 잃은 사람이 무슨 일을 할 수 있겠는가? 수행의 첫 걸음이나 두 번째 걸음이나 간에 천만 개의 불법들은 모두 경각심과 자제력을 배양하는데 목적이 있다. 또 경각심과 자제력은 접촉하는 사람이 없고 하는 일이 없을 때 나타나는 것이 아니라, 일이 바빠서 정신없을 때일수록 더 잘 나타나는 것이다. 평소에 문을 닫아걸고, 곁에 사람도 없고 하는 일이 없는 상황에서는 경각심과 자제력이 체현되지 않는다.

도는 사람노릇을 하기 위해서 닦고, 일에 사용하고자 닦는 것이다. 사람노릇을 하고 일을 하는 목적을 잊는다면, 무엇을 수련하고 무엇을 위해 쓸 것인가? 도를 닦는 목적은 모두 기용하고자 닦는 것이다. 좌선은 수단방법이다. 목적이라고 생각하면 절대 안 된다. 이런 방법을 통하여 그 어떤 목적을 달성하고자 하지만, 효과적이지 못하면 다른 방법을 써야 한다.

옛날의 총림은 출가한지 3년~10년이 되지 않으면 선당에 들어갈 자격도 없고 들어가지도 못했다. 선당에 들어갈 수 있는 사람은 하루 24시간 모두 경각심과 각조 속에 있는 사람이고, 일분일초도 각조를 잃지 않는 사람이다. 선당의 반수班首는 법안이 열린 화안금정火眼金睛의 사람이고, 모든 것을 꿰뚫어 보므로 각조가 없는 사람은 선당에 들여놓지 않는다.

■질문 : 스승님! 저의 아버지는 세상을 떠난 분입니다. 그런데 꿈에 나타난 아버지는 처지가 아주 나쁘고 몹시 슬퍼하는 것 같습니다. 제가 어떻게 해야 합니까?

■만행스님 : 우리들은 부모님 살아생전에 효도하고, 되도록 부모님을 모시고 부모님 곁에서 말동무가 되어야 한다. 이미 돌아가신 부모님을 위하여 채식하고 독경하며, 부모를 위하여 공덕을 쌓으면서 복보를 닦아야 한다. 우리들이 하는 모든 일은 남을 위한 것이 아니라 바로 자기 자신의 필요에 의한 것이다. 우리들이 할 수 있는 일인데 하지 않으면, 그것을 회상할 때 불안하고 자책하게 된다. 그 때의 후회는 이미 늦은 것이다. 세상에서 돈을 주고 살 수 없는 약은, 유일무이하게 후회라는 약이다. 반대로 자기가 할 수 있는 일들을 모두 다 했다면, 그 일을 회상할 때 마음이 차분하고 위안을 느끼면서 위로가 된다.

민간에서는 채식을 하든 않든 마음씨만 나쁘지 않으면 된다는 말이 있다. 이 말의 뜻은 무엇인가? 윤리와 도덕은 사람노릇을 하는 가장 기본적인 준칙이다. 나는 항상 부처님공부는 인본주의, 즉

"사람을 근본으로 해야 한다(以人爲本)."고 호소한다. 사람이라는 차원에서 가장 기본적인 도덕규범부터 완전무결하게 제대로 지켜야만 비로소 부처님공부를 할 자격이 있다. 사람들이 마땅히 구비해야 할 것도 구비하지 못하면서 부처님공부를 한다는 것은 자기가 자기를 기만하는 격이다.

저녁에 선당에 앉아 모든 것을 내려놓고 몰두하고 정좌한다면 분명하게 효과를 볼 수 있다. 단 두 시간만 모든 것을 내려놓고 좌선하라는 말이다. 하지만 선당을 나서면 생각하고 싶고 하고 싶은 일을 전심전의로 생각할 수 있고 몰입하여 일을 할 수도 있다. 다만 선당에 들어 왔으면 도를 체험하고 도를 닦아야한다. 절대 다른 일을 가지고 선당에 들어가지 말아야 한다.

자기가 하고 있는 모든 일들에 최선을 다하여 의식적으로 몰두해야 한다. 여기서 의식적이라는 말은, 경각심을 말하고 각조를 말하는 것이다. 다시 말하면 자기가 무슨 생각을 하고 무슨 일을 하고 있다는 것을 분명히 알고 있어야 한다. 이것이 바로 불문에서 말하는 정념正念에 대한 정의定義이다!

13강

한걸음 물러나는 것도 나아가는 것이다

■**만행스님** : 번뇌를 가지고 정좌하게 되면 간파할 수 있고 번뇌도 풀릴 수 있겠지만, 번뇌를 버리고 정좌하면 오히려 번뇌가 더 심해질 것이다. 그러므로 우리들은 반드시 번뇌를 직면해야 한다. 오로지 번뇌가 사라져야 심신이 가뿐하게 정좌를 할 수 있다. 인과와 인연들은 전체이면서 개체이기도 하다. 이생에 출가할 수 있는 것은 전생의 인과와 밀접한 관계가 있다고도 하고 없다고도 한다. 옛사람들은 "마음이 안정되면 인과가 바뀌고, 마음이 노닐면 인과에 의해 흔들린다."고 했다. 무엇을 '자연을 따른다〔순기자연順其自然〕'고 하는가? 이 말을 어떻게 이해하는가?

■**답변1** : 자연의 순리를 따른다는 말은 사람에 따라 다르다고 생각합니다. 일반인들이 자연의 순리를 따르면 책임을 상실하기 쉽지만, 성현들이 자연의 순리를 따르는 것은 분명히 앞길을 환히 내다보았기 때문에 오로지 그 길을 따라 앞으로 전진만하면 되는

것입니다.

- **답변2** : 일반인들은 자연의 순리를 따를 수 없습니다. 일반인들의 자연의 순리를 따른다[順其自然]는 것은 되는 대로 남의 장단에 춤추는 것입니다. '순'이란 거역하지 않는다는 뜻이고 '기'란 상응한다는 뜻인데 거역하지 않아야 상응할 수 있으며, 상응하여야 자연화가 될 수 있습니다. 상응할 수 있고 거역하지 않으면 바로 순기자연인 것입니다.

- **답변3** : '가르칠 만한 젖먹이[孺子可敎]'가 되면 순기자연(자연의 순리를 따른다)을 할 수 있고, '가르칠 수 없는 젖먹이[孺子不可敎]'라 하면 순기자연 할 수 없습니다.

- **만행스님** : 허허~. 지금 보니 자네 같은 젖먹이[孺子]들이야말로 진정 '가르칠 수가 없네'일세. 대답이 모두 틀렸다! 네가 성인이든 범부이든, 성취한 사람이든 성취하지 못한 사람이든 간에 모두 순기자연 해야 한다! 자연이란 무엇인가? 도道가 바로 자연이요, 자연이 바로 도이다! 우리들이 무엇을 하든, 자연의 규율을 위배할 수 없고 도를 위배할 수 없다. 우리들이 진정 자연의 순리를 따를 수 있다면 해탈한 것이고, 우주의 법칙을 준수한 것이다! 사실상 당신들이 말하는 '순기자연'이라는 것은, 어쩔 방도가 없을 때 하는 '순기자연'이다. 그것은 제멋대로 되도록 내버려 두라는 것이다. 네가 그것의 주인이 되고 너를 따르게 해야 하는데, 그것이 너의 주인이 되어서 그것에 끌리고 흔들리는 것이다.

도를 깨우친 사람은 자연의 규율을 빌어서 개인의 소망을 달성하므로, 그가 하는 일들은 자연의 규율을 위배하지 않는다. 지금 우리들이 하고 있는 많은 일들은 순기자연이 아니고, 임기자연任其自然 즉, 그대로 내버려두면서 방임하는 것이다. 이를테면 내가 당신들을 끌고 나가서 먹고 마시자고 할 때 따라서 먹고 마시고 한다면, 그것은 순기자연이 아니라 임기자연이다. 순기자연의 이치를 아는 사람이라면 절대 따라가지 않을 것이다. 내가 이미 도를 위배했는데, 어찌하여 너도 나와 함께 도를 위배한단 말인가? 바로 네가 우매하고 무지하기 때문에 너의 '순기자연'을 빚어 만들면서 스스로를 방임하는 것이다.

천도이든 인도이든, 세간의 도이든 출세간의 도이든, 모두 자기들의 정해진 운행순서가 있고 규율이 있다. 이것을 총괄하여 도道라고 한다. 상승불교의 관점에 따르면 도를 위배하고 도를 따르지 않는다면, 다시 말하면 순기자연하지 않고 자연을 위배한다면 비난을 받고 징벌을 받게 된다. 이 때의 비난과 징벌이 바로 자연의 법칙이고 도인 것이다.

부처님공부도 역시 시대의 발전에 따라 앞으로 전진해야 한다. 만약 너의 사상, 관점, 이념, 행위들이 나라와 국민 그리고 자기와 주위에 이익을 주지 못한다면, 네가 고집한 '불법佛法'은 필연코 도의 비난을 받을 것이고, 도의 버림을 받을 것이며, 도의 징벌을 받을 것이다.

종교의 계율은 우리들의 심신을 조절하고 우리들의 심신을 더욱 건강하게 한다. 하지만 우리들이 우매하고 무지해서 계율을 잘못 인식하고 잘못 지키게 되면, 도리어 심신이 더욱 건강하지 못하게 된다. 이것은 아주 현실적인 문제이다. 이를테면 '보살계'와 '나한계'에서, 보살계는 내재적인 기심동념에 치우치고, 나한계는 외재적인 행동에 치우치게 된다. 전자는 궁극의 계戒이고 후자는 궁극의 계가 아니다.

그렇다면 묻노라! 당신들은 어떤 계를 지킬 것인가?! 최후의 원만과 최후의 성취를 이루고자 하면, 반드시 보살계를 마주하고 지켜야 할 것이다. 수행에서 가장 중요한 것은 심리상태이다. 오로지 심리상태의 문제를 해결해야, 비로소 내재로부터 외재에 이르기까지 진정한 계에 부합되며 도에 부합된다.

『제자규弟子規』, 『백가성百家姓』, 『천자문千字文』을 읽은 사람들의 내재적인 행위는 도와 멀리 떨어져 있지 않다. 도와 어긋났다 하더라도 도의 주변에 있게 되고 도와 동떨어지지 않게 된다. 전통문화 자체가 바로 도에서 파생되어 나온 것이다. 우리들이 전통문화를 배우게 되면 자연히 대도로 회귀하고 자연에 회귀하는 것이다.

사회가 오늘날까지 발전하고 인류가 오늘날까지 진화되면서 각 업종들은 이미 안정되었고 익숙한 규칙들이 형성되었으며, 도의 형태도 이미 확정되었기 때문에 굳이 창조할 필요가 없다. 오직 규칙을 지키고 규칙에 따라 일을 하면 자연히 도와 하나로 융합될 것이고 자연과 동일체가 될 것이다.

부처님공부를 하고 도를 닦는 것은 앞으로 전진하는 것이 아니라 한걸음 물러나는 것이다. 선종에서 "물러나는 것도 앞으로 전진하는 것이다."라는 말과 같다. 오직 '한걸음 물러나야'만 입도할 수 있다.

14강

인연을 회피하지 않아야 윤회에 떨어지지 않는다

부처님공부에 대해서 나는 시종 이런 이념을 제창하여 왔다. 즉 "착실하고 성실한 사람이 되고, 마음을 안착하고 일을 해야 한다."이다. 자기가 맡은 직무를 제대로 완성한 다음에야 비로소 장래에 어떻게 홍법하고, 어떻게 생사를 해탈할 것인지를 논할 수 있다.

수행자들은 좋은 일이든 나쁜 일이든 자기 주변에서 나타나는 모든 일들을 회피하지 말고, 마음껏 체험하고 느끼면서 번뇌가 생기지 않아야 한다. 인연이 당신 앞에 왔다면 회피하지도 말고 바꾼다고 노력하지도 말며, 인연과 화해할 줄 알아야 한다. 인연과 화해하지 않으면 인연에 끌려 다니게 될 것이고, 인연 때문에 곤경에 처할 수도 있다. 인연이라는 것은 천 갈래 만 갈래의 실타래처럼 복잡하게 얽혀서 사람들을 아주 잘 묶어 놓는다. 비록 천 갈래 만 갈래로 복잡하게 얽혔다고 하지만, 필경 시작하는 곳과 끝나는 곳이 있을 것이다. 이것을 아는 사람이라면 어디에서 손을 쓰고 어디에서 손을 떼야할지를 알 것이다.

경중과 완급을 장악하는 사람이라면, 인연과 화해할 수 있고 인연을 끝마칠 수도 있다. 아니면 새로운 재앙을 만들게 된다. 새로운 재앙도 새로운 인연이다. 본래는 삼계를 초월하고 생사를 해탈하려고 수행을 했는데, 결국은 삼계 내에서 또다시 많은 재앙을 빚어 놓은 것이다. 다시 말하면 또다시 그렇게 많은 인연들을 만들어 놓은 것이다. 이미 그렇게 많은 인연을 남겨 놓았으니, 어찌 삼계를 초월할 수 있겠는가? 인연이 많은 당신은 부득불 이런 인연 속에서 윤회하고 또 윤회하는 것이다.

부처님께서 우리들에게 만들어 주신 계율과 조사들께서 만드신 청규淸規, 그리고 각 총림의 공주규약共住規約은 인연과 화해하고 인연을 끝마치는 방법이다. 청규와 총림의 공주규약을 위반한다면 새로운 재앙을 만들게 되는 것이다. 계율은 우리들을 속박하기 위한 것이 아니라, 우리들의 심신을 규범화하고 우리들의 손발을 정확하게 움직이고 정확하게 펼치기 위한 것이다. 규율은 우리들로 하여금 세간의 일체를 초월하고 흔적을 남기지 않게 한다. 설사 우리들이 일을 잘못 했다고 하더라도 계속 윤회에 떨어지지 않도록 한 것이다.

마치 나라의 법률처럼 잘 지키고 위반하지 않는다면, 사람들이 혼란스럽지 않을 뿐만 아니라 법률의 보호를 받는 것이다. 하지만 법률을 위반한다면 자기의 행위 때문에 반드시 대가를 치러야 한다. 청규의 제정과 존재 그리고 그 작용과 이치는 나라의 법률과 마찬가지이다.

15강

두뇌를 적게 쓰고 심령을 많이 써라

■ **질문** : 스승님! 출가 전 저의 건강상태는 좋지 않았지만, 억지로라도 심리로 생리를 지배할 수 있었습니다. 하지만 출가한 후 건강상태는 좋아졌지만, 도리어 심리가 생리를 지배하지 못하게 되었습니다. 무슨 이유입니까?

■ **만행스님** : 우리들이 적절하게 의근意根을 닫는다면 에너지가 충족하여 마치 황소 같게 될 것이다. 몸이 허약한 사람들은 헛생각이 많다. 의근이 내부에서 흔들리고, 심신의 힘도 내부에서 소모하기 때문에 몸이 허약해진다. 반면에 사고를 적게 하는 사람은 움직이기를 좋아하고 몸도 건강하다. 이 두 종류의 사람들 가운데, 전자는 머리가 먼저 움직이고 몸은 나중에 움직이며, 후자는 몸이 먼저 움직이고 머리는 나중에 움직인다.

사람은 신심령身心靈이 조합하여 된 것이고, 사람의 영체靈體는 4

대四大 속에 거주하고 있다. 그렇다면 이 영체는 4대를 보호하고 바꾸고 다스릴 책임이 있다. 그런데 왜 자기의 영체가 존재한다는 것을 느끼지 못하는가? 왜 너는 영체의 기능을 발휘하고 사용하지 못하는가? 우리의 영체는 학문이 높은 선비와 같아 지혜와 박애, 그리고 무외無畏의 완전한 체계를 갖추고 있다. 영체는 만능의 도서관처럼 각종 유형의 지혜와 보물을 다 가지고 있다. 하지만 어째서 그것을 사용할 줄 모르는가? 너 자신이 줄곧 두뇌의 작용만 발휘했기 때문이다.

30세 밖에 되지 않은 네가 지식이 많으면 얼마나 많겠는가? 매일 배운다고 해도 기껏해야 50년 정도밖에 배우지 못한다. 하지만 너의 영체는 이미 천년도 만년도 더 지나왔다. 생생세세로 내려오면서 배운 것이다. 삼계 내의 것만 배운 것이 아니라, 삼계 밖의 정보들도 모두 입력했다. 너의 두뇌가 아무리 노력하여 배운다고 해도, 얻은 지혜는 영체의 만분의 일도 되지 않는다. 지금 이 자리에 앉은 사람들 가운데는 영체가 만년을 넘은 사람도 있다. 다시 말하면 삼계 내외의 모든 정보가 사람의 영체 속에 모두 입력되었다는 말이다. 그렇다면 두뇌로 배울 필요가 없는 것이다. 만약 두뇌가 하던 작업을 멈추게 하고 휴식시키고 잠을 자게 하면 너의 영체가 작용하게 될 것이다.

두뇌로 신체를 개변시키고 4대를 개변시킨다는 것은 근본적으로 불가능한 일이다. '심능전물心能轉物'이라는 말은 두뇌가 사물을 전변시킨다는 말이 아니다. 여기서 말하는 '심'은 너의 본래면목,

자성自性, 다시 말하면 너의 영체를 두고 하는 말이다. 두뇌를 적게 사용하고 적게 사유해서 되도록 두뇌를 많이 휴식시키고 두뇌를 물러서게 한다면 진정한 주인이 출현할 것이다.

며칠 전에 근 20여 년을 산에서 초막을 짓고 살았던 비구니 스님이 우리 절에 오셨는데 대단한 선정공부가 있었다. 다만 장기간 산에서 살았기 때문에 몸을 움직이기 싫어하고 아주 어리석어 보였다. 보는 것도 싫어하고 듣는 것도 싫어하며 말하는 것은 더욱 싫어했다. 하지만 눈만 감으면 대광명장大光明藏에 있었고 천지만물과 하나가 되었다. 그분은 눈을 감으나 뜨나 산하대지, 화초와 수목들이 모두 반짝반짝 빛나는 대광명인 것이다. 그녀의 말에 의하면 산하대지와 화초·수목 심지어 돌멩이까지도 겨울의 고드름 같이 보이고 얼음꽃 같이 보인다고 하였다. 이미 자성의 빛이 생겼기 때문에 산을 보아도 산이 아닌 것이다. 그 눈이 이미 수정안경이 되어서 세상만물이 모두 수정과 같았다. 이 몇 년 동안 이런 상태에서 나오지 못했기 때문에, 산에서 내려와 중생들과 인연을 맺으려 하지 않았고 일도 하려 하지 않았다.

오랫동안 좌선한 사람들은 한가하고 자유로운 생활을 좋아하고 사소한 일에 부딪쳐도 시끄러워 한다. 아무리 선정기능이 좋다고 하여도, 정定에서 나와 일을 하지 않고 써먹지 않으면 좋은 지혜가 나오지 못한다. 오직 사람과 일을 통해서 마음을 연마해야 비로소 대광명장에서 걸어 나올 수 있고 대용大用이 될 수 있다. 아무리 몸에서 빛을 뿌려도, 그 경계는 단지 도가의 여순양呂純陽이

황용남선사黃龍南禪師를 만났을 때의 경계와 같은 것이다. 황용남선사께서 여순양을 만나서 "당신은 단지 시체를 지키는 귀신에 불과 하노라."고 질책했다. 아무리 선정공부가 대단하고 등 뒤에서 빛을 뿌리고 연꽃을 딛고 서는 대광명장에 있지만, 신선도 못되고 성불도 못한다는 뜻이다.

사람은 일을 해야 비로소 자기의 심리상태에 변화가 생겼는지, 혹은 저촉하고 배척하는 정서가 생겼는지를 똑똑하게 볼 수 있다. 수행을 통해서 무엇을 닦고자 하는가? 바로 당신의 인욕忍辱심과 당신의 심리상태 그리고 당신의 아량을 닦는 것이다. 어떻게 자기의 심리상태와 아량을 확실하게 인식할 수 있는가? 바로 일을 통해서, 특히 자기의 생각과 위배되고 자기의 상상하던 바와 어긋났을 때, 비로소 똑똑하게 자기가 보이는 것이다. 자기가 하는 일이 모두 마음에 들면 자기가 보이지 않는다. 금방 내가 한 말은 세속의 사람들에게 하는 말이 아니다. 우리들은 부처님공부를 하는 사람들이다. 반드시 심리상태를 조절하고 위에서 말한 이념들을 받아들여야 한다. 아니면 부처님공부를 하는 사람이 아니다.

가뿐하고 유쾌하며 소탈하게 사는 사람들은 마음속에 그 어떤 개념도 세우지 않는다. 일이 발생하면 발생한 일만 논하고, 그 일에 자신의 사상관점을 넣거나 자기의 특성과 사상경향을 부여하지 않는다. 일이 생기면 그 일과 융합하고 마주해서 처리한다. 일처리가 끝나면 바로 그 공명空明의 각지에 머무르다가 그 일을 초월하는 것이다. 이것이 소위 "일이 생기면 일을 빌어서 마음을 연마하고, 일이 없으면 경계를 빌어서 마음을 연마한다."는 말이다. 여기서 말하는 경계는 내재의 심령 경계를 말한다. 이를테면 경계가 올 때면 마음이 움직이는가 움직이지 않는가? 무서울 때나 즐거울 때나 어떤 염두가 일어나고 어떻게 움직이며, 또 이 염두가 어디로 가는가를 보아야 한다.

우리들은 선당에서 공을 들일 줄 아는 동시에, 선당 밖에서도 공을 들일 줄 알아야 한다. 지금 일이 너무 많아서 나의 좌선시간은 새벽에 40분, 저녁에 40분밖에 되지 않는다. 낮이면 공사판의 작업반장처럼 아주 바쁘다. 바쁘면 바쁠수록 심리상태가 단련되고 심리상태가 똑똑히 보인다. 그러나 일이 바쁘고 휴식시간이 적어서 몸이 고달프고 지치면, 각조의 힘도 따라서 약해진다. 옛날 사람들은 "몸은 바빠도 마음이 한가하면 도를 닦을 수 있고, 신심이 모두 한가하면 입도할 수 있으며, 신심이 모두 사라지면 증도證道할 수 있고, 신심이 일체가 되면 용도用道할 수 있다."고 했다.

지금 우리들은 어느 차원에 있는가? 우리들의 심신은 모두 오르락내리락 사분오열되고, 손발과 두뇌가 일치하지 못하니 완전한 사람이 아니다. 모두 몸은 한가하나 마음은 바쁜 사람이다.

어떤 사람은 손발은 빠르지만 두뇌는 늦고, 어떤 사람은 두뇌는 빠르지만 손발이 굼뜨다. 이런 사람들은 순서와 조리도 없고 사분오열된 완전하지 못한 사람들이다. 그들의 심신은 조화가 되지 않았고 통일되지 않았다. 지금 이러한 사람들이 너무도 많다. 이러한데 어떻게 정定이 생기고 어떻게 지혜문이 열리겠는가! 소위 '정이 있으면 지혜문이 열린다'는 말은 반드시 심신의 조화와 통일의 기초 위에서 되는 것이다.

'신심령身心靈'이라는 힘을 어느 차원까지 사용하고 있는가? 손을 내밀면 머나먼 하늘 끝까지 뻗어 나갈 수 있다는 느낌, 그리고 머나먼 하늘가의 힘을 끌어온다는 느낌이 있는가? 허리를 쭉 펴고 가부좌를 하고 앉으면, 솟구치는 힘이 하늘을 떠받든다는 느낌이 드는가?(하늘을 꿰뚫는다는 말은 하지 않기로 한다) 앉으나 서나 자신의 몸이 확산되어 하늘·땅과 함께 하나로 융합하며, 우주와 같이 광활하게 넓고 끝이 없다는 느낌이 있는가?

옛날 조사님들께서 이런 말을 듣는다면 향판으로 매질을 할 것이다. 이 모든 것은 망상에 불과하고 단지 신체놀음뿐 궁극의 것은 아니다. 하지만 이런 정도의 경계라도 있는 사람이 너무도 적은 것이다. 하지만 도는 영원히 존재한다. 지금 이 시대에도 본지풍광을 실천하고 걸어 나온 사람들은 여전히 있다. 모두들 유위법을 말하고 유위법을 전수한다고 하지만, 진정한 물건은 종래로 사라지지 않았고 끊어지지 않았으며, 사람들은 줄곧 이것을 보호하고 전파하는 것이다. 다만 이런 사람들이 너무도 적은 것이다.

방향이 확실하지 않으면 어떻게 발걸음을 내딛겠는가?

■ **질문** : 불교가 우리들에게 가르쳐준 것이 무엇입니까? 우리들의 수행에 이런 가르침이 어떻게 운용됩니까? 무엇을 해야 우리들의 번뇌가 줄어들게 됩니까?

■ **만행스님** : 이 세 가지 문제는 오늘저녁 반드시 기억해야 하는 문제들이다. 우리들은 모두 부처를 믿고 부처님공부를 하며 생사를 해탈하고자 한다. 불교가 가르쳐 준 것이 무엇인가 하는 것을 안다면, 어떻게 생사를 초월하고 어떻게 번뇌를 해결하야 하는지를 알 수 있다. 여러분들은 이 세 가지 문제에 대하여 자기의 견해를 말하기 바란다.

■ **답변** : 불법은 우리에게 자비심, 헌신하고자 하는 마음과 사람노릇 하는 방법, 그리고 일처리는 어떻게 하는가를 가르쳐 주었습니다. 우리들은 사람노릇을 잘 한 다음에야 자아를 초월하고 생사

에서 해탈할 수 있습니다.

- **만행스님** : 대답을 아주 잘 했다.
- **답변** : 악은 행하지 말고 선은 받들어 행하라〔諸惡莫做 諸善奉行〕고 가르쳤습니다.
- **답변** : 자아를 버리고 대자연과 하나로 되라는 것입니다.
- **답변** : 불법은 사람을 위하여 만든 법입니다. 때문에 불법은 우리들에게 어떻게 사람노릇을 하고 어떻게 일처리를 하는가 하는 것을 가르쳐 주었습니다.
- **답변** : 불법은 우리들에게 물질불멸 정신불멸을 알려주었고, 우리들의 윤회는 업력과 인연 때문에 조성된 것이라는 것을 알려주었습니다.
- **답변** : 부처님은 우리들에게 악을 행하지 말고 선을 행하며 뜻을 깨끗이 하라고 가르치고, 제행무상諸行無常, 제법무아諸法無我, 열반적정涅槃寂靜 이라는 것을 가르쳐 주었습니다.
- **답변** : 부처님은 우리들에게 그와 같이 생각하고 그와 같이 말하며 그와 같이 하라고 했습니다.

- **만행스님** : 그렇다면 여러분은 '여시如是'가 무엇인지 알겠군. 무엇을 '여시'라고 하는가? 어떻게 말하고 어떻게 생각하고 어떻게 일을 하면 되는가?
- **답변** : 인연에 따라 나날을 보내는 것을 '여시'라고 하고, 이심전경以

心轉境을 하고 경계 때문에 휘둘리지 않는 것을 '여시'라고 합니다.

- **답변** : 불법은 우리들에게 '진공묘유眞空妙有'라는 네 글자를 가르쳐 주었습니다. 오직 이 네 글자를 심각히 인식해야 불경의 모든 뜻을 알 수 있습니다. 이 네 글자는 세간의 모든 문제를 다 해결할 수 있습니다.

- **만행스님** : 아~! 어이하여 이다지도 식견이 없는가? "이치가 명석하면 길이 밝고, 길이 밝아야만 성사하노라."는 말이 있다. 이 말은 이치가 명석하면 앞길이 밝고, 길이 밝으면 모든 일이 다 성사된다는 말이다. 여러분들은 이치도 명석하고 가는 길도 밝다. 단지 최후의 성취만 못했을 뿐, 한창 가고 있는 중이라고 생각할 수 있다. 과연 그렇다면 언제 어느 때 목적지에 도달하겠는가? 자기의 전업에 대한 식견도 없고, 자기가 추구하는 신앙이 무엇인지도 모르면서도, 이렇게 신앙하고 이렇게 생각하며 이렇게 성취한다고 하지 않는가!? 참 가엾고 가련하다!

자기가 하는 일에 최선을 다 하지 않고, 더 잘하겠다는 정신이 없다면 그런 사람의 삶은 의의가 없는 것이다. 하지만 중생들은 이와 같은 생각을 이해하지 못한다. 자기가 갈망하는 것을 완벽하게 추구하지 않는다면, 어떻게 이 모든 것을 초월할 수 있겠는가! 당신의 신앙과 추구가 완벽해야 그것을 초월할 수 있다. 아니면 영원히 이 일에서 윤회하게 된다.

가슴속 깊이 그 어떤 일을 간직하고 그리워하며, 또 이 문제로 인해 끊임없이 윤회하게 되는 까닭은, 우리들이 이 일과 융합하여 하나로 되어보지 못했고 얻지 못했기 때문에, 그 욕망에 연루되어 끊임없이 윤회하는 것이다. 그 욕망이 만족된다면, 그것도 가장 좋고 가장 완벽하게 만족된다면 초월할 수 있다. 그 어떤 일들을 잊지 못하는 원인은, 이를테면 먹고 입고 노는 것들이 성이 차지 않는 것은, 제일 좋은 음식을 못 먹어봤고, 제일 좋은 옷을 못 입어봤고, 가장 재미있는 놀이를 못해보았고, 제일 아름다운 것을 보지 못했고, 제일 좋은 집에서 살아보지 못했기 때문이다. 만약 제일 좋은 것들을 모두 소유하고 체험하고 겪어 보았다면 다시는 세상만물에 미련을 두지 않을 것이다!

우리들은 진짜 불쌍하고 가련하다! 아무 것도 얻어 가지지 못했고, 아무 것도 보지 못했으며 겪어 보지 못했으니, 어떻게 초월하고 간파하며 내려놓을 수 있겠는가? 모든 것을 이미 간파하고 내려놓고 초월했다고 한다면, 자기가 자기를 기만하는 것이다!

사바세계에서 무량겁의 윤회를 겪었는데, 어떤 것인들 겪어보지 못했겠는가? 그러나 우리들의 깊은 심령 속에는 여전히 초월할 수 없는 것들이 있다. 그렇다고 세상의 모든 일들을 우리들이 몸소 겪어봐야 된다는 이치는 없다. 또한 반드시 자신의 손발, 눈, 코, 입, 귀를 통해야만 초월할 수 있다는 뜻이 아니다.

부처를 믿는다는 사람들이, 어떻게 자기가 믿고 자기가 배우는 공부에 식견이 없단 말인가? 필생의 정력으로 자기의 신앙을 신봉하고 추구했다면서, 신앙문제를 말하면 겨우 겉핥기에 불과하거나 영 동떨어진 말만 하고 있다. 물론 어떤 사람의 말은 거의 비슷하기도 하다. 만약 세속의 사람들이 "당신들은 출가하여 부처님공부를 하면서 도를 닦는다고 하는데, 불교는 무엇을 가르치고 세존은 무엇을 가르치든가?" 하고 물을 때, 금방 대답한 그대로 해답한다면 어떻게 생각하겠는가? 우리들은 출가한 스님들이다. 불교는 어떤 가르침을 주고, 부처님께서 득도하신 후 어떤 가르침을 주었으며, 불교가 창립된 후 또 어떤 가르침을 주었는가 하는 것들을 모를 리가 없다. 하지만 우리들은 정확한 해답을 못하고 있다!

내가 스스로 걱정거리를 만드나 싶다. 이런 문제들은 묻지 않아도 모두 알 것이라고 믿었는데, 묻고 난 후에야 비로소 누구도 정확한 해답을 못한다는 것을 알게 되었다. 자기의 신앙을 위하여 신심을 다하여 노력하고, 심지어 부모·자식·처자·가정까지도 버리고 출가해서 부처님 공부를 하고 도를 닦았는데, 당신들이 신앙하고 믿은 것은 사도인 것이다. 왜냐하면 이것이 당신의 식견이고 손을 쓰는 곳이고 용공하는 방법이므로 사도가 아닐 수 없다!

작년 원단(1월 1일)에 아래와 같이 여러분들에게 물었다. "당신들이 동화사를 찾아와 만행스님을 따른다고 한지 이미 몇 년이 넘었다. 만행스님의 부처님사상은 무엇인가? 그분은 어떻게 용공用功하라고 가르치든가?" 그런데 대답하는 사람이 한 사람도 없었다. 몇 년 동안 만행스님을 따르면서 배웠다는 사람들이 어찌 만행스님의 부처님사상을 모르고, 어떻게 수행을 가르치는지를 모른단 말인가?!

그 때 이 만행은 충격을 받지 않을 수 없었다. 오랫동안 생각한 결과 생각을 바꾸어서 오늘은 이렇게 묻고자 한다. "부처님은 우리들에게 무엇을 알려주었는가? 부처님을 믿는다는데 불교는 우리들에게 무엇을 알려 주었는가?" 결국은 이 물음도 대답 못하고 있다. 출가한지 몇 해가 되는데 어떻게 자기들이 신앙하는 부처님이 무엇을 가르치는지를 모르는가?! 마치 "당신 부모는 어떤 사람인가?"하는 물음에 대답을 못하거나 똥딴지같은 대답을 하는 것과 같은 것이다.

오랫동안 자기가 존경하는 사람과 같이 살면서, 그 사람의 사상과 그 사람의 착안점을 모르고, 부처님공부는 어디서부터 손을 써야 한다고 하는 것도 모르는 사람들이 어찌 이천오백 년 전 싯다르타의 뜻을 알 수 있고, 그의 가르침과 그의 수행방법 그리고 어떤 분인가 하는 것을 알 수 있겠는가? 가히 이해할만 하다. 같이 일하고 같이 밥 먹는 사람도 어떤 사람인 줄을 모르는데, 어찌 아득히 먼 옛날의 싯다르타를 이해할 수 있겠는가? 하지만 금방 동화사로 오신 ㅇㅇ거사님은 만행의 부처님사상에 대해 거의 정답으로 해답했다. 내가 이해할 수 없는 것은 오랫동안 만행의 신변에 살았던 사람들의 대답이 오히려 똥딴지같은 것이다.

당신들의 소위 '도심道心'이라는 것은 당신들이 갈망했던 신앙이 아니라 모두 범부들의 망상에 불과하다. 22년 전 만행의 소망은 오늘날까지 한 번도 동요한 적이 없었고 변한 적이 없었다. 내가 출가할 때는 신앙이 없었다. 다만 사찰의 분위기와 환경 그리고 스님들의 생활이념들이 너무 좋아 보였고, 나에게 아주 합당하다고 생각되었기 때문에 이 행렬에 들어선 것이다. 출가하여 2년 만에 불교에 대한 이해가 있었고 신앙도 있게 되었다. 진정한 신심과 보리심이 있은 뒤로는 오늘날까지 변한 적이 없었다. 물론 나도 계속 변하기는 했다. 그렇지만 보리심이 더 증가될 뿐 줄어들지 않았다. 출가하여 신앙을 추구하는 길에서 방향을 잃어보지 않았고, 방황하고 주저하며 불안해 본 적이 없었다.

환경이 나쁘면 나쁠수록 그 환경을 통탄하고 나쁜 환경을 고치리라고 굳게 맹세했다. 하지만 직접적으로 고친 것이 아니라, 나를 바꾸고 몸소 모범을 보이면서 주변의 환경에 영향을 주었다. 나는 남을 개변시킬 능력과 담력 그리고 권리와 책임이 없다. 하지만 나를 개변시킬 능력과 담력, 권리와 책임이 있다. 때문에 석가모니 부처님께서 득도하신 다음 "중생들은 모두 여래의 지혜와 덕상德相을 가지고 있고, 사람마다 모두 부처이다."라고 말씀하신 것이다.

불법은 우리들에게 무엇을 가르쳐 주었고, 우리들에게 어떻게 하라고 했는가? 심혈을 기울여 들어야 한다.

첫 번째로 '출리심出離心(벗어나 떠나는 마음)'이다. 출리심은 광의와 협의로 나뉜다. 광의에서 말하는 출리심은 이 사바세계를 출리한다는 말이다. 협의로 말하면 재색명식수財色名食睡와 공명이록을 모두 초월하고 출리한다는 것이다. 그것에 미혹되지 않고 타도되지 않으며 모두 출리하고 초월하는 것이다. 부처님께서 우리들에게 '불자삼심佛子三心'이라고 말씀하셨는데, 첫 번째가 바로 출리심이다.

두 번째로 지혜의 마음. 즉 반야의 마음이다. 지혜는 우리들의 능력이고 우리들의 힘이며 우리들의 재부이다. 지혜가 있다면 모든 것을 얻을 수 있고, 창조할 수 있으며, 모든 것을 성취할 수 있다. 때문에 우선 부처님의 출리심을 배우고, 다음에는 부처님의 지혜의 마음을 배워야 한다.

세 번째로 대자비심이다. 지혜심만 있어도 부족하다. 대자비심이 있어야 한다. 그래야 이기利己를 할 수 있고 나아가 이타利他를 할 수 있다. 불자의 세 말음을 구비하지 못하면 진정한 불자가 아니다.

불교는 우리들에게 무엇을 가르쳐 주었는가? 불교는 우리들에게 사람마다 모두 불성이 있고, 사람마다 모두 부처가 될 수 있다고 가르쳐 주었다. 사람마다 불성이 있고 모두 성불할 수 있다면, 우리들은 어떻게 해야 하는가? '출리심, 반야심, 대자비심', 이 세 마음은 우리들의 방향이고 준칙이며, 우리들이 나아가는 절차와 단계이다. 시작부터 끝까지, 고금의 안과 밖, 과거, 현재, 미래를 포함하여, 부처님공부를 한다면 영원히 이 세 가지 곡조를 불러야 한다.

제 3부 지식이 있어야 지혜가 꽃핀다.

1강

지식이 승화되면 지혜가 된다

■**질문** : 스승님! 육조대사는 글공부를 하지 않았지만 깨우치고 설법을 할 수 있었습니다. 수행과 지식은 필연적인 관계가 없지 않습니까?

■**만행스님** : 너는 실천으로 이것을 점검하라. 아울러 이 관점을 꼭 머릿속 깊이 새겨두어야 한다. 천여 년 만에 단 육조 한 분만 나타났다. 만약에 육조께서 지식이 있었더라면 어떤 상황이었겠는가? 지금 세계적으로 인정하고 있는 대사들은 모두 박사들이고 교수들이다. 그들은 학력도 높을 뿐더러 수준도 상당하다. 사람들은 자신이 지식도 없고 문화도 없는데도, 배우기 싫으면 육조를 방패막이로 삼는다. 너는 자기 자신을 책임질 생각이 있는가 없는가?

■**답변** : 스승님! 저는 『왕봉의 언행록王鳳儀 言行錄』을 읽으면서 많은 것을 배웠습니다. 그런데 왕봉의도 글공부를 하지 않은 사람입니

다.

■**만행스님** : 그렇지. 책을 읽고 지식을 배우기는 싫고 하니, 항상 그런 정보만 수집하는구나. 조사들도 글공부를 하지 않았는데, 배우지 않아도 된다는 근거를 찾는 것이로군!

왜 지식도 많고 학력도 높은, 그렇게 많고 많은 성취한 사람들을 따라 배우겠다는 생각은 하지 않고, 글공부를 하지 못한 사람들만 살피는가? 비록 그분들이 정식 글공부를 하지 못했지만 어찌 학식이 낮다고 말하겠는가? 왕봉의는 학교에서는 하루도 글공부를 하지 못했지만, 어린 시절에 집에서 사서오경四書五經, 제자백가諸子百家를 모두 읽었다. 어찌 그분을 책을 읽지 않은 사람이라고 할 수 있겠는가? 어찌 네가 학교에서 읽은 그 보잘 것 없는 책들과 왕봉의가 읽은 책들을 비교할 수 있겠는가!

옛날 불교의 많은 대사들도 학교에서 글공부를 한 것이 아니다. 출가한 후 스승들이 한 글자 한 글자씩 제자를 가르쳐주고 경문을 읽게 하면서 배양했다. 말하자면 그분들은 학력도 지식도 문화도 있는 것이다. 지식도 있고 문화도 있지만 학력이 없는 사람은 반드시 허심하고 겸손하다. 만약 이런 대사들이 정규적인 학당에서 당당하게 글공부를 했다면 그 영향력은 단지 이것뿐이 아닐 것이다.

신수대사는 위풍당당하게 황궁을 드나들면서 수천만 명에게 설법했다. 하지만 육조는 다만 남화사 관할의 작은 절에서만 설법했던 것이다. 육조는 한평생 설법을 했지만, 대학생 제자로는 단지 한림학사인 법해선사 한 분이었다. 법해선사는 이미 득도하고 깨우친 사람이다. 법해선사는 육조께서 일생동안 설법하신 내용을 정리하여 세상에 펼쳐 놓았는데, 이 책이 바로 지금 우리들이 보고 있는 『육조단경六祖壇經』이다.

■ **질문** : 그렇다면 제자가 대단한가요, 스승이 대단한가요? (대중들 웃는다)

■ **만행스님** : 물론 제자가 더 대단하지(스님도 웃으셨다). 하물며 지금 우리들이 볼 수 있는 『육조단경』은 이미 득도하신 조사대덕들께서 수없이 번역하고 수정하여 만들어진 것이다.

때문에 이와 같은 이념들이 장래에 성공하지 못하는 원인이 되는 것이다. 진리는 숭상하며 두려워하지 않고, 두뇌는 텅 비고 아무것도 없으면서 진종일 앉아서 '득도하고 성불할 것이다'하고 허튼 생각만 한다. 그리고 어떤 대사가 어떤 곳에 왔다고 하는 소문만 들으면 미친 듯이 달려간다. 이렇게 여기저기 헤매고 날뛰는 사람들은, 나중엔 힘들고 지쳐서 허송세월을 보내다가 한평생 아무런 성취도 이루지 못하는 것이다.

어느 때 가서 두뇌도 조용하고 마음도 가라앉으면, 침착하게 국내외 대사들의 저작들을 읽어보고, 그들의 사상을 이해하면서 배워야 할 것이다. 시간이 없으면 목록을 보고 제목을 읽으며, 저자들의 약력을 읽어도 이익은 적지 않을 것이다. 제목만 보아도 문장의 중심내용을 알 수 있으며, 저자의 관점이 무엇인가 하는 것을 알 수 있을 것이다.

옛날의 조사들이 목이 터지도록 "수행의 첫걸음은 식견이다."고 외쳤거늘, 오늘날 사람들은 식견이 첫째라는 것을 모른다. 그러니 어떻게 두 번째 단계인 수증을 할 수 있는가? 수증을 할 수 없으니, 어떻게 불법의 진실함을 검증할 수 있고 나아가서 행원을 할 수 있겠는가!?

■ 답변 : 스승님! 경전들은 너무 심오하여 이해할 수 없고, 읽게 되면 졸음이 옵니다.

■ 만행스님 : 어찌해서 알아보지 못하는가? 문자에 대한 기초지식이 너무 약한 것이다. 만약 5천 한자의 어휘를 장악하지 못한다면 어떻게 『용수육론龍樹六論』과 『대지도론大智度論』을 읽을 수 있고, 『능엄경』과 『능가경楞伽經』을 연구할 수 있겠는가? 불경을 읽을 수 없는데 어떻게 이해하고 운용할 수 있겠는가? 설사 읽고 이해할 수 있다고 해도 장악하고 운용할 수 있는 것은 아니다. 그 뜻을 이해하고 운용해야 비로소 장악했다고 할 수 있다.

옛사람들이 말하기를 "7푼은 식견이고, 3푼은 수증이다."라고 했다. 그러니 식견이 얼마나 중요한가 하는 것을 알 수 있다. 식견은 이생의 경계가 높고 낮음을 결정하고 그 심도를 결정한다. 더욱이 이 방면에 중요한 것은 너를 계몽시키는 계몽선생인 것이다. 이생에 성취할 수 있느냐, 입도할 수 있느냐, 정법을 들을 수 있느냐, 수행에서 성취할 수 있느냐 하는 문제들은 모두 너의 계몽선생에게 달린 것이다.

■답변 : 지금 많은 법사들은 자랑하기를 좋아하고, 불법을 신비하게 만들어 신도들을 미혹시킵니다. 때문에 신도들은 불법을 배우지 않을 때는 괜찮지만, 부처를 믿기 시작한 다음부터 오히려 신경이 예민해지고 괴이하게 변합니다.

■만행스님 : 그것은 네가 모르는 소리다. 네가 전당殿堂에 들어가 보지 못했기 때문에 그 안을 신비하다고 생각한다. 만행도 그 안에 있는 사람이다. 그런데 사람들은 왜 이 만행을 신비하고 괴이하게 생각하지 않는가? 만약 네가 이 안의 사람이라면 신비하고 괴이한 사람이 되고 싶고, 사람들을 미혹하고 싶은가? 네가 모르기 때문에 안으로 들어오지 못하고, 만행은 알기 때문에 안으로 들어온 것이다.

옛날 사람들은 "약은 꼭 편작의 처방이라야 되는 것이 아니고, 책은 꼭 공자의 책만 읽어야 된다는 것이 아니다. 마음에 맞으면 따르고, 병이 나아지면 좋은 약이다."고 했다. 반드시 편작의 처방만 병을 없애는 것이 아니라는 말이다.

■답변 : 그 때 당시 제가 바로 스승님의 사상을 따라 말을 했던 것입니다.

■만행스님 : 말하지 말거라. 말이 길면 말꼬리를 잡히고 올가미를 씌우고자 한다. 마땅히 자기의 견해를 면밀하고 빈틈없이 말해야

하는 것이다.

- **답변**: 제가 한 말은 저 자신의 지혜가 아니라 스승님의 말씀을 빌어서 한 말이므로, 설득력이 부족하여 사람들이 믿지 않는다는 뜻입니다!
- **만행스님**: 내가 한 말을 기억하고 마음에 새기고 천천히 소화하면서 자기 것으로 만들어야 한다. 그리고 나의 한 가지 말만 기억하지 말고, 적어도 백여 가지 말들을 들어보면서 가공하고 융화하여 자기 것으로 만들어야 비로소 말을 할 수 있다.
- **만행스님**: 너는 성불하고 싶다고 하는데 무엇으로 성불하겠는가?
- **답**: 저는 젊기 때문에 충분한 시간이 있습니다.

- **만행스님**: 그리고 또 무엇이 있는가?
- **답변**: 부처님께서 말씀하시기를 "모든 중생은 다 여래의 지혜덕상智慧德相을 가지고 있고 성불할 수 있다."고 했습니다. 육조대사께서도 "자성은 본래부터 구족되고, 중생은 본래부터 평등하고, 본래부터 부처였다."고 했습니다. 기왕 이렇다면 제가 왜 성불을 할 수 없겠습니까?
- **만행스님**: 아주 좋구나. 기왕 그렇다면 세속에 나가서 한번 잘 써보면서 시험해 보는 것이 좋겠다.
- **답**: (다른 사람이 대신 대답했다) 아직은 때가 되지 않았지요.
- **만행스님**: (스님도 웃으셨다) 그렇지. 아직 때가 되지 않았구나! 네가 답변하기 전에 저분이 앞서 유창한 답변을 해주었구나. 이것이

바로 지혜이다.

■질문 : 스승님! 사람은 도대체 무엇을 위하여 사는가요? 스승님께서 말씀 하시기를, 출세간의 일을 아무리 많이 해도 세간에 해놓은 것이 없다면 결국은 헛된 삶이고 써먹지 못한 것이라고 하시지 않았습니까?

■만행스님 : 만약 출세간의 것을 진정 다 알고 깨달았다면 반드시 세간에서도 써먹을 수 있다. 또 세간의 것을 철저히 알았다면 아주 쉽게 출세간으로 들어갈 수 있고 나올 수 있다. 우리들이 출세간으로 들어갈 수 없는 원인이 바로 세간의 공부가 수준에 미치지 못했기 때문이다. 아는 사람은 무엇이나 분명하고 명백하게 알 것이고, 모르는 사람은 세상물정 아무 것도 모르는 것이다.

■질문 : 스승님! 기량이 뛰어난 사람만이 성불할 수 있겠지요?

■만행스님 : 성불은 본래 비범한 사람들이 할 수 있는 일이다. 어찌 범부들이 할 수 있는 일이겠는가!

■질문 : 스승님! 우리들이 하는 모든 것은 바로 자기가 받아들인 것을 쓰는 것이겠지요?

■만행스님 : 자기도 받아들여 쓰지 못하면서 어찌 사람들에게 이익을 줄 수 있겠는가? 자기 자신도 번뇌 망상에 빠져 헤매는데, 어찌 사람들을 도와 번뇌를 없애주고 위안을 줄 수 있겠는가! 이것을

소위 '자리이타 자각각타(自利利他 自覺覺他)'라고 하는 것이다. 이렇게 하면 피차간 모두 원만하고 피차간 모두 즐거울 것이다.

홀로 즐겁고 주변의 사람들은 모두 우거지상을 하고 있으면, 이 세상 사람들은 모두 즐겁지 않을 것이다. 이것이 바로 부처 보살님들이 이미 해탈했지만 떠나가지 못하는 이유이다. 또 그분들은 가지 못한다.

- **답변** : 스승님! 책을 볼 수 있는 시간이 확실히 적습니다.

- **만행스님** : 책을 읽는 시간은 많지 않아도 된다. 하루에 한두 페이지만 보아도 된다. 한 마디 말, 한 가지 문제를 가지고 사고한다면 잠을 자면서 꿈에서도 답을 얻을 수 있고 의심을 풀 수 있다. 반드시 책의 문제만 사고하라는 것이 아니다. 사람을 만났거나 혹은 그 어떤 일에 봉착했을 때, 그 어떤 말 한마디라도 사고할 수 있는 것이다. 우리들은 마땅히 자기가 배운 지식을 응용할 수 있어야 한다. 지식으로 인식을 제고하고, 생활 속에서 배운 지식을 점검할 수 있어야 한다.

옛날 사람들은 "제일 미련한 사람은 책만 읽고, 제일 총명한 사람은 사람을 읽을 줄 알고, 제일 지혜가 있는 사람은 자기를 읽을 줄 안다."고 했다. 이것을 '독서讀書, 독인讀人, 독기讀己'라고 한다. 나는 책밖에 읽을 줄 모르므로 제일 미련한 사람이다. 하지만 어떤 사람들은 책도 읽을 줄 모르니 나보다도 더 미련하다.

- **답변** : 사람들이 스승님과 담소를 나누면 즐거워하고 듣기 좋아합니

다. 하지만 어떤 사람들은 그럴듯하게 화려한 말을 하여도 사람들은 (들으려고 하지 않습니다.)

■만행스님 : 나는 여러분을 한 집안 식구이고 모두 제자라고 생각한다. 자기 집 식구 또는 제자들과 솔직한 말을 못하는 사람은 스승이 될 자격이 없다. 수준이 높고 낮은 것은 다른 문제다. 불교에서 "알면서 진정으로 말하지 않는 것은 사람들의 혜명慧命을 끊어버리는 것이지만, 몰라서 틀린 말을 하는 것은 다른 문제이다."라고 말한다.

불교는 모든 것을 마음에서 일어나는 생각을 위주로 인과를 논한다. 내가 몰라서 틀리게 한 말은 인과가 크지 않지만, 그것을 분명히 알면서도 거짓말을 하는 인과는 상당히 큰 것이다. 마치 지금 세간에서 출세한 많은 대사들의 이론을, 누구의 것은 높고 낮으며, 누구의 것은 옳고 그르며, 누구의 것은 정이고 사인가 하는 것을 사람들이 모를 리 없다. 나는 분명 다 알고 있다.

나는 이렇게 자신에게 요구한다. 일단 동화사에서 나가면 불법을 말하지 않고, 사람들의 공양을 받지 않으며, 제자를 받지 않는다. 앞으로 당신들도 나가면 이런 방식으로 자기에게 요구해야 한다. 이것이 바로 도道이고 이것이 바로 세상물정의 도이다. 이 도를 모르면 생존할 수 없다.

속담에 "도적들도 지키는 도가 있다."는 말이 있다. 각종 직업마다 모두 자기들이 준수하는 도가 있다. 즉 이것이 진리이고 이것이 도이다. 이 도를 알게 되면 영원히 튼튼하고, 불패의 자리에 서 있을 수 있다. 만약 도를 위배한다면 필연적으로 그에 따르는 큰 대가를 치를 것이다. 세상에는 결과가 없는 일이 없어서, 어떤 일을 하든지 모두 그에 따르는 결과가 생긴다. 이것을 어떤 인을 심으면 어떤 열매를 수확한다고 하는 것이다. 존재를 놓고 말한다면 사물은 모두 상대적이고 절대적인 것이 없다.

사실 여러분들에 대한 기대가 아주 컸고 심지어 환상까지 있었다. 하지만 차츰 차츰 기대와 환상은 무너지고 사라지게 되었다. 여러분들은 이렇게 젊고 진지하며, 함께 배우고 함께 수행하는데 얼마나 행복하고 좋은 일인가? 한 곳에서 20년을 꾸준히 수행하고 나간다면 반드시 대사가 될 것이다. 한 곳에서 20년을 수행하면서 배우는 사람이 어찌 대사가 되지 않겠는가? 지금 우리들은 20~30살 밖에 되지 않은 젊은 사람들이다. 반드시 장래는 무량일 것이다.

불교에는 "육십에 뜻을 이룬다(六十得志)"는 말이 있다. 출가한 사람들이 60에 뜻을 이루어도 늦지 않다. 불문에는 "출가한 시간이 오래 될수록 보배다."라고 말한다. 젊은 스님들이 세속에 나가면 신도들이 잘 믿지 않을뿐더러, 설사 믿는다고 하여도 의심을 품을 것이다. '혹시 돈이 많게 되면, 나가서 먹고 마시고 계집을 보고 도박을 하며 타락한 생활을 하지 않을까? 혹은 환속하여 자식을 낳지 않을까?' 하고 의심한다. 혹은 '높은 직위를 주고 이름을 날리게 하면 함부로 아무 짓이나 하지 않을까?'하며 근심한다. 하지만 늙은 스님에게는 마음을 놓는다. 돈을 줘도 함부로 쓸까봐 근심하지 않고, 권한을 줘도 어떤 일을 벌일까 근심하지 않으며, 반드시 홍법할 것이라고 걱정 않고 믿는 것이다.

조사들은 "육십에 홍법해야 도道이다."라고 말씀하시면서, 육십 전에는 홍법을 주장하지 않는다. 옛날에는 교통도 불편하고 통신 도구도 없었기 때문에 홍법을 육십으로 정했다. 지금의 사회는 아주 진보하고 발달하여 속도가 빨라졌다. 그러므로 50에 나가도 홍법을 할 수 있다. 만약 기회와 인연이 성숙되지 못하면, 한 곳에 머물러 조용히 정신을 몰두하고 열심히 배우며 자기를 충실히 해야 한다. 이것을 "오랜 세월 열심히 공부할 때는 묻는 사람 없더니, 일거에 성공하니 이름이 만천하에 떨친다〔十年寒窓無人問 一擧成名天下知〕."라고 하는 것이다.

하지만 우리들은 꾸준히 배우고 열심히 수련하는 인내력과 의지력이 없으면서도 대사가 되고 성불하겠다고 한다. 이와 같은 큰 포부가 있는 것은 축하하고 좋은 일이라고 생각해야겠지만, 무엇으로 대사가 되고 무엇으로 성불하겠는가? 나는 성불하는데 반드시 갖추어야 하는 몇 가지 조건을 수없이 말했다. 그 몇 가지 조건들이 구비되었는가? 단지 젊다는 조건밖에 다른 것은 없지 않은가?! 단지 이 한 가지 조건만으로는 절대 안 된다. 반드시 훌륭한 심리자질과 건강한 생리자질, 그리고 좋은 스승, 좋은 환경과 좋은 불법이 모두 구비되어야 비로소 성취할 수 있는 것이다. 또한 성불하겠다는 마음가짐도 중요하다.

■ **질문**: 늘 사람들은 제 나이를 부러워하면서 좀 더 젊었을 때 출가하지 못한 것을 후회합니다. 스승님께서 저의 상황이라면 어떻게 인생을 계획하시겠습니까?

■ **만행스님**: 내가 그 나이라면, 대사의 곁에서 대사의 시자가 될 것이다. 옛날 크게 성취한 선사들을 보면 누구라 할 것 없이 모두 자기 앞의 대선사를 따르고 그의 시자가 되었다. 아울러 20년, 30년을 따르면서, 곁에서 시공하며 선사의 수양과 기백을 따라 배우고, 선사의 식견과 그의 심도와 높이를 따라 배우는 것이다. 그리고 선사님께서 다년간 누적했던 사회관계를 모두 이어 받으면서 대선사의 완전한 화신이 되는 것이다! 대선사님은 이미 겪고 성공한 분이기 때문에, 수행은 어디서부터 착수해야 하는가 하는 것을 손수 가르쳐 주시는 것이다.

내가 불학이론의 윤곽을 조금이나마 만질 수 있고, 이처럼 빨리 들어갔다 나올 수 있는 것은 나의 두 스승님의 덕분이다. 한 분은 랍몽대사이고 한 분은 공유스승님이다. 공유스승님은 아주 간단하게 알려 주셨다. "불학의 대문으로 들어가려면 『유식이십송唯識二十頌』과 『유식삼십송唯識三十頌』외의 다른 책으로는 들어갈 수 없다. 들어간 다음은 용수보살의 『중관육론中觀六論』2을 읽고 나오게 되면 반드시 대 기용이 될 것이다."

불학은 유식에서 입문하고 중관에서 나온다. 그 외는 다른 길이

---

2 『중론中論』, 『육십정이론六十正理論』, 『칠십공성론七十空性論』, 『회쟁론回諍論』, 『세연마론細研磨論』, 『성명언론成名言論』.

없다. 우리들이 독송하는 『화엄경』, 『법화경』, 『능가경』은 모두 현묘하고 불가사의한 말로 다할 수 없는 경계를 논했다. 중국의 학문이든지 외국의 학문이든지 간에 이 두 부류로 대별되는데, 하나는 유식이고 하나는 중관으로, 하나는 심리학이고 하나는 철학이다.

■질문 : 스승님! 철학이 더 높은가요? 아니면 심리학이 더 높은가요?
■만행스님 : 비록 철학은 현묘한 것을 말했지만 식견을 배양할 수 있고 좋은 기초를 닦을 수 있다. 심리학은 인생의 근본문제를 해결한다. 어느 대사를 막론하고 모두 대단한 철학가들이다! 철학을 통달하지 못하면 전체적인 인류의 지혜와 진리를 이해하지 못하며, 또 말재주가 거침없이 유창하고자 해도 어림도 없다. 진리를 깨달았다고 하는 것은 단지 이에 대한 이치를 알았다는 것을 말한다. 하지만 기본적인 문자기초와 언어기초가 없고 재료가 없다면 여전히 표현할 수 없는 것이다! 이것을 불문에서 "속은 훤히 알지만 입은 그렇지 못하다."고 하는 것이다. 왜 그런가? 문자기초가 없고 언어능력이 없기 때문이다. 이 이치를 알았다면 어떻게 해야 하는가 하는 것을 잘 알 것이다.

2강

지식은 영혼으로 통하는 다리이다

- **만행스님** : ㅇㅇ스님은 '공을 세운다〔立功〕, 덕을 쌓아라〔立德〕, 학설을 세우고 주장을 펼친다〔立言〕'라는 단어를 해석해 보라.
- **ㅇㅇ스님** : '공을 세운다'는 말은 이 세상을 위하여 이바지하며 창조한다는 말입니다. 사람은 살아서 이 세상에 공이 있어야 합니다. '덕을 쌓아라'는 사람은 덕이 있어야 하고, 자기의 모든 행위와 사상이 사람들의 모범이 되고 본보기가 되어야 한다는 것입니다. 덕은 천 년의 일입니다. '학설을 세우고 주장을 펼친다'라는 말은 자기의 사상과 언행이 세상에 유전되고 전해진다는 말입니다.
- **만행스님** : 아주 잘 말하였다. 공을 세운다는 말은 큰일을 하여 후세에 남긴다는 말이다. 말하자면 유형유상의 물건을 남긴다는 말이다. 학설을 세우고 주장을 펼친다는 말은 자기의 사상과 심득 그리고 자기가 느끼고 깨달은 것을 가지고 세인들을 인도하고 가르친다는 말이다. 그리고 덕을 쌓는다는 말은 도덕의 모범이 된다

는 말이다. 불교의 인욕대선忍辱大仙인 석가모니 부처님과 관세음보살 그리고 동북의 왕선인王善人께서 한 일들이 바로 덕을 쌓는 일들이다.

지금 우리들이 무슨 공을 세웠고, 무슨 덕을 쌓았으며, 무슨 학설을 세웠는가? 아무 덕도 쌓지 못했다. 우리들은 얻으려고만 할뿐, 이바지하고 창조하려고 하지 않는다. 지금 우리들은 모두 성불하겠다고 한다. 하지만 이미 출발점부터 잘못된 것이다. 이생의 수행이 어느 경계와 어떤 높이까지 도달하는가 하는 것은 그의 계몽스승께 달린 것이다.

부처님공부를 하는 사람들은 모든 일을 부처님공부와 인과문제로 연관지어 생각하면 안 된다. 감기가 들었으면 약국에 가서 감기약을 사서 복용해서 금방 낫도록 해야 한다. 인과의 문제로 생각해서 업장소멸을 한다고 계속 버티다가 반달을 못 넘기고 폐렴을 앓으면서도, 이것을 업장을 소멸하는 과정이라 한다. 어처구니없는 일이다. 얼마나 우매한 일인가? 부처님공부를 좀 했다고 모든 일을 부처님공부와 인과에다 갖다 붙이지 않는가? 무엇이 인과인가? 지혜가 있으면 좋은 인과를 만들 것이고, 지혜가 없다면 나쁜 인과를 만들 것이다. 무명에 끌려 다니면서 듣기 좋은 말로 '업장 소멸한다'고 하고 있다.

불교에서는 지혜를 재부財富라고 하고, 진정한 재부를 지혜라고 한다. 멍청한 사람이 돈을 벌었다고 복보가 있다고 하면 안 된다. 멍청한 사람은 지혜가 없는 사람이고 영혼이 없는 사람이다. 영혼이 없는 사람은 재부가 아무리 많아도 운용할 줄 모르고, 중생들에게 이익을 주지 못한다. 하지만 지혜가 있는 사람은 그가 살고 있는 곳의 백성들에게 복을 가져다주고, 백성들을 더 잘 살게 하는 힘이 있는 것이다. 그런 사람들은 한 가지 이념과 생각, 한 가지 방안만으로도 백성들에게 큰 혜택을 주는 것이다.

「천도天道」라는 드라마와 「남경南京」이라는 영화는 우리들의 영혼을 많이 자극하고 우리들의 인생을 많이 계발해주었다. 「대한천자大漢天子」, 「건륭황제乾隆皇帝」, 「옹정왕조雍正王朝」, 「강희왕조康熙王朝」 같은 역사적 드라마를 보는 것은 아주 좋다. 역사는 현실을 반영하는 거울이다. 그 거울에서 역사의 발전과정과 변천을 볼 수 있으며 영구불변의 법칙, 즉 도를 이해할 수 있다.

음악은 민족이라는 구분도 없고 국경선도 없다. 음악은 전 인류의 것이며, 천하 중생들의 영혼의 현현이고, 영혼의 부름이며 영혼의 노래이다. 오직 영혼 속으로 들어가야만 그 경전의 음악과 공명이 되는 것이다. 좋은 음악은 영혼을 꿰뚫고, 사람들을 이끌고 다른 시공으로 갈 수 있다. 기독교와 불교의 음악과 작품들은 사람들로 하여금 공령空靈의 상태에 들어가게 하고, 사람들은 음악을 듣다가 영혼이 승화되고 심령도 초월하게 된다. 이 모든 것은 사람들을 도와 수신양성修身養性하게 하고 사람들의 고상한 정조를 배양하게 하는 것이다.

지금 우리들은 좋은 곳에서 잘 먹고 잘 입고 잘 살지만, 우리들의 영혼은 도리어 텅 빈 상태이다. 우리들의 내재는 아주 궁핍하고 가난하다는 느낌이 들지 않는가? 지식도 있고 지혜도 있는 사람은 부유한 사람이지만, 아무리 잘 먹고 잘 입고 돈을 물 쓰듯 해도 진정으로 부유한 사람이 아니다. 항상 자기와 남을 대조하면서 반성할 줄 알아야 한다. 그렇게 해야 자기의 부족한 점을 발견할 수 있고, 분석하고 판단하며 감별할 수 있으며 지혜도 생기는 것이다. 분석하지 않고 감별하지 않는 사람은 판단하고 식별하는 능력이 없을 뿐만 아니라 지혜도 계발되지 않는 것이다!

■질문 : 스승님! 영혼의 공허는 지식으로 메울 수 있습니까?
■만행스님 : 지식 자체가 바로 지혜의 현현이고 영혼의 현현이다. 경전과 같은 영화, 드라마, 음악, 회화, 저작들은 두뇌의 산물이 아니라 모두 영혼의 산물이다.

그 어떤 언어든지, 그 어떤 형식의 예술이든지, 모두 '형상'을 빌어서 사람들의 영혼을 꿰뚫고 사람들의 영혼을 이끄는 것이다. 많고 많은 유형유상의 물건, 이를테면 좋은 영화, 좋은 음악 등등 그 자체가 바로 영혼의 현현이다. 우리들이 보고 들을 때, 이런 영혼의 현현의 힘은 우리들의 영혼을 꿰뚫고 우리들의 영혼을 불러 일깨워 주는 것이다. 이때에는 이미 지식이 아니라 영혼의 현현이고 지혜의 현현이다.

종교의 음악들은 아주 공령적空靈的이다. 듣는 사람으로 하여금 마음이 트이고 기분이 유쾌하며 사람들을 융화시키고 맺힌 것을 사라지게 한다. 사람들의 내재에 어떤 품질을 소유했다면, 바로 그러한 품질의 외계 물건들을 좋아하는 것이다.

얼마 전에 유럽의 30년대 영화를 보았다. 투우사와 인신매매 상인에 대한 영화였는데 보기가 아주 좋았다. 격투하는 장면이 좋은 것도 아니고 무용수가 좋은 것도 아니다. 그 영화에서는 인간성의 다른 한 면의 이치를 펼쳐 놓았던 것이다. 그 내용은 한 어머니가 자기의 어린 아들을 보호하기 위하여 두 남자와 부적절한 남녀관계를 갖는 이야기였다. 이 두 남자만이 자기 아들을 도와서 장래에 큰일을 성취하게 할 수 있다는 것을 안 어머니는, 자기 몸을 이 두 남자에게 헌신하기로 했다. 처음에 아들은 어머니의 마음을 몰랐고 이해하지 못했다. 그 후 아들이 드디어 그 연유를 알게 되었다. 연유를 알게 된 아들은 어머니의 거대한 고심을 알았을 뿐만 아니라, 어머니는 아주 위대한 분이라는 것을 깨닫게 되었다.

처음 이 두 남자는 단지 여인에 대한 점유욕으로 그녀의 몸을 희롱했다. 하지만 아들을 위하여 몸을 헌신했다는 것을 안 두 남자는 진심으로 그녀를 흠모하게 되었고 경복하지 않을 수 없었다. 그래서 그들은 대책을 강구하여 아들로 하여금 어머니를 완전히 이해하게 하고 받아들이게 했다. 영화의 끝은 아주 완벽하고 원만했다. 그들은 서로 이해하면서 피차간의 영혼이 승화된 것이다. 만약 영화의 핵심을 보지 못하고, 오로지 '이 영화는 사랑을 묘사한 장면만 많구나' 한다면 작가의 영혼을 모독하는 것이고 감독의 지혜를 모독하는 것이다.

 3강

담력과 식견이 겸비되어야 인재가 될 수 있다

■ 만행스님 : 춘절을 한 달 앞두고 동화사에서 상주하는 대중들은 각기 한 차례 자아평론을 할 것이다. 자아평론 한 다음 내가 총평을 하겠다.

■ A : 제가 자아평론을 하겠습니다. 저는 기백도 없고 담력과 식견도 없으며 마음의 헤아림도 작습니다. 동화사에 상주하는 여성대중 가운데 저의 능력이 제일 부족한 것 같습니다. 동화사에 온 이 몇 년 동안 아무런 진보도 없는 것 같으며, 상주하는 것이 참 송구하고 미안하기 그지없습니다. 떠나자고 하니 너무 아쉬워서 떠나지도 못하겠습니다.

■ 만행스님 : 동화사에서 상주하는 여성대중들 가운데 너는 비교적 열심히 공부하고 열심히 수행하는 사람이다. 네가 자아평론한 것처럼 담력과 식견이 부족하다. 자기의 언행을 너무 조심하기 때문

에 마음의 문을 열지 못하고 활기가 없다. 이런 심리상태는 여성들의 보편적인 경향이고 공통된 심리상태이다.

나는 여러분과 이런 말을 많이 하였다. "우리들은 보잘 것 없는 스님들이다. 보잘 것 없는 스님들인데 두려울 것이 무엇이며 부끄러울 것이 무엇인가? 잃을 것도 잃을 만한 본전도 없다."고. 사람들은 손해를 볼까봐 두려워하지만, 우리들은 손해 볼 것도 사기 당할 것도 없다. 자질이 아무리 높은 사람도 담력과 식견이 없으면 일을 성사하지 못하는 것이다. 너의 마음가짐은 아주 건강하고 좋다. 자기에 대한 요구수준이 아주 높으며, 줄곧 끊임없이 노력하고 있음을 나는 너무 잘 알고 있다. 다만 담력이 작은 것이 결점이다.

자질을 높이는 것은 2~3시간으로 되는 것이 아니다. 일상적인 일을 하는 가운데서 진실하게 흉금을 열고, 적어도 10년~ 20년이라는 시간으로 연마하지 않으면 자질을 높이는 것이 불가능하다. 아주 긴 세월을 거쳐야 비로소 자질이 높아지기 때문에, 몇 달 혹은 반년 정도 노력하고 효과를 보지 못하면 포기하고 만다. 옛말에 "10년에 칼 한 자루 벼린다."는 말이 있다. 그런데 우리처럼 후천적 자질이 낮은 사람들이 10년에 칼 한 자루를 벼릴 수 있겠는가?

지금 이 자리에 있는 우리들의 선천적 자질은 다 좋다. 하지만 대부분 시골에서 태어났고 문화지식이 얕으며 고등교육도 받아보지 못하고 출가하였다. 출가 후 매일 절 생활을 하면서 외부와 접촉이 없고 세상일을 겪어보지 못한 것이다. 이런 사람들에게 어떻게 자질을 높이라는 말을 하겠는가? 불교에서는 상황에 맞는 쓰임을 강조한다. 하지만 겪어도 보지 못했고 체험도 없는 사람들에게 어떻게 상황에 맞는 쓰임이란 말을 할 수 있는가?

우리들은 날마다 같이 살면서 수행한다. 서로서로 아주 익숙하고 아주 잘 아는 사이인데, 무엇이 두려워 그 보잘 것 없는 것을 내놓고 말을 못하는가? 자기를 표현할 수 있는 기회가 있으면 꺼리지 말고 서슴없이 말을 하고 표현하며, 할 만한 일이 있으면 대담하게 일을 하면 되는 것이다. 옛 사람들은 "여러 가지 재능을 배워서 쓰고자 한다."고 하였는데, 배운 것이 아무리 많아도 써먹지 못하면 아무런 가치가 없는 것이다. 자기의 약한 점을 드러내지 않으면 진보할 수 없다. 제 집안인데 무엇을 그렇게 망설이고 꺼리는가?

마음의 문을 활짝 열고 책을 많이 읽어야 한다. 인천사표가 되려면 불학지식을 배워야 할 뿐 아니라 세간의 학문도 배워야 한다. 오직 부처만 오명을 통달하는 것이 아니다. 출가한 사람, 법사라면 오명을 통달하지 못하더라도 적어도 오명을 알아야 한다. 지금 사회 사람들의 자질은 과거에 비해 높은 편이다. 그들이 우리를 찾아 올 때는 부처님공부에 대한 지식만 물으러 오는 것이 아니다. 사업, 가정, 동료들 사이에 대한 가르침도 받으러 오는 것이다. 훌륭한 스님이라면 풍부한 지식이 있어야 할 것이다.

나의 경험에 의하면, 우리를 찾아오는 신도들이 많지만 수행에 관한 문제를 가지고 오는 신도들은 겨우 4분의 1밖에 되지 않는다. 나머지 사람들은 세속의 일에 대해 가르침을 받으려고 한다. 사람들은 스님들을 아주 비범한 사람으로 생각하고 세속의 일을 묻고 가르침을 구한다. 그러므로 우리들은 반드시 그들에게 정확한 답안을 주어야 한다.

모두들 도서관에 가서 책을 많이 읽기를 바란다. 특히 세간의 학문, 이를테면 중국문학사, 외국문학사, 중국역사 등등의 책들은 우리들의 자질을 높이는데 많은 도움을 줄 것이다. 자질이 낮은 원인도 바로 이러한 지식들이 부족하기 때문이다. 지식은 지혜문을 여는 가장 좋은 도구이다. 지식의 기초가 없다면 심령의 지혜문을 열기 힘들며, 세간학문에 대한 기초가 없고 기본적 소질이 없다면 내재된 영기를 체현할 수 없다.

우리절의 어린 사미 WZ는 아주 영특하다. 하지만 학문적 지식도 없고 책을 얼마보지 않았기 때문에 모르는 것이 너무 많다. 아무리 영특하다고 하지만, 세간의 학문적 기초가 없기 때문에 말을 시키면 한 마디도 제대로 대답을 못한다. 문장을 쓰는 것도 마찬가지 이치다. 글을 잘 쓸 수 있고 글귀를 잘 만들어 낼 수 있다는 것은, 문학소양과 문학기초가 튼튼하게 갖추어 있음을 말한다. 그런 기본적인 기초가 없다면 글 쓰는 재주가 있을 수 없다. 지식은 우리들의 부족한 부분을 보충해 준다. 영기가 부족한 사람이라도 지식만 풍부하면 그 사람의 허물을 가릴 수 있다.

우리들은 모두 젊고 혈기가 왕성해서 시련과 좌절을 두렵지 않게 이겨 나아갈 수 있다. 다만 나이가 50세, 60세, 70세가 되면 기력이 부족하기 때문에 더는 이겨 나갈 수 없게 된다. 하지만 젊은이들은 그 어떤 이상도 다 실현할 수 있다. 불교에는 "어린 사미들을 낮추어 보지 말라."는 말이 있다. '젊다'는 충족한 자본으로 10년~ 20년이라는 시간을 용맹정진하면 반드시 이상을 실현할 수 있기 때문이다.

우리는 이미 출가한 스님들이고 부처님공부를 하는 사람들이다. 그 어떤 대단한 노력이나 훌륭한 일처리도 모두 과분하지 않고, 영원히 마땅히 그렇게 해야 한다. 뿐만 아니라 항상 부족하다는 마음을 가져야 한다.

사람의 담력과 식견도 경계이다. 옛날 사람들은 "일을 하려면 담력과 식견이 있는 사람들과 같이 하라."고 하였다. 어떤 사람을 담력과 식견이 있다고 할 수 있는가? 핵심을 여는 시각으로 과감하게 감당할 수 있고, 개인적인 득실 보다는 전체적인 국면에서 문제를 생각할 줄 아는 사람이다. 담력과 식견은 우리들이 소유하고 있는 자질에서 아주 중요한 부분이며 핵심적인 작용을 한다. 담력과 식견이 없는 사람은 지식이 아무리 많아도 제대로 발휘하지 못한다.

동화사 여성대중들 가운데 ZF와 ZJ는 아주 우수하다, 하지만 담력이 너무 작다. 살펴보건대 법을 위하여 자아희생하는 경계까지는 이르지 못한 듯싶다. 만약 자아를 희생하는 망아의 정신이 있다면, 왜 무서워서 기를 펴지 못하고 벌벌 떠는가? 다시 말해서 너의 생각이 정확하다면 무엇 때문에 진리를 견지하지 못하는가? 아무리 큰 인물이라도 진리보다 크지 못하다. 진리 앞에는 모든 사람이 평등하다.

한 가지 방법을 전수 받아서 아무리 수련을 잘 하여도 다만 그 방법을 익숙하게 장악한데 불과하고, 그 방법을 아무리 익숙하게 수련하여도 자질이 제고되었다고 말할 수 없다. 일단 한 가지 방법으로 수련하면 깊은 선정에 들어가 지혜문을 열 수 있다. 하지만 지혜문이 열렸다고 지식을 더 배울 필요가 없다는 것은 아니다. 이를테면 중국역사, 중국 전통문화, 서양철학사 등등 이 모두를 우리들이 얼마나 알고 이해하고 있는가? 사회의 학문은 더 말할 것도 없고, 불교의 학문, 불문대사들의 사상과 저작 등등을 얼마나 알고 이해하였는가? 배움의 길은 끝이 없는 것이다.

우리들은 아직까지 자기의 불학사상이 형성되지 못하였다. 만약 조사 대덕님들의 부처님 사상을 배우지 않는다면 필연코 영혼도 없고 사상도 없는 사람이 된다. 문수보살의 관점을 따른다면, 사상과 영혼이 없는 사람은 죽여도 죄가 없는 것이다. 물론 이것은 문수보살의 관점일 뿐 우리는 이렇게 할 수 없을 뿐 아니라 이런 관점을 받아들이기도 어렵다. 우리들은 아직까지 그런 경계에 이르지 못한 것이다.

그러므로 일을 하고자 하면 망설이거나 주저하지 말아야 한다. 사실 여러분은 아주 행운아라고 생각한다. 왜냐하면 여러분이 만난 이 스승은 아주 젊고 개방적이며 앞서나가는 사람이기 때문이다. 또한 절대로 여러분이 하는 일에 대해 꾸지람을 하지 않는다. 만약 여러분이 골동품 같고 아주 보수적이고 완고한 스승을 만났더라면 벌써 미쳐 돌아버렸을 것이다.

너의 자신에 대한 인식은 아주 정확하다. 무엇이 부족한가 하는 것을 인식하였으면 그것을 돌파하고 초월해야 한다. 옛 사람들은 "자기의 결점을 알면서 초월하지 못하는 사람은 나약한 사람이요, 자기의 결점을 모르는 사람은 무명한 사람이다."라고 하였다. 진정 목표를 달성하고자 한다면 부처님공부를 하는 사람의 기준으로 자신에게 엄격히 요구해야 한다. 이것은 내가 너의 부족한 점에 대한 평론이다. 다른 수행인들에 비하면 너는 아주 훌륭하고 또 수행인들의 모범이라고도 할 수 있다.

■ B : 저는 위안偉岸이라고 합니다. '위대하다는 위偉'자와 '언덕이라는 안岸'자 입니다. 저의 이상은 위대한 사람이 되고 부처님의 혜명을 이어 받들며, 부처님의 사업을 하고 고승이 되며 궁극의 피안에 도달할 것을 희망합니다. 비록 이것을 이상이라고 했지만 사실상 망상에 지나지 않습니다. 왜냐하면 첫째로 저의 몸은 허약하고 체력도 부족하며 생명조차 이어가기 어려운데, 어찌 부처님의 혜명을 이어 받들 수 있겠습니까? 두 번째는 심리상태가 극도로 비관적이어서 건강하지 않고 사는 것도 싫으며, 인간으로서 할 수 있는 제일 기본적인 일도 하기 싫어하는 데, 어찌 부처님의 일을 할 수 있겠습니까?

사실상 차안이 바로 피안인데, 궁극의 피안에 도달하고자 하는 이 사람은 참으로 말썽꾸러기이고 일이 많은 사람에 불과합니다. JX스님은 아주 부지런하며 발심하고 일을 찾아서 합니다. 이 스님은 분주하고 일이 많지만, 말썽꾸러기가 아니라 본분을 지키고 스스로 일을 찾아서 하는 분입니다.

하지만 저의 두뇌는 아주 복잡하고 본분을 지키지 않으며, 매일 망상이 빈번하며 늘 불로소득을 생각하고 한술에 배 부르려고 합니다. 저는 젊고 혈기가 왕성하여 지나치게 자기를 바로 잡으려 덤벼들어서 때로는 마음이 벅차고 때로는 기분이 착잡합니다. 인내력이 없는 것은 말할 것도 없고, 내심은 극도로 취약하여 시련과 좌절을 이기지 못하며 종종 자포자기도 합니다. 기백도 부족하여 일 처리를 할 때마다 언제나 앞뒤를 살피면서 주저하고 생각이 많습니다. 저의 자아평론은 이와 같습니다.

■ **만행스님** : 위안! 너는 아주 솔직한 말을 하였다. 너는 바로 그런 사람이다. 그런데 너는 아직 인식하지 못한 것이 있다. 너는 독특한 자기사상을 가지고 있는 사람으로, 아주 세심하며 사물을 관찰하기를 좋아한다. 다시 말하면 너는 상등의 지능을 소유한 사람이다.

사람을 나눌 때 책을 읽을 줄 아는 사람, 사람과 사회를 읽을 줄 아는 사람, 자기를 읽을 줄 아는 사람 등 세 가지로 나눌 수 있다. 너는 두 번째와 세 번째에 해당하는 사람이다. 사람도 읽을 줄 알고 자기도 읽을 줄 알며 일도 읽을 줄 아는데, 다만 책을 읽을 줄 모른다. 최상의 학문은 사회도 읽을 줄 알고 자기도 읽을 줄 알아야 한다. 그 다음에 책을 읽을 줄 알아야한다. 자기를 읽을 줄 알고 사회를 읽을 줄 안 다음, 다시 가서 책을 읽는다면 그것은 아주 쉬운 것이다.

다른 하나의 결점은 모든 일에서 너무 서두르고 급해한다. 너는 제일 근본적인 자질을 구비하였기 때문에, 올바른 방향과 정확한 방법을 선택해서 3년, 또는 5년 내지 10년을 노력한다면 분명히 성취할 것이다.

너는 아주 부지런하고 근면한 사람이다. 소위 '게으르다'는 말은 너의 사지가 게으르다는 말이다. JX와 NM은 사지는 부지런 하지만 두뇌는 게을러 사고하기를 싫어한다. 이런 사람은 영혼이 없는 사람과 같으므로, 다만 괜찮은 연장 역할 밖에 되지 못한다. 이런 유형의 사람은 비교적 드물다. 역시 드문 인재라고 할 수 있다. 시키는 일은 추호의 반항과 의심없이 시키는 대로 완수하는 충실한 사람이다.

자기의 사상이 있는 사람은 충신이 아니면 간신이다. 이런 사람들은 자기의 사상과 영혼이 어떤 사람과 공통의 인식을 달성할 수 있다면 영원히 그에게 충성을 다한다. 하지만 공통된 인식을 달성할 수 없으면 영원히 상극이며 대결적으로 맞선다. 아울러 이런 사람들은 줄곧 자기의 지음知音을 찾는다. 자기의 영혼과 공통된 인식이 있는 사람을 만나야만 비로소 멈춘다. 이런 사람은 필연코 남을 지휘하면서 사는 지도자인 것이다. 이런 사람들이 자신을 알아주는 백락伯樂같은 사람을 만나지 못하면, 우울해 하고 평생 한을 품고 살면서 죽어도 눈을 감지 못한다.

그들은 뛰어난 재주를 가지고 있는데 때를 못 만났다고 생각한다. 허나 제 아무리 뛰어난 재주를 가진 사람이라지만 희생정신과 이바지하는 정신이 없으며, 노고를 마다하지 않고 원망을 두려워하지 않는 정신이 없다면 큰일을 감당할 수 없는 것이다. 따라서 책을 아무리 많이 읽었고 학식도 높으며 지혜도 있는 사람이지만, 이기이타를 할 수 없는 사람은 백년을 살아도 헛된 삶을 산 것이다.

성공하고자 하는 사람은 반드시 완미完美한 인격과 종합적인 자질을 갖추어야한다. WA! 너는 성공한 사람들이 구비해야 하는 일부분 자질을 갖추었다. 하지만 기타 다른 자질들은 아직까지 부족하고 갖추지 못하였다. 성공할 수 있는 사람들이 갖추어야 할 가장 기본적인 자질은, 바로 노고를 견디는 정신과 의지가 굳건하여 동요하지 않는 정신이 있어야 한다. 동시에 사람들이 감당할 수 없는 일, 사람들이 하지 못하는 일들을 감당하면서 해내야 한다. 너처럼 젊은 사람이 이와 같은 자질을 구비한다는 것도 아주 대단한 일이다.

나의 20대와 너의 지금과 비하면, 너는 하늘이요 나는 땅이라 천양지차이다. 20대의 나는 영혼이 없는 사람이었다. 사고할 줄 모르고 번뇌라는 것도 없었다. 30살 전까지도 사고할 줄 몰랐다. 31

살 되던 해, 즉 2002년 동화사를 복건하고자 결정할 그 때부터 비로소 밤낮으로 문제를 사고하기 시작한 것이다. 어떤 때는 너무 오랫동안 생각하다가 머리에 산소가 결핍되어 두통까지 났다. 그러면 아예 침대에 누워서 생각하고, 그래도 안되면 사람을 찾아 물어보면서 생각하였다. 사람들은 나를 미련하다고까지 하였다. 나는 어려서 출가하고 출가한 다음 글공부를 하였고, 다음은 폐관수련을 하였다. 그러므로 사람들을 접촉하지 못해 봤고 일처리 같은 것은 아예 해 보지도 못하였다.

■질문 : 스승님! 외재적인 해탈은 지혜가 있고 많이 배우고 많이 물으면 달성할 수 있지만, 내재적인 해탈은 어떻게 돌파해야 합니까?

■만행스님 : 내재적 해탈은 이치를 분명히 알아야 할 뿐만 아니라 반드시 일을 하는 가운데서 자기를 연마해야 한다. 이것이 바로 "이치를 밝히는 것만으로는 부족하고, 실천을 통해 진정한 능력을 얻는다."는 말이다. 불교의 원리를 따른다면 사선팔정을 지나면 이치가 바로 기능공부이고 기능공부가 바로 이치이다. 하지만 사선팔정 전에는 이치는 이치이고 기능공부는 기능공부로서, 이 두 가지가 갈라져 있는 것이다. 모든 이치를 초월하면 사선팔정을 초월하게 되고, 그 때가 되면 오로지 단 하나인 것이다.

사실상 아직까지 나는 여러분을 빚어 만들고 싶은 생각도 없고 다스리고 싶은 생각도 없다. 일부 출가한 사람들을 다스리고 있는 것처럼 보이는 것은, 그분들이 나이는 들었는데 쓰고자 하니 되지 않으므로 하는 수 없어 급하여 다스리는 것이다.
- **답변** : 스승님! 저는 앞당겨 쓰이고 싶습니다. 스승님께서 자비를 베풀어 주세요.
- **만행스님** : 앞당겨 쓰이고 싶다! 그렇게 되면 어린나무가 힘에 의해서 휘어지지 않겠는가?
- **답변** : 스승님께서 좀 부축해 주시면 되지요!

- **만행스님** : 나는 어린 사미들이 아름다운 소년시절이 있기를 희망한다. 사람의 심리적 발육과정에서 청소년 시절이 아주 중요하다. 청소년시절에 심리상태가 건강하게 발육한다면 장래에 남을 해치는 일을 하지 않을 것이고, 사회를 해치는 일을 하지 않을 것이며, 자기 자신도 해치는 일을 하지 않을 것이다. 설사 잘못을 저지른다 하여도 극단적으로 나가지 않을 것이다.

스님의 인재가 될 재목은 아주 적다. 허운노스님의 슬하에 천여 명의 제자들이 있었지만, 체면을 유지할 만한 인재는 열몇 분 밖에 되지 않았다. 그분들은 본환本煥노스님, 불원佛源노스님, 일성一誠노스님, 인덕仁德노스님, 체광體光노스님 등등이다.

종합적인 자질이 구비되지 않았다면 아무리 경건하여도 성사하지 못한다. 우리들이 한 가지 일을 하자면 열 가지 요소가 모두 구비되어야 하는데, 경건이란 바로 그중 단 한 가지 요소에 불과하다. 하지만 아홉 가지 요소가 다 구비되었어도 경건이란 요소가 없으면 안 된다. 또한 경건만 있고 다른 요소들이 없어도 안 된다.

종합적 자질은 어떻게 배양하는가? 우선 이치가 명석해야 한다. 교육하는 자는 반드시 먼저 교육을 받아야 하고 정지정견을 가져야 하며, 풍부한 학식을 구비해야 하며 조사들의 책을 많이 읽어야 한다. 일상생활 가운데서 주변에서 발생하는 모든 일들을 모두 받아들여야 하며, 자기에게 다가오는 모든 사람들이 자기를 도와 성취시키는 선연이라고 생각하면서 받아들여야하고 상대해야 한다. 발생하는 모든 일들을 통하여 자기의 내심세계를 똑똑히 보아내야 하며, 자기의 나쁜 버릇과 습성들을 모두 고치면서 자기의 심지心智를 연마해야 한다.

이때 두뇌를 사용하면 자기의 모든 습성들을 모두 덮고 감추게 된다. 각조가 없는 상황에서 무의식중에 나타나는 것이어야만 비로소 '진실한 나'이다. '진실한 나'를 인식한다면 곧바로 자기를 개혁할 수 있는 것이다. 자기의 어떤 면이 부족하다는 것을 알아야만 비로소 목적성 있게 자기를 개혁하고 자질을 제고할 수 있는 것이다.

- 질문 : 스승님! 두뇌의 사유가 정지되었을 때가 영성의 문을 여는 때가 아닙니까?
- 만행스님 : 어떤 사람은 두뇌의 사유가 정지되면 무의식의 상태에 떨어진다. 그 때는 멍하니 아무런 염두도 없이, 의식의 흐름이 잠시 정지된 무의식 상태가 되는데, 불러도 듣지 못하고 다쳐도 느낌

이 없다. '안관육로眼觀六路 이청팔방耳聽八方'으로 비유되는 상태로 영성의 힘에 조금 접근하였다고 할 수 있다. 하지만 영성의 힘은 안관육로 이청팔방은 물론이고, 십방十方 십로十路도 볼 수 있고 들을 수 있다. 이미 만사만물이 모두 그의 마음속에 있고 융합하여 능관能觀과 소관所觀의 차별이 없을 뿐 아니라, 능지能知와 소지所知를 모두 초월하였다. 념이 있고 없고를 막론하고 영성은 모두를 다 알고 있는 것이다.

영성의 힘은 말로도 할 수 없고 밝혀서 설명도 할 수 없다. 말로 할 수 있다면 이미 본래의 의미를 위배한 것이며 반전된 것이다. 그 본래의 자신이 영성이며 두뇌의 논리를 초월한 것이다. "말의 길이 끊어지고〔言語道斷〕, 마음 행하는 곳이 없어진다〔心行處滅〕."라는 말에서의 '마음'은 바로 전7식을 가리켜 하는 말이다.

사람들은 서로 의사를 소통하라고 하면 아주 힘들다고 한다. 그 원인은 그들의 의식차원이 다른 수평선에 있기 때문이다. 소위 "누구와 누구는 인연이 있다."라고 하는 말은, 그들의 영성과 두뇌가 동일한 차원에 있으므로 감응과 소통이 쉽다는 뜻이다. 그러므로 인연이 있다고 하는 것이다.

사람의 내재에는 심령의 힘과 두뇌의 힘으로 충만되어 있다. 만약 우리들의 신분과 배합되고 또 우리들이 처한 환경과 배합된다면, 이 두 가지 힘은 아주 쉽게 완전히 계발될 수 있다. 비록 우리들은 종교인이어서 심령쪽으로 치우친다 하여도, 홍법하고 중생을 제도할 때는 두뇌의 힘을 더 많이 쓰게 된다. 왜냐하면 우리들은 세간의 사람들과 상대하기 때문이다. 세간 사람들의 문제풀이와 그들의 모든 행동거지는 대체로 두뇌의 생산물이다. 심령의 힘만으로 세간 사람들과 세간의 문제에 대해 소통하고 해결하려면 어려울 것이다. 그러므로 부처님께서 중생을 제도하실 때 높은 좌대에 앉아서 중생들의 예배를 받기도 하고, 좌대에서 내려와 중생들과 더불어 일체가 되기도 한 것이다. 좌대에서 내려와야 철저히 중생들을 제도할 수 있을 뿐 아니라, 더욱 원만히 부처의 좌대에 앉을 수 있다. 부처의 좌대에서 내려오는 것도 좌대에 앉아 있는 것도 모두 중생제도를 위한 것이다.

(이 때 한 거사가 큰스님 앞으로 가더니 엎드려 정례를 하였다).

- **만행스님** : 왜 이러는가?
- **거사** : 스승님! 그 어떤 힘이 저의 대뇌와 사유를 제어하는 것 같은데, 기능공부를 해서 해결하고자 하였지만 안 됩니다. 이것이 사람의 힘인지 아니면 귀신·도깨비의 힘인지 모르겠습니다.
- **만행스님** : 너의 마음의 소행이고, 두뇌의 소행이며, 망상의 소행이다. 여기부터 더는 앞으로 전진할 수 없다는 말이다. 나는 예전에 세 가지 종류의 사람은 불법을 배울 수 없다고 하였다.

첫째로 심리가 건강하지 못한 사람은 불법을 배울 수 없다. 중국의 성어에 "섭공이 용을 좋아한다〔葉公好龍〕"3라는 이야기가 있는

---

3 섭공이 용을 좋아해서 용을 만나는 것을 소원했지만, 막상 용을 보고는 줄행랑을 쳤다는 『신서, 잡사편』에 나오는 고사.

데, 바로 이런 사람들을 두고 하는 말이다. 그 어떤 일을 하든지 반드시 소식이 있을 것인데, 왜 소식이 있는 것이 그렇게 두려운가? 복덕과 인연이 부족한 탓이다.

둘째로 입문을 하지 못하는 사람은 불법을 배울 수 없다. 왜 입문을 못하는가? 두뇌의 힘을 버릴 수 없기 때문이다. 두뇌의 힘이란 무엇인가? 바로 우리들이 평소에 말하는 아집이다.

셋째로 들어갔다가 나오지 못하는 사람도 불법을 배우면 안 된다. 들어갔다가 나오지 못하는 것을 어떻게 알 수 있는가? 지금 집착하는 것을 보면 바로 알 수 있다. 어느 날 그가 들어갔지만 집착하기 때문에 나오지 못하는 것이다. 이런 사람들은 그저 독경이나 하고, 머리를 조아리면서 예불이나 잘 하면 된다. 만약 계속 그들을 이끌어 공부시키면서 깊이 들어가면 그들을 해칠 뿐 좋은 결과가 없는 것이다. 왜냐하면 그들은 지혜가 없는 사람이기 때문이다.

- **거사** : 스승님! 저는 어떻게 해야 합니까?
- **만행스님** : 착실하게 일을 하면서 예불을 많이 하면 된다.
- **질문** : 이런 사람들은 어떤 방법으로 개혁시킬 수 있습니까?
- **만행스님** : 사람의 심지心智는 아주 어렵게 열린다. 그것을 열려면 불문의 말처럼 "복덕과 인연이 구족되어야 한다." 무엇을 복덕과 인연이 구족되었다고 하는가? 첫째로 자기가 완전히 인정할 수 있는 사람을 만나야 한다. 둘째로 자기의 모든 것을 완전히 그

사람에게 맡겨야한다. 셋째로 완전히 인정하는 그 사람이 자기를 받아주겠다고 해야 한다. 이 세 가지 조건을 동일한 시간 내에 달성할 수 있어야만 초월할 수 있고 돌파할 수 있다. 그렇지 않으면 별 다른 방법이 없다. 불교에는 "인연이 만법을 낳는다."는 말이 있다. 아주 정확하고 미묘한 말이다. 부처님공부를 하는 사람들 가운데 "인연이 만법을 낳는다." 혹은 "인연이 묘법을 만든다."는 말의 뜻을 모르는 사람들이 수두룩하다.

세간의 일들은 한 가지도 자기가 하고 싶은 대로 되는 일이 없다. 불문에서 "망망대해를 헤매던 눈먼 거북이가 썩은 나무 구멍에 들어간다."는 비유가 있다. 때마침 바로 그 때, 그 시각, 그 곳에서 눈먼 거북이 한 마리가 머리를 내 밀었는데, 때마침 썩은 나무가 그 눈먼 거북이 앞에 떠와서 거북이 머리와 맞닥뜨린 것이다. 또 때마침 파도까지 잠잠하였다. ― 세상에 이런 기묘한 일이 어디에 있는가! 백천만겁에 한 번이나 겨우 있을지 모른다! 우리는 만나지 못하였으니, 단지 참회를 많이 하고 복보를 많이 심을 뿐이다. 복혜福慧가 구족되면, 분명히 이 세 가지 인연이 우리 몸 주변에서 발생할 것이다.

■답변 : 큰스님의 법문에 뜨거운 감사를 드립니다.

■만행스님 : 이러한 조건 중에서도 가장 어려운 것은 자기를 완전히 맡기는 것이다. 끊임없이 맡기고 맡기다 보면…, 한 번 속을 수도 있고 백 번까지도 속을 수 있다. 하지만 그중 단 한 번만 진짜를

만난다면 그 즉시 모든 문제가 풀리고 해결될 것이다. 하지만 사람들은 한 번 속고 백 번 속으면, 지속적으로 자기를 바치지 못한다. 부처님공부는 반드시 법을 위하여 몸을 헌신하고, 법을 위하여 망아의 정신이 있어야 한다. 아니면 영원히 부처를 믿고 신을 믿는 차원에 머무르게 되며, 부처님공부를 하고 신선을 따라 배울 수 없는 것이다. 믿는 차원에서 배우고 공부하는 차원으로 승화한다는 것은 얼마나 대단한 경계의 발전이겠는가!

평소에 빈말하는 것쯤은 괜찮지만, 진정 그렇게 하고자 하면 죽는 것보다 더 어려운 일이다. 하지만 그렇게 한 사람도 어떤 때는 갈피를 잡지 못한다. 마치 가난한 사람이 부자 될 것을 소원하던 어느 날, 진정 부자가 되니 도대체 앞으로 어떻게 할까 하면서 갈피를 잡지 못하는 것과 같다. 그러므로 인생의 길은 걸음마다 한 차례씩의 선택인 것이다. 미지未知에서 이지已知로, 또 이지에서 미지로, 또다시 미지에서 이지로…, 어느 때에 영원히 이지에 머무르고 다시는 미지가 없을 것인가?!

4강

낮과 밤이 하나가 되면 중도한다

■**질문** : 스승님! 실상반야實相般若가 구비되면 법문(講法)을 할 수 있겠지요?

■**만행스님** : 불문에서 말하기를 "실상반야를 증득證得했다고 하더라도 문자반야와 언어반야가 구비되지 못하면 불법을 강의할 수 없다. 또 문자반야와 언어반야가 구비되어도 실상반야가 구비되지 않으면, 당신의 법문은 반찬에 소금을 넣지 않은 것처럼 심심하고 맛이 없으며 깊이가 없다. 선종의 조사들의 풍격처럼 시종일관 단번에 직통으로 찔러야 한다."고 말한다.

지금 우리들의 지식은 아주 천박하고 궁핍해서, 아는 게 있어도 그것을 제대로 전달하지 못하고 표현하지 못한다. 이것은 언어와 문자의 조직능력이 약하기 때문이다. 그런데도 무슨 '세지변총世智辯聰'이니 '구두선口頭禪'이니 하면서 지식을 존중하지 않는다. 동화사에 상주하며 공부하는 사람들이 백여 명이 넘지만, 아직까지

'구두선'이 된 사람은 한 사람도 없고 자기의 견해를 주도면밀하게 말하는 사람도 없다.

어째서 글을 쓰고 싶어도 잘 쓰지 못하고 말을 하고 싶어도 명백하고 똑똑하게 표현하여 전달하지 못하는가? 언어와 문자의 기초가 너무 박약하고 문화지식이 없기 때문이다. 하지만 자기사상을 표현할 수 있다면 확실히 지혜가 있는 것이다. 다시 말하면 근본지를 얻었지만 후득지後得智를 얻지 못해서 기용하지 못한 것이다. 벙어리가 만두를 몇 개 먹었는지 분명히 알고 있지만 말로 표현할 수 없는 것과 같이, 불법을 말할 수 없는 것이다.

실상반야를 증득했다고 문자반야와 언어반야에 통달했으려니 하는 생각을 말아야 한다. 어째서 혜능대사는 실상반야를 증득한 조사였는데도 황궁에 들어가 설법하지 않았고, 신수神秀는 황궁에 들어가 설법할 수 있었는가? 뿐만 아니라 자기 제자인 법해선사를 청하여 『단경壇經』을 썼는가? 그 때의 법해선사는 한림학사翰林學士였다. 이미 도를 깨달았지만 육조대사처럼 철저하지 못했다. 다시 말하면 법해선사는 문자반야와 언어반야는 절정에 달했지만 실상반야가 부족했고, 육조대사는 실상반야는 절정에 이르렀지만 문자반야와 언어반야가 부족했다. 그리하여 사제 두 분이 합작하여 『단경』을 만드신 것이다.

▪질문 : 스승님! 수행하는 사람은 반드시 대장경을 읽어야 합니까?
▪만행스님 : 수행자들, 특히 출가한 사람들이 일생동안 한 번도 대장

경을 읽어보지 못했다면 유감이 아닐 수 없다. 일생동안 폐관수련을 해보지 못했다면 유감이 아닐 수 없다. 일생동안 한 가지 불법도 받아보지 못했다면 더욱더 유감이 아닐 수 없다.

본래 출가한 스님들은 세 가지를 행한다. 하나는 경장을 열독하는 것이고[閱藏], 두 번째는 불법을 받는 것이고[接法], 세 번째는 법을 수련하는 것이다[修法].

책을 읽거나 사람을 접촉할 때, 그 중 단 한 마디라도 알아듣는다면 바로 초월하게 될 것이고 다시는 곤혹스럽지 않을 것이다. 확실히 책을 읽는 일은 만 가지로 이로운 일이다. 옛 시에 이런 말이 있다. "만 가지 일이 모두 낮은 품격이고, 오직 독서만이 높은 경지이다[萬般皆下品 唯有讀書高]." 이 옛 시의 앞의 두 구절은 무엇인가?

■ **답변** : "서화전하농, 시정점상상[鋤禾田下農 市井店上商]"입니다. 그 의미는 밭에서는 김을 매고 시장에서는 점포를 연다는 말입니다.

■ **만행스님** : 허허! 참 좋구나! 이것을 보고 '만 배의 이득을 본 본전이라'고 한다. 과거에 네가 책을 많이 읽었고 암송도 했기 때문에 오늘 이익을 보았다. 이것이 지식이다. 중요한 순간에 지식은 지혜로 쓰이는 것이다. 지금 이 자리에 앉은 여러분은 모두 깨달음을 얻고 지혜문을 열고 근본지를 얻었는가?!

깨달음도 얻지 못했고 책도 읽지 않았다! 깨달음을 얻지 못했으면 책이라도 많이 읽어야 식견도 넓고 시야도 넓히며 영기도 있어 보인다. 지혜가 바로 지식의 누적이다. 지식이 어느 정도 깊어지면 지혜로 바뀌는 것이다. 누구나 십년의 정력으로 열심히 대장경을 전공한다면 필연코 큰 도움이 있을 것이다. 하지만 지금 누가 그런 정력과 의지력이 있는가?

사실상 하루에 두 시간만 전공할 수 있어도 충분하다. '문사수聞思修'라는 말은 두 시간 책을 읽고 한 시간 정도 사고한다는 뜻이다. 책을 읽기만하고 사고하지 않으면, 읽은 내용이 두뇌에 입력되지 않으므로 그 이치를 깨닫지 못하는 것이다.

왜 사고할 줄 모르는가? 첫째는 정보의 근원이 없기 때문이다. 정보의 래원이 없다면 사람의 두뇌가 공백이 되는데 어떻게 문제를 사고할 수 있는가? 둘째는 진종일 잡생각에 속된 일만 생각하기 때문이다. 불교경전의 이치를 생각하고 정지정견의 문제를 사고하는 것이 아니라, 보는 것과 생각하는 것을 속인들의 칠정육욕으로 한다. 언제 대장경을 붙들고 앉아 읽을 시간이 있고 부처의 말씀을 터득할 시간이 있겠는가?!

사람의 자질은 2~3년 사이에 제고되는 것이 아니다. 적어도 십 년, 이십 년의 시간으로 공을 들여야 자질을 제고할 수 있다. 십년에 검 한 자루를 벼린다는 말이 있다. 성공한 사람들은 다 이렇게 꾸준히 노력했다. 자질이 높은 사람이라면 십 년의 노력으로 성취할 수 있다. 하지만 우리들은 어릴 때 정규적인 교육도 못 받았고, 게다가 가정도 빈곤하고 부모들이 지식도 없었기 때문에 정확한 가정교육을 받지 못했다. 이와 같이 내인과 외인의 조건이 구비되지 않은 우리들은, 다른 사람들보다 몇 배의 노력을 하지 않으면 안 되는 것이다.

- **질문** : 스승님! 좌선하면서 대장경 독송테이프를 들어도 됩니까?
- **만행스님** : 그렇게 하면 다리 훈련만 하고 좌선은 헛한 것이다. 좌선하면서 무엇을 참하고 무엇을 터득하고 무엇을 깨우치겠는가? 단지 다리만 길들이고 싶다면 그래도 무방하다.

불교에서 "심혈을 기울이는 일은 모두 선禪이요, 심혈을 기울이는 일은 모두 도道이다."라고 말한다. 여러분은 자기의 전업에 심혈을 기울여 몰입하여 보았는가? 자기의 전업과 하나로 융화되었는가? 내가 불학원에서 공부할 때, 밤에 꿈을 꾸면서도 책을 읽고 낮에 다하지 못한 숙제들을 꿈에서 했다. 폐관수련을 할 때 낮에도 참선하고, 밤에 가부좌를 하고 자면서도 참선했다. 동화사 복구공사를 하면서, 밤에 꿈을 꾸면서도 절을 짓고 설계도를 검토했던 것이다. 무엇을 하든지 반드시 그것과 하나로 융화가 되고 마음속에 그것을 담고 생각한다. 참선은 이렇게 해야 비로소 깨달음을 얻을 수 있다.

5강

부처님공부는 사람노릇부터 해야 한다

■ XX : 스승님! 세 가지 의문이 있습니다. 첫째로 우리는 어떻게 매일 자기의 죄업을 참회할 수 있습니까? 둘째로 어떻게 하면 매일 도와 상응할 수 있습니까? 마지막으로 반드시 매일 독경하고 예불하며 진언을 독송해야 합니까?

■ 만행스님 : 이 세 가지 문제를 수좌스님께서 해답하기 바란다.

■ 수좌스님 : 첫 번째 문제는 매일 어떻게 죄업을 참회하느냐의 물음인데, 우선 죄업의 원인부터 알아야 한다. 사람들은 독경만하면 모든 죄업이 사라진다고 생각하고 독경하는 데만 힘을 쏟고 있다. 석가모니 부처님께서 재세하실 때 항상 실정에 알맞게 설법하셨다. 부처님께서 설법하신 내용을 그 제자들이 정리하여 만들어 놓은 책이 바로 우리들이 독송하는 경전이다. 하지만 사람들은 자기의 토대에 따라 경전을 독송하지 않거나, 자기의 죄업이 무

엇인지도 모르고 경전을 독송한다. 그러므로 죄업을 참회하려면 우선 죄업의 원인이 무엇인지부터 알아야 한다.

두 번째 문제는 어떻게 해야 도와 상응할 수 있는가의 문제이다. 우선 무엇을 도라고 하는가를 알아야 한다. 만약 도가 무엇인지 모른다면, 어떻게 입도하고 어떻게 도와 상응할 수 있는가도 모르는 것이다.

세 번째 문제는 반드시 매일 독경하고 예불하며 진언을 독송해야 하는가의 문제이다. 자기가 하는 일이 무엇 때문인지 모른다면 그 일을 하는 의의를 상실한다. 많은 신도들은 확실히 매일 똑같은 일을 하고 있다. 무엇 때문에 해야 하는지 모른다면 왜 하는가? 사원은 종교 활동장소이다. 매일 고정적인 예불과 각종 종교 활동을 하는데 신도들을 접인하기 위한 것이다. 이 점에 대하여 나는 아주 잘 알고 있다. 때문에 매일 대전에서 대중들과 예불과 독경을 하는 것이다. 동화사의 대웅보전은 중생을 접인하는 곳이고, 법당4은 경전을 해설하고 설법하며 이론을 원만하게 하는 곳이며, 선당은 실수실증을 하는 곳이다. 스승님께서 계획하신 건축 도면 분포도에서, 수행은 반드시 이 세 단계로 나누어 해야 한다는 것을 알 수 있다.

부처님께서 말씀하시기를 "진정한 참회는 정지정견을 가진 선지식을 만나서 자기가 범한 죄업을 구체적으로 드러내놓고, 다시는

---

4 우리나라에서는 대웅보전과 법당을 같이 사용한다.

그런 죄업을 범하지 않겠다고 보증해야 한다."고 하셨다. 많은 사람들이 돌부처나 목각부처께 참회를 하지만, 가슴속의 그늘이 없어지지 않고 마음속으로 항상 근심하고 걱정한다. 마음의 매듭이 풀리지 않으면 참회하여도 효과가 없는 것이다. 업장이 깨끗이 제거되지 않는다면 마음의 흔적이 여전히 남아 있게 된다. 마음의 흔적이 남아 있게 되면 업도 자연히 따르기 마련이다.

만약 우리들이 자기의 신·구·의를 지킬 수 있고 다스릴 수 있다면 어떻게 죄업이 있을 수 있겠는가? 계속 새로운 재앙을 만들고 또 계속 참회한다면 무슨 소용이 있으며, 그것을 어떻게 참회라고 할 수 있겠는가? 자기의 신·구·의를 지켜본다는 것은 아주 어려운 일인데 관건은 각조를 유지하고 배양해야 한다.

■ **만행스님** : 이 문제의 해답을 수좌스님이 아주 잘 했다. 참회를 할 때 자기의 나쁜 습성을 대상으로 참회하고 근절하지 않는다면 아무리 노력하여도 헛된 것이다.

세상의 만사만물은 모두 각자가 지켜야하는 도가 있다. 우리들이 일의 규칙을 따라 일을 하면 바로 도와 상응되는 것이다. 도란 무엇인가? 각종의 일에는 잠재적인 규칙이 있는데, 이런 잠재적인 규칙을 도라고 한다. 규칙을 준수하면 도에 부합되고, 규칙을 어기면 도와 위배되고 필연적으로 대가를 치르게 된다. 때문에 반드시 자기가 종사하는 업종의 규칙을 알아야 한다.

불문의 청규계율은 우리들의 몸과 마음을 도로 이끌기 위한 것이다. 출가하여 스님이 되었으면 반드시 절의 규정에 따라 새벽 4시에 일어나 아침 예불과 독경에 참석해야 한다. 새벽예불에 참석하지 않는다면 도를 위배하는 것이다.

자기의 신·구·의를 관리할 수 있다면 분명히 그 사람의 언행은 도에 부합된다. 어떻게 하면 자기의 신·구·의를 지킬 수 있으며 다스릴 수 있는가? 바로 각조이다. 시시각각으로 자기의 신·구·의에 경각심을 두어야 한다.

자기의 부족한 점을 모른다면 노력할 수 없다. 우리들이 부족한 점이, 단지 매일 향을 올리고 예불하는 것뿐인가? 아니다. 우리들이 부족한 것은 근면하고 노력하는 정신과 지혜, 포용하는 마음, 이바지하는 정신, 자아희생 정신, 사람들에게 베풀어 주는 정신이다. 이런 사상과 자질이 부족하다면 매일 독경하고 참회해도 아무런 도움이 안 되는 것이다. 부처님께서 말씀하신 법은 바로 모든 마음을 상황에 따라 다스리기 위한 것이다. 어떤 심리상태를 가졌다면 그것을 다스리는 방법이 있어야 한다. 출가한 사람은 우선 기본적인 기능공부가 잘 되어야 한다. 기본적인 기능공부도 잘 배우지 못하고 다른 것을 배운다는 것은, 근본을 버리고 꼬리를 찾는 것이나 다름없다.

XX! 너의 업장은 무엇인가? (XX는 생각을 한다) 이런 것도 생각해야 하는가? 생각하여 만든 업장도 업장인가?

▪XX : 명사에 대해 신심이 생기지 않습니다.

■ **만행스님** : 그럼 자신을 명사라고 생각하면 되지 않는가? 자신에 대한 신심이 충만하여도 되는 것이다. 다른 사람을 믿지 못하고 불복한다고 해서 자신까지 믿지 못하고 인정할 수 없단 말인가? 너의 업장은 바로 책임성이 없다는 것이다. 진보하고자 하지 않고, 일은 대충 대충하며 정확성이 없다. 만약 네가 이 업장을 개변하지 않는다면 아무 일도 성사하지 못한다.

진보하고자 하는 마음도 없고 완전함을 추구하는 마음도 없다면, 어떻게 진보하고 어떻게 부처님공부를 할 수 있겠는가? 너와 같은 마음가짐으로 부처님공부를 하는 것이 아니다. 부처님공부를 하는 사람들은 인생이 완전무결할 것을 추구한다. 이런 사람들이어야 부처님공부를 할 자격이 있다. 일을 제멋대로 대충 대충하는 무책임한 사람이 어찌 부처님공부를 한다고 하겠는가? 옛 분들은 "사람도 못 되었는데 어찌 성불할 수 있느냐(未成人 焉能成佛)?"고 했다. 사람노릇을 하는 규칙도 모르고, 사람의 기본 도덕심도 갖추지 못하고, 사람이 마땅히 해야 하는 일조차 하기 싫어하고, 사람이 마땅히 해야 할 일도 감당하지 못하는 사람이 어찌 부처의 일을 할 수 있겠는가? 지금 우리들이 하는 행위를 보면 전혀 부처님공부를 하는 사람의 그림자가 보이지 않는다! 사람노릇을 하는 자격도 갖추지 못한 사람이 부처님공부를 한다고 헛소리를 하고 있단 말이다!

문제를 보는 방식이나 문제를 대하는 방식은 마땅히 수좌스님이 금방 해답한 방식을 따라 배워야 한다. 설령 문제의 실질을 보았고 해결하는 방법도 안다고 해도, 착수하고 실행하려면 쉽게 익히고 잘되는 것이 아니다. 옛날 조사님들도 "식견과 수증은 마치 하늘과 땅 차이이고, 수증과 득도는 또 다른 하늘과 땅 차이이다."라고 하셨다.

자기의 업장이 무엇인지도 모르는 사람이 어떻게 업장을 참회할 수 있겠는가! 자신에게 부족한 것이 무엇인지 모르는 사람이, 어떻게 배움으로 자기를 충실히 하고 자기의 결함을 보완할 수 있겠는가! 사람은 자기가 무엇을 필요로 하고 무엇을 얻고자 하는지를 알아야 한다. 『성경』에 이런 말이 있다. "자기가 무엇을 얻고 싶은지 자신이 모른다면 하나님도 도와 줄 수 없다."고 했다. 옛날 사람들은 우리들에게 아주 분명하게 "아직 사람도 되지 않았는데 성불을 어떻게 한다고 하는가?"고 말했으며, 근대의 태허대사께서도 "사람이 되면 부처도 된다."고 하셨다. 사회에서 큰 성취를 이룬 사람이나 불문에서 큰 성취를 이룬 사람들은, 모두 종합적인 자질을 구비하고 고상한 품덕과 고상한 정조情操를 가진 사람들이다. 그들은 바로 이와 같은 것을 기초로 해서 성취한 것이다. 우리들은 마땅히 자기를 완벽한 사람이 되게 하고, 열심히 수행정진하면서 사회와 인류에 보답해야 한다. 이것은 우리들이 할 수 있는 가장 큰 공덕이고 심을 수 있는 가장 큰 복전이다. 오직 이렇게 해야 조금이나마 부처의 자질을 갖추었다고 할 수 있다.

6강

지혜는 실천에서 생긴다

- **질문** : 스승님! 사람마다 모두 동반하는 영혼이 있습니까?
- **만행스님** : 너의 표현방식이 틀렸다. 우주의 영혼은 단 하나밖에 없다. 누구든 우주의 공기를 얻으면 곧 생존할 수 있다. 같은 이치로 누구든 이 우주의 영혼을 얻게 되면 영생할 수 있게 된다. 사람들은 그 영혼의 운반체(영혼이 의지해 사는 몸체)이고 육체이다. 일단 우주의 영혼이 육체에 들어오면 육체는 생명을 가지게 된다. 이 영혼은 전체[整體]이면서 또 수많은 개체로 나누어지기도 한다.

마치 바다의 물처럼 전체로 있으면서도 상황에 따라 수많은 물의 개체로 나누어지기도 하는 것이다. 큰 강과 작은 강으로, 병에도 담고 바가지에도 담고 단지에도 담는다. 하지만 이것을 모두 합하게 되면 또 하나의 전체가 되는 것이다. 전체에서 분리되어 나온 한 방울의 바닷물의 속성과 특징 및 성분은 모두 전체로 있을 때의 바닷물과 같다. 다만 많고 적음이 다를 뿐이다.

수련을 통하여 너의 육체가 많은 힘을 얻었다면 너의 육체는 초인간적인 힘을 발휘하게 될 것이다. 말하자면 네가 아주 큰 운반체라면 바닷물을 많이많이 담아서 많은 사람들에게 나누어 줄 수 있다. 만약 작은 운반체라면 담는 바닷물도 적고, 많은 사람들에게 혜택을 주는 것도 적을 수밖에 없다.

이 힘을 얻는 것은 우리들의 수행에 의한 것이다. 만약 우리들이 자기의 수양을 제고하지 않는다면 영원히 이 힘과 동떨어지게 되고 영원히 이 힘을 얻을 수 없을 것이다. 소위 '도를 닦는다', '득도 했다'라는 말은 바로 이것을 두고 하는 말이다. 오로지 사람이라는 운반체가 있어야만, 비로소 도를 닦고 수련할 자격이 있고 그 힘을 얻을 자격이 있다. 그러므로 사람의 신체를 가지고 도를 수련하지 않고 이 힘을 얻지 못하는 것은 이 우주를 파괴하는 짓이다. 다만 사람의 육체는 있지만 도를 수련하지 않는다면, 이 우주를 파괴하고자 하여도 당신이 가지고 있는 힘이 아주 보잘 것 없어서 우주를 파괴하지 못할 뿐이다.

- 질문 : 스승님! 어떻게 해야 원만한 수행을 달성할 수 있습니까?
- 만행스님 : 사바세계를 놓고 말한다면, 일정한 정도까지 수련하면 한 단락을 맺었다고 할 수 있다. 하지만 단지 이 단계의 수행이 원만한 것이다. 이 단계를 지나면 더 높은 산봉우리가 있을 것이고 더 높은 지점이 있을 것이다. 이를테면 초등학교를 졸업하면 중

학교공부를 해야 하고, 계속하여 대학교·석사공부·박사공부를 하게 되는 것이다. 또 박사학위를 취득했다고 해도 지식과 지혜가 원만하지 못하다. 설사 박사 보다 위에 있는 학위를 얻었다고 하여도, 다만 이 한 단계의 공부를 끝마쳤을 뿐 계속 배워야 한다. 배움에는 영원히 끝이 없다. 학위는 끝이 있지만 지식은 끝이 없다.

세존의 수행공덕은 이미 원만해졌다. 그런데 왜 세존께서는 계속하여 중생들을 널리 제도하시는가? 사실상 중생을 제도하는 과정은 자기를 수증하는 과정이다.

한 사람의 수증은 삼계를 돌파하기 어렵다. 삼계를 초월하지 못했기 때문에 삼계내의 정보를 완전히 장악할 수 없다. 그러므로 다른 공간의 정보를 포착하기 더욱 어려운 것이다! 설령 삼계의 원만을 수증했다고 할지라도 다만 만분의 일 밖에 되지 않는다. 하지만 삼계정보의 자기장을 통하여 다른 공간의 정보를 볼 수 있는 것이다.

오직 우리가 사는 이 세계만이 가장 온화하고 가장 평균적이고 가장 종합적인 세계라고 할 수 있다. 그러므로 우리 몸에는 전 방위적인 정보를 가지고 있는 것이다. 이를테면 인체의 육근에서 이근耳根 하나만으로도 천이백 개의 기능을 구비했다고 『능엄경』에 기록되어 있다. 그 뜻은 귀라는 한 근만으로 다른 별나라의 중생들과 소통할 수 있고, 다른 차원의 생명들과 공명을 얻을 수 있다는 것이다. 세존께서 말씀하신 이 모든 일체는 그분이 친히 체험하셨고 친히 증득하신 것이다. 하지만 범부들은 육근을 조화하는 제일 기본적인 기능도 이 사바세계에서 발휘하지 못하는 것이다.

■**질문** : 스승님! 수면을 줄이면 자기의 에너지를 제고하는데 도움이 될까요?

■**만행스님** : 너는 수면의 마장을 초월할 방법이 없다. 수면이 적으면 정신이 흐리고 건강 상태가 망가진다. 불교에서 말하기를 수행의 성취를 이룰 때 가장 돌파하기 어려운 것이 바로 수면의 마장과 애정의 마장이라고 했다. 옛날 조사대덕들께서 한평생 장좌불와를 하셨지만, 어느 시간이 되면, 이를테면 아침 아홉시나 열시가 되면 십분 정도 눈을 붙이고 쉬어야 한다. 아니면 정신을 분발할 수 없는 것이다. 만약 아홉시에 숨을 들이쉬려고 할 때 혼미상태에 처한다면, 그의 신식이 방향을 잃게 된다.

사람마다 생리적으로 의식이 몽롱해지는 규율성과 정해진 시간이 있다. 심신이 청정한 사람은, 24시간 중에서 어느 시각은 의식이 아주 몽롱하고, 어느 시각은 각별히 정신이 좋은가를 안다. 도를 깨우치고 득도하는 시간은 정신상태가 각별히 좋은 시간에 이루어진다. 만약 기맥이 열린 사람이라면 반드시 하루 중에 정신상태가 가장 좋은 그 시각에 도를 깨우치게 되고, 임종하는 시간은 하루 중에 의식이 가장 몽롱한 시각에 숨을 거두고 사망하는 것이다. 그 시각은 사람의 생리기능이 가장 취약할 때이다. 이 시각을 바꿀 수 있다면 생사를 초월하게 된다.

사람마다 생리와 심리가 열리고 닫히는 시간이 있지만, 비교적 일치하는 시간이 있다. 아침 5시~7시 전후 두 시간 정도이고, 저녁에는 9시~11시 사이다. 우리들은 수없는 윤회를 거쳐서 바로 잡히고 진화하여 사람이 되었다. 사람들의 속성과 특징, 본질은 기본적으로 비슷하다. 어째서 사물은 비슷한 것 끼리 모이는가? 우리들이 유일하게 다른 점은 운반체에 있는 영적인 힘이다. 다시 말하면 심령의 힘인 것이다.

이런 힘은 어떤 사람에게는 많고 어떤 사람에게는 적다. 여기서 많고 적다는 것은 양을 말하는 것이 아니라 질을 말한다. 마치 한 방울의 바다 물이든 바다 물 전체이든 간에 그들의 질이 다 같은 것과 같다. 다르다는 것은 단지 양이 많고 적은 것이다. 만약 이런 힘의 양을 많이 얻게 되면 사람들에게 혜택을 줄 수 있다. 불경에서 "늘지도 줄지도 않는다〔不增不滅〕."라고 한 말은 질을 두고 한 말이지 양을 두고 한 말이 아니다.

왜 사람들의 신체는 용납하는 공간이 크고 작은 구별이 있다고 하는가? 우리들의 수증과 직접적인 관계가 있다. 사람들이 느슨하지 못하므로 용량도 커지지 못하는 것이다. 다시 말하면 외계의 힘이 들어오지 못하는 것이다. 느슨할 수 있는 방법을 배운다면 외계의 힘과 영원히 하나로 융합될 수 있는 것이다.

왜 사람들은 무엇이나 다 마음에 두고, 옹졸해서 풀지 않고 느슨하지 못하는가? 왜냐하면 당신의 모든 행위와 모든 생각들이 도의 뜻을 따르는 것이 아니라, 아집으로 일을 하고 생각하기 때문이다. 도를 수련하는 사람의 마음은 곧아야 한다. 하지만 마음이 곧은 것이 아니라, 어떤 사람은 잔꾀에 능란하고 간사하고 교활하며 독하고 악독한 계략들이 가득 차있다. 겉보기에는 사람 같아 보이지만, 속은 아수라가 자리해서 영원히 영적인 힘과 하나로 될 수 없는 것이다. 진정 득도하고 도와 융합하여 하나가 된다면, 그 때의 간사하고 교활하며 독한 계략들은 모두 자비와 박애가 될 것이고 지혜로 바꾸어질 것이며, 그가 하는 모든 일들은 모두 도에 부합될 것이다. 그래야만 비로소 자기를 성취시키고 인류에게 복을 가져다 줄 수 있다.

■ 질문 : 스승님께서 금방 '령靈'이라고 한 것은 에너지를 말하는 것이 아닙니까?

■ 만행스님 : '에너지'라고 말하면 오해하기 쉽다. 조사님들께서 '령'이라고 표현한 것이 비교적 그 물건과 가깝다. '에너지'라고 하면 듣기도 좋고 지금의 현대문화에 맞는 것 같지만, 이런 '에너지'를 얻어 보지 못한 사람들은 오해를 할 수 있다. 이 물건은 무엇이라고 형용하기 어렵기 때문에 도교에서는 '도道'라고 하고, 불교에서는 '자성自性', 또는 '본래면목本來面目'이라고 한다. 이 모든 것이 조사님들이 지은 이름들이다. 아리송하고 심오하여 이해하기 어렵지만, 아무리 생각해 보아도 이 이름 외에 다른 이름으로 표현할 방법이 없는 것이다.

우리들의 이 힘(혹은 영적인 힘, 에너지의 힘, 자성의 힘, 본래면목의 힘)은 모두 여섯 개의 큰 문, 즉 육근을 통하여 기용되고 작용하고 발휘된다. 그 중 한 근만 많이 사용하면 다른 근들이 약해진다. 이를테면 문제를 깊이 사고하는 사람의 의식은 활발하지만, 그의 눈, 코, 귀, 입, 혀와 몸은 상대적으로 활발하지 못한 것이다. 또 눈으로 사물을 많이 관찰하는 사람의 귀와 입은 상대적으로 무디다. 또 귀로 소리를 잘 듣는 사람의 눈은 보통 근시가 많다. 그중 단 한 근만 '도'를 얻게 되면, 이를테면 안근을 사용하면 안근이 아주 날카롭고 예리할 것이며, 이근을 사용하면 이근이 아주 날카롭고 예민할 것이며, 또 동시에 육근을 함께 사용할 수도 있다.

육근을 동시에 사용하는 것은 누구나 가능한 일이므로 의식적으로 실험하고 훈련해야 한다. 이를테면 당신이 한창 신문을 보는데 어떤 사람이 와서 질문을 한다면, 한편으론 신문을 보면서 그가 하는 말을 들으며 사고하고, 다른 한편으론 당신의 신근身根 주변의 덥고 차가운 것을 감지할 수 있을 뿐만 아니라 입으로는 그의 질문에 대답할 수도 있어야 한다.

불교에서는 사람의 심신이 금강과도 같아서, 만물에 의해 훼멸되는 것이 아니라 만물을 훼멸할 수 있다고 한다. 하지만 우리들은 만물에 의해 훼멸되고 있다. 더워도 아우성치고 추워도 아우성치면서, 모두 외부의 사물과 경계에 흔들리고 있는 것이다.

(누군가 앉아 있다가 잠이 들었다. 곁에 앉은 사람이 그를 깨우느라 다른

사람까지 놀라게 했다. 놀란 사람이 깨우는 소리가 너무 커서 자신도 놀랐고 주변도 시끄러웠다고 원망의 말을 하였다. 스승님께서 이것을 보고 말씀하신다.)

금방 네가 한 말에서 너의 자질, 품질과 수행공부가 어떠냐 하는 것을 모두 폭로했다. 하지만 지금 너 자신은 수행을 얼마나 잘했고 수양도 얼마나 잘된 것처럼 거드름을 피우고 있다! 네가 내 곁에서 앉아서 아무리 소란 피워도 나는 끄떡하지 않고 그것으로 영향을 받지 않을 것이다. 또 아무렇지도 않은 척 가장 할 수도 있다. 가장하는 자체가 바로 그 사람의 인내심과 포용력을 나타내는 것이다. 오랫동안 아무렇지도 않은 척 가장하면, 나중에는 가장하지 않아도 자연적으로 그렇게 되는 것이다. 이것을 "마지 못해 억지로 하던 것으로부터, 침착하면서 평화로워진다."고 하는 것이다.

이런 사람은 외톨이고 고독하며 사람들과 잘 어울리지 않는다. 원칙에 관한 문제가 아닌 이상, 상대방이 지나치지 않는다면 참지 못할 일이 어디에 있는가? 자기에게 영향을 준다고 원망하지 말고 환경을 원망하지도 말라. 왜 자기의 수행이 이렇게 부족한가 하는 것만 원망하라.

항상 각조 속에 있는 사람이라면, '외재의 인연으로 각조기능이 깨지지 않았는가? 각조가 확고하고 견고한가?' 하는 것을 검증해야 한다. 하지만 자리에 앉은 당신들은 허튼 생각에 망상을 하고 있었으니 어떻게 각조를 잃지 않고 유지할 수 있겠는가! 진정 각조를 잃지 않고 유지했다면, 외부의 떠드는 소리가 아무리 크고 소란스럽다고 하여도 각조가 파괴되지 않을 뿐만 아니라 도리어 각조기능이 진일보 제고될 것이다.

항상 각조 속에 있는 훈련을 해야 한다. '각조 속에서 동요하지 않으리라!'는 견고한 마음으로, 누가 무얼 하든지 그 각조만은 잃지 않아야 한다. 사람들의 몇 마디 말소리에 너의 각조가 깨지고 각조를 잃게 된다면, 너는 그 사람에게 감사의 뜻을 표현해야 한다. 바로 그 사람을 통하여 자기를 인식하게 되고, 자기의 각조기능을 검증할 수 있으며, 자신이 받아들일 힘과 참을성이 아주 미약하고 기능공부가 아주 부족하다는 것을 알게 되었기 때문이다. 불문의 관점을 따르면, '외계의 인연을 통하여 번뇌망상이 생겼다는 것을 알게 되고 자기를 인식하게 되었다면, 마땅히 그의 은덕에 감사해야 된다'고 한다. 이런 인연이 없었다면 자신이 아직 번뇌를 초월하지 못했음을 모르는 것이다.

사람과 사람 사이에 교류하고 왕래하는 과정이 바로 자기가 어떤 사람인가 하는 것을 인식하는 과정이다. 자기 생각에 그 어떤 부분은 초월하고 승화되었다고 생각한다면, 그런 경우를 직면하고 도전해야 비로소 승화되고 초월했는가 하는 것을 검증할 수 있다. 오로지 그것을 직면할 때에만 비로소 진정 초월했는가 하는 것을 알 수 있는 것이다.

 7강

고생하는 것은 복을 기르는 것이다

(대중들이 ㅇㅇ절 선당의 반수스님께 법문하실 것을 요청했다). 자비로운 큰스님, 자비로운 수좌스님, 자비로운 유나스님(예불할 때 대중을 이끌고 소리하는 분), 자비로운 사부대중 여러분! 후배는 수행이 아주 부족하여 아주 송구스럽고 부끄럽습니다. 대단한 행운으로 동화사에 오게 되어 많을 것을 배우게 되었습니다. 유나스님의 위탁으로, 이 자리에서 여러분들에게 나의 수행체득을 말씀 드리려고 합니다.

수행은 어떻게 해야 하는가? 복福과 혜慧를 쌍수雙修해야 합니다. 집사님과 대중스님들은 매일 울력하러 나가는데, 매우 힘들 것이라고 생각합니다. 울력하는 것이 힘들면 대개 저녁 좌향(향을 올리고 좌선함)을 싫어합니다. 옛날 조사대덕님들은 산에 나가고 들에 나가서 울력한 다음 항상 정좌하면서 명상하셨습니다. 말하자면 앉아서 '양식향養息香'을 함으로써 체력과 정신을 회복하는 것입니다. 때문에 '양식향'은 스님들이 노동한 다음의 보상이라고 하여도 됩니다. 일반적으로 스님들은 '양식향'의 뜻을 이해하지 못하고, 힘들게 노동한 다음 좌향하는 것에 반감이 생기고 거부하려는 심리가 생길 수 있습니다. 이것은 아주 그릇된 생각입니다.

'복혜쌍수'라는 말은 복과 혜를 함께 닦는다는 뜻인데, 만약 매일 노동만 한다면 단지 복 하나만 얻게 되는 것입니다. 복만 있고 혜가 없다면 마치 머리만 있고 발이 없는 사람처럼 완전하지 못한 것입니다. '완전하다'라는 것에 대해서, 선종의 조사대덕님들께서 이미 명백하게 '복혜는 쌍수해야 한다'고 말씀하신 것입니다. 선종의 공안에서 "복만 닦고 혜를 닦지 않으면 마치 코끼리에 구슬목걸이를 매어 놓은 격이다."라고 말했습니다. 같은 원리로, 혜는 있지만 복이 없는 사람은 먹을 곳도 없고 잘 곳도 없다고 했습니다. 아라한들은 나한의 과위는 증득했지만 복보가 크지 않습니다. 그러므로 한전불교는 복혜쌍수를 아주 중시합니다.

이 자리에 앉은 많은 스님들께서는, 다니는 총림마다 먹고 잘 수 있다고 생각합니다. 왜냐하면 스님들께서는 자기가 출가한 절에서 발심하고 열심히 수행정진하면서 복혜를 쌍수했기 때문에 좋은 인연들을 만난 것입니다. 어떤 스님들께서는 "단지 자기가 있는 절에서만 발심하고 열심히 수행정진하면 아무 이득이 없을 것이다."라고 오해할 수 있겠지만 아주 그릇된 인식입니다. 우리들이 하고 있는 일들은 용천신장님들이 모두 환히 보고 있기 때문에, 반드시 자기가 있는 절에서 발심하고 용맹정진을 하는 것이 중요합니다.

동화사는 수행하는 인연이 특별히 좋은 곳이므로, 발심하고 용맹정진하면 반드시 헛되지 않을 것입니다. 이미 동화사는 아주 훌륭한 수행도량으로 건설되었고 모든 것이 다 마련되었습니다. 하지만 우리들이 발심해야 합니다. 비록 많은 것을 다 할 수는 없지만, 맡은 바 직분에 최선을 다해야 합니다. 멀지 않은 장래에 동화사는 필히 불교계의 유명사찰이 될 것입니다.

지금은 가는 곳마다 불교가 아주 흥성한 것 같이 보이지만, 동화사처럼 진정하게 실증수련하고 비할 데 없이 장엄한 수행도량은 극히 적습니다. 지금 이 자리에 앉으신 많은 노선사님들께서 수많은 도량을 다녀봤지만, 동화사를 불교계에서 보기 드문 진정한 수행도량이라고 생각할 것입니다. 만행큰스님은 수행자들을 위한 전면적인 계획과 안배가 있으신 것입니다. 그분의 자비심도 무량하고 원력도 대단하십니다. 제가 오늘 만행큰스님과 선당의 문제에 대하여 얘기를 나누었는데, 만행큰스님의 원력이 대단한 것을 알게 되었습니다. 일단 선당을 사용하게 되면 얼마나 많은 인재들이 나타날지 모르겠습니다.

모든 일은 기초부터 시작하는 것입니다. 비록 우리들은 선당에서 좌선을 시작하지 않았지만, 마땅히 다리부터 훈련하고 다스려야 하며 심신을 잘 조절해야 합니다. 만행 큰 스님은 동화사의 사부대중들, 집에서 발심하고 수행하는 보살님들과 처사님들에게 전면적인 교학과 지도를 하셨습니다. 아울러 우리들은 반드시 큰 스님의 교학하시는 내용과 뜻을 이해하여야 합니다. 절대로 '왜 심오한 것을 가르치지 않고 기초만 가르치는가?' 하며 오해하지 마십시오. 오직 기초를 튼튼히 닦고 심신이 제대로 조절되어야만, 좌선하는 시간도 길 수 있고 편하며 공을 들일 수 있습니다. 지금처럼 기초가 박약하게 되면, 선당을 사용하여 하루에 24대의 향불 타는 시간으로 좌선할 때, 아마 어떤 분들은 견디기 어려울 것입니다.

선당에는 큰 스님의 말씀이 있고, 수좌스님의 말씀이 있고, 유나스님의 말씀이 있고, 또 반수스님의 말씀이 있기 때문에 청중들은 단지 듣고만 있어야 하고 입을 열면 안 됩니다. 선당의 법칙은 "스님이 입을 열고, 수좌가 입을 열고, 유나는 반쯤 입을 열고, 청중들은 입을 다문다."입니다. 만약 반수스님이 앞에서 "참선한다!"고 하면, 청중들은 단지 말을 들을 뿐 그 어떤 방편도 없고 명령을 어기면 절대 안 됩니다. 오직 이렇게 해야 진정하게 믿음이 깊어집니다. 우리들은 무량겁 이래 각종 인연으로 자기의 본래면목을 잃었고, 또 각종 인연으로 점점 도와 멀어져 있었습니다. 만행큰스님께서 이미 우리들을 위해 모든 기초를 다 닦아 놓았으므로, 참답게 수행한다면 장래에 반드시 큰 이익을 얻게 되며 무량한 복덕을 얻게 될 것입니다.

모든 일은 시작이 어렵습니다. 기초를 튼튼히 닦은 후에 대웅전이 세워질 것이고, 기초가 튼튼하여야 흔들리지 않는 고층건물이 세워질 것입니다. 수행도 마찬가지 이치입니다. 확고한 기초가 있어야 수행의 근본이 이루어지고 공덕도 원만할 수 있습니다. 때문에 우리들은 큰스님의 뜻을 받들고 큰스님의 지도하에 수행정진하면서 나아가야 합니다. 하지만 너무 욕심내지 말고 급하게 하려해서도 안 됩니다. 너무 욕심내고 급해하면 시간이 부족할 수 있고, 일심전력으로 공을 들일 수 없게 됩니다.

과거의 선종도량은 오로지 참선만 하게하고 다른 불법은 수행하지 못하게 합니다. 지금의 선종도량은 그 때처럼 엄하지 않습니다. 진언을 독송해도 되고 염불을 해도 되지만, 과거의 선종도량은 다른 불법을 수행하는 사람들은 절대로 함께 할 수 없었습니다. 때문에 반드시 반수스님의 요구에 따라 일심전력으로 단 한 가지 법문만 수행해야 비로소 결과가 나올 수 있었습니다.

탐욕심이 많은 수행자들이 여러 불법을 함께 수련한다면, 마치 두 가마에 물을 끓이려 할 때, 한가마의 물도 끓지 않았는데 다른 가마의 물을 끓이려고 하면, 이 가마 물도 끓이지 못하고 저 가마 물도 끓이지 못하는 것과 같습니다. 오직 한 가마의 물을 다 끓인 다음 다른 가마의 물을 끓여야만, 비로소 두 가마의 물을 다 끓일 수 있습니다. 그러지 않으면 당신이 얻은 물은 영원히 끓지 못합니다.

여러분들은 동화사에서 십년을 하루처럼 복구공사를 하면서 수행했는데 쉬운 일이 아닙니다. 아주 대단하고 감탄할 일입니다. 머지 않아서 당신들은 분명히 노력한 성과를 누릴 것이고 그 때가 바로 진정하게 이득을 얻을 때입니다. 1~2년 내에 모든 것이 제대로 자리 잡히면, 상대적으로 노동은 적을 것이고 수행이 위주로 될 것입니다. 이 역시 큰스님께서 여러분들의 발심에 드리는 감사의 보답일 것입니다. 설사 공로가 없다고 할지라도 수고가 많았습니다! 공로와 노고를 큰스님은 잊지 않으실 것입니다. 필경 여러분들은 장래 동화사의 희망이 될 것입니다.

　오직 노고와 어려움만이 우리들의 수행을 연마하고 점검할 수 있습니다. 온갖 고생을 겪으면서도 오늘과 같은 큰 성취를 이루게 된 것은 쉽지 않은 일입니다. 여러분들이 이 고비를 넘긴다면 자기를 극복한 것입니다. 집에 계시는 보살님들과 처사님들께서도 소리 없이 맡은 직분에 최선을 다하면서 봉사하고 있습니다. 이에 저는 아주 감동받고 위안을 받게 됩니다. 모든 스님들과 발심하신 보살님들 처사님들은, 각자 맡은 일을 최선을 다하여 잘하시기를 기원합니다. 자비하신 큰스님과 사부대중들께서 저의 천박한 인식에 널리 양해를 구합니다.

■ **만행스님** : 금방 ㅇㅇ법사님은 아주 진실한 법문을 하셨다. 부처님공부는 착실하고 열심히 해야 하며 확실한 노력이 필요하다. 나는 일찍부터 이런 관점을 견지하여 왔다. 즉 부처를 믿는 것과 부처님공부는 근본적으로 다르다는 것이다. 아무리 경건하게 부처를 믿는다고 할지라도, 부처님공부를 하지 않으면 도를 깨우치지 못하고 생사를 초월할 수 없으며 성불을 할 수 없는 것이다. 오직 부처님공부를 하고 부처님의 가르침대로 실행해야 도를 깨우칠 수 있고 생사를 초월할 수 있다. '부처님공부'를 한다는 대부분 사람들은 다만 부처를 믿는다는 초급단계에 머물러 있다.

　매일 독경하고 향을 올리며 예불하고 좌선한다고 부처님공부라고 생각하면 절대 안 된다. 이런 것들은 단지 표면적인 것이고 유위법에 불과하다. 『금강경』에서 "만약 색으로 나를 보려 하거나 음성으로 나를 구하려 한다면, 이 사람은 삿된 도를 행하는 것이기 때문에 여래를 보지 못하느니라."고 했다. '색'이라는 것은 유형유상의 것을 두고 하는 말이다.

우리들은 부처님공부를 하는 사람들이다. 매일 인과를 논하지만, 어떻게 하면 확실히 인과를 믿는 사람이라는 것을 알 수 있는가? 불교는 삼세인과와 윤회를 기초로 세워진 것이다. 만약 자신의 인과를 확신하지 않거나 혹은 상대방에서 인과가 있다는 것을 확신하지 않을 때, 어떻게 부처님공부를 논하고 도를 논하며 그와 함께 일을 할 수 있겠는가?

■**수좌스님** : 스승님! 인과를 믿지 않는 중생은 없다고 생각합니다. 하지만 인과를 믿는다면 반드시 인과를 봐야하고, 인과를 확신한다면 반드시 확실한 인과를 봐야한다고 생각합니다. 인과를 믿는 것이 미신이 아니라 반드시 인과를 볼 수 있어야 합니다. 『능엄경』에서 "사선팔정에 깊이 들어가면 만겁 이래 중생들의 생멸을 볼 수 있다."고 했습니다. 이것은 볼 수 있는 범위 내에서 인과를 확신한 것입니다. 만약 부처의 과위를 증득했다면, 모든 중생들이 출현하는 시작점이 어디에 있으며 회귀하는 귀착점은 또 어디에 있는지를 볼 수 있을 것입니다. 그 인과를 깊이 믿었기 때문에 그가 보았던 인과도 당연히 철두철미한 것입니다.

때문에 저는 사람마다 인과를 믿고, 인과를 믿지 않는 중생은 없다고 생각합니다. 다만 각자의 처한 범위에 따라 믿는 정도가 다를 뿐이라고 생각합니다. 만약 인과를 확실하게 보지 못했다면 그가 확신한 인과는 진실하지 못하며 심지어 틀린 것입니다. 오직 확실한 인과를 보아야만 인과도 확신할 수 있습니다.

▪만행스님 : 여러분들, 보시오! 많은 사람들이 인과를 말했지만 오직 수좌스님만이 인과에 대해 남다른 견해를 가지고 있소. 손색없는 수좌스님이요. 비록 내용이 풍부하지는 못하지만 핵심처를 찾아냈도다. 이 사고방향을 따라 전후상하로 참선한다면 원만한 해답을 얻을 수 있다.

나는 항상 부처를 믿으려면 반드시 부처를 알아야 한다고 했다. 부처를 모르고 믿는 것은 분명히 미신하는 것이다. 미신을 믿는 사람이라면 반드시 오늘은 장대사님을 따라다닐 것이고, 내일은 이대사님을 따라다닐 것이다. 오로지 부처를 알아야 사람들의 영향에 좌지우지되지 않을 것이다. 사람들이 아무리 장대사가 어떻고 이대사가 어떻다고 평론하더라도, 반드시 당신은 당신의 관점이 있을 것이고 자기의 식견이 있을 것이다. 절대로 담장 위의 갈대처럼 바람결에 흔들리지 않을 것이다.

사람이면 주견이 있어야 하고, 부처님공부를 하면 부처님 사상체계가 있어야 한다. 수행하는 사람은 반드시 자기의 사상체계를 세워야 한다. 바로 식견이 명확해야 한다. 식견이 명확하지 않으면 영원히 담장 위의 갈대나 부평초처럼 바람 부는 대로 흔들릴 것이다. 사람들은 너도 나도 '인과를 믿는다'고 하지만 모두 미신에 지나지 않는다. 소위 '믿는다, 믿지 않는다'고 하는 것도, 말재주가 뛰어난 사람들이 당신 귀에 대고 마구 내뱉어서 믿으라고 하니 믿고, 믿지 말라고 하니 믿지 않을 뿐이다. 당신이 진정 도를 알고 있다면, 다시 말하면 도를 보았다면, 천만 사람들이 부처가 없다고 말하더라도, 당신은 당신의 관점이 있을 것이고 자기의 식견이 있을 것이며 절대로 영향을 받지 않을 것이다. 때문에 부처님공부는 세 가지 순서가 있다고 한다. 첫째는 식견이고, 두 번째는 수증이고, 세 번째는 행원이다. 사실상 행원과 식견은 피차 서로 반복적으로 검증하는 사이인 것이다.

내가 7~8살 때 우리 동네에 노인 한 분이 계셨는데 아무 것도 믿지 않는 분이셨다. 무엇이 인과이며 무엇이 종교인지는 모르지만 운명만은 믿었다. 때문에 밥알 한 알이 땅에 떨어져도 주워 먹곤 했다. 그 때의 나는 땅에 떨어진 밥알을 왜 주워 먹는지 몰랐고 심지어 우습게 생각했다. 그 노인은 "물건을 쓰는 것은 두렵지 않지만, 짓밟고 버려서는 안 된다. 짓밟고 버리면 복록을 차 버리게 된다."고 말씀하셨다.

비록 그 노인은 인과가 무엇인지 모르지만 믿음이 있었다. 아주 좋은 선근을 보여주는 예이다. 하지만 이런 관념은 조상으로부터 대대로 물려받은 사상이라서, 몸소 증명한 것도 아니고 직접 본 것도 아니다. 그러므로 과감하게 전해주고 말해줄 수는 있지만, 핵심적인 문제에 봉착하면 신뢰하지 않는다.

조사들은 우리들에게 "평소에 발길 가는 곳이 바로 진면목이다."

라고 했다. 모두들 경각심을 높여야 할 것이다. 무심결에 하는 여러분의 행동에서 진실한 면목이 나타날 수 있다. 이것으로 인과를 확신하는지 아닌지를 점검하면 가장 정확할 것이다. 만약 자신도 모르게 믿는다면 바로 무명으로 행사하는 것이다. 불교에서는 '무명'을 3독 중의 한 가지 독이라고 했다. 만약 자기도 모르면서 행사하고 전파한다면, 무슨 짓을 했는지 생각해 보았는가? 선지식이 있어야 정신正信과 심신深信의 인과 관념을 수립할 수 있다. 아니라면 행하는 모든 일이 무명 속에서 무명을 하는 것이다. "무명 속에서 무명을 행사하는 것도 복보가 있는가?" 이 물음을 화두로 삼고 돌아가서 참선하기를 바란다.

8강

받아들여야 성장할 수 있다

■ **질문** : 스승님! 서양의 영적 수행방법을 기록한 책에서, 사람의 인생은 모두 자기가 선택한 것이라고 말했습니다. 하지만 이 말은 불교의 인과법칙과 모순되는 것으로 생각됩니다. 어떻게 이해하면 됩니까?

■ **만행스님** : 네가 말한 그 관점은 다른 종교의 관점이다. 그들의 관점에 의하면 우리들은 연극하려고 이 사바세계에 왔다고 한다. 그들에 의하면, 너는 무슨 배역을 하고 나는 무슨 배역을 한다고 상의한 다음, 다 같이 내려와 맡은바 배역을 연출한다고 한다. 하지만 각조를 잃고 너무 진지하게 연극을 하다보면, 고통에 시달릴 때는 완전히 고통에 좌지우지되고, 즐거우면 즐거움에 도취되면서 완전히 자기의 배역을 잊게 된다. 각조를 잃게 되면 세간에서 어떤 일을 하는지 모두 파악할 수 없게 되는 것이다.

욕계 중생들의 유희법칙은 이렇다고 하지만, 불교는 삼계를 초월하는 이치를 말하므로 인류의 이 유희법칙을 인정하지 않는다. 불교에서의 경력은 모두 인연의 화합에 의해 이루어진 결과라고 한다. 이 인연이 화합한 결과는 무량겁 이래의 심념心念들로 조성된 것이지, 사전에 상의한 것도 아니고 전지전능의 주재자가 역할을 나누어준 것도 아닌 것이다.

욕계의 중생들은 확실히 전지전능의 신이 다스리고 역할을 나누어준 것이다. 무색계를 초월해야 비로소 자기의 운명을 선택할 수 있고 결정할 수 있으며 다스릴 수 있다. 만약 욕계를 돌파하지 못한다면, 진짜로 그 어떤 다스리는 힘이 우리를 좌지우지하는 것이다. 때문에 불교는 오직 삼계를 초월해야 오행의 속박을 받지 않는다고 한다.

수행하는 사람들은 반드시 『능엄경』을 숙독해야 한다. 『능엄경』을 읽어야 자기의 수행차원을 감별하는 능력과 길을 잘못 들어섰는지 아닌지 감별할 수 있다. 더욱이 상대방이 자기에게 전수한 불법과 수행의 이념이 정확한지, 또 어느 차원까지 도달했는지를 감별할 수 있는 것이다.

며칠 전 저녁 한 스님이 나의 방에 찾아와서는 "밭에 나가 일을 하고 돌아오다가 바람을 맞았는데, 귀신이 들린 것처럼 몸이 아주 불편하다."고 하였다. 나는 그 말을 못 들은 체하며 응대도 하지 않았고 거들떠보지도 않았다. 내가 왜 그렇게 행동했을까?

▪ 답변 : 모릅니다.

▪ 만행스님 : 이것은 불교의 교리에 밝지 못한 전형적인 사람이다. 심

령의 문은 열어 놓았지만, 그 심령을 귀신 도깨비들이 차지했다. 이런 사람은 심리적 힘이 부족한 전형적인 사람이다. 마가 그의 심령을 침범하지 않았다고 하여도, 불법을 배우고 수행하는 과정이나 혹은 다른 방면에서 잘못된 이념을 쉽게 받아들인다. 불문에서 말하기를 질병은 모두 치료하는 방법이 있지만, 유독 심리적인 질병만 치료할 방법이 없다고 하였다. 그런 정보를 받아들이는 사람의 심령은, 다만 그런 것만 받아들이므로 어쩔 수 없다. 심령의 힘이 강한 사람은 설사 주변이 귀신·도깨비로 가득 차 있어도, 심령의 대문을 닫을 수 있으므로 대략 한 시각 정도면 자동적으로 그런 것이 사라지는 것이다.

■질문 : 스승님! 불법을 배우고 수행하려면 오직 현재의 상태에서 마음을 안정시키고, 심혈을 기울여 현실을 체험하면 된다고 합니다. 어떻게 하면 이 현실을 체험할 수 있습니까?
■만행스님 : 만나는 일마다 모두 심혈을 기울이고 전적으로 체험하며, 차분하게 평소의 마음으로 대하면 된다. 그러한 일들은 여러분을 도와서 성장도 시키고 타락도 시키므로, 사용할 줄 안다면 성장할 것이고 사용할 줄 모르면 타락하게 된다.

사람들은 날마다 시시각각으로 자기의 심리상태를 수정修正해야 하고 동시에 각지를 유지해야 한다. 만나는 사람마다 그 사람의 동작, 표정, 정서를 살피고, 그가 하는 말을 들으면서 즐거워하는 마음이 일어나는가, 아니면 혐오하는 마음이 생기는가, 그러한가 아닌가에 대해 내심 속 반응을 느낄 수 있어야 한다.

- **질문** : 스승님! 무명이 시켜서 무명의 일을 했는데, 복보를 닦았다면 복보가 있을 수 있습니까?
- **만행스님** : 최종적인 결과는 여전히 무명이다. 어떤 인을 심으면 어떤 열매를 얻기 마련이다. 만약 본질이 개변되고 유전자가 개변된다면 열매도 개변될 수 있다.

  부처님공부를 하는 사람이 시시각각으로 자기의 심리상태를 조절하지 않았다면, 부처님공부를 하지 않은 사람들보다 못하다. 부처님공부를 하는 사람들이라고 희노애락, 칠정육욕이 없는 것이 아니다. 그들은 다만 그 한계를 파악하고 자기의 기심동념을 알뿐 아니라, 자기의 기심동념을 각지할 수 있다. 이것을 유가儒家의 사상에서 "희로애락이 생기지만 모두 절도에 맞는다〔喜怒哀樂發而皆中節〕."라는 말이다.

- **질문** : 스승님! 자기의 기심동념을 보았을 때 동시에 그것을 판단하고 비판해야 합니까?
- **만행스님** : 이미 확실하게 자기의 기심동념을 인식했는데 왜 비판한다고 하는가? 너는 이미 선악을 알았고 계속할지 그만 둘지도 안 것이다! 아니면 너는 경각심을 잃은 사람이고, 자기의 기심동념을 보지 못한 사람이다. 그 정도를 파악할 수 있다는 것은 경각심이 있기 때문이다. 일을 성사할 수 있는지 없는지도 경각심을 장

악했는가 못했는가에 달린 것이다.

너의 앞에 나타나는 사람과 일은 모두 너를 도와서 성장시키고 초월하게 해준다. 하지만 그것을 이용하기 싫어하고 이용할 줄 모르기 때문에, 도움이 되는 것이 아니라 도리어 너의 걸림돌이 되고 뒷걸음질 치게 만든다. 우리들의 기심동념은 마치 물을 거슬러 노를 젓는 것과 같아서, 앞으로 전진하지 않으면 뒷걸음질 치게 된다. 만약 상대방을 대할 때 미워하는 마음이 생긴다면 상대방도 미워하는 마음으로 너를 대하게 된다. 그것을 깨닫고 경각심을 높이고 평범하고 담담하게 대하면, 상대방도 아주 빨리 미워하는 마음을 버리게 된다. 네가 어떤 정보를 보내면 그에 답하는 정보도 똑같은 것이다.

우주안의 생명과 만물은 모두 통일체이다. 단지 우리들의 신·심·령이 거칠기 때문에 상대방의 기심동념을 감지할 수 없고, 상대방의 자기장을 감지하지 못하는 것이다.

- 질문 : 스승님! 무위법만 수련하는 사람도 삼계를 초월할 수 있습니까?
- 만행스님 : 심력이 부족한 사람은 그 어떤 법을 수련하여도 삼계를 초월할 수 없다. 법을 전수한다고 하는 것은, 곧바로 삼계를 초월하는 방법을 전수하는 것이 아니라 신심身心의 힘을 키우는 방법을 전수하는 것이다. 신심의 힘이 충실하게 갖추어져야 비로소 성불하는 방법을 전수하는 것이다. 수행하는 것과 불법을 전수하

는 것은 순서가 있다.

시작할 때 전수하는 방법은 처음부터 성불하라는 것이 아니라, 사람들이 갖추어야 하는 기본자질을 갖추게 하는 것이다. 일정한 정도의 기본자질을 갖추고 심리상태가 건강하다면, 분명히 건강한 상태에서 인류사회를 인식하고 보게 되는 것이다. 심신이 건강하면 심력도 아주 빨리 갖추게 되며, 성불을 하는 방법도 빨리 배울 수 있게 된다.

■ 질문 : 스승님! 신심의 힘이 구족하지 못한 사람들이 수행하는 구체적 방법은 없는지요?

■ 만행스님 : 경전을 독송하고, 관상을 하고, 진언을 독송하는 등 방법은 모두 생리의 에너지를 일깨우고 활성화시키는 구체적인 방법이다. 생리적인 에너지가 구족한 다음에야 심력도 구족해진다. 심신의 힘이 구족되어야 스승이 '로켓을 타는 방법'을 전수하는 것이며, 그렇지 않다면 단지 좌선하는 방법만 전수하는 것이다.

■ 질문 : 스승님! 저의 마음이 변덕스럽기 그지없습니다. 겨우 다스렸는가 하면, 이틀을 못 넘기고 또다시 변덕이 심한 상태입니다. 진짜 시시때때로 먼지를 털어야 합니까? 어떻게 하면 그 근본을 끊어 버릴 수 있습니까?

■ 만행스님 : 3년 동안 지속적으로 삼자명을 독송한다면 무슨 일이든 모두 성취할 수 있을 것이다. 동화사에 상주하는 대다수 사부대

중들은 이미 육자진언을 삼년 동안 독송했다. 지난해부터 삼자명을 독송하기 시작했다. 동화사를 떠나지 않고 도태되지 않은 상황에서 앞으로 3년간 계속 삼자명을 독송한다면, 비록 지혜문이 열리지 않았고 신체가 건강하지 못하더라도 심령의 힘이 구비될 것이다. 그 때 가서 불법을 전수한다면 곧바로 도와 상응할 것이다.

도를 닦는 사람이 갖추어야 할 기본적 인내력도 없는 사람에게 어떻게 성불하는 방법을 가르칠 수 있겠는가! 기본적이고 가장 간단한 방법도 견지하지 못하는 사람에게 어떻게 복잡하고 고급한 방법을 가르쳐 줄 수 있으며, 또 며칠이나 유지하겠는가!

작은 일을 처리하는 것을 보면 큰 일을 할 수 있는지를 알 수 있다. 한 절에서 10년 이상 상주할 수 있는 사람이라면 그가 해내지 못할 일은 없을 것이다! 10년 동안 꾸준히 한 가지 일만 하는 사람은, 설사 품팔이를 하건, 회사에서 사장님의 뒤를 따라다니건, 그가 일하는 모든 직업에서 못해낼 일이 없는 것이다.

동화사의 서당에서 수행하던 스님 한 분이 사자동에서 폐관수련을 체험하겠다고 했다. 2005년에 그 스님이 동화사로 와서 몇 년 동안 기다렸던 것이다. 폐관수련을 하겠다고 작정한 사람이, 기다리는 마음조차 없다면 어떻게 동굴 속에서 폐관수련을 하겠는가? 밖에서 기다리는 것도 수행이요, 안에서 폐관하는 것도 수행이다. 밖에서 수행을 못하는 사람이 동굴 속이라고 수행할 수 있겠는가? 지금 폐관수련을 하겠다고 동화사를 찾아오는 사람들이 많다. 그들에게 "몇 달간 관찰해 봐야 하므로 우선 기다리시오." 하면 금방 돌아서 가버린다. 사실 돌아가는 것도 괜찮은 일이다. 가는 사람도 품을 덜 것이고, 우리도 품을 덜고 시름을 덜 것이니 말이다.

이러한 사건을 통해 그 사람의 인내력과 포용하는 힘을 알 수 있다. 뿐만 아니라 그 사람이 어느 정도까지 성취할 수 있는지도 짐작할 수 있다. 심지心智가 구비되었다 할지라도 인내력이 없으면 이루지 못한다. 인내력은 심지보다 더 중요하다. 심지가 부족하면 마음을 비우고 가르침을 받으면 되지만, 지혜만 있고 인내력이 없는 사람은 어느 절에도 상주할 수 없을 뿐만 아니라 아무 일도 해낼 수 없는 것이다.

불교의 '육바라밀'에서 '인욕바라밀忍辱波羅蜜'이라는 것이 왜 있는가? 인욕의 정신과 능력이 구비되지 않는다면, 설사 '정진精進', '선정禪定', '지혜'라는 것이 구비되었다 할지라도 성취할 수 없기 때문이다. 때문에 인욕을 제일 앞에 놓는 것이다. 우선 인욕이 있어야 정진할 수 있고 선정기능과 지혜가 있기 때문이다. 인욕은 기초이다. 사업을 하고자 하는 사람이 뛰어난 재주가 있더라도 기본자질이 구비되지 못하면, 운이 좋을 때는 혹 성공할 수 있지만 계속 성공하기는 어려운 것이다.

제 4부 본격적인 수행방법

1강

가장 기본적인 수행법

　유위법도 제대로 배우지 못하면서 어떻게 무위법을 배울 수 있겠는가? 겨우 독경하고 예불하며 주문을 독송한다고 생사를 초월할 수 있다고 생각하는가? 눈앞의 무명도 타파하지 못하고, 악습도 소멸하지 못하면서 생사를 어떻게 초월할 것인가! 심지어 무엇이 불법인지도 모르는 사람들을 어찌 경건하다고 할 수 있는가? 경건은 반드시 정지정견의 기초 위에서 세워져야 한다. 독경하고 예불하며 주문을 독송하는 껍데기 기능들은 불법을 대표하지 못할 뿐만 아니라 수행을 대표하지 못한다.

　수행자들은 반드시 『황제내경黃帝內經』을 읽어서 의학지식을 배우고 인체의 생리구조를 알아야 한다. 『황제내경』의 기본요령과 인체의 12경락을 장악하면, 수련을 하면 할수록 온몸이 막힘없이 통하고 심리도 가볍고 마음도 유쾌해지면서 지혜문이 열리는 것이다. 사람의 인체는 마치 나뭇잎과 같이 경락들이 가득 분포되어 있다. 사람의 정기신, 즉 원기는 경락으로 운행되는 것이다. 사람이 죽으면 원기가 사라지고 경락도 볼 수 없다. 경락은 오직 산사람에게만 존재한다.

원기는 액체도 아니고 기체도 아니다. 빛과 기의 혼합체로서 중국에서는 '기炁'라고 한다. 이 '기'는 호흡의 기가 아니다. 글자를 파자해 보면 '불 없이 생기는 기〔無火便生氣=炁=无+灬〕'라는 말이다. 여기서 말하는 '무화无火'는 욕정의 불길〔慾火〕이 없고 생리와 심리의 욕망이 없는 선천적인 원기를 보존한 것을 말한다. 오직 선천의 원기가 경락에 들어가야만 신체가 건강하고 장수하며, 철저하게 깨달음을 얻을 수 있고 지혜문이 열리고 무명을 타파할 수 있다. 경락과 '기'는 아주 밀접한 관계가 있다. 선조들은 바로 이 원리를 장악했기 때문에 무술과 의학, 그리고 종교의 각종 법문들을 창립한 것이다. 이 방면에 대하여 중국의 도교와 서장의 밀교, 그리고 인도의 요가는 아주 자세하게 말을 했다.

불교는 인도교의 기초 위에 세워졌다. 인도교는 이미 일만 년의 역사를 가지고 있다. 당초에 석가모니 부처님은 인도의 대표적인 여섯 개 큰 교파의 사상이론과 수련방법을 모두 다 배웠다. 이 여섯 개의 교파를 '육사외도六師外道'라고 하는데 지금까지 존재하고 있다.

석가모니 부처님께서는 그들을 외도라고 하지 않았다. 다만 이들의 방법은 철저하지 못하며 무위법과 구별이 있다고 했다. 하지만 유위법으로 말한다면 아주 대단한 것이다. 석가모니 부처님께서는 그들의 교법을 모두 수련했지만 만족하지 못하고 갈증을 해결할 수 없었다. 육대교파의 이론과 수련방법을 포기하고 산으로 들어가 홀로 수련하면서, 무명을 타파하고 철저한 깨달음을 얻었으며 삼계를 초월하고 생사를 초월했던 것이다.

이미 반복적으로 연화생법문 정공의 수련방법을 강의했다. 이 수련방법은 사람의 12개 경락을 둘러싸고 수련하는 것이기 때문에 수련하기 아주 쉽다. 여러분 중에는 경락을 아는 사람들이 많지 않다. 법사와 성직자는 모든 지식을 다 배워야 하고 그 어떤 학문이든지 다 장악해야 한다. 불교의 조사들도 무엇이든 다 배워야 한다는 관점이 있다. 배운 것이 많아야만 사람들에게 전수할 수 있고, 그들로 하여금 사용할 수 있게 한다. 이것이 바로 보살의 정신이다.

출가한 사람들은 더 많은 것을 배워야한다. 출가한 스님들 앞에 다가서는 사람들은 오만 가지 사람들이 다 있다. 만약 그들이 아는 것을 우리가 모르고, 그들이 통달한 것을 우리가 통달하지 못한다면, 어떻게 중생들을 이끄는 인천사표人天師表가 될 수 있겠는가? 출가한 사람으로서 자기를 찾아온 사람들에게 이익을 주지 못한다면, 절밥 먹기가 미안한 일이고 부끄러운 일이다.

예로부터 오늘날까지 두뇌의 사유를 멈추게 하고 사고를 정지하게 하는 방법은 없었다. 단지 그 어떤 기교나 방법으로 그것을 인도하는 방법밖에 없다. 그래서 불교에는 팔만사천 가지 법문이 창립된 것이다. 팔만사천 가지 법문의 목적은 단 하나이다. 바로 우리들의 산란한 두뇌를 다스리고, 두뇌로 하여금 한 가지 일을 몰두하도록 어떤 상태에 들어가도록 하는 것이다.

예로부터 수행방법은 두 가지뿐인데, 하나는 더하기고 하나는 덜기이다. 좌선할 때 망상이 생기면 더하는 방법을 쓴다. 가부좌를 하고 주문을 독송할 때 망상이 생기면 관상을 더하면 되고, 관상을 해도 망상이 생기면 결수인結手印을 더하는 것이다. 이 두 가지를 합해도 안 되면 운기運氣를 하라. 움직이지 않고 호흡을 지속적으로 한다. 망상이 사라지고 전념할 수 있게 된다.

지탱하기 어려우면 덜기를 하면 된다. 이를테면 기를 한데 모으고 힘을 주는 것을 덜고, 그래도 안 되면 관상하는 것을 덜고, 그래도 안 되면 결수인을 던다…. 이렇게 하다가 나중에는 모든 방법들은 모두 다 버리고, 눈을 뜨나 감으나 길을 걸으나 잠을 자거나, 생각을 하지 않고자 하면 하지 않는 것이다.

말은 하기 쉽다. 하지면 3~5년의 공을 들이지 않고는 이런 효과를 볼 수 없다. 설사 석가모니 부처님께서 당신 곁에 앉아서 이 방법을 가르쳐 준다고 할지라도, 3~5년 심지어 10여 년의 공을 들이지 않고는 되지 않는다. 소위 '기능공부'라는 것은 방법과 시간의 투입을 의미한다. 아무리 기능공부가 좋다고 하여도 결코 지혜문을 열고 무명을 타파하며 생사를 초월하는 것을 대표하지는 않는다. 다만 당신으로 하여금 생리의 건강을 얻게 하고 심리의 건강에 영향을 주게 하는 것이다.

불교는 기능공부도 있고 또 무명을 타파하고 지혜문을 여는 내용도 있기 때문에 다른 교파와 아주 큰 구별이 된다. 기능공부의 제일 대표적인 인도의 요가, 바라문교와 시크교들의 기능공부는 상당히 대단하다.

그 때 당시 세존 주변의 많은 제자들은 이미 외도기능을 수련했기 때문에 기능공부가 아주 대단했다. 하지만 그들은 모두 세존의 문하에 귀의하고 세존의 방법을 배운 다음에야 무명을 타파하고 생사를 초월한 것이다. 아무리 수행자들이 공을 들여도 무명을 타파하지 못하고 나쁜 습성을 고치지 못하는 경우가 많다. 뿐만 아니라 기능공부가 좋을수록 남들이 못하는 일을 할 수 있다는 아집만 늘어난다. 바로 이런 현상들 때문에 세존께서 다른 방법을 연구개발하시고 지혜의 수증을 중시하신 것이다.

지혜를 수증하고자 하면 반드시 몸이 건강해야 한다. 건강해야 정기신이 충족하고 인체의 경락이 막힘없이 통할 수 있다. 경락이 창통하는 사람은 확실한 지혜가 있다. 사람들은 늘 이런 말을 한다. "저 사람은 왜 반응이 저렇게 빠른가?" 바로 그 사람의 경락이 막힘없이 창통한 것이다. 하지만 어떤 사람의 두뇌는 전기선이 접촉되지 않은 것처럼 반응이 아주 늦다. 그 사람의 경락이 연결되지 않았다는 뜻이다. 어떤 사람은 두뇌의 사고도 없이 기관총 쏘듯이 말을 빨리한다. 왜냐하면 그런 사람의 경락은 원기가 아주 충족하기 때문에 사유가 끊어지지 않는 것이다.

우리들은 모두 젊은 사람들이다. 마땅히 정기신이 충족하고 원기가 왕성하며 정신이 분발해야 한다. 하지만 지금 우리들의 정신면모는 그런 모습이 나타나지 않는다. 왜냐하면 선종의 말처럼 우리들의

'육근六根의 문두門頭가 산란散亂'하여 에너지가 모두 안에서 소모되었기 때문이다. 어떤 방법으로 수행하든지 간에 우선 육근을 관폐하고 무명을 돌파해야 한다. 내재의 광명이 생기지 않으면, 눈앞의 무명을 돌파할 수 없고 초월할 방법이 없다.

좌선을 잘하자면 아래의 세 가지를 조절해야 한다. 첫 번째로 자세를 조절해야 한다. 결가부좌를 하든 단가부좌를 하든 산가부좌를 하든 다 좋다. 엉덩이 밑 끝에는 반드시 두 치(약 6.6cm)정도 높은 받침방석을 깔고 앉아야 하며, 절대로 평평하게 평좌하는 자세를 하면 안 된다. 자세가 정확하지 않으면 신체의 경락이 막히고 기맥이 통하지 않으며, 에너지가 위로 오르지 못한다. 소위 '3맥7륜三脈七輪'이 열리지 않으면 두뇌에 산소가 결핍되어서 흐리멍텅해지면서 혼매에 빠지게 된다.

엉덩이 밑에 두 치정도 높은 받침방석을 깔고 앉으면, 몸이 앞으로 약간 기울어지는 상태이고 엉덩이 끝이 들리면서 미추골이 허공에 들리고 척추는 S자형이 된다. 사람의 척추구조는 S자형인데, 이 형태를 따라서 자세를 취해야 하고 구부리거나 곧바로 서게 하면 안 된다. 앉은 자세는 수직선이 아니라 앞으로 약간 기울어진 직선이다. 자세는 자기의 느낌에 따르는데, 앞으로 너무 기울이는 것도 아니고 뒤로 너무 제치는 것도 아니다.

눈은 약 1미터 앞 정도에 시선을 두고 척추를 느슨하게 풀고 미추골에 압박을 주지 않으면, 전체적으로 아주 느슨하게 풀리는 상태가 된다. 꼿꼿한 직선으로 앉게 되면 미추골에 체중이 실리게 되어서 기혈이 위로 상승하지 못한다. 앞으로 약간 기울이고 앉으면, 미추골이 들리면서 체중이 엉덩이에 실리는 것이 아니라 두 무릎에 실리게 된다.

신체가 느슨하게 풀리면 앞의 기는 아래로 하강하고, 인체의 에너지는 척추를 따라 위로 오르게 되면서 정수리에서 빛을 뿌리게 된다. 만약 앞쪽의 기가 가라앉지 않고 떠 있는 상태라면, 도리어 뒤쪽에 있는 기를 위에서 아래로 당겨 내려가게 된다. 즉 뒤쪽의 기가 하강하고 앞의 기가 오르게 되어서, 두뇌에 산소와 에너지가 부족하게 될 것이다.

두 번째로 자세를 조절했으면 곧이어 호흡을 조절한다. 심호흡을 하는 방식으로 신속하게 토고납신吐故納新(기존의 공기를 토해내고 새로운 공기를 들이쉼)을 하면, 두뇌에 충분한 산소 공급이 되어서 눈 앞쪽에서 빛을 뿌리게 된다. 자리에 앉은 다음 우선 배를 홀쭉하게 비워야 한다. 때문에 첫 숨은 반드시 '후~'하고 배가 홀쭉하도록 입으로 깨끗이 내쉬어야 한다. 절대로 먼저 들숨을 쉬어서는 안 된다. 뱃속의 기를 모두 내보낸 다음, 입을 다물고 코로 들숨을 배가 불룩하도록 들이쉬어서 기를 단전까지 보낸 다음, 3~5초쯤 참았다가 다시 입으로 '후~' 하고 기를 깨끗하게 내보내야 한다. 기를 깨끗이 내보낸 다음 입을 다물고 다시 코로 들숨을 배가 불룩하게 흠뻑 들이 쉬었다가, 3~5초 정도 참은 뒤에 배가 홀쭉해지도록 입으로 숨을 깨끗이 내쉰다. 이렇게 반복적으로 호흡하는 방법이 바로 심호흡 방식이다. 이런 심호흡하는 방식을 장악할 줄 알아서, 네다섯 번 심호흡을 하게 되면 바로 입정할 수 있다. 심호흡하는 방법을 모른다면 호흡을 백 번하여도 소용이 없다. 심호흡하는 방법에 익숙하기 위하여 반드시 여러 번 해야 한다. 수량으로부터 시작해서 질량으로 나아가는 것이다.

그러므로 좌선을 시작할 때 가부좌를 하고 자세를 조절한 다음, 날숨부터 내쉬는 방법으로 심호흡을 세 번에서 다섯 번 해야 한다. 안하는 게 편하다고 해서 호흡을 조절하지 않으면 절대 안 된다. 가슴이 갑갑하고 위가 팽창하면서 갈비뼈가 아파오기 시작한 다음 호흡을 조절하면 이미 늦다. 신체에 이런 상황이 나타난다면, 유일한 해결방법은 반년동안 좌선을 정지하는 것이다. 신체의 건강상태를 회복한 다음 다시 시작하는 것이다. 호흡을 조절하지 못하면 영원히 망념을 다스릴 수 없다. 호흡이 순조롭고 고르게 잘 조절되면 사상도 청정하게 되는 것이다.

비록 마음으로는 청정하고 싶다고 해도, 호흡이 거칠면 기맥이 혼란하게 되고 잡념도 많아진다. 마치 옛날 사람들이 말한 "나무는 조용히 있고 싶으나 바람이 멈추질 않는다."와 같다. 이 말은 형상을 통해 내심세계의 기심동념을 비유했다. '기氣'는 바람이다. 호흡이 순조롭고 미세하면 염두도 바람이 잠잠할 때의 나뭇가지처럼 흔들리지 않는 것이다.

호흡을 조절하는 방법을 정확하게 장악하지 못하면 호흡이 거칠

어지고, 정확한 방법을 장악하면 가볍고 부드럽게 된다. 호흡을 잘 조절하면 흉강이 비는 것 같아지고, 절대로 흉강이 팽창하고 갈비뼈가 팽창하면서 아프지 않을 것이다. 팽창하는 느낌이 조금이라도 있다면 밖으로 계속 숨을 내쉬어야 한다.

호흡만 잘 조절되면 호흡이 순조롭고 몸도 느슨하게 풀리게 될 것이며, 양쪽의 어깨가 아래로 쳐지게 될 것이다. 팔이 길고 손바닥이 뜨거우며 에너지가 충분한 사람은 손바닥을 위로 향하게 해서 두 무릎 위에 놓으면 된다. 손이 저리거나 신체가 허약한 사람은 손바닥을 아래로 향하게 해서 두 무릎 위에 놓는다. 두 손을 '금강 항마인金剛降魔印'의 결수인을 하고 앞에 놓으면 비교적 오래도록 할 수 있다.

세 번째, 호흡을 조절한 다음에는 의식을 조절한다. 다시 말하면 의식을 처리한다는 말이다. 의식은 미간에 두어야 한다. 왜 의식을 미간에 두라고 하는가? 의식을 미간에 두면 인체의 여섯 관문 즉, 육근이 관폐가 된다. 두 눈을 감고 있으면 눈앞이 깜깜하다. 선종에는 "무명을 돌파하면 생사를 초월할 수 있다."라는 말이 있다. 여기서 '무명'이란 바로 그 깜깜한 눈앞을 말한다. 육근을 관폐하면 에너지가 새지 않기 때문에 눈앞의 깜깜한 무명을 돌파하게 된다. 의식을 미간에 집중하고 몸을 느슨하게 풀면서 자연스럽게 제3의 눈을 뜨고 앞을 쭉 내다보는 것이다. 두 눈에 주는 힘은 대낮에 육안으로 물건을 보듯이 하면 된다.

동시에 몸을 비우고 자신의 신체를 서 있는 연꽃이라고 관상한다. 상반신에서 목까지는 연꽃대라고 관상하고, 머리는 연꽃봉오리라고 관상하며, 정수리〔정문頂門〕는 피어난 연꽃이라고 관상한다. 왜 관상하라고 하는가? 관상하지 않으면, 아래의 에너지가 위로 오를 때 에너지의 길이 막혀서 참을 수 없을 정도로 갑갑하고 폭발할 것 같으며 미칠 것 같게 되기 때문이다. 때문에 반드시 관상하는 방법을 써서 에너지를 정수리로 방출해야 한다.

만약 의식을 처리하지 않고 자리에 앉으면 잡생각이 많게 된다. 우리들의 두뇌는 습관적으로 일하면서 몇십 년 동안 문제를 사고하여 왔다. 어떻게 두뇌로 하여금 사고를 못하게 할 수 있겠는가? 그러므로 잡생각하는 것보다 두뇌에 일을 시키는 방법이 나은 것이다. 하는 일이 있으면 잡생각을 덜 한다. 선종에서는 이것을 "일념으로 만념을 다스린다."고 하는데, 일념이 만념을 삼켜버리는 것이다. 그래서 옛날 사람들은 염불하고 주문을 외우며 관상하고 독경하는 등등, 여러 가지 불법을 창립하고 산란한 마음을 다스렸던 것이다.

몇 년 동안 몰두해서 하던 일을 내려놓고 염두조차 버리며 수련하던 방법까지 버릴 수 있다면, 비로소 선종에서 말하는 진정한 '공심정좌空心靜坐'가 된다. 이때의 공은 어떤 방법에 의거한 것도 아니고, 어떤 방법을 빌어서 된 것도 아니다. 자연적으로 공령空靈과 영명靈明의 상태에 도달한 것이다. 이때가 되면 각조가 밝고 환하게 나타나면서 진정하게 입정하는 상태로 들어간다.

입정하게 되면 내재의 영명이 맑은 물처럼 솟아나오고, 하늘의 별과 주변의 화초·수목들도 모두 다 그 맑은 물에 투사되면서 분명하고 똑똑해진다. 뿐만 아니라 모든 기심동념도 그 물에 드러난다.

이때는 의념을 미간에 두어야 한다.

일단 가부좌를 하고 자리에 앉기만 하면 ①자세를 조절하고 ②호흡을 조절하고 ③의식을 조절(처리)하는 습관을 키우고, 매일 이런 방식으로 좌선해야 한다. 이런 방법은 모두 유위법이다. 무위법을 닦고자 하면 반드시 이 세 가지를 잘 조절해야 한다. 즉 자세를 조절하고 호흡을 조절하고 의식을 조절하는 이 세 가지 유위법을 잘 닦아야만, 영체가 나갈 수 있고 무위법을 닦을 수 있다. '닦는다'는 말은 바로 이 세 가지를 조절하는 유위법을 말한다. 유위법은 닦는다고 한다.

유위법을 잘 닦아야만 비로소 무위법을 닦을 수 있다. 무위법은 '단련할 련煉'이라고 한다. 오로지 '그 물건'을 닦아내야만 비로소 그것을 훈련시키고 그 작용을 발휘할 수 있게 하는데, 이것을 '련'이라고 한다. 그것을 찾아내는 것을 '관觀'이라 하고 '다시 만났다〔又見面〕'고 한다. 본래부터 있던 것이라는 의미이다. 무엇을 제련하겠는가? 바로 영체가 들락날락하게 제련한 다음, 무사지舞師智가 되고 불퇴지보살不退地菩薩의 과위를 증득하는 것이다.

『정토십육관淨土十六觀』은 진정한 정토종 법문이다. 『정토십육관』에서도 "사상을 미간에 집중하고 태양을 관觀하라."고 했다. 처음 시작할 때는 에너지가 부족하기 때문에 오로지 태양밖에 관할 수 없다. 일단 에너지가 충족하면 달을 관할 수 있고, 별들도 관할 수 있다. 달과 별을 관하여 성공한 다음 유리瑠璃를 관하고, 그 다음 그 힘으로 공空을 관하게 되면 바로 빛(광)과 하나가 되는 것이다.

『정토십육관』을 꼭 읽어 보기 바란다. 사람들이 '무엇이 정토종

· 427

법문인가?'하고 물을 때, '어미타불'을 염불하면서 정토종 법문이라고 하면 아주 굉장한 웃음거리가 될 것이다. 하지만 정토종 십육관을 닦고 난 다음에는 확실히 '어미타불'을 염불해야 한다. 어떤 과정도 거치지 않고, 제자리걸음으로 어미타불을 염불한다면 어떻게 성공할 수 있겠는가? 마치 우리 출가한 사람들이 헛좌선을 하고 죽은 좌선을 하는 것과 같은 것이다. 전체적인 과정도 거치지 않고, 앉아서 아무 생각도 하지 않는다는 것이 가능한 일인가? 우리 자신도 못하는 일을 어떻게 일반사람들 보고 하라고 하는가!

사람의 신체는 세 부분으로 나누는데, 발에서 단전, 단전에서 인후, 인후에서 정수리까지이다. 이 세 부분이 인체의 정·기·신인데, 바로 욕계·색계·무색계이다. 이 이론체계는 『유가사지론瑜伽師地論』과 소승불교의 경전인 『아함경阿含經』에 아주 상세하게 설명되어있다. 이 두 책을 읽어보면 이 부분의 이론체계를 통달할 수 있으며, 다시

는 다른 불법을 추구하면서 수련하겠다고 갈망하지 않을 것이다.

지금 내가 하고 있는 말은 옛날 고인들께서 남겨놓은 것이다. 다만 내가 먼저 읽어보았고, 연구하면서 불법수학의 차원과 순서를 파악했을 뿐이다. 일부 수행자들은 어느 불교경전부터 읽어야 하고 어떻게 수학해야 하는 것을 모른다. 때문에 일생동안 이론체계도 세우지 못하고, 문이 어디 있으며 어떻게 걸어가야 하는지도 모른다. 참말 가련하기 그지없다.

도를 닦는 사람은 우선 몸부터 잘 닦아야 한다. 몸을 닦아 건강해진 다음, 도덕수양·문화자질 그리고 흉금의 기운을 닦을 수 있으며 비로소 도를 닦을 수 있다. 왜 "사람을 근본으로 한다."고 하는가? 사람으로서 갖추어야 할 것들은 반드시 있어야 한다. 만약 사람으로 갖추어야 할 것들이 없다면, 다만 기초적인 것만 닦는 것이고 진정한 도를 닦을 수 없기 때문이다.

수행과정에 생리나 심리를 비롯해서 나타나는 모든 반응들은 모두 연도풍광이고 도를 보았다는 소식일 뿐이다. 수행자들은 서로 "당신은 도를 본 소식이 있는가?"하고 묻는다. 마치 동화사에 오면 필연적으로 팻말·저수지·패방 같은 것을 보게 되고, 대웅전에 들어가기 전에는 삼문전三門殿을 보게 되는 것과 같다. 하지만 절대로 삼문전은 대웅전이 아니고 패방도 삼문전이 아니다. 이 모든 것을 연도풍광이라고 하고 득도한 소식이라고 말한다.

오직 유위법을 닦고 닦아 성공한 다음에야 비로소 "아무 생각도

하지 말고 조용히 앉아 있기만 하면 된다."가 된다. 아니면 이런 말을 하는 당신은 문외한이고 수행을 전혀 모르는 사람이다. 선종의 최후의 수행방법은 무위법이지만 처음 시작은 오직 유위법이다.

지금의 선당은 이런 말을 잘하지 않는다. 왜냐하면 지금 불교는 전수할 수 있는 법을 가진 사람이 아주 적고, 법도 이미 실전失傳된 상황이다. 이런 법들은 다 어디로 유전되었는가? 재가在家한 사람들의 손에 있고 외국으로 유전되어 나갔다. 지금 선당에서 참선하는 사람들은 죽은 좌선을 하거나 헛좌선을 하고 있다. 그런데도 모두 백층 꼭대기에서 수련을 시작하니 참 웃음거리이다. 선당의 기점은 백층 꼭대기이다. 조사가 될 수 있는 인재라야 선당에 들어갈 수 있다. 선당에서 십년~이십년을 수련하게 되면 사람마다 조사가 되는 것이다. 때문에 조사가 되지 못하는 사람은 선당에서 수련할 수 없었다. 선당에서 기초지식을 강의한다는 것은 선당의 의미를 상실하는 것이다.

이런 기초는 어디에서 완성하는가? 법당에서 불법을 들을 때 완성한다. 법당에서 강의한 불법을 모두 장악하고 닦아낸 다음 비로소 선당으로 들어갈 수 있는 것이다.

조사들께서 절을 지으실 때, 제1 대중전(第一重典)은 천왕전 혹은 형·합 두 신장전(哼哈二將殿)이다.(동화사의 제1대중전은 형·합 두신장님을 모셨다.) 일단 절의 제1 대중전에 들어서면 사대천왕의 위엄으로 세간의 모든 언행과 습성들을 산문밖에 버리게 되고 절의 대문으로 들어가지 못하는 것이다.

제2 대중전은 대웅보전이다. 대웅전은 불문의 규구, 의궤, 창송唱

誦을 배우는 곳이다. 이와 같은 것을 다 배워야만 비로소 제 3중전인 법당으로 들어가 불법을 듣고 식견을 배울 수 있다. 식견을 장악한 다음, 계속해서 제4 중전인 '명리전名利殿'으로 들어간다. 지금 중국의 절에는 이미 명리전이 없어졌다. 다만 일본의 절에는 아직까지 있다. 비록 수행자의 식견과 이론이 원만하고 불학지식도 깊고 넓게 장악했으며 말솜씨도 거침없다고 하지만, 아직까지 수행자는 세속의 명리심, 성불하겠다는 명리심(성불하겠다는 마음도 일종 명리심이고 공명심이다)이 아직까지 남아 있는 것이다. 그러므로 명리전에 들어가 이런 것들을 모두 내려놓아야 한다. 명리전을 초월한 다음 비로소 최후의 중전인 자재당, 즉 선당으로 들어갈 수 있다. 선당 안에 들어가는 사람들은 대자재大自在를 얻을 수 있고 생사를 초월할 수 있기 때문에 자재당이라고 한다. 선당에서 십년~이십년을 수련하고 나오는 사람은 누구나 할 것 없이 한 시대의 종사가 되는 것이다.

2강

육근을 장악해야 입도入道할 수 있다

- **만행스님**: 왜 부처님 좌우에 한분은 가섭존자이고 다른 한분은 아난존자인가? 이 두 분은 각기 무엇을 대표하였는가? 부처님의 좌우에 서 있는 것은 또 무엇을 상징하는가? 여러분께서 열렬히 법보시法布施하기 바란다.
- **답변**: 가섭존자는 지혜를 대표하고, 아난존자는 광학다문廣學多聞을 대표합니다.
- **만행스님**: DJ, 네가 법보시를 해봐라.
- **DJ**: 가섭존자와 아난존자는 모두 석가모니 부처님의 좌우 시자侍者이며 모두 석가모니 부처님의 큰 제자이십니다. 좌측의 가섭존자는 부처님께 귀의할 때 이미 대단한 수행자였으며, 두타頭陀 행각승이고 고행苦行승인데 선정공부禪定功夫가 특별히 좋았답니다. 아난존자는 다문제일多聞第一이며 부처님의 사촌 아우인데, 부처님의 용모가 너무 환하게 빛나고 훌륭하여 부처님을 따라 출가하고

줄곧 부처님의 시자로 있었습니다.
- **만행스님** : 가섭존자는 출가할 때 이미 80이 되지 않았는가?
- **DJ** : 가섭존자는 석가모니 부처님보다 40세 이상이 많았습니다.
- **만행스님** : 아난존자가 출가하실 때 나이가 얼마였든가?
- **DJ** : 20세 전후였다고 합니다.

- **만행스님** : 여러분이 보기에는 부처님 상이 어떻게 보이는가?
- **답변** : 아주 장엄합니다. 어느 부분을 막론하고 모두 완미하고 훌륭하며 원만합니다.
- **답변** : 가섭존자는 부처님의 제일의 대제자이며 역시 부처님심법의 계승자입니다. 아난존자는 부처님의 시자이신데 다문불망多聞不忘이라고 합니다. 석가모니 부처님께서 설법하신 내용들을 한 글자도 빼놓지 않고 기억하고 말할 수 있었다고 합니다. 그러므로 부처님경전의 결집은 주로 아난존자의 기억에 따라 정리한 것이랍니다. 부처님경전의 결집은 아난존자의 공로가 제일 클 것이고, 불법의 심맥心脈 전승은 가섭존자로부터 시작된 것입니다. 이 두 분은 불법을 광범위하게 홍법하는데 큰 공헌을 하신 분들입니다. 한 분은 유형유상有形有相의 법을 전승받았고, 다른 한 분은 무형무상無形無相의 법을 전승받은 것입니다.
- **답변** : 가섭존자께서는 지금도 운남성 계족산鷄足山에서 입정하고 계신다고 합니다. 장래에 이분이 석가모니부처님의 의발을 미륵부처님께 전할 것이라고 합니다.

■답변 : 가섭존자는 고심수행苦心修行을 대표하였고 아난존자는 박학다문博學多聞을 대표하였습니다. 그분들은 우리들에게 박학다문한 다음 실수실증實修實證을 해야 함을 알려주셨습니다.

■답변 : 부처님께서 꽃을 들어 보이실 때 그 장소에 있었던 제자들은 모두 부처님의 뜻을 이해하지 못하였는데, 오로지 가섭존자만이 미소를 지으며 부처님의 뜻을 깨달았다고 합니다. 그러므로 부처님께서 심법을 가섭존자에게 전하여 주었답니다.

■만행스님 : 여성들을 출가하게 한 사람이 아난존자라고 하는데 그러한가?

■답변 : 『대애도비구니경大愛道比丘尼經』에서 그렇게 말했습니다.

■답변 : 그래서 많은 비구니도량에서 아난존자를 모신다고 합니다.

■답변 : 아난존자의 은덕을 잊지 않기 위하여 모신 것입니다. 마치 율종律宗도량에서 우바리존자優婆離尊者를 예배하는 것과 같은 이치입니다. 비구니도량도 부처님 상을 모십니다. 대부분의 비구니도량에는 서방삼성西方三聖을 모시고 있습니다. 광동·절강·강소성 일대의 많은 비구니도량에서는 비로자나불毘盧遮那佛을 모시고 있습니다.

■만행스님 : 어떻게 부처님의 조각상을 그렇게 훌륭하고 완미完美하게 조각할 수 있었는가? 그것은 우리들의 마음속에 아름다운 힘과 아름다운 사상이 있기 때문에 그처럼 완미한 작품을 조각해 낼

수 있는 것이다. 만약 우리들의 마음속에 완전무결한 힘과 완전 무결한 사상이 없다면 그처럼 완미한 작품을 조각하지 못했을 것이다. 확실히 부처님 본래의 상이 조각상처럼 장엄하고 완미한가? 대영 박물관에 부처님의 41세 때 그림이 있는데, 그 작품이 바로 부처님의 진실한 상이다. 그 그림은 바로 부루나존자께서 그리신 것이다.

그 때 당시 촬영기술은 없었지만 이미 초상화를 그리는 회화예술이 있었다. 부처님 41세 때의 모습을 그린 그림은 지금 네팔사람들과 아주 비슷하게 생겼다. 세존이 바로 네팔사람이다. 지금 네팔사람들을 보면 그 때 당시의 석가모니 즉 싯다르타의 모습을 볼 수 있게 된다. 마치 지금 중동의 아랍인들을 보면 예수 그리스도의 당시 모습을 보는 것과 같은 이치이다. 지금 예수 그리스도의 초상화도 우리가 볼 수 있는 세존의 초상화처럼 완벽하고 훌륭하다. 하지만 진짜는 오늘의 조각상과 절대 같지 않다. 우리들의 육신과 사대를 아무리 수련한다고 하여도 이렇게 장엄하고 완미할 수 없다. 사람들의 내심세계에는 어떤 무형의 상相이 있다. 바로 본래면목本來面目이다. 본래면목은 조각상보다 몇 배나 더 아름답고 장엄하며 훌륭하다. 그러므로 육조께서 "자성은 본래부터 구족하고 본래부터 원만하기 때문에 가져와 쓰면 되고 단장할 필요가 없다(自性本自具足 本自圓滿 拿來就用 不需修飾)"고 하신 것이다.

내가 가섭존자와 아난존자에 대해서 좀 더 보충하면 완전할 것 같다. 한 분은 출가에 선후가 없고 나이에 젊고 늙은 구별이 없다는 것을 설명하고, 다른 한 분은 수행은 이론과 실천을 결합해야 함을 설명한 것이다. 이 두 분이 한분은 실천을 대표하고 다른 한분은 이론을 대표한다고 하지만, 결코 한분은 이론만 알고 다른 한분은 실천만 안다는 뜻이 아니다. 다만 두 분이 각기 치우친 경향과 어느 면에서 더 특출하다는 것을 말했을 뿐이다.

금방 출가한 사미들은 너무 열등감을 가질 필요가 없다. 모든 일체는 꾸준한 노력과 자기의 재능과 지혜에 의거하고 자기의 품덕에 의하여 결정된다. 출가한지 오래되었다고 해도 깨우치지 못하고, 사원의 사무에 익숙하지 못하며, 종합적 자질이 부족하면 무용지물이다. 인격이나 불성을 놓고 말한다면 우리는 모두 동등하다. 큰스님이 되었다고 더 월등한 것은 아니다. 우리들의 인격은 모두 다 평등한 것이다.

아난존자와 가섭존자는 모두 황실의 귀족출신이지만 신분이 고귀해서 수행을 성취한 것은 아니다. 우바리존자의 출신은 당시 인도사회의 최하층인 수드라 즉 노예계층이었지만 성취하였다. 아난존자와 가섭존자 두 분은 이미 출가하기 전에 재능과 지혜 그리고 수행에 있어서 아주 뛰어났던 것이다.

그런데 우리들은 아무런 자질도 없이 출가하였고, 출가한지 이십년이 지났지만 역시 아무런 자질도 없다. 또 아집을 타파하고 무명을 타파한다는 말을 날마다 입에 달고 다니지만, 결국 타파한 것도 얼마 없고 제거한 것도 얼마 없다.

일처리를 해보지 않으면 아집이 있느냐 없느냐 하는 것을 알 수 없고, 무명상태에 있는가 없는가 하는 것도 모른다. 그렇지만 일처리를 시작하면 가는 곳마다 아집과 무명들이 다 나타나게 된다. 사람들의 행동거지와 일상생활의 일처리는 모두 그 사람의 내심세계의 현현이다. 불교에는 '내유기심內有其心 외유기형外有其形'이라는 말이 있다. 만약 여러분이 "내가 하는 모든 일들은 나의 내심과는 아무런 상관이 없다. 나의 내심은 그렇게 생각하지 않는다."라고 한다면 더욱 무명상태에 있다는 것을 뜻한다. 거짓말을 하겠다는 염두가 없는데 어떻게 거짓말을 할 수 있겠는가? 여러분이 엄숙한 체 가장하는 것도, 여러분의 내재에는 엄숙할 수 있는 세포와 인자들이 있기 때문에 그렇게 엄숙한 체 가장할 수 있는 것이다.

부처님공부를 하는 사람들의 내재에는 무엇이든지 다 구족되어 있음을 우리들은 너무도 잘 알고 있다. 선과 악이 구족하고 있는 가하면, 불성의 일면이 있고 마성의 일면도 있는 것이다. 다시 말하면 부처의 힘도 있을 뿐만 아니라 마의 힘도 가지고 있다는 것이다. 우리들이 '수련'이라고 하는 말도, 시시각각으로 각조를 가지고 마성의 힘을 지켜보면서 그것이 범람하지 않게 하며, 최종적으로는 자연스러운 각조를 달성하는데 있는 것이다. 어째서 어떤 사람의 수행의 최후는 자기 뜻대로 다 할 수 있고, 행하는 모든 것이 법칙을 벗어나지 않으며 도에 부합된다고 하는가? 그것은 그 사람의 심념마다 각조를 가지고 있기 때문이다.

마의 힘 그 자체도 역시 용用(쓰임)이고 도이며 원만의 일부분에 속한다. 원만하다면 정면正面의 힘과 반대편의 힘을 다 가지고 있는 것이다. 즉 음성의 힘과 양성의 힘을 다 가지고 있는 것이다. 단지 정면의 힘과 양성의 힘만 도라고 하고 원만하다고 하는 것이 아니다. 마치 하루 24시간은 광명도 있고 암흑도 있어야 주야육시晝夜六時라고 하는 것과 같은 것이다. 마성의 힘이 나타날 때는 파괴하는 힘과 훼손하는 힘으로 나타나고, 불성의 힘이 나타날 때면 성취하는 힘으로 나타나는 것이다. 하지만 어떤 장소나 시각에서 보면 파괴하는 힘도 사용되는 것이다. 왜냐하면 파괴하는 힘 자체가 최종적 원만을 이룩하기 위함이기 때문이다. 이것을 보고 "낡은 것을 타파하지 않으면 새로운 것을 세울 수 없다."

라고 한다.

불문에 이렇게 말한다. "어떤 것은 먼저 건립하고 뒤에 타파하며, 어떤 것은 먼저 타파하고 뒤에 건립하며, 어떤 것은 타파하는 것과 건립하는 것을 동시에 진행하고, 어떤 것은 타파하지도 않고 건립하지도 않는다."고 한다. 이른바 "법이란 고정된 법이 없다." 라는 말은, 사람과 장소 그리고 시간에 따라 수행방법을 결정한다는 것이다. 법은 마치 약처방과 같으며 사람들의 사대와 육근은 병세와 같다. 약처방은 병세에 따라 더하고 감한다. 그러므로 사대육근을 초월하기 전에는 사람마다 공부를 하며 수행하는 방법이 다른 것이다. 일단 사대육근을 초월하면 사용하는 방법과 공부를 하는 방법이 '불이법문不二法門'이라는 것을 알 것이다. '귀원무이로歸元无二路'라는 말도 이것을 두고 하는 말이다.

'자질'과 '나쁜 습성'이라는 말도 모두 사대와 육근을 두고 하는 말이다. 일단 사람들이 사대와 육근을 초월하고 입도하게 되면, 갈수록 만물은 통일체이고 모든 일체는 본래부터 구족되어 있음을 알게 될 것이다. '분별分別'과 '집착執着'이라는 것은 사대와 육근을 너무 많이 사용하였기 때문에 생겨난 것이다. 그래서 옛사람들이 "사대를 바꾸지 않고 육근을 제거하지 않으면, 도를 닦고자 하는 것은 헛짓이다〔四大不轉 六根不除 修道枉然〕."라고 한 것이다. 엄격한 의미에서 말한다면, 지금 날마다 우리들이 노력하는 것은 단지 사대육근에 공을 들이는데 불과하다. 하지만 사대육근은 도가 아니다. 우리들이 지금 도道는 차치하고 사대육근 조차도 돌파할 방법이 없고 다스릴 방법이 없는데, 어떻게 도를 닦는다는 말을 할 수 있는 것인가?

- **만행스님** : 지금 이 자리에 앉은 사람들 가운데, 몸이 날마다 힘들어 수행하기에 어려운 사람이 있는가?
- **답변** : 스승님! 제가 그렇습니다.
- **만행스님** : 어허! 누군가? HD로구나. 만약 내일이 되어서 밖의 환경이 너를 필요로 한다면 그 몸으로 계속 일할 수 있는가?
- **HD** : 예. 할 수 있습니다.
- **만행스님** : 그렇구나! 이것이 바로 도의 힘이다! 하지만 지금 여기 앉은 사람들 가운데 이런 경계에 도달한 사람은 열에 셋도 되지 않는다. 말하자면 지금 이 장소에 백여 명이 앉았는데 이런 경계에 도달할 수 있는 사람은 겨우 서른 명도 되지 않는다는 말이다. 지금 우리들이 사대육근을 얼마나 길들였으며 항복시켰는가 하는 것은, 입도가 얼마나 되었는가를 말하는 것이다.

우리들의 배움은 부족한 점을 보충하고 장점을 발휘하는 것에 있다. 하지만 인천사표가 되려면 배워야 할 것들은 너무도 많고 많다. 사람들에게 시범을 보여주어야 할 뿐 아니라, 삼계의 유형·무형의 중생들에게도 시범을 보여주어야 하기 때문이다.

우리들은 용천신장님〔龍天護法〕을 받아들일 수 있고, 용천신장님들이 우리와 교류하는 것을 받아들일 수 있는가? 우리의 오안육통 五眼六通은 원래부터 구족된 것이지, 반드시 성불해야 오안육통을 구족할 수 있다는 것이 아니다. 사회의 많은 사람들은 의식적인 수련을 하지 않고 아무 것도 믿지 않지만 그들의 능력은 일상생활가운데서 나타난다.

마치 육조께서 말씀하신 것처럼 "보리와 자성은 원래부터 청정하니, 그 마음을 사용만 하면 곧바로 성불하리〔菩提自性本自淸淨, 但用此心直了成佛〕."이다. 그 물건은 본래부터 구족되어 있기 때문에 마음 놓고 얼마든지 사용할 수 있는 것이다. 하지만 우리들이 그것을 쓰기만 하면 웃음거리로 만들고, 쓰기만하면 속되게 하며 온갖 추태를 드러낸다. 기왕 다 구족하고 원만하다면, 왜 저 사람이 쓰면 좋은 일이 되고 우리가 쓰면 나쁜 일이 되는가? 이 문제를 사고해 본 적이 있는가? 법기法器라면 탄생할 때부터 법기이고, 법기가 아니라면 반드시 많은 세대를 노력해야 비로소 법기가 될 수 있다. 조사님께서 말씀하시기를 "바른 마음이 도이고, 진심이면 입도한다〔直心是道 眞心入道〕."고 하셨다. 하지만 지금 몇 사람이나 바른 마음을 가지고 있으며 진심을 가지고 있는가?

여러분을 보고 '가치가 있다' 혹은 '중요하다'라고 하는 것은, 여러분이 하는 일이 중요하고, 여러분의 사상이 중요하며, 여러분의 행동거지가 중요하다는 것이다. 그런 것들이 중요하기 때문에 여러분의 사대와 육근이 부각되어 그 사람이 중요하게 된 것이다. 사람자체와 사대와 육근이 무슨 중요한 것이 있겠는가? 사람은 모두 사대와 육근을 구비하고 있다. 하지만 어떤 사람은 그 사대와 육근으로 정품精品을 창조했기 때문에 그 사람의 사대와 육근이 중요하고 값이 있게 되는 것이다. 하지만 우리들의 사대와 육근은 정품을 창조하지 못하였기 때문에 중요하지 않고 가치가 없는 것이다.

우리들은 시시각각으로 사대와 육근을 지켜봐야 한다. 설사 잠이 들었다 할지라도 심안心眼만은 똑바로 떠야 한다. 잠깐이라도 심안을 휴식시키거나 관폐하면, 바로 잘못되고 몽상에 들어가게 된다. 왜 악몽을 꾸고 아침에 일어나면 머리가 흐리멍텅한가? 그것은 밤잠을 잘 때 육근을 잘 지켜보지 못했기 때문이다. 낮에는 그럭저럭 각조가 있으나, 밤이 되면 육근에게 자유를 주고 방치했기 때문에, 육근이 각기 하고 싶은 대로 논 것이다. 그러므로 사대가 편안하지 않아서 아침에 일어나면 피로하기 그지없으며, 목탁 치는 소리를 들어도 계속 자고 싶은 것이다. 목탁 치는 소리를 듣자마자 일어나서 몇 분 먼저 아침예불을 나오면, 그 마음이 얼마나 편안하고 좋은가? 마음을 조이면서 조마조마한 마음으로 잠을 좀 더 자면 기분이 어떤가?

■ **질문** : 스승님! 어떻게 하면 잠을 자면서도 각조를 가질 수 있습니까?

■ **만행스님** : 길상와吉祥臥를 하고 마음을 미간과 정수리에 두라. 그러면 영성의 힘이 아래에서 위로 오르기만 하고 하강하지 않으므로, 꿈을 꾸어도 삼악도와 상응하지 않는다. 미간은 하늘을 상징하고 정수리는 부처를 상징하기 때문에, 꿈을 꾸어도 천인들과

상응하고 부처와 상응하게 될 것이다.

- **질문** : 스승님! 주문을 독송할 때 신경의 끝까지 기를 수송하려면 의념意念으로 해야 합니까, 아니면 다른 방법이 있습니까?
- **만행스님** : 이 문제를 이미 수십 번을 말했는데 여전히 그 요령을 장악하지 못하는구나! 요령을 장악하면 도를 장악한 것이고, 도를 장악하면 득도하였다는 것을 의미한다. 호흡을 장악할 수 있다면 생사를 장악할 수 있고, 생사를 장악하면 생사를 초월할 수 있는 것이다. 우리들이 삶은 들숨으로 되고 죽음은 날숨으로 된다. 우리들이 살 때는 기를 들이쉬고 죽을 때는 기를 내쉬게 된다. 그러므로 죽을 때 꼭 마지막 숨을 몰아 내쉰다. 다시는 숨을 들이쉬지 못할 때면 두 다리와 팔이 갑자기 쭉 풀어져서 죽는 것이다. 드라마에서 다 그렇게 나오지 않는가! 사람이 모체에서 나올 때의 첫 숨은 바로 들숨이고 최후에 갈 때의 마지막 숨은 바로 날숨이다. 이것이 바로 "생사는 들숨과 날숨사이에 있다〔生死只在 一呼一吸之間〕."고 하는 이유이다.

3강

입도하는 비결 - 6근을 관폐

- **질문** : 스승님! 사람의 욕망은 참말 만족할 수 없습니다. 어떻게 하면 욕망을 끊을 수 있습니까?
- **만행스님** : 만약 이 힘을 끊어 버린다면, 이 힘을 잃어버리게 되므로 진보하겠다는 마음이 없어진다. 성불도 이 힘에 의거하고, 지옥 가는 것도 이 힘 때문이며, 좋은 일 하는 것도 나쁜 일을 하는 것도 역시 이 힘 때문이다. 달마조사께서 "이 힘은 성불하는 근본이요 윤회의 인因이다."라고 말씀하셨다. 세존께서도 이 힘의 존재와 가치를 인정하셨기 때문에 정체적整體的인 수행법문에서 단지 '전환한다—轉'라는 글자 하나만 사용하신 것이다. 이 힘을 전환할 수 있다면 이 힘의 주인이 될 수 있지만, 바꾸지 못한다면 이 힘은 여러분의 주인이 되어 여러분을 끌고 다닐 것이다. 이 힘을 거느리면서 바꿀 수 있다면 수행속도가 훨씬 빠를 수 있는 것이다.

- **질문** : 만약 이 힘을 공제한다면 성불을 포함한 모든 일들을 모두 성사할 수 있다는 말씀입니까?
- **만행스님** : 공제하는 것이 아니라 이 힘을 이끌고 바꾸라는 말이다. 이 힘을 이끌어 바꾸게 되면 바로 쓰이게 되는 것이다. 만약 이 힘이 아직도 깊은 잠에서 깨어나지 않았다면 우선 이 힘을 불러 깨운 다음 도를 닦아야한다.

- **질문** : 이 힘은 사람의 의지력입니까, 아니면 에너지입니까?
- **만행스님** : 종합적인 힘이다. 이를테면 WA와 DH, 이 두 사람의 수행속도를 보게 되면 WA는 DH보다 빠를 것이다. 왜냐하면 WA는 DH보다 이 힘이 더 크기 때문이다. 만약 이 힘이 없다면 아무리 수행해도 되지 않으므로, 우선 이 힘을 불러 깨워야 되는 것이다. WA는 선천적으로 이 힘을 가지고 있기 때문에, 이 힘을 잘 이끌어서 수행의 힘으로 바꿀 수 있으면 좋다. 비록 이 힘이 갖추어져 있더라도 수행의 힘으로 바꾸지 못한다면 아무 일도 성사할 수 없으며, 또 이 힘을 다스리지 못한다면 심신이 조용해질 수 없다.

반대로 이 힘이 없는 사람은 오히려 마음이 아주 평정하기 때문에 그 어떤 일도 잘 하지 못한다. 수행하고 도를 닦는 것 같은 것은 말할 여지도 없는 것이다. 이러한 평정은 진정한 평정이 아니다. 불교에서 말하는 진정한 평정은 이 힘을 다스리고 승화시키고 정화한 다음에 나타나는 심리상태를 말하는 것이다. 범죄자들은 이런 힘이 너무 크기 때문에, 그것을 정복하고 다스리지 못하고 이 힘에 끌려서 죄를 범하는 것이다. 반대로 이 힘을 잘 다스리고 정복한다면 우수한 인재가 될 것이다.

- 질문: 자기 몸에 이 힘이 있는지 없는지를 어떻게 알고 판단합니까?
- 만행스님: 자기는 알지만 믿지 않는다. 다만 곁에 있는 사람들은 똑똑하게 보게 된다. 불교의 계율은 바로 이 힘을 정확한 길로 이끄는 것이고, 불교의 사상은 이 힘을 정화하는 것이며, 불교의 선정은 이 힘을 불러 깨우는 것이다. WA의 상황에서는 이 힘을 불러 깨울 필요도 없이 직접 이끌어주면 바로 이용할 수 있게 된다.
- 답변: 저는 이 힘을 어디로 바꾸면 좋을지 모르겠습니다. 불교경전을 보아도 이 힘을 바꿀 수 없고 그런 상태가 되지 않으니 어떻게 하면 좋을지 방법이 없네요.
- 만행스님: 너는 지금 자기가 무엇을 가지고 싶어 하고 무엇을 하고 싶은가 하는 것을 모르고 있다. 무엇을 가지고 싶고 무엇을 하고 싶은 것을 모르는 사람에게 부처 보살님들께서 어떻게 도와주겠는가? 우선은 자기가 무엇을 가지고 싶어 하고 무엇을 하고 싶은가 하는 것을 알아야 사람들의 도움을 받으며 소원을 이룰 수 있다.

- 질문: 스승님께서 '인도를 잘 닦으면 불도는 자연 이루어지노라.'고 말씀하셨는데 인도에는 어떤 규칙들이 있습니까?
- 만행스님: 지금 사람노릇을 하는 기본과 기준이 무엇이냐 하는 것을

묻고 있다. 중국인의 사상에서 사람노릇을 하는 기본규칙은 '인, 의, 예, 지, 신'으로 지켜야 할 법칙이다. 그래도 모르겠으면 불교의 계율을 준수하면 인도의 규칙과 성불하는 길이 보일 것이다.

■질문 : 불교의 그렇게 많은 계율들을 어떻게 준수해야 합니까?

■만행스님 : 계율은 수행자가 원래부터 준수해야 하는 것이고, 나라의 법률도 마땅히 준수해야 하는 것이다. 자기를 단속하지 못하면 계율과 법률을 느끼지만, 자기의 신·구·의를 잘 단속할 수 있는 사람이라면 불교의 계율이든지 나라의 법률이든지 그 존재를 느끼지 못하는 것이다.

■질문 : 달마조사께서 "수련하는 것이 있으면 갈피를 못 잡는다."고 하셨는데 어떻게 이해해야 합니까?

■만행스님 : 달마 조사님의 경계에서 본다면 마땅히 "수련하는 것이 있으면 갈피를 못 잡는다."가 된다. 하지만 지금 우리 범부의 입장에서는 수련을 하지 않으면 더욱 갈피를 잡지 못한다. 육조 혜능대사께서 "자성은 원래부터 구족하고, 원래부터 청정하고 원만하다."고 하셨다. 이것은 혜능대사의 경계에서 하는 말이고, 우리들의 경계에서 하는 말이 아니다. 범부의 입장에서 수련하지 않고 배우지 않는다면 더욱 무명에 떨어질 것이다.

깨우친 사람도 여전히 수련을 해야 한다. 성불한 사람도 복과 혜는 끊임없이 닦아야 한다. 마치 박사공부를 끝마치면 최고봉이라고 하지만, 지식은 끝이 없고 지혜도 끝이 없어서 영원히 배워야 하는 것과 같은 이치이다.
- **답변** : 전체적인 우주에서 논한다면 바로 '용用'이라고 하겠습니다.
- **만행스님** : 옳거니. 바로 그 '용'자이다. 어떻게 기용起用을 할 것인가? 심력心力, 체력體力, 백력魄力에 의거해야 한다.
- **질문** : 조사대덕님들께서 "내려놓으면 그것이다〔放下即是〕."라고 하셨습니다. 만약 일념에 상응하고 내려놓았다면 수행의 차원은 어느 단계입니까?
- **만행스님** : 진정 여러분 말처럼 "내려놓으면 그것이다."라면, 이미 상응한 것이고, 이미 궁극의 차원에 도달한 것이며, 원만한 부처의 경지에 도달한 것이다. 내려놓을 수 있는 수준만큼 그 차원과 상응하게 되는 것이다.

- **질문** : 육근을 모두 통섭하는 목적은 명심견성을 위한 것이겠지요?
- **만행스님** : 통섭육근은 명심견성의 보조적인 작용이다. 통섭육근을 하지 않아도 명심견성을 할 수 있지만, 명심견성을 한 사람은 반드시 통섭육근이 된 사람이다. 명심견성은 선정에도 의거하지만 지혜도 필요하다. 우리들이 일상생활에서 보고 듣고 하는 모든 것들이 명심견성이지만, 우리들은 그것을 의식하지 못하는 것이다. 육근은 육진六塵을 놓고 말하면 명심견성이고, 육진은 우리들의 본래 면목이다. 만약 이 색신色身을 바꾸고자 한다면 반드시 통섭육근을 해야 한다. 옛날 조사들이 금강불괴의 몸을 남겨 놓을 수 있던 것도 통섭육근을 하였기 때문이다. 오직 통섭육근을

해야 심신의 힘을 응집할 수 있고 색신을 바꿀 수 있는 것이다.
- **질문** : 명심견성을 한 사람도 통섭육근을 해야 됩니까?
- **만행스님** : 명심견성을 하여도 시시각각으로 통섭육근을 해야 한다. 다만 통섭육근을 하거나 육근을 방종하거나 하는 문제가 존재하지 않는다. 그는 이미 닫고 여는 차원을 초월하였기 때문에 닫거나 열거나가 없는 것이다.
- **질문** : 닫거나 열거나 하는 문제가 없다면, 모두 융합하여 하나가 되었다는 말입니까?
- **만행스님** : 체는 용이요 용은 체이다. 이 상황에 이르게 되면 조사님들이 말씀한 체용이 하나이니 다시 나눌 필요가 없다.

- **질문** : 스승님! 저의 앞가슴에 기가 꽉 모여 부풀어서 견디지 못 하겠습니다. 어떻게 해야 합니까?
- **만행스님** : 어깨를 아래로 축 드리우고 팔도 아래로 떨어뜨리면서 목을 쑥 뺀 상태에서 숨을 내 쉬면 해결된다. 선을 수련하는 사람들은 이런 단계를 거치게 되는데, 일단 이런 상황이 나타나면 아까 말한대로 하고 숨을 내쉬어야 한다. 그렇게 하지 않으면 앞가슴에 기가 치밀어 잠을 잘 수 없을 뿐만 아니라, 몽둥이로 앞가슴을 쳐도 아픈 줄 모르게 된다.
- **답변** : 스승님! 무슨 영문인지 갑자기 하루 종일 자지 못했는데 정신 상태는 아주 좋았습니다.

■ 만행스님 : 일반적으로 잠자지 못한 사람들은 낮에는 정신이 흐리고 개운하지 않다. 하지만 좌선하는 사람들은 일정한 단계에 이르면, 잠을 자지 못해도 이삼일, 심지어 나흘째에도 여전히 정신이 초롱하면서 아주 정상적이다. 이런 상황은 사람들이 말하는 불면증이 아니다. 좌선하는 사람이 일단 이 단계에 이르면 생리적 에너지가 중맥中脈에 들어가므로, 다시 말하면 생리적 에너지가 중추中樞에 들어가 두뇌에 산소공급과 영양이 충족하여 밤에도 정신이 청정해서 잠을 잘 필요가 없는 것이다. 하지만 장기적으로 이런 현상이 계속되면 안 된다. 에너지가 위로 올라오면 반드시 내려가야 한다. 단지 오르기만 하고 내려가지 못하면 정상이 아니다.

■ 답변 : 스승님! 처음에는 주야로 불면하더니 지금은 한 달가량 하루에 두 시간만 자도 정신이 아주 맑고 좋으며, 아주 뚜렷하고 분명한 이명耳鳴현상도 나타납니다.

■ 만행스님 : 이것은 좌선하는 사람들에게 보편적으로 나타나는 현상인데 이명이 들릴 뿐만 아니라 각종 소리도 들린다. 이를테면 종소리 북소리 혹은 세간에 없는 악기 소리도 들린다. 이것은 생리에너지가 경락을 따라 운행할 때 마찰하면서 생기는 소리이다. 생리 에너지가 깨어나고 부활하며 기경팔맥을 따라 정상적으로 돌아감을 의미한다. 옛날에는 귀안에서 나는 각종 다른 소리에 따라 심령의 정화정도와 수행의 실력을 확인하기도 했다.

■ 답변 : 스승님! 저는 반시간 정도만 앉아서 좌선하더라도 전신이 아프고 쑤셔서 앉을 수가 없습니다.

■ 만행스님 : 너의 몸의 맥락이 막히고 기혈이 잘 통하지 않기 때문에 전신이 아픈 것이다. 한 가지 자세로 오랫동안 좌선하면 저도 모르게 자세를 바꾸게 되는데 이것은 정상적인 현상이다. 자세를 바꾸면 그런 통증을 분산할 수 있다.

왜 옛 수행자들은 쌍가부좌를 하고 좌선을 했는가? 오직 쌍가부좌를 해야 신체의 각 통로의 힘이 한 곳으로 집중할 수 있고, 모든 에너지가 중맥으로 몰리게 한다. 쌍가부좌를 하지 않으면 생리 에너지가 전신의 각 부분으로 분산되는 것이다. 오직 쌍가부좌를 할 때만 생리 에너지가 중맥에 집중되고, 개정이 쉽게 되며, 명심견성을 하고 신식도 쉽게 나갈 수 있다. 하지만 중맥이 이미 열리고 개정된 사람은 쌍가부좌가 그렇게 중요하지 않을 뿐 아니라 하지 않아도 된다.

■ 질문 : 스승님! 금방 육진과 육근은 우리들의 본래면목이라고 하셨는데, 이것은 이론적으로 하시는 말씀입니까, 아니면 현실적인 느낌입니까?

■ 만행스님 : 현실적인 느낌이다.

■ 질문 : 그런데 스승님! 늘 "천지와 나는 한 뿌리요, 산하대지는 나의 본래면목이다."라고 하지 않았습니까?

■ 만행스님 : 육근과 육진은 우리들의 본래면목이고, 자연계의 만사만

물은 우리들의 본래면목의 현현이다.

- **질문** : 쌍가부좌는 다 된 것 같은데 왜 생리적으로 변화가 없습니까?
- **만행스님** : 방법을 모르고 억지로 다리 훈련만 한 탓이다. 설사 방법을 안다고 하여도 시간이 필요하다. 비록 방법을 장악하고 시간도 충분히 들였다고 할지라도, 점화하는 것이 상당히 중요한 관건이다. 왜 어떤 사람들은 주화입마에 빠지는가? 에너지도 닦아냈고 불도 피웠지만, 인도해서 통로를 선택할 때 편차가 생긴 것이다.

- **질문** : 임맥, 독맥, 중맥이 다 통한 다음에도 쌍가부좌를 하고 다리를 훈련해야 합니까?
- **만행스님** : 옛날 조사들은 평생 야불도단夜不倒單 하였는데 왜 그런가? 쌍가부좌를 하고 앉으면 생리에너지가 중추에 있을 뿐만 아니라, 생리에너지가 활성화되고 아주 빠르게 새로운 에너지를 생산한다. 동시에 신체 에너지와 자연계 에너지를 융합하여 하나가 되게 한다. 다시 말하면 자연계의 힘을 얻을 수 있는 것이다.

- **질문** : 스승님! 어떻게 하면 육근과 육진이 우리들의 본래면목이라는 것을 느낄 수 있습니까?
- **만행스님** : 이것은 기능공부이다. 이를테면 우리들의 심신이 아주 청정하게 되면, 나무와도 교류할 수 있고 한 떨기 꽃과도 교류할 수 있다. 우리들이 꽃과 나무와 교류할 수 없는 원인은, 우리의 신심이 그들보다 거칠고 경박하기 때문이다. 나무와 꽃들은 우리

보다 평온하고 고요하다. 우리들의 수행이 평온하고 고요하며, 미세한 정도가 그들을 초과해야 비로소 그들과 교류할 수 있게 된다.

■ **질문** : 마음이 아주 평온하고 고요해야 만사만물과 교류할 수 있다고 하셨는데, 이런 상태에 도달하여도 선정공부가 필요합니까?

■ **만행스님** : 선정공부가 없다면 심신이 평온할 수 없고 고요하지 않게 된다. 우리들의 심신이 순간적이나마 평온하고 고요할 수 있게 된 것은 평상시 선정공부의 결과이다. 심신이 평온하고 고요하다는 자체가 바로 선정의 일종이고 선정의 쓰임인 것이다. 이런 단계에 이르게 되면 내가 말한 '체용일여'의 단계에 이른 것이다. 체와 용은 갈라놓을 수 없는바 체가 바로 상이요, 상이 바로 용이며, 용이 바로 체이므로, 체·상·용體相用의 셋은 하나인 것이다.

■ **질문** : 스승님께서 말씀하신 중맥이 열리자면 반드시 오랜 시간이 필요하고, 주야 24시간 동안 끊임없이 정진 수행을 해야만 심신이 완전하게 이런 기능상태에 들어갈 수 있는 것입니까?

■ **만행스님** : 하루 이틀 용맹정진 한다고 되는 것이 아니다. 일상생활에서 자기의 마음씀씀이를 지켜보는 습관을 배양해야 한다. 만약 우리들이 선방에 앉아서도 자기의 마음씀씀이를 보아내지 못한다면, 선방에서 나와 일상생활에서 마음씀씀이를 지킨다는 것은 헛말이다. 기능공부는 잠깐사이 좌선수련을 해서 되는 것이 아니라 평소의 노력이 따라야 한다.

마치 사람들의 종합적 자질이 한 두 가지 일에서 배양된 것도 아니고, 일~이년 책을 읽었다고 되는 것도 아닌 것처럼, 몇십 년을 하루같이 정신을 가다듬고 노력하는 가운데서 개혁하고 키워낸 것이다. 우리들이 도를 닦는 것도 정확한 방법에 의거해야 하고 많은 시간과 공을 들여야만 된다. 시간적 투입이 충분하지 못하면 안 되는 것이다.

4강

심신이 조화로우면 입도할 수 있다

■ **질문** : 스승님! 자시만 되면 저의 머리는 기가 꽉 들어차 팽창하면서 부풀어 오릅니다. 일어나서 좌선해야겠지요?

■ **만행스님** : 일어나서 좌선하는 것이 제일 좋다. 좌선할 때 활짝 핀 연꽃을 상상하면서, 나의 몸은 활짝 피어있는 한 떨기 연꽃이라고 관상하라. 지금 상황은 아주 좋은 현상이다. 너의 생리기능은 이미 깨어있고 건강하다. 만약 네가 형상적 사유를 즐겨서 자신이 활짝 핀 연꽃이라는 형상적인 관상을 빌어서 수련한다면, 너의 정수리는 한꺼번에 개정이 될 것이다. 관상하는 것을 즐기지 않는다면 느슨하게 몸을 풀고 앉으면 된다.

사람들의 몸은 대 자연과 같이 두 가지 힘을 가지고 있다. 하나는 위로 오르는 힘이고 다른 하나는 아래로 내려가는 힘이다. 위로 오르는 힘이 있기 때문에 인체의 혈액이 정수리까지 오르게 된다. 같은 이치로 내려가는 힘이 있기 때문에 기혈이 발까지 내려가게 되는 것이다. 자연계의 이 두 가지 힘이 서로 교합할 때 심신을 느슨하게 풀어 놓으면, 체내에 두 가지 힘이 존재하고 서로 교합한다는 것을 느낄 수 있다.

왜 자시와 오시가 되면 졸음이 오는가? 신체가 긴장하고 느슨하지 못하기 때문에, 이 두 가지 힘이 서로 조화롭게 교합되지 못하여 나타나는 현상이다. 졸음이 온다는 것은 지금 여러분의 몸이 느슨한 상태가 아님을 뜻한다. 오직 느슨한 상태가 되어야만 위에 있는 힘이 아래로 내려오고 아래에 있는 힘이 위로 올라가서, 눈 깜박할 사이에 합이위일合二爲一의 경지에 도달할 수 있는 것이다. 합위이일이 된 다음에야 두 기운이 분산되어 각기 다른 위치로 가게 되는데, 이를테면 오장육부와 각 말초신경으로 가는 것이다.

다시 말하면 이 두 가지 힘은 자시와 오시에 서로 합치게 된다. 합친 다음 각기 자기가 가야할 곳으로 가는 것이다. 그러므로 자시나 오시에 휴식하는 것은 심신을 더욱 느슨하게 풀기 위한 것이며, 사면팔방의 힘을 즉 심장·간장·비장·위장의 힘과 말초신경 등의 모든 힘을 합하기 위한 것이다. 몸을 느슨하게 푸는 속도가 빠르고 투철할수록 합치는 속도도 빠르고 교합도 빨리 된다. 회합이 끝나면 분산하기 시작하고, 분산되면 곧바로 머리가 맑아지면서 졸음에서 깨어나는 것이다. 이것을 기혈이 창통한다고 한다.

만약 민감한 사람이라면 매일 점심시간에 휴식을 할 때 체내에서 두 가지 힘이 부딪치는 것을 느끼게 되고, 교합이 끝나면 금방 머리가 맑아지고 휴식이 아주 잘 되었다는 느낌을 얻는다. 만약 민감하지 않은 사람이라면 두 가지 힘이 교합하는 것도 느끼지 못하고, 교합이 끝난 다음 머리가 맑아지는 것도 느끼지 못한다. 오직 몸이 느슨하게 풀어져있는 상태가 되어야만 비로소 민감하고 지혜가 나타나는 것이다.

왜 어떤 사람들은 둔하고 굼떠서 불러도 듣지 못하는가? 그것은 긴장한 상태이거나 산란한 상태이기 때문인데, 자신조차도 긴장하거나 산란한 상태에 있다는 것을 모르고 있다. 그러므로 우리들은 절대로 피로하지 않거나 졸음이 오지 않을 때 잠자는 게으른 습성을 키우지 말아야 한다. 반드시 몸이 몹시 피로해서 휴식해야겠다고 할 때, 비로소 침상에 누워 조용히 그리고 느슨한 상태에서 신체가 어떻게 천천히 잠이 드는가 하는 것을 느끼면서 휴식해야 한다.

어떻게 천천히 잠드는가 하는 것을 느낄 수 있다면, 어떻게 천천히 소생하는가 하는 것도 느낄 수 있다. 잠이 든다는 것은, 사람들의 생리적인 한 가닥의 힘도 없어져서 휴식함을 말한다. 느슨하게 몸을 풀고 있는 상황에서는 두뇌에 힘이 없고 생리도 휴식을 한다. 이때에 자연적으로 영성의 힘이 일을 하게 되는데, 영성은 체내의 힘들이 어떻게 차츰 어두워지고 작아지는가를 볼 수 있다. 신체의 힘이 극도로 작아 질 때면 음성의 힘이 곧바로 출현함으로써 소실된 양성의 힘을 보충하게 된다.

사람들은 오직 양성의 힘을 충족해야 두뇌가 맑아지고 청정하게 되는 줄 아는데, 이 양성의 힘은 음성의 힘에서 오는 것이다. 일단 음성의 힘이 양성의 힘을 보충하면, 온 몸은 마치 전류가 통한 것처럼 금방 두뇌가 맑아지는 것이다. 어떤 사람은 천천히 맑아지는데 그래도 20분을 초과하지 않는다. 평온하게 잠들어서 천천히 소생하는 과정이 대략 20분가량 되지만, 이 두 힘의 교합은 찰나간으로 5초도 되지 않는다. 그러나 이 5초간의 일이 발생하려면 20여 분이라는 시간을 기다려야 한다. 이것은 단지 내 개인의 경험이다.

- **질문**: 기혈이 교합하는 시간은 자시와 오시의 두 시간 사이인데, 저의 느낌에는 때로는 11시 반을 전후한 때도 있고, 때로는 12시가 좀 넘을 때도 있습니다. 매일 교합하는 시간이 다를 수 있습니까?
- **만행스님**: 우리들의 몸은 우주와 함께 걷는다. 만약 우주의 법칙을 어긴다면 필연적으로 몸이 상하게 되는 것이다. 만약 사람들이 규칙있게 생활하며, 일어나고 쉬는 시간이 우주와 일치되고 심신이 우주와 하나로 융합된다면, 우리들의 몸에는 질병이라는 것이 생기지 않을 것이다. 설사 질병이 생겼다고 할지라도 단지 생리적 자아평형과 자아조절일 것이다.

5강

삼자명 수행 비결

■**질문** : 스승님! 삼자명三字明 수행 비결을 다시 한 번 말씀해주시기 바랍니다.

■**만행스님** : 우선 삼자명에 내포된 뜻과 이치, 그리고 변화하고 발전해온 과정을 알아야 할 것이다. 삼자명은 모든 진언(呪文)의 근원이다. 진언을 독송하며 정진하는 수행은 옛 선인들이 창조한 수행방법의 하나인데, 모든 진언들은 삼자명을 떠날 수 없다. 우주만사만물이 변화하고 발전하는 과정, 출세간에서 세간에 이르기까지 모두 '옹(嗡)·가(嘎)·홍(吽)'에서 충분히 체현된다. 아울러 세속의 모든 처세술과 모든 업종의 발전하는 규율들도 모두 그것을 벗어나지 못한다.

첫 번째 : '옹'자를 독송한다.

'옹'자는 파괴하고 부순다는 의미이다. '옹'자를 독송할 때 주위의 나쁜 에너지장이 모두 흩어졌다고 관상하는 동시에, 자기의 모든 낡은 관념, 나쁜 습관, 나쁜 버릇, 업력 등 모든 업장들이 체내에서 모두 빠져나가 허공으로 사라진다고 관상한다. 의식적인 관상을 통하여 체내의 나쁜 검은색에너지와 물질들을 허공에 내보내고 흩어지게 하는 것이며, 이것이 파괴하고 부순다는 뜻이다.

두 번째 : '가'를 독송한다.

'가'는 건립하고 세운다는 뜻이다. '가'를 독송할 때 아름다운 사물들이 머나먼 하늘에서 우리들 주변으로 몰려온다고 관상하면서, 좋은 에너지, 하얀 물질들이 우리들을 에워싸고 우리들의 몸에 꽉 찬다고 관상한다.

사람들이 수천 리를 멀다하지 않고 찾아오면, 내가 그들의 머리에 관정을 하면서 축복해 주고 복을 기원해 준다. 나는 그들의 머리를 만지며 진언을 독송하면서, 그들의 체내의 나쁜 에너지는 나가고 좋은 기운들이 나의 손을 통하여 그들의 몸에 충만된다고 관상한다. 이것이 바로 새로운 것을 건립하고 세운다는 뜻이다.

세 번째 : '훙'자를 독송한다.

'훙'자는 보시하고 베푼다는 의미이다. 체내의 에너지를 순식간에 방출해서, 주위에 있는 모든 중생들에게 고루 나누어 준다고 관상한다. 그 때 너의 머리에서 빛을 뿌릴 뿐만 아니라 온몸에도 빛을 뿌리면서 에너지를 확산함으로써, 너와 함께 좌선하는 사람들이 모두 이익을 본다고 관상한다. 이것이 바로 최대의 법보시가 아닌가!

'옹'자는 무슨 의미인가? 모든 나쁜 것을 타파하고 깨끗이 정리한

다는 뜻이다. 세간에는 '타파하지 않으면 세울 수 없다[不破不立].'
는 말이 있다. 세간이나 출세간의 모든 규칙은 타파하지 않으면
세울 수 없는 것이다. '옹'자는 밖으로는 내 주위의 모든 것, 안으
로는 우리 몸의 심신에서 나쁜 사상, 나쁜 에너지 파장을 모두
부수고 훼멸시키는 것이다.

'가'는 타파한 기초 위에서 새로운 것을 건립하는 것이다. 즉 먼
저 타파하고 다음에 건립하는 것이다.

최후에는 자기가 얻은 모든 것을 주위에 나누어 주고 함께 누린
다. 이것이 '훙'이다. 그러므로 '옹'은 나쁜 것들을 몰아내고 '가'는
좋은 것들을 불러 모아 자기 것으로 만들며, '훙'은 일종의 석방
으로 자기가 얻은 모든 것을 주위에 보시하면서 함께 누리는 것
이다. '옹'도 석방의 뜻이 있지만, 나쁜 것을 부수고 훼멸한 다음
정리한다는 뜻이 강하다. 또 '가'는 건립하고 수확하고 성공한다
는 뜻이 되고, '훙'은 보시하고 누린다는 뜻이 된다.

세간이나 출세간의 모든 규칙은 모두 타파[破]→ 건립[立]→ 보시
[施]이다. 자세히 분석해 보면 세간의 만사만물들도 모두 이 세
글자를 벗어나지 못하며, 이 법칙 이 이치를 벗어나지 못함을 발
견하게 된다. 사람도 마찬가지이다. 우리는 심신을 단정히 하고
언행을 바르게 한 다음, 좋은 형상을 수립하고 정규적이고 계통
적인 교육을 받아 자기를 충실하게 해야 배움에서 성공할 수 있
다. 성공한 뒤라야 자기가 배워서 얻은 모든 것을 사회에 이바지
하고 사람들에게 봉사하며 함께 누리게 할 수 있는 것이다. 우리

들이 부처님공부를 하고 도를 닦는 것도 역시 마찬가지이다. 타파한 만큼 세울 수 있고, 세운 만큼 보시할 수 있다. 그러므로 세간에서는 "타파하지 않으면 세울 수 없고, 세우지 못하면 베풀 것이 없다[不破則不立 不立則無以施]"고 한 것이다.

■ 삼자명을 독송하는 자세와 방법

삼자명을 독송할 때 고개를 아래로 약간 숙이는데 너무 숙이면 목젖이 압력을 받게 된다. 시선은 눈앞 1미터 되는 거리에 두는데 이것이 제일 자연스럽고 표준적인 자세이다. 몸은 약간 앞으로 기울이면서 허리는 직선을 유지한다. 독송할 때 먼저 콧구멍으로 기를 흠뻑 단전까지 들이 마시는데, 배가 불룩할 때까지 들이 마신 다음 10초가량 정지하였다가 '옹~'하고 독송을 시작한다. 들숨을 들이쉴 때는 독송하지 않고 날숨을 쉴 때만 독송한다.

■ 삼자명을 어떻게 독송해야 제일 정확한가?

오늘 드디어 법을 설명할 수 있는 도구로 호치키스를 생각하게 되었다. 이 호치키스로 법을 설명하면 제일 합당하다. 호치키스를 이렇게 열면 이 입구가 사람의 입에 해당한다. 중간은 혀, 뒷부분에 연결된 곳은 기관지이다. 우리가 삼자명을 독송할 때 혀를 눕힌 채로 입천장을 받치는 것이 아니라 혀를 들어서 입천장에 댄다. 이 호치키스를 열면 바로 커다란 구강인데, 만약 혀를 아래에 두면 혀 위에 큰 공간이 생긴다. 그래서 삼자명을 독송할 때 기가 구강에 몰려서 기관지를 통과해 내려감으로써 위로 상승하지 못하게 된다.

그러나 혀를 구부려 위로 들면 구강 아래에 공간이 생기므로 기가 혀에 차단되어 아래로 내려가지 않는다. 즉 삼자명을 독송할 때 생기는 음류音流의 진동력이 구강에서 인후를 통해 위로 상승함으로써 정수리를 진동시키는 것이다.

똑같은 방법으로 기를 들이마시고 10초가량 정지했다가 '가~' 하고 숨을 내쉬면서 배가 납작할 때까지 독송한다. 의식과 관상은 여전히 숫구멍에 둔다, 이 숫구멍(신문囟門) 혹은 정륜頂輪이 범혈륜梵穴輪과 서로 통한다. 세 번째는 '훙~'을 독송한다. '옹~'과 '훙~'을 독송할 때 혀를 내리면 안 된다. 반드시 위로 들어 올려야만 기가 위로 상승해서 정수리 밖으로 나갈 수 있으며, 이 작은 기의 움직임이 당신의 생사를 결정한다. 이때는 머리를 쳐들지도 말고 너무 숙이지도 말고 척추와 잘 통하도록 유지하여야 한다. 음념으로 독송할 때 혀를 아래로 내리고 독송하게 되면 기가 입 안에 머무르고 위로 오르지 못한다. 그러나 혀를 들어 올리면 기가 금세 정수리로 나간다. 아주 미묘하다.

기를 단전까지 들이 쉬고 10초가량 정지하는 시간은 누구나 같은 것이 아니라 체질과 폐활량에 따라 조절한다. 어떤 사람은 20초 가량 어떤 사람은 5초가량 정지하는데, 체질에 따라 참지 못하겠으면 소리를 내야한다. 삼자명을 독송할 때, ①혀를 위로 들고, ②

평온하면서 느리고 길게 기가 없어질 때까지 독송하며, ③생각은 여전히 미간에 집중하고 자연스럽게 앞을 내다보면서 정수리가 활짝 핀 연꽃이라고 관상하는 것이 요령이다.

장수하려면 반드시 천구수千口水를 수련해야 한다. 위의 세 가지 요령을 동시에 할 수 있고, 영원히 이런 상태에 있게 되면 일심불란할 것이며, 눈앞에서는 대광명을 뿌릴 뿐만 아니라 구강에는 물이 끊임없이 생길 것이다. 이 구강의 물을 '천구수'라고 한다. 산다는 뜻의 '활活'자를 어떻게 쓰는가? 우측 위에는 천 개라는 '千'을 쓰고 그 아래는 입의 뜻을 가진 '口'를 쓰며, 좌측에는 물[水]이라는 뜻의 '삼수변氵'을 쓴다[千+口+水=活]. 사람이 살려면 반드시 이 천구수를 수련해야 한다. 천구수의 뜻은 우리의 에너지가 위로 상승하면 구강에 진액이 끊임없이 생겨난다는 뜻이고, 혀 밑에 물이 생겨야만 장수할 수 있다는 것이다.

구강에 진액이 생기면 사람의 생리적 욕망이 아주 강해지는데, 욕망이 강하면 에너지가 누설된다. 그러면 이 단계의 수련은 헛한 것이다. 그러므로 이 단계에서 어떤 방법을 써서 욕망이 생기지 않게 하고 에너지가 누설되지 않게 하면, 에너지가 곧바로 위로 상승한다. 일단 에너지가 위로 상승하여 정수리에 이르면 정수리가 볼록하게 올라오고, 눈앞에서는 아주 밝고 눈부신 빛을 뿌리며, 부엉이 눈처럼 밤에도 물건을 볼 수 있다. 뿐만 아니라 귀가 특별히 예민하여져서 작은 소리도 들을 수 있으며 음성까지 변한다.

만약 이 때에 육근을 막으면 선천의 문(신문囟門)이 자연스럽게 열린다. 이런 이치를 모르고 앞당겨 모든 것을 한다면 소용이 없다. 반드시 아래에 있던 에너지가 위로 올라온 다음 이렇게 해야 효력이 있다.

삼자명을 독송할 때 에너지는 높은 곳으로 오른다. 음성陰性의 에너지는 아래로 내려가지만 양성陽性의 에너지는 위로 상승한다. 에너지가 위로 상승하여 인당과 미간 주위에 오랫동안 맴돌면서 이곳을 소통시킨다. 이곳은 인체에 있어서 지혜의 총 스위치이다.

삼자명은 가장 유구하고 전통적인 진언이다. 진언을 독송하는 목적은 독송할 때 생기는 기류와 음파에 의거하여 범혈륜을 타개하기 위한 것이다. 도가의 이론에 의하면 인체에는 7륜이 있다. 즉, 해저륜海底輪·제륜臍輪·심륜心輪·후륜喉輪·미륜眉輪·정륜頂輪·범혈륜梵穴輪이다. 우리가 임종할 때 신식은 범혈륜으로 간다.

불문의 관점으로 보면, ①신식이 정수리로 나가면 불국토와 상응하고, ②입으로 나가면 천도와 상응하며, ③흉부(심륜)로 나가면 인도와 상응하고, ④배꼽(제륜)으로 나가면 아귀도와 상응하며, ⑤생식기(해저륜)로 나가면 축생도와 상응하고, ⑥발밑으로 나가면 지옥과 상응한다는 것이다. 그러므로 선종의 기본 개념은 6근을 닫아야만 무명을 타파할 수 있고 생사를 끝마칠 수 있는 것이다.

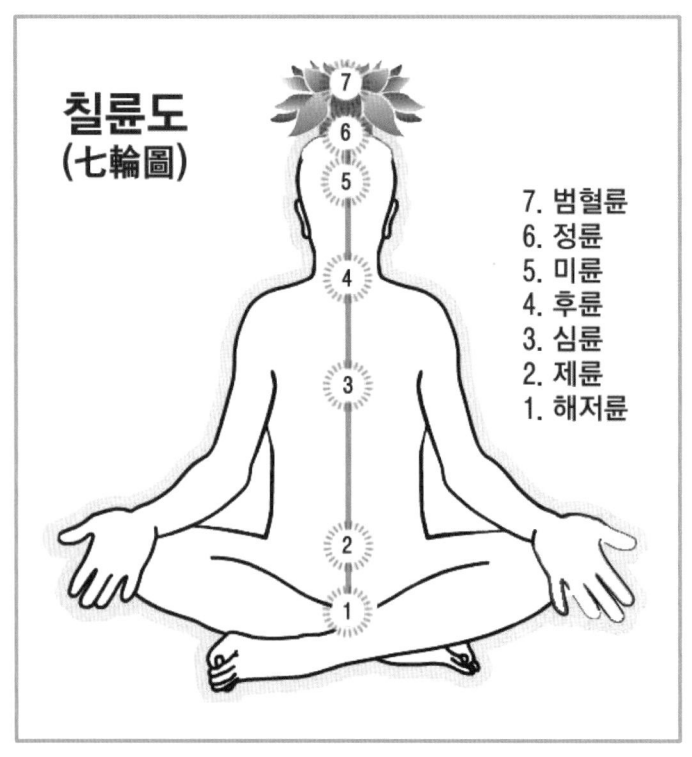

정좌할 때 앉아서 망상하는 것보다 삼자명을 계속 독송하는 것이 낫다. 독송하다 보면 망상도 없어지고 독송을 반복하다 보면 자기가 독송하는지도 모르게 된다. 이런 정경定境과 관상의 화폭이 움직이지 않게끔 유지하여야 한다. 만약 이런 정경과 화폭이 파괴되면 또다시 망상과 잡념이 생긴다. 그러므로 당장에 다시 독송하고 다시 관상하여야 한다. 독송하다 보면 다시 망상이 사라지는데, 이때부터는 독송을 하지 않아도 된다. 그러나 관상하던 화폭은 여전히 유지하면서, 즉 미간으로 자연스럽게 앞을 내다보며 머리 위에 연꽃이 피었다고 관상해야 한다.

진언을 독송하지 않아도 되지만, 밀종처럼 반드시 관상을 해야 한다. 정수리가 열리고 정수리에 부처님 한 분이 앉았다고 관상하면 된다. 관상할 때 당신의 마음을 발밑에 놓으면 에너지가 발밑으로 가고, 마음을 가슴에 놓으면 에너지가 가슴에 있게 되며, 마음을 정수리에 놓으면 에너지가 정수리에 있게 된다. 마음을 두는 곳에 신체의 에너지가 가게 되는 것이다.

불교에서는 천상의 삼보는 일·월·성신이고 지상의 삼보는 불·법·승이라고 하며, 인체의 삼보는 정·기·신이라고 한다. 이 아홉 가지 보배는 사실 한 가지 보배일 뿐이다. 다만 각기 다른 영역에서 달리 부를 뿐이다.

삼자명은 지속적으로 끊임없이 독송해야 한다. 하단전에 저축되었던 에너지가 삼자명을 독송하는 과정을 통해 위로 운반된다. 에너지는 어디에서 오는가? 첫째는 오곡을 통해서 얻고 그 다음은 용천혈에서 생긴다. 일단 생긴 다음에는 전부 단전에 저축된다.

어째서 단전이라고 하는가? '단丹'이라는 것은 찬란하게 빛나는 한 덩어리 광이라는 것이다. 그것을 아래로 누설하면 자식을 생육할 수 있고, 중간 부분에 올리면 무궁한 힘으로 되고, 정수리에 올리면 지혜가 열려서 성인 및 우주와 통일체가 될 수 있다. 이 에너지는 최상층부에도 저축할 수 있고, 중간에도 저축할 수 있으며, 아래에도 저축할 수 있다. 그래서 상단전·중단전·하단전이라고 하지만 그들의 근원은 하나이다.

인체의 정·기·신에서 '신'은 휘발성이 있고, '기'도 유동성이 있지만, '정'은 침전성이다. 정은 침전성이 있기 때문에 성욕이 있는 것이고, 기는 유동성이 있기 때문에 힘이 있으며, 신은 휘발성이 있기 때문에 우리가 만물과 동일체가 될 수 있는 것이다.

내가 전하는 연화생 법문은 동공과 정공으로 나뉜다. 동공은 내가 전한 것이 아니라 랍몽대사께서 친히 나에게 가르쳐주신 것이다. 정공은 내가 여러 문파의 법을 조합하고 제련한 다음 만든 것이다.

6강

호흡은 수행에서 아주 중요하다

■ 질문 : 스승님! 저희들이 삼자명을 독송하는 방법이 같지 않습니다. 스승님께서 정확하게 이끌어 주세요.

■ 만행스님 : 지금 XX가 독송을 아주 잘한다. 시간을 아주 잘 배분하였는데, 다만 독송하는 느낌을 아직 포착하지 못했다. 정확하게 독송하므로 느낌만 잘 포착한다면, 그 독송하는 음성이 모두 정수리로 빠져 나갈 것이다. 정수리를 진동할 뿐만 아니라 정수리를 감돌면서 깊으면서 힘이 있게 된다.

■ 질문 : 스승님! 아주 숙련되거나, 혹은 얼마나 많은 시간을 독송하여야 음성이 변합니까?

■ 만행스님 : 숙련이 되었으면 너의 기가 이미 개혁되었기 때문에 독송하지 않아도 된다. 나의 호흡방법은 26살 때 이미 개혁되었다. 지금은 진언을 독송하지 않아도 진언을 독송하는 호흡방법과 같다.

호흡방법을 개혁하려면 일반적으로 백일이면 넉넉하다. 보통 사람들의 호흡방식은 아직 숨을 듬뿍 마시지도 않은 채, 기가 단전에 도착하기도 전에 숨을 내쉬는 것이다. 또 내재되어있는 기를 깨끗이 내쉬지도 않았는데 들숨을 들이 쉬는 것이다.

수행하는 사람은 우선 호흡방식부터 개혁해야 한다. 일단 호흡방식을 개혁하게 되면 다시는 원래의 호흡방식으로 돌아가지 않는다. 들숨을 들이쉴 때는 단전까지 흠뻑 들이쉬고, 날숨을 쉴 때에는 단전에서 깨끗이 내 쉰다. 이런 방법으로 호흡하게 되면 중기中氣도 충족하고 저기底氣 역시 특별하게 충족된다.

그 사람이 입도를 하였는가? 어느 정도까지 입도하였는가? 입도를 할 수 있느냐 없느냐 하는 것은 그가 말하는 음성만 들어도 알 수 있다. 또 그 사람의 기능공부가 어떠냐 하는 것 역시 음성을 듣고 걸음 걷는 자세를 보면 알 수 있다. 말 하는 음성, 걷는 자세가 변하지 않은 사람은 도를 얻은 사람이라고 할 수 없다. 도에는 유형의 도와 무형의 도가 있다. 만약 유형의 도에 들어가서 무형의 도를 얻었다면, 최후에는 무형과 유형이 동일한 것이 된다. 유형은 무형의 현현이고, 무형은 유형이 뻗어 넓혀진 것이다.

부처님의 설법을 '무차법회無遮法會'라고 한다. 왜 '무차법회'라고 하는가? 바로 종족, 법문, 파벌을 가리지 않고 어느 종교를 믿든지 어느 파벌의 어떤 법문을 수련하든지간에, 모든 사람들이 와서 설법을 들을 수 있다는 것이다. 부처를 믿는 사람들만 듣는 것이 아니라서, '눈앞에 수많은 사람들이 무리지어 움직이고 있다'는 광경이 되는 것이다.

■ 질문 : 스승님! 기를 수련할 때 숨을 참으면 참을수록 좋습니까?
■ 만행스님 : 숨을 참는 시간이 너무 오래되면 목에 핏대가 서고 얼굴이 빨개지면서 두뇌에 충혈이 생길 것인데 어떻게 할 것인가?
■ 질문 : 우리들의 평소의 호흡도 이런 방법으로 하는 건가요?
■ 만행스님 : 호흡방식이 개혁되면 좌선에서만 이런 방식으로 호흡을 하는 것이 아니라, 일생동안을 진언을 독송하는 방식으로 호흡하게 된다. 왜 진언을 독송하고, 왜 보병기수련을 하는가? 보병기수련은 호흡방식을 개혁하는 가장 좋은 방법이다. 호흡방법을 개혁한다면 운명도 개혁하게 되고, 신체의 자질도 개혁하게 된다. 사람들은 본래부터 들숨과 날숨을 쉬며 살아간다. 사람들의 생존은 호흡으로 유지하는 것이다. 호흡이 있으면 모든 것이 존재하고 호흡이 없으면 아무 것도 존재하지 못한다.

■ 질문 : 좌선을 하지 않을 때에는 어떻게 호흡을 합니까?
■ 만행스님 : 만약 좌선을 통하여 호흡방식이 개혁되었으면, 평소의 호흡도 좌선할 때의 호흡방식과 같게 될 것이다. 또 평소의 호흡방식이 이미 이런 방식으로 형성되었다면, 좌선할 때 고의적으로 훈련하지 않아도 된다. 평소에 그렇게 할 수 없기 때문에 좌선을 빌어서 수련하는 것이다.

- **질문** : 일본의 한 가수가 '소우란 부시〔拉網小調〕'라는 창가를 부르는데, 근 8분 동안 숨을 바꾸지 않는 방식으로 호흡을 조절한다고 합니다. 스승님! 이 가수를 입도하였다고 할 수 있습니까?
- **만행스님** : 그 가수는 이전부터 아주 숙련되게 호흡방법을 익힌 것이고, 의식적으로 조절하고 제어한 것이 아니다. 만약 평소에 호흡방식이 형성되지 않았다면, 절대로 노래 부를 때 호흡을 조절하면서 제어할 수 없다. 그 가수가 8분 동안 숨을 바꾸지 않고 소리를 낼 수 있다는 것은, 평소의 호흡에서 적어도 5분은 참을 수 있음을 뜻한다. 그러므로 노래를 부를 때 조금만 조절하고 제어하면 8분 동안 숨을 바꾸지 않아도 되는 것이다.

매일 새벽예불 시간이면 「신묘장구 대다라니」를 독송한다. 숨을 몇 번 바꾸고 독송하는가? 숨을 단전까지 흠뻑 쉰 다음 '나모라 다라다야…'하면서 어디까지 독송한 다음에 숨을 바꾸게 되는가? 어떤 사람은 거의 절반을 독송한 다음 숨을 바꾸고, 어떤 사람은 두세 구절 독송하고는 금방 숨을 바꿔야 한다. 왜 그런가? 들숨을 다만 흉부까지 들이 쉬고 내쉬었기 때문이다. 하지만 어떤 사람은 단전까지 들이쉰 다음 독송하면서 기를 내쉰다. 그 거리가 멀기 때문에 「신묘장구 대다라니」를 세 번만 숨을 바꿔 쉬면 독송을 끝낼 수 있게 되는 것이다. 만약 여섯 번씩 숨을 바꿔가면서 독송한다면 어떻게 입도할 것인가?

7강

신체를 조화롭게 하는 도구

- **질문** : 스승님! 육자진언 수련을 하지 않고 곧바로 삼자명을 수련해도 됩니까?

- **만행스님** : 되고말고! 한 반시간만 독송하면 된다. 만약 육자진언을 독송했던 기초가 있다면 독송하는 시간이 길어도 문제없고 한 시간을 독송하여도 문제없다. 삼자명을 독송하는 과정에서 머리가 부풀면서 아프고 눈도 충혈되는 것은 에너지가 위로 오르기 때문이다. 이때는 독송을 정지하고, 다만 정수리가 활짝 핀 연꽃이라고 관상하면서 미간으로 앞을 똑바로 내다보면 된다.

사람들은 도를 닦으면서 경계가 있기를 갈망하지만, 경계가 나타나면 도리어 두려워한다. 부처님공부를 하고 도를 닦는데 어찌 경계가 없을 것인가? 경계라고 하는 것은 생리와 심리적인 반응을 말한다. "섭공이 용을 좋아한다."[5]는 성어가 바로 이런 심리상태를 말한 것이다. 여러분도 이런 심리상태라면 아직도 복보와 공덕이 부족한 것이다.

불교의 조사님들은 세 가지 종류의 사람들은 수행하지 못한다고 하였다. 첫 번째는 심리가 건강하지 못한 사람이다. 이런 사람은 혜근慧根이 부족하기 때문에, 향을 올리면서 예불하고 송경하며 삼보를 수호하면서 복전이나 심으면 된다. 진실되게 부처님공부를 하고 착실하게 불법을 배우는 사람은 많지 않다. 삼계를 초월하고자 발심한 사람의 심리자질과 그가 흡수하고 받은 감응은 모두 좋은 정보이고 좋은 에너지 파장이다. 나쁜 파장과 정보는 흡수하지도 않고 감응도 하지 않는다. 설사 나쁜 정보가 그들에게 왔어도 바로 그들에 의해 융화되어 버린다.

두 번째는 어떤 경계에 들어갔다가 나오지 못하는 사람은 불법을 배우지 못한다. 지난 2005년에 비구니스님 한분이 우리 동화사에 왔는데 관음전에서 노래를 부르며 춤을 추었다. 사람들은 그를 정신병이라고 하지만, 정신병이 아니라 선정상태에서 나오지 못하여 나타나는 현상이다. 그분이 하는 말을 들어보면 틀린 말이 한마디도 없었다. 그를 깨우려고 노력하였지만 깨어나지 못하였다. 그러므로 함부로 법을 전수하거나 수련하라고 하면 도리어 사람을 망치는 것이다.

사람마다 자기는 불법을 전파한다고 하지만 사실 모두 불법이 아니다. 존중해서 말한다 해도 그들이 전파한 것은 단지 형식적인

---

5 3부의 3강 참조.

불법이다. 불법을 담지 않은 것이다. 그러므로 신도들은 수련도 할 수도 없고 이익도 볼 수 없다. 당연히 도와 감응이 있을 수 없고 단지 주화입마밖에 되지 않는다.

세 번째는 경각심이 없는 사람, 다시 말해서 각조가 없는 사람은 부처님공부를 할 수 없다. 세간의 일도 제대로 하지 못하고 성공하지 못하는 사람, 경각심과 각조를 잃어버린 사람이 무엇을 할 수 있겠는가!? 이런 사람은 자기가 무슨 말을 하고 무슨 일을 하는지도 모르고, 또 자기가 무엇을 바라고 있는지도 모른다. 이런 사람들은 산송장이나 다름없다. 겉보기는 사람 같지만 사람이 갖추어야 하는 제일 기본적인 자질도 구비되지 못하였으며, 사람의 가장 기본적인 능력도 갖추지 못하였다.

하지만 무량겁 이래 그들도 복보를 수련한 적이 있었기에 사업에서 일정한 정도로 성공할 수 있다. 또 사람으로 태어난 만큼 그만한 공덕과 자량資糧을 구비하였고 생존할 수 있는 복보도 있다. 하지만 큰일을 하고자 하면, 이를테면 세간의 큰 공명을 이룬다든가 출세간의 성인의 과위에 오른다든가 하는 것은 어림도 없는 일이다.

수련을 일정한 정도로 하면 힘이 생긴다. 즉 우주의 에너지를 얻게 되는 것이다. 이때에는 좋은 방면으로 생각하면 도와 감응할 수 있으므로, 사람들을 위하여 기복을 하고 기도를 하면 좋은 효과를 얻을 수 있다. 하지만 나쁜 방면으로 생각하면 나쁜 결과를 초래하고 마와 감응할 수 있으므로 주화입마가 되어 사람을 해치게 되는 것이다.

우리들의 심령의 힘, 혹은 심리적인 힘은 생리적인 힘을 초과한다. 심리적인 힘은 무형의 힘으로, 예로부터 유형의 힘을 다스리고 지배하는 것이다.

- **질문** : 스승님! 삼자명을 얼마동안 독송하면 됩니까?
- **만행스님** : 호흡을 백 번만 하면 운명을 개혁할 수 있다. 우리들의 선천적인 임맥과 독맥, 그리고 단전의 기는 원래부터 서로 통하고 있다. 하지만 후천의 호흡습관을 따르고 그것이 습관화 되면서, 또 개혁하고자 하지 않기에 선천적인 정·기·신 그리고 임맥·독맥이 충분히 발휘하지 못한다. 우리들이 말을 하고 독경을 하며 책을 읽을 때, 단전의 기로 말을 하고 독경을 해야 하는데 대개 들숨의 기를 흉부 혹은 목젖에만 두고 있다.

나는 한숨에 백 글자를 읽고 숨을 바꾸는데, 여러분은 한숨에 열 글자밖에 읽지 못한다. 왜냐하면 여러분은 흉부까지만 들이 쉬지만, 나는 매번 단전까지 들이 쉬고 독경하고 말을 하기 때문이다. 새벽 예불을 할 때 보면 거의 입을 다물고 송경을 한다. 그러나 단전의 기(아랫배)를 계속 부풀리고 줄이기를 반복하지 않으면 선천의 기를 영원히 불러 깨우지 못한다. 아침 예불을 할 때 소리를 높여서 단전이 불어났다 홀쭉해졌다, 즉 단전에 기를 들이쉬었다 깨끗이 내보냈다를 반복하면서 독송해야 한다. 매일 이렇게 호흡하면서 예불하고 송경을 하며, 밥을 먹고 잠을 자고 길을 걷는다.

들숨은 단전까지 깊이 들이쉬고 날숨은 단전의 기를 깨끗이 내보내는 것을 영원토록 할 수 있다면, 성명쌍수性命雙修가 별것인가! 벌써 초월했다.

이런 방법으로 수련해 나가면 그 어떤 차원에 이르게 되는데, 말을 할 힘도 없어지고 생각하는 것조차 싫을 정도로 피로하게 된다. 이것은 기능공부의 효력이 생겼다는 신호이다. 하지만 이 정도에서 멈추고 게으르면 물이 끓기 전에 불을 끄는 격이다. 다시 물을 끓이려면 처음부터 다시 시작해서 불을 지펴야 한다. 그러므로 단숨에 물을 끓이고 철저히 호흡방식을 개혁하면, 이생에서는 다시금 이런 차원을 거칠 필요가 없다. 가장 기본적인 기초를 잘 닦아야만 비로소 수행을 시작할 수 있다.

■ **질문** : 스승님께서는 육자진언을 매일 2천 번씩 반년동안 독송하면 호흡방식을 철저히 개혁할 수 있다고 하셨습니다. 하지만 지금 우리들은 겨우 반시간 정도밖에 하지 않는데 너무 적지 않습니까?

■ **만행스님** : 내가 금방 백 숨에 백 번의 단전호흡을 하면 운명을 개혁할 수 있다고 하였다. 이 자리에 앉은 사람들은 육자진언과 삼자명을 이미 몇 년 동안 잘 수련하였다. 그런데 왜 효과가 없는가? 내가 아무리 들숨은 단전까지 들이쉬고 날숨은 깨끗이 내쉬라고 강조하였지만, 들숨은 흉부까지만 들이쉰 뒤에 곧바로 날숨을 쉬고 있다. 이와 같이 호흡하면 아무 소용이 없다. 단숨에 기를 단

전까지 들이 쉬고 송경하고 말을 한다면, 분명히 백 번의 호흡으로 여러분의 운명을 철저히 개혁할 수 있을 것이다. 입도를 못할까 봐 근심걱정 할 일이 없는 것이다.

- **질문** : 진언을 독송하는 도중에 숨이 올라오지 않는 상황이 있으면, 멈추고 몇 번 날숨을 쉬어도 되는지요?
- **만행스님** : 부처님공부를 하고 수행하려면 자리에 앉을 때부터 호흡방식을 바꾸고 생활방식을 바꾸고 사유방식을 바꿔야 한다. 다시 말하면 90도의 전변을 가져와야 한다. 부처님공부는 대장부의 행위로서 이 모든 것은 가장 기본적인 탈바꿈이다. 만약 이런 것조차 개혁하지 못한다면 이생에서 성불하겠다는 생각은 아예 하지도 말아야 하고, 사람 찾아서 인증 받겠다는 염도 내지 말아야 한다. 스스로 이생에서는 성사하지 못한다는 것을 인정해야 한다. 다만 선근善根을 좀 심었고 복보를 좀 키웠을 뿐이다.

이것은 조사님들이 우리들에게 남겨놓은 방법인데, 조사님들은 이미 그렇게 실천하신 것이고, 우리들도 그렇게 할 수 있다. 하지만 우리들이 그렇게 하지 못하는 이유는, 도를 구하겠다는 갈망이 극치에 이르지 못했기 때문이다. 사람들은 단 한 가지 염원, 한 가지 이상理想만 있게 될 때, 그 것을 실현하기 위하여 온갖 고난과 시련을 이겨내고 돌파하는 것이다.

며칠 전에 내가 이런 말을 하였다. "지금 사람들이나 옛날 사람들이나 생리구조가 같고, 수행방법도 몇천 년을 변함없이 유전되어 왔으며, 그 모두가 유위법有爲法으로 누구나 수련할 수 있다. 하지만 무위법에 들어서면 사람에 따라 다르고 구별이 있다."고 하였다.

어떤 사람은 들숨만 쉬고 아직 날숨을 쉬지 않았는데 배가 홀쭉한 감이 드는 경우가 있는데 이것은 아주 좋은 현상이다. 기가 모공으로 나가 버린 것으로, 모공이 비강을 대신하여 날숨을 쉰 것이다. 그저 계속하여 들숨을 쉬면서 기를 보충하면 되는 것이다.

■질문 : 좌선할 때 머리부터 발바닥까지 전신에서 땀이 나는데 이것은 왜 그렇습니까?

■만행스님 : 좌선하면 필연적으로 체내에 양기가 생기게 된다. 이 양기가 이미 몸에 누적되었던 풍한, 풍습 같은 것들을 밀어내는 것이다. 만약 체내에 양기와 정기正氣가 생기지 않거나 부족하면 필연적으로 사기邪氣와 풍한이 스며든다. 좌선하여 일정한 차원에 이르게 되면 전신이 따뜻해지면서 포근한 느낌이 든다. 이것은 우리 몸에 정·기·신이 소생했거나 부활했기 때문이다. 일단 양기가 생기면 사기가 밖으로 밀려 나가기 마련이다. 이때 몸에서 냉기가 나가고 손발은 식은땀이 나는데 이것은 좌선하여 생기는 좋은 효과이다.

■질문 : 스승님! 삼자명을 독송하면 쉽게 누단漏丹이 되는데 왜 그런가

요?

■ 만행스님 : 기를 너무 지나치게 아래로 침하시키고 눌러 놓은 탓이다. 처음 좌선을 배우는 남성들은 대부분 이런 문제가 생기는데, 이런 상황이 나타나면 '하주강변河住江翻' 동작을 많이 하면 된다. '하주강변'은 신체의 누단 문제를 해결하는 전문적인 동작이다. 왜 '하주강변'이라고 하는가? 이 말의 의미는 "흐르던 강물을 거꾸로 흐르게 하니, 바람도 자고 물결도 잠잠하여 달빛이 강물을 비추누나."이다. 아래의 문을 막으면 체내의 에너지가 활성화되고 충분해지면서 에너지가 거꾸로 흘러 정수리까지 오르게 된다. 이것이 도가에서 말하는 '환정보뇌還精補腦'이다. 두뇌가 이런 에너지를 얻게 되면, 호흡이 늦춰지고 잡념도 정지되고 심령이 청정해지면서 이마에 광명이 나타난다. 마치 강물이 잔잔해지면, 하늘에 뜬 밝고 둥근 달이 비출 수 있는 것과 같은 것이다.

이것은 이론이 아니라 실제적인 공부이다. 심령의 달은, 반드시 심령의 바람과 물결이 잠잠해야 마음의 강에 나타날 수 있는 것이다. 아니면 심령의 달은 마음의 강에 나타나지 않는다. 일반적으로 마음의 달은 2선禪에서 나타난다. 초선에서 잡념이 멈춰지고 호흡이 가늘어지면서 2선에 들어가는데 그 때 명월이 두둥실 뜬다. 즉 명월의 빛이 이마(미간)에 나타나는 것이다.

■ 질문 : 스승님! 들숨은 세게 힘을 주고 들이 쉬어야 한다는 말이 있는데 그럴 필요가 있습니까?

■만행스님 : 그럴 필요 없다. 가볍고 자연스럽게 들숨을 들이 쉬되 너무 들이 쉬거나 또 너무 참느라고 끙끙거리지 말아야 한다.

■질문 : 들숨을 쉴 때 배를 움직여야 합니까?

■만행스님 : 배를 움직일 필요 없이 자연스럽게 느슨하면 된다. 들숨을 쉴 때도 느슨하게 하고 날숨을 쉴 때도 느슨하게 하며 전신이 모두 느슨해야 한다. 너무 팽팽하게 조이면 흉강이 부풀면서 아프게 된다.

매번 좌선할 때 반드시 개금開禁6한 다음 숨을 내 쉬어야한다. 좌선을 오래하면 흉강에서 열기가 생기는데 반드시 그것을 내 보내야 하는 것이다. 만약 자리에서 내려오기 전에 날숨을 쉬지 않으면 흉강이 아주 답답해진다. 이 역시 선방에서 소위 '노수행자'라고 하는 분들이 좌선이 잘 되면 잘 될수록 가슴이 답답하고 갈비뼈가 아픈 원인이기도 하다. 지금의 선방은 극히 적은 사람들만이 이런 문제의 대처방법을 알고 있다.

■질문 : 스승님! 삼자명을 독송할 때 의도적으로 숨을 길게 들이쉬고 길게 내쉬어야 합니까?

■만행스님 : 자신의 신체가 감당할 만한 힘과 량으로 결정해야 한다. 너무 지나치면 느슨할 수 없다.

■질문 : 스승님! 저는 저의 몸이 아주 청정하다고 관상하면서 아무런

---

6 토고납신(「가장 기본적인 수행법」 417쪽 참조)

생각도 없이 좌선합니다. 계속 이렇게 청정하고 고요한 마음을 유지해야 하는지 아니면 바꿔야 될지 모르겠습니다.
- **만행스님** : 혜안(미간)으로 앞을 내다보면서 정수리에 연꽃이 활짝 피었다고 관상하여라. 만약 이런 화폭이 깨어지면 잡념이 생긴 것이므로 다시 그 화폭을 만들어 관상하면 된다. 예를 들면 대략 5분간 관상하는 동안 화폭이 분명하고 똑똑하였는데, 갑자기 다른 생각이 들면서 그 화폭이 깨어졌다면 그 화폭을 다시 만들어 관상하는 것이다. 다시 화폭이 깨어지면 또 잡념이 생겼다는 것을 의미하므로, 세 번째, 네 번째 관상을 하면서 그 화폭이 깨어지지 않도록 해야 한다.

- **질문** : 스승님! 저는 연꽃을 관상하고자 하였더니 너무 힘듭니다. 단지 미간에 주의력을 집중하면 안 됩니까?
- **만행스님** : 처음 시작은 괜찮지만 일정한 시간이 지나서 에너지가 위로 오르면 머리가 아프기 시작할 것이다. 심지어 머리가 부풀면서 메스껍고 어질어질하면서 터질듯 아플텐데 그 때는 어떻게 할 것인가?
- **질문** : 그 때 가서 관상하면 되지 않습니까?
- **만행스님** : 그 때가 되면 이미 관상을 모르게 된다. 이것은 앞만 보고 정수리를 관상하지 않은 결과이다. 에너지가 머리 위로 오르면 머리가 터질 것처럼 아플 것인데 어떻게 연꽃을 관상하겠는가? 관상하기에 이미 늦은 것이다. 이미 앞만 보는 습관이 형성되었

기 때문에, 에너지가 위로 올랐을 때 정력의 일부분을 떼어서 연꽃을 관상한다는 것은 아주 어려운 일이다.

남성들은 반드시 길상와의 자세로 잠을 자야한다. 길상와의 자세로 자면 에너지가 누실되지 않는다. 여성들에게는 그렇게 중요하지 않지만 수행에는 길상와가 이롭다.

막 출가하였을 때 스승님께서 우리들에게 제일 처음 가르쳐준 방법이 바로 길상와다. 잠을 잘 때 끈으로 발을 동여맨 뒤에 끈의 다른 쪽을 침대머리에 묶어서 굽힌 다리를 펼 수 없게 했다. 이렇게 몸을 구부리게 하니, 무릎과 팔꿈치의 사이가 겨우 30cm가량밖에 되지 않았다. 이런 자세로 거의 일 년 동안 잠을 잤다. 끈으로 다리를 동여매놓아 펼 수 없으니 잠을 잘 수 없고, 온 몸이 아프면서 땀만 계속 흘렸다. 거의 두 달 동안 이런 자세로 잠을 자니, 전신이 붓고 부풀어 올라 너무 괴로웠다. 끈을 풀고 움직이려고 하면 스승께서 채찍으로 몸을 쳤다. 성불하고자 하면 이것이 제일 기초이다.

태아가 자궁에서 어떤 자세를 취하는가? 자궁 속에 있는 태아의 자세가 바로 이런 자세이다.(스승님께서 자세를 보이시면서) 이런 자세로 눕는 것이 길상와인 것이다. 스승께서는 이런 식으로 우리를 훈련시켰는데, 나중에는 팔꿈치와 무릎 사이가 주먹 하나 들어갈 정도밖에 안되었다. 이런 방법으로 몇 달 동안 훈련하지 않으면 '하주강번, 즉 물을 거꾸로 흐르게 한다'는 것이 허황한 생

길상와의 예. 사진과 같이 베개를 받쳐야 어깨에 무리가 가지 않는다.

각이며, 정륜頂輪이 열리고 아래의 에너지가 위로 오르면서 둥근 달이 눈앞에 나타난다는 것도 망상에 지나지 않는다.

사람들은 옆으로 누우면 길상와인 것으로 생각하지만 그런 것이 아니다. 욕근欲根이 봉폐되어야만 길상와라고 할 수 있다. 생리의 뿌리를 봉폐하려면 반드시 길상와를 해야 한다. 그 고통은 무얼 준다 해도 다 싫을 정도로 괴롭다. 그래도 성불을 하겠노라 생각할 것인가?!

하지만 반년 동안 이렇게 자면 길상와가 쉬워진다. 뿐만 아니라 오로지 길상와를 해야 잠을 이룰 수 있게 된다. 일단 생리적 욕근이 봉폐되면, 다리를 구부리고 몸을 웅크리지 않고 옆으로 자거나 누워서 자도 된다. 길상와를 성공하면 좌선을 하든 하지 않든 간에 항상 눈앞에 광명이 나타나지만, 길상와를 성공하지 못하면 강물이 멈추지 않을 것이다. 강물이 위로 넘쳐 오르기 전에는, 오로지 길상와 뿐 별 다른 방법은 없다.

오늘 저녁부터 여러분도 끈으로 발목을 동여매서 길상와를 실험하기 바란다. 팔꿈치와 무릎 사이에 주먹만한 간격을 두고 길상와를 하면, 대략 반시간 정도에 전신에서 땀이 나고, 몸에 있던 에너지들이 팔꿈치와 허벅다리 사이에서 제멋대로 좌충우돌하면서 좀처럼 잠을 이룰 수 없게 된다. 며칠 지나면 코피도 날 것이다. 사람들은 코피만 나면 두려워서 수련을 못한다. 그러니 심리적 자질이 부족한 사람도 수련할 수 없고, 완강한 의지력이 없는 사람도 수련할 수 없으며 성불할 수 없다.

도가에서는 길상와가 일정한 단계에 이르고 에너지가 위로 오르면, 귀를 틀어막고 손바닥으로 태양혈을 누르고 잔다. 우리들도 폐관수련을 하게 되면 이런 훈련을 해야 할 것이다. 하지만 아래가 봉폐되지 못한 상황에서 이런 기능공부가 가능한 사람도 없을 뿐 아니라, 이런 차원까지 도달하는 사람도 아직은 없다. 만약 아래가 봉폐되고 에너지가 위로 오른 다음, 엄지손가락으로 귀를 틀어막고 한 시간만 자면 손도 붓고 귀도 붓게 된다. 도가에서는 이것을 최상의 법으로 여긴다. 도교에 장삼풍張三豊이라는 분이 있는데, 그 사람의 잠자는 비결이 바로 '수단공睡丹功'이다. 바로 엄지손가락으로 귀를 틀어막고 자는 길상와이다.

- 질문 : 스승님! 길상와에 베개가 필요합니까?
- 만행스님 : 베개는 베고 자야 한다.
- 질문 : 가부좌를 하고 자도 됩니까?
- 만행스님 : 가부좌를 하고 자면 좋구말구. 제일 좋은 방법이다. 옛날 조사님들은 평생 장좌불와로 가부좌를 하고 잔다.
- 질문 : 다리를 구부리고 허리를 웅크리면 선병에 걸리지 않을까요?
- 만행스님 : 그 어떤 방법이든지 오랫동안 견지하면 효과를 보게 된다. 하지만 우리들은 한두 달만 수련하다가 효과를 보지 못하면 포기하고 만다. 사실 석 달만 견지하면 반드시 신체의 형태가 고정될 것이며, 그렇게 되면 길상와를 하지 않으면 불편하여 잠을 이루지 못한다. 허나 여러분들이 석 달을 참고 견딜 수 있을지 모를 일이다.

- 질문 : 앉아서 잠을 잘 때 결가부좌를 할 수 없어서 단가부좌를 해도 됩니까?
- 만행스님 : 결가부좌를 하든지 단 가부좌를 하든지 누워서 자는 것보다 낫다. 결가부좌를 하고 자면 아무리 느슨해도 다리가 풀리지 않으므로, 에너지가 지속적으로 위로 올라가서 반시간만 자도 충분하다. 내가 폐관하는 7년 동안 그냥 결가부좌를 하고 잤는데 매일 20분 정도면 충분하였다. 결가부좌를 하면 아래의 에너지가 지속적으로 위로 오르므로, 머리의 에너지가 아주 빠르게 음양화합을 이루어 산소가 충분하고, 대뇌는 그 산소공급을 받아 청정

해지고 흐리지 않는다. 머리가 흐리고 졸음이 오는 것은, 체내의 에너지가 위로 오르지 못하고 하강하여 대뇌에 산소가 결핍되기 때문이다.

■질문 : 결가부좌를 하고 벽에 기대고 자도 되는지요?

■만행스님 : 벽에 기대고 자면 독맥이 막혀 나중에는 피를 토하게 된다. 어쩌다 한번 씩 기대는 것은 괜찮지만, 벽에 기대는 것이 습관이 되면 피를 토하게 된다.

■질문 : 좌선하면서 잘 때 시간이 오래되면 머리를 숙이게 되는데, 장기적으로 이렇게 하면 요추가 변형되지 않을까요?

■만행스님 : 어쩌다가 십분, 이십분쯤은 괜찮지만 장기적으로 그렇게 하면 변형이 된다. 하지만 좌선을 오래한 사람이 어찌 등이 휘고 허리가 굽을 수 있겠는가? 중기가 오르면서 떠밀면 가슴을 쭉 펴야만 하는데, 백세가 넘어도 여전히 허리가 꼿꼿할 것이다. 그러므로 기능공부가 어떠냐 하는 것을, 그 사람의 말소리를 듣고 척추를 봐도 안다고 하는 것이다.

■질문 : 스승님! 어째서 단전이 창만하게 부푸는가요?

■만행스님 : 호흡조절을 잘하지 못하여 기를 너무 아래로 가라앉혔거나, 숨을 너무 오랫동안 참으면 그렇다.

■질문 : 스승님! 좌선을 반시간밖에 하지 않았는데도 신체가 너무 피로하고, 두뇌 안은 무엇이 가득 들어찬 것처럼 돌덩이같이 무겁습니다.

■ **만행스님** : 깨달음을 얻고 무명을 타파하며 생사를 끝내려면 껍질을 여러 번 벗어야 한다. 도교에는 '구전환단九轉還丹'이라는 말이 있다. 아홉 번 죽을 고비를 넘겨야 한다는 말이다. 사실 한 번만 죽을 고비를 겪어도 진정한 사람같이 보인다. 한전漢傳 불교에 사가행四加行(난暖, 정頂, 인忍, 세世)이라는 수행방법이 있다. 이 방법은 도를 닦는 것이 아니라 도를 닦기 위한 준비이다. 오로지 사가행 수련이 끝나고 유가儒家의 표준으로 가늠해야만 비로소 진정한 사람이라 할 수 있다.

무엇을 진정한 사람이라고 하는가? 자기 신·구·의의 주인이 되어야만 진정한 사람이라고 할 수 있다. 이러고 보면 지금 우리들은 도를 닦는 것이 아니다. 다만 도를 닦는 사람들이 가져야 할 기본 자질을 닦는다고 볼 수 있다. 사람들이 갖춰야할 기본 자질을 수련해 낸 다음에야 자기의 신·구·의의 주인이 될 수 있고, 진정으로 수도의 길에 들어섰다고 할 수 있다.

■ **질문** : 스승님! 밤을 새면서 좌선하면 온몸에 맥이 풀리고 다리가 나른한 것이 너무 힘듭니다.

■ **만행스님** : 이때는 쉴 생각을 하지 말고 육체적인 활동을 해야 한다. 에너지가 인체의 맥락으로 다 들어가고 근육에는 없기 때문에 맥이 없는 것이다. 하지만 이때는 지혜가 생기기 시작한다. 에너지가 근육에 있고 맥락에 없으면, 체력만 있고 지혜는 없다. 에너지가 근육에도 없고 맥락에도 없으며, 단지 단전에만 있다면 욕망

이 충만할 것이다. 사람의 에너지는 이 세 곳에서 세 가지 다른 차원에 있게 된다.

일반인들의 에너지는 단전에 있기 때문에 성욕만 충만하고, 무예를 연마하는 사람의 에너지는 맥락에 없고 근육에 있기 때문에 체력은 충만하지만 성욕은 없다. 수행 정좌하는 사람들의 에너지는 육근에 있지 않고 맥락에 있기 때문에 지혜는 충만하나 기운이 없다. 수행하는 사람들의 사유가 특별히 발달하고 명석하며 유창하고, 내심도 특별히 고요한 이유이다. 체력노동에 종사하는 사람들의 사지는 발달했지만 두뇌는 간단하다. 이들의 에너지는 맥락이 아니라 근육에 있기 때문이다. 성욕으로 방종하는 사람들은 진종일 허리 다리가 시큰시큰하고 나른하며 맥을 못 쓴다. 그들의 에너지는 모두 단전에 있으면서 방종하는 데로 쓰인 것이다.

오랫동안 좌선한 사람들은 좌선만 하면 체내에 한줄기 힘이 생기는데, 이 열기는 장딴지에서 부터 허벅지로 → 하단전으로 → 중단전으로 → 상단전으로, 점차적으로 위로 오르게 된다. 수행하는 사람들의 두뇌는 항상 경각성警覺性을 가지게 되는데 이것을 각조라고도 한다. 이런 충족한 힘이 있었기 때문에 각조를 유지할 수 있다.

에너지가 맥락에 들어가기만 하면 전신에 맥이 없고, 말도 하기 싫으며 길을 걷는 것조차 싫어하면서 좌선만 하고자 한다. 이것은 아주 좋은 현상이다. 적당한 체력노동과 운동을 겸하면 에너지를 불러 깨우고 활성화 하는데 도움이 될 것이다. 하지만 체력을 너무 소모하지 말아야 한다. 체력을 과분하게 소모하면 맥락으로 들어갔던 에너지를 도로 끌어내게 된다. 속가의 사람들이 이 차원이 되면 반드시 욕망을 절제해야 한다.

- 질문 : 그런데 스승님! 누우면 잠이 오지 않고, 좌선하면 졸음이 오는 것은 왜 그럽니까?
- 만행스님 : 체질이 허약하기 때문이다. 좌선할 때 두뇌의 산소공급이 충분하지 못하여 산소가 모자라기 때문에 혼매하고 잠을 자고 싶은 것이다. 그렇지만 누우면 심장이 아주 쉽게 혈액을 두뇌에 수송하여, 두뇌가 충분한 영양분을 보충받기 때문에 잠이 오지 않는다. 누우면 잠이 오지 않지만 좌선하면 졸음이 오는 것은 늙었다는 첫 번째 신호이다. 사람이 늙으면 심장기능이 약하여 혈액이 쉽게 위로 오르지 못하므로 머리가 흐리고 졸음이 오는 것이다.
- 질문 : 좌선에서 임맥과 독맥이 한 번 도는 시간은 얼마나 소요됩니까?
- 만행스님 : 대략 40분가량이다. 그래서 옛날 선방에서 좌선하는 시간을 향 한 대 타는 시간으로 정하였다. 향 한 대가 타는 시간은 대략 1시간 정도이다. 지금의 현대과학도 인체의 기혈이 한 바퀴 도는 시간이 40분이라는 것을 증명하였다.

■ 질문 : 스승님! 좌선하는데 무엇인가 날아서 나가는 것 같습니다.….
■ 만행스님 : 이러한 것들을 모두 연도풍광이라 하였다. 신경 쓸 필요가 없다. 좌선에서 그 어떤 반응이 있더라도 자연적으로 지나가게 하라. 그런 것에 너무 신경을 쓰면 앞으로 나아갈 수 없고 목적지에도 도달하지 못한다.

■ 질문 : 스승님! 앉은 시간이 오래되면 주의집중이 어려운데 어떻게 하면 됩니까?
■ 만행스님 : 자리에 앉으면 바로 자세를 조절하고 호흡을 조절하고 의식을 조절해야 한다. 이 세 가지 조절이 끝나면 관상을 하며 진언을 독송해야 할 것이다. 대략 10분, 20분내지 반시간이 지난 후, 혹은 앉자마자 아주 청정하고 화폭이 분명하고 똑똑하면 진언을 독송할 필요가 없다. 하지만 산란하여 집중할 수 없으면 진언을 독송하고 화폭의 관상을 더해야 한다. 그래도 계속 산란하면 산란하게 내버려 두지 말고, 그 힘을 거두어 해야 할 일을 해야 한다. 하지만 사람들은 얼빠진 사람처럼 앉아서 허망한 잡생각을 할지언정, 정신을 가다듬어 자기가 마땅히 해야 할 일은 하지 않는다.

진언을 독송하는 방식으로 체내에 기를 충만하게 하고, 그 힘을 좌충우돌하지 않게끔 한다면 더는 산란하지 않을 것이며 잡념도 감소될 것이다. 체질이 허약하고 원기가 부족하고 생리가 빈 곳이 많은 사람, 다시 말하면 정·기·신이 부족한 사람일수록 좌선하면 산란이 많고 눈앞도 깜깜하다. 신체적 자질이 좋은 사람들은, 좌선만 하면 사상이 집중되고 눈앞도 밝고 환해진다. 신체의 경맥이 창통할수록, 진언을 독송하면 눈앞과 신문(정수리 일대)에서 빛을 뿌리고, 가운데는 분계선이 없어서 앞과 뒤가 하나로 되는 것이다.

삼자명을 많이 독송하면 체내의 원기도 보충되고 에너지도 보충된다. 진언을 독송할 때 반드시 느슨한 상태에서 관상을 겸하고 사상을 미간에 집중해야 한다. 불교에서 미간을 천안天眼이라고 한다. 법안法眼, 혜안慧眼, 불안佛眼이라고 하는 것도 모두 미간을 가리켜 하는 말이다. 아주 가볍고 자연스럽게 호흡을 하면서 기를 아래로 가라 앉혀야 한다. 기가 가라앉게 되면 몸이 빈 것 같이 가볍다. 계속해서 숨을 들이쉬고 기를 가라앉히며 진언을 독송해야 한다.

왜 삼자명의 세 음에서 두 음(옹, 훔)은 폐구음閉口音이고 한 음(가)만 개구음開口音인가? 우리들의 정수리가 열리지 않았는데도 모두 폐구음으로 독송하면 에너지가 빠져나갈 곳이 없게 된다. 진언을 독송하는 진동력 때문에 정수리가 견디기 어려울 것이다. 세 음에서 두 음을 폐구음으로 하고 한 음을 개구음으로 함으로써, 진언을 독송하면서 생기는 에너지를 석방하고 조화를 시키는 것이다. 또 다른 이유는 체내의 에너지가 아직 소생하지 않았는데도 세 음을 모두 폐구음으로 독송하면, 위로 오르는 에너지가 부족하여 필연코 체내에 허열[虛火]을 만들게 된다.

사람들은 잘난 체 할 때도 있다. 내가 처음 폐관할 때 하루속히 개정하려고, 스승께 말씀도 올리지 않고 삼자명에서 '훙吽' 자만 독송하였다. 어느 정도 '훙'자를 독송하였더니 코피가 앞으로 뿜어 나왔다. 당황하고 어쩔 바를 몰라서 스승께 물었더니 "이놈의 자식! 성불하는 것이 그렇게도 급하더냐!?"고 하셨다. 사실 스승은 이미 내가 남몰래 무슨 짓을 하고 있다는 것을 알고 있었고, 앞의 두 자는 수련하지 않고 뒤의 한 자만 수련한다는 것도 알고 있었다. 내가 나 자신에게 당한 것이다. 여러분도 정수리를 열고자 잘난 척 하면서 '훙'자만 수련하면 큰 코 다칠 것이다. 만약 하루 저녁을 '훙' 자만 독송하면, 이튿날 아침 반드시 여러분 눈이 벌겋게 부을 것이다.

'옹'하고 독송했을 때 정수리가 열리지 않으면 반드시 '가嘎'하고 에너지를 입으로 석방해야 한다. 말하자면 계속 위로 오르지 못하게 반쯤에서 문을 열고 그것을 내 보내야 한다는 말이다. 이것은 절대적인 기능공부인데 천천히 키워야지 단숨에 되는 일이 아니다. 이 기능은 한 고리 한 고리 앞뒤가 연결되는데 아주 미묘하다.

일단 에너지가 위로 오르면 의식적으로 관상을 하지 않아도 저절로 눈앞에 대광명이 생긴다. 에너지가 위로 오르지 못하면 아무리 의식적으로 관상하고 주문을 외워도 정수리가 열리지 않는다. 그렇다면 왜 처음부터 혜안으로 앞을 내다보면서 좌선하고 관상하지 않는가? 이렇게 하는 목적은 과거에 산란했던 생각과 기를 순리대로 질서있게 정리하여, 그들로 하여금 선천의 궤도에 들어가도록 하기 위한 것이다.

■**질문** : 만약 장기적으로 허열(虛火)이 성하게 되면 어떻게 대처할까요?

■**만행스님** : 정수리 관상을 강화해야 한다. 정수리를 굴뚝처럼 열려 있는 통로라고 생각하면서, 체내의 열기가 그 굴뚝을 통해서 밖으로 나간다고 관상하여라. 이것은 아주 높은 차원의 효과적인 방법이다. 그보다 한 차원 낮은 효과적인 방법은 날숨으로 그 열기를 입으로 빠지게 해서 위로 오르지 못하게 하는 것이다. 『동몽지관童蒙止觀』의 「육묘법문六妙法門」에서 이렇게 말하였다.

心呵肝噓火自除 심장은 '흐어~' 간장은 '쉬~'하면 허열이 제거되고
脾呼肺呬腎属吹 비장은 '후~' 폐장은 '스~' 신장은 '취이~'
三焦壅塞只言嘻, 삼초가 옹색하면 '시~' 소리만 하라.

만약 심장에 열이 많으면 '흐어~' 하는 소리를 하고, 간에 열이 많으면 쉽게 분노하고 화를 많이 내면서 이명도 오므로 '쉬~' 하는 소리를 내며, 비위脾胃에 열이 성하면 '후~'하고 소리를 내면 된다. 만약 폐에 열이 성하면 '스~'소리를 내면 된다. 남성들의 신장에 열이 성한 것은 생리적으로 성욕이 강해진 것이므로 '취이~'하고 소리를 내면서 열을 해소시켜야한다. 또 상·중·하의 삼초에 열이 성하면 '시~'하는 소리를 내면 바로 열이 해소된다. 이 모든 것은 『동몽지관』의 「육묘법문」에서 찾아볼 수 있다. 「육

묘법문」에는 내가 말한 것 보다 더 상세하게 적혀있는데, 만약 「육묘법문」을 읽지 않는다면 자기의 생리를 조절할 줄 모르게 된다. 그리고 겨울이 되면 저녁에 뜨거운 물에 발을 담그고, 여름에는 맨발로 시멘트 바닥의 길이나 자갈밭에서 걸음을 많이 걷게 되면 열을 해소할 수 있다.

■질문 : 자갈밭이나 시멘트바닥 길을 걸을 때, 오전 혹은 오후, 아니면 제일 더울 때가 좋습니까?

■만행스님 : 지면의 온도가 가장 뜨거운 오후가 제일 좋다.

■질문 : 장기간 이명이 오는 원인은 체내에 허열이 너무 세서 그런 것이 아닙니까?

■만행스님 : 신수腎水가 부족하면 간에 물이 부족하게 되고, 간경에 열이 생기면 이명이 오게 된다. 신수를 보양하면 간경에 수분이 충족되면서 이명이 사라진다.

에너지가 위로 상승한 다음 생기는 이명은 기능상태의 이명이므로, 신장이 허약하여 간에 혈이 생기면서 나타나는 이명이 아니다. 이 두 가지 구별을 불교의 선종에서는 이렇게 말하였다. "종고는 초·2·3이요〔鐘鼓初二三〕, 금소는 팔정에서 나옴이다〔琴簫出八定〕." 이 말의 뜻은 귀에서 북소리·종소리가 들리면 초선·2선·3선에 들어섰다는 말이고, 거문고·피리소리가 들리면 사선팔정四禪八定에 들어섰다는 말이다.

우리는 귀에서 나는 소리들의 변화를 관찰해야 한다. 만약 북소리·종소리·거문고소리·피리 소리가 아니고 매미 우는 소리면 신장이 허약하고 간에 열이 성해서 나는 소리이다. 하지만 귀에서 나는 소리가 매미소리가 아니라 종소리·북소리·거문고소리·피리 소리가 나면 그것은 초선·2선·3선이나 사선팔정에 들어서 나는 소리라는 것을 알아야 하는 것이다.

■ 질문 : 무엇을 중생탁衆生濁이라고 합니까?

■ 질문 : 중생탁이란 바로 아상我相·인상人相·중생상衆生相·수자상壽者相을 말한다. 중생탁을 초월하면 이 4가지 상이 타파되고 아집이 사라지는 것이다. 아집이 없어져야만 비로소 자기의 신·구·의를 명사에게 공양할 수 있고, 자기의 신·구·의를 자기가 신앙하는 사업에 이바지할 수 있다. 다시 말하면 오직 이렇게 해야 불교와 법을 위해 희생하고, 사심이 없는 사람이 될 수 있는 것이다.

■ 질문 : 스승님! 매일 좌선을 한두 시간을 하고 아울러 길상와를 하면 초선은 될 수 있겠지요?

■ 만행스님 : 단지 다리만 다스리고자 하면 시간을 내고 품을 들이면 다 될 수 있다. 그러나 심령의 공부는 반드시 일을 하는 과정에서 연마하고 수련하며 경험을 쌓아야 하는 것이다. 매일 두세 시간 가부좌를 하고 좌선한다고 될 수 있는 일이 아니다.

■ 질문 : 스승님! 매년 상반기가 되면, 저의 위는 특별하게 습기도 많고 열도 많습니다.

■ 만행스님 : 비장과 위에 열이 많으면 호흡을 강화해야 한다. 내가 여

러분의 건강상태를 아주 잘 알고 있다. 여러분은 '시嘻~'를 많이 수련하면 된다. '시~'는 삼초의 열을 조절한다. 이 몇 글자를 어느 글자를 막론하고 모두 평성으로 길게 소리를 하면 된다.

'시嘻~', '허呵~', '후呼~', '쉬噓~'….

8강

심령은 만물의 총 스위치이다

- **질문**: 『마음의 달〔心中月〕』에서 스승님께서 '법보화法報化'의 삼신三身을 "법유이집法有理集, 보유오報有悟, 응화전빙공덕수應化全憑功德修"라고 하셨습니다. 해석해 주십시오.
- **만행스님**: 부처님 한 분이 천백억 개의 화신化身을 닦을 수 있는 것은, 행원에서 얻은 것이고 헌신하는 데서 얻은 것이다. 행원을 잘하지 못하면 천백억의 화신은 있을 수 없다. 불교에는 "천이백 개의 공덕이 충만해야 환골탈태를 할 수 있다."고 말한다. 수행자들이 화신을 닦아 얻고자 한다면, 반드시 중생을 널리 제도하는 공덕에 의거해야 한다. 오직 공덕이 원만하고 구족되어야만 비로소 천백억의 화신을 얻는 것이다. 옛날 선종의 많은 사람들이 '명심견성明心見性'이라는 말은 많이 하지만, 사실상 화신을 근본적으로 닦지 못했다. 그들은 원력(소원)도 없었고 사명도 없었기 때문이다. 행원이 없다면 천백억의 화신도 없는 것이다.

법신法身은 선정기능으로 닦아내는 것이다. 선정 속에서 자기를 우주전체와 융합하여 일체가 된 것이다. "진허공盡虛空 변법계遍法界"라는 말은, 법신의 힘은 전체 우주를 덮고 널리 펴지면서 우주전체와 합해져서 일체가 된다는 말이다. 이것은 선정기능으로 완성하는 것이다.

업보신業報身은 선정기능으로 닦은 것이 아니라 지혜로 닦은 것이다. 정定이 있고 혜慧가 있어야만 행원이 원만하게 된다. 선종에서는 이런 말을 잘한다. 이를테면 어떤 스님이 법을 배우러 갔다가 문득 깨달음[頓悟]을 얻었다고 한다. 여기서 말하는 문득 깨달았다는 것은 철저하게 깨달았다는 말이 아니고, 이로부터 생사를 해탈할 수 있다는 말은 더욱 아니다. 다만 어떻게 손을 써서 시작하고, 또 어떻게 들어갔다가 어떻게 나온다는 것을 깨달았다는 말이다. 이것은 다만 수행의 시작일 뿐이다. 하지만 이런 문득 깨달음은 단번에 십지를 초월할 수 있고, 승지僧祗를 경과하지 않아도 법신을 얻을 수 있다.

때문에 옛날에 많은 조사님들은 불법을 듣고 문득 깨달음을 얻고, 하룻밤 사이에 선정기능을 배워서 단번에 십지를 초월하였다. 하지만 그분들은 이미 10년~20년의 수행기초가 있었던 것이다. 그래서 "문득 깨달음은 점차적인 수련에서 오고, 점차적인 수련이 원만해야 문득 깨달음을 얻는다."고 하는 것이다. 문득 깨달음을 얻었다고 하지만 반드시 친증을 해야 한다. 이때의 친증은 하룻밤 사이거나, 향 한대 피어오르는 사이에 끝나게 된다. 다시 말하면 20년~ 30년의 기능이 찰라간에 검증되는 것이다.

이런 상황의 사람은 이미 용龍이 되었다. 단지 좌석에 앉으신 명사님께서 그의 눈에 점만 찍어주면 되는 것이다. 때문에 어떤 명사들은 자기의 위치를 단지 눈에 점만 찍어주는 그런 높은 좌석으로 평가하는 것이다. "네가 용이라야만 나는 너와 도를 논한다. 그 외 나머지는 돌아가서 염불이나 하라."는 것이다.

바로 이 "염불하거라. 염불하거라."는 말에, 오늘날까지 모든 수행자들이 모두 염불하게 되었다. 결국 이 염불이라는 것이 세상에 둘도 없는 최상의 불법이 되었다. 옛날에 "가서 염불하거라." 할 때는, 이미 아흔아홉 걸음을 걸어서 마지막 한 걸음이면 성취할 사람에게 "가서 염불하거라."고 한다. 또한 성취한 다음에도 계속 염불하는 것이다. 하지만 지금 사람들은 영원히 모두 염불만 하고 있는 것이다.

"입처入處가 바로 낙처落處이니, 입처와 낙처의 사이는 모두 지나가는 길이다." 젊은 스님 한 명이 득도하신 노스님께 이렇게 물었다. "노스님처럼 득도하신 고승들은 어떤 사람입니까?" 노스님이 "편안하게 일하며 행복하게 살고 성실한 사람이다."고 말씀하셨다. 젊은 스님은 "원래 도를 깨우친다는 것이 이런 것입니까? 나는 깨우치지는 못했지만, 지금 내가 바로 그런 사람입니다."고 하였다. 노스님은 "그렇다면 너의 마음은 편안한가? 행복한가? 이런 마음을 얼마동안 유지할 것 같은가?" 다시 말하면 이런 느낌을 얼마동안 지속적으로 유지할 수 있느냐는 말이다. 젊은 스님은 대답이 없었다.

이런 상황은 누구나 할 것 없이 발생한다. 하지만 우리 몸에 체현되는 것은 모두 희노애락이고, 파동하는 정서와 각종 느낌이며 더구나 이런 느낌들은 24시간 변하게 되는 것이다. 불교는 지구심持久心을 말한다. 우리들의 안정된 마음과 행복, 그리고 차분하고 착실한 마음을 몇 분 동안 유지할 수 있는가!? 깨우치고 득도하는 결과는 일반인들이 감당하지 못한다. 설사 일반인이 도를 깨우치고 득도했더라도 그런 복이 없다면 감당할 수 없을 뿐만 아니라 누릴 수도 없다. "범부는 홍복洪福은 누릴 수 있지만, 청복淸福은 얻기 어렵다. 얻었다 할지라도 이익은 없다."라는 말은, 범부들은 유유자적하게 누리는 청복의 가치를 인식하지 못하기 때문에 감당도 못하고 이익도 없다는 말이다. 그러므로 범부들은 다만 홍복만 누릴 수 있고 청복은 누릴 수 없는 것이다.

오직 삼계를 초월한 사람만이 청복을 누릴 수 있다. 다만 내재의 즐거움을 찾은 사람, 본지풍경을 보고 지나온 사람, 자신의 옛 주인을 만나본 사람만이 유유자적하게 누리는 청복을 누릴 수 있는 것이다.

- **질문** : 어떻게 하면 편안하게 일할 수 있습니까?
- **만행스님** : 『마음의 달 1』에 "불영不迎, 불거不拒, 불상수不相隨"라는 말이 있다. 이 말을 배우고 운용할 수 있다면 편안하게 일할 수 있고 행복한 생활을 느낄 수 있다. 행복을 느낄 수 있는 사람의

마음은, 반드시 안착되고 차분하며 떠있는 느낌이 없는 것이다. 사람끼리 서로 얘기를 나눌 때 보면 어떤 사람의 마음은 약하기 그지없다. 말 한마디를 하기 바쁘게 열 마디로 반박하면서, 자기가 한 말은 영원히 맞고 또 자기는 틀린 말을 하지 않는다는 것이다. 이런 부류는 자신감이 없는 사람이고 마음도 편안치 않은 사람이다. 담력과 식견이 있는 사람은 이기기도 하고 지기도 한다. 이런 사람은 이겨도 자랑하지 않고 져도 용기를 잃지 않는다. 언제 어디서나 시시때때로 의념을 혜안에 집중하고 앞으로 쭉 하고 내다보면, 당신의 마음은 우주의 중심에 있게 된다. 이 중심은 모든 생명의 원두이다. 모든 생명은 모두 이 중심에서 복사되어 나간다. 또 모든 생명과 중심 사이에는 한 갈래 무형의 실이 있는데, 이 무형의 실은 아무리 연장되고 확산된다 하더라도 영원히 이 중심을 벗어나지 못한다. 우리들의 의념이 중심에 고정되어 있다면, 아무리 신심이 손상받고 파괴되어도 단 한 시각 정도이면 바로 원두에 도착하게 된다.

■ **만행스님** : ㅇㅇ! 당신은 금방 내가 한 말을 알아들었는가?
■ ㅇㅇ : 알아들었습니다. 스승님께서 우주의 중심은 생명의 원두라고 하셨고, 미간으로 앞을 쭉 하고 관한다면 중심을 관할 수 있다고 하셨습니다. 사람의 신심이 아무리 박해를 받고 고통스럽다고 하여도 미간으로 관할 수 있다면, 한 시각이면 바로 원두로 복원한다고 하셨습니다. 사람들은 모두 우주의 중심이며 우주의 중심은

바로 우리들 자신의 마음입니다. 다시 말하면 바로 미간입니다. 때문에 우리들은 영원히 이념을 미간에 두어야 합니다.

■ 만행스님 : 너는 진짜로 알아들었다. 뿐만 아니라 말도 잘 했다. 이 방법으로 수련한다면 생사를 해탈하고 삼계를 초월하며, 성불하고 조사가 되기에 넉넉하고도 남는다. 팔만사천 불법이 이 방법에 귀결하지 않고 이 길에 들어서지 않는다면, 모두 문외한이고 외도이다. 어디에서 어떻게 손을 쓰느냐는 묻지 않겠지만, 최후에는 반드시 이곳에 귀결되어야만 궁극의 원만을 성취할 수 있다.

천만 가지 불법의 원두는 마음이고, 마음의 원두는 바로 미간이다. 의념을 미간에 두고 앞을 쭉 관하는 수행방법은 고대 인도에서부터 전해져 온 수련방법인데, 『박가범가薄伽梵歌』와 『오의서奧義書』에 적혀져 있다. 석가모니 부처님께서 출가하기 전에 이 방법으로 수련했던 것이다. 내가 여러분들에게 이 수행방법을 소개하는 이유이기도 하다.

미간과 우주의 중심은 통일체이다. 우주의 중심을 무량배로 축소하면 하나의 세포가 되는데, 이것이 바로 우리들의 미간이다. 미간을 고정할 수 있다면 우주의 중심도 고정할 수 있고, 중심을 고정할 수 있다면 만사만물과 하나로 될 수 있다. 만사만물, 육도의 중생들은 모두 이 중심에서 석방되어 나간 것이다. 시시각각으로 의념을 미간에 고정한다는 것은 중심을 고정할 수 있다는 뜻이다. 중심을 고정할 수 있다면 만사만물과 통일체가 될 수 있으며, 만사만물을 느낄 수 있고 감지할 수 있는 것이다.

염불을 하든지 주문을 독송하든지 아니면 결수인을 하고 관상을 하든지를 막론하고, 반드시 이 중심을 동시에 보살펴야 한다. 아니면 당신이 아무리 많이 수련을 해도 도와 아무런 관계가 없는 것이다.

사람의 인체는 아주 신비스럽고 오묘하고 무궁하다. 우주 자체가 아주 신비하고 오묘하고 무궁한 것이다. 그렇지만 어떤 구역이나 어떤 오묘를 막론하고 최후의 오묘는 오직 하나뿐이다. 바로 이 오묘에서 무수히 많은 오묘들이 파생되는 것이다. 우리들의 조사 대덕님들은 아주 위대하다. 왜냐하면 그들은 만법의 원두를 찾았을 뿐만 아니라 우리들에게 알려 주셨기 때문이다.

예날 한 조사님께서 "불법의 원두가 어디냐?"하고 제자들에게 물었다. 제자들은 분분히 "인도에 있습니다.", "영취산에 있습니다.", "중국에…", "일본에 있습니다."라고 대답했다. 그런데 단 한사람만 "불법의 원두는 마음입니다."고 했다. "어디가 마음이냐?"고 또 물었더니, 그 제자는 "둘은 닫고 하나만 엽니다."라는 것이었다. 하나를 열면 만을 여는 것이다. 두 눈을 감고 중간의 미간을 연다는 말이다. 중간의 미간을 열수 있다면 바로 모든 것을 열 수 있는 것이다. 그리하여 "만법의 원두는 마음에 있다."라는 말이 오늘날까지 전해지고 있는 것이다.

그 후 "삼계가 오직 마음이다〔三界唯心〕, 만법이 오직 식이다〔萬法唯識〕, 마음과 식은 하나다〔心識乃唯一〕"로 변화하고 발전했다. 진정한 불법은 기능공부이고, 기능공부는 바로 불법이다. 형이상形而上과 이사理事는 둘이 아니라 하나이다. 반면에 형이하形而下는 이理는 이이고 사事는 사이다. 달마조사께서 "입도하고자 하면 이입理入과 행입行入에서 하나만 선택하면 안 된다. 하나만 선택하는 자들은 모두 마도에 들어갈 것이다."라고 말씀하셨다.

■질문 : 스승님! 좌선시간이 두세 시간만 넘어가면 저의 몸은 점점 높아지고 커지면서, 전신이 모두 기로 충만되고 제 몸은 사라진 것 같습니다. 무슨 이유입니까?

■만행스님 : 아주 좋은 현상이다. 우리가 필요로 하는 것이 바로 이것이다. 하지만 반드시 각조가 따라야 한다. 단지 이런 상태만 있고 각조가 없다면 방향이 없는 것이다.

■질문 : 스승님! 각조라는 것은 마음과 심리상태를 관하면서, 마음을 가라앉히고 안정시키는 것을 말합니까?

■만행스님 : 이를테면 네가 지금 무슨 말을 하고 무슨 일을 하며 무슨 생각을 하고 있다는 것을 알 뿐만 아니라, 들을 수도 있고 볼 수도 있으며 생각할 수 있는 것이다. 동시에 주위에 있는 그 어떤 영상이나 화폭들을 모두 볼 수 있고, 소리도 모두 들을 수 있다. 하지만 몸은 이미 비어있고 융화된 것이다. 오직 이런 절차를 지나야 비로소 들어갈 수 있다. 어떤 사람들은 좌망坐忘을 하면서 각조를 잃어버릴 수 있다. 이것은 일종의 편차이다. 몸이 좌망한 상태에서도 각조가 여전히 존재한다면 '정정正定'이다.

■ **질문** : 스승님! 평상시 좌선할 때는 저 자신이 보이지 않습니다. 하지만 어떤 때는 마치 두 눈이 저의 염두를 지켜보는 것 같고, 시간이 얼마나 지났는지 모를 정도로 아무 일도 생각하지 않지만, 마음은 깨끗한 호수처럼 맑고 깨끗하며 고요하기 그지없었습니다. 그런데 물은 보이지 않고, 느낌에 염두가 '쏴~'하고 나타나고 좀 지난 다음 또 '쏴~'하고 나타나는데 염두가 참 길어 보이고 마치 보는 것만 같았습니다.

■ **만행스님** : 우리가 요구하는 것은 바로 이 볼 수 있는 것을 '본다'는 것이다. 경각심을 가지고 너의 연도풍광을 지나서 목적지에 도달한 다음, 그 경각심을 가지고 다시 걸어 나와야한다. '팔만사천법문'이라고 하는 것은 단지 '각조'에 지나지 않는다. 경계를 바꾸거나 아니면 경계가 바꿔지거나 간에 모두 각조가 있느냐 없느냐의 문제인 것이다.

중국의 전통문화에서 "수신, 제가, 치국, 평천하"라는 말을, 생활 속에서 구체적으로 체현하는 것이 바로 경중과 완급을 어떻게 파악하느냐이다. 바로 '각조'라는 두 글자이다. 이 여섯 글자(경중완급각조)는 우리들이 한평생 닦아야 하고 매일 매일 참선하고 운용해야 한다.

■ **질문** : 스승님! 저의 하단전에 한 줄기 기가 있는데, 이 기는 저의 의념에 따라 움직이는데, 이런 상황은 어떻게 해야 합니까?

■ **만행스님** : 이런 생리현상을 잊어버리고 비우지 않는다면 입도하지

못한다. 이런 상황은 너의 의식이 너의 느낌에 끌려 다닌다는 것을 말한다. 발에 느낌이 있으면 의식은 발에 가 있고, 단전에 느낌이 있으면 의식은 단전으로 가고, 등에 느낌이 있으면 의식은 등으로 가는 것이다. 이것은 선자禪者들의 가장 큰 금기이다. 언제든지 의식과 관조는 높이 받들어야 하고, 신체의 이런 저런 반응들을 모두 비우고 잊어 버려야 한다. 이 양자는 섞여서는 안 된다.

너의 이런 선병禪病은 마치 황용남선사께서 여순양을 "시체를 지키는 귀신"이라고 질책하는 경계와 같다. 너의 경각심과 각조심이 생리의 느낌에 끌려 다니는 것이다. 생리는 삼악도와 서로 상응한다. 오랫동안 생리반응에 끌려 다니면 임종 시 너의 중음신이 삼악도에 떨어질 것이다. 선종에 "세속을 잊지 못하면 도를 닦을 수 없고, 몸을 잊지 못하면 입도를 못하며, 마음을 잊지 못하면 도를 얻지 못한다."라는 세 구절의 말이 있다. 너는 두 번째 금기를 범한 것이다. 옛날에 관우는 뼈를 긁어서 병독을 치료했다고 한다. 관우는 선의 수련에서 두 번째 금기를 초월한 것이다. 그는 이미 몸을 비우고 잊어버린 것이다. 그는 고도로 각조가 있는 사람이며 생리를 비워 버린 사람이다.

9강

장수할 수 있는 비결

■ **질문** : 최근 우리절의 스님들은 돌아가면서 동공과 정공에 대한 수행방법과 요령을 강의하였는데, 그 정도가 어떠한지 스승님께서 법문해 주시면서 수행에서 나타난 문제들을 말씀해 주십시오.

■ **만행스님** : 정공에서 자세를 조절하고 호흡을 조절하고 의념을 조절하는 세 가지 절차는 단 1초면 끝난다. 그것은 본능적이고 순간적으로 끝내는 것이므로 순서라는 것이 없다. 소위 '순서'요, '차례'요 하는 것은, 금방 입문한 사람들에게 알아듣기 쉽게 하는 방편의 말이다.

이 세 가지 절차는 목을 위로 조금 쑥 빼고, 두 어깨는 아래로 약간 축 드리워야 하며, 숨을 흠뻑 들이 마시면서 정수리의 연꽃이 활짝 피었다고 관상하면서 혜안으로 앞을 쭉 내다보아야 한다. 평상시의 행行·주住·좌坐·와臥 등 모든 행동에서도 이렇게 해야 한다. 비록 이렇게 하더라도, 이렇다는 느낌이 없어야만 비로소 그런 상태에 들어섰다고 할 수 있다. 만약 이렇게 한다는 느낌이 있다면 그것은 공을 들인다고 할 수 없을 뿐만 아니라 이 방법으로 입도했다고 할 수 없다.

삼자명의 원리는 '타파(破), 건립(立), 보시(施)'라고 하였다. 하지만 여러분이 강의하는 내용을 보면 이 점을 말하지 않은 사람이 많다. 수행하는 사람들은 다른 절에서 초청을 받아 개광開光을 해주고 물을 뿌리며 도량을 정화한다. 만약 우리들이 관상하는 능력이 없다면, 어떻게 일념 사이에 관상을 하며 그곳의 도량을 깨끗이 정화할 수 있겠는가? 자기가 사는 집, 잠자는 침대도 깨끗이 정화할 수 없을 것이다. 여러분의 심력이 크면 클수록 정화된 면적도 그만큼 클 것이다.

이러한 방법을 하나도 빼놓지 않고 말할 수 있다면 대단히 고맙고 감사하다. 하지만 어떤 사람들은 글을 보면서 읽는 것조차 제대로 하지 못한다. 어떻게 결가부좌를 하고 좌선하는 사람의 무게가 사타구니(胯骨)에 놓일 수 있는가? 결가부좌를 하고 자세가 단정한 사람의 무게중심은 반드시 두 무릎에 놓이게 된다. 좌선할 때 몸을 앞으로 약간 기울이면 미추골 혹은 둔부가 들리게 된다. 설사 땅에 닿더라도 무게가 실리지 않는다. 그러므로 무게중심은 절대로 엉덩이 뒤에 놓이지 않고 두 무릎에 놓이게 된다. 그러나 허리를 곧추세우고 앉으면 무게중심이 미추골에 놓이게 된다.

결가부좌를 하고 좌선하면, 정기신이 두 발과 아랫다리를 통해

활성화가 되면서 생겨난다. 발바닥에 '용천혈湧泉穴'이라는 혈이 있는데, 여기서 솟아나오는 것이 바로 정기신이다. 정기신은 용천혈에서 처음 생겨난다. 그것은 우리들의 동력이고 정력의 원천이며, 아무리 써도 못쓸 정도로 무진장하게 많다. 정기신이 생겨난 다음 '족삼리足三里'를 지나간다. 가부좌를 하면 '족삼리'가 자극을 받아 활성화되면서 창통하는 것이다. 이어서 몸을 앞으로 약간 기울이면 용천혈, 족삼리를 지난 정기신은 두 허벅지에 도착하고, 그다음 뒤의 미추골을 따라 척추로 가고, 척추에서 정수리까지 오르게 된다.

눈빛은 사람의 정기신을 대표하고, 신기腎氣가 충족한가 하는 것을 대표한다. 부처님공부를 하고 도를 닦는 사람은 반드시 정기신을 닦고 신기를 닦아서 활성화 시켜야 한다. 아울러 정기신의 힘을 빌어서 신체의 기경팔맥과 각 관절들을 소통시켜야 한다. 좌선하는 과정에서는 밖으로 기를 내 보내지 말아야 한다. 체내의 에너지를 다 내보내면 정수리로 올라가는 에너지가 없으므로 개정을 할 수 없다. 하지만 에너지가 이미 정수리에 올랐는데도 개정이 되지 않고 머리가 팽창하면서 눈도 벌겋고 잇몸도 뻘겋게 부어서 염증까지 생기며, 가슴팍이 막히고 극도로 답답하면 반드시 날숨을 쉬어야 한다. 그러나 좌선하는 과정에서 가슴도 답답하지 않고 머리도 팽창하지 않을 때는 날숨을 쉬지 말아야 한다. 이런 상황은 정수리의 뚜껑이 열리지 않았음을 의미한다. 이때의 에너지는 몸 안에서 맴돌고, 위로 오르지만 빠져나가지 못하고,

아래로 하강하였다 다시 충격해 올라가도 여전히 나가지 못하는 상황이다. 이렇게 체내에서 오르락내리락 하기 때문에 가슴이 답답하고 머리가 팽창하게 되는 것이다.

만약 좌선을 시작할 때도 숨을 내쉬고, 좌선하면서도 숨을 내쉬며, 정좌가 끝난 다음에도 계속 날숨을 쉬게 되면 무슨 힘으로 정수리의 뚜껑을 열겠는가! 비록 정수리 뚜껑을 여는 힘은 호흡의 기는 아니지만, 호흡하는 기가 불을 붙이는 성냥과도 같이 점화작용을 한다. 성냥이 없다면 정기신이라는 나무에 불을 붙일 수 없는 것이다.

어떤 사람은 의념을 미간에 두라고 한다. 의념을 미간에 두었는데 왜 혜안이 열리지 않는가? 의념을 미간에 두는 것이 아니라 미간으로 앞을 주욱 내다보아야 한다. 미간으로 앞을 보는 방법은 마치 대낮에 눈을 뜨고 물건을 보는 힘과 느낌이 같다.

지금 여러분의 눈을 보면 어쩔 줄 몰라 막연해하는 눈빛이고, 한 가지 목표도 포착하지 못한 눈길이다. 수행하는 사람의 눈빛이 부엉이 눈처럼 밝지 못하고, 섬뜩한 서리 빛처럼 사람 몸에 스며들지 못하며, 예리한 보검처럼 사람 몸을 찌르지 못한다면 어떻게 입도한다고 하겠는가? 입도한 사람의 눈빛은 예리한 보검처럼 사람 마음을 꿰뚫어 보기 때문에, 수행하지 않은 사람들은 감히 눈을 뜨고 정면으로 입도한 사람의 눈을 마주보지 못한다. 아울러 진정하게 입도한 사람의 눈은 항상 가늘게 실눈을 하는 것이다. 수련하지 않은 사람들이 입도한 사람의 눈을 보면 공포심이 생기고 두려움이 생긴다. 그래서 진정한 수행자는 범부들과 눈을 마주보지 않는다. 마주보지 않아도 속속들이 다 들여다 볼 수 있는 것이다. 속인들이 곁에 다가서면, 속인들의 에너지장에서 나가는 파장을 눈으로 보지 않아도 그 사람의 심령, 품질 그리고 능력과 자질 같은 것을 다 보아내는 것이다. 차원이 좀 낮은 수행자들도 목소리만 들어도 다 알아본다. 하지만 여러분은 눈을 똑바로 뜨고 사람을 뚫어지게 몇 번씩 보아도 파악하지 못하고 알아보지 못 한다.

내 보건대 여러분의 눈에는 정력定力이 보이지 않는다. 여성들 눈에는 물빛이 보이지 않고 남성들의 눈이 꺼멓지 않다. 동공을 수련하는 여러분의 몸이 유연하지 못하고 경직되어 있으며, 인대도 풀리지 않았다. 동공을 이렇게 수련한다면 어떻게 효과를 볼 수 있는가? 동공이 끝나면 몸이 부드럽고 느슨하며 가뿐할 것인데, 여러분의 몸은 뻣뻣하고 숨을 참느라고 얼굴까지 시뻘겋게 되어 있다!

한 가지 방법이 숙련되고 손에 익으면, 분명 그것을 실행하지만 그렇게 한다는 느낌이 없어야 하는 것이다. 만약 이 방법을 사용할 줄 모른다면 바로 이러한 것들을 수련할 수 있는 자질을 갖추지 못했다는 의미이며, 그 어떤 방법도 배울 수 없고 사용하지 못한다는 것을 의미한다. 자질이 좋은 사람은 어떤 방법을 전수하여도 모두 배울 수 있고 금방 사용할 수 있다. 그와 같은 자질을 갖추지 못한다면 나는 하는 수 없이 "염불이나 잘 하시오."하고 말할 수밖에 없다. 하지만 진정으로 염불을 잘 하고 또 진정으로 염불하는 상태에 들어갈 수 있는 사람이 얼마나 되는가? 한 면으로는 염불하는 척 하고 다른 한 면으로는 쓸데없는 허튼 생각을 하면서, 눈으로 두리번두리번 사방을 두루 살피지 않는가? 이런 사람들은 조금만 염불해도 목이 메마르고 눈이 텁텁하면서 피로하기 그지없다.

아직도 몸이 춥고 더우며, 시큰하고 저리며, 배가 부르고 고프고 하는 느낌들이 있는가? 입도하였다는 사람들이 몸을 비우지 못했기 때문이다.

여러분이 '공을 들이고 있다'는 말은 단지 어떤 방법으로 지금 문을 열고 있지만, 아직까지 그 방법을 통해서 입도하지 못하였다는 뜻이다. "스승님! 저는 오전에는 무엇을 독송했고 오후에는 무엇을 독송했으며, 저녁에는 또 무엇을 독송했습니다."라고 하는 사람들은, 아직도 방법에만 신경을 쓰는 사람들이다. 도의 문에 들어서지 못하고, 한창 문을 열고자 열쇠로 자물쇠를 돌리는 사람들이다. 이런 방법으로 방안에 들어갔고 또 방안의 물건을 보았다고 할지언정, 방안의 물건을 아직 얻지 못한 것이다.

소위 '도를 깨달아 입도하고 도를 보아 득도하였다. 득도한 다음 포교를 하였다'고 하는 말은 얻은 것이 있어야만 비로소 보시할 수 있고 함께 누릴 수 있다는 뜻이다. 몇 년이 지났는데도, 아직도 방법을 수련하고 문을 열고자 하는 과정이구나!

전에 내가 이런 선게禪偈를 말하였다. "법을 수련하면 법에 묶이고, 법을 버리면 법이 돌아온다." 지금 이 방법을 수련하느라 이 법에 손발을 꽁꽁 묶어 놓았지만, 아직도 이 방법을 정확하게 장악하지 못했고 사용할 줄 모르고 있다. 오로지 이 방법을 익숙하게 장악하고 능란하게 사용할 수 있어야 비로소 방법을 버릴 수 있고, 방법을 초월하고, 방법을 통하여 방안으로 들어갈 수 있다. 방법이라는 것은 열쇠와 같다.

자기는 도심도 있고 매일 용맹정진한다고 생각하지만, 사실은 용맹정진하며 수련하는 것이 아님을 모르고 있다. 비록 매일 두세 시간씩 앉아 있지만 단지 형식에 불과한 어리석은 행동이다. 사람들에게 자기는 이렇게 용맹정진한다고 거드름을 피우고, 다른 절의 스님들에게 동화사에 출가한 스님들은 이렇게 용맹정진한다는 흉내를 보여줄 따름이다. 그러므로 이것은 단지 형식적인 용맹정진이고 근본적으론 실천하지 못하는 것이다. 지금 우리들의 용맹정진은 신호가 없는 휴대폰과 같다. 신호는 우리들의 아집에 가리었고, 우리들의 어리석음에 가려져 있는 것이다.

좌선하고 수행하는 과정에서 머리나 혹은 흉부 등 여기저기에서 나타나는 문제들은 모두 선병禪病에 속한다. 신체의 중부와 상반부에서 일어나는 문제는 오직 날숨으로 숨을 내쉬는 방법으로 해결할 수 있다. 허리 아래에서 나타나는 문제들은 몸을 약간 앞으로 기울이고 좌선하면 해결할 수 있다.

■질문 : 앞으로 기울이는 각도는 얼마나 되어야 합니까?

■만행스님 : 정해진 각도는 없다. 각자의 상황에 따라 각도를 조절해야 할 것이다. 각도를 통일해서 고정하면 죽은 방법이다.

좌선하는 과정에서 몸을 앞으로 약간 기울일 때, 제일 처음 나타나는 현상이, 배가 뒤로 밀려 배의 힘이 등 뒤로 가면서 미추골이 들리게 된다. 몸을 뒤로 젖히게 되면 배가 앞으로 나오게 된다. 건강하지 못한 사람이나 혹은 수행을 하지 않은 사람들의 배는 대부분 다 크다. 선정공부가 있는 사람이거나 노선사님들의 배는 절대로 크지 않다. 한 가지 비밀을 말하고자 하는데, 배가 나온 스님들이나 살찐 스님들은 대체로 수행을 옳게 하지 않고 먹거리나 잠을 탐하는 사람들이다. 밤에 누워 자지 않고 하루에 두 끼만 먹는 수행인들의 배가 어찌 크겠는가? 오랫동안 몸을 기울이고 좌선하는 사람들의 아랫배는 반드시 홀쭉하고, 에너지는 허리를 거쳐 등으로 해서 위로 오른다. 아울러 장기적으로 좌선하는 사람의 엉덩이는 위로 쳐들려 있다. 오직 이렇게 되어야만 신장腎臟을 받들어 올릴 수 있으며 신기가 충족하게 된다. 또 신기가 충족하여야 비로소 사람의 척추, 즉 독맥도 열리고 정수리까지 창통하면서 개정이 될 수 있다.

전통적인 중국의학에서 등 뒤쪽은 양에 속하고 앞 쪽은 음에 속한다. 사람들은 네 발 동물에서 진화되었다고 한다. 그리하여 등은 하늘을 향한다고 양이라 하고, 가슴은 땅을 향한다고 음이라고 하였다. 그러나 사람들이 직립한 다음부터 앞이 양이 되고 뒤가 음이 되었다. 자세를 조절할 때 몸을 앞으로 기울이고 좌선하면, 앞의 힘이 등으로 가게 되고 임맥과 독맥이 서로 통하면서 에너지가 순환하기 시작한다. 하지만 절대로 의식적으로 그것을 인도하지 말아야 한다. 단지 이런 자세로 좌선하면 자연적으로 그렇게 되는 것이다. 일단 내재된 힘이 생기게 되면 자연적으로 활성화되는 것이다. 하지만 내재된 정기신이 없다면 설사 이런 자세로 좌선한다 하더라도 소용이 없다. 오랫동안 좌선하는 사람이 내재의 에너지가 생긴 뒤에 이런 자세를 취하여 좌선하면, 자연적으로 에너지가 선천의 궤도를 따라 흐르게 되는 것이다.

■ **질문** : 임맥은 양에 속하고 독맥은 음에 속한다고 하는 것입니까?
■ **만행스님** : 이 문제는 변증법적으로 봐야 한다. 사람이 기어다닐 때 등이 하늘을 향하였기에 등이 양에 속했던 것이고, 직립한 다음에는 등이 음이 되고 앞이 양이 된 것이다. 이 이치를 안다면 변증법으로 환자에게 처방을 뗄 수 있고, 적은 노력으로 좋은 효과를 거둘 수 있을 것이다.

십분 공을 들이면 십분의 공력功力을 얻는다. 이런 공력은 모두 신체에서 체현되는데 오관을 보면 알 수 있다. 왜 득도한 사람은 오명五明에 정통하다고 하는가? 오명에 정통하지 못한 사람은 도를 깨닫고 입도했다고 말할 수 없다. 진정 도를 깨닫고 입도한 사람은 분명히 오명에 통달한 것이다. 이 모든 것들은 피차 연계가 있고 서로 통한다.

하나를 통달하면 모든 일체를 통달하고, 모든 이치는 모두 이 '하나'에 포함되어 있다. 인체의 세포 하나에는 인체의 모든 정보가 다 담겨있다. 인체의 세포 하나를 확대해서 보면, 그 세포 하나가 인체의 모든 정보를 담은 축소판임을 발견하게 될 것이다.

일단 한 가지 방법을 사용할 줄 알면 각 문파들의 방법(불교의 방법과 불교의 각 종파들의 방법뿐 아니라 다른 종교의 방법을 포함한)들도 사용할 줄 알게 된다. 어떤 교敎 어떤 종宗을 막론하고, '방법'이라고 하는 것은 모두 사람을 근본으로 해서 사람의 몸으로 수련하는 것이다. 우리들이 도교를 배운다고 신체가 개혁되고, 기독교를 신앙한다고 신체구조가 바뀌어지며, 인도교를 배운다고 생리가 변하는 것이 아니다. 무엇을 신앙하든, 무엇을 독송하든 사람의 신체구조는 모두 다 같은 것이다. 다만 신앙이 다르고 수련하는 방법이 다를 뿐이다.

어떤 교파의 수련방법이라도 사람의 생리구조를 위반하면 안 되고, 반드시 사람들의 생리구조에 순종해야 하며, 기맥의 운행규율과 순서에 부합되어야 한다. 기맥의 운행규율과 순서를 위배하는 방법은 수련하지 말아야 한다. 득도하고 겪어온 사람들이, 어떤 법문을 전수할 때는 반드시 이 방법을 수련할 수 있느냐 없느냐, 어느 정도로 수련할 수 있으며 또 어느 정도까지 달성할 수 있느냐 하는 것을 모두 알아야 하는 것이다.

어떤 방법이든 전수받은 다음 백일 내에 자신의 본능이 될 수 없다면, 자질이 부족하고 그 방법을 익힐 그릇이 아니라는 것을 알아야 하며, 다른 방법을 배워도 마찬가지라는 것을 알아야 한다.

기본적이고 종합적인 자질이 없다면 불법을 배울 수 없고, 다만 흐리멍텅하게 세월을 보낼 것이다. 옛날 사람들은 "백일이면 기초를 닦고〔百日築基〕열 달이면 정수리가 열린다〔十月開頂〕."고 했다. 열 달이면 틀림없이 정수리가 열려서 나갈 수 있다는 말이다. 하지만 여러분은 백일에 본능이 되기는 고사하고, 삼년 아니 십년이라도 본능이 된다면 대단히 고맙고 감사한 일이다.

내가 묻고자 하는 것은 '한 가지 방법을 백날을 생각하고 백날을 훈련했는데도 숙련되지 못하고, 본능적인 반응이 되지 못하는 것이 무슨 이유냐?'는 것이다! 사람들은 자기 몸에서 원인을 찾지 않고 "이 방법과는 인연이 없다, 스승님의 공력이 부족하다, 스승은 철두철미하게 깨달은 사람이 아니다." 등등의 의심을 가지고 모든 원인을 밖에서만 찾고자 한다. 원인은 모두 인위적인 것이기 때문에 마땅히 자기 몸에서 찾아야 한다. 한 가지 동작을 백날 동안 연습하였는데 왜 익숙할 수 없단 말인가?

지금 이 자리에 앉은 여러분의 자질은, 백일동안 한 가지 동작을 하고 백일동안 한 가지 일을 한다면 누구나 할 것 없이 다 잘 할 수 있다. 하지만 여러분은 지금 잘 하지 못하고 있다. 설마 여러분이 그런 그릇이 아니란 말인가!? 여러분이 날마다 그릇이라는 방패를 가지고 자기에게 이유를 달기 때문에, 그릇이 좋은 사람도 나중에는 그릇이 나쁜 사람으로 될 것이다. 이런 마음가짐으로 무슨 일인들 잘 할 수 있겠는가?! 석가모니부처님이 여러분 앞에 앉아계신들 자기와는 인연이 없다고 할 것이다.

이 핑계 저 핑계로 성공하지 못하는 이유를 삼는데, 왜 성공할 수 있는 이유는 찾지 못하는가? 나는 이런 견해가 있다. 사람들은 돈을 아끼려고 심혈을 기울이고 따져가면서 돈을 절약한다. 어차피 심혈을 기울이는 일인데, 왜 돈을 버는데 심혈을 기울이고 노력하지 않는가?! 작은 돈을 버는 것도 버는 것이고 큰 돈을 버는 것도 버는 것인데, 애당초 큰 돈 버는데 심혈을 기울이는 편이 낫다고 생각한다!

마음의 도량이 넓으면 넓은 만큼 큰 힘을 얻게 된다. 불교에는 "끝이 없는 하늘이 비어 있다〔空無邊處天〕.", "끝이 없는 하늘을 알아야 한다〔識無邊處天〕."는 말이 있다. 현묘하고 허망한 말 같지만 이 말이 무슨 뜻인지 알 날이 있을 것이다.

매일 삼자명을 독송할 때 보면 숨을 참는 시간이 너무 긴 것 같다. 사실 나도 그렇게 오래 참지 못하는데 여러분이 어떻게 오래 참을 수 있는가? 반드시 자기도 모르는 사이에 숨을 바꿔 쉬었을 것이다. 중간에 숨을 바꿔 쉬는 것은 잘못된 방법이다. 숨을 들이쉬면 배가 불룩하게 되는데, 그곳에서 멈추고 몇 초간 참았다가 날숨을 쉬면서 발음을 해야 한다. 발음은 오직 날숨을 쉴 때 하는 것이다. 숨을 참을 때 절반 참다가 숨을 바꾸고 다시 참으면 절대 안 된다. 그리고 발음을 하다가 중간쯤 가서 숨을 다시 바꾸고 계속 발음해도 안 된다. 이렇게 독송하면 독송하는 의미를 잃어버린다.

■ **질문** : 스승님! 비록 숨을 바꿔 쉬지는 않았지만, 어떤 때는 숨을 억지로 참아서 괴로울 때가 많습니다.

■ **만행스님** : 억지로 숨을 참으면 안 된다. 사람들은 대체로 10초 정도는 참을 수 있다. 일반인들의 들숨은 흉강까지 들이쉬는데, 수련한 사람은 단전까지 들이쉴 수 있다. 하지만 어떤 사람들은 인후까지밖에 들이쉬지 못한다. 비강에서 인후까지의 거리, 흉강에서 단전까지의 거리를 셈해 보면 거리가 길수록 숨도 길어지고 폐활량도 커지는 것이다. 이를테면 어떤 사람은 단숨에 백 글자를 읽을 수 있고, 어떤 사람은 70자를 읽을 수 있다. 왜 이런 구별이 있는가? 그것은 이 사람의 숨은 비강에서부터 단전까지 길고, 저 사람의 숨은 비강에서 인후까지 혹은 흉강까지로 짧기 때문이다. 인후에 있던 숨을 흉강까지, 흉강에서 단전까지 수련하여 점차적으로 숨을 쉬는 거리가 길어져야 한다. 숨을 쉬는 거리가 길어지면, 대개 일분에 5번 정도 숨을 쉬지만, 나중에는 한 번 정도가 된다. 숨을 쉬는 거리가 길어질수록 조용해지고 혼란하지 않게 된다.

진언을 독송할 때 어떤 사람은 숨이 차서 헐떡거린다. 왜냐 하면 호흡하는 거리가 너무 짧기 때문이다. 숨을 헐떡거릴수록 염두도 빨라진다. 만약 호흡을 천천히 하면서 길어지면 염두도 차츰차츰 늦어지고, 염두가 늦어지다가 나중에는 정지하게 되는데, 정지하게 되면 자연적으로 자연계의 에너지와 만물이 융화되어 하나가 되는 것이다. 하나로 융화되어 통일체가 되었다면 여러분도 이 자연계의 에너지마당에 있는 것이고, 나도 이 자연계의 에너지마당에 있는 것이다. 그러므로 우리들은 통일체라는 것이다.

우리들이 통일체가 되었다면 여러분의 마음씀씀이를 내가 느낄 수 있고, 나의 마음씀씀이를 여러분도 느낄 수 있다. 마치 큰 상의 테두리 한 쪽에 내가 귀를 대고 여러분이 저쪽에서 두드리면 나는 이쪽에서 들을 수 있고, 여러분이 저쪽에서 귀를 대고 있고 내가 이쪽에서 두드리면 여러분은 저쪽에서 소리를 들을 수 있는 것과 같은 이치이다. 하지만 귀를 대지 않으면 상을 두드리는 소리를 들을 수 없다.

우주의 힘은 없는 곳이 없이 어디에나 다 있다. 하지만 우리들의 분별심으로 분리가 된 것이다. 왜 분별을 하게 되는가? 바로 염두를 움직였기 때문이다. 념이 있으면 분별하게 되고, 분별하면 분리가 되고, 분리가 되면 이미 통일체가 아닌 것이다. 분리는 우리들의 생사를 초래하고 윤회를 초래하게 된다. 분별이 없다면 하나의 정체가 될 것인데 정체에는 윤회가 없는 것이다. 왜 마음씀씀이는 윤회를 초래한다고 하는가? 마음씀씀이는 업을 짓기 때문이다. 선업도 업이요, 악업도 업이니 모두 윤회에 떨어지는 것이다.

■**질문** : 스승님! 우리는 진언을 독송하기 전에 이미 좌선을 시작하였고, 또 자신의 기가 이미 움직이고 있음을 느끼는데, 대중들과 함께 진언을 독송해야 합니까?

■ 만행스님 : 이미 좌선에서 상태에 들어갔다면 독송할 필요가 없다. 단지 느슨함만을 유지하면서 기가 하고 싶은 대로 기에게 공간을 주면 되는 것이다. 절대로 '기가 틀리게 가니, 제 길로 이끌어 와야지'라는 생각을 하지 말아야 한다. 신체의 기는 자연적으로 자기의 궤도를 운행하는 것이다. 설사 임맥·독맥을 따라 정확하게 가지 않더라도 틀린 궤도로는 가지 않는다. 왜냐하면 신체의 어떤 부분에 기가 부족하면, 기는 자연적으로 그곳으로 흘러가기 때문이다. 기는 그곳을 보충하고 만족시킨 다음에야 중심궤도로 들어가는 것이다. 억지로 자기의 주관의식으로 기를 여기로 누르고 저기로 누르는 것은 절대적인 착오이다.

의념으로 생리의 힘을 인도하는 방법은 모두 잘못된 방법이다. 이를테면 좌선하는 과정에서 자기의 몸이 한쪽으로 기울어지는 것을 발견하게 된다. 왜 한쪽으로 기울어지는가? 그것은 기울어지는 그쪽이 약하기 때문이다. 하지만 기울어진 쪽의 기를 이끌어 올 필요가 없다. 자세를 단정하게 조절하면 자연적으로 약한 쪽으로 흐르게 된다. 일정하게 흐르다가 약한 곳이 충실하게 되면 자기의 궤도로 자연스럽게 들어가고 몸도 기울어지지 않는다. 몸이 한쪽으로 기울어진다는 것은 기울어지는 그 쪽이 허약하다는 의미이다. 허약한 곳의 기가 충만해지면 중심궤도로 들어가는 것이다. 그러므로 반드시 좌선하는 자세가 단정해야 할 것이다.

옛날 수행자들은 일단 선방에 앉기만 하면, 가슴을 펴고 목을 쑥 빼면서 허리를 쭉 펴고 몇 번 날숨을 쉬면서 바로 선정상태에 들어간다. 하지만 지금 우리들은 겨우 반시간만 앉으면 다리를 폈다 오므렸다, 이쪽저쪽 바꾸면서 몸부림을 치고 있다. 그러므로 아직 여러분은 기본적인 기능공부가 되지 않은 것이다.

■질문 : 스승님! 제가 좌선할 때 배안에서 불이 타오르는 것 같은데, 왜 그럽니까?

■만행스님 : 아주 좋은 일이다. 너의 생리기능이 아주 왕성하고 체내의 양기도 아주 충족해진 것이다. 건강하고 장수할 수 있다는 징조이기도 하고, 입도하였다는 첫 징조라고도 할 수 있다.

10강

우주의 힘은 단 하나 뿐이다

　보병기를 수련할 때 특히 남성들이 기를 아래로 가라앉힐 때면, 쉽게 누단이 되고 에너지가 쉽게 새어 나갈 수 있다. 이런 차원에 이르면 보병기 수련을 그만두어야 한다. 고대 인도교의 사람들은 지면과 떨어진 높은 나무꼭대기에 올라앉아 좌선하곤 하였다. 지면에는 흡인력이 있기 때문에, 높은 나무에 앉으면 신체의 에너지가 쉽게 아래로 내려가서 누실되지 않게 된다.

　우리들은 '단丹'을 둥글고 밝은 빛이라고 말한다. 많은 사람들은 '단丹'을 단단한 실물로 생각하는데 사실은 그렇지 않다. 우리가 말하는 단은 아주 밝고 빛나는 새하얀 빛 덩어리, 달처럼 밝은 빛 덩어리이다. 단이 이런 차원에 도달하면 지면과 떨어진 높은 집의 지붕꼭대기에 올라가 수련하는 것이 좋다. 지면과 멀리 떨어질수록 에너지가 흡인되어 내려가지 않는다. 이 차원을 지나면 에너지가 정수리로 올라가게 되는데, 정수리가 부풀고 귀에는 웅웅 소리가 나며 잇몸도 뻘겋게 부으며 눈도 충혈이 된다. 이럴 때 지붕꼭대기에서 내려와 지면에서 좌선하면, 곧바로 지면의 흡인력에 의해 정수리로 올라갔던 에너지가 아래로 내려오게 되며, ……, 임맥과 독맥의 수련이 이미 끝나게 된다.

두 번째 단계가 되면 에너지가 임맥과 독맥을 경과하지 않고 직접 중맥으로 들어간다. 첫 번째 단계에는 임맥과 독맥에 들어가고, 두 번째 단계에서는 직접 중맥으로 들어가는 것이다. 이것이 바로 선종禪宗이 다른 종파보다 미묘하고 고명한 점이기도 하다. 도가의 수련과 밀종의 수련을 포함한 다른 종파들은 에너지를 수련한 다음에도 임맥과 독맥을 경과해야 하지만, 선종은 임맥과 독맥을 경과하지 않고 직접 중맥으로 가는 것이다. 이렇게 하면 더욱 빠르게 득도할 수 있다.

하지만 직접 중맥에 들어가는 경우에 자칫 문제가 발생하기 쉽다. 선정의 기초가 없고 심리적 자질이 부족한 사람들은, 일단 경계가 나타나면 나쁜 경계라고 생각하면서, 혹은 귀신 도깨비들에게 홀리지 않았는가 하고 의심하며 몹시 두려워하고 겁을 먹는다. 그러므로 항상 강조하지만, 심리가 건강하지 못한 사람, 들어갔다가 나오지 못하는 사람, 자신의 신·구·의를 제어하지 못하는 세 종류의 사람들은 수행을 못하는 것이다.

이 세 종류의 사람들에겐 다리가 끊어지도록 꿇어앉아서 법을 전수해 달라고 빌어도 법을 전수해 주지 못한다. 다만 그들에게 "돌아가서 염불을 많이 하고 향을 올리고 예불하며 독경을 하시오."라고 밖에 할 수 없다. 이런 종류의 사람들에게는 아무리 경건하고, 아무리 절에 돈을 많이 시주한다고 하여도 불법을 말해주지 못한다. 자기의 신·구·의 조차 단속하지 못하고 관리하지 못하며, 자기 신·구·의의 주인도 되지 못하는 사람에게 무슨 불법을 강의할 수 있겠는가? 또한 심리가 건강하지 못하고 심리적 자질이 부족한 사람이 어떻게 불법을 배울 수 있는가? 선정상태에 들어가면 나오지 못하는 의지가 박약한 사람에게 어떻게 불법을 말할 수 있는가? 불법은 큰 기백을 가진 사람, 아량도 대단히 넓은 사람들만 배울 수 있는 것이다.

    수행은 에너지(힘)부터 수련해야 한다. 오직 그렇게 수련한 에너지가 있어야만 배양할 수 있고, 그런 에너지가 없다면 아무리 배양하고 싶어도 안 된다. 그러므로 우선 그런 에너지부터 닦아야 한다. 이런 에너지를 가진 사람을 자비의 방향으로 인도하면 백 근의 자비의 힘이 있게 된다. 일단 자비의 힘이 달성되고 수련하여 성공하게 되면, 오른쪽으로 가면 백 근의 자비의 힘이 되고, 왼쪽으로 가면 여전히 백 근의 마이너스 힘이 된다. 또 자비의 힘이 백 근이 되면 지혜와 용기도 백 근일 것이다. 과거의 조사님들은 누구나 할 것 없이 모두 사람 죽이는 칼과 사람 살리는 칼이 있었도다!

 11강

마음의 창을 열다

- **질문** : 스승님! 음신과 양신에 무슨 구별이 있습니까?
- **만행스님** : 사람의 신식神識은 단지 하나뿐이다. 에너지가 누실되어 정·기·신이 하나로 합일되지 않고 나가면 음신이고, 반대로 정·기·신이 하나로 합일되면 양신이다.

- **질문** : 스승님! 제가 이제 겨우 좌선법을 배우기 시작했습니다. 그런데 좌선하는 시간이 길어지면 다리가 너무 아파서 의식조차 가물해 집니다. 이때의 저의 에너지는 다리로 간 것입니까?
- **만행스님** : 확실히 에너지가 다리로 간 것이다. 마음을 어디에 두면 에너지는 바로 그곳으로 간다. 그래서 밀교에서 관상을 아주 중시하는 것이다. 그들의 관상은 정수리 위의 10cm되는 허공을 관상한다. 다시 말하면 모든 의식을 정수리 위의 10cm 되는 곳에다 두는 것이다. 지금 너의 의식을 정수리 위 10cm에 두었다고 상상

해 보아라. 전신의 에너지가 위로 올랐다는 느낌이 나지 않는가?

■ **질문** : 다리 아픈 것은 어떻게 극복합니까?

■ **만행스님** : 다리의 수련은 도를 닦는 사람들이 가장 기본적으로 돌파해야 하는 공부이다. 옛날의 선당7에서는 이런 말들을 하지 않는다. 선방에 들어섰다면 이미 의식이 수련되었기 때문이다. 의식을 수련하지 못하면 선당에 들어갈 수 없다.

예로부터 절에는 큰 전각이 5곳이 있다. 가장 밖에 있는 천왕전天王殿은 절을 지키는 곳으로 세속의 문신門神과 같다. 세속의 나쁜 것들을 이 문에서 막아 절 안으로 들어가지 못하게 한다. 천왕전에서 들어가면 대웅전이 나온다. 대웅전은 불교의 법칙과 예의를 배우는 곳인데, 약 3년간 대웅전에서 이 모든 것을 다 배운 다음 법당法堂에 들어가 이론이 되는 식견을 배운다. 3년간의 이론공부가 끝나서 식견이 명확해지면 명리전名利殿으로 들어간다. 오직 명리를 버려야만 최후의 큰 전각인 선당禪堂으로 들어갈 수 있다. 이곳을 선불장選佛場이라고도 하고 자재당自在堂이라고도 한다. 대체로 자재당을 들어갔다가 나올 수 있는 사람은 부처나 조사가 되는 것이다.

■ **질문** : 스승님! 그런데 왜 동화사의 산문에는 사천왕을 모시지 않고 '훙哼, 하哈' 두 신장님을 모셨습니까?

---

7 선당禪堂 : 수행승이 좌선하는 집.

■만행스님 : 법을 나타내기 위하여 모신 것이다. 내가 '훙~'하면 너는 '하~'하고 대답하고, 네가 '하~'하면 내가 '훙~'하고 대답해야 한다. 이것을 호응이라고 하는데, '훙'만 있고 '하'가 없거나 '하'만 있고 '훙'이 없다면 법에 맞지 않는다. 법에 맞으면 반드시 서로 호응이 될 것이고, 내가 '훙'할 때 너는 반드시 '하' 하고 응대를 할 것이다. 이래야만 내가 비로소 너에게 법을 말하는 것이다. 나의 물음에 응대도 없고 대답도 유창하지 못하면 법을 말해줄 수 없다.

옛날에 어떤 사람이 허운虛雲 노스님을 찾아와 "노스님께서는 수행을 어떻게 합니까?" 하고 물었다. 노스님은 "돌아가서 경전이나 읽고 예불이나 많이 하시라."고 했다. 여러분이 아는 것처럼 허운 노스님은 평생 선정수련을 하신 분이다. 『허운 노화상전』을 읽어 보면 향은 어떻게 올리고 예불은 어떻게 해야 하는가 하는 말이 한 마디도 없다. 오랫동안 입정상태로 계시고 종일 삼마지에 계시는 허운 노스님께서, 왜 수행을 어떻게 하느냐는 물음에 향을 올리고 예불을 하고 경전을 읽으라고 했겠는가? 만약 그분이 너에게 "한 입에 '왕王' 자를 물라."고 하면, 너는 "수행을 물었더니 왜 한 입에 왕자를 물라고 할까?"하면서 돌아갈 땐 "분명 미친놈이구나." 하면서 욕을 할 것이다.

분명 그 차원이 못된 사람은 호응도 못할 것이고, 불법을 말해주어도 소용이 없으니 돌려보낼 수밖에 없다. 그래서 경문이나 읽고 예불을 많이 하며 선근을 심으면서 다음 생에 받아쓸 수 있도록 준비하라고 한 것이다.

금방 경문을 읽고 예불을 하는 것은 수행이 아닌가하고 물었는데 확실히 그것도 수행이다. 하지만 단지 좌선하고 향을 올리고 경문을 읽고 예불한다고 해서, 생사를 마치고 자기의 신·구·의를 바꿀 수 있는 것은 아니다. 그런 자질을 갖추지 못하고 그 차원에 이르지 못하면 불법을 말할 수 없다. 설사 불법을 말해 준다고 하여도 알아듣지 못한다. 이 역시 초기에는 불법이 왕궁, 귀족, 사대부 계층에서만 전파되고, 사대부이하의 계층은 전파되지 않은 원인이기도 하다. 사대부 이상의 자질을 갖춘 상태에서 불법을 말하면 알아들을 수 있는 것이다.

지금 부처님공부를 하는 사람들 가운데는 문화가 없는 사람들이 대다수이다. 자기가 지켜야 할 본분에서 해야 할 일도 하기 싫어하고 사람노릇도 하지 못하는 사람들이, 어찌 세간에서 가장 어려운 부처의 일을 하고자 하고 홍법하며 부처의 사업을 하겠다고 하는가? 부처의 사업이 겨우 입이나 놀리고 6자 진언을 독송하고 죄를 멸하는 진언을 독송하는 일이겠는가?

- **질문** : 연꽃을 관상할 때 연꽃이 계속해서 핀다고 관상해야 합니까? 아니면 연꽃이 피었다 닫혔다 하는 것을 관상해야 합니까?
- **만행스님** : 연꽃이 피어났다고 한 번만 관상하면 된다. 피었다 닫혔다 하는 놀음을 하지 말라.

■ 질문 : 3자명을 독송할 때 혀를 들어서 상악에 대야 합니까?
■ 만행스님 : 혀를 들어 상악에 붙이기만 하면 된다. 상악을 들어 올릴 필요도 혀를 구부릴 필요도 없다. 만약 혀를 들지 않고 늘어진 채로 진언을 독송하면 효과가 없다. 이 두 방법의 차이는 아주 크므로 실험해보면 알 것이다.

■ 질문 : 의념을 미간의 한 점에 두어야 합니까? 혹은 미간 모두에 두어야 합니까?
■ 만행스님 : 미간의 한 점이다. 두 눈썹 중간 약간 위에 있는 곳, 즉 인당을 말한다.
■ 답변 : 만약 인당에 의념을 둔다면 눈은 앞을 보는 것이 아니라 좀 위로 보아야 되는 것 같습니다.
■ 만행스님 : 앞으로 쭉 내다보는 동시에 연꽃이 피었다고 관상하면 된다. 정문頂門과 미간은 한 관에 달려있는 몇 개의 수도꼭지와 같다. 왜 눈을 올려 뜨고 보지 말라고 하는가? 눈을 올려 뜨면 쉽게 두통이 생긴다. 그래서 앞을 쭉 내다보는 동시에 관상을 겸하라고 하는 것이다.

여기까지 말하고 나니 협산挾山 조사의 옛말이 생각난다. "눈앞에 법이 있는 것은 아니지만, 생각은 눈앞에 두어야 한다〔目前無法 意在目前〕." 지금 눈앞의 이 미간에는 법이 없지만, 의념은 미간에 두어야 한다는 말이다. 협산 조사는 또 이렇게 말씀하셨다. "눈앞이 법도 아니고, 눈과 귀가 갈 수 있는 곳도 아니다.〔不是目前法 非

耳目之所到)"이 말은 육체의 눈과 귀를 말하는 것이 아니라 영체의 눈과 귀를 말하는 것이다.

좀 전에 말한 눈을 올려 뜨고 보는 방법이 있기는 하다. 이 방법을 스승님께서 나에게 전수한 적은 있기는 하지만, 아주 소수의 사람에게만 전수한다. 이 방법으로 수련하면 백일 내에 숫구멍을 열리게 할 수 있다. 이 방법은 밀교에서 7일이면 정수리가 열리고 길상초吉祥草를 꽂는다는 방법이다. 하지만 우리들이 수련할 수 있는 방법이 아니다. 이 방법으로 수련하면 눈은 벌겋게 붓고 코피도 나고 귀에는 웅웅하는 소리가 나면서 머리가 터질듯이 아프게 된다. 심리가 건강하지 못한 사람들은 주화입마가 되었다고 생각할 수 있기 때문에 건강하지 못한 사람은 수련할 수 없다. 심리가 건강한 사람은 이것을 정상적인 반응이라고 생각하고, 공을 들이고 수련해서 백일 안에 정문이 열리는 것이다.

대중들에게 보급하는 방법은 단지 두 눈을 평시하고 앞을 주~욱 내다보게 하는 방법뿐이다. 불교의 밀교는 외삼밀外三密, 중삼밀中三密, 내삼밀內三密로 나눈다. 내삼밀은 심리자질이 특별히 좋은 사람들만이 수련하는 방법이고, 외삼밀은 일반대중들이 수련하는 방법이다.

■ 질문 : 스승님! 정륜이 바로 범혈륜梵穴輪입니까?
■ 만행스님 : 아니다. 정륜은 정수리의 제일 중앙을 말하고, 범혈륜은 머리 정수리 위의 10cm가량 되는 곳의 에너지 장을 말한다. 세속

의 사람들은 "머리 위 3자의 자리에 신명이 있다〔擧頭三尺有神明〕."고 한 그것이다. 이 에너지장의 작용은 무엇인가? 위에 있는 에너지를 육체에 공급하고, 육체의 에너지를 위로 수송하는 중간 정거장이다. 그것은 무형의 밝은 빛으로 된 고리인데 에너지체이다. 범혈륜, 정륜, 미륜眉輪, 후륜喉輪, 심륜心輪, 제륜臍輪, 해저륜海底輪을 인체의 7륜이라고 하는데 『유가사지론瑜伽師地論』에 아주 상세히 소개되어 있다.

- 질문 : 정륜과 백회혈은 같은 개념인가요?
- 만행스님 : 같은 개념이다. 중국의학에서는 백회라고 하는데 불교에서는 정륜이라고 한다. 단지 한 교파의 이론과 방법만 배워서는 안 된다. 인도의 교파들과 도교의 교파 등의 이론들을 포함한 많은 교파의 이론과 방법들을 다 배워야 한다. 배우지 않으면 통달할 수 없다.
- 질문 : 스승님! 정륜은 정수리의 중앙부분을 말하는 것입니까?
- 만행스님 : 정륜의 정확한 위치를 파악하는 방법은 왼쪽 귀에서 오른쪽 귀까지, 그리고 코에서 뒷골까지 십자를 그으면 그 교차점이 바로 정륜이다.

- 질문 : 스승님! 길을 걷거나 일을 할 때도, 의념을 여전히 미간에 놓아도 됩니까?
- 만행스님 : 된다. 사실은 우리들이 어떤 일을 하든지, 이를테면 사람을 만나거나 일을 하거나 문제를 생각하거나 간에 모두 혜안으로

보고 사고하는 것이다. 혜안은 인체의 세 번째 눈이다. 인도의 여성과 유가사瑜伽土의 미간에는 모두 눈을 그렸는데, 이곳이 인체 지혜의 총 중추이고 스위치라는 것을 알려주는 것이다. 수행은 바로 여기서부터 발걸음을 떼는 것이다. 혜안의 아래는 삼계의 안이고 혜안의 위는 삼계의 밖이다. 혜안이 바로 분계선이다.

▪ 질문 : 스승님! 사람의 육체는 하늘 높이 뛰어 오를 수 있습니까? 만약 뛰어 오를 수 있다면 삼계의 안입니까, 아니면 삼계의 밖입니까?

▪ 만행스님 : 불교는 지혜의 원만을 최종의 원만으로 생각한다. 지혜문을 열고 자기의 품질을 완벽하게 하는 것을 중시하고 기능을 개발하는 것을 중시하지 않는다. 반대로 범부들은 기능을 개발하면 할수록 품행이 단정하지 않고 오만해진다. 아울러 기능으로 자기의 아집과 허영심을 만족시키려 한다. 기능이 없는 사람들은 반드시 겸손하고 조심성이 있게 된다. 그러므로 불교의 관점은, 깨달음을 얻지 못한 사람은 기능이 있으면 안 된다는 것이다. 다시 말하면 깨우치지 못한 사람이 신통력이 있으면 안 된다는 말이다. 일단 신통력이 있게 되면 지혜문을 열기도 어렵고 수행에서 성취하기도 어렵다. 생사를 마치기는 더욱 불가능하다.

▪ 질문 : 스승님! 반드시 '옹, 가, 훙'을 독송해야 수행에서 성취할 수 있습니까?

■만행스님 : 수행에서 성취하는 방법은 많고 많지만, 우리들은 기초가 너무 약하기 때문에 부득불 유위법으로 시작할 수밖에 없다. 그 어떤 방법이든 모두 '작의作意'에서 시작한다. 작의를 떠나면 입도할 수 없고 도를 닦을 수도 없다. 성취한 다음에도 작의에 의거해야 한다. 각조란 바로 작의라는 뜻이다. 어떤 방법을 수련하든지 시종 작의를 떠나서는 안 된다. 공을 들이는 전체과정에서 작의를 떠날 수 없으며, 성불하는 그날까지도 작의를 떠날 수 없다. 성불한 다음에도 작의에 의거하는 것이다. 작의를 포기하면 도를 포기하는 것이다. 여기서 말하는 작의란 두뇌의 작의가 아니라 두뇌의 범주를 초월한 것이다.

지금 부처님공부를 하는 사람들은 모두 두뇌의 지혜를 쓴다. 바로 임제조사께서 가실 때 "말법의 중생들은 모두 건혜乾慧를 위주로 한다."고 하신 말씀과 같다. 여기서 '건'이란 두뇌를 뜻한다. 다시 말하면 두뇌의 총명, 두뇌의 지혜를 말하고 대지혜를 말하는 것이 아니다. 지금 사람들은 말은 그럴 듯하게 잘 하지만 일을 하려고 하면 할 줄 모른다. 뿐만 아니라 올바른 말을 하는 사람도 적고, 정지정견으로 말하는 사람은 더더욱 적다.

왜 불교는 '체·상·용體相用, 계·정·혜戒定慧, 식견[見地], 수증修証, 행원行愿'을 강조하는가? 수행자들은 반드시 사회에서 실천을 해야 한다는 말이다. 만약 자기 자신도 받아들일 수 없다면 사람에게도 이익을 줄 수 없으며, 그런 이론은 반드시 실천의 검증받지 못한 이론이 되고 만다.

작의를 가지고 하는 모든 일체는 다 성취할 수 있다. 오로지 의식을 가지고 경각심과 각조의 마음을 가지고 닦으면, 모든 법과 모든 일들을 분명히 성취한다는 말이다. 아니면 도무지 자기가 무슨 말을 하고 있는지 무슨 일을 하고 있는지 모르게 된다. 작의가 없고 각조가 없는 사람들이다.

■**질문** : 스승님! 작의는 각지覺知를 말하는 것이 아닙니까?
■**만행스님** : 정확하게 말한다면 작의는 각조이다. '각覺'이란 각찰覺察이고 각지覺知한다는 뜻이다 '조照'란 보살피고 파악하고 지배한다는 뜻이다. 세상 사람들을 네 가지 종류로 나눈다고 말한 적이 있었다. 최고의 사람들은 각찰도 하고 보살피면서 지배할 수도 있는 사람들이다. 두 번째 사람들은 각찰은 못하지만 보살피고 파악하며 지배할 수 있는 사람이다. 세 번째 사람은 각찰은 할 수 있지만 보살피고 파악하며 지배할 수 없는 사람이다. 네 번째 사람은 각찰도 못하고 파악도 못하며 지배도 할 수 없는 사람이다.

■**질문** : 좌선하면서 연꽃을 관상하라고 스승님께서 말씀하셨는데, 때로는 관상하지 않고 의념을 미간에 두어도 되는지요?
■**만행스님** : 그렇게 하여도 된다. 2선에 들어서면 미간과 정륜이 하나가 된다. 위의 한 조각 아래의 한 조각이라는 것이 없고, 그 사이도 막히지 않는다. 그들은 한 개의 정체整體이다. 두뇌 전체가 사

라지고 녹아버려서 허공과 하나로 된다. 앞을 봐야 되는가, 아니면 위를 관상하는가 하는 문제들이 존재하지 않으며, 이미 그럴 필요도 없는 것이다.

■질문 : 스승님! 유식唯識에서 제6식을 의식이라고 하고, 제7식도 의식이라고 합니다. 의식을 지혜로 바꿀 때 제6식은 묘관찰지妙觀察智, 제7식은 평등성지平等性智로 바뀌게 됩니다. 그러면 우리들이 작의를 할 때 묘관찰지로 작의를 하겠지요?

■만행스님 : 작의에 대하여 부처님은 『능가경楞伽經』에서 대혜大慧의 물음에 아주 명확하게 설명하여 주셨다. 작의는 이미 우리의 두뇌를 떠났다. 두뇌의 작용도 아니고 아집도 아니다. 하지만 처음 시작할 때는 두뇌를 사용하고 두뇌가 작용하게 되는 것이다. 만약 두뇌로 모든 주의력을 집중한다면, 그것도 역시 심령을 집중하는 방법이기도 하다. 두뇌로 집중한 다음 천천히 의식으로 바꾸면 되는 것이다. 의식이 일정한 상태에 들어가게 되면 마음의 의식을 버리게 되고, '자성自性의 혜광慧光'이 생기게 된다. 혜광은 우리들 진심眞心의 현현이요, 진의眞意의 현현이니 비로소 진의가 작용하기 시작하는 것이다.

이 과정은 마치 조잡하고 거친 물질들을 반복적으로 제련하면 할수록 정밀해지는 것과 같다. 정화된 물질도 처음에는 조잡하고 거친데서 부터 오는 것이다. 그러므로 최후에는 무위의 작의에 이르게 되고, 일종의 자연적 본능이 된다. 이를테면 나뭇잎이 눈앞을 지나거나 손을 눈앞에서 흔들게 되면, 사람들은 두뇌를 거치지 않고 저도 모르는 사이에 눈을 깜빡이는 것과 같은 이치이다. 하지만 어떤 사람들은 돌멩이가 날아와도, 주먹을 눈앞에서 흔들어도 멍청이처럼 움직일 줄 모르고, 의식을 닫아버려서 두뇌를 텅 비게 하면서 일종 완공頑空의 상태로 만드는 것이다. 이런 사람들을 어떻게 해야 하는가? 매를 얻어맞아야 한다. 이런 사람들은 각조가 없는 사람들이다. 이런 사람들은 진짜 '멈추어(止)' 있기만 하고 '관'을 못하는 사람들이다. 천태종은 지관止觀을 강조한다. 관을 못하면 혜慧도 없다. 지止는 정定이고 관觀은 혜慧이다.

- 질문 : 스승님! '5편행遍行'이란 무엇입니까?
- 만행스님 : 촉觸, 작의作意, 수受, 상想, 사思를 말한다. 사실상 5편행은 전체적인 수행과정을 모두 관통하는 말이다. 여기서 말하는 '촉'이란 실제적인 신체의 접촉을 말하는 것이 아니라 심령의 감촉을 말한다. 수행자가 일단 선당에 앉으면 선당에 앉은 사람들의 에너지 자장과 분위기를 감지할 수 있어야하고, 사람들의 기심동념을 감지할 수 있어야 한다. 만약 그렇지 못하다면 아직까지 상태에 들어서지 못한 것이다.

문자 기록을 맡은 사람은 내 말을 이해하고 내 생각을 이해해야 한다. 기록이 정확해야한다. 그렇지 않으면 터럭 하나의 작은 차이가 천리나 멀어지게 된다. 나는 문자에 대해 매우 중요하고 신중하게 생각한다. "문자는 천 년에 영향을 미치는 일이므로, 그 옳고 그름을 잘 알아야 된다[文章千古事 得失寸心知]." 이 말은 옛 선인의 말이다. 지금의 말로 하면 "흰 종이에 검은 색 글자가 천년을 간다〔白紙黑字 一千年〕." 농담이 아니다.

왜 불경에서 어떤 것은 더 설명할 수가 없는가? 우리는 그 정도밖에 설명할 수 없기 때문이다. 더 이상 해석하면 그 의미가 중심에서 벗어날 수 있다. 의미가 변질될 수 있는 것이다. 그래서 더 이상 해석하면 안 된다. 예를 들어 "삼먁삼보리三藐三菩提!" 이 말을 설명할 방법이 있는가?

■답: 무상정등정각입니다.

만행스님: 삼먁삼보리를 무상정등정각이라고 했다. 이것을 어떻게 해석하는가? 해석하는 사람이나 듣는 사람이나 반드시 차원이 같아야만 서로 이해할 수 있다. 같은 차원이라면 눈빛 하나면 서로 통하지만, 차원이 낮으면 해석할 수도 없고 해석할수록 편차가 생긴다. 이를테면 어떤 사람이 내가 자기를 한번 쳐다봤다고 자기를 좋아한다고 생각한다.(대중들 웃음) 사실 나는 속으로 '에끼 미련한 놈아'하고 욕을 하는데 그것도 모르는 것이다.(대중들은 웃음) 차원이 다르니 방법이 없는 것이다.

부처님께서 성도하신 다음 대승경계大乘境界에 대해 말씀하셨다(『화엄경』에 있다). 알아듣지 못하는 사람들이 대부분 가버리고 부처님은 외톨이가 될 지경에 이르게 되었다. 그래서 『아함경阿含經』을 말씀하신 것이다. 다시 말하면 소승의 사상, 즉 소승의 세상 살아가는 방식과 방법, 그리고 어떻게 사람노릇을 하는가 하는

· 539

관점들을 말씀하셨다. 그러자 듣는 청중들이 점점 많아졌다. 그 다음 부처님은 무엇을 말씀하셨는가?

- **답변** : 『방등方等』입니다.
- **만행스님** : 드디어 부처님은 여민동락與民同樂을 하셨다! 우리들도 진짜 즐거워 웃었다. 하지만 부처님은 울기 시작했다. 다행히 부처님께서 일생동안 하신 설법이 많았기에, 어떤 차원의 사람일지라도 모두 자기와 대응할 내용을 찾을 수 있는 것이다. 나름대로 '어진 사람은 그것을 어질다고 보고, 지혜로운 사람은 그것을 지혜로운 것'이라고 보는 것이다.

12강

깨닫기 전과 깨달은 후

■질문 : 스승님! 수행하려면 반드시 좌선을 해야 합니까? 하지 않으면 안 됩니까? 좌선은 수행의 기본적인 절차입니까?

■만행스님 : 좌선이라는 것은 단지 수행의 한 가지 방법에 불과하다. 전체적인 수행과정에서 아주 적은 일부분이다. 만약 선택한 방법이 심리상태에 맞지 않고 마음공부에 시간과 정력을 기울일 수 없다면, 명심견성明心見性이 어려울 뿐만 아니라 생사를 마치고 성불한다는 것도 어렵다. 지금 많은 사람들이 선택한 '수행방법'은 대체로 신체수련에만 공을 들이고 마음공부에 대해서는 배우지 않는다. 사람과 사람 사이, 사람과 부처 사이의 가장 근본적인 구별이 바로 사상과 심리의 구별이다. 우리가 '경계'라고 하는 것은 사상경계와 심리상태를 두고 하는 말이다. 심리상태를 바꾸고 사상을 제고시키려면 좌선만 해서는 성과를 거두기 어렵다. 사람을 접촉하고 일을 해야 우리들의 마음을 평상심으로 단련할 수 있

다.

■ 질문 : 스승님 몸과 마음을 동시에 수련하면 더욱 좋지 않을까요?
■ 만행스님 : 수행의 어느 단계에 가서는 몸과 마음이 하나로 된다. 이 때에는 어느 것이 심리이고 어느 것이 생리인지 구별할 수 없으며 또 갈라놓아서도 안 된다. 그들은 원래부터 하나인 것이다. 하지만 사람들의 근기根器가 다르기 때문에 어떤 사람들은 심리로부터 시작하고 어떤 사람들은 생리로부터 시작하게 된다. 입문한 뒤부터는 몸과 마음이 하나이므로 갈라놓을 수 없음을 알게 될 것이다.

■ 질문 : 스승님! 요가를 배우는 어떤 사람의 나이가 60이 넘었는데도 20여 세로 보입니다. 어떻게 수련하면 그렇게 됩니까?
■ 만행스님 : 마음을 청결히 하고 욕망을 줄여야 한다. 수련을 시작하면 식습관부터 고치고 그 다음은 기맥氣脈을 바꿔야 한다. 이 두 가지 기초가 형성되면 대자연과 하나로 융합될 수 있다. 불교에서 말하는 '만물과 일체'가 되는 것이다. 이렇게 되면 우리들의 생명이나 체질도 우리들의 기심동념에 따라 바뀌는 것이다. 우리들은 아직 우주의 힘을 얻지 못했기 때문에 체질을 바꾸는 것이 아주 어렵다. 그러므로 우주의 힘부터 얻어야 한다. 우주의 힘을 얻어야 체질을 바꿀 수 있고 질적인 변화를 가져올 수 있는 것이다.

■ 질문 : 스승님! 인류는 진화했습니까? 아니면 퇴화되었습니까?

■ 만행스님 : 시기와 상관없이 어떤 사람은 진화하고 어떤 사람은 퇴화한다. 똑같은 환경에서도 역시 그러하다.

■ 질문 : 스승님! 6자진언은 여성들에게도 적합한가요?

■ 만행스님 : 똑같이 적합하다. 인체 내의 에너지를 깨우는 방법은 보병기寶瓶氣와 졸화정拙火定에 의거하는데, 매일 저녁 우리들이 독송하는 6자진언과 3자명은 바로 이런 작용을 한다. 매 한 글자마다 한 번씩 멈추게 하는 이유가 무엇인가? 생리에너지를 불러 깨우고 기맥을 소통시키기 위한 것이다. 생리의 기맥이 소통되어야 자연계의 에너지와 하나로 융합될 수 있는 것이다. 사람들은 누워서 휴식한다. 누워 있으면 몸과 마음이 최대한으로 느슨해지고, 느슨한 상태가 되어야 자연계의 힘이 사람 몸에 들어올 수 있는 것이다. 다시 말하면 느슨한 상태가 되어야 심신을 열어 놓을 수 있고, 자연계의 힘이 인체 안으로 들어올 수 있으며, 인체가 충전되면서 휴식을 잘할 수 있는 것이다.

대부분의 사람들이 밤에 몸은 휴식하더라도 두뇌는 활동을 정지하지 않고 밤새 꿈을 꾼다. 만약 이런 사람들이 선정禪定공부를 배울 수 있다면, 생리적으로 휴식할 수 있을 뿐만 아니라 심리도 휴식할 수 있을 것이다. 심신이 동시에 휴식해야 융합되어 일체가 되는 것이다. 대체로 심신이 융합하여 일체가 되면 어떤 효과가 나타난다. 신심이 자동으로 열리면서 외계의 힘이 들어온다든가, 아니면 자기가 다른 사람의 공간으로 들어가 융합한다든가

한다.

사바세계의 중생들은 언어로 서로 교류한다. 사람들이 소통할 때 서로 마주보고 상대방을 향해 말해야만 들을 수 있다. 어떻게 들을 수 있는가? 사람의 귀가 열려있기 때문이다. 너의 귀도 열렸고 나의 귀도 열렸기 때문이다. 그러므로 내가 당신의 공간으로 들어갈 수 있고 당신도 나의 공간으로 들어올 수 있는 것이다. 이것을 일컬어 소통이라고 한다. 만약 양쪽 다 비교적 높은 차원에 이르렀다면, 그들의 심신이 모두 열려져 있어 서로의 심신세계로 들어올 수 있는 것이다. 피차간 모두 이렇게 할 수 있다면, 우주와 대자연의 힘은 자연히 우리들의 심신세계로 들어올 수 있는 것이다.

사람들은 몸에 병이 생기면 보통 약물치료부터 한다. 이것도 도움이 되는 방법이라고 할 수 있다. 어떤 경우는 쾌적한 환경을 찾아서 편안히 누워서 휴식을 취하는 방법을 쓸 때도 많다. 심신이 완전히 느슨한 상태가 될 때, 먹는 약도 체내에 침투될 수 있고 우주의 에너지도 체내에 들어올 수 있는 것이다. 우주의 에너지를 얻었을 때 약물치료를 병행하면 좋은 효과를 얻을 수 있다.

- **질문** : 스승님께서 우리들에게 이렇게 말씀하셨습니다. "일을 하는 가운데서 수행하고, 수행하는 가운데서 일을 하라." 이 말씀을 어떻게 이해하면 됩니까?
- **만행스님** : 직업에 관계없이 그 직업의 규칙을 준수하는 것이 바로

수행이다. 무엇을 도라고 하는가? 각 직업의 규칙이 도이다. '도를 닦는다'는 것은 '규칙에 적응하고 규칙과 하나로 융합함'을 말한다. 규칙에 적응하고 융합한다면 곧바로 도와 하나로 융합하는 것이다.

■질문 : 스승님! 욕망은 우리들에게 어떤 영향을 일으킵니까? 우리들은 어떻게 자기의 욕망을 제어할 수 있습니까?
■만행스님 : 욕망을 정확하게 인도한다면 자기뿐 아니라 타인에게도 좋은 작용을 할 수 있고 적극적인 작용을 할 수 있다. 만약 잘못 인도하고 또 그것을 시시각각으로 관조觀照하지 않는다면 사람도 해치고 자기도 해치게 된다.

■질문 : 스승님! 깨달음을 얻지 못한 사람은 진정한 보리심을 발할 수 없다고 하는데 맞는 말입니까?
■만행스님 : 맞는 말이다. 하지만 우리들이 깨닫지 못했기 때문에 보리심을 발해야 하고, 무명이기 때문에 보리심을 발해야 한다. 석가모니 부처님은, 우리들의 이러한 것들이 모두 착한 근성의 발견이고 착한 근성의 나타남이라고 고무하여 주셨다. 비록 우리들이 발심한 마음이 무명 때문에 밝지 못하지만, 이런 일념이 있었기 때문에 석가모니 부처님께서는 우리들에게 복보와 공덕을 주셨고 우리들을 인정하여 주셨다.

■ 질문 : 스승님! 성공과 실패를 어떻게 이해하면 됩니까?

■ 만행스님 : 두 가지 면에서 성공과 실패를 봐야한다. 하나는 유형有形이고 다른 하나는 무형无形이다. 유형의 측면에서 본다면 원만하고 훌륭한 결과를 성공이라고 한다. 그렇지만 무형의 측면에서 본다면 한 가지 일을 통해서 마음이 변화하면서 자질이 제고되고 내재의 사상경계가 올라가며, 인생관·가치관과 세계관이 결정되고, 방향과 목표가 명확하면서 앞으로 성공할 수 있는 기초를 닦은 것을 성공이라고 할 수 있다. 뿐만 아니라 이런 성공의 가치는 측량할 수 없는 것이다.

■ 질문 : 스승님! 무형은 직접적으로 유형을 지도할 수 있습니까?

■ 만행스님 : 무형과 유형은 본래 하나이다. 그들은 구석구석에 골고루 분포되어 있고 세간과 출세간이란 차별이 없다. 다만 우리들이 그것을 이해하고 쉽게 얻기 위하여 세간과 출세간으로 나누고, 유형과 무형으로 갈라놓은 것이다. 지혜의 눈이 열리지 않은 경우에는 단지 유형의 방면으로만 손을 쓰게 된다. 하지만 어느 단계에 이르면 반드시 무형의 방면에서 손을 써야한다. 아울러 일단 무형의 영역으로 들어가면 유형세계서 사용할 수 있는 기능을 터득할 수 있는 것이다. 이렇기 때문에 우리들은 언제나 유형에서 나와 무형으로 들어가고 무형에서 나와 유형으로 들어가는 것이다. 이렇게 유형과 무형의 세계를 들락날락하는 것이다.

■ 질문 : 스승님! 유가儒家의 관점으로 보면 오직 갖고 있는 것[擁有]이 있어야만 비로소 내려놓을 수 있다고 합니다. 이 문제를 어떻게 봐야 합니까?

■ 만행스님 : 사람은 3가지 등급으로 나눈다. 상등인은 태어날 때부터 세상사를 달관하고 초연히 내려놓을 수 있다. 중등인은 반드시 대가를 치르고 손해를 보고, 속임수에 넘어가 보고 곤두박질을 해봐야만 비로소 간파하고 내려놓을 수 있다. 하등인은 그 어떤 손해를 봐도, 큰 속임수에 넘어가도, 말할 수 없는 곤두박질을 하여도, 엄청난 대가를 치러도, 영원히 그것을 간파하지 못하고 내려놓지 못한다. 이런 사람들은 제도할 방법이 없다. 오직 무량겁無量劫이 지나야만 선근善根이 싹트고 혜근慧根이 깨어나서, 밖으로부터 안으로 그리고 다시 안으로부터 밖으로 서로 볼 수 있으며, 차츰차츰 이치를 알게 되고 내려놓을 수 있는 것이다.

■ 질문 : 유가에서는 "사람의 성품은 본래는 선하다[人之初性 本善]"고 하고 기독교에서는 "인간의 성품은 악하다[人性是惡]"고 합니다. 불문에서는 인간성을 어떻게 평론합니까?

■ 만행스님 : 인간성 본신은 선과 악을 나누지 않는다. 아뢰야식에 저장된 것을 풀어서 사용할 정보를 결정할 뿐, 그 본신은 속성이 없다. 하지만 무량겁 이래로 물든, 다시 말하면 받은 정보들에는 선도 있고 악도 있는 것이다. 불교의 관점에서 본다면 중생들이 선과 악을 대면할 때, 그들을 선한 방면으로 인도하면 선한 향기

를 풍길 것이고, 악한 방향으로 인도하면 악취를 풍기게 되는 것이다. 불교에서 말하는 팔식심전이라는 것은 그릇과 같고 창고와도 같다. 좋은 것도 담고 나쁜 것도 담는 것이다.

- **질문** : 스승님! 무엇이 공空이고 무엇이 유有입니까? 우리는 어떻게 공과 유를 상대해야 합니까?
- **만행스님** : 불교에서는 심법을 말한다. 객관적으로 존재하고 있는 사물에 대하여 집착하지 않는다면 그것이 너에게는 공이고, 그것에 집착한다면 너에게는 존재가 되는 것이다.

불교는 만사만물과 대항하는 방법을 사용하는 것이 아니라, 바꾸는 방법을 사용하거나 공무空無의 방식을 사용한다. 바꾼다는 것은 그것을 인도하고 전변시킨다는 것이고, 공무라는 것은 그것에 집착하지 않는다는 것이다.

공과 유의 개념은 모두 우리들의 지혜로 운용하는 것이다. 어떤 사람은 공유를 일종의 득실得失이라고 생각하지만, 이것은 아주 단편적인 생각이다. 공유는 일종의 초월이다. 오직 묘용으로 쓰일 때만 무엇이 공이고 무엇이 유라는 것을 느낄 수 있다. 공의 힘은 유의 힘보다 더 크다. 공은 체이고 유는 상相이다. 공과 유가 합하여 하나가 되어야 비로소 묘용이 생기는 것이다.

부처님공부를 하는 사람들은 늘 공을 논한다. 이것은 당신들 몸에 문제가 발생하지 않았음을 뜻한다. 일단 당신들 몸에 문제가 발생하면 비우고 싶어도 비울 수 없고, 유有를 하려고 해도 할 수 없다. 만약 정확하게 공과 유를 대한다면 바로 진실한 기능공부인 것이다. 일단 내려놓으면 유有가 오게 된다. 유에 집착하지 않는다면 바로 공으로 된다.

■**질문** : 지금 사람들이 모두 부처님공부를 한다는데, 도대체 부처의 무엇을 배워야 합니까?

■**만행스님** : 왜 네가 부처님공부를 하고 또 어떻게 부처님을 이해하는지 모르겠지만, 부처님공부를 하는 사람들의 동기와 느낌은 각기 다르다. 마치 출가한 사람들이 출가한 인연도 다르고 출가한 목적도 다른 것과 같다. 대다수 부처님공부를 하는 목적은 도를 깨우치고 지혜문을 열고 생사를 끝내기 위한 것이다. 하지만 이것도 단지 구호를 외치는 격이라 망상에 불과하다.

어떻게 부처님공부가 범부凡夫들의 할 일인가? 범부는 범부의 본성을 초월할 수 없다. 만약 범부가 성인이 되자면 반드시 범부의 본성을 버려야만 성인의 품질을 얻을 수 있고 성인의 품질로서 일을 할 수 있다. 하지만 많은 사람들이 부처를 믿고 부처님공부를 한다고 하지만, 그들의 사상이나 행위를 보면 여전히 범부의 사상이고 범부의 행위인 것이다. 이렇게 나아간다면 어떻게 성현이 되겠는가?

불법은 원래부터 중생을 도와 지혜문을 열고 해탈하여 생사를 끝내는 것이다. 하지만 대다수 사람들은 부처님공부를 하지 않을 때는 그래도 편하게 지냈는데, 부처님공부를 하면서부터 스스로 자신의 손발을 묶어놓고 사는 것을 불편하고 힘들어 한다. 만약 이런 상황이라면, 불법에 대한 이해가 절대적으로 부족한 것이다. 만약 네가 진정한 불법을 접촉했다면 지금 곧 지혜문이 열리고 받아서 쓸 수 있을 것이다.

■질문 : 스승님! 근기가 부족한 사람들이 부처님공부를 할 수 없는 이유가 무엇입니까?

■만행스님 : 불법에 대한 인식은 사람의 근기와 관계 된다. 근기가 부족한 사람은 무엇이 불법인지 모르기 때문에 불법을 배우지 못한다. 이런 사람은 자기가 인식하는 '불법'이 있기 때문에, 그에게 진정한 불법을 알려주면 알아듣지 못 할 뿐만 아니라 받아들이지도 않는 것이다.

■질문 : 하지만 육조 혜능대사께서는 "중생은 모두 불성이 있고 모두 다 성불할 수 있다."고 하셨습니다. 그러면 이것을 어떻게 해석해야 합니까?

■만행스님 : 중생은 모두 불성이 있고 모두 성불할 수 있다. 나도 이 말을 하며, 또 이 관점에 대해 찬성한다.

■질문 : 하지만 스승님께서는 좀 전에 근기가 부족한 사람은 불법을 배울 수 없다고 말씀하셨습니다. 이 문제를 어떻게 이해해야 합니까? 불학의 이념으로 말한다면 마땅히 분별심이 없어야하고, 모두 평등각平等覺이 되지 않습니까?

■만행스님 : 너의 말이 정말로 맞다.

■ 질문 : 육조께서 말씀하시기를 중생은 평등하고 상하를 구분하면 안 된다고 하셨습니다. 이에 대하여 법문하여 주십시오.

■ 만행스님 : 이 말은 육조께서 57세 때 하신 말씀이다. 육조는 29세 때 법을 구하러 호북의 황매로 찾아갔지만, 그의 사상은 57세 때 형성되었다. 57세 때 육조께서 말씀하시기를 "본래부터 청정淸淨하고 본래부터 구족具足하며 본래부터 원만圓滿한 것이다."라고 하셨다. 30세 때의 육조는 아직도 도를 닦는 시절이다. 그 때의 육조는 매일 좌선도 해야 했고 고기반찬도 먹어야 했다. 하지만 57세 때의 육조의 논조는 완전히 바뀌었다. "수련을 할 것도 없고 증명을 할 것도 없으며, 모든 것은 이미 그대로 있으며 원만하므로 가져다 사용만 하면 된다."고 하셨다. 지금 이 자리에 앉은 여러분의 논조도 "본래부터 청정하고 본래부터 구족하며 본래부터 원만하고 본래부터 평등하여 수련할 것도 없고 증명할 것도 없다."고 할 것이다. 하지만 지금의 우리들을 볼 때, 모든 것이 다 구족되고 원만하며 모든 것이 다 청정하고 평등한가? 가져다 그냥 그대로 사용할 수 있는가?

만약 불교가 평등하다면 어떻게 법신法身과 보신報身 화신불化身佛이라는 것이 있고, 십지十地보살, 사과四果나한, 성문聲聞, 연각緣覺 등으로 나누었겠는가? 대승도 없고 소승도 없을 것이다. 불교는 단계를 나누고, 차원을 많이 말하며 등급을 나누었다.

하지만 사람들의 인격은 평등하다. 백성들의 인격이나 부처님의 인격이나 리더들의 인격이 모두 평등하다. 다만 사람마다 자질과 품질, 가치가 다를 뿐이다. 석가모니 부처님이 죽은 것을 '열반涅槃'했다고 하고, 조사祖師들이 죽으면 '원적圓寂'했다고 하며, 보통 스님이 죽으면 '왕생往生'했다고 한다. 황제가 죽으면 '붕어崩御'라고 하는데, 백성들이 죽으면 어떻게 '붕어'라 하고 '원적'했다고 할 수 있는가? 이것을 평등하다고 말할 수 있는가? 이런 현상 자체가 평등한 것이다. 이런 현상이 없다면 그것은 불평등한 것이다.

■ 질문 : 선종에서 "내무염두內无念頭, 외무상外无相, 무념无念, 무주无住,…"라고 말하지 않았습니까?

■ 만행스님 : 너는 가서 머무르는 바 없는 체험을 해보며, 『육조단경』을 많이 독송하여라! 뿐만 아니라 깨달은 사람들의 경전을 많이 읽고 많이 암송해야 한다! 지금 부처님공부를 하는 사람들은 득도한 사람들이 득도하기 전의 수행과정은 읽지 않고, 단지 도를 깨달은 다음에 한 말만 기억하고 구두선으로 외우면서 입에 달고 다닌다. 그들은 조사님들께서 어떻게 결점과 습성들을 바꾸고, 자신의 자질을 제고하면서 심리상태를 단정히 했는가 하는 것은 보지 않는다. 단지 도를 깨달은 후 진리를 묘사한 말만 유창하게 암송하고 구두선으로 한다. 지금 이런 사람과 이런 현상들이 상당히 많다. 조사 대덕님들이 도를 깨달고 원만한 결과를 성취할 수 있는 원인은, 바로 그분들이 수 없이 많은 노력과 대가를 지불했기 때문이다.

불법은 반드시 실증實證해야 한다. 반드시 몸소 받아들이고 깨달아야 한다. 마땅히 옛사람들의 말씀으로 우리들의 수행을 지도하고 수행경계를 검증해야 할 것이다. 임제종臨濟宗 조사께서 이렇게 말씀했다. "말법末法시대의 중생들은 모두 건혜乾慧이다." '건혜'란 무엇인가? 두뇌의 지혜를 말한다. 건혜가 많기 때문에 우리들을 방해해서 도와 상응하지 못하게 한다. 우리들이 배운 것들은 모두 논리적인 사유이고 두뇌의 범주이며 두뇌의 작품이다. 그러므로 잠깐 동안도 두뇌를 닫고 심령으로 문제를 보고 배우면서 불법을 체험할 수 없는 것이다.

도를 깨우친 조사님들은 깨닫기 전과 깨달은 후에 하시는 말씀이 분명히 다르다. 어느 한 조사님은 깨닫기 전에는 진종일 감탄만 하고 아주 조심스럽게 단 한마디 말만 했다고 한다. "시주님들이 공양한 곡식 한 알은 마치 수미산과도 같으니, 이생에 도를 닦아 성공하지 못한다면 다음 생에는 소와 말이 되어서 갚을 것이다."라고!

30세 이후 도를 깨우친 그분은 이런 말을 다시는 하지 않았다. 그 때의 도반들과 신도들이 "여보게 노행자님, 이제는 왜 시주님께서 공양한 곡식 한 알은 수미산과 같으니, 이생에 도를 닦아 성공하지 않으면 다음 생에 소와 말이 되어서 갚을 것이라는 말을 하지 않는가요?"라고 물었다. 그분께서는 "닥치게! 이 중은 참선만 하여도 만 짐 되는 곡식도 다 소화 시킨다네!"라고 하셨다. 오늘날 소위 부처님공부를 한다는 사람들은 단지 "이 중은 참선만 하여도 만 짐 되는 곡식을 다 소화 시킨다."는 말만 기억하고, 그분이 도를 깨우치기 전에 했던 말은 생각하지 않는 것이다!

- 질문 : 그렇다면 이런 사람들은 어떻게 해야 합니까?
- 만행스님 : 지혜로 그들을 '죽여라'. 불교에는 '살인도殺人刀'라는 것과 '활인검活人劍'이라는 것이 있다. 불교의 수법으로 그들을 하나도 남기지 말고 모두 죽여 버려야 한다. 그들을 죽여 버리면 공덕도 쌓고 감옥 갈 근심도 없노라! 석가모니 부처님은 바로 '살인의 고수'다. 석가모니 부처님은 석가모니 부처님이시다! 일찍 우리들에게 묘한 대책을 알려 주었노라! 아시는가?
- 질문 : 도살용 칼을 버리고 그 즉시로 성불하라〔放下屠刀 立地成佛〕. (스승도 웃고 대중들도 웃는다.)
- 질문 : 묵빈默擯(소리 없이 처리해 버린다)!
- 만행스님 : 아주 맞는 말이다. 이것이 바로 '살인도' '활인검'이라는 것이다! 너는 부처님공부를 할 자격이 있도다.

13강

내려놓으면 바로 득도한다

- **질문** : 스승님! 어떻게 하면 수행자들이 독립적인 개체를 유지하고 또 만물과 통일체가 될 수 있습니까?
- **만행스님** : 우선 자기의 독립적인 에너지마당〔能量場〕이 있어야 한다. 자기의 독립적인 에너지마당이 있게 되면 자연적으로 상대와 하나로 융합할 수 있는 방법도 알게 된다. 오직 서로 하나로 융합되어야 상대의 신·심·령과 교류할 수 있고, 나아가 상대의 업장을 대신하여 담당할 수 있다. 사실상 그들은 상호관계이다. 상대와 어떻게 융합하여 하나로 될 수 있는가 하는 방법을 장악한다면, 어떻게 자기의 독립적인 개체를 유지할 수 있는가 하는 방법도 장악할 수 있다.

깊은 선정에 있는 수행자는 날마다 우주만물과 하나로 융합되어 있지만, 동시에 그들은 자기의 독립적인 개체를 유지한다. 그들은 반드시 중생을 이해해야 하기 때문에 반드시 중생들과 하나로 융합되어야 한다. 그러나 범부들은 항상 두 가지 극단에 있게 된다. 만약 '만물과 하나'가 되면 때때로 자기의 경각심을 유지하지 못하고 자기의 개체마저 잃어버린다. 아니면 경각심은 있지만, 만물과 분리되고 만물의 호흡을 감지하지 못한다. 통일체이면서 동시에 개체가 되는 상황은 이론이 아니라 기능이며, 사상경계가 아니라 신·심·령이 받아들이는 느낌인 것이다.

세상에는 두 가지 종류의 사람들이 있다. 하나는 쉽게 자기와 혈통관계가 있는 사람과 감응한다. 이를테면 혈통관계가 있는 사람을 위하여 기도하면 그들은 아주 쉽게 효과를 본다. 효과의 정도는 기도하는 사람의 염력念力의 강약에 따라 결정된다. 이런 작용은 '아집'의 힘에 의하여 달성하게 된다. 만약 이런 아집을 억지로 정력定力이라고 한다면, 그것은 아집의 정력이다. 하지만 이것도 입도하는 과정이다.

또 한 종류의 사람들은 태어날 때부터 '아집'이라는 장벽이 없다. 그의 마음은 항상 열려져 있으며, 수시로 외계만물의 정보를 받아들일 수 있다. 이런 사람의 아집은 아주 가벼워서 신·심·령의 힘이 아집에 의해 가려지지 않는다. 상대방과 혈통관계가 없더라도 수시로 상대방의 자기장에 들어갈 수 있고, 상대방으로 하여금 이익을 보게 한다. 상대방의 아집이 작으면 작을수록 이익을 받는 정도도 큰 것이다. 아집이 크면 이익을 적게 보거나, 근본적으로 그 사람의 에너지장의 정보를 받지 못한다.

이 아집이라는 껍데기는 자기의 신·심·령이 우주의 그 어떤 힘에 의해 손상받지 않도록 보호도 하지만, 동시에 만물과 통일체로 되는 과정의 장애도 될 수 있다. 때문에 수행자들이 일정한 수행 단계에 이르면, 반드시 만물과 통일체가 되는 동시에 자기의 독립적인 개체를 보존해야 한다. 일단 이 단계를 지나면 어느 때든지 만물과 통일체가 되는 동시에 자기의 독립적인 개체를 유지하게 된다. 바로 우리들이 말하는 '무연대비無緣大慈, 동체대비同體大悲'라는 것이다. 동시에 개인적인 독조獨照도 있게 된다.

이전에는 각조라고 했는데 오늘 처음 '독조獨照'라고 말했다. 사실상 '각조'는 독립적인 각 존재가 만사만물을 비추는 것을 말한다. 수행자는 각조가 있고 독립적인 힘이 있기 때문에, 만사만물이 수행자의 에너지 장에 들어가면 금방 느낄 수 있는 것이다.

민감한 사람은 일상생활에서 상대방의 기심동념을 60% 이상 감지할 수 있다. 이것은 선천에서 가지고 온 것이다. 그들의 영민함과 경각심과 집중력은 아주 특별하기 때문에, 그 어떤 일에 부딪쳐도 정보를 포착하는 능력이 강하고 많다. 하지만 이들은 나쁜 방면으로 생각하기를 좋아한다.

영민하지 못한 사람들의 느낌은 비교적 둔하다. 하지만 그들은 항상 좋게만 생각하고 그 어떤 일이라도 모두 아름답다고 여긴다. 이런 사람들은 경계심이 없다.

조화造化가 만물을 창조할 때, 사람의 좋은 점은 단점으로 설정하고 단점을 좋은 점으로 설정했다. 때문에 영민도가 낮거나 느낌이 둔한 사람들이 감당하는 힘은 비교적 강하다. 하지만 민감한 사람들은 시시각각으로 사면팔방에서 들어오는 정보를 포착하고 받아들이기 때문에 그들이 감당하는 힘은 비교적 약하다.

언제든지 우리들의 신심이 느슨하여 주위 사람들의 자장을 느낄 수 있고, 또 그 자장에서 방출하는 것들을 느끼고 포착할 수 있다면, 주위에 있는 화초나 수목들의 자장도 느끼고 포착해 보며 아울러 그들과 교류해 보아야 한다. 심지어 동물들의 자장도 느껴보고 포착해 보며 교류해 보아야 한다. 그들과 진정하게 교류할 수 있다면, 개인의 심령의 자기장이 이미 세워졌다는 것을 의미한다. 개인의 심령의 자기장이 세워졌다면, 사람들을 위해 기복祈福도 할 수 있고 가피도 해줄 수 있다. 우리들은 자신이 힘이 있어야만 비로소 그 힘을 마음대로 지배할 수 있다. 아니면 형식이나 겉모양에 지나지 않거나, 마음은 있으나 힘이 없는 사람이 되는 것이다. "이 사람은 도심은 있으나 도력이 없다."는 말은 바로 이런 것을 두고 하는 말이다.

신심(몸과 마음)이 청정한 사람은 방출하는 염두念頭의 침투력도 강하다. 만약 상대방의 신심도 청정하다면 보내는 정보를 감수할 수 있다. 아니면 정보를 보낼 수 없거나 정보를 받을 방법이 없는 것이다. 마치 전화를 주고받는 것과 같이 주파수가 같아야 전화가 된다. 주파수의 강약이 다르게 되면 통화가 되지 않거나, 혹은 한쪽의 전화가 닫혀있으면 통화하지 못하는 것과 같다. 때문에 불교에는 이런 관점이 있다. 일지一地보살은 이지二地보살을 모르고, 이지보살은 삼지三地 보살을 모르며, 삼지보살은 사지四地보살을 모른다.

신기한 것은 모든 사람들의 기능은 모두 다 구족되고 원만하다는 것이다. 하지만 유일하게 다른 것은, 세세생생의 나쁜 습성과 나쁜 버릇들이 우리들의 아집으로 형성되어, 두터운 껍데기처럼 우리들의 신심령身心靈을 단단히 그 속에 밀봉하여 놓았다는 점이다. 설사 천만 가지 기능을 구비했다고 하여도 그 능력을 발휘할 수 없는 것이다.

범부들은 어떤 사물에 대하여 깊이 믿지 못할 뿐만 아니라 행사도 못한다. 『마음의 달』첫 머리에 "믿으려면 깊게 믿고, 행하려면 힘을 다하여 행하라."고 썼다. 하지만 범부들은 그렇게 하지 못한다. 어떤 사람들은 믿음도 깊고 힘을 다하여 행하지만, 사실 그 사람의 아집이 믿고 행하는 것이다. 스승에 대한 충성심과 신심을 나타내기 위하여 "너희들은 다른 사람의 법을 배우지만 나는 절대 그렇지 않노라."고 한다. 설사 당신이 다른 사람을 찾아 다른 법을 배운다 할지라도, 도를 깨우치고 득도한 명사라면 분명하게 이해한다. 또한 오직 그렇게 해야만 범부들의 본성에 맞다. 아니면 오히려 비정상이다.

이생에서 정법을 들을 수 있고 자기가 들은 법을 얼마쯤 수련할 수 있다는 것은, 여러 세대를 내려오면서 수행했던 공덕과 복보에 따라 결정된 것이다.

옛날 사람들은 이렇게 말한다. "세간의 모든 것을 잊지 못하면 도를 닦을 수 없고, 몸을 비우지 못하면 즉 육체의 뜨겁고 팽창하고 저리고 시큼한 것 같은 고통을 초월하지 못한다면 입도할 수 없으며, 심령이 우주와 중생들과 일체가 되지 않고, 산하대지, 화초와 수목, 가옥과 기왓장 같은 것들과 일체가 되지 못한다면 득도할 수 없다."고 했다. 우리들이 수행하는 방법은 단지 신체놀음뿐이고, 모두 색신色身의 범위, 음성의 범주에 속한다. 만약 수행방법이 색신과 음성의 범주를 벗어나지 못한다면 도를 닦는 수행자라고 말을 못한다. 옛날 사람들은 "수행해서 색수상행식色受想行識을 초월하지 못한다면 임종시 반드시 오음五陰(즉 五魔)들이 접인하여 간다."고 했다.

어떻게 중생을 제도한단 말인가!? "당신이 나에게 제도되었다."고 하는 말은, 때마침 당신의 보리심이 소생했을 때 내가 조연의 역할을 했을 뿐이다. '나에게 제도되고 나의 손아래에서 도를 깨우쳤다'고 하니, 참으로 내가 노력없이 횡재하였구나…!

세간의 지식은 마치 물과 같고 불학의 지식은 배와 같다. 당신은 물은 있지만 배가 없고, 나는 배는 있지만 물이 없다. 수행자에게 배는 있는데 물이 없다면 어떻게 기용할 수 있겠는가? 도심이 많으면 많을수록 수행을 잘하면 잘할수록 더 바보 같은 것이다. 일단 승복만 벗는다면 끼니도 못 얻어먹을 것이다.

참으로 세간의 학문은 물과 같고 불교의 학문은 배와 같다는 것을 느꼈다면, 어떻게 하면 된다는 것을 알 것이다. 출세간의 지혜가 있다고 해도 세간의 학문이 없다면 말문을 열수 없는 것이다. 마찬가지로 세간의 학문만 있고 출세간의 학문이 없다면 당신의 불법은 입만 열면 틀릴 것이다. 언제든지 배의 노를 저을 줄 알고, 배와 물의 관계를 조절할 줄 알아야만 비로소 등단登壇 설법을 할 수 있다.

조사대덕들의 전기를 읽어 보면, 그분들께서 한 곳에 머무르게 되면 이름도 소리도 없이 30여 년씩 배우면서 수행했다. 물이 불어나면 배가 떠오르기 마련이다. 배는 물이 있음으로써 움직일 수 있고, 물은 배가 있기에 그의 가치를 나타낸다.

14강

언어로 성인을 평론할 수 없다

- **질문** : 스승님, 성인들도 망상이 있습니까?
- **만행스님** : 성인은 각지覺知일 뿐 망상은 없다. 망상이 있다면 어떻게 성인이라고 하는가? 보리를 획득했는데 어떻게 번뇌라고 하는가? 성인에게는 번뇌가 바로 보리요 망상은 지혜이다.
- **질문** : 스승님, 제가 삼년 가까이 좌선수련을 했는데 발 아픈 줄을 몰랐습니다. 하지만 최근에 좌선하면 바늘로 발을 찌르는 것처럼 아픕니다. 무슨 원인입니까?
- **만행스님** : 양기가 소생하기 때문인데 아주 좋은 현상이다. 계속하다 보면 발바닥이 뜨거워질 것이다.

- **질문** : 스승님, 『박가범가薄伽梵歌』에서 말한 것들은 진실인가요? 그것은 어떤 경계입니까?
- **만행스님** : 모두 대범천大梵天의 일들인데 진실한 이야기들이다. 세계

적으로 제일 처음으로 나온 종교서적은 『박가와담薄伽瓦譚』이고 두 번째가 바로 『박가범가』이다. 세계적으로 제일 첫 번째 종교는 인도의 요가이다. 당초에 싯다르타는 모든 요가의 방법을 수련했고, 『박가와담』, 『박가범가』, 『오의서奧義書』, 『폐타경吠陀經』을 다 연구하면서 그들의 수행방법을 모두 심신으로 시험하고 체험하셨다. 하지만 모두 완전하지 못하다는 것을 느끼게 된 싯다르타는 그 기초 위에서 새로운 불법을 창시하고, 그 사상을 완벽하게 한 것이다. 지금의 『박가와담』, 『박가범가』, 『오의서奧義書』, 『폐타경吠陀經』은 불교사상의 기초 위에서 다시 더 완벽하게 한 것이다. 때문에 우리들이 지금 볼 수 있는 이 경서들의 사상은 불교사상과 아주 비슷한 것이다.

- 질문 : 스승님, 도가에서 말하는 '대라금선大羅金仙'은 어떤 경계입니까?
- 만행스님 : 아라한의 경계이다. 옥황상제玉皇上帝, 요지성모瑤池聖母는 불교에서 말하는 대범천大梵天의 천주天主의 경계와 같다.
- 질문 : 스승님, 도리천忉利天의 제석帝釋은요?
- 만행스님 : 옥황상제와 같은 차원이다.

- 질문 : 스승님, 옥황상제와 서왕모님도 수련을 합니까?
- 만행스님 : 그들은 십선十善을 행하는 것을 위주로 한다. 그러므로 임종해야만 비로소 승천할 수 있다. 그들은 지혜와 선정으로 승천

하는 것이 아니라 복보로 승천한다. 이들은 여전히 욕계의 범위에 속하고 색계와 무색계의 차원은 이르지 못했다.

■질문 : 스승님, 아라한은 명심견성하고 철저하게 깨달은 차원에 속합니까?

■만행스님 : 불교의 차원에서 말한다면 아니다. 부처의 안광으로 본다면 아라한도 역시 초아패종焦芽敗種이고, 속불혜명續佛慧命을 할 수 없으며, 다만 중생들로 하여금 복전福田을 심게 할 뿐이다. 이 이치는 마치 중학생이 생각할 때 자기는 문화도 있고 지식도 아주 많은 것 같지만, 연구생들이 그들을 보면 여전히 문화도 없고 지식도 없어 보이는 것과 같다. 성취라는 것은 상대적으로 하는 말이다. 불교에서 말하는 '삼먁삼보리'는 부처를 두고 하는 말이다.

■질문 : 스승님, 도솔천兜率天의 내원內院으로 들어가고자 하면, 몇 지 보살의 차원입니까?

■만행스님 : 십지보살의 차원이다. 십지에 도달하지 못하면 도솔천 내원으로 들어갈 수 없다.

무엇을 중생들과 인연을 맺는다고 하는가? 행원을 하고 중생들을 위하여 헌신하는 것을 말한다. 문을 닫고 집안에 앉아서 세속을 떠나고 중생을 떠나서, 봉폐식으로 수련하는 것은 전체적인 수행을 포함할 수 없다. 다만 수련가운데 아주 적은 범위일 뿐이다. 행원이 없다면 복보가 없고, 복보가 없다면 행원을 하고 싶어도 기회가 없다. 일반적으로 복보가 있는 사람은 행원을 할 기회가 생기는 것이다. 수행하는 사람들이 행원할 수 있는 기회를 한 번 두 번 거듭 거절하고 회피한다면, 이생뿐만 아니라 세세생생 행원할 기회가 없게 된다. 왜냐하면 이미 행원할 기회를 거듭 거절했기 때문에 그런 기회가 오지 않는 것이다. 어떤 일을 지나치게 거절한다는 것은, 그런 일의 인연을 영원히 단절되게 하는 것이다. 지금의 기심동념과 행동거지는 다음 생과 그 다음 생, 그리고 세세생생의 인연과 결과를 예시하는 것이다.

때문에 이생의 삶은 다른 사람을 위하여 사는 것이다. 더욱이 불법을 들은 다음에는, 올바른 마음과 건강한 심리상태로 인연을 마주하고 행원을 해야 한다. 불교에서는 이것을 '삼계유심三界唯心, 만법유식萬法唯識'이라고 한다. 우리들이 이 여덟 글자를 이해한다면, 어떻게 사람노릇을 하고 어떻게 도를 닦을 것인가를 알 것이다. 수도할 때에도, 우리들이 우주와 인생에 대하여 아는 만큼 장악하는 것이다. 천하에서 가장 큰 힘은 심령의 힘이고, 자비와 기도의 힘이며, 관상하는 힘과 신념의 힘이다.

■질문 : 스승님, 어떻게 하면 뒤가 없게 됩니까?

■만행스님 : 머무르지 않으면 뒤가 없는 것이다. 어떻게 하면 머무르지 않는가? 바로 각조이다.

■질문 : 스승님, 모두들 '삼계유심, 만법유식'이라고 말하는데, 여기서 말하는 '심'과 '식'은 어떤 관계입니까?

■만행스님 : 식은 두뇌이고 심은 영성의 힘이다. 두뇌는 염두만 움직여도 심(마음)에 전달하게 된다. 식은 얕은데서 깊은 곳으로 들어가고, 심은 깊은데서 밖으로 나오는 것이다. 평상시 농담처럼 별일 아닌 것도 두뇌는 그 정보를 마음에 전달한다. 그러므로 불교는 수행자들에게 농담하는 마음도 갖지 못하게 한다. 농담하는 마음이 생겼다면 곧바로 각조를 따라야 한다. 아니면 농담하는 마음이 인과의 념을 만들게 되며, 인연이 성숙되면 필연코 결과를 초래할 것이다. 사람의 용모, 신체자질, 환경의 가지가지 사물들은, 얼핏 보기에는 아무런 까닭이 없는 것 같지만, 사실은 모두 마음이 부른 느낌에서 온 것이고 식으로부터 일으킨 것이다.

■질문 : 스승님, 발심한 수행자의 성취과위의 높고 낮음과 성취시간의 늦고 빠름은 이미 정해진 것입니까?

■만행스님 : 모든 것은 자기의 심념과 기심동념에 의하여 결정되고 심리행위와 심리상태에 의하여 결정된다. 참말 유감스럽다. 당신들은 이와 같이 좋은 선락禪樂도 즐기지 못하는구나. 만행을 따르고 만행의 제자라고 하지만, 나 만행조차도 이와 같이 훌륭한 정보와 즐거움을 전달할 방법이 없구나. 이 반년간 나의 몸은 많이 좋아졌고 많이 건강해졌다. 비록 고달프고 힘들다고 하지만, 나의 심리상태는 아주 좋으며 내 몸 속은 망가지지 않았다. 어떤 때는 당신들 때문에 마음도 아프고 속도 무척 태우며 몹시 안타까워했다. 하지만 아무런 소용이 없었다. 왜냐하면 중생들의 내

재가 정리도 되지 않았고 준비도 되지 않았으며, 무장도 못했기 때문에 도와 상응할 방법이 없는 것이다.

■질문 : 스승님, '불퇴보리위不退菩提位'를 어떻게 수련하면 됩니까?

■만행스님 : 보리심을 발심하면 된다. 진정하게 보리심을 발원한 사람은, 그 즉시 도가 존재한다는 것을 느낄 수 있고 도와 연결하게 된다. 보리심이 있는 사람은 어떤 환경, 어떤 상황에서도 보리심을 잃지 않을 것이다. 뿐만 아니라 어떤 상황 어떤 문제가 발생하여도, 그의 보리심이 더 강해지고 보리심의 힘이 더 잘 드러난다. 그렇지 않다면 보리심이 있다고 할 수 없으며, 단지 일시적인 충동이고 일시적인 미신이며 일시적인 미친 생각에 불과하다. 보리심은 반드시 정지정견의 기초 위에서 세워져야 한다.

■질문 : 스승님, 철학과 종교의 관계를 말씀하여 주십시오.

■만행스님 : 철학이 없는 민족은 영혼이 없는 민족이고, 철학이 없는 종교는 사교이며, 철학이 없는 신앙은 미신이다. 철학이란 무엇인가? 천지만물 사이에 사람들이 살고, 세계는 자연과 사회 그리고 사람으로 구성되었다. 철학은 우리들 일상생활의 지식이 아니라 지혜의 학문이다. 부처를 믿는 사람들 가운데 몇 사람이나 정신正信할 수 있는가? 철학을 모르고 종교를 믿으면 아주 위험하고 아주 열광적이며 아주 극단적인 현상들이 나타나게 된다.

■질문 : 스승님, 수행의 환경은 수행자들에게 어느 정도 중요합니까?

■ 만행스님 : 아주 중요하다. 삼계를 초월하지 못한 사람들에게는 너무 중요하다. 왜냐하면 이때는 심능전물心能轉物(마음으로 환경을 바꿈)을 할 수 없고, 물능전심物能轉心(환경에 의해 마음이 바뀜)의 차원밖에 되지 않기 때문이다. 사선四禪을 초월해야 사물을 바꾸고 환경을 바꿀 수 있다. 수행은 선정기능에 의지해야지 외부 환경에 의지하는 것이 아니다.

■ 질문 : 스승님, 만약 어느 곳에 자기장이 특별히 좋다면, 명사가 없어도 수행을 잘 할 수 있습니까?

■ 만행스님 : 자기장이 좋다고 하여도 명사가 없으면 그 힘을 쓰지 못한다. 마치 몇천 킬로와트의 전원이 있어도 변압기가 없다면 전기를 쓸 수 없는 것과 같은 이치이다. 그곳에 명사가 있다면 바로 변압기 역할을 해서 정상적으로 이 힘을 사용할 수 있게 된다.

■ 질문 : 스승님, 오직 팔지八地 이상의 보살만이 발원하고 다시 오게 됩니까? 아니면 어리석음 때문에 중생을 제도할 수 없을 뿐만 아니라 도리어 중생들에게 제도 당하게 됩니까?

■ 만행스님 : 『화엄경』에서 말한 이치처럼 이미 황금이 되었는데 어찌 다시 쇠가 된단 말인가? 법존 법사의 『화엄경 금사자장華嚴經金獅子章』을 읽어보면 그 이치가 명확할 것이다.

■ 질문 : 스승님, 중생을 제도하겠다는 것도 일종 욕망이 아닙니까? 보살들께서 이 사바세계로 온 목적은 중생을 제도하겠다고 온 것이

아닙니까?

■만행스님 : 이것은 욕망이라고 할 수 없다. 만약 이것도 욕망이라고 하면 진리는 이어나갈 수 없다. 사적인 것을 위하는 것을 욕망이라고 하고, 공적인 것을 위한다면 소원所願이라고 한다.

■질문 : 스승님, 지금 사람들이 법을 전수한다고 하는데 무슨 법을 전수합니까?

■만행스님 : 법이 있으면 근본을 전수하고, 법이 없으면 계율을 전수한다. 다시 말하면 너에게 방법도 있고 수행도 할 줄 안다면 바로 법권法卷을 전수하고, 방법도 없고 수행할 줄도 모른다면 계율을 전수하면 되는 것이다.

제 5부 수행의 완성
보살행

1강

인생의 가치는 이타利他에 있다

부처님공부는 사람노릇 하는 것보다 어렵고 힘든 일이다. 하지만 부처님공부는 반드시 사람을 기초로 해야 하고, 득도한 부처는 반드시 세속에 뛰어들어야 그 가치를 드러낼 수 있다. 만약 부처님공부가 사람을 사회에서 떠나게 한다면, 그 사상이나 행위는 아무런 가치가 없는 것이다. 그것이 가치가 있다고 하는 까닭은 사회와 인류가 필요로 하기 때문이다. 당신이 하는 일들이 사회의 수요도 아니고 집단의 수요도 아니라, 단지 자기 개인을 위한 것이라면 존재가치가 없는 것이다.

사람은 두 가지 선택이 있다. 하나는 당신이 없으면 안 되는 존재이고, 다른 하나는 당신이 있어도 되고 없어도 되는 존재가 되는 것이다. 이것은 당신의 선택에 달린 것이다. 만약 당신이 발심하고 일하는 사람이며, 책임감과 헌신하고자 하는 정신이 있는 사람이라면 없으면 안 되는 존재이다. 반대로 되는대로 눈속임을 하면서 얼렁뚱 땅 세월을 보내는 사람이라면, 있어도 되고 없어도 되는 존재이므로 가치가 없는 사람이다. 사람의 가치는 자기 자신이 결정한다. 다만 당신이 가치 있는 사람인지 아닌지 하는 것은 사람들의 인정에 의한다.

왜 사람들은 부처님을 숭배하고 지극히 존경하는가? 불단佛壇에 높이 앉으셔서 사람들의 예배를 받기 때문인가? 사람들이 부처님을 예배하는 까닭은, 부처님께서 중생의 의혹을 풀어주고 중생에게 이익을 주시기 때문이다. 그러므로 부처님공부를 하는 사람들은 가는 곳마다 사람들에게 이익을 주어야 한다. 오로지 사람들에게 이익을 줘야만, 비로소 우리들의 존재가치가 있고 의의가 있는 것이다. 겉보기는 중생들을 위하여 이바지하는 것 같고 중생들이 이익을 보는 것 같지만, 진정하게 득도하고 진정하게 이익을 보는 것은 우리들 자신이다. 때문에 우리들은 끝임 없이 중생을 위하여 이바지해야 한다. 끝임 없이 중생을 위하여 이바지하는 가운데서 우리들은 성장하고 성숙하며, 나아가 초월하는 것이다.

사람들이 일단 성취하고자 하면, 세간이건 출세간이건 간에 시련과 고난을 겪어야 한다. 성취가 클수록 시련과 고난도 큰 것이다. 시련과 고난이 없다면 '성취'라는 두 글자도 없다.

옛날 불교에는 이런 말이 있다. "비구와 비구니들의 성장과정은 적어도 세 분에서 다섯 분의 스승을 모시면서 법을 배워야한다." 같은 이치로 지금 귀의한 제자들과 집에서 수행하는 처사님들과 보살들도, 적어도 몇 분의 스승님께 귀의하면서 불법을 배워야 한다. 스승을 한분만 모셔야 된다는 법은 없다. 단계에 따라 거기에 맞는 스승을 모시고 배워야 한다. 이를테면 초등학교 다닐 때는 초등학교 선생님이 있어야 하고, 중학교는 중학교 선생님이 있어야 하며, 대학교는 대학교 교수님, 박사공부도 그 단계의 교수님들의 교학과 가르침이 있어야 하는 이치와 같다.

우리들이 수행에서 부딪치는 문제들은 옛날 선조님들도 모두 부딪쳤던 문제들이다. 그들은 어떻게 수련했고 어떻게 이런 문제들을 해결했는가? 그들도 문에 들어설 때는 계몽스승을 찾아서 배웠고, 수행에서 제 길에 들어선 다음은 겪고 지나온 스승을 찾아서 가르침을 받았다. 백척간두의 정도에 이르면, 철두철미하게 깨우친 명사님을 찾아서 백척간두 진일보가 되도록 지도를 받고 가르침을 받는 것이다.

과거의 명사들은 네 가지로 나누게 된다. 첫 번째의 스승은 용을 그리고 눈에다 점을 찍을 줄 모른다. 그들의 차원은 다만 보급적인 기초지식 밖에 가르치지 못한다.

두 번째의 스승은 눈에 점만 찍어주고 용은 그리지 않는다. 그분들은 단지 연구생만 가르친다. 때문에 이런 분들은 한평생 제자 몇 명밖에 두지 않는다. 어느 때든지 용이 다 된 다음 찾아오면 내가 비로소 눈에다 점을 찍어 줄 것이다. 그러면 당신은 그 즉시로 날아갈 것이다.

세 번째의 스승은 초등학교부터 대학교까지 완전히 인재가 될 때까지 가르친다. 이런 명사들은 초등학교부터 배양하기 시작하는데 아주 힘드신 것이다. 수행의 첫 걸음 가부좌는 어떻게 하고, 어떻게 호흡하며, 어떻게 의식을 조절하고 관상을 하며, 선병禪病이 오면 어떻게 대처하는가 등등 일련의 문제들을 모두 가르치는 것이다.

네 번째 종류의 명사는 아무 것도 모르면서도 아는 척 거드름을 피우고 포장한 명사이다. 그들은 사람들의 인기를 끌려고 세밀히 계획하고, 나팔 불면서 수하들을 거느리고 요란스럽게 사방으로 다니면서 대사가 되었다. 이런 명사는 신도가 엄청 많은데 범부들도 이러한 명사를 좋아한다. 스승따라 그 입맛에 맞는 제자들이 따르기 마련이다.

불교에는 "현상을 통하여 본질을 보라."는 시종 불변의 관점이 있다. 당신의 눈과 귀를 관폐하고 심연의 눈과 귀로 바깥세계를 보고 듣는다면, 유형은 무형의 다스림을 받는다는 것을 알 것이다.

(만행 큰 스님은 용고국사龍袴國師께서 양무제 모친을 제도하던 이야기를 했다.) 이 이야기를 통하여 우리들이 깨달아야 할 점은 중생들은 형식을 아주 좋아하고 중시한다는 점이다. 그러나 단지 형식에만 머물고 실질이 없다면, 우리들이 이런 일을 하는 근본의의를 상실하는 것이다. 지금 진행하는 수륙대제〔水陸法會〕도 용고조사처럼 형식 없이 가부좌를 하고 관상과 결수인結手印을 하고 입정하면 되는 것이다. 하지만 지금의 수륙대제는 5천만원의 비용이 들어야 할뿐만 아니라, 이것저것 갖가지 도구와 과일 등 제사상에 쓰는 물건들을 사야한다.

목적은 불법을 넓히고 중생들을 제도하기 위한 것이다. 때문에 사람들은 "아는 자는 요체를 들여다보고, 모르는 자는 구경거리만 본다."고 한다. 사람들은 이런 요란한 형식과 현상을 통하여 차츰차츰 실질적인 문제를 만날 수 있는 것이다. 하지만 어떤 법사들은 실질이 없다. 때문에 그들은 단지 형식만 추구해서 제자와 신도들로 하여금 영원히 형식에만 머무르게 하고, 현상을 통하여 본질을 깨닫는 일을 못하게 한다.

지금 진행하는 수륙대제는 날마다 폭죽소리를 내고 분향을 하면서, 하늘에 공양을 올리고 불보살들께 공양을 올리며 아귀들에게 시주한다. 분향을 할 때 우리는 눈을 감고 '시방삼세 제불보살님〔十方三世諸佛菩薩〕, 그리고 천상에 계시는 신장님들이 이 제단에 내려 오셨다'고 관상한다. 관상을 할 줄 안다면 실질을 얻게 되고, 관상을 할 줄 모르면 다만 형식에 지나지 않는다. 왜 예불하고 염불을 할 때 반드시 관상을 해야 한다고 강조하는가? 관상하지 않는다면 예불하고 염불하는 것은 다만 형식뿐이고 실질적인 의의를 상실하기 때문이다.

어떤 사람들은 이런 것도 모르고 관상을 허망한 짓이라고 한다. 물론 관상이 허망할 수도 있지만, 단지 그 어떤 차원을 뜻하는 말이 아니다. 관상을 지금의 말로 한다면 형상사유形相思維이다. 만약 당신의 심령세계에서 관세음보살의 형상을 관상해 내지 못한다면, 당신은 아직까지 그 차원에 도달하지 못했음을 의미한다. 만약 당신 마음속에 부처보살이 있고 또 그 차원에 도달했다면, 일단 눈만 감으면 허공에는 관세음보살의 형상이 나타나는 것이다. 관상이라는 것은 그 어떤 힘에 의거해야 가능한데, 내재에 그런 힘이 없다면 관상을 할 수 없다.

불교는 이것도 공이고 저것도 공이라고 하지만, 이것은 원만의 과위果位에서 하는 말이므로 그것에 집착하지 말아야 한다. 하지만 인지에서 볼 때 그것은 모두 확실하고 진실하며 허망한 것이 아니다. 모든 행동거지는 내심세계의 진실한 현현이므로, 대표하는 것은 그 사람의 인품이고 자질이며 수행이다. 이런 힘이 존재한다는 것은 아주 분명하고 확실한 것이다.

도를 깨우치고 성불하고자 하면 모든 인연이 구족되어야 한다. 간신히 불법을 들은 정도이고, 아직 명사를 만나지 못한 정도라면 안 된다. 설사 명사를 만났다고 해도 명사의 사상을 받아들이지 못하고 터득하지 못하여도 안 된다. 또 명사의 사상을 받아들이고 터득했다고 할지라도, 수행의 환경, 이를테면 외재적인 요인과 내재적인 요인들이 당신 다리를 붙잡고 수행을 못하게 하거나 수행할 수 있는 기회를 주지 않는다면 여전히 수행하지 못한다. 또 이런 것들을 다 구비했다고 할지라도, 몸에 병이 있고 건강상태가 좋지 않으면 여전히 수행할 수 없다. 이때는 도를 수련하는 것이 아니라 몸을 수련하게 되는 것이다.

오로지 몸이 건강해야 비로소 심리상태를 수련할 수 있고, 심리상태의 수행이 잘 되어야만 진정한 수행을 하게 된다. 금방 말한 모든 것들이 다 구비되었다 하더라도 80%의 요인 정도밖에 되지 않는다. 아직 20%가 부족하다. 단 한 가지 요인이라도 모자라면 도를 깨우치지 못하고 성불할 수 없다. 이 이치는 마치 종자 한 알은 땅·햇

빛·공기·수분·바람 등등이 모두 구비되어야 비로소 싹이 트고, 가지가 뻗고 꽃이 피고 열매를 맺는 것과 같은 것이다.

진정 성취하고자 한다면 자기의 신·구·의를 모두 명사님께 맡기고, 명사님께서 당신을 설계하고 계획하게끔 해야 한다. 자기를 명사님께 맡긴 만큼 명사의 힘이 입력된다. 진정 이렇게 된다면 곧바로 해탈하는 것이다. 자기를 명사에게 맡긴다는 말은 평생을 맡기라는 것이 아니다. 어떤 단계에서 그렇게 맡기라는 것이고 또 반드시 그렇게 해야 하는 것이다. 일단 이 단계가 지나면 이미 당신은 무사지無師智를 증득했기 때문에 맡길 필요가 없다. 다시 말하면 이때의 당신은 이미 쓸모 있는 사람이 된 것이다. 뿐만 아니라 당신은 명사에게 질문도 할 수 있으며, 심지어 명사의 말을 의심할 수도 있다. 하지만 일단 자기를 명사에게 맡기겠다고 결정했으면 명사를 의심하지 말아야 한다. 명사님께서 손을 놓은 다음 비로소 그의 사상을 의문할 수 있다.

이 과정은 바로 세 걸음의 길이다. 만약 이 세 걸음의 길을 걷지 않는다면, 당신이 아무리 경건하고 아무리 노력한다고 하더라도, 단지 '경건한 마음이 있다' 혹은 '이바지하고자 하는 정신이 있다'고만 할 뿐이다. 단지 경건한 마음과 이바지하는 정신에만 머무르면 부처님공부는 성취할 수 없다. 이런 것들은 어떤 단계에서는 필요하지만, 이 단계를 지난 다음에도 경건한 마음과 이바지하는 정신에만 머문다면 도의 안광으로 볼 때 우매무지한 사람이다.

나의 『항복기심』과 『마음의 달』을 수행의 입문교과서라고 생각하고 반복적으로 읽어보기 바란다. 만약 이미 입도했고 득도했다면, 마땅히 경전으로 수행과 증득한 것이 정확한가를 검증해야 한다. 때문에 수행자들은 일생동안 영원히 경전을 떠날 수 없고 명사를 떠날 수 없다.

어떤 법문을 수련하든지 정신이 흐리고 마음이 산란해서 관상하던 형상을 잃어버리게 되면, 다시금 그 형상을 관상하면서 산란한 마음을 가라앉혀야 한다. 만약 혜근慧根이 있는 사람이라면 산란한 마음이 일어날 때 금방 알아차리게 된다. 이 경각심 자체는 마음이 가라앉았다는 것을 설명한다. 하지만 이 일념의 경각심이 너무 늦거나 몇 분 동안 망상한 다음 느낀다면, 이미 틀린 말을 했고 틀린 일을 한 것이다. 이것이 우리들이 쉽게 틀린 말을 하고 그릇된 일을 하게 되는 원인이기도 하다. 이것이 바로 당신이 틀린 말을 하고 틀린 일을 한 다음 느끼게 된 원인이며, 경각심을 가지고 말을 하고 일을 한 것이 아니다.

경각심이란 바로 '각조'를 말한다. '각覺'은 '각찰覺察'이다. 알고 느낀다는 뜻이다. '조照'는 '조고照顧'를 말하는데 보살핀다는 뜻이다. 어떤 사람은 '각찰'은 못하지만 '조고'는 할 수 있다. 이런 사람은 일깨워만 주면 금방 알아차리고 자기의 신·구·의를 단속하는 것이다. 하지만 또 어떤 사람은 생각도 제대로 하고 말도 사리에 맞게 잘 하지만, 의지력이 박약하고 자기의 신·구·의를 단속하지 못하고 실천이 따르지 못한다. 그러나 대근기의 사람은 말을 할 때나 일을 할 때나, 자기가 무슨 말을 하고 무슨 일을 하고 있는지를 아주 분명하고 똑똑하게 아는 것이다. 이것을 '유각유조有覺有照'라고 한다. 하지만 어떤 사람은 자기가 무슨 생각하고 무슨 말을 하며 무슨 일을 하는지를 전혀 모른다. 이런 사람을 무각무조無覺無照의 사람이라고 하는데, 그들은 항상 환경의 지배를 받고 생각하고 말하고 행동한다. 말하자면 이런 사람은 바람따라 구름따라 다니는 사람이고, 담장 위의 갈대처럼 바람 부는 대로 이리저리 넘어진다. 이런 사람은 영혼도 없고 개인의 식견도 없이 사는 사람이다.

우리 불교신도들은 사람마다 모두 삼보를 대표했기 때문에, 자기의 행동거지와 기심동념을 시시각각으로 각조해야 한다. 불법이 천만 가지라고 하지만 최후에는 모두 '각조'에 귀결한다. '각조'에 귀결하지 못한 불법은 궁극적으로는 원만하지 못한 것이다.

사람의 마음은 어느 정도까지 세심해야 하는가? 자기의 기심동념과 행동거지와 눈을 깜빡거리는 것을 포함하여 모두 분명하고 똑똑하게 알아야 한다. 하지만 우리들은 이런 것을 느끼지 못하고 있다.

■질문 : 스승님! 세 가지 문제를 여쭙겠습니다. 먼저 어느 정도가 되어야 폐관할 수 있습니까? 또 "만법은 근원이 같고, 불성은 평등하다."라는 말을 어떻게 이해하면 됩니까? 마지막으로 계율의 작용은 무엇이며 계율을 어떻게 보아야 합니까?

■만행스님 : 첫 번째의 답이다. 너의 기능공부가 이루어져서 신호가 끊어지지 않으면 폐관할 수 있다. 기능공부가 이루어지지 않아서 도와 상응하지 못하며, 신호가 없다면 폐관을 하지 말아야 한다.

두 번째의 답이다. 이 말은 만법의 원두源頭, 즉 모든 생명내재의 불성은 모두 동일한 물건이고 모두 평등하다는 말이다. 이것은 궁극의 관점에서 하는 말이다. 하지만 현실생활에서의 사람들은 원두도 다르고 만법의 원두도 다르다. 사람들의 자질이 다르고 평등하지 않기 때문에 사람과 사람들도 평등하지 않다. 이런 불평등은 진실하게 존재하고 또한 필연적인 것이다.

세 번째의 답이다. 나라의 법률은 무엇에다 쓰는가? 나라의 안정과 백성들의 이익을 지키고 유지하는데 쓰인다. 계율도 마찬가지 이치이다. 계율은 우리들의 도량을 청정하게 하고 장엄하게 하며, 환경을 조화롭게 하는 동시에 우리들의 수행을 수호한다. 만약 원래의 계율들이 이런 요구를 만족시키지 못한다면, 새 계율을 세워서 낡은 계율을 대체하기 마련이다.

- **질문** : 스승님! '실상實相'은 말을 할 수도, 말을 해서도 안 됩니까?
- **만행스님** : 실상은 말을 해야 하고 말을 할 수 있다. 말을 할 수 없고 말을 하면 안 된다면 3장藏 12부部라는 것도 없는 것이다. 직접 말할 수 없다면 간접으로 말하고, 정면으로 말할 수 없다면 측면에서 말하며, 직접 표현할 수 없으면 비유하는 방식으로 표현하는 것이다. 세간의 이치와 비유하는 방식으로 얼마든지 도를 표현할 수 있다. 때로 우리들이 표현하지 못하는 원인은, 그것에 대한 이해가 철저하지 못하고 완전히 그 문제와 하나로 융합되지 않았기 때문에 자기 몸에서 기용하지 못하는 것이다. 때문에 마

음속으로는 이치를 뻔히 알면서도 입으로는 말을 못한다.

진정하게 실상반야를 증득한 사람이라면 언어반야도 (반야란 지혜에 장애가 없다는 말이다) 증득할 수 있다. 느끼고 받아들였다면 말을 못하는 이치가 없다! 진리를 언어로 표현할 수 없다면 "명사가 법을 말한다〔明師講法〕."는 말도 없는 것이다.

- 질문 : 스승님! 제9식이란 무엇입니까?
- 만행스님 : 제9식은 우리들의 본래면목本來面目을 말하는데 불교에서 '백정식白淨識'이라고 한다.

- 질문 : 각조와 청정심淸淨心은 무슨 관계입니까? 어떻게 관상해야 청정심을 달성할 수 있습니까?
- 만행스님 : 각조는 청정심이고 청정심이 바로 각조이다. 관상은 청정심에 의거하는 것이지 두뇌에 의거하는 것이 아니다. 일념 사이에, 청정심으로 불보살님과 신장님들 그리고 극락세계를 관상할 수 있다면 이미 선정 중에 있다는 것을 의미한다. 이렇게 관상할 수 있고 이렇게 형상사유를 할 수 있다면, 순식간에 불보살, 극락세계를 관상할 수 있는 것이고, 너는 이미 청정심 있는 사람이고 성취한 사람이며 선정에 있는 사람이다. 성취한 사람, 선정에 있는 사람은 순간 혹은 일념사이에 자기가 존경하는 명사와 불보살을 관상할 수 있다. 그렇게 할 수 없는 사람은 산란한 사람이고 청정심이 없는 사람이다.

청정심도 힘이다. 이런 힘이 있으면 찰라간에 자기의 스승을 관상할 수 있고 불보살을 관상할 수 있다. 이 '찰라간'이란 얼마나 빠른가? 만분의 일초도 안 된다. 이 찰라간에 자기가 신앙하는 석가모니 부처님, 관세음보살, 극락세계 등을 모두 관상하고 그려낼 수 있다. 혹은 그들을 생각만 하면, 관상하지 않아도 자연스럽게 두뇌 속에 그 화면이 나타난다. 마치 '나의 어머니'란 말이 끝나지도 않았는데, 이미 두뇌에는 어머니 모양이 나타나는 것과 같이 관상할 필요도 없는 것이다. 그런 상은 원래부터 존재하는 것인데, 서술하는 편의상 관상이라고 할 뿐이다. 사실 관상이라고 하면, 잘못된 것이고 도에 부합되지 않은 것이다. 도에 부합되는 것은 관상할 필요가 없다. 이를테면 '나의 어머니'란 말만 하면 심령에는 벌써 어머니의 화면이 있는 것이다.

- **질문** : 스승님! 저는 왜 좌선만하면 미간이 뛰는 것입니까?
- **만행스님** : 너의 신체자질이 좋고 생리기능도 정상적이며, 정력도 충만하기 때문이다. 때문에 대강대강 수련하여도 미간, 즉 인당이 뛰는 것이다. 이것은 입도하여 천안이 열리는 징조이다. 수련하여 일정한 단계에 이르면 반드시 그곳에 반응이 오기 마련이다. 만약 그곳에 반응이 없다면 너의 심신이 바뀌지 않았고, 아직까지 원래 상태에서 머물며 도에 있지 않았다는 것을 말한다. 일단 도의 상태에 들어섰다면, 심념心念이 바뀌는 첫 번째 징조로 미간이 뛰고 미간에서 빛이 나는 것이다. 이것은 너의 영성의 힘이

깊은 잠에 들지 않고 시종 깨어있는 상태라는 것을 말하고, 세속의 물욕에 미혹되지 않았고 방향을 잃지 않았다는 것을 말한다. 이런 사람은 일반적으로 전생에 수련했던 사람이다.

2강

완벽한 인격은 사원의 건설도 완벽하게 한다

　　오늘 소관시와 옹원현의 각 지도자들이 와서 우리 절을 검사하고 지도하였다. 지도자들은 우리절의 사업에 대하여 아주 만족해하면서 높은 평가를 하였다. 민족 종교국은 우리 절을 모범 종교 활동장소로 만들겠다고 하였다. 동화사의 복구 불사佛事는 아직 끝나지 않은 상황이지만, 우리에게는 최단시간 안에 사원의 사상思想과 조직 그리고 여타의 기본적 뼈대를 완벽하게 세울 수 있는 신심이 있다. 동화사에 상주하는 스님들은 활력이 있고 열정이 있으며, 이상과 신앙을 추구하는 젊은 스님들이다. 우리들은 「종교 사무관리 조례」에 따라 사원의 활동을 규범화하고, 자신들에 대한 요구를 엄격히 하며, 정부의 지도자들이 희망하는 대로 우리들이 해야 할 사회적 책임을 다 할 것이다. 현재 우리들의 생각은 뚜렷하고 명석하며 임무도 명확하다. 일단 개광開光을 해서 업무가 시작되면 모두의 정력精力을 다해 실행할 것이다. 집사들은 아래의 요구대로 책임지고 집행하기 바란다.

첫 번째 : 각종 지식의 학습을 강화한다.

수행이란 안으로는 자기의 사상과 심리상태를 닦아 수련하고 밖으로는 자기의 행동거지를 닦아 수련하는, 즉 자기의 심신령心身靈을 정화淨化하는 자아수증自我修証 과정이다. 심신령을 정화하는 가장 좋은 길은 지혜를 얻는 것이고, 지혜를 얻는 가장 좋은 방법은 배우면서 실천하는 것이다. 출가한 스님들은 일반인들의 모범이므로 세간의 지식과 출세간의 지식을 모두 장악해야 한다. 그러므로 동화사의 사부대중들에게 아래와 같이 강조한다.

①「종교관리조례」,「사원의 각종 관리제도」,「총림청규」와 시사 정치 및 법률 법규 등 규칙들을 배워야한다. ②「중국불교」,「광동불교」 등 종교 신문과 잡지들을 봐야한다. ③조사님들의 논저를 포함한 불교경전을 배워야한다. ④『제자규弟子規』,『백가성百家姓』,『삼자경三字經』,『천자문千字文』,『논어論語』 등 전통문화를 배워야한다. 배우면서 심득한 것을 기록해 두라. 정기적으로 이에 대한 검사를 할 것이며, 저녁 단체 좌선수련이 끝난 후 체득한 감상을 발표하도록 하겠다.

두 번째 : 자아 교육을 강화한다.

자아교육은 심리행위와 신체행위에 대한 교육을 말한다. 다시 말하면 우리들의 내재적인 사상과 외재적인 언행에 대한 교육이다. 자아교육의 가장 중요한 것은 신앙교육이다. 단지 부처를 믿거나 신을 믿는 것을 신앙이라고 생각하면 단편적이다. 신앙은 종합적인 요소들을 포함한다.

　이를테면 법률을 준수하고 계율을 지키는 것도 신앙의 일부분이며, 나라를 사랑하고 교를 사랑하는 것도 신앙의 일부분이며, 남김없이 남을 위하여 이바지 하는 정신도 신앙의 일부분이며, 노고를 마다 하지 않고 남을 포용하고 양보할 줄 아는 것도 신앙의 일부분이며, 손해를 보더라도 복이라고 생각하는 것이 신앙적인 사상이다.

　여러분은 죽은 다음 극락세계로 갈수 있다고 믿는가? 어떻게 하면 극락세계로 갈 수 있고 또 어떻게 가는가? 불법의 관점에서 말한다면 복혜(福慧복덕과 지혜)가 구족되어야만 극락세계로 갈 수 있다. 어떻게 복혜가 구족될 수 있으며 어떻게 닦을 것인가? 자신의 행동과 수양을 바로하고, 자아를 잊으며 전심전력으로 대중을 위해 봉사하는 정신, 각종 법칙과 제도를 준수하는 등 이 모든 것을 잘 닦아야만 비로소 복혜가 구족되었다 할 수 있다.

　　세 번째 : 내부관리를 강화한다.

　나라의 관리들이 동화사를 평가하기를 개창하는 사원으로서의 평점이 높다고 하였다. 동화사를 민가에서 시작할 때나, 지금의 토굴에서 거주하며 운영할 때나 내부관리는 질서 있고 정연하였다. 지금은 사원의 건설이 거의 다 되었고, 전체적인 건축 풍격이나 내구성과 규모 그리고 각종 시설들도 잘 갖춰져 있다. 따라서 내부관리에 대한 표준도 한층 더 높아져서 우리들의 책임감이 크지 않을 수 없게 되었다. 하지만 이것은 우리들을 단련시키는 기회라고 생각한다. 앞으로

3년 안으로 분명히 목표를 달성할 수 있다고 결심하는 우리들의 신심은 고동치고 있다. 만약 그 표준에 도달한다면 우리 동화사가 우선 이익을 볼 것이며, 동화사의 사부대중들이 이익을 보게 될 것이다.

네 번째 : 건설하는 속도가 빠르다.

우리 동화사는 4년간의 준비를 거쳐, 2006년 7월 13일부터 2008년 9월 13일까지 2년이라는 짧은 시간 내에 사원의 전체적인 복구 불사를 모두 완공하였다. 이와 같이 빠른 속도로 복구 불사를 끝마칠 수 있다는 것은 불교계에는 아주 드문 일이다. 시공한 규모와 내구성도 좋고 속도도 빠르며, 안전하고 문명한 불사현장으로 아주 잘 되었다. 비록 주변 시설들이 따라가지 못하는 문제도 있지만, 지금 한창 힘을 모아 마무리하는 중이다. 이 모든 것들은 모두 사회 각 계층의 보살핌과 사랑으로 이루어진 것이다. 이에 대하여 은혜에 감사한다는 마음과 중생들에게 봉헌해야 한다는 마음뿐이다.

다섯 번째 : 위생을 강화하고 녹화를 해야 한다.

우리 절의 위생은 신도들이 아주 높게 평가하고 감탄하고 있다. 이번에도 개인위생은 물론이고 환경위생과 식품위생 등 옹원현의 위생 검역소의 인정과 칭찬을 받았다. 우리들은 이런 상황을 계속 유지하면서 더욱 높은 표준을 요구해야 한다.

녹화문제는 전문기술 인원을 청하여 자문을 받고, 전체적이고도 장기적인 계획을 세워서 전문적으로 관리하고 보살펴야한다. 이미 심은 수목에 대해서는 철저한 관리와 보호가 필요하다. 작은 문제의 처리에서 우리들의 수행의 경계와 심성을 볼 수 있고, 그 사람의 책임성과 수행의 차원을 철저하고 낱낱이 드러내게 된다. 그러므로 작은 일이라고 홀시하면 안 되는 것이다.

여섯 번째 : 수행자들의 출가문제이다.

수행자들의 출가문제는 우리가 아주 중시하고 책임지는 사항이며 요구 조건도 엄격하다. 아래의 조건에 부합되는 사람들만 삭발하고 출가하게 한다.

①진정한 신앙을 가지고 불법을 수학하려고 출가하려는 사람. ②가정에서 부모의 허락을 받은 사람. ③심신이 건강하고 나라를 사랑하고 불교를 사랑하는 사람. ④본 절에서 일 년 이상 자원봉사를 한 사람. ⑤불문에서 진행하는 아침예불과 저녁예불 때 독송하는 경문과 주문들을 모두 외울 수 있는 사람.

일곱 번째 : 진수실증眞修實證을 하는 수행자를 기른다.

매달 우리는 사원에 상주하는 스님들에게 500위안이라는 적은 봉급을 제공한다. 동시에 '농선병중農禪竝重'을 견지한다. 스님들과 상주하는 사부대중들은 매일 밭에 나가 농사일을 하는 동시에 저녁마다 단체참선을 해야 한다.

이 세 가지 조건은 많은 스님들이 두려워하고 가까이 하지 못하는 점으로, 도심道心이 경건하지 못한 사람들은 포기하는 것이다. 우리 절에 남아서 상주할 수 있는 스님들은 모두 고생과 노고를 마다하지 않을 뿐만 아니라, 금전에 대한 욕망도 없고 진정으로 부처님공부를 하고자 수련하러 온 수행인들이다.

여덟 번째 : 인재를 받아들여 양육하고 배양한다.

인재를 받아들여서 시대의 변화에 맞추어 양육해야 한다. 21세기에 출가한 스님들이 컴퓨터를 모르고 외국어를 모른다면 벙어리나 다름없고, 운전할 줄 모르면 두 다리가 없는 것과 같다. 지금 이 자리에 앉은 분들 중에는 휴대폰 메세지도 보낼 줄 모르거나 제일 기본적인 기능도 모르는 사람들이 수두룩하다. 이런 것들은 별 큰 문제가 아니지만, 중요한 것은 우리들의 문화수준이다. 문화지식마저 부족한 사람들이 어찌 정지정견을 논할 수 있으며, 또 어떻게 도를 닦아 득도하며 성불할 수 있겠는가?

항상 나는 집사들에게 일과 공부를 미루지 말고, 문제가 생기면 그 자리에서 바로 해결하라고 하며, 그날 공부는 그날에 하고 그날의 일은 그날에 끝내라고 강조한다. 이를테면 아침예불과 저녁예불을 할 때 합장은 어떻게 하며, 손은 어떻게 올려놓고 어떻게 내려놓으며, 어떻게 참배를 하며, 참회문을 외울 때 어떻게 꿇어앉아 예를 올리는가 하는 등등의 문제들이 위의威儀에 부합되지 않으면, 승치僧值보고 향판香板으로 치라고 하였다.

나도 역시 승치의 직무를 맡아서 체험하려고 한다. 「능엄주」 게송이 끝난 다음 대웅전을 한 바퀴 쭉 돌 작정이다. 여러분은 이 45사

· 591

이즈나 되는 나의 큰 발을 조심해야 할 것이다. 처음에는 일깨워 줄 것이고, 두 번째는 경고를 하고, 세 번째는 이 발로 여러분을 찰 것이다.

집사의 책임은 문제가 생길 때 맡아서 책임지면서 제 때에 비평하고 가르치는 것이다. 감히 맡은 일을 다 못하고 책임을 다하지 않는 자들은 실직한 사람들이다

나를 주지로 인정하고 스승으로 인정하는 것은 나를 믿기 때문이다. 영광스럽기도 하고 송구스럽기도 하다. 허나 나의 능력은 한계가 있다. 그러므로 많은 일을 잘 할 수 있도록 집사들이 손잡고 함께 할 것을 바란다. 어떤 일은 내가 생각하지 못한 것도 있고 설사 생각하더라도 나의 직책 범위내의 것이 아니다. 집사들이 맡은바 직무를 책임지고 완벽하게 잘 할 수 있다면 나는 한가한 사람이 될 것이다.

이렇게 좋은 환경에서 살면서 수행하게 된 은혜에 감사할 줄 알아야 하고 자신의 자질을 높여야 한다. 지금 여러분이 노력하지 않는다면, 앞으로 여러분보다 자질이 높은 사람들이 오게 되면 반드시 밀려 날 것이다. 절대로 나와 함께 무진고생을 하면서 이 절을 세웠다고 무턱대고 그 자리에 두지 않을 것이다. 확언하건대 능력이 있고 유능한 사람을 쓸 것이고, 무능한 사람은 그 자리에서 내려가게 될 것이다. 그렇다면 자리에서 내려간 사람들을 어떻게 할 것인가? 잘 먹게 하고 잘 입게 하며 좋은 집에서 잘 살며 수행하게 할 것이다.

누구든지 특히 출가한 스님들은 동화사에 온 다음 반드시 자기의 위치를 알아야 할 것이다. 자기가 앉고 설 자리를 모른다면, 억지로

있지 말고 동화사에서 떠나야 할 것이다. 지금 이 자리의 어떤 사람은 조용히 앉아 회의에 참석하는 것이 아니라 엉덩이를 움직거리면서 안절부절하고 있다. 이런 사람들에게 어떻게 중요한 소임을 맡길 수 있겠는가? 이런 사람들의 마음은 조용하지 않고 추호의 정력定力도 없다.

지금 내가 말을 하는 중에 여러분을 주의하여 보지 않는다고 생각지 말아야 한다. 수행자의 마음은 아주 섬세하다. 상대방의 마음씀씀이 심지어 눈 깜짝이는 것 까지도 느낄 수 있다. 이런 경지에 이르지 못하고 도를 깨달아 득도하였다면 누가 믿을 것인가! 우선 자기의 마음씀씀이를 100% 알 수 있어야만 비로소 다른 사람의 마음씀씀이를 감지할 수 있다. 이것이 바로 "자신을 알아야만 남을 알 수 있다."라는 말이다. 정력定力이 부족한 사람은 잠시는 쓰일 수 있겠지만 스스로 도태될 것이다.

지금 우리 절에는 앞장서서 간언하고 좋은 계획을 올리는 사람이 없다. 동화사가 발전하고 높은 단계에 오르려면, 반드시 많은 사람들의 지혜를 모아야 하고 일치단결하여 공동의 목표를 위해 노력해야 한다.

나는 내 자신을 잘 알고 나에 대한 장기적인 계획도 있다. 동화사의 방장으로 승좌한 다음 2기(1기는 5년)만 하고 퇴임할 예정이다. 그 다음 은거해서 나 자신을 충실히 하면서 더 높은 경계에 도전하고 더 높은 단계를 달성하고자 한다.

나는 사물과 사람을 대하는 원칙과 방법이 있다. 일단 여러분에게 정력을 기울이고 애를 쓴 일에 대해서는 절대 후회하지 않는다. 또 내가 삭발해 준 사람이든 아니든, 동화사에 온 사람에게는 반드시 심혈을 기울여 애를 쓰고 배양하며 양육할 것이다. 여러분이 성공하여 동화사에 근무하는 인재가 되든지 아니면 불교계의 인재가 되든지, 틀림없이 여러분은 불법을 널리 펼칠 인재가 될 것이므로 이미 나의 목적은 달성한 것이다. 인재를 양육하고 배양하는 목적은 홍법을 위한 것이지, 단지 동화사만 위한 것이 아니다.

인재로 인정받는 사람은 이미 아주 높은 자질을 구비하였고 많은 재능을 한 몸에 지니고 있다. 수행하는 것도 같은 이치이다. 오명五明이 구족되어야만 개오開悟하고 득도할 수 있는 것이다. 결코 개오한 다음 오명이 구족되는 것이 아니다.

며칠 전 떠나간 YK라는 어린 사미는 나를 스승이라고 하고 나도 그를 제자로 받았다. 그는 아직 어린 나이이기 때문에 내가 HD라는 법명을 지어 주었다. 그 사미는 포부도 크고 이상도 높지만 사람이 갖추어야 할 기본자질을 구비하지 못하였다. 나는 그에게 "네가 열심히 배우고 자신의 자질을 충실히 닦지 않으면, 너의 모든 이상과 포부는 망상이 되고 광상狂想이 되며 결국 미신에 빠질 것이라."고 하였다. 또 "만약 네가 높은 자질을 갖춘다면 미신도 정신正信으로 되고 망상도 이상으로 될 것이며, 이상은 현실이 될 수 있다."라고 하였다. 모든 것을 달성한다는 것은 바로 그 사람에게 갖추어져 있는 자질에 의거하는 것이다.

능력은 있지만 일을 하지 않으면 인재라고 할 수 없고, 능력도 능력이라고 할 수 없다. 능력이라는 것은 추상적이고 텅 빈 것이다. 부지런하고 어려움을 이겨낼 수 있는 것도 능력의 일부분이고, 담력膽力과 식견도 능력의 일부분이다. 능력은 우리들의 신앙과 이치가 같다.

부처를 믿고 예배할 줄 안다고 신앙이 되는 것이 아니다. 종교인이라면 본교의 교법에 통달해야 할 뿐 아니라, 나라의 법도 통달해야 하며, 나라의 법이 교법보다 더 크다는 것도 알아야 한다. 교법은 국법의 기초 위에서 세워졌는데 국법은 운반체이고 무대이다. 안전하고 질서 있는 무대가 없다면 여러분의 교법이 어떻게 발을 붙이고 홍법할 수 있겠는가? 그러므로 나는 줄곧 "신앙하는 사람은 우선 나라를 사랑하라."고 호소한다.

나라는 우리들의 포부와 이상을 실현할 수 있는 무대이다. 나라가 태평하지 않고 백성들이 편안하지 않다면 여러분의 신앙은 실현될 수 없는 것이다. 우리들은 신도이면서 동시에 나라의 국민이다. 국민이라면 나라의 안정을 수호하고 전심전력으로 사회를 위하여 근무할 의무가 있다. 불교에서는 복보福報라는 말을 많이 하는데 복보는 어떻게 닦는 것인가? 자기가 맡은 바 직무에 책임을 다하며, 사회의 의무를 다하는 것이 바로 복보를 닦는 것이다. 우리들의 자질이 높아지고 인격이 완벽해지며, 사람마다 모두 전심전력을 다해 책임지고 근무한다면 수행의 관리도 더 완벽해질 것이다.

3강

나한도는 내려놓고 보살도를 행하라

한 가지 일을 겪었는데 아무런 느낌[感受]이 없다는 것은 전적으로 뛰어들어 느끼고 배우지 않았음을 뜻한다. 불교에서 '촉觸, 작의作意, 수受, 상想, 사思'라는 말이 있는데, 이런 느낌이 없다면 어떻게 부처님공부를 할 수 있는가? 불교는 '먼저 겪어본 뒤에 내려놓으라'고 한다. 하지만 그것을 겪어 보지도 않고 느낌도 없었는데, 어떻게 그것을 초월하고 내려놓으라고 할 수 있는가? 그래서 불교는 그것을 먼저 일으켜 본 뒤에 내려놓으라고 한다.

들쳐 메고 행하면 보살이요, 내려놓으면 나한이다. 대 보살들이 어찌 모든 것을 다 내려놓을 수 있는가? 늘상 메고 들고 다닌다. 보살의 정신은 화염으로 붉은 연꽃을 제련하고, 오탁악세五濁惡世에서 보살도를 행하는 것인데, 누가 그것을 막을 수 있고 내려놓으라 할 수 있겠는가? 하지만 나한은 내려놓아야 한다. 부처님께서 대승법을 가르치실 때 '내려놓으라[放下]'는 말씀을 하지 않으셨다. 그런데 중생들의 토대가 없음을 발견하시고, 비로소 소승법을 가르치시며 내려놓는 법도 가르치셨다.

옛날에 조사님들은 항상 "죽지 않으면 해야 한다."라는 말씀을 하셨다. 이 말은 중생을 위하여 보살도를 행한다는 보살의 정신인 것이다. 자비심이 무궁한 사람, 지혜가 막힘없는 사람에게는 할 수 없는 일이 없다. 가령 불교의 이념을, 일부분 사람들이 말한 것처럼 모든 것을 내려놓아야 한다고 이해하면, 나라의 기능은 모두 상실될 것이고, 사회는 발전할 수 없으며, 좋은 기풍을 세울 수 없을 뿐만 아니라 백성들을 잘 살게 할 방법도 없는 것이다.

만약 "내려놓으라"는 것이 불법佛法이라면, 왜 우리들에게 무한히 넓고도 깊은 부처님의 경장經藏을 깊이 연구하라고 하는가? 세간법이나 출세간법이나 간에, 내려놓는 것이 아니라 모두 지고 메고 들고 다녀야 한다. 여러분이 이 차원의 사람이 아니라면 그 차원으로 가서 모두 내려놓고 살아도 되지만, 우리의 현재 차원과 이 단체의 사람들은 내려놓는다는 것이 존재하지 않는다. 이 차원이라는 것은 단지 출가한 사람들을 말하는 것이 아니라 부처와 보살님들을 말한다.

사람들이 말하는 '내려놓는다'라는 말은 자기를 위한 변명의 구실에 지나지 않는다. 그것은 진보하기 싫어하는 사람들의 심리상태이다. 왜 여러분은 단지 내려놓는 것만 보고, 메거나 든 것을 보지 못하는가? 여러분은 부처 보살님들처럼 "범인일 때는 줄지 않고, 성인일 때는 늘지 않는다〔在凡不減 在聖不增〕"가 될 수 있는가? 그렇다면 부처 보살들은 메거나 들고 있는데, 왜 우리들은 기어이 내려놓아야 한단 말인가?

　기왕 부처님공부를 하고 싶다면, 마음가짐을 바꾸고 과거에 이룬 갖가지 견해들을 모두 버리고, 부처님의 사상을 완전히 받아들여야만 비로소 부처님공부가 된다. 부처·보살님들은 부지런하고 배우기 좋아하는 사람들이다. 하지만 지금 부처님공부를 하는 사람들 가운데 부지런하고 배우기를 좋아하는 사람이 몇이나 되는가? 호기심만 품고 진종일 귀신놀음만 하고 있다! 지금 사회는 비약적인 속도로 발전하고 진보하고 있다. 출가한 스님들이 인천사표라고 한다면, 한시각도 지체하지 말고 부지런히 배워야 할 것이다. 불법을 배워야 할 뿐만 아니라 세간법도 배워야 한다. 세간법을 모른다면 불법을 운용할 수 없고, 불법을 운용할 수 없다면 사회의 발전과 발걸음을 맞추지 못하는 것이다.

　부처님공부는 세존의 사상을 계승해야 할 뿐만 아니라, 나날이 번창하는 시대와 발걸음도 맞춰야 하고, 자아를 완벽하게 하는 동시에 불법의 근본정신으로 사회에 복을 베풀어야 한다. 법사들의 뒤에는 수억의 신도들이 따르고 있다. 그러므로 법사들은 시사와 정치를 알아야 할 뿐 아니라 전문적인 지식에도 능통해야 한다. 만약 법률에 대한 지식이 구비되지 않고 시사와 정책을 모른다면, 어떻게 신도들을 이끌어 사회에 적응하도록 할 수 있겠는가?

　출가한 스님들이 정치에 참여하지는 않지만 정치는 알아야 한다. 그래야만 비로소 시대와 발걸음을 맞출 수 있다. 지금 법사님들은 나라의 큰 대사가 어떻게 진행되는가에 대해서 그 내용과 정신을 알 수 있는가? 만약 모른다면 어떻게 신도들을 이끌어 나라를 사랑하고 불교를 사랑하라고 할 수 있는가? 시대의 발전을 따르지 못한다면 홍법을 할 수 없다. 교라는 것은 일종의 사상이요 방침이다. 모든 행동 단위와 모든 업종마다 모두 자기들의 교라는 것이 있다.

역사적으로 고승대덕들은 불학가佛學家일 뿐만 아니라 사상가이며 정치가들이다. 고승대덕님들이 정치무대에 오르지 않았지만 정치를 한 시각도 떠나지 않았다. 불법과 국법의 중요성을 모두 다 잘 아는 것이다. 오늘 이 시대는 가는 곳마다 절들이 즐비하게 서 있다. 이것은 국태민안國泰民安하기 때문이다. 시사정치를 모르고 불법을 말하는 법사들은 분명히 사지사견일 것이다.

내가 한 말을 믿지 못 할지라도 기억해 두기를 바란다. 장래에 내가 한 말이 정확하다는 것이 틀림없이 증명될 것이다. 불교의 사상은 나라의 법을 둘러싸고 전파된다. 국법을 모른다면 어떻게 불법을 전파해야 하는가를 모르게 된다. 그러므로 반드시 국법을 알아야 한다. 그렇지 않으면 부처의 지혜를 체현할 수 없으며 도에서 어긋나는 것이다.

4강

사람들은 모두 고귀한 품성이 있다

개광開光을 눈앞에 두고 전국 각지에서 많은 스님들과 거사님들이 모여들고 있다. 아무리 바쁘고 힘들어도 자기의 마음씀씀이를 관조하기를 잊지 말아야 한다. 사원의 자기장磁氣場과 분위기는 절 안의 사람들의 마음씀씀이와 밀접한 관계가 있으며, 자기장이 좋고 나쁨도 여기에 앉은 사람들의 마음가짐으로 결정된다. 자기장이 좋으면 동화사의 도량이 아주 청정하다고 느끼지만, 도량이 탐진치로 가득 차 있다면 오는 사람마다 아주 깨끗하지 못하다고 느끼게 된다.

우리들의 수행을 높이려면 마음가짐을 단정히 하고 자기의 행동거지를 다스려야 한다. 하지만 어떤 사람들은 늘 똑같은 착오를 범하고 자기의 행동거지를 책임지지 못한다. 아울러 자기를 개혁하고자 하지 않는다. 진정으로 자신을 개혁하려는 사람은 반드시 자기의 행동거지를 책임지고 다스리며, 좋은 습성을 양성하고 마음가짐을 단정하게 하는 것이다. 하지만 대개의 사람들은 저급한 착오를 범하고 나쁜 습성과 나쁜 버릇들을 고치려고 하지 않는다. 우리들은 일반인이다. 그러므로 일상생활가운데 작은 일부터 시작하여야 하는 것이다. 사실 큰일을 이룬 사람들도 작은 일부터 시작해서 큰일을 이룬 것이다.

배우는 것에도 능동적 배움이 있고 피동적 배움이 있다. 겸손하게 다른 사람들의 가르침을 받는 것은 능동적인 배움이고, 강제적으로 배우는 것은 피동적인 배움인데 나태하기 때문이다. 배우면 자기 것이 되고 자기의 능력과 자질이 높아지며, 또 이런 능력과 자질이 바탕이 되어서 자기의 소원을 이룩하고 자기의 이상을 실현하는 것이다.

기독교의 설법에 따르면 하나님이 인간을 창조할 때, 그들에게 고귀한 품질을 부여하는 동시에 저속한 품질도 부여하였다고 한다. 만약 사람들에게 고귀한 품질이 없다면 제 아무리 수행하고 배운다고 할지라도 고귀한 사람이 될 수 없으며, 신·구·의를 관리할 수 없는 것이다. 또 사람들이 자기의 신·구·의를 관리하고 다스릴 수 있다면, 설사 하나님께서 부정적인 에너지를 부여할지라도 그것을 고귀한 품질로 바꿀 수 있는 것이다. 하나님이 부여한 힘은 선한 일도 할 수 있고 악한 일도 할 수 있다. 왜냐하면 선과 악은 동일한 힘에서 오기 때문이다.

육조와 신수神秀가 말한 오도게는 한 가지이다. 신수의 오도게는
신시보리수身是菩提樹 몸은 보리의 나무요

심여명경대心如明鏡臺 마음은 밝은 거울의 받침대라
시시근불식時時勤拂拭 늘 부지런히 털고 닦아서
물사야진애勿使惹塵埃 티끌과 먼지 묻지 않게 하라
육조의 오도게는
보리본무수菩提本無樹 보리는 본래 나무가 없고
명경역비대明鏡亦非臺 밝은 거울 역시 받침대가 아니라네
본래무일물本來無一物 본래 아무 것도 없는데
하처야진애何處惹塵埃 어느 곳에 티끌과 먼지가 묻을 것인가

한 분은 인지因地를 말씀하셨고 한 분은 과지果地를 말씀하셨다. 이 두 분의 말씀을 같이 놓으면 완전한 수련방법이다. 인이 없으면 과가 없고, 과가 없으면 인을 볼 수 없다. 인과 과는 본래 동일체이다. 다만 다른 측면에서 다른 차원을 보았을 뿐이다.

수행자들은 자기의 독창적인 수행의 견해가 있다. 하지만 수행자들은 반드시 건강부터 챙겨야한다. 우선 자신의 에너지를 활성화 시키고 활력을 높여야 한다. 동시에 이 힘을 다스려서 그 힘을 오르게도 하고 내리게도 하며, 그 어떤 상태에 들어갈 수도 있게 하고 나올 수도 있게 해야 한다. 생리적인 에너지를 동원하여 신·구·의를 단속하면, 이 힘을 쓰지 않을 때는 잠복하고, 사용하면 노출되며, 버리면 사라지게 된다.

어떤 스님들은 입장도 없고 원칙도 없으며, 무정하고 냉정하기 그지없다. 그러나 입장도 있고 원칙이 있는 스님들은 아주 부드럽고

다정하다. 우매한 사람은 무턱대고 선을 베푼다고 하면서, 아무 것도 가리지 않고 무심하고 신경을 쓰지 않는다. 결국은 신용도 없어지고 보장도 없어지며, 사람들로 하여금 안전감安全感을 잃게 한다. 부처님 공부하는 사람, 특히 스님들의 아량은 큰 산같이 웅대하고 바다와 같이 넓어서, 무엇이나 다 포용할 수 있어야 사람들의 튼튼한 큰 기둥이 되고 안전감을 줄 수 있다.

진정하게 부처님 공부하는 사람은 여여부동如如不動해서, 그 앞에 다가온 사람마다 모두 그를 신뢰하고 믿는 것이다. 사람의 품성과 마음가짐은 문을 닫아걸고 집안에 앉아 있을 때 나타나는 것이 아니라, 그가 일을 하고 사람들과 교류할 때 나타난다. 그 사람의 가치와 품성 그리고 그의 능력도, 실행하며 쓰일 때에 비로소 나타나는 것이다. 왜 불법의 최후는 계戒·정定·혜慧와 체體·상相·용用에 귀착하는가? 계·정·혜와 체·상·용의 구별은 무엇인가? 최후의 경지인 혜와 용은 한 가지 의미로서, 혜가 바로 용이고, 용이 바로 혜이다.

출가하여 수행자가 되는 목적은 부처님공부를 하고 성불하기 위한 것이다. 하지만 무엇을 부처님공부라고 하고 어떻게 해야만 성불할 수 있으며, 또 어떻게 해야만 부처가 될 수 있는가? 이와 같은 것을 모르면 부처님공부를 할 수 없고 성불도 할 수 없으며 영원히 부처가 될 수 없다. 불법은 심법이지 상법相法이 아니다. 심법이라고 했으면, 모든 것에서 동기와 출발점 그리고 목적을 보아야 한다. 절대로 표면현상에 미혹되지 말고 현상에서 본질을 보면서 가상에 미혹되지 말아야 하는 것이다.

5강

거짓 속에서 살지 말아야 한다

- 질문 : 어떻게 해야 우리들의 본래면목을 드러나게 할 수 있습니까?
- 만행스님 : (큰스님께서는 사람 모양의 인형 여덟 개를 쌓아서 하나로 만든 인형을 책상 위에 올려놓고 법문하셨다.)

이 인형의 위로 모두 7층이 있다. 제일 아래에 있는 것이 우리들의 본래면목이고 우리들의 영혼이다. 우리들의 본래면목 위에는 이와 같이 탐재貪財, 탐색貪色, 탐명貪名, 탐리貪利, 탐식貪食, 탐수貪睡…등등이 켜켜이 씌워져 있는데 어떻게 해탈하겠는가?! 만약 이 겹겹이 씌운 탐심을 한층 벗긴다면 우리들은 그만큼 해탈하기 쉬워지고 몸도 천근만근이 가벼워진다.

보다시피 층층마다 모두 사람이다. 이것도 만행이요, 저것도 만행이다. 그러나 이 겹겹이 씌워진 것들은 참 만행이 아니다. 제일 안에 있는 것이 진짜 만행이다. 겉에 있는 것들은 모두 만행의 탐·진·치 등등이다. 지금 당신들이 보고 있는 만행은 진정한 만행이 아니라 만행의 부속품들이다. 때문에 부처님공부는 우선 비우는 것부터 배우라고 한다. 무엇을 비워야 하는가? 재·색·명·리, 심지어 각종 기호와 모든 집착을 비우고 내려놓아야만 가장 안에 있는 '진아眞我'가 나타나고 자유자재할 것이다.

우리 몸에 씌워진 것들은 이 일곱 층만이 아니다. 그러므로 진정한 본래면목은 생전에 드러나지 않으며, 그 작용을 발휘한 적도 없었다. 겹겹으로 씌운 것들이 한층한층 벗겨져야만 본래면목이 드러나고 진정한 작용을 발휘하게 된다.

대개 마음이 단순한 사람이 하는 말들은 많은 지혜를 포함한다. 왜냐하면 진아가 말하기 때문이다. 아무리 배운 것이 많다고 하지만 모두 두뇌의 범주이다. 지금의 교육은 가아(假我 : 우리 몸에 층층이 씌워져 있는 것들)에 대한 교육이지 진아에 대한 교육이 아니다. 우리들이 배운 각종 개념들은 진아의 위에 이렇게 한층 한층씩 더 씌워 놓는 것으로, (스승님은 작은 인형부터 한층한층 씌우시면서 법문하신다.) 우리의 임종 때 다겁생의 집착과 기호들을 가지고 가서 다시 환생하는 것이다.

우리들은 이렇게 수많은 가아들을 자기 몸에 씌워 놓았다. 다겁생에 수없이 씌워졌던 가아들이 얽히고설키면서 자신을 사분오열시키는 것이다. 이 모든 것이 본래면목이 아니기 때문에 우리들은 뒤죽박죽으로 앞뒤가 다른 것이다. 왜 사는 것이 그렇게 힘들다고 하는가? 정력이 너무 분산되었고 세세대대로 누적된 나쁜 습성들이 너무 많기 때문이다.

수행하는 사람들은 늘 '내려놓아야 한다'는 말을 입에 달고 다닌다. 하지만 도대체 무엇을 내려놓아야 하는가? 바로 이 겹겹이 씌워진 욕망과 각종 개념들을 한층한층 벗기고 내려놓아서 본래면목을 나타나게 하고 작용하게 하는 것이다. 만약 겹겹이 씌워진 족쇄들을 열지 못한다면, '발휘한다'고 하는 것은 영성의 힘이 아니라 두뇌가 발휘한 것이다.

어떤 사람들은 탈을 쓰고 사업하고 집에 돌아와서도 탈을 쓰고 산다. 이런 사람은 밖에서만 힘 드는 것이 아니라 집에 돌아와서도 힘이 들고, 낮에만 힘 드는 것이 아니라 밤에도 힘이 드는 것이다. 본래 집이란 탈을 벗어 버리는 곳이지만 사람들은 각종 원인으로 집에 돌아와서도 감히 탈을 벗지 못한다. 그래서 건강에도 해롭고 장수하지 못하며, 천인합일의 경지는 더 말할 것 없이 이르지 못한다. 이것은 겹겹이 쌓인 가아들이 진아를 격리시켰기 때문이다.

우리들이 철저하게 내려놓을 수 있다면 그 본래면목이 바로 드러날 것이며, 당장에 만사만물과 융화가 되어 하나가 될 것이다. 허나 겹겹으로 덧씌운 가아들이 진아를 외계와 갈라놓고 생명의 원천을 차단하였기 때문에, 사람들은 항상 힘이 부족하다고 느끼는 것이다. 비록 밖에는 모두 물(水)로 가득 차있거나 힘으로 가득 차있다고 해도, 가아들이 진아를 이렇게(스승님이 인형으로 시범을 보이셨다) 덧씌워 놓았기 때문에, 안에 있는 진아가 외로이 떨어진 독립개체가 되면서 생명력이 약해지는 것이다. 우리가 이 가

아들을 벗겨낼 수 있다면, 내 속에 있는 진아가 곧바로 만사만물과 통일체가 되어서 늘지도 줄지도 않게 되는 것이다. 우리가 수행하는 목적은 바로 이 겹겹이 덧씌운 가아들을 한층한층 벗기고 본래면목을 나타나게 하려는데 있다.

우리들이 평소에 배운 것들과 뼈에 사무치도록 가슴속 깊이 아로새긴 일들은 모두 아뢰야식에 축적되지만, 별로 중요하지 않거나 기억이 깊지 않은 것들은 제6식에 축적되어 이생에서만 받아쓰고 다음 생에서는 작용하지 않는다. 허나 뼈에 사무치도록 마음 속 깊이 아로새긴 일들은 아뢰야식에 축적됨으로써 내세에 가서도 받아쓰고 작용하게 된다. 무어라 할 수 없는 생각들과 무어라 할 수 없는 잠재적 능력같은 것들은, 모두 과거 세대에 제8식에 축적되었던 것들이다.

수행의 첫걸음은 아주 신속하게 앞부분의 7층으로 쌓인 의식을 벗겨 버리고, 제8식에 있는 세세생생 축적되었던 것들을 정리하고 바로잡는 것이다.

어째서 수행하면 지혜문이 열린다고 하는가? 우리들은 세세생생 내려오면서 많은 것을 배웠다. 이 배운 것들을 모두 제8식에 축적하였다. 마치 수많은 자료들을 컴퓨터에 저장한 것과 같다. 그러므로 이생에서 아무 것도 배우지 않고 하지 않아도 되지만, 단 한 가지 방법은 배워야 한다. 즉 앞의 일곱 층을 벗기고 제8층에 있는 것들을 누리며 쓰는 것이다. 이는 어떤 사람이 글공부도 하지 않았고 고등교육도 받아보지 못하였지만 지혜가 많은 원인이

기도 하다.

반대로 어떤 사람은 아무리 책을 많이 읽어도 여전히 지혜가 없다. 왜냐하면 그들이 배운 것은 지혜가 아니라 지식이기 때문이다. 그들은 자기가 배운 모든 지식을 지혜로 바꾸지 못하는 것이다. 무엇을 지식이라고 하고 지혜는 또 무엇인가? 지식은 밖에 있는 것을 안으로 담은 것이고 남의 것을 배운 것이다. 하지만 지혜는 한층한층 겉에 씌운 것들을 벗기고, 안에 있는 진아를 나타나게 하고 작용하게하며, 진아를 따라서 배우게 하는 것이다. 즉 지식은 안으로 담는 것이고 지혜는 밖으로 내보내는 것이다.

어째서 좌선하면 지혜문이 열린다고 하는가? 좌선하게 되면 겉에 겹겹이 씌워졌던 가아들을 한층한층씩 벗겨 버리면서, 제일 안에 있는 진아를 작용시키기 때문에 지혜문이 열린다고 한다. 이와는 반대로 지식을 배우는 것은 자기에게 가아를 한층한층씩 씌우면서, 그 속에 있는 영성의 힘을 발휘하지 못하게 하기 때문에 지혜가 없게 되는 것이다.

- **질문** : 옛날에는 선교방편善巧方便이 … (녹음상태 불량)
- **만행스님** : 불교에서는 선교방편善巧方便이 습관화 되었다. 너는 이것이 좋은 일이라고 생각하는가? 무엇을 좋은 일이라고 하고 무엇을 나쁜 일이라고 하는가? 불교에서는 다만 상대방의 심령에 상처를 주지 않으면 좋은 일이라고 한다. 비록 네가 도와준다고 한 일이지만, 도리어 남의 심령에 상처를 준다면(그 사람의 차원에서는

아직 이해할 수가 없기 때문에) 그것은 나쁜 일이 되는 것이다. 그러므로 불교에서는 "기회에 따라 설법을 한다〔對機說法〕."라는 말을 하는 것이다. 우선 상대방이 어떤 차원의 어떤 자질인가 하는 것을 보면서, 그 차원과 자질에 적합한 방법으로 그와 소통해야 한다. 혜안이 있어야 하는 것이다.

■ 질문 : 스승님! 지식을 배우면 배울수록 지혜문이 열리는 것이 어렵겠지요?

■ 만행스님 : 만약 오성悟性이 있고 지식을 능동적으로 활용할 수 있다면 지혜를 계발하는데 도움이 될 수 있다. 하지만 단지 지식에 빠지고 책에만 매달리는 교조주의는 지혜를 계발하는데 장애가 될 뿐만 아니라, 그의 몸에서 영성의 빛을 볼 수 없는 것이다. "너무 총명해서 남을 해칠까 두려운 것이 아니라, 투철하게 총명하지 못할까봐 두렵다."라는 말이 있다. 분명하고 철저하게 총명하다면 지식은 지혜로 바뀌게 될 것이고, 손발을 묶는 것이 아니라 손발을 자유자재로 움직이게 하고 더욱 큰 작용을 발휘하게 한다. 본래 지식은 우리들을 도와 성장시키는 것이지만, 도리어 배운 지식에 속박을 받게 된다. 그러므로 지식을 많이 배운 것이 두려운 것이 아니라, 지식을 끝까지 배우고 철저하고 확실하게 장악하지 못할까봐 두려운 것이다.

불교에 '문자장文字障'이라는 말이 있다. 경문의 진정한 뜻을 깨닫지 못하면, 도리어 경문이 수행에 장애가 된다는 말이다. 전통적인 불교의 교학방법은 제자들이 책을 읽지 못하게 한다. 제자들로 하여금 착실하게 스승의 주변에 맴돌게 하면서, 외부의 인연을 모두 내려놓고 단지 스승의 가르침만 받들게 한다. 제자의 차원이 일정한 정도에 이르고 지혜가 생긴 다음에야 책을 읽게 하고, 심지어 어떤 책은 반드시 읽어야 한다고 못을 박기도 한다. 그러나 제자가 판단능력이 없다면 책을 읽지 못하게 하고, 다만 내려놓고 비우는 것부터 배우게 한다. 한층한층 비우고 제8식 층까지 비운 다음에야 '가서 책을 읽어라' 하는 것이다. 이 때의 제자는 이미 무사지無師智를 증득하였고 판단하고 식별하는 능력을 갖춘 것이다.

만약 부처의 이념과 기준으로 가늠해 본다면 누구나 할 것 없이 자신을 비하할 것이고, 자기의 수행이 아주 부족하다는 생각을 할 것이다. 항상 나는 동화사의 스님들에게 이런 말을 한다. "부처님과 조사님들에 비하면 우리들은 보잘 것 없고 사는 면목도 없지만, 세간 사람들에 비하면 그럭저럭 살만한 것 같고 마음도 좀 위로가 된다."

부처님공부를 하였다고 해서 부처의 기준과 이념으로 세상사람들을 가늠하지 말아야 한다. 하지만 자신에게는 부처의 기준으로 가늠하며 요구해야 한다. 내가 이런 말을 하였다. "도를 말하는 곳에서는 도를 말하고, 장사하는 데서는 장사를 말하라." 새로운 환경에 갔을 때, 주변 사람들이 부처님공부를 하지 않고 단지 혼자만 부처님공부를 하면, 그들의 법칙을 따라야 한다. 여러분이 하는 일들이 진정하고 완전하게 세간의 법칙에 부합된다면, 그것은 도에도 부합되는 것이다. 불교에는 "인도人道와 불도佛道가 원래는 다 같은 도이다."라는 말이 있다. 하지만 우리들은 제일 기본적인 인도조차 제대로 준수하지 못하고 있다. 모든 도는 서로 다 통한다. 우리들이 인도의 법칙을 준수한다면 불도에도 부합되는 것이다. 다만 표현하는 방식이 다를 뿐이다. 사람마다 부처님 사상을 생활 속에서 활용할 수 있다면, 세상은 아주 조화롭고 평화로울 것이다. 이렇게 된다면 불법은 진짜 인류에게 복을 주게 되는 것이다.

■질문 : 만약 명사明師의 가르침을 받고 싶다는 염두가 일게 되면, 자기 몸에 올가미를 씌워놓는 것과 같지 않습니까?

■만행스님 : 명사에게 너무 의뢰하고 집착하면 자기에게 족쇄를 채운 것과 같다. 마치 어린애가 부모에 너무 집착하고 의뢰하면 성장할 수 없는 것과 같다. 명사는 다만 여러분에게 방향을 가르쳐 줄 뿐이고 수행은 자기가 해야 한다. 그러므로 명사에 너무 집착하거나 의뢰하면 성장할 수 없는 것이다. 만약 여러분이 모신 스승이 명사라면, 그 명사는 여러분을 계속 자기 곁에 두지 않는다. 반드시 여러분을 세속에 내보내고 시련을 받으면서 성장하게 할 것이다. 스승 곁에만 있게 되면 제자는 성장할 수 없다. 심지어 자기 스승이 어떤 사람인지도 모른다. 스승 곁을 떠나 세속에서 부딪치고 시련을 받으면서 성장해야 비로소 자기 스승이 어떤 사

람이라는 것을 알 수 있다. 아울러 명사를 몇 분 더 만나 뵈어야만 더 확실히 자기 스승을 알게 된다.

옛날 총림에는 이런 제도가 있었다. 한 절에서 3년간 배우면 반드시 그 절을 떠나야 한다. 떠나지 않으면 쫓아낸다. 한 절에만 있게 되면, 새로운 사상, 새로운 힘을 얻을 수 없을 뿐만 아니라 타성이 생기게 된다. 그러므로 3년이 지나면 반드시 다른 절에 가서 배워야 한다.

■ **질문**: 스승님! 각조에서 각覺과 조照의 구별점이 무엇인지 예를 들어 설명해 주세요.

■ **만행스님**: '각'은 각찰覺察인데 이미 깨달았다는 뜻이다. '조'는 조고照顧인데 보살피고 제어하며 다스린다는 뜻이다. 수행이라는 것은 바로 이 둘 사이에서 진행하는 것이다. 어떤 사람은 각찰도 할 수 있고, 자기의 마음이 일어나는 것과 행동거지를 조고할 수도 있다. 말하자면 자기의 신·구·의와 행동거지를 각지할 수 있을 뿐 아니라 주인도 되는 것이다.

또 어떤 사람은 자기 마음에서 진한심嗔恨心이 생겼다는 것을 알았지만 자기의 정서를 주체하지 못해서 제어하지 못하고, 성질나는 대로 일을 저지르고 망쳐버린다. 또 어떤 사람은 진한심이 생겼다는 것을 느끼지 못하였지만, 사람들이 일깨워주면 금방 인식해서 신·구·의를 잘 단속한다. 허나 또 어떤 사람은 진한심이 생겼다는 느낌도 없을 뿐만 아니라 일깨워줘도 신·구·의를 단속하지 못한다.

일상생활 가운데서 이 몇 가지 상황들은 우리 몸에서 아주 선명하고 철저하게 드러난다. 수행자들은 시시각각으로 각조 속에서 살아야한다. 각조를 잃으면 도를 잃는다. 각 문파와 각 종파에는 천차만별의 법문들이 있지만, 결국은 단 두 글자 즉 '각조'뿐이다. 각조의 기능을 가지지 못한 법문은 법문이 아니다. 법문이라면 반드시 각조의 기능을 사용해야 한다. 독경을 하여도 각조가 있어야 하고, 예불을 하여도 각조가 있어야 한다. 오직 각조가 있어야만 경문을 독송할 때 구절마다 글자마다, 심지어 독경할 때의 기심동념과 동작까지도 분명하고 명확하게 알 수 있다. 뿐만 아니라 예불할 때의 각 동작과 기심동념까지도 분명하고 명확하게 알 수 있다. 각조라는 이 두 글자 자체가 바로 법문이다. 만약 각조라는 두 글자를 알고 사용할 수 있다면, 기타 다른 법문들은 필요 없는 것이다. 여러분이 하는 모든 일, 그리고 자신의 기심동념과 행동거지가 모두 각조인 것이다.

■질문 : 모든 일들의 성패는 모두 하늘의 뜻입니까?

■만행스님 : 어떤 일을 네가 하고 싶든 내가 하고 싶든 간에, 모두 내인內因이고 내재적인 생각이다. 생각만 있다고 되는 것이 아니다. 외재의 환경과 조건, 말하자면 외부의 모든 요소들이 모두 구족되었는가 하는 것을 봐야한다. 모든 조건들이 구족되었다면, 내인內因은 외인外因을 통하여 작용하게 된다. 하지만 더 중요한 것

은 자기가 하는 일이 세간의 법칙에 부합되는가, 혹은 도에 부합되는가 하는 것을 봐야 한다. 동시에 일의 성패는 또 세 번째 힘에 의뢰한다. 즉 무형의 힘에 의뢰하는 것이다. 이런 무형의 힘은 범부들이 장악할 수 있는 일이 아니다. 세간에는 이런 말이 있다. "그 어떤 일을 하든지 모두 하늘이 도와야 하고, 사람이 도와야 하며, 더욱이 자기의 노력이 있어야만 성취할 수 있다." 여기서 말하는 '하늘이 돕는다'는 말이 바로 이 세 번째 힘을 말한다. 그 어떤 일을 하든지 우리의 능력범위의 일이라면, 반드시 모든 힘과 가장 좋은 방법으로 최선을 다하여 완벽하게 해야 한다. 오직 이렇게 해야 비로소 천지의 도움을 받을 수 있다. 자기 자신의 노력도 없는데 천지가 어떻게 도와 줄 수 있겠는가? 천지가 도와 줄 수 있는 유일한 조건은 "네가 해야 할 일을 먼저 다 하고나면 내가 도우러 온다."는 것이다.

명사께 법을 구하려면 자기가 해야 할 일들을 모두 다 하고, 마음가짐을 조절하고 비워야 한다. 그러면 자연히 명사의 힘이 들어오는 것이다. 자기의 환경을 정리하지 않았다면 명사가 와도 아무소용이 없는 것이다. 세간에는 "기회는 준비된 자에게만 주어진다."는 말이 있는데 아주 좋은 말이다.

■**질문**: 방금 스승께서 말씀하신 바와 같이 일상생활에서 시시각각으로 '각'과 '조'로 자기의 행동거지를 관찰한다면, 이것은 수행의 도구가 아니겠습니까?

■만행스님 : 그렇지. 수행의 최고의 도구이다. 하지만 수행의 최고 도구를 누구나 다 쓸 수 있는 것이 아니다. 사람마다 자질이 다르기 때문에 가르치는 방법도 다르고, 주는 도구도 다르다. "기회에 따라 설법을 하라."는 말이 바로 이런 뜻이다.

이런 설화가 있다. 어느 날 아침 석가모니 부처님께서 좌선을 하시고, 그 옆에서 아난이 일을 하고 있었다. 이 때 한 사람이 오더니 부처님께 "세존이시여! 묻사오니 제가 사람을 죽였는데 인과가 있습니까? 없습니까? 인과에 보응이 있습니까? 없습니까?" 하고 물었다. 세존께서는 "없노라!"고 대답을 하셨다. 그 사람은 곧바로 엎드려 머리를 조아리고 감사하다면서 떠나갔다.

이어 또 한 사람이 와서 같은 말을 물었다. 부처께서는 "있노라."고 하셨다. 그 사람은 얼른 엎드려 머리를 조아리며 참회하고 갔다. 조금 있다 또 한 사람이 와서 같은 물음을 물었다. 부처께서는 "있기도 하고 없기도 하다!"고 하셨다. 그러자 그 사람도 역시 엎드려 머리를 조아리고 참회하곤 떠나갔다.

옆에서 그 문답을 들은 아난이 "같은 문제인데 왜 각기 다른 답을 주시옵니까?"하고 물었다. "이 멍청이 같은 놈아! 너하고는 말하기도 싫다!" 아난이 "스승님! 제발 자비를 베풀어 알려 주십시오. 사람들이 똑같은 문제를 저에게 물어서 제가 틀리게 답하면 스승님 문중에 손상이 될 것입니다."하면서 졸랐다. 이 말에 부처님은 속으로 '음! 참 그렇기도 하구나. 네가 나를 대신하니 잘 가르쳐 줘야지'라고 생각하시면서 말씀하셨다.

· 615

"첫 번째 사람은 죄책감으로 감당하기 어려울 정도로 자기를 책망하면서 거의 붕괴되어 못 살 정도가 되니 인과가 없다고 하였다. 그 사람은 시름을 놓고 간 것이다. 두 번째 사람은 인과를 믿지도 않고, 세상의 온갖 나쁜 짓을 다 한 사람이라서 인과도 있고 그 응보도 있다고 하였다. 그 사람은 두렵고 겁이 났으므로 앞으로 자기의 행위를 조심할 것이다. 세 번째 사람은 반신반의하면서 때로는 믿고 때로는 믿지 않는 사람이므로 그렇게 말하였다. 내가 세 가지 다른 병에 서로 다른 처방을 낸 것이다." 부처님의 말씀을 들은 아난은 그제야 문득 크게 깨달았다.

이것을 "기회에 따라 설법을 한다."고 하는 것이다. 부처님공부를 하는 사람들은 지혜가 있어야 부처님공부를 할 수 있다. 지혜가 없다면 공부하면 할수록 손발이 꽁꽁 묶이게 된다. 본래 부처님공부는 손과 발을 풀어놓으려는 목적인데 도리어 손발을 더 묶어 놓는다. 이것을 어떻게 부처님공부라고 하고 지혜문을 연다고 하는가?

▪ **질문** : 아난은 지혜가 뛰어난 사람인데 어찌 금방하신 설화의 이치를 모를 수 있습니까?

▪ **만행스님** : 우리와 같이 어리석고 미련한 사람들을 위해 연극을 하신 것이다.

6강

부처님공부는 자기를 먼저 융화해야 한다

- **질문** : 생활 속에서 "마음을 한 곳에 정한다〔制心一處〕."가 되었다면 몸을 뚫고 나갈 수 있겠지요?
- **만행스님** : 득도한 사람은 늘 마음을 한 곳에 정할 수 있다. 일반인들은 그렇게 할 수 없을 뿐만 아니라 설사 '제심일처'가 된다 하여도 단지 잠깐뿐이다. 불법에서 말하는 것은 오래간다는 말이다. (만행스님께서 금방 도착한 비구니에게 어떻게 공부하는가 하고 물었다.)
- **비구니** : 저는 좌선만 합니다. 어떤 때 앉아 있노라면 전신이 비워지게 됩니다. 하지만 비워진 다음 저도 모르게 그냥 앉아 있게 됩니다. 큰스님께서 법문해 주세요.
- **만행스님** : 너는 좌선을 헛하였구나. 마음을 한 곳에 정하고 있는 사람이, 어찌 자기가 무슨 생각을 하고 있고 무슨 일을 하고 있음을 모른단 말인가? 주위에서 발생하는 일들을 어째서 느끼지 못하는가? 수행자의 내심세계는 아주 민감하다. 이미 주변의 만사만물

과 융화되었기 때문에 상대방의 마음 씀씀이나 주변 환경의 변화를 시시각각 느낄 수 있는 것이다. 아무 것도 모르는 상태가 나타났다는 것은 망상에 처하여 있다는 것이고, '정신이 나갔다〔走神〕'는 것이다. 하지만 역시 높은 차원이라고도 할 수 있다.

옛날 조사님들은 "황금같이 빛나는 둥글둥글한 것이 나오지 않으면 폐관할 생각을 하지 말라."고 말씀하셨다. 평소에도 공을 들이지 않는 사람이 폐관한다고 공을 들일 수 있겠는가? 평상시 생활에도 입정하지 못하는 사람이, 어찌 폐관한다고 그 어떤 상태에 들어갈 수 있는가? 평상시 공부를 아주 열심히 잘하여 수시로 어떤 경지에 들어갈 수 있고 도와 상응할 수 있어야만, 또 세속의 일이 다망하여 공부할 시간이 부족해야 비로소 밀폐식 수련 즉 폐관이라는 것을 하는 것이다.

수행자라고 하면 마음을 한 곳에 둘 수 있어야만 수행자라고 할 수 있다. 마음을 한 곳에 둘 수 있는 사람은 해내지 못하는 일이 없는 것이다. 과거의 수행자들은 자기를 관리할 수 없으면 자기가 믿는 명사明師를 찾아가서 그에게 자기를 맡겼다. 하지만 지금 수행자들은 자아관리도 못할 뿐만 아니라, 자기를 남에게 맡기고자 하지도 않는다. 그러면서도 성불하겠다고 망상을 한다. 자기의 정서도 다스리지 못하는 사람, 자기의 신·구·의의 주인이 되지 못하는 사람은 모든 생각이 단지 망상에 불과하다.

동화사 가풍의 마지막 말은 "도를 닦으려면 발심부터 하라!"이다. '발심'이란 무엇인가? 어떻게 하면 '발심'했다고 하는가? 여러분이 동화사를 위하여, 혹은 동화사에 상주하는 사부대중을 위하여 일을 한번 하였다고 발심이라고 하는가? 아니다. 진정한 발심은 본인의 내심세계에서 개인적인 생각과 두뇌를 완전히 비웠으며, 추호의 아집도 존재하지 않을 뿐만 아니라 자기를 완전히 바친 상태를 말한다.

불교에서 "진정한 봉헌奉獻은 무아이다."라고 말한다. 자기의 신·구·의를 모두 바치고 고생과 원망을 두려워하지 않는 사람이라야 무아를 이룬 사람이다. 사람들은 고생은 두려워하지 않지만 억울함과 원망을 당함은 두려워한다. 그러므로 무아를 함부로 말하는 것이 아니다. 고생과 원망을 견디고 이겨 나갈 수 있느냐 없느냐 하는 것은, 심령의 경계와 내재적인 자질에 의한 것이다. 세존께서 어느 한 생애를 지낼 때 토굴에서 정좌하셨다. 그러던 어느 날 가리왕의 궁녀들이 세존을 에워싸고 법문을 듣게 되었는데 가리왕이 오해를 하게 되었다. 하지만 세존께서는 그에 대하여 아무런 변명도 하지 않으셨다. 사실 변명하는 자체가 내재적으로 아직 초월하지 못하였음을 의미한다. 사람들은 늘 다른 사람이 자기를 이해해주고 인정해 주기를 갈망한다. 이것은 여러분의 내재도 속인과 다름없음을 의미한다. 이처럼 제일 기초적인 관문도 넘기지 못하면서 어찌 수행하는 사람이라고 할 수 있는가? 도대체 여러분은 무엇을 닦고 있는가? 우리가 닦는 것은 바로 이와 같은 것이다. 부처님공부에 추호의 가식도 있어서는 안 된다.

손에 염주를 들고, 날마다 어미타불을 부르고 주문을 독송하는 것을 수행이라고 생각하는가?! 아니다. 여러분의 심령의 승화와 마음가짐의 변화를 가져올 수 없다면 모두 헛짓을 한 것이다. 오로지 아집만 증가하고 아집을 위해 기초를 닦았을 뿐이다. 그리곤 "나는 폐관을 7년이나 하였소. … 4가행을 다섯 번 했소. … 대다라니를 백만 번이나 독송했소. … 삼보일배를 하면서 4대 명산을 다 다녀왔소." 등등을 자랑할 것이다. 이것이 바로 아집의 본전本錢이라는 것이다. 이런 본전을 평생 들고 다니면서 뽐내면서 살 것이다.

여러분이 사대명산을 다 돌아다니면서 참배하였고, 7년 동안 폐관수련을 하였고, 독경도 많이 하고 주문도 많이 독송하였다고 득도하고 성불했다고 생각하지 말라. 여러분의 나쁜 습성과 나쁜 버릇 등 결점에 공을 들여 바로잡지 않는다면 모두 소용없는 일이다.

우매무지한 사람일수록 경건하기 그지없다. 여기서 말하는 '경건'은 불문에서 말하는 경건이 아니라, 미신에서 오는 우매무지한 행위들을 말한다. 불교에서 말하는 경건은 정지정견을 말하는데, 정지정견이 없는 경건은 아주 무서운 일이다. 불교에서는 "정지정견이 첫째이고 경건은 그 다음이다."라고 한다. 하지만 지금 거꾸로 전도되었다.

수행하는 사람들은 에너지를 내재로 거두어야 한다. 내재로 거두지 못하면 무엇으로 도를 닦으며 수련하겠는가? 수행하는 사람의 내심세계는 고독함 적적함 등이 존재하지 않는다. 뿐만 아니라 고독과 적적함을 향수라고 생각한다. 마치 책을 읽기 좋아하는 사람들처럼 대천세계의 상하 오천년을 가로세로로 없는 것 없이 다 읽어보는데, 어찌 적적하고 고독하다는 느낌이 있겠는가! 수행하는 사람의 내재적인 심령상태에는 천상천하, 인간세상과 지옥 등등 없는 것 없이 다 있다. 이것이야 말로 "눈을 감고 세계를 보고 입을 열지 않고 감로수를 마시노라."인 것이다.

옛말에 "어진 신하는 현명한 군주를 택해서 섬기고, 날짐승들은 좋은 나무를 찾아 내려앉는다."는 말이 있다. 날짐승들은 좋은 나무를 찾지 못하면, 공중에서 빙빙 돌면서 힘겨워 죽더라도 아무 나무에나 내려앉지 않는다. 마찬가지로 어진 신하도 현명한 군주를 만나지 못하면 평생 떠돌아다니더라도 아무 군왕이나 따르지 않는다.

자기가 믿는 명사를 따르고 싶다면 확실하게 자기의 신·구·의를 그에게 모두 맡겨야 한다. 오직 이렇게 해야 그 명사와 상응할 수 있다. 여러분이 일단 명사와 상응하게 되면 명사의 마음씀씀이는 바로 여러분의 마음씀씀이가 되고, 그가 무슨 염을 움직인다면 복사되어 여러분 마음에도 같은 염이 움직이게 될 것이다. 그 때는 몸은 자기 것이지만 영혼은 명사의 것이 된다. 그러므로 여러분은 진보할 수 있고, 명사와 둘이 아니라 하나의 동일체가 되며 명사의 화신이 되는 것이다.

성장하고 성숙하며, 만물과 동일체가 되고 독립적인 개체가 되고 싶다면, 반드시 본인이라는 개체가 없어지는 과정을 거쳐야 한다. 이 과정을 어떤 사람은 석 달이면 완성할 수 있고, 어떤 사람은 3년이나 10년이면 완성할 수 있지만, 어떤 사람은 평생 혹은 몸을 바꾸면서 몇 세대를 살아도 완성할 수 없다. 자기를 확실하게 상대방에게 맡겨야만 그와 상응할 수 있으며, 상대방과 상응되어야만 비로소 분리되어 개체가 될 수 있는 것이다. 일단 개체가 되면 상대방이 가지고 있는 모든 것을 다 가지게 된다.

사람들은 무엇이나 다 배워서 얻는 것이 아니다. 불법에 의하면 모두 깨달아서 얻은 것이다. '배운다'는 것은 우선 그 속으로 뛰어든 다음 다시 뛰어 나와야 되는 것이다. 어떻게 수많은 업종의 지식과 기술들을 모두 배워서 아는가? 왜 "하나를 통하면 백을 통한다〔一通百通〕"라고 하는가? 도를 깨달은 사람, 성취가 있는 사람들도 수명의 한계가 있고 정력의 한계가 있다. 그가 '배웠다'고 하는 것은, 이미 그것에 용해되어 들어갔다가 다시 나오는 기능을 깨쳤다는 뜻이다. 한 가지 요령을 알면 백 가지 요령도 다 알게 된다. 360행行의 요령들도 모두 다 이런 것이다. 다만 전제조건은 자기의 신·구·의를 관리할 수 있어야 한다는 것이다.

입도入道의 여부와 어느 수준으로 입도하였는가를 알려면, 그 사람이 말하는 음성만 들어도 알 수 있다. 뿐만 아니라 능력이 어느 정도 되는가 하는 것 역시 그 사람이 말하는 소리나 길을 걷는 자세에서도 알 수 있다. 득도한 사람이 음성도 변하지 않고 걷는 자세도 변하지 않았다면 어떻게 도를 얻었다고 할 수 있는가? 기본적인 테두리도 장악하지 못하고 얻지 못하였는데 그것이 될 말인가?

도道라는 것은 유형의 도와 무형의 도가 있다. 유형의 도를 얻지 못한 사람이 어찌 무형의 도를 얻을 수 있는가? 이 학과목도 끝내지 못하고 돌파하지 못한 사람이, 어떻게 그 보다 더 깊은 무형의 도에 들어 갈수 있으며 무형의 도를 얻을 수 있단 말인가? 또 여러분이 유형과 무형을 얻었다고 하더라도 유형과 무형은 하나이다. 유형은 바로 무형의 나타남이고 무형은 유형을 연장한 것이다. 불교에서 누구를 최종적으로 믿으라고 하는가?

■답변 : 자기를 믿으라고 합니다.

■만행스님 : 세 번째도 자기를 믿으라 하고, 네 번째도 자기를 믿으라고 한다. 하지만 세 번째 자기를 믿는 것과 네 번째 자기를 믿는 것은, 그 믿음이 완전히 다르다.

■질문 : 불교는 자기만 믿고 남을 믿지 않는다고 하지 않습니까?

■만행스님 : 남을 믿는 것도 한 단계이고, 자기를 믿는 것도 한 단계이다. 최종적이고 궁극적이고 원만한 과위는 바로 자기를 믿는 것이다. 세 번째 단계도 자기를 믿는 것인데, 그것은 아집이라고 하고 고집이라고 하며 우매라고 한다. 누구도 안 되고 나만 되며, 누구도 다 틀렸고 유독 나만 옳으며, 다른 사람은 다 미련하지만 나만은 총명하다. 인생의 세 번째 단계가 바로 이런 것이다.

■질문 : 그럼 제1단계와 제2단계는요?

■ 만행스님 : 제1단계는 신앙도 추구도 없으니 별로이지만, 제2단계는 추구도 좀 있고 진보도 하려고 한다. 제3단계는 우매무지가 시작된다. 믿기 시작하고 또 경건하게 믿는데, 하나를 붙잡고 믿기 시작하면 그것이 없으면 죽는 줄 안다.

제4단계에 이르면 석가모니 불상도 태워 버리고 부셔버리면서 아무 것도 믿지 않고 자기만 믿는다. '부처가 아는 것은 나도 알고, 부처가 가지고 있는 것은 나도 있다'고 여긴다. 이 단계를 넘어간 다음 비로소 '부처와 나는 동일하며, 부처가 가지고 있는 것은 나도 있구나' 하는 것을 발견하게 된다. 이 때의 '있다'는 것은 진정한 의미의 자기도 믿고 남도 믿는다는 것이다.

7강

정지정견만이 도를 깨닫는 열쇠이다

■ 만행스님 : 예로부터 불법을 수학하고 입도하는 유일한 길은 다만 식견뿐 다른 길은 없다. 소위 '귀원무이로歸原無二路, 방편유다문方便有多門'이라고 한 것은, 수행하는 방법은 다양하지만 핵심으로 통하는 문은 오로지 식견 밖에 없다는 말이다. 이 유일한 통로가 명확하지 못해서, 가장 기본적인 이념도 확실하지 않다면 도에 들어갈 수 없는 것이다.

옛날에 명사들께서 도를 논할 때 보편적으로 사용하는 수법은, 돌을 던져 길을 찾는 격으로 당신이 받느냐 받지 못하느냐를 먼저 본다. 받아들이지 못하거나, 받기는 하지만 반격하지 못하면 당신과 도를 논하지 않는다. 하지만 각자의 상황에 따라 적합한 방법을 가르쳐 주면서 배우도록 한다.

■ 질문 : 스승님! 어떻게 하면 성명쌍수가 되는 것입니까?

■ **만행스님** : 사실 성과 명은 갈라놓을 수 없다. 알아듣기 쉽게 말하면 성과 명은 심리와 생리이다. 심력이 강한 사람은 심리상태를 수련하는 동시에 생리도 바꾸는 것이다. 일반인들의 몸에는 두 가지 힘이 존재한다. 하나는 생리의 힘이고 다른 하나는 심리의 힘이다. 수행하는 사람은 우선 심신의 조화와 통일을 이루도록 해야 한다. 다시 말하면 성과 명, 즉 심리와 생리의 두 힘이 합하여 하나가 되고 평형이 맞아야 비로소 대자연과 하나가 될 수 있다. 이 두 번째 화합이 끝나야 '부증불감, 불생불멸不增不減, 不生不滅'이 되는 것이다.

「정좌하는 방법」이라는 제목의 생리수련을 강의한 내용이 『항복기심』에 실려 있다. 그 제목으로 어떻게 생리를 수련하는가 하는 문제를 많이 말했다. 즉 도가와 밀교에서 말하는 임맥과 독맥을 소통시키는 방법이다. 입도한 후 퇴보하지 않으려면 반드시 생리를 바꾸어야 한다. 불교에서 말하는 색신을 전변시켜야 한다는 말이다. 사람들의 정서는 파동이 심하다. 도심도 생겼다가 없어지고 많았다가 줄어드는데, 그것은 생리파동의 영향을 받아서 그렇고, 생리적인 관문을 돌파하지 못해서 그렇다.

일반인들의 심리는 생리의 영향을 받게 된다. 오로지 득도한 사람의 심리만 생리에 좌우되지 않는다. 설사 생리에 비정상적인 반응이 생긴다고 해도, 심리가 생리를 전변시킬 수 있는 것이다. 명공命功을 수련할 때 생리수련에 치우친다고 하지만 여전히 심리상태의 전변을 위주로 한다. 심념이 전변되지 않으면 생리도 전변할 수 없는 것이다.

어째서 부처님공부를 한다는 사람들이 자기의 신체를 지배하지 못하는가? 속으로는 아침 일찍 일어나 아침예불에 참석하겠다고 굳게 다짐하지만 곧장 일어나지 못한다. 왜냐하면 심력이 부족하기 때문에 자기의 생리를 제어하지 못하는 것이다. 물질에 의해 개변될 뿐 물질을 바꾸지 못하는 것이다. 신체는 바로 심리의 '물질'인 것이다.

생리로부터 착수하든지 아니면 심리로부터 착수하든지 간에 반드시 호흡을 다스려야 한다. 만약 호흡방법이 고쳐지지 않는다면 당신의 운명, 당신의 건강, 당신의 체력과 담력과 식견은 있을 수 없다. 사람의 생명은 호흡에 의하여 유지된다. 말하자면 생명의 연장과 건강도 호흡에 좌지우지 되는 것이다. 왜 이 몇 년 동안 계속하여 여러분들에게 육자진언과 삼자명을 독송하게 하였는가? 독송하는 방법을 몇 번이고 반복적으로 설명했지만 아직까지 진정한 요령을 파악하지 못하고 있다.

선천적인 단전의 기를 불러 깨워서 동원하지 못한다면, 오래 살기는커녕 건강한 생명력조차 얻을 수 없다. 우리들은 매일 먹고 마시고 하는 보잘것없는 영양물에 의지해서 겨우 생명을 유지하고 있다. 한 번도 단전에 있는 선천적 에너지를 사용해 보지 못했다. 도교의 관점에 의하면 '선천적인 약, 다시 말하면 선천에 있는 정·기·신을 깨워서 사용하지 못하고, 겨우 후천에서 얻은 에너지에만 의지하면 절대로 도에 이를 수 없다'고 한다. 옛날 도가의 사람들은 일반적으로 120살 이상 살았다. 그들은 선천적인 에너지, 즉 단전에 저장된 에너지를 모두 불러 깨워서 사용한 것이다. 선천적인 에너지가 깨어나면 목소리도 변하고 골격까지 변한다. 이것은 첫 번째로 보여주는 상징이다. 체력과 담력 및 식견 그리고 기백 같은 것은 더 말할 것도 없는 것이다.

비록 불교와 도교에서 선천적인 본래면목은 닦을 필요도 증도할 필요도 없다고 하지만, 명공命功(생리)을 전변하지 못하면 선천적인 본래 면목을 기용할 방법이 없는 것이다. 자성自性을 쓰기 시작한 것은 색신을 도구로 하여 된 것이다. 만약 피차간에 그들이 조화롭게 통일되지 않고 하나로 융합할 수 없다면 자성을 기용하지 못한다. 비록 불교에서 체·상·용體相用은 일체라고 말하지만, 궁극의 과위에 이르지 못한 사람은, 여전히 생리는 생리요, 심리는 심리일 것이고 여전히 사분오열인 것이다.

불교는 명공수련, 즉 생리수련을 특별히 강조하지 않지만, 전통적인 불교의 수련방법은 명공수련을 포함한다. 비록 성과 명이 일체라고 하지만, 각기 다른 단계에서는 생리와 심리가 일체가 될 수도 있고 갈라질 수도 있다. 과거 조사대덕님들께서 금강불괴金剛不壞의 육신을 남기거나, 장밀藏密에서 말하는 홍화신虹化身을 남길 수 있었던 것은, 그분들의 생리가 막힘없이 통달했기 때문이다. 다시 말하면 명공수련을 특별히 잘 한 것이다. 도교와 밀교에서 금강불괴신을 남긴 사람의 수는 한전불교의 선종보다 많다.

명공수련에 치우친 사람들은 많은 시간을 신체의 수련에 공을 들인다. 하지만 선종은 명심견성을 강조하고 심리상태의 수련을 강조해서 그것에 치우친다. 사실 매일 좌선을 하면, 그 어떤 운동이나 신체단련을 하는 것 보다 더 빨리 신체의 변화가 오고 건강을 가져올 수 있다. 진정 신체를 전변시키고 신체건강을 촉진하려면 좌선을 해야 한다. 하지만 좌선을 정확하게 하는 사람은 몇 사람 되지 않는다. 설령 자세가 정확하다고 해도 단지 표면적인 형상을 모방한데 불과하고, 생리적 기기氣機의 운행규율은 장악하지 못했다.

- 질문 : 스승님! 부처님께서 『능엄경』에서 말씀하시기를 손가락 한마디만 태워서 부처님께 공양하면 바로 업장이 소멸된다고 했습니다. 무슨 뜻입니까?
- 만행스님 : 그렇게 할 수 있다는 것은, 그 사람의 심력이 이미 그 어떤 차원을 초월했기 때문이다. 때문에 그러한 측면에서 본다면 그 사람의 업장이 소멸된 것이다. 어떤 불법의 방법은 우리들이 감히 배우지 못한다. 왜냐하면 심령의 힘이 부족하기 때문에 그것을 초월하지 못하기 때문이다. 그렇게 할 수 있다는 것은 그가 이미 자아를 초월했다는 것을 의미한다. 때문에 업장도 자연 소멸되는 것이다. 하지만 초발심을 내었을 때만 할 수 있다.

일단 정법을 얻게 되면 그러지 않아도 된다. 마치 득도 이전의 석가모니 부처님께서 자기의 몸으로 천인天人을 공양하신 것처럼, 정법을 듣지 못했고 득도하지 못했을 때와 같다. 만약 득도했다면 석가모니 부처님께서 그렇게 할 필요가 있었겠는가? 바로 그런 정신이 있었기 때문에 석가모니 부처님께서 정법을 들을 수 있고 득도할 수 있었던 것이다.

8강

정지정견은 부처님공부의 근본이다

■ **만행스님** : 선방에서는 좌선을 하고, 선방에서 나오면 선을 실행하라〔堂上坐禪 堂下禪做〕. 수행자는 항상 이런 것을 잊어서는 안 된다. 무슨 말인가? 자재自在를 말한다. 그렇다면 '자'가 있는가? 없는가? 어째서 자재라고 하고, 어째서 자재가 아니라고 하는가? 바로 각조覺照이다! 각覺도 있고 조조도 있기 때문에 자재이다. 각은 있더라도 조가 없으면 자재하지 못하고, 조가 있지만 각이 없어도 자재하지 못한다.

■ **질문** : 스승님! "선방에서는 좌선을 하고, 선방에서 나오면 선을 실행 하라."의 뜻을 한 번 더 해석해주시면 좋겠습니다.

■ **만행스님** : 이 말의 뜻은 선방에 앉으면 좌선하면서 마음을 연마하고, 선방에서 나오면 일을 하면서 마음을 연마한다는 말이다. 선방에서 좌선하는 것도 연마하는 것이고, 밖에서 일을 하는 것도 연마하는 것이다. 즉 좌선하는 것은 칼을 가는 것이고 선방에서

나오면 칼을 쓴다는 것이다. 칼을 쓰는 사람의 칼날은 쓰면 쓸수록 예리해진다. 나무는 어떻게 찍어야 하는가?
- **답변** : 비스듬하게 찍어야 합니다.
- **만행스님** : 바로 그렇다.

- **질문** : 스승님께서 늘 입도하지 못하였으면 수행이라 할 수 없다고 하셨는데 입도의 전제조건은 무엇입니까?
- **만행스님** : 우선은 자기의 신·구·의를 잘 단속해야 한다. 불교의 관점을 따르면, 여러분이 자기의 신·구·의를 잘 단속하지 못했기 때문에 상대방에게 업을 짓게 한 것이다. 그러므로 상대방에게 업장이 있다면 여러분에게도 그만한 업장이 있게 된다. 이것이 바로 보살계에서 말하는 "만약 자기가 했고 또는 남을 시켜서 하게 하고, 남이 하는 것을 보고 따라하며 기꺼워한다. …."는 것이다. 자기가 직접 참여하지 않았다고 죄가 없다는 생각을 하지 말아야 한다. 간접적으로 참여하고 또 남들이 죄를 짓게 하는 방편을 제공하는 것도 같은 죄가 되는 것이다.

자기의 직책에 관한 일을 모른다면 아주 큰 잘못이다. 우매무지한 사람들은 아주 뻔뻔하고 태연스럽게 "난 모른다."고 한다. 자기의 신·구·의도 관리 못하고 본분도 지키지 못하는 사람이, 어떻게 일을 하며 어떻게 사람노릇을 하며 어떻게 도를 닦을 수 있겠는가?

- **질문** : 집에서 수행하는 거사들은 나태하기 쉬운데, 식견이 명확하지

않아서 그런 것입니까? 아니면 신심이 부족해서 그런 것입니까?
■만행스님 : 각자가 하는 사업이 있어서 수행을 주업으로 생각하지 않았기 때문에 나태한 것이다. 만약 수행이 무엇인지 명확히 안다면 생활선生活禪 또는 사업선事業禪을 할 수 있으므로 나태하지 않을 것이다.

■질문 : 스승님! 무엇이 경건이며 무엇이 미신인지 다시 법문해 주시기를 바랍니다.
■만행스님 : 정지正知가 있어야만 경건할 수 있고 사견邪見은 미신이다. 불법을 배우고 수련하는 모든 일은 정지정견을 기초로 한다. 정지정견이 없다면 여러분이 알고 얻은 모든 것들이 정확해지지 않는다. 불교에는 "차라리 천일을 깨닫지 못할지라도 단 하루라도 마에게 미혹되지 않게 조심하라."고 한다.
부처님공부는 사람들을 해탈하고 초월하게 하는 것이다. 결코 사람들에게 올가미를 씌우면서 속박하고 심리적 압박을 주는 것이 아니다. 만약 아직 정확한 이론이 형성되지 않았으면 가르칠 수 있다. 하지만 이미 기본적인 이론을 형성했고, 두뇌는 이런 관점들로 가득 차 있으면 좋은 사상과 좋은 이념들이 들어갈 수 없다. 동화사에 왔다면 원래 자신이 가지고 있던 개념들을 내려놓고 새로운 것을 담아야 할 것이다. 만약 새로 담은 것이 나쁘다고 생각하면 그것을 제자리에 돌려놓으면 된다.
불교에서는 왜 '내려 놓으라'고 말하고 '포기'하라고 하지 않는가?

자기 것이 옳다고 느끼면 겸손하게 다른 사람의 말을 먼저 듣고 분석한 다음에 부정해도 얼마든지 된다. 아집을 가지고 선학禪學을 하지 말아야 한다. 아무 말도 귀에 들어오지 않는데 선학을 어찌 할 수 있겠는가?

- **질문** : 어떻게 하는 것이 참된 부처님공부입니까?
- **만행스님** : 성불하자면 어떠한 기백과 마음을 가져야 하는가? 지금 부처님공부를 한다고 하는데 다들 주제넘은 일 같다. 왜냐하면 인간의 제일 기본적인 규칙도 배우기 싫어하고 지키고자하지 않으면서 부처님공부를 하겠다고 하기 때문이다. 한 가지 착오를 계속 반복하고 또 평생토록 똑같은 착오를 범하면서도 수증한다고 하고 자기를 개조하겠다고 하지 않는가?!

아무리 경건하고 꾸준히 노력하더라도 정지정견이 구비되지 않았다면, 경건하게 노력할수록 점점 도道와 멀어지는 것이다. 하지만 정지정견을 구비하고 경건하게 노력한다면 도와 가까워진다. 수행하는 사람이 자기의 결점을 보지 못하고 다른 사람의 결점도 보이지 않는다면, 그 사람은 내재의 심령공간에 들어가지 못한 것이다. 내재의 심령공간에도 들어가지 못한 사람이 어떻게 다른 사람의 심령공간에 들어갈 수 있겠는가? 하지만 어떤 사람들은 자기의 결점은 보지 못하지만 남의 결점은 잘 본다. 사실 이런 사람을 자세히 분석해보면, 남의 결점을 보았다고 하지만 겉모양 뿐이고 내심 속 깊이 파묻힌 결점은 보지 못한다.

매일 매일 수련한다고 하는데 도대체 무엇을 어떻게 수련하는가? 좌선하고 주문을 독송하는 것이 수행인가? 자기의 결점, 자기의 나쁜 버릇과 습성, 그리고 자기가 제일 약한 부분을 극복하려고 노력하지 않는다면 그것은 수행이라고 할 수 없다.

옛날 사람들은 일편단심 도를 향하고 종일 내재의 삼마지에 있었으므로 외모를 볼 겨를이 없었다. 하지만 지금 우리들은 내재에 들어가기는커녕 겉치레도 잘 못하지 않는가!? 대승불교의 관점에서 말한다면 내외는 동일체이므로, 밖의 것을 수련한다는 것은 내재적인 수련도 한다는 말이다. 내재적인 수행을 잘 하려면 외재적인 수행부터 시작해야 하는 것이다.

부처님공부를 하는 사람의 내재는 아주 조용하고 편안하며, 행동거지 역시 느슨하고 가벼우며 부드럽고 침착하다. 하지만 가장 단정하지 못한 사람 역시 부처님공부를 한다고 하는 사람과 출가한 사람들이다. 세간의 법도조차 지키지 못하는 사람들이 어떻게 출세간의 대도大道에 들어갈 수 있겠는가? 불법의 체·상·용은 사바세계에서 세워진 것이다. 불법은 세간에서 수련하고, 세간을 초월한 다음 다시 세간으로 돌아와 쓰이는 것이다.

출가하면 세속의 모든 공명과 이록利祿·애정 같은 것들을 얻을 수 없다. 만약 수행해서 성취하지 못한다면 어떻게 그것을 해탈이라고 할 수 있는가? 사람들은 "바보인척 하는 것이 어렵다."는 말을 많이 하는데 어떻게 이 말을 해석하면 완벽할까?

■ 답변 : 스승님! "총명한 것도 어렵고 바보인양 하는 것도 어렵다. 하지만 총명하기보다 바보인양 하는 것이 더더욱 어렵다"라는 말이 있습니다.

■ 답변 : 스승님! 수행의 순서를 다시 한 번 법문하시기를 바랍니다.

■ 만행스님 : 우선 수행의 방향을 알아야 한다. 수행의 방향이 똑똑하지 않으면 발을 떼어보겠다는 말을 절대하지 말아야 한다. 조사님들의 관점에 따르면, '명백한 식견이 있어야만 스승께서 여러분에게 불법을 말하고, 식견이 명백하지 못하고 혹은 스승의 식견을 따르지 못한다면 스승은 절대 여러분에게 불법을 말하지 않는다.'고 하였다.

옛날에 조사님들은 "10년 동안 식견을 배우고 3년을 참선의 기능수련을 한다."고 하였다. 사실 이것은 겸양의 말이다. 십년 동안 공을 들여 식견을 배웠다면 기능수련은 일 년이면 된다. 기능공부의 성취가 없는 원인은 식견이 배양되지 못했기 때문이다. 부처님공부를 하면 할수록 힘들어하고 족쇄 찬 듯이 구속 받는 것 같은 것은, 식견이 바르지 못하기 때문이다. 식견이 명확한 사람이 어찌 해탈하지 못하겠는가? 식견이 명확하면 기능공부를 완성하지 못한다고 하여도 이론적으로는 완성된다.

불법은 가장 진실하기 때문에 조금도 거짓이 있어서는 안 된다. 눈 밝은 사람은 여러분의 수행이 어느 차원에 있고 어느 정도까지 되었으며, 어떤 기능공부가 있는가 하는 것을 여러분의 말 한

마디 일거수일투족에서 바로 안다. 가사를 입고 가부좌를 틀고, 손에 염주를 들고 중얼중얼하며 자기도 알아듣지 못하는 경을 읽고 주문을 독송하면서 일평생을 보낸다고 해탈이라고 생각하는가? 모든 힘을 다하여 자기의 진정한 기능공부를 키우고 식견을 명확히 해서 배양해야 한다.

지혜가 있느냐 없느냐, 가치가 있느냐 없느냐 하는 것은 자기가 평론하는 것이 아니다. 여러분이 해놓은 일에 근거하여 사람들이 평론하는 것이다. 여러분이 해놓은 일들은 바로 여러분의 가치와 지혜의 운반체인 것이다. 이 운반체를 떠나면 여러분의 가치와 지혜는 나타나지 않는다.

불법은 '용用'을 말하고 '자재自在'를 말한다. 여러분의 '자'는 존재하는가? 여러분의 '자'는 있는가 없는가! 자재하지 않으면 소용이 없고 거짓이다. 발동되어 크게 쓰여야만 비로소 자재가 되고 그것은 또한 각조공부가 있어야 가능하다. 사람이 여기에 앉아 있으면, 그 마음과 진아眞我도 여기에 있어야만 비로소 자재가 되는 것이다. 자재란 많은 뜻을 가지고 있다.

왜 『심경』의 첫마디에서 '자재관自在觀'이라고 하지 않고 '관자재觀自在'라고 하였는가? 여러분의 '자'가 이미 존재한다면 그것을 관해서 뭘 하겠는가? '자'가 존재하지 않기 때문에 그것을 관해야 하고, 그 '자'가 어디에 존재하는가를 찾고, 그 청정하고 오염되지 않은 것을 찾게 되는 것이다. '관'이란 무엇인가? 눈으로 보는 것이 아니라 마음으로 보는 것을 말한다. 오직 마음으로 봐야 만이 그 자재한 것을 볼 수 있고, 그 '둥글둥글 황금처럼 빛나는 것'을 볼 수 있는 것이다.

욕을 몇 마디 했다고 구업을 짓는다고 생각하는가? 불교에서는 마음씀씀이를 중시한다. 무슨 마음으로 무슨 생각을 했느냐에 따라 인과가 이루어지는 것이다. 문수보살님의 손에 보검을 들었는데 그것은 사람을 죽이기 위한 것이다. 여러분은 "보살이니까 사람을 죽여도 인과가 이루어지지 않고 지옥에 떨어지지 않는다."고 말할 수 있다. 왜 그는 보살인가? 바로 그런 경계, 그런 마음과 그런 식견, 그리고 그만한 패기가 있기 때문이다. 여러분은 왜 그런 것이 없는가? 그것은 지나치게 명철보신하면서 조심조심 앞뒤를 살피고, 자기만 중히 여기고, 사사건건 과분하게 자기의 형상만 생각하면서, 자기는 수행이 높은 사람이라는 것을 증명하고 싶어 하기 때문이다. 사회와 인류에 유익한 일을 하지 않는다면 여러분의 수행이 높은 것을 어떻게 증명할 것인가? 한 번도 등용되어 일을 해본 적이 없는데, 여러분의 가치가 어떻게 체현되겠는가?! 가치는 오로지 일을 할 때에 나타나는 것이다.

배움의 생애에서 어떤 스승의 인상이 제일 깊은가?

■답변 : 엄격한 스승입니다.

■만행스님 : 왜 엄격한 스승의 인상이 더 깊은가? 일반적으로 젓가락으로 고기를 집어 준 사람은 기억되지 않지만 젓가락으로 때린 사람은 잊혀지지 않는다. 이것은 인간성에 관한 것이다. 배움의

생애에서 사람들은 자기의 심령을 건드린 스승은 기억하지만, 자기에게 잘해 준 스승은 잘 기억하지 않는다. 물론 모두 그렇다는 말은 아니다.

불법에 의하면 사선팔정을 초월하면 어떠한 환경일지라도 본색이 불변하고 흔들리지 않는다고 한다. 정지정견이 있기 때문에 자기의 관점이 있고 일련의 행위적 준칙이 있으며, 남의 뒤를 따르지만 맹목적으로 결탁하지 않으며, 인연을 따르지만 마음은 불변하는 것이다. 사선팔정의 수련이 끝나기 전에는 환경의 지배를 받을 수 있지만, 사선팔정의 수련이 끝나면 환경의 지배를 받지 않을 뿐만 아니라 자신이 주인이 되는 것이다.

인간성에 대한 이론도 모르면서, 자아를 초월하고 삼세를 통찰한다고 한다면 망념이라고 하지 않을 수 없다. 인간세상의 최고 학문은 바로 '사람'에 대한 학문이다.

- 질문 : 정지정견이란 무엇이며 어떻게 해야 정지정견을 가질 수 있습니까?
- 만행스님 : 아무 것도 모르지만 아는 것이고, 보이지 않지만 보는 것이다〔無知而知, 無見而見〕. 각양각색의 규칙, 우주의 만사만물의 자연법칙과 법률들을 준수할 수 있다면 바로 정지정견이다. 사회가 안정되는 것은 사람들이 법칙과 법률을 준수하였기 때문이고, 집단이 문란한 것은 사람들이 그 집단의 법칙을 따르지 않기 때문이다.

지금까지 내가 어떤 스승이 되어야 하는지를 아직 결정하지 않았다. 단지 용만 그리고 용의 눈동자에 점을 찍지 않는 스승이 될 것인지, 아니면 용의 눈동자에 점만 찍어주는 스승이 될 것인지, 또한 용도 그리고 눈동자에 점도 찍어주는 스승이 될 것인지, 용도 그리지 않고 눈에다 점도 찍어주지 않는 스승이 될 것인지 계속 곤혹스러웠다.

나의 두 스승은 용의 눈동자에 점만 찍어주고 용을 그리지 않았다. 그분들은 "나의 앞에 다가온 자가 용이라야 눈에 점을 찍어주고 너를 가르칠 것이다."라고 생각하셨다. 눈이 있는 용은 살아있는 용이므로 바로 훨훨 날 수 있다. 다시 말하면 연구과정 또는 박사과정의 학생이어야만 가르쳐 준다는 것이다. 이런 사람들에게 가르쳐 주면 그들은 금방 사회를 위하여 일할 수 있는 인재가 되는 것이다. 나의 두 분 스승님은 대학교 교수에 해당하기 때문에, 초등학교 학생이나 중학교 학생들을 가르치지 않는다고 마음먹으신 것이다.

그런데 다른 한 스승은 용은 그리지만 그 눈에 점을 찍어주지 못하는 스승이셨다. 그분은 단지 용만 그릴 줄 알고 그 눈에 점을 찍을 줄 모르신 것이다. 다시 말하면 그분은 고등학교 교육은 할 줄 모르고, 단시 초급교육만 하는 초등학생을 가르치는 스승이셨던 것이다.

또 철저히 깨닫고 삼계를 초월한 명사明師 한 분이 있다. 하지만 그분은 홍법할 수 있는 인연과 중생을 제도할 수 있는 인연이 없기 때문에, 학생들을 가르치지 못하고 신도들과 출가한 스님들을 가르치지 못했다. 사람들이 그가 하는 말을 믿어주지 않았으므로 홍법할 방법이 없는 것이다. 그러므로 그는 홍법하지 못하고 다만 자기만 해결하는 사람이 된 것이다.

■질문 : 스승님은 용도 그리고 눈동자에 점도 찍어주시겠지요!

■만행스님 : 나는 한평생 죽도록 고생해도 몇 마리 못 그릴 것 같고, 또 눈동자에 점을 찍지 못할 것 같다. 하지만 나의 스승은 산 위에 앉아서 눈동자에 점만 찍어준다. 제자가 용이 되어서 온다면 그 제자의 눈동자에 점을 찍어주지만, 짐승 같은 것들이 오면 오줌을 갈겨주거나 침을 뱉고, 심지어 공개적으로 그들 앞에서 바지를 벗어 던지면서 일부러 미친척한다. 그래서 사람들은 그를 정신병자라로 오인하는 것이다. 나와 나의 사형이 그분을 찾아갔는데, 그분은 방에 들어가시더니 빈 컵을 들고 와서 우리들에게 주는 것이다. 여러분은 어떻게 하면 되겠는가?

■답변 : 컵에 물을 부으면 되지요.

■답변 : 컵을 깨 버리면 되지요.

■만행스님 : 여러분의 대답은 바로 여러분의 경계를 말 한 것이고 다 맞는 말이다. 훗날 여러분의 경계가 높아지면 이런 방식으로 대답하지 않을 것이다. 나와 나의 사형도 대응하는 방식이 서로 달랐다. 역시 다른 수준과 다른 차원의 경계였기 때문이다. 만약 내가 그 컵을 받았다가 다시 되돌려준다면 무슨 뜻이겠는가?

■답변 : 자기를 모두 비우고 아무런 생각도 견해도 없이 청정한 마음으로 스승의 법을 받아들이겠다는 의미입니다.

■만행스님 : 받자마자 쓴다면 여러분은 도를 철저히 깨닫고 득도하여 궁극의 원만한 성취를 이룩한 사람들임을 의미한다. (대중들 웃음)

■답변 : 스승님께서 빈 컵을 주는 뜻은 '나는 이미 비워있고 아무 것도 없다'는 뜻이고, 컵을 되돌려 드리는 것은 무엇을 받겠다는 뜻이겠지요.

■만행스님 : 그 때 나의 뜻이 바로 그것이었다. 그분께서 빈 컵을 주신 것은, 내 컵은 아무 것도 없는 빈 컵이니 컵에다 무엇을 담아 달라는 뜻이다. 겸손한 방식으로 자기는 가르칠 법이 없다는 뜻을 말한 것이다. 내가 빈 컵을 다시 되돌리는 것은 '스승님! 너무 겸손하지 마세요. 빈 컵이라 아무 것도 아니고 아무 것도 없다고 하시는데 이것은 진공眞空이라는 뜻임을 저는 압니다. 제 컵 역시 비었고 저도 아무 것도 없는데 그나마 완공頑空입니다. 스승님께 법을 구하오니 법을 주십시오.'라는 뜻이었다. 우리는 마음으로 대화를 하고 마음으로 교류했던 것이다.

하지만 나의 사형은 빈 컵을 받아 쥔 다음 바로 땅에다 메쳤다. 그는 그렇게 하는 것이 정확하다고 생각했기 때문이다. 그의 뜻이란 불법은 집착하지 말고 비워야 한다. 심지어 비우는 것조차 버리고 부숴야 한다고 생각한 것이다.

그런데 나는 감히 그런 방법으로 스승님과 교류할 수 없었다. 스승님께 법을 좀 더 구하고 싶었고, 스승님의 지혜의 감로수를 컵에다 좀 더 담아 가지고 싶었던 것이다. 스승은 나를 보고 달라고 하셨고, 나도 스승님께 달라고 한 것이다. 혹은 방식을 바꾸어 스승께서 빈 컵을 주실 때, 내가 그 빈 컵에 산에서 나는 자그마한 설익은 열매 한 알을 따서 담아 드릴 수도 있다. 산에는 과일 나무들이 많았다. 그 의미는 나는 아직 작고 여리고 익지 않은 열매와 같으므로 잘 배양해 달라는 뜻이다. 그 때까지 나는 비록 잘 익지는 않았지만 시퍼런 작은 열매라는 생각을 감히 하지 못했다. 그러므로 애당초 나는 아무 것도 아니고 아무 것도 없으니 무엇을 좀 주십사 한 것이다.

금방 WA의 말처럼 컵을 받자마자 쓴다면 그것은 진짜 철두철미하게 깨우친 것이고, 궁극의 원만한 성취를 이루었다는 뜻이다. 축하할 일이겠지만 그런 것이 아니다. 그 뜻인즉 돌을 던져 알아보자는 의미다. 대답하는 그 자체가 바로 여러분의 경계를 말하고 여러분의 차원을 말하며, 여러분이 가지고 싶은 것이 무엇인가를 말하는 것이다. 스승은 그에 따라서 일련의 교과서를 작성하고 교학을 할 것이다.

그 때 당시 나는 동화사를 다시 세울 것인가, 아니면 세우지 말 것인가에 대해서 망설이며 한창 고심하던 중인데 마침 스승님을 만났던 것이다. 나는 스승을 보고 "제가 복숭아나무를 심어야 합니까, 아니면 자두나무를 심어야 합니까?" 하였다. 스승님은 "아무 것도 심지 말거라."로 답하셨다. 즉 복숭아나무든 자두나무든 심어서 뭘 하느냐? 지금 열린 과일만 따도 다 못 따는데 또 무슨 나무를 심는다고 하는 것인가? 바보들만 나무를 심는다. 급히 생각하지 말고 기다리면 된다. 달마조사처럼 때가 되지 않으면 폐관을 하고, 때가 되면 법이 자연 올 것이니, 자기를 못살게 괴롭히지 말라는 것이다.

눈이 밝은 사람들과 이 이야기를 나누면 많은 말이 필요 없다. 눈빛 하나, 심지어는 눈빛도 필요 없다. 무색계의 교류방식은 무형무상으로 모두 의식의 교류이며, 유색계에서는 빛의 형식으로 교류한다. 우리들의 욕계는 유형유상 그리고 유체의 방식으로 교류하는데, 즉 실질적인 것으로 서로 주고받는다. 불법은 여러분이 먼저 만물과 융합한 다음 만물을 사용하는 것이다. 만약 여러분이 무색계로 가면 모든 것이 여러분의 것이다.

여기까지 말하고 보니 '상상승上上乘 불법'을 말해야겠다. 아라한들의 수련은 '소승 불법'으로 한계를 조금이라도 넘어서는 안 된다. '대승 불법'은 보살승菩薩乘에 속하고 '상상승 불법'은 불승佛乘에 속한다. 불승이란 무엇인가? 말 그대로 세간의 것도 풍수요, 출세간의 것도 풍수라는 뜻이다. 세간의 풍수라는 뜻은 무엇인가? 바로 공명이록功名利祿, 재색명리財色名利, 처와 자식 등등 모든 것을 다 가지고 있음을 말한다. 하지만 가련하게도 우리들의 소승은 세간의 것도 얻지 못하고 출세간의 것도 얻지 못했다. 세간의 복도 누리지 못하고 출세간의 복도 누리지 못하며, 유유자적한 청복清福도 못 누리고 하늘같이 큰 홍복洪福도 누리지 못한다.

부처는 청복도 누리고 홍복도 누린다.

2003년, 불산佛山에서 한 여인이 나를 찾아 동화사로 왔다. 그 때 내가 책상 서랍에서 뭘 찾고 있었기 때문에 문쪽으로 엉덩이를 향하고 있었다. 그 여인은 나를 보더니 "스님, 스님! 제가 '왕王'자를 한 입에 베어 물었습니다."라고 했다. 그 말에 "아이구 세상에 이런 사람도 있구나!"하고 머리 속이 번쩍했다. 엉덩이를 그 여인 쪽으로 향한 채 머리도 돌리지 않고 "당장 나가시오!"하고 호통을 쳤다. 나의 호통소리를 듣더니 냉큼 업드려 연속 세 번이나 머리를 조아린 뒤에 '좋아라'하고 돌아갔다.

그 때 사무실에 손님 몇 분도 있었다. 그들은 내가 왜 그렇게 호통을 쳤는가하며 어리둥절하였다. 하지만 그 여인은 내가 한 말을 알아듣고 좋아하며 돌아간 것이다. 그 여인이 '왕'자를 한입에 베물었다는 의미는 '자기는 하늘(一)을 본받아서 올라가지 못하고 땅(一)을 본받아서 내려갈 수 없어서 가운데 끼어있는 상황이라서 어떻게 주체할 수 없습니다.'라는 뜻이다. 그래서 내가 '당장 나가시오'하고 호통 친 것이다. 당장 나가면 주인이 되는 것이다. '왕王'자에서 위로 빠져 나가면 주인이라는 '주主'자가 아닌가! 신식이 정수리로 빠져 나가면 자기의 주인이 되는 것이다.

이년 후 삼성동에서 그녀를 다시 만나게 되었는데 "스님 지금 제가 어떻게 해야 합니까?" 하는 것이다. 나는 "뛰어 내려가시오!"라고 했다.(모두들 웃음) 주인이라는 '주主'자에서 아래로 뛰어 내려가면 풍성하다는 '풍丰'자이다. 이 글자의 뜻은 철저하게 깨달은 사람은 세간의 부귀영화도 누릴 수 있을 뿐 아니라 출세간의 청복도 누릴 수 있다는 말이다.

성인은 '풍'자를 가진 사람이다. 세간의 부귀영화와 재색명리, 칠정육욕七情六欲을 모두 누릴 수 있을 뿐만 아니라, 출세간의 모든 것도 다 얻을 수 있는 것이다. '풍丰'자의 가로 세 줄은 삼계를 말하고, 세로 줄은 삼계를 초월한다는 뜻이다. 오직 진정하게 삼계를 초월한 사람만이 풍성함을 누릴 수 있다. 보살과 아라한은 생사를 주관할 수 있지만, 속세에 몰입하여 세속과 더불어 하나가 되지 못한다. 그러므로 단지 위로 올라가 자신의 주인이 될 수 있지만, 아래로 내려가 풍성함을 누릴 수는 없는 것이다.

'풍성함을 누린다'고 하는 것은 출세간의 원만을 이룰 수 있을 뿐만 아니라, 세간에서 부모처자의 행복함은 물론이고 자신의 부귀영화도 원만하다는 것이다. 이것이 바로 성인聖人이다. 그러므로 속인들은 옛 성인들의 행동에 범부의 속성이 있음을 이해하지 못한다. 어느 날 여러분도 득도하면 세속의 문제가 성인을 어찌할 수 없음을 알게 될 것이다. 오늘 저녁 말한 것은 '상상승 불법'이다. '대승불법'도 아니고 '소승불법'은 더욱 아니다.

오늘 처음으로 무엇이 '상상승 불법'인가를 강의하였다. 나는 단지 이치가 이렇다는 것을 알뿐 감히 그렇게 하지 못한다. 일단 그런 상태라면 자기의 심리의 고비를 넘기지 못한 것이다. 이것을 흔적이라고 하는데, 흔적이 있으면 인과가 있게 되고 업보의 흔적을 남기게 된다. 만약 흔적 없이 오갈 수 있다면 초월했다고 할 수 있지만, 그렇게 할 수 없다면 초월하지 못한 것이므로 그렇게 하지 말아야 한다.

우선 위로 올라가 자신의 주인이 된 다음 다시 아래로 내려가야 한다. 다시 말하면 먼저 올라간 다음 내려간다. '왕王'자 하나로는 주인이 될 수 없다. 신식이 여러분의 사대四大를 충격해서 나가야만 비로소 주인이 되는 것이다. 주인이 된 다음 다시 아래로 내려가면 인간세상의 모든 향락을 누릴 수 있다. 이것을 출세간의 풍성을 누린다고 하는 것으로, 세간의 풍성을 누림은 더 말할 것 없으므로 진정 삼계를 초월한 것이다. 중국 글에서 '풍丰'자는 대성인을 말한다.

'왕王'자 위에 있는 점 하나(즉 主자의 丶)는 사람들의 신식을 말하고, 본래의 면목을 말한다. 사람 몸에서 허리 아래는 욕계欲界이며 욕망을 말한다. 허리 위에서 목까지는 색계色界이며 정감情感의 세계를 말한다. 목에서 정수리까지는 무색계無色界이며 지혜의 차원이다.

오직 욕계·색계·무색계의 삼계를 초월해야 비로소 그 영향을 받지 않고 본래 면목인 '王'자를 충격해서 나올 수 있다. 사람의 몸은 이 '王'자의 구조와 같다. 신체의 중맥 즉 척추가 바로 가운데의 세로줄이고, 두 팔을 벌린 것이 제일 위의 가로줄이 되며, 가슴은 가운데의 가로줄이 되고, 배꼽 아래는 제일 아래의 가로줄이 되는데, 이 세 개의 가로줄은 삼계를 말한다. 삼계에는 한 가닥 힘이 있는데 그 힘은 삼계를 하나로 관통하였다. 언젠가 여러분도 한 입에 '王'자를 베어 물었을 때 나를 찾아오라. 그 때도 이 만행이 '당장 나가시오!'하고 호통치면 바로 나가서 주인이 되면 되는 것이다.

위로 올라가 자신의 주인이 되었지만 아직은 진정한 성인이 아니다. 진정한 성인은 올라갈 수도 있고 내려갈 수도 있다. 부처가 부처인 것은, 부처의 제단에서 사람들의 예배를 받을 뿐만 아니라, 제단에서 내려와 사람노릇도 하기 때문에 부처인 것이다. 오로지 제단에 앉아 사람들의 예배만 받으면 원만한 부처가 아닌 것이다. 궁극의 진정한 부처는 부처의 제단에서 많은 중생들의 예배를 받을 뿐 아니라, 인간세상에서 대중들과 하나로 어울리고 동락할 수 있어야 한다. 이것이 바로 진정한 성인이고, 이 법이 바로 상상승 불법이다.

9강

부처님공부를 하고 사람노릇을 하려면 받들어 이바지 하는 것부터 시작하라

몇 년 전 우리는 동화사의 종지宗旨와 방향을 제정하였다. 이 종지와 방향은 금방 뜻과 신념이 같은 수많은 사람들의 주목을 끌었다. 우리들의 이런 이념과 이런 소망은, 우리와 이념과 이상을 같이하는 사람들에게 동화사라는 새로운 무대를 마련하여 주었다. 앞으로도 더욱 많은 사람들이 여기로 모일 것이라고 나는 굳게 믿는다.

출가한 사람들이 발심發心하여 부처님공부를 하는 목적은, 성불하여 중생을 위해 일하고, 우리들의 공덕과 복보를 원만하게 하기 위한 것이다. 우리들의 공덕과 복보는 중생을 위해 일하는 가운데서 원만하여진다. 그러므로 우리들은 일하는 것부터 시작해야 한다. 육바라밀다에서 말하는 첫 번째 바라밀다인 '보시'로부터 시작해야 한다. 자기의 재능을 보시하고, 자기의 능력을 보시하고, 자기의 체력을 보시하고, 자기의 존엄을 보시하고, 자기의 미소를 보시하고, ….

세존께서는 우리들보고 '인천사표'가 되라고 하셨다. 그 말은 인간세상의 본보기만 되라는 것이 아니라, 천인天人의 본보기도 되라는 것이다. 출가한 사람들은 말썽과 시비를 일으키지 않지만, 대시大是와 대비大非의 앞에서는 자기의 분명한 입장이 있어야 할 것이다.

만약 출가한 사람들이 이바지하고자 하는 정신이 없고 일하고자 하는 의식이 없다면, 영원히 뭇사람들의 추대와 존경을 받을 수 없다. 사람들의 추대와 존경을 받을 수 있다는 것은, 그가 중생을 위해 일하였다는 것이고, 중생들 또한 그로인해 모두 이익을 얻었음을 뜻한다.

출가승들은 반드시 어떤 환경이나 어떤 직업에도 모두 적응할 수 있는 자질과 능력을 구비해야 한다. 우리들의 지혜와 능력은 일을 하고 사람노릇을 하는 가운데서 체현된다. 제아무리 수행이 좋다고 하더라도 중생들에게 쓰이지 못한다면 아무런 가치가 없는 수행이다. 오직 쓰일 수 있어야만 참 가치가 있는 수행자라고 할 수 있다. 어디서부터 시작하고 어떻게 쓰이는 것인가? 바로 받들어서 이바지 하는 것이다.

사원의 집사는 반드시 사원의 업무를 관리하는 능력과 정교관계政教關係를 처리할 수 있는 능력을 갖추어야 한다. 출가한 사람이라고 접촉하는 사람들이 신도들만 있는 것이 아니다. 사회 각 계층의 다른 사람들과 모두 접촉하고 왕래하게 된다. 그러므로 종교 사무를 처리하는 능력도 있어야하고, 사회 각 계층의 다른 사람들과 접촉하고 왕래할 수 있는 능력도 갖추어야 한다. 즉 건강한 심리자질과 종합적인 능력을 갖추어야 하는 것이다.

    수행하는 사람이라면 나라를 사랑하고 교教를 사랑하는 토대가 구비되어야한다. 그래야만 비로소 자기의 사상을 세울 수 있고, 그 사상을 널리 보급할 수 있으며, 중생들의 복전福田이 될 수 있고, 자기의 복혜福慧와 공덕을 원만하게 할 수 있다. 수행자의 내심세계는 아주 섬세하고 세밀하다. 상대방의 눈빛하나 마음씀씀이 하나, 그리고 그 사람의 미세한 거동까지도 느끼고 파악할 수 있는 것이다. 만약 이런 것들을 해결할 수 없다면, 여러분은 아직까지 사람들과 상응하지 못한 것이다. 사람들과 상응할 수 없는 사람이 어떻게 부처님·신선들과 상응할 수 있겠는가!?

10강

종교를 믿으려면 먼저 애국해야 한다

　종교를 믿는 사람이라면, 우선 나라의 존엄과 민족의 존엄을 수호하고 단체의 이익을 수호해야 한다. 개인의 형상은 무엇으로 수립되는가? 옛사람들은 "상등인은 덕을 쌓고〔立德〕, 중등인은 사업을 이루고〔立事〕, 하등인은 자기의 주장을 펼친다〔立言〕."고 하였다. 덕을 쌓고 사업에서 성공하고 자기의 주장을 세상에 펼쳐놓는 사람은, 인류에 대한 공헌이 아주 큰 사람이다. 이 셋 중에 단 하나만 성공하여도 인생을 헛되게 살지 않은 것이다. 입언立言은 세상에 자기의 사상을 남겨 놓는 것이고, 입사立事는 사업을 이루는 것이며, 입덕立德은 당신이 만든 도덕준칙이 시공을 망라하며 모든 사람의 본보기가 되는 것이다. 이를테면 공자와 맹자는 덕을 쌓고 자기의 사상을 세상에 펼친 사람이다.

　심령의 공간을 열지 않고 아집을 타파해 버리지 않는다면, 무상의 대법을 전수받는다고 해도 수련을 할 수 없다. 옛날에 많은 신도들이 노선사님을 찾아와서 어떻게 수행하느냐를 물으면, 선사님들은 다만 "향을 올리고 예불하고 경문을 독송하거라."고만 말한다. 선사님들이 대답할 수 있는 것은 다만 그것뿐이고, 묻는 사람들이 할 수 있는 것도 단지 그 정도뿐이며, 또 그 정도만 되어도 괜찮은 것이다.

우리들이 사회도 읽을 줄 모르고 사람도 읽을 줄 모르면서, 책까지 읽지 않는다면 실로 허송세월을 보내는 것이다. 설사 만사다망하여 책 읽을 겨를이 없다해도, 실천하는 가운데서 사회를 읽고 사람을 읽는 방법을 배워야 한다. 이 역시 배우는 기회이며, 더구나 이런 방식은 집에 앉아서 죽은 책을 읽는 것 보다 몇 배나 나은 것이다.

우리는 날마다 밥을 먹는다. 하지만 모두 색신色身이 먹고 육신이 먹는 것이지 영혼이 먹는 것은 극히 적다. 누군가 이런 말을 했다. "책만 보고 밥을 먹지 않으면 맥이 풀리고, 밥만 먹고 책을 읽지 않으면 졸렬하고 속되다." 왜 활달하지 못하고 옹색하며, 소시민의 습성과 소농의식들이 몸에 있는가? 그것은 우리들의 심령의 경계가 열리지 않았고 제고되지 않았기 때문이다. 그래서 옛 성현들의 사상을 우리들 행동의 지도적 사상으로 삼지 못한 것이다. 우리들은 매일 부처님공부를 한다고 하지만, 무엇이 진정한 '부처님공부'인가 하는 것을 잘 모른다. 설령 '부처님공부'의 뜻을 이해한다고 하여도 그것을 얼마나 실제행동에 옮겼는가! 하물며 '부처님공부'라는 뜻조차 이해하지 못했도다!

책 한 권, 말 한 마디는 우리들의 영혼을 초월하게 하고, 우리들의 자성의 대문을 열어 놓게 한다. 진정 지식을 갈망하고 진리를 갈망한다면, 일상생활 가운데서 만나는 주변의 사람들을 한 권의 백과사전이라고 생각하고, 주변에서 발생하는 모든 일들이 자기를 도와 성장시키고 양육한다고 생각해야 한다. 아니면 선종에서 질책하듯이 "눈이 있어도 보지 못하고, 귀가 있어도 듣지 못하는 사람"이 되고 말 것이다. 눈이 있으면 마땅히 봐야 되고, 귀가 있으면 들을 수 있어야 한다. 그런데 지금 우리들은 눈이 있어도 보지 못하고, 귀가 있어도 듣지 못하며, 영혼은 있지만 빛이 없는 것이다!

11강

모든 성취는 노력에 의해 달성한다

- **질문** : 견성見性을 한 사람은 곧바로 받아들이고 감당하여 바로 성불한다고 합니다. 기왕 성불했다면 또 무엇을 수련해야 합니까?
- **만행스님** : 과연 그렇다면 경계에 따라 기용하면 될 것이다.

- **질문** : 스승님! 도가에서 말하기를 "성性만 수련하고 명命을 수련하지 않으면 음령이라서 만겁이 지나도 입성入聖할 수 없고, 명만 수련하고 성을 수련하지 않으면 집에 재산은 있으나 주관할 사람이 없는 것과 같다."고 합니다. 도대체 우리는 성을 수련해야 합니까? 아니면 명을 수련해야 합니까?
- **만행스님** : 사선四禪 이상 이르면 성性과 명命에 구분이 없다.

- **질문** : 불문에서 말하기를 "이러한 인因이 있으면, 이러한 과果가 있노라."고 했습니다. 이미 나쁜 정보가 입력되었는데, 이 나쁜 정

보가 열매를 맺지 못하게 하려면 어떻게 해야 합니까?

- **만행스님** : 업장이 나타나면 피하지 말아야 한다. 범부들이 그 종자를 팔식심전에 입력하려면 적어도 초선의 공부가 있어야 한다. 초선의 기능공부가 없다면 범부들의 팔식심전에 그 종자가 입력되지 않는다. 이 자리에 앉은 사람들 가운데 그러한 종자를 팔식심전에 입력할만한 사람은 몇 안 된다. 오늘 일을 내일이면 잊어버리고, 금방 들은 말이지만 돌아서면 잊어버린다. 육식六識에도 입력하지 못했는데 어찌 팔식심전에 입력할 수 있겠는가?

- **답변** : 스승님! 대덕님들께서 말씀하시기를 업業이 끝나고 정情이 비워져야 입도할 수 있다고 했습니다. 득도한 사람들은 모두 업이 끝나고 정이 비워진 사람들일 것입니다.

- **만행스님** : 이것은 참으로 맞는 말이다. 오늘은 XX가 여러분들의 물음에 답하기 바란다.

(XX는 사람들의 많은 물음에 모두 아주 훌륭하게 해답했다.)

XX는 아직 21살도 되지 않은 어린 나이지만 아주 훌륭하고 나보다 훨씬 낫다. 21살 때의 나와 XX는 천양지차라 우러러 볼 뿐이다. XX의 연령과 웅변을 보면 확실히 감탄하지 않을 수 없다. 하지만 부처와 비하면 XX의 식견은 어림도 없다. 어째서 부처님 곁에 늙은이와 젊은이 두 분이 서 있는가?(아난존자와 가섭존자) 그 뜻은 부처님공부에는 연령의 차별과 선후의 구별이 없다는 것이다. 80이 되어도 우매할 수 있고, 세 살짜리 어린아이 입에서도 진리가 나올 수 있다. 길에서 얻어들었든지 다른 사람의 한 말을 빌렸든지 간에, 인정하고 받아들여서 그 이념을 쓸 수 있다는 것은 그 사람의 능력이고 그 사람의 복보와 지혜이다.

불교에서는 이와 같이 식견을 말한다. "불귀행리처不貴行履處, 지귀자안정只貴子眼正." 이 말의 뜻은 기능공부가 있고 없고가 중요한 것이 아니라, 눈으로 정확하게 바로 볼 수 있는 것이 중요하다는 것이다. 정확하게 보고 방향을 제대로 잡으면 편차가 생기지 않고 성공할 수 있다. 주화입마가 되고 편차가 생기는 원인은 식견이 정확하지 못하기 때문이다. 사지사견 때문에 발걸음을 뗄 때부터 편차가 생기는 것이다. 불교에서 가장 중요시하는 관점은, 식견이 첫째이고, 계를 지키는 것이 둘째이며, 세 번째는 행원이 원만해야 한다는 것이다. 우리들이 기능공부에서 진보가 없는 원인은 정지정견이 없기 때문이다. 만약 정지정견만 있다면 어느 날 수증을 하고 싶을 때 아주 적은 노력으로도 성취할 수 있는 것이다. XX의 식견이 아주 정확하다. 아직 부족한 것은 수증과 행원이다.

기초이론도 없는 사람이 어떻게 실천을 할 것인가? 다른 사람의 지혜도 정확하게 사용할 수 없는 사람이 어떻게 발걸음을 떼고 어떻게 진보하겠는가? 부처님, 조사님들과 비교할 필요도 없이, 주위의 사람들과 비교하면 금방 공경하는 마음과 참회하는 마음이 생길 것이다. 진짜 부처와 비교한다면 우리들은 살아갈 신심信心마저 거의 잃을 것 같다. 내 생각에는 계율을 준수하고 용맹정진하면서 수행한다고 생각하지만, 부처의 기준으로 가늠한다면 모두 일천제―闡提8들이라 모조리 죽어도 무방한 것이다.

금방 성불한 사람에게 업장이 있느냐 없느냐 하는 문제를 의논했다. 도대체 성불한 사람들은 업장이 있는가? 없는가?

■ **답변** : 스승님! 저의 생각에는 성불한 사람은 업장이 없다고 생각합니다. 다만 중생들을 대신하여 업장을 감당한다고 생각합니다.

■ **만행스님** : 이런 것을 식견이 없다고 말한다. 식견이 없는 사람이 어떻게 발을 내딛고 또 어떻게 수행하며 어떻게 일을 하겠는가? 절대로 말재주가 뛰어난 사람을 경시하지 말라. 말재주가 뛰어난 사람이 일단 발걸음을 떼게 되면 한 걸음에 달성하고 곧바로 사람들의 마음을 사로잡을 수 있다. 어찌 정지정견이 있는 사람이 입도 못할까 근심하랴! 정지정견이 없는 사람은 입도할 수 없다. 명확한 과녁이 없는데 어떻게 활을 쏜단 말인가?

조사들께서 우리에게 불법을 말해주지 않는 것은 우리가 식견이 없기 때문이다. 병이 있다고 하면 예불하라고 하고, 지혜문을 열고 싶다고 하면 독경하라고 한다. 이것도 불법을 전수하는 방법이다. 이 하나의 약 처방은 만병을 치료하니, 번거롭게 다른 말은 하지 않겠노라는 것이다. 어느 때 가서 불법을 말하고 진정하게 도를 말할 것인가? 당신의 식견이 스승을 초월해야 비로소 법을

---

8 해탈의 성품이나 소인을 갖지 못하여 부처가 될 수 없는 사람. 문수보살이 죽여서 염주를 만듦으로써 해탈의 성품을 갖고 환생하도록 하였다.

말해주고 도를 전수해준다. 식견도 없고 스승과의 거리가 너무 멀리 떨어져 있는데, 스승이 어떻게 당신과 도를 논하고 법을 전수하겠는가!

나쁜 사람이 정법을 수련하면 정법이 사법이 된다. 왜냐하면 그 영혼은 사지사견이 정법이기 때문이다. 식견이 명확한 사람은 설사 사법을 전수해도 사법을 정법으로 수련하게 된다. 왜냐하면 그 영혼의 식견이 정확하기 때문이다.

부처는 업은 있어도 장애는 없다. 하지만 우리는 업도 있고 장애도 있다. 우리들도 모두 유업무장有業無障이 되기를 바란다. 부처도 여전히 기심동념이 있고, 어떤 상황의 일을 만나면 여전히 감정도 일어난다. 하지만 칠정육욕과 오욕육진五欲六塵들이 어찌 부처 보살님들의 장애가 되고 걸림돌이 되겠는가?! 성취한 사람들도 유업무장이다. 진정한 지혜가 있는 사람은 업은 있어도 장애의 속박을 받지 않는다. 그들은 "산을 만나면 길을 열고, 물을 만나면 다리를 놓는다." 부처님공부는 업을 바꾸기 위한 것이 목적이다. 업이 없다면 어떻게 보리의 성과를 성취하겠는가!

신수의 네 구절의 게송은 인지因地에서 한 말이고, 혜능의 게송은 과지果地에서 한 말이다. 이 두 사람의 말을 합하면 바로 완벽한 불법인 것이다.

불교의 수행방법은 심心과 신身 두 방면에서 동시에 손을 쓰면서 수련한다. 이것을 '성명쌍수性命雙修'라고 한다. 이것이 불법의 시작점이 높은 원인이기도 하고, 수행자들로 하여금 즉시에 성취할 수 있게 하며, 수련시간을 다른 종교보다 몇 배나 단축할 수 있는 원인이기도 하다. 심력이 충족한 사람들은 색신色身을 전변시키지 못할까 두려울 일이 없다. 우리들의 심력이 부족하기 때문에 색신을 바꾸지 못하고 색신에 휘말리는 것이다.

사람마다 모두 부처님공부를 하고 도를 닦을 수 있는 것은 아니다. 하지만 사람이라면 모두 부처를 믿을 수 있다. 여러분들은 지금 우리들이 도를 닦는다고 생각한다. 하지만 우리들이 닦고 있는 것을 도라고 생각한다면 사람들의 흠모를 받을 가치가 없다. 우리들이 닦고 있는 것이 도가 아니라면 날마다 우리들이 수련하는 것은 또 무엇인가?

불교에서 "보살은 인을 두려워하고 중생은 과를 두려워한다."라고 한다. 보살들은 인을 보는 동시에 과도 보는 것이다. 하지만 범부들은 다만 과만 보고 인을 보지 못한다. 세상만물은 인이 있으면 과도 있기 마련인데, 어찌 지난 후에 흔적이 없겠는가? 보살들도 인을 두려워하는데, 어찌 지난 후에 흔적이 없다고 하겠는가? 하지만 보살들은 인을 지킬 수 있기 때문에, 흔적이 있더라도 모두 선한 흔적이 되고 선한 과가 되는 것이다. 성취를 한 보살들은 선한 흔적[善果]에는 머무르지 않고, 악한 흔적[惡果]에는 장애가 없는 것이다.

조사들의 전기를 보면 누구나 할 것 없이 모두 구구 팔십일 개의 업과 구구 팔십일 개의 고난을 겪었다. 하지만 그 어떤 업이라도 조사들의 장애가 될 수 없고 조사님들을 좌지우지 못한다. 소위

'번뇌가 바로 보리요', '역경에서 성취한다'라는 말은, 모든 역경은 성취할 수 있는 가장 결정적이고 근본적인 요소라는 뜻이다. 역경이 없다면 절대적으로 성취할 수 없다. 하지만 역경자체도 실패를 초래하는 근본적인 요소이기도 하다. 왜냐하면 당신이 실패한 사람이라면 역경은 당신을 더욱 실패하게 하고, 당신이 성공한 사람이라면 역경은 당신을 더욱 성공하게 한다. 때문에 "범부들은 업이 있으면 그것이 곧 장애가 되지만, 성인들은 업이 있어도 걸림돌이 되지 않는다."고 하는 것이다.

수행에서 성취하고자 하면, 명나라 말기 청나라 초반 때 사대선사의 저작 『명청 사대고승 문집』을 읽어보고, 지혜문을 열고자 하면 반드시 『용수보살 육론』을 읽어야 한다. 아니면 절대로 부처님 사상의 식견을 수립할 수 없다.

12강

성인과 범부는 한 몸이다

    내가 서장에서 「대위덕금강법大威德金剛法」을 수련할 때 랍몽대사께서 한 편으론 말씀하시면서 한 편으론 전법傳法하셨다. 스승께서 전법한 양에 따라 나의 경계도 성장했으며, 스승께서 말씀하신 만큼 나의 경계가 올라갔으며, 전법이 끝나자 나의 수련도 끝났다. 내가 고심하면서 수련하지 않았는데도, 한 시간 남짓 만에 나의 수련이 모두 끝난 것이다.

    스승께서 전법을 끝마치자, 나의 경계에는 이미 그 윤곽이 화폭으로 그려져 있었다. 다시 말하면 형상사유로 그 윤곽을 화폭으로 그렸고, 나의 의식의 경계에서 환히 드러났던 것이다. 맞은편에 앉아계신 랍몽대사께서 이런 과정을 똑똑하게 보시곤, "이 법은 네가 이미 성공했으니 더 수련할 필요가 없다."고 하시면서 곧바로 인증하여 주셨다. 한 시간만에 이 법의 수련을 끝마친 것을 보면, 전생에 이 법을 수련했던 것 같다.

두뇌를 비우지 않고 아집을 내려놓지 않는다면 다른 사람의 말이 귀에 들어오지 않는다! 사람들이 하는 말을 들어주지 않고 머리에 새겨두지 않는다면, 이해할 수도 없을 뿐더러 어떻게 그것을 기억하고 소화하며 사유할 수 있겠는가! 불교에는 '선지후관先止后觀'이라는 말이 있다. 멈추지 않았는데 어떻게 관을 할 수 있겠는가? 무엇을 '지止'라고 하는가? 한마디 말에 머무를 수 없다면 어떻게 관을 할 수 있겠는가? 지止는 정定이다. 그 말을 기억하고 그 말에 공을 들여 참선한다면 관觀이 되는 것이다. 관은 혜慧이다. 아무런 문제도 손에 잡지 못하고 관을 못하는 이유는, 생사를 해탈하는 문제가 절박하지 않기 때문이다.

착실하게 일을 할 줄 알아야 하며, 목적을 달성하지 않으면 절대 그만두지 않겠다는 정신과 일처리가 원만하지 않으면 절대 손을 놓지 않겠노라는 정신이 없다면, 한평생 아무 일도 성사할 수 없다. 당신의 불법수행의 성취여부는 당신이 사회에서 일을 어떻게 하는 지에서 볼 수 있고, 사회에서 일처리 하는 것을 보면 당신이 불법수행에서 어떻게 공을 들였는지를 알 수 있는 것이다.

13강

중생을 버리면 성불할 수 없다

- **만행스님**: 오늘 이 시간은 정토종수련과 선종수련 사이에 어떤 구별이 있는가 하는 문제를 연구하고 토론하기로 하겠다.
- **답변**: 방편方便의 문은 많지만 귀원歸原의 길은 같습니다.
- ㅇㅇ: 저의 생각에는 구별이 있다고 봅니다. 정토종의 수련은 두 가지입니다. 하나는 자기의 힘에 의거하는데, 선종의 선정수련과 비슷합니다. 다른 하나는 타력他力에 의거하는데, 즉 어미타불의 원력의 접인接引으로 왕생하는 것입니다.
- **만행스님**: 만약 내가 정토종수련과 '어미타불' 염불을 하지 않고, 다른 불법을 수련한다면 어미타불은 나를 접인하지 않겠구나!?
- ㅇㅇ: 여전히 접인을 하실 것입니다.
- **만행스님**: 왜 어미타불께서 여전히 접인을 하시는가?
- ㅇㅇ: 오직 일심불란이면 접인하시는 것입니다.
- △△: 선종을 수련하든지, 정토종을 수련하든지, 아니면 밀교를 수

련하든지, 모두 자신의 마음의 정토를 수련하는 것입니다. 어미타불의 정토이든지, 자신의 마음의 정토이든 모두 자성自性을 수련하는 것입니다.

- **만행스님** : 비록 ○○와 △△의 관점이 원만하지 않지만 요점을 찔러 말했다. (스승께서 말씀하시는 도중에 한 거사님이 말을 가로채서 한다.)
- **답변** : 스승님의 말씀이 끝나면 말하세요.
- **만행스님** : 이런 사람은 자기의 신·구·의를 지배할 줄 모르며 쉽게 '망아忘我'가 되는 사람이다. 전진할 때 전진할 줄을 모르고 물러날 때 물러날 줄 모르니 자기를 다스리지 못하는 사람이다. 지금도 그렇거니와 다른 모든 일에서도 그럴 것이다.

어떤 종교의 방법을 수련하든지 간에, 모두 옛사람들이 제정한 정의를 벗어나지 못한다. 즉 선禪은 체이고, 밀密은 용이며, 정淨은 회귀이다. 이 세 가지 법칙을 벗어난다면 모두 사지사견이다. 어째서 정토로 회귀한다고 하는가? 결코 '어미타불' 한마디를 불렀다고 정토로 회귀한다는 말이 아니다. '정토로 회귀한다'는 말은 우선 자성이 청정해야 만물과 하나로 되고 정토로 회귀하게 된다는 뜻이다

'마음이 깨끗하면 불국토도 깨끗하다'는 말은 마음이 깨끗하지 못하면 어딜 가든지 모두 어지럽고 더럽다는 뜻이다. 나는 이런 관점을 가지고 있다. 만약 사바세계에서 탐진치로 가득 찬 사람은 극락세계로 간다고 하여도 여전히 탐진치가 가득 차 있을 것

· 665

이다. 탐진치가 가득 들어찬 사람들도 극락세계를 갈 수 있다면, 나는 극락세계로 가는 길을 반대하며 절대로 가지 않을 것이다. 여기에 내가 당신들과 같이 있고 극락세계에 가서도 당신들과 같이 있을 것인데 구태여 극락세계로 갈 것이 무엇인가? 부처가 접인하지 않는다고 하지만, 설사 접인한다고 하여도 나는 가지 않을 것이다.

왜 밀법密法을 쓴다고 하는가? 밀교는 '신·구·의의 삼업三業이 서로 상응해서 동시에 쓰이고 동시에 사라진다'고 말한다. 수행자들이 말하기를 "사람은 구덕口德이 있어야 한다."고 한다. 수행자들에게는 두 가지 극단적인 현상이 있는데, 사실은 한 가지 극단이다. 왜 두 가지 극단을 한 가지라고 하는가? 아주 모순되는 말 같다. 이를테면 어떤 수행자들은 항상 상대방을 찬탄하기 좋아한다. 상대방의 결점을 보아도, 상대방이 그릇된 일을 하는 것을 보아도 잘한다고 하며 좋다고 한다. 이것을 구덕이 있는 것으로 생각한다. 또 어떤 사람의 입은 칼날처럼 항상 남의 결점만 보고, 무엇이나 다 잘못한다고 책망한다. 하나는 좋다고만 하는 사람이고 하나는 나쁘다고만 하는 사람이다. 대개의 사람들은 이 중에서 무턱대고 찬탄하는 사람을 구덕이 있는 사람이라고 한다.

사실 이 두 종류의 사람들은 모두 구덕이 없는 사람들이다. 남을 좋다고만 하는 사람은 책임감이 없는 사람이다. 착오를 범하고 업장을 짓는 것을 보고도 찬탄하거나, 아니면 슬쩍 '어미타불'하고 스쳐 지나면서 막지 않는 사람은 상대방과 똑같은 착오를 범하는 사람이고 똑같이 업장을 짓는 것이다. 불교의 계율에 이런 말이 있다. "만약 자기가 하거나 남을 시켜서 하거나 하면, 그를 기뻐하며 따라서 하는 것과 같다." 이 말의 뜻은 나쁜 짓을 하는 것을 보고도 제지하지 않으면, 그를 따라서 나쁜 짓을 하는 것과 같다는 말이다.

두 번째 사람들은 남들이 잘못하는 것을 보고 제지는 하지만, 악담의 방식을 취한다. 수행하는 사람에게 구덕이 없다면 어떻게 신身과 의意를 닦을 수 있겠는가!? 입을 놀리는 일도 바로 하지 못하는 사람들이 어떻게 일을 잘하고, 어떻게 심리상태를 바로잡을 수 있겠는가!

무엇을 구덕이라고 하는가? 구덕은 구체적으로 아래와 같이 세 가지로 나눌 수 있다.

첫 번째, 구재口才 즉 말재주를 말한다. 말재주가 있다는 말은 문제를 발견할 줄 안다는 것이다. 이런 사람들은 문제를 발견한 다음 어떤 말은 하고 어떤 말은 하지 않으며, 어떤 때는 반드시 말을 하고 어떤 때는 물러서서 말을 하지 않는다는 분수와 한계를 잘 장악하고 파악한다. 하지만 부처님공부를 하는 많은 사람들이 어떤 말을 해야 하고 어떤 말은 하지 말아야 하며, 어떤 장소에서는 말을 하지 말아야 한다는 것을 모를 뿐만 아니라, 심지어 자기가 어떤 말을 하고 있다는 것조차 모르고 있다.

두 번째, 구덕口德이다. 사람들을 칭찬하는 것만 구덕이라고 하지 않는다. 우리들이 어떤 사람을 좋아하고 보살펴주고 그에게 성심을 다하려면 우선 책임감이 있어야 한다. 무엇이 성심을 다하고 보살펴주는 것인가를 명백히 알아야 한다. 아니면 그 사람을 해치는 것과 마찬가지다.

세 번째, 구복口福 즉 먹는 복이다. 구복을 구비했다는 것은 무슨 뜻인가? 의식주행을 초월했다는 것이다. 만약 '무엇을 먹든 다 맛이 있다'의 정도에 이르지 못한다면, 물질세계를 돌파하고 영성의 세계로 들어갈 수 없다. 수행한다는 사람들이 아직도 의식주행에 머물러 있다면 영성이 어떻게 작용하겠는가? 영성의 힘을 발휘할 수 있다는 것은, 완전히 자기의 신·구·의를 장악하고 다스릴 수 있으며, 이미 의식주행과 물질세계의 모든 것을 초월했다는 의미이다.

이 세 개의 '구口'자를 쌓으면 '품品'자가 된다. 즉 '인품人品'이라는 '품'자이다. '구재, 구덕, 구복'을 잘 수련하여야 수행자의 인품이 보이는 것이다. 이 세 '구'를 제대로 수련한 다음에야 비로소 도를 논할 수 있다. 현재 불교단체가 조화롭지 못한 원인은 바로 이 세 가지 '구'자를 잘 닦지 못해서이다. 출발점과 동기는 상대방을 위한 것이라고 해도, 구덕이 부족하여 칼날처럼 박한 말을 하거나 치열한 방식으로 일처리하면 역효과가 나는 것이다. "방편에는 문이 많으나 귀원에는 다른 길이 없다."라는 말이 이러한 이치이다. 오로지 당신의 발심만 정확하고 바르다면, 어떤 방법이든 상관없이 다 사용할 수 있다.

불교에서는 "방촌方寸이 흔들리지 않으면 만 가지 법보다 낫다."

혹은 "방촌이 흔들리지 않으면 만법을 포함한다."는 말이 있다. 방촌이란 마음을 말한다. 마음이 어지럽고 흔들리면 그 어떤 불법을 수련하여도 아무 소용없는 것이다. 어떤 불법이든 모두 당신의 마음을 청정하고 조용하게 한다. 물들지 않은 것을 청淸이라고 하고, 흔들리지 않는 것을 정淨이라고 한다. 무엇을 '물들었다'라고 하는가? 물들었으면 바로 멈춰야 하고, 멈추지 않으면 바로 물들게 된다. 어떤 사물이든, 아무리 좋은 사물이라도 머물게 되면 바로 물이 드는 것이다. 일단 물들게 되면 곧바로 혼란에 빠지게 된다.

'선정禪定, 청정淸淨, 상응相應!' 이 여섯 글자는 모든 불법의 영혼이다. 어떤 불법을 수련하든지, 반드시 선정·청정·상응이 있어야 한다. 팔만사천 가지 불법이라고 해도 실질적으로 얻는 효과는 오로지 하나이다. 이 불법 저 불법이 좋다고 해도, 모두 다른 토대와 환경에 적응하기 위하여 인위적으로 만들어진 것이다.

정토종을 수련하는 사람에게 각조기능이 없다면 어떻게 정토종을 수련한다고 하는가? 선정기능이 없고 정력이 없어도 아미타불께서 접인하여 간다고 하지만, 여전히 방향을 잃을 것이다. 정토종을 수련하려면 우선 자기의 기심동념부터 장악해야 한다. 무엇으로 장악할 것인가? 바로 각조의 기능에 의하여 장악한다. 선정기능을 수련한다는 사람들이, 정념도 이어갈 수 없고 각조기능도 없다면 어떻게 선정수련을 할 수 있는가? 밀교를 수련하려면 신·구·의가 상응되어야 하는데, 무슨 힘으로 신·구·의를 상응할 수 있게 하는가? 마음으로 지배하고 각조기능으로 지배하는 것이다. 각조를 잃으면 모든 것을 잃게 되고, 신·구·의가 상응하지 못하면 선정기능도 있을 수 없다. 선정기능이 없다면 정념이 이어지지 못한다. 정념이 이어지지 않는다면, 당연이 만물과 일체가 될 수 없는 것이다.

당신이 만물과 하나로 되었다고 하자. 그런데 여전히 극락세계로 가고 싶고 어미타불의 접인을 받고 싶은가? 아직도 어미타불께서 가시기도 하고 오시기도 하는가?

당신이 만물과 통일체가 아니라면, 어미타불께서 당신을 극락세계로 접인했을 때 누구와 통일체가 되겠는가? 당연히 당신의 탐진치와 통일체가 될 것이다!

수행하는 사람이 보리심도 없고, 적은 것을 큰 것으로, 사를 공으로 돌리지 않는다면, 채식하고 염불한들 무슨 소용이 있겠는가? 아무 것도 믿지 않고 아무런 법도 수련하지 않지만 남을 위하고 봉헌하는 정신과 행위가 있는 사람들은, 다시 말하면 뇌봉雷鋒정신을 구비한 사람들은 보살도를 행하는 사람들과 구별이 없다. 우리들은 불교를 믿고 채식하고 염불하지만, 죽은 다음 뇌봉의 차원도 따르지 못할 것이다. 뇌봉의 마음에는 오로지 중생뿐 자기라는 것이 존재하지 않는다. 하지만 부처님공부를 한다고 하는 우리들은 오로지 자기뿐이고, 극락세계로 왕생하고 성불하며 조사가 되겠다는 생각뿐이다.

수행하는 사람들의 마음에는 오로지 중생뿐이고, 태허太虛를 감싸 안는 마음이 있어야만 성취할 수 있다. 하지만 우리들은 누구도 포용하지 않고, 마음속에는 자기를 위하는 마음뿐이다. 자기밖에 모르는 사람은 영원히 자기 혼자인 것이다. 설령 이런 사람들이 평생 채식만 하고 하루에 가부좌를 열몇 시간씩 하더라도, 복보도 심지 못했고, 성불하는 인因도 심지 못한 것이다. 그러므로 성불할 수 없다. 뿐만 아니라 사람으로 환생하는 인도 심지 못했다. 설사 사람 되는 인을 심었다고 하더라도, 포용심과 사랑, 그리고 겸손하고 공경하는 마음이 없어도 안 되는 것이다. 이와 같은 것을 구비하지 못했다면 성불하는 인을 심었다는 말을 하지 못한다.

부처님공부를 하는 사람들은 "아량이 크면 클수록 과위도 따라서 커진다."라고 한다. 아량이란 무엇인가? 바로 보리심이다. 보리심이 없다면 아량이 있을 수 없다. 어째서 성불하고자 하는 사람의 행동거지가 부처의 기준과 어긋나고, 불도와 다르며, 말과 행동이 다른가? 우리들의 언행과 행동거지 그리고 일 하는 방식에서 내재의 경계를 알 수 있고, 임종 후의 과위와 결과도 알 수 있는 것이다.

성불을 하려면 무량겁의 복보와 공덕이 있어야 한다. 공덕과 복보는 어떻게 닦는가? 지금 이런 방식으로 수련하면 공덕과 복보를 닦을 수 있는가? 도를 깨우치고 성불하여 조사가 되고자 하는가? 『원각경圓覺經』에 이런 말이 있다. "보살의 경계는 중생들이 청하지 않아도 다가서는 친구가 되어야 한다."

왜 '수도를 하려면 발심부터 하라'고 하는가? 무엇을 발심이라고 하는가? 하루에 열 시간씩 참선하고, 백만 번 '어미타불'을 염불하며, 『지장경』백 번, 『금강경』백 번을 독송해야 발심이라고 하는가? 일반적으로 많은 사람들은 이것을 발심이라고 생각한다. 이것은 발심이 아닌가? 발심이라고 할 수 있다.

하지만 이것은 불법에서 말하는 발심이 아니다. 이것은 자사자리하고 혜근을 단멸斷滅하며 불성을 단멸하는 발심이다. 비록 매일 '어미타불'을 염불하고 『지장경』을 독송하지만, 이것은 혜근을 단멸하는 초아패종焦芽敗種(싹을 태우고 종자를 죽임)이다. 또한 이런 발심은 도와 위배되고, 부처의 자리에서 당신을 끌어내리며, 부처의 대오에서 쫓아내는 것이다. 나의 이런 관점을 반대하고 달리 생각하는 관점이 있다면 말하기 바란다. 아울러 나의 관점이 틀리다고 생각하면, 기억했다가 다른 선지식을 찾아서 묻기를 바란다.

진정하게 밀교와 선종 그리고 정토종을 이해한다면, 조사들께서 왜 팔만사천 불법이 모두 선을 체로 하고, 밀을 용으로 하며, 정을 회귀로 여겼는지를 깨달을 수 있다. 아니면 팔만사천 불법을 모를 것이고, 선·정·밀에 내포된 뜻을 모를 것이다. 하지만 지금 사람들은 '어미타불'만 하면 정토종을 수련하고, 가부좌를 하고 좌선하면 선종을 수련하며, 주문을 외우면 밀교를 수련한다고 여긴다.

무엇이 진정한 주문인가? '어미타불'이 진정한 주문이고, '본사 석가모니불'이 진정한 주문이다. 무엇을 진정한 밀密이고 무엇을 진정한 정淨이라고 하는가? 무명을 돌파하면 진정한 밀이고, 마음에 머무는 바가 없으면 진정한 정이다.

우리들은 왜 매일 '어미타불' 한마디에만 머물러야 하는가? 여러분의 마음이 너무 산란하고 어지럽기 때문이다. 진정으로 공부한 사람은, 반드시 이 한마디 말에 머무르지 않을 것이다. 이 한마디 말에만 머무른다면 오염이 더 될 것이고 더욱 혼란하고 어지러울 것이다. 이것을 '불을 피하니 물에 빠지는 격'이라고 한다.

부처님공부는 기용起用이라는 말을 많이 한다. 무엇을 '기'라고 하고 무엇을 '용'이라고 하는가? 신·구·의를 떠나고, 일과 사람, 그리고 사물을 떠난다면, 어떻게 쓰이고 어디에 쓰일 것인가? 신·구·의를 사람과 일, 그리고 사물에 일으켜서 쓰지 않는다면, 복보를 어떻게 닦고 공덕은 어떻게 쌓으며 업장은 어떻게 소멸할 것인가? 자기를 어떻게 인식하고 개조하며 초월할 것인가?

범부는 '제경 불수심除境不修心'이다. 즉 경계는 없애지만 마음수련은 하지 않는다. 하지만 성인은 '수심 불제경修心不除境'이다. 즉 마음은 수련하지만 경계는 없애지 않는다.

14강

만물이 통일체라면 너의 잘못이 나의 잘못이다

　부처님공부는 부처의 표준으로 자기에게 요구해야 한다. 동참하는 도반들의 행위가 법도에 어긋나는 것을 보면 일깨워 줘야한다. 만약 그들에게 주의를 주어서 환기시키지 않는다면, 그 사람에 대한 책임감이 없을 뿐만 아니라 자기 자신에 대한 책임감도 없는 것이다. 일단 일깨워 주었는데 듣지 않는 것은 그 사람의 문제이므로, 이 일을 생각할 때 양심의 가책을 받지 않을 것이다. 사실 주의를 주어 환기시키는 자체가 바로 자기를 환기시키는 것이다. 만약 나쁜 짓을 하는 것을 보고 주의를 주어 환기시키지 않는다면, 이 일을 회상할 때 분명히 마음이 편찮을 것이다. 때문에 남을 위하는 자체가 바로 자기를 위하는 것이다.
　기왕 출가했다면 이미 돌아설 여지가 없는 것이다. 그러므로 영원히 앞으로 나아가고 용맹 정진해야 한다. 어떤 길을 가든지 분명히 고난과 좌절이 있을 것이다. 그렇다고 빠져나갈 구멍을 남긴다면 고

난에 부딪치고, 좌절당하면 반드시 중도에서 뒷걸음질 칠 것이다. 만약 빠져나갈 구멍을 막아 놓으면 사람의 심념은 앞만 보게 되고 뒤를 돌아보지 않을 것이다. 오로지 끊임없이 앞으로 직진만 하게 되면 반드시 이상적인 피안에 도달하게 된다. 혹은 잠시 갈피를 잡지 못하더라도 굳건한 의지와 확고부동한 신념만 있다면 고난과 좌절이 금방 지나갈 것이다.

출가한 사람이 어떻게 자기의 도심을 지킬 수 있는가? 오늘날 우리들이 부딪치는 문제들은 이미 조사들께서 모두 다 겪어봤고 경험했으며, 아울러 우리들에게 귀한 경험들을 남겨주셨다. 조사님들은 우리들에게 세 가지 법보法寶를 남겨주셨다.

첫 번째 법보는 '수본위守本位 청초호聽招呼(본분을 지키고 부름을 받든다)'이다. 자기의 본분을 잃지 않고 잘 지키는 동시에 시시각각으로 부름을 받들어야 하는 것이다. 지시가 옳든 그르든 조금도 원망하지 말아야 한다. 잘못된 것은 그 사람의 문제이고, 우리들은 반드시 이 기회를 빌어서 자기의 기심동념을 들여다보아야 한다. 아니면 영원히 자신의 기심동념을 알아보지 못하게 된다. 오해를 받아야만 비로소 자기를 인식하게 된다. 하지만 몇 사람이나 본분을 지키고 부름을 받들 수 있는가? 만약 그렇게 할 수 있다면, 조사들의 성취를 3분의 1은 구비했다고 본다.

두 번째 법보는 '수연불변隨緣不變(인연을 따르더라도 마음이 변하지 않음)'이다. 비록 인생에서 좌절을 많이 당하고 고난에 부딪쳐도, 당신의 초발심이 변하지 않고 내심의 지향과 도심이 변하지 않는다면,

그 도심이 날이 갈수록 증가될 것이다. 뿐만 아니라 인연을 따라서 일을 하더라도 묘용의 작용을 하게 되고, 중생을 널리 제도하면서도 절대로 맹목적인 인연을 따르거나 방향을 잃고 어리둥절 초발심을 잃으면서 중생들에게 제도당하는 일은 없을 것이다.

세 번째 법보는 주변의 모든 사람들을 자기를 성취시키려고 온 사람이라고 생각해야 한다는 것이다.

나는 이 세 가지 법보에 대하여 아주 깊은 이해가 있다. 이 세 가지 법보를 사용할 줄 모른다면 출가했든 아니든 번뇌 망상에 빠지게 될 것이다. 우리들이 내재에 저열한 근성을 가진 범부라고 하지만, 내재에는 순결한 불성도 함께 가지고 있다. '신성神性'을 가지고 있다는 말이다. 불성으로 중생을 보면 중생들은 모두 부처이고, 인간성으로 중생을 보면 중생들은 모두 사람이다.

상대방에게 착오를 범하게 되는 것도 자기의 신·구·의를 단속하지 못한 탓이며, 그들로 하여금 착오를 범할 기회를 주었기 때문이다. 반대로 우리들이 자기의 신·구·의를 관리하고 단속할 수 있다면 상대방이 착오를 범하고자 하여도 기회가 없을 것이다. 상대방이 업장을 짓는 것은 절반은 당신 탓이다. 왜냐하면 상대방과 당신은 도반이고 함께 사업하는 동업자인데, 업장을 짓는 것을 뻔히 보면서 제지 못하는 것이 반은 당신 탓이 아니고 무엇인가? 절대로 상대방의 착오가 자기와 무관하다고 생각하지 말아야 한다. 눈으로 봤다는 것은 당신과 관계가 있다는 것이고, 당신과 공업共業이라는 것이다. 그것이 공업이라면 우리는 반드시 그 공업을 함께 소멸해야 한다.

15강

항상 감사하는 마음을 가져야 행복하다

■ **질문** : 스승님, 어떻게 해야 신身·심心·식識을 정화할 수 있습니까?
■ **만행스님** : 심령의 자기장은 마치 거대한 발전기와 같다. 그 힘은 몇천 볼트 전기의 힘보다 세지만 사람들이 이것을 인식하지 못한다. 사람들이 함께 모여서 얘기를 나눌 때, 내가 한 말을 당신이 반대하거나 당신이 한 말을 내가 반대하면, 민감한 사람은 상대방이 발산하는 강렬한 자기장의 힘을 느낄 수 있다.

그리고 어떤 사람은 사유가 아주 빠른데도, 어떤 사람 곁에 다가서면 어쩔 바를 모르고 말에 두서가 없어진다. 왜냐하면 그 사람의 자기장의 힘이 더욱 강한 사람에 의해 덮였기 때문이다. 상대방의 자기장의 힘이 그의 자기장을 뚫고 나갈 수도 있고, 자기장을 교란할 수도 있으며, 심지어 그의 의식을 일정한 범위 내에서 지배할 수도 있다. 때문에 그의 사유가 정지되거나 정신착란까지 있게 된다.

수행자가 자기의 자기장 힘을 우주허공과 통일체가 되도록 확대한다면, 상대방은 이 사람의 자기장을 지배하지 못하거나 덮지 못한다. 때문에 수행자는 우선 자기의 심신을 모두 비워야 한다. 심신을 비워서 그 비운 공간이 무한히 커지게 되면, 상대방은 덮을 표적을 찾지 못한다. 수행자의 자기장이 무한히 크기 때문에 상대방의 자기장을 덮고, 상대방은 당신의 자기장을 덮을 수 없게 된다. 그러므로 좌선할 때는 반드시 신심을 비워야 한다. 몸을 비우지 않으면 입도할 수 없고, 마음을 비우지 않으면 득도할 수 없다. 신심을 모두 비워야만 철저히 도를 깨달을 수 있고 득도할 수 있는 것이다.

수행자는 시시각각으로 자기의 신·구·의가 궤도를 벗어나지 않도록 지켜보면서, 부처의 기준으로 도에 부합되게 말을 하고 일을 해야 한다. 만약 수행자들의 행동거지와 모든 행위들이 도와 어긋난다면, 나쁜 정보를 불러올 수 있고 나쁜 자기장과 감응할 수 있는 것이다. 또 이런 나쁜 정보와 나쁜 자기장들은 수행자들의 의식을 어지럽히고 영성의 힘을 교란시킨다. 알아듣기 쉽게 말한다면 수행자들의 영혼이 오염된다는 말이다.

- **질문**: 스승님, 자비심은 남아돌지만 결단성이 부족한 사람이 있습니다. 이런 사람은 어떻게 해야 합니까?
- **만행스님**: 그 사람의 자비는 지혜의 자비가 아니라 우매한 자비이다. 지혜의 자비는 얼마든지 모든 일들을 원만하게 잘 처리할 수

있다. 하지만 어떤 사람의 '자비'는 우매무지한 자비이기 때문에, 본질적인 문제를 보지 못하면서도 문제를 '간파하고 내려놓았다'고 착각한다. 해결할 다른 방법이 없기 때문에 하는 수 없이 '간파하고 내려놓았다'고 하는 것이다. 간파하고 내려놓을 수 있다면, 사물의 본질을 똑똑히 볼 수 있고 자초지종도 알 수 있으므로 신경을 쓰지 않는 것이다.

불교에는 "가장 큰 힘은 자비의 힘이다."라는 말이 있고, 기독교에는 "가장 큰 힘은 사랑의 힘이다."라는 말이 있다. 사랑이든 자비이든 포용심이 있어야 한다. 포용심이 있어야 그 안에 있는 물건들을 깨끗이 정리하고 정돈하며 분류할 수 있는 것이다. 도교에서는 "연약한 것이 강한 것을 이긴다."는 말이 있다. 자비와 박애의 힘은 아주 약하고 아주 미세하며 제일 눈에 보이지 않는 힘이다. 하지만 뚫고 나가는 힘은 말할 수 없이 강하다.

■질문 : 스승님, 어떤 사람은 아주 깨끗한 옷을 입었지만 저의 눈에는 아주 더러워 보이고, 어떤 사람의 옷은 흙투성이지만 저의 눈에는 아주 깨끗해 보이기도 합니까?

■만행스님 : 이것은 자기장의 문제이다. 어떤 사람은 매력도 있고 기질도 아주 좋아 보인다고 한다. 이것은 그 사람의 영혼에서 풍기는 자기장의 힘인 것이다. 사람들 사이에 인연이 있는가 없는가 하는 것도 역시 영혼에서 풍기는 힘에 의해 결정된다. 사람의 영혼이 순수하고 깨끗하면 풍기는 자기장이 좋아서 주위 사람들을

정화할 수 있고, 그들로 하여금 편안함을 느끼게 하므로 이런 사람과는 인연이 있다고 한다. 반대로 신심이 깨끗하지 못한 사람은 풍기는 분위기가 나쁘므로 주위 사람들이 싫어한다. 우리들은 수행을 통하여 다른 사람과 교류할 수 있을 뿐만 아니라 동물·식물과도 교류할 수 있다.

- **질문** : 스승님, 무념無念에 도달했을 때 깨달음을 얻는 것입니까?
- **만행스님** : 무념일 뿐만 아니라 각지를 유지해야 한다. 만약 염두가 없는데 각지까지 없다면, 이미 그것은 틀린 것이고 선병禪病에 걸렸으며 공망空亡의 상태에 떨어진 것이다. 잡념이 없는 것은 좋지만 반드시 각지가 있어야 한다.
- **질문** : 스승님, 이미 무념의 상태에 도달했다면 주의력을 자기 몸에 두어야 합니까?
- **만행스님** : 이렇게 하는 것은 틀렸다. 수행은 이렇게 하는 것이 아니다. 수행은 자기의 심신을 석방하고 우주와 융합하여 일체가 되면서, 우주 전체가 모두 자기마음에 있는 것이다. 이를테면 일단 가부좌를 하고 눈을 감고 입정하면, 심령의 자기장이 열리는 느낌이 들면서 우주와 하나로 융합되고, 심신의 크기는 우주와 정비례가 되는 것이다.

- **질문** : 스승님, 의식으로 전체우주를 모두 포용하는 것입니까?
- **만행스님** : 의식이라고 하면 두뇌라고 인식하기 쉽다. 확실히 처음은

두뇌와 관계가 있지만, 최후는 무위의 상태가 되므로 두뇌를 경과하지 않는다. 이를테면 내가 '당신 어머니'란 말이 떨어지기 바쁘게 당신의 머릿속에는 이미 어머니의 형상이 나타나는 것과 같은 이치이다. 분명히 처음은 두뇌를 경과하게 된다. 하지만 일초 아니 반초의 시간도 필요 없이, 어머니란 말만 나오면 두뇌에서 금방 어머니의 모습이 나타나는 것이다.

▪질문 : 스승님, 악념이 금방 나타났다가 곧이어 선념이 생기는데, 이런 것은 어떻게 하면 됩니까?

▪만행스님 : 허허~! 아주 평균이로구나. 수행은 되도록 선념이 생기게 하고 악념이 생기지 못하게 한다. 악념이 생겼다면 금방 경각심을 가지고 참회하며, 그것이 성장하지 못하게 할 뿐만 아니라 그 악념을 실행하면 안 된다.

▪질문 : 스승님, 우리들이 이미 좌선수련을 한지 일 년도 넘었습니다. 매번 좌선할 때마다 눈앞에 항상 세 분의 부처님 상을 보게 됩니다. 이것이 좋은 징조인지 나쁜 징조인지 모르겠습니다.

▪만행스님 : 오랫동안 이렇게 되면 좋지 않다. 가끔씩 똑같은 경계가 나타나지만 정상이 아니다. 너는 줄곧 한 차원에만 머물러 있고, 그 차원을 초월하지 못했다는 것을 의미한다. 이와 같은 경계를 연도풍광이라고 하는데, 모든 경계는 다 맞는 것이고 모두 연도풍광이다. 백 미터에는 백 미터의 풍광이 있고, 천 미터에는 천 미터의 풍광이 있다. 십년동안 줄곧 연꽃만 보았다면, 십년동안

제자리걸음만 했고 한발자국도 내디디지 못한 것이다. 날마다 진보한다면 보는 풍광도 날마다 다르고, 경계도 날마다 다를 것이다. 최후에는 경계도 다 없어지고 심신과 허공이 하나로 융합되며, 어떤 일이 오기만 하면 금방 감응하게 된다. 왜냐하면 그러한 경계는 이미 심령의 허공에 투사된 것이다. 하지만 너는 이 모든 것을 이미 네가 포용했다는 것을 느끼지 못하는 것이다. 수행자들은 마음의 도량을 열어야만 비로소 그들의 존재를 느낄 수 있고, 자연계의 각종 에너지들의 존재를 느낄 수 있다. 우리들이 깨달음을 얻지 못하는 원인은 심령의 문을 열지 않아서 도와 연결할 수 없기 때문이다.

- 질문 : 제가 좌선할 때면 흉부에 통증을 느끼면서 냉기가 안에서 움직이는 것 같습니다.
- 만행스님 : 이 모든 것은 수행방법을 계통적으로 장악하지 못했기 때문이다. 어떻게 손을 써서 시작하고 어떻게 나와야 하는 것을 모르기 때문에, 문제가 발생하면 대처할 줄 모르는 것이다. 완전히 수행방법을 장악했다면, 이런 상황이 나타나면 금방 원인을 알게 되고 어느 단계에서 어떤 방법으로 그 단계를 지나야 하는 것을 알게 된다.
- 질문 : 저는 이 문제를 처리할 줄 모릅니다. 제가 어떻게 해야 합니까?
- 만행스님 : 진정 그렇다면 너의 스승을 찾아가서 묻길 바란다. 사람

마다 수행하는 방법도 다르고 심신에서 생기는 반응도 다르다. 왜 불교에는 선종, 밀교 등의 불법이 있는가? 법을 전수하는 스승은 수련하는 과정에서 어떤 연도풍광들이 나타나며, 매 단계마다 지나는 거리가 얼마나 되는가 하는 것들을 알려 줄 것이다. 때문에 수행에는 반드시 스승의 지도가 있어야 한다. 겨우 부처를 믿는 차원이라면 이 모든 것을 말할 필요가 없겠지만, 부처님공부를 한다면 스승은 반드시 이런 것을 알려 주어야 하는 것이다. 지금의 많은 신도들은 겨우 부처를 믿는 정도이고 부처님공부를 하는 차원이 아니다. 아무리 경건하게 부처를 믿어도 도와 융합할 수 없고 득도하고 성불할 수 없는 것이다. 진정 부처님공부를 한다면 반드시 도에 접근할 것이고, 장래의 어느 날 당신도 도로 변하게 될 것이다. 일단 도로 변하게 된다면 당신도 도를 전수할 수 있다. 단순히 부처를 믿는 정도라면 영원히 성도할 수 없고 도를 전수할 수 없다.

- **질문** : 스승님, 여성들은 불편한 그 며칠간 좌선하지 않아도 됩니까?
- **만행스님** : 여성들이 주기적으로 불편할 때는 좌선하지 않아도 된다.
- **질문** : 스승님, 그러면 일 년 동안 비교적 많은 날을 좌선하지 못하게 되는데 이 외에 다른 방법은 없는지요?
- **만행스님** : 수행의 목적은 마음을 청정하게 하기 위한 것이다. 마음을 청정하게 하는 방법으로 반드시 좌선해야 된다는 법은 없다. 어떤 사람들은 좌선하는 방법으로 정심淨心하면 적합하지 않지

만, 최선을 다해 사업하면 그것이 더 적합한 것이다. 이를테면 줄타기를 하는 사람은 줄타기를 할 때 그 자체가 선정상태이다. 그를 보고 줄타기를 포기하고 좌선하라고 하면 안 되는 것이다 그가 하는 줄타기는 좌선하는 것보다 훨씬 효과가 좋으므로, 줄타기를 바꿀 필요가 없다. 정사에 참여하는 사람이나 상업에 종사하는 사람들의 신경은 고도로 집중되고 항상 경각심을 가진 상태에 있기 때문에, 상대방이 무슨 말을 하고 어떤 의도를 가지고 있다는 것을 아주 잘 알고 있다. 말하자면 그들도 선정상태에 있기 때문에 구태여 수련하라고 할 필요가 없다.

왜 가부좌를 하고 좌선하면서 정수靜修 하라고 하는가? 책상다리를 하고 좌선하게 되면 신체를 개변시킬 수 있을 뿐만 아니라, 직접적으로 사대에도 영향을 주게 된다. 하지만 영성의 수련과는 큰 관계가 없다. 일단 좌선하고 정심하는 방법을 익히고, 견지하는 시간이 길면 길수록 좌선도 쉬워지며 두뇌도 맑아지게 된다. 하지만 다른 방법으로 정심하면 쉽게 피로해진다.

- **질문**: 스승님, 절에서 일하면 복보를 키울 수 있다고 하는데, 이 복보의 의미는 무엇입니까?
- **만행스님**: 이바지하는 정신을 키우기 위한 것이다. 수행자들이 도를 깨우쳐서 성불하지 못하는 원인은 이바지하는 정신이 없기 때문이다. 우리들이 이바지한다고 해도 아주 부족한 것이다. 이바지한다는 것은 금전과 체력뿐이 아니다. 이런 것들은 누구나 다 할

수 있다. 하지만 진정하게 이바지할 수 없는 원인은, 우리들의 보잘 것 없는 존엄과 체면 그리고 우리들의 아량(心量)이다. 이 모든 것을 다 이바지 할 수 있다면 얻고 싶은 것들을 다 얻을 수 있다. '얼굴이 좀 두꺼우면 되지 않는가?'고 말하지만, 얼굴 가죽이 두꺼운 것과 간파하고 내려놓을 수 있는 것과는 다르다. 간파하고 내려놓는 문제는 너 자신이 똑똑히 알 것이다. 만약 내가 아무 원인도 없이 너에게 한바탕 욕을 한다면, 몇날 며칠 심지어 한평생 가슴에서 나를 내려놓지 않을 것이다. (대중들 웃었다)

우선 얻고 싶은 만큼 내려놓아야 한다. 하지만 우리들의 공간은 이미 가득 차 있다. 만약 공간을 비우지 않으면 아무 것도 담지 못한다. 성불하고자 하면 부처의 아량, 부처의 자비심, 부처의 이바지하는 정신이 있어야 한다. 이와 같은 것들이 구비되지 않는다면 아무리 많은 스승을 뵙고, 아무리 많은 불법을 수련한다고 해도 소용이 없는 것이다. 스승들의 방법이라는 것은 단 한 가지 종지(宗旨)뿐이다. 즉 '아량을 넓히고 마음의 문을 열어라'이다. 마음의 도량만큼 물건을 받아들일 수 있고, 감당하는 능력만큼 적재된 중량을 견딜 수 있다.

또한 다른 사상을 만났을 때 그것을 받아들이고 포용할 수 있는가? 대개 사람들은 자기와 상응하고 좋아하며 감상하는 것만 받아들이고 포용한다. 하지만 너의 힘과 대항하는 힘을 받아들이고 포용할 수 있어야 너의 포용심을 나타낼 수 있다. 오직 자기와 대항하는 힘을 받아들여야 마음의 도량을 열어 놓을 수 있고 넓할 수 있다. 아니면 마음의 도량을 열 수 없으며 넓힐 수도 없다.
- **질문** : 스승님, 현실생활에서 인욕하는 방법으로 마음의 도량을 열어야 합니까?
- **만행스님** : 인욕심이 포용심으로 변하여도 그것은 아니다. 부처를 지향하는 사람에게는 방법이라는 존재도 없고 포용심이라는 개념도 없다. 어떤 방법이 당신으로 하여금 포용심이 생기게 한다면 그것은 철저한 방법이 아니다. 마치 보리심을 발원하는 것과 같이 그 누가 권해서 될 일이 아니다. 남이 권해서 발심한 보리심을 어떻게 보리심이라고 하는가? 그것은 본능적인 반응이다. 이를테면 자식이 병에 걸리면 가슴을 움켜쥐고 안타까워하는데, 누가 와서 "애가 병에 걸렸으니 잘 보살펴라."고 해야 보살피겠는가? 자기는 보리심을 발심할 수 없다고 한다면 당신은 부처님공부를 하는 사람도 아니고 도를 닦겠다고 갈망하는 사람도 아니다.

- **질문** : 스승님, 자기 곁에 있는 사람의 에너지가 약하다는 것을 알고 있는데 회피해야 합니까? 아니면 대신하여 감당해야 합니까?
- **만행스님** : 상황에 따라 판단해야 한다. 너의 힘이 약해서 마치 어린애와 같으면 감당하기 어려우므로 회피해야 한다. 너의 힘이 감당할 수 있고 그 사람의 자기장을 바꿔놓을 수 있다면 회피하지 말아야 한다. 이것은 단계성이 있다. 오직 너의 스승만 언제쯤 중생의 업장을 감당할 수 있다는 것을 알 수 있고 또 너에게 알려 줄 것이다. 또 수행이 일정한 차원에 이르게 되면 너 자신도 알

수 있을 것이다.

낮에 좋지 않은 사람들을 만나서 그의 몸에서 발산한 나쁜 분위기와 자기장을 흡수했더라도, 집으로 돌아온 다음 눈을 감고 5분 동안만 정좌하면 그 자기장을 정화할 수 있게 된다. 일단 자기장을 정화할 수 있다면 나가서 일을 할 수 있다. 만약 낮에 받은 좋지 않은 분위기와 자기장을 며칠이 지나도 정화하지 못한다면 적게 나가는 것이 좋다.

- **질문**: 스승님, 사유와 의식이 과거와 미래에 대한 염두 없이 완전히 당하에 있고, 불교에서 말하는 무념과 같은데 이런 상태를 뭐라고 합니까?
- **만행스님**: 무엇이 당하라는 것을 이해하고 확실히 당하에서 산다면, 너를 득도했다고 하고, 너는 이미 성인이 되었으며 이미 도와 융합되어 일체가 된 것이다.
- **답변**: 스승님, 제가 말하는 것은 사유가 없는 상태를 말합니다.
- **만행스님**: 너는 잘못 이해했다. 진정 당하에 사는 사람은, 장기실력이 뛰어난 사람이 전체적인 장기의 대국을 파악하는 것처럼 사유가 없는 것이 아니다. 장기 말을 움직일 때마다 두 수 혹은 세 수를 내다보는 것이다. 첫 번째 놓은 장기 말은 단지 발판에 지나지 않고, 물고기 밥이나 수단에 불과하다. 당하의 진정한 목적은 바로 '장군'에 있다.
- **답변**: 하지만 진정한 영성은 사유의 상태이지 사유를 마친 것이 아

닙니다.

- **만행스님** : 그것이 어디에 있든지 간에 우선 두뇌를 빌려야 하고, 두뇌라는 이동수단이 있어야 한다. 진정하게 당하에 사는 사람의 두뇌는 이미 모두 변화되어 고쳐졌거나, 혹은 이미 영성과 합하고 만물과 융합하여 하나가 되었다. 그러므로 그 사람의 발자국마다 모두 당하에 있고, 대국의 형세는 모두 그 사람의 마음속에 담겨 있는 것이다.

- **질문** : 스승님, 어떤 사람이 말하는데 침묵만하고 있으면 자기의 두뇌 속 사유의 소리를 들을 수 있답니다. 하지만 그것이 방해가 된답니다. 오직 사유를 내려놓을 때만 마음 놓고 전심으로 당하에 살 수 있다고 하는데 확실합니까?

- **만행스님** : 개념조차 틀렸다. 이를테면 지금 너는 이 자리에 앉은 사람들의 기심동념을 느낄 수 있는가? 모두는 느끼지 못하더라도 절반정도의 기심동념을 느낄 수 있는가? 이곳의 자기장과 이곳의 분위기를 느낄 수 있는가? 단지 자기 혼자만이 아니라 많은 사람의 자기장들을 느낄 수 있는가?

- **답변** : 저의 생각에는 일종의 그런 상태에 들어간 것 같습니다.

- **만행스님** : 이때는 너의 내재의 힘이 펼쳐져 주위 사람들을 에워싼 것이다. 사람들이 너의 자기장에 들어온 것이 아니라, 네가 사람들을 포용한 것이다. 때문에 너는 주변의 자기장과 주변의 만물을 느낄 수 있는 것이다. 만약 너의 내재의 힘이 하나로 합하게

된다면, 자신을 독립적인 개체라고 느끼게 된다. 금방 장기 두는 예시와 접목하면, 비록 장기 말 하나만 움직였지만 대국의 형세가 이미 너의 마음속에 있는 것과 같이 너는 완전한 각지인 것이다. 이것을 진정하게 당하에서 산다고 하고 만물과 하나로 융합되었다고 한다. 이때의 너는 두뇌가 사유하는 것도 아니고 혹은 두뇌가 사유 속에 있는 것도 아니라 영성의 느낌을 받아들인 것이다.

- 질문 : 스승님, 어떻게 하면 시시각각으로 자기의 기심동념을 지킨다는 것을 각지할 수 있습니까? 기심동념이 정확한가 아닌가 하는 것을 구분해야 합니까?
- 만행스님 : 너의 기심동념을 각지할 수 있는가 없는가 하는 것은 너 자신이 잘 알 것이다. 너의 염두와 생각이 모두 분명하고 똑똑해야 비로소 각지의 마음이 있다고 한다. 자기가 무슨 생각을 하고 무슨 말을 하며, 무슨 일을 하고 있다는 것을 분명하고 똑똑하게 잘 아는 것이다.
- 질문 : 이 때에 그것의 옳고 그르고, 어디서 오고 어디로 가는가 하는 것을 감별할 필요가 있습니까?
- 만행스님 : 상황을 보아야 한다. 만약 명상할 때 생긴 염두라면 선념과 악념을 분별할 수 있을 것이다. 악념이라면 만연되지 않도록 근절하고, 실천하겠다는 염두가 생기지 않도록 지키면서 분별해야 한다. 이때의 분별은 응대해야 하는 분별이다.

세간의 일은 세간의 법을 따라야 한다. 일부 부처님공부를 하는 사람들이 불문에 귀의한 다음 수행한다고 하면서, 사업을 그만두고 가정을 포기하면서 "나는 다 내려놓았다. 지금부터 스승을 따라 수행하고 절에 가서 수행하련다."고 한다. 불문에서 '내려놓으라'는 말은 유형유상有形有相의 물건, 즉 가정을 버리고 돈을 버리라는 말이 아니라 그 집착하는 마음을 내려놓으라는 말이다. 유형유상의 물건을 내려놓을 수 있더라도 내심 속에 존재하는 무형무상無形無相의 것을 내려놓지 못한다면 무슨 소용이 있겠는가?! 다시 말하면 너는 가정과 재물 그리고 지위도 있지만, 이런 것들에 집착하지 않고 강요하지 않는다면 내려놓은 것이다. 손에 든 돈을 연장이라고 생각한다면, 돈을 잃었거나 혹은 부자가 되어도 과분하게 슬퍼하지 않고 흥분하지 않는다면 내려놓았다고 한다. 수행자들은 마땅히 이런 이치를 알아야 한다.

■ **질문** : 스승님, 어떻게 '오만함'을 다스릴 수 있습니까?

■ **만행스님** : 여러분과 대항하고 맞서는 사람, 구설수를 주는 사람들에게 허리를 굽히고 절을 하며 그들의 장점을 많이 찬양하는 방법이 가장 좋다. 자기가 숭배하는 사람은 찬양할 필요가 없다. 제일 좋은 방법은 자기와 대항하고 맞서는 사람을 곁에 두고 함께 일을 한다면, 가장 빠르게 오만을 다스릴 수 있다. 하지만 우리들의 생각과 행동은 정반대가 되고 있다. 부처님공부를 하고 도를 닦아 성취하고 싶다고 하면서, 주위 사람들은 모두 취향이 같은 사

람들이다. 뿐만 아니라 자기의 견해와 다른 사람들을 각종 방법으로 배척하거나 쫓아버린다. 이런 사람의 마음의 도량이 언제 어느 때 가서 열리겠는가?!

불교의 사원을 '총림'이라고 부른다. 뭇 새들이 다 날아들 수 있는 숲이라는 말이다. 동화사는 이 만행을 옹호하는 사람만 상주하는 곳도 아니고, 나의 제자들만 상주하는 곳도 아니다. 지금 동화사에 상주하는 여러 스님들과 사부대중들에게 물어보면, 진정으로 이 만행을 인정하고 이해하는 사람이 얼마나 되는지를 알 수 있다.

나를 인정하지 않는 사람들, 그리고 꿍꿍이수작을 부리는 사람들이 나를 성취시키는 것이다. 바로 그들 때문에 나의 행동은 더욱 조심스러워졌고, 각지와 관조는 더욱 공고하고 튼튼해졌다. 바로 그들이 나의 공덕을 성취시켰고 나의 영성을 더 한층 제고시켰다. 만약 나의 주변에 모두 제자들뿐이고 모두 나를 옹호하는 사람들뿐이며, 내가 끼는 방귀조차 향내가 난다는 사람들뿐이라면, 나는 방자하고 아무거리낌 없이 법도를 어기고 기강을 문란하게 했을 것이다. 나를 인정하지 않는 사람일수록 나의 곁에 남겨두려고 한다. 줄곧 나를 주시하고 있기 때문에, 그들이야말로 진정한 나의 각지와 관조觀照이다.

마치 석가모니 부처님의 신변에 제바달다提婆達多가 있어야 하는 것과 같다. 제바달다는 온갖 방법으로 석가모니 부처님을 죽이려 하고 타도하려고 했다. 석가모니 부처님은 알고 있으면서도 계속 그를 자기 곁에 두셨던 것이다. 자연계의 법칙은 상생하는 것도 있고 상극하는 것도 있으며, 유형의 힘도 있고 무형의 힘도 있다. 바로 이런 자연계의 법칙들이 세세대대로 내려오면서 위인들을 성취시킨 것이다.

의향이 같고 마음이 맞는 사람만 곁에 둔다면, 어떻게 포용심이 있는 사람이라고 하겠는가? 네가 하고 있는 일들이 모두 자기가 하고 싶은 일이고 너에게 필요한 것이라면, 그것을 어떻게 발심이라 하고 이바지한다고 하겠는가? 무엇을 발심이라고 하고 이바지한다고 하는가? 그것은 자기의 필요가 아니라 남들의 필요이고, 자기는 하기 싫은 일이지만 남을 위하여 반드시 하는 것을 발심이라 하고 이바지한다고 한다. 하지만 많은 사람들은 무엇을 발심이라고 하고 무엇을 이바지라고 하는 것조차 모른다.

마치 어떤 사람들이 나를 찾아 와서 "스승님, 저는 발심하고 출가하겠습니다."고 하기에, "당신이 진정으로 출가하고 홍법하고자 하는가?"고 내가 물으면, 이 사람은 "저는 출가를 갈망한지 몇 년이 됩니다. 아무 일도 하기 싫고 단지 출가하여 스님이 되고 싶습니다."고 대답한다. 내가 하는 말은 "이것을 어찌 발심이라고 하는가?"이다. 개념부터 틀렸다.

- **질문**: 스승님, 사람들은 어떻게 저를 한번만 쳐다봐도 저의 생각을 바로 알까요?
- **만행스님**: 너의 주변의 사람들은 모두 지혜가 있는 사람이로구나.

또한 너의 아량도 크기 때문에 그들을 모두 포용했고, 그들의 심령과 네가 융합되어 일체가 된 것이다. 이것은 본능적인 반응이다. 그들이 알고 싶어서 알게 된 것이 아니라, 알고자 하지 않았기 때문에 알게 되었다. 그들이 진짜 너를 알고자 했다면 알리가 없는 것이다.

- **질문** : 그렇다면 어떻게 저의 생각을 그들이 모르게 할 수 있습니까?
- **만행스님** : 자기를 비워라. 일단 비우면 네가 무슨 생각을 한다는 것을 모를 것이다.
- **질문** : 어떻게 하면 좌선하면서 사상을 비울 수 있습니까?
- **만행스님** : 만약 네가 수련할 법이 있다면 아주 빠르게 비워지지만, 수련할 법이 없고 할 일이 없다면 두뇌는 허튼 잡생각만 하게 될 것이다. 자리에 앉아서 허튼 잡생각을 하거나 만 가지 일을 생각하기보다, 차라리 한 가지 일을 주어서 생각하게 하는 것이 좋을 것이다. 이것이 바로 '한 가지 법문을 수련 한다'는 것이다. 일정한 정도까지 생각하다보면, 생각하고 싶으면 생각하고 생각하기 싫으면 하지 않아도 되고, 입정하고 싶으면 입정할 수 있는 차원에 도달한다. 이때가 되면 수련하던 법문도 포기할 수 있다. 사실 모든 법문은 모두 망념을 다스리기 위한 것이고, 일념一念으로 만념萬念을 대신하기 위한 것이다.

- **질문** : 스승님, 자기를 한동안 관조하고 나면 심신은 피로하기 그지

없고, 미간과 정수리가 창만하면서 아픕니다. 하지만 심신이 합일이 되는 상태가 될 때도 가끔씩 있습니다. 제가 이렇게 계속 노력하면 될까요?

■ 만행스님 : 사실 모든 법문은 발생하는 상황에 따라 상황을 다스리기 위한 방법이다. 이러한 상황이 발생할 때마다 우선 이런 상황을 반드시 직면해야 되는지, 아니면 직면하지 말아야 되는지를 알아야한다. 이것을 알게 되면 어떤 방법으로 어떤 약을 쓸 것인가를 알 수 있다. 참선을 어느 정도 하게 되면 두뇌가 팽창하면서 두통이 난다. 이런 현상은 반드시 겪어야 하는 과정이다. 하지만 심리가 건강하지 못한 사람은 두통이 생기면 수행정진을 포기한다. 한동안 휴식하면 이런 상황이 사라지지만 수행해서 얻은 힘도 사라진다.

수련을 다시 시작하면 또 다시 머리가 터지는 것 같은 두통이 있게 된다. 건강하지 못한 심리상태로는 영원히 그 차원을 초월할 수 없다. 왜냐하면 이런 상황은 반드시 겪고 지나야 하기 때문이다. 또 참선을 어느 정도 하게 되면 두 눈이 벌겋게 되고 잇몸도 벌겋게 붓는다. 대처하는 방법을 알면 이런 상황이 나타나는 시간을 단축할 수 있지만, 대처하는 방법을 모른다면 이런 상황이 오랫동안 진행된다.

■ 질문 : 스승님, 좌선할 때 날숨을 입으로 내쉽니까? 아니면 코로 내쉽니까?

■ 만행스님 : 어떤 방법으로 호흡해야 가슴이 답답하고 위가 팽만해지는 문제를 해결할 수 있는지, 시험해 보면 금방 알 수 있을 것이다. 코로 숨을 내쉬어서야 어찌 가슴이 답답하고 위가 팽만하는 문제를 해결할 수 있겠는가? 그런 효과를 볼 수 없다. 그러므로 입으로 숨을 내 쉬어야 한다.

■ 질문 : 스승님, 무엇을 법문이라고 합니까?
■ 만행스님 : 수행하는 방법을 말한다.

2009년, 동화사 방문 당시 만행큰스님과의 대화[9]

"선을 깊이 공부하면 오히려 손님 접대를 꺼리게 되지 않겠습니까?"

"선을 하는 이유는 도를 닦기 위한 것입니다. 도를 닦았다면 자연 속세의 일을 자유자재로 행할 수 있게 됩니다. 인사를 제대로 못한다면 도를 깨쳤다고 할 수 없지요."

"큰스님께서는 7년간 동굴 속에서 수련을 했는데, 면벽수련만으로 인사를 깨칠 수 있습니까?"

"아닙니다. 폐관을 하기 전에 민남불교대학에서 불경을 공부했고, 스님으로서 알아야 할 지식을 익혔습니다. 그래서 도를 깨쳤을 때 그

---

[9] 이 내용은 2009년 12월 대유학보에 실린 것입니다. 만행큰스님과 나눈 이야기가 이 책을 이해하는데 도움이 될 것 같아서, 당시 대화의 일부분을 소개하고자 합니다.

러한 지식이 융합되어 내 몸과 하나가 될 수 있었던 것입니다."

"그러면 지금 동화사에서 공부하는 스님들도 불경을 공부합니까?"
"나는 항상 불경을 먼저 공부시킵니다. 불경을 공부하고 논증할 수 있어야 합니다. 그 다음에 참선을 하도록 합니다. 지식이 없으면 도를 깨우쳐도 방향을 잡기가 어렵습니다."

"동굴 속에서 참선을 하면 습기도 그렇고 겨울에는 체온도 떨어질 텐데 그러면 병이 나지 않겠습니까?"
"불법을 공부하는 수행자는 먼저 기공을 공부해야 합니다. 기공이

● 동화선사 경내를 안내하는 만행상사, 가운데가 필자이고, 오른쪽은 태하 노병간.

· 697

가장 기초가 되는 거지요. 기공을 하면 몸의 온도가 자연히 올라가고, 몸에 기운이 골고루 미치기 때문에 습기나 한기로 인한 병이 없습니다."

"기공이 몸에 안 밴 스님이 과도하게 수련을 하면 습기나 한기로 인한 병이 오지 않겠습니까?"

"그때는 치료를 해주어야지요. 때로는 뱀술을 한잔 먹이기도 합니다. 그리고 치유가 되면 기공을 다시 가르칩니다. 우리 절에서는 아침 예불을 드리기 전에 새벽 4시부터 노래를 부르며 종을 칩니다. 스님들이 번갈아가며 하는데, 그 노랫소리가 새벽바람을 타고 절 전체를 울립니다. 그 소리만 들으면 병이 있는지 정상적으로 수련을 하고 있는지 알게 됩니다."

"어떻게 이렇게 능숙하게 차(茶)운전을 하십니까?"

"참선 공부에서 제일 기본이 되는 것이 차운전입니다. 손님접대에 가장 기본이 되는 것이라서, 이것을 잘하냐 못하냐에 따라 손님 접대가 성공하냐 못하냐로 나뉩니다. 그래서 제자들에게도 차운전을 가르칩니다."

● 동화선사에서 필자 일행을 위해 차운전을 하는 만행상사

"절진동에서 첫 폐관을 하실 때 혹시 눕게 될까봐 목에 동아줄을 매었다고 하셨는데, 여기 삼성동 동굴에도 그런 시설이 있습니까?"

"절진동 폐관은 처음이기 때문에 그런 시설이 필요했지만, 두 번째 폐관부터는 그런 시설이 필요 없었습니다. 혹 앉아서 자더라도 바닥에 쓰러지는 일이 생기지 않았다는 뜻이지요."

"동굴에서 참선할 때 습기를 막는 시설이 있었습니까?"

"이따가 삼성동에 올라가서 보시면 알겠지만, 궤짝을 만들었습니다. 밑에는 다리가 있어서 땅으로부터 거리를 두게 하고, 사방으로 막았기 때문에 바람이 들어올 염려도 없지요. 궤짝 안에 들어가서 문을 닫고 앉으면 눕지 않을 수 있고, 위로는 공기가 통하니 숨쉬기가 좋지요."

"삼성동은 6조 혜능께서 도를 깨친 곳이라고 하는데, 정말로 그렇게 기운이 좋은 곳입니까?"

"삼성동은 6조께서 1년간 수련한 뒤로 혜능동이라고 불려왔습니다. 위에는 영취봉靈鷲峰이라고 해서 독수리가 알을 품듯이 감싸고 있고, 앞에는 사자봉獅子峰과 연화봉蓮花峰이 있어서 부처님께서 강림하시어 연꽃 위에 앉아계시는 듯한 곳입니다. 안에 들어가면 마음이 차분하게 가라앉으며 지혜가 열리는 곳이지요. 삼성동은 이 절의 근원 줄입니다. 이곳에 동화사를 짓게 된 것도 삼성동의 기운으로 인한 것이지요. 6조께서 이곳에서 1년간 수도하여 깨치신 곳이고, 깨치신 뒤에 남화사 주변에서 사냥꾼들과 지내며 10여 년을 도를 펴신 것입니다. 사람들은 도를 깨친 곳은 잘 모르고, 도를 편 곳만 기억하지만, 그 도의 힘이 어디서 나왔겠습니까?"

"이런 형태의 방석에 앉으면 몸이 앞으로 숙여질텐데 바로 그 점을 원한 것입니까?"

"그렇습니다. 참선을 할 때 허리는 곧바로 피면서 상체가 약간 앞으로 숙여야 호흡도 쉽고 기운도 독맥을 타고 잘 순환합니다. 이렇게 뒤쪽이 높으면 미추골이 들리고 항문이 저절로 닫히면서 기운순환이 되게 합니다. 참선을 하기 전에 우선 탁기를 뿜어내야 합니다. 이렇게 두 손바닥을 겹쳐서 배꼽 위에 댑니다. 들이 쉴 때는 코를 통해서 하고 내쉴 때는 입으로 내쉽니다. 그리고 들이쉴 때는 배를 불룩하게 하고, 내쉴 때는 두 손바닥으로 배를 홀쭉히 누르면서 입으로 내쉽니다. 이렇게 아홉 번을 합니다. 그러면 탁기가 모두 나가게 됩니다."

"참선에 들어가서는 무슨 생각을 하면 좋겠습니까?"
"내 몸이 한그루의 연꽃이라고 생각하면 좋습니다. 하체는 연꽃 뿌리이고, 상체는 연꽃 줄기입니다. 머리 위의 정수리가 열리면서 연꽃이 핀다고 생각하십시오. 숨쉬는 것에 따라 연꽃이 피었다 지었다 하는 것입니다. 부처님이 설법하실 때 부처님의 정수리가 열려서 원신이 나와서 설법한 것입니다. 결코 부처님 자신이 설법한 것이 아니지요. 그 원신을 길러야 하는 것입니다. 이것을 모르고 하단전에 기운만 모으려고 한다면 결국 땅귀신이 되고 맙니다. 우리는 원신을 통해서 하늘과 소통해야 합니다. 정수리가 열려 연꽃이 피고 지는 생각을 하는 것을 관상觀象이라고 합니다. 관상이 깨지지 않도록 마음을 안정시키고 호흡을 하면서 집중을 해야 합니다."

"눈높이는 어느 정도 해야 할까요?"

"눈은 1미터 앞의 바닥을 보는 것이 좋습니다. 이때도 제3의 눈인 심안으로 보는 것입니다. 결코 얼굴에 붙어있는 두 눈으로 보는 것이 아닙니다. 심안이 열리게 되면 세상의 모든 것을 조망할 수 있는데, 참선을 하기 전에 두 엄지손가락으로 눈과 눈사이를 톡 건드려주면 심안이 작동하게 됩니다. 이 심안으로 밖을 관조하면 많은 사상과 생각이 TV처럼 지나갑니다."

"초학자가 처음부터 참선에 들어가기는 어려울 것 같습니다. 무슨 주문 같은 것이 있으면 좋을 것 같습니다만."

"육자진언이 좋습니다. 흔히들 '옴마니반메훔'으로 알고 있는 여섯 자로 된 진언입니다. 옴이나 훔으로 발음하면 하단전으로 기운이 내려가기는 쉽지만, 등줄기를 따라 위로 올라가기는 어렵습니다. 그래서 '옹마니뻬메홍' 이렇게 발음하면, 소리가 정수리를 울리게 됩니다. 숨골은 우주와 연결하는 길이고, 영혼이 들락거리는 길입니다. 이곳을 육자진언으로 울려주면 자연히 우주와 소통하게 되는 것입니다. 숨을 들이 쉴 때 코를 통해서 하단전을 볼록하게 하면서 마셨다가,

입으로 '옹~'하면서 내쉽니다. 또 들이 마셨다가 '마~'하면서 내쉽니다. 이렇게 차례로 육자진언을 하면서 호흡을 하면 자연스럽게 참선이 되고, 호흡이 길어지며, 정수리를 통해 우주와 교감하게 됩니다. 하루에 30분 이상씩 6개월을 하게 되면 정수리가 볼록하게 나오면서 원신을 느끼게 될 것입니다."

"참선을 마칠 때는 정수리를 닫아야겠네요? 아까 토납을 끝으로 하듯이 말입니다."

"그렇습니다. 연꽃을 정수리 안으로 갈무리 하고, 그 뒤에 토납법을 해서 참선이 끝났음을 알려주는 것이 좋습니다."

"폐관하고 4년 동안은 신통력이 많았습니다. 선정기능이 뛰어났으니 생리작용이 원활했던 것이지요. 그러나 능력있는 배우가 되어 돌아왔는데, 사람들이 무대를 내주지 않는 것입니다. 그래서 스스로 무대를 만들고 공연을 하다가, 능력있는 배우에게 그 무대를 물려주기로 했습니다. 절을 창건하기로 한 것이지요. 그래서 짧은 기간에 50만명이 넘는 사람을 만나고, 60억이 넘는 돈을 모아서 절을 지었습니다. 그 결과 무대는 어느 정도 만들어졌는데, 나 자신은 선정기능이 떨어졌습니다. 동화선사의 준공식을 마치고 다시 또 폐관을 하고 싶었지만, 많은 일과 많은 사람이 나를 붙들었습니다. 그래도 큰 일은 마쳤으므로 준공식후 6개월이 지난 지금은 많이 회복되었습니다. 과거에 닦은 선정기능이 없었다면 불가능한 일입니다. 나 자신도 회복이 어려울 것이라는 생각도 해보았지만, 이렇게 기운을 차렸습니다."

끝으로 만행큰스님의 상좌인 석돈한스님의 말을 실어본다.
"저하고 세속나이로는 동갑인데, 저는 우리 사부께 절대승복을 합니다. 사부는 하루 한 시간도 못 주무십니다. 사람들에게는 네 시간을 잔다고 그러지만, 제가 잘 압니다. 10시가 넘으면 신도들이 전화를 하고 기복을 구합니다. 절의 증축을 위해서 그분들의 도움이 절대로 필요하기 때문에 그분들이 잘되도록 상담을 해주시고 기원을 해주십니다. 그러다 보면 밤을 새게 되는 것입니다.

현재 있는 환경을 인정하라. 이 세상에 살면서 극락만을 바라보는 것은 옳지 않다. 이 세상의 공부를 하라. 현실을 옹호하라. 도 닦는 것을 현실에서 그대로 적용하라는 것이 사부의 뜻입니다. 일상생활을 벗어난 도는 있을 수 없다는 것이지요."

남은 이야기

중국 광동성廣東省 옹원현翁源縣의 동화선사東華禪寺　　www.donghuasi.org　　TEL 0751-286-7488
이 책의 원문은 동화사 홈페이지에서 보실 수 있습니다.

▲ 6조 혜능대사께서 수도하여 득도하신 삼성암 앞에서 야단법석을 여는 만행큰스님.

▼ 동화사의 양정당. 매일 저녁 공양을 마친후 이곳에 모여서 법회와 참선을 한다.

▲ 동화사의 료진각. 속세의 잡념을 모두 떨치고 용맹정진할 사람이 수련하는 곳이다.

▼ 동화사의 자재당. 건물 안의 기가 세기 때문에 어느 정도 이상의 수련이 된 분만 들어올 수 있다.

▲ 방장루의 방장실에서 집무를 보시는 만행큰스님.

◀ 개광식에서 법회를 주
관하는 만행큰스님

▲ 법당 앞에서 사부대중과 야단법석을 여는 만행큰스님

▼ 집사루. 동화사의 각종 사무를 보는 곳.